Cahiers de recherches médiévales et humanistes

Revue publiée avec le concours du laboratoire POLEN
(EA 4710) de l'université d'Orléans

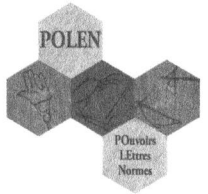

2019 – 1, nº 37

Cahiers de recherches médiévales et humanistes

Journal of Medieval and Humanistic Studies

PARIS
CLASSIQUES GARNIER
2019

ISBN 978-2-406-09700-6
ISSN 2115-6360

SOMMAIRE

LES FESTIVITÉS JOYEUSES ET LEUR PRODUCTION
LITTÉRAIRE : PRATIQUES PARODIQUES EN SCÈNE
ET EN TEXTES, EN FRANCE ET EN EUROPE (XVIe-XVIIIe S.)
*JOYFUL CELEBRATIONS AND THEIR LITERARY PRODUCTION :
PARODIC ON-STAGE AND TEXTUAL PRACTICES IN FRANCE
AND EUROPE (SIXTEENTH–EIGHTEENTH CENTURIES)*

SOUS LA DIRECTION DE KATELL LAVÉANT ET CÉCILE DE MORRÉE
EDITED BY KATELL LAVÉANT AND CÉCILE DE MORRÉE

CONTER DES CROISADES DU MOYEN ÂGE À NOS JOURS

SOUS LA DIRECTION DE CATHERINE CROIZY-NAQUET

INTRODUCTION

Si le mot *croisade* n'apparaît pas avant le XIIIe siècle[1], si le concept et sa réalité ne cessent de susciter de vifs débats depuis de longues années[2], la réalité du phénomène s'atteste dès les origines à travers les mots relevant des familles de pèlerinage, de voyage et de croix, dont *croisement* au XIIe siècle[3]. Ceux-ci mêlent des enjeux territoriaux – reconquérir les lieux saints –, pastoraux – convertir les musulmans –, spirituels – mettre ses pas dans ceux du Christ[4]. Le mouvement de grande ampleur qu'ils recouvrent affecte tout particulièrement des œuvres écrites en France et dans l'Orient latin sur le terrain des opérations et, en premier lieu, les récits historiques qui font d'une ou des croisades leur matrice ou les incorporent dans le cours d'une histoire d'un règne ou d'un royaume. Ce recueil d'articles est précisément consacré à l'historiographie des croisades telle qu'elle s'invente et se façonne cependant qu'elles se déroulent. Sous l'étiquette d'historiographie, entendue comme une pratique d'écriture spécialement dévolue à la restitution de faits vrais, les textes ici étudiés sont de nature hétérogène : certains sont franchement historiques comme les chroniques, d'autres hésitent entre l'histoire et l'agrandissement épique comme le cycle de la première croisade avec ses trois chansons,

---

1 Sur l'histoire de ce terme, voir M. Markowki, « *Crucesignatus* : its origins and early usage », *Journal of Medieval History*, 10/3, 1984, p. 157-165 ; A. Demurger, *Croisades et croisés au Moyen Âge*, Paris, Flammarion, 2006, ici p. 49.

2 Consulter, par exemple, Ch. Tyerman, *The Invention of the Crusades*, Toronto, University of Toronto Press, 1998 ; du même, *The Debate on the Crusades*, Manchester – New York, Manchester University Press, 2010 ; G. Constable, « The Historiography of the Crusades », *The Crusades from the Perspective of Byzantium and the Muslim World*, éd. A. E. Laiou et R. P. Mottahedeh, Washington, Dumbarton Oaks Research Library and Collection, 2001, p. 1-22 (en ligne) ; A. Zouache, « Écrire l'histoire des croisades, aujourd'hui en Orient et en Occident », *Construire la Méditerranée, construire les transferts culturels*, éd. R. Abdellatif, Y. Benhima, D. König et É. Ruchaud, Munich, Oldenbourg, 2012, p. 120-147.

3 *Estoire de la guerre sainte*, éd. C. Croizy-Naquet, Paris, Champion, 2014.

4 Voir la mise au point de C. Rouxpetel, *L'Occident au miroir de l'Orient chrétien, Cilicie, Syrie, Palestine, Égypte (XIIe-XIVe siècles)*, Rome, École française de Rome, 2015, ici p. 266.

la dénomination « chanson » disant d'entrée l'ambiguïté[5]. La disparité du corpus ne surprend pas, tant l'on sait la plasticité des catégories génériques, accusée par l'intertextualité constitutive de la littérature médiévale[6]. Elle surprend d'autant moins qu'elle est palliée par une série d'interrogations qui fondent son unité thématique et scripturaire, qu'elle concerne la production – l'auteur, le matériau dont il dispose et la mise en texte, en latin ou en français, en vers ou en prose par la traduction et l'adaptation –, la circulation des manuscrits – la sédimentation des versions, le jeu des continuations, les principes de la compilation –, et la réception – le public ciblé, la contextualisation et son horizon d'attente, sans négliger le tuf profond de l'imaginaire qui conditionne la marche de cette histoire. Les contributeurs prennent en considération ces points de vue, de manière à dévoiler les procédés d'écriture, les critères poétiques aussi bien que théologiques et politiques qui les gouvernent et les objectifs que les auteurs leur assignent.

Ces approches, c'est d'abord au miroir de l'autre qu'elles peuvent s'appréhender, par le regard de l'oriental que l'événement frappe au premier chef, par la perception qu'il en a et l'usage qu'il en fait. Faute de cerner dans l'immédiat le phénomène et, partant, de disposer d'un concept pour l'élaborer, la croisade en Orient ne conditionne pas à l'identique les mentalités, non plus que les imaginaires[7]. Le mot *croisade* est du reste inconnu – il n'est traduit en arabe qu'au XIXe siècle –, de

---

5   Sur les formes multiples de l'écriture des croisades, voir notamment D. A. Trotter, *Medieval French Literature and the Crusades, 1100-1300*, Genève, Droz, 1988 ; A. Winkler, *Le tropisme de Jérusalem dans la prose et la poésie (XIIᵉ-XIVᵉ siècle). Essai sur la littérature des croisades*, Paris, Champion, 2006 ; et tout récemment, dans une approche englobant plusieurs langues européennes, S. Vander Elst, *The Knight, the Cross, and the Song. Crusade Propaganda and Chivalric Literature, 1100-1400*, Philadelphia, University of Pennsylvania, 2017. Pour preuve aussi de l'actualité de cette problématique, on attirera l'attention sur le programme de recherche « Troubadours, Trouvères and the Crusades » de l'Université de Warwick piloté par Linda Paterson, qui a entre autres donné lieu à l'édition de 202 chansons de troubadours et de trouvères (en ligne) et à la publication de deux ouvrages : L. Paterson, *Singing the Crusades. French and Occitan lyric responses to the crusading movement, 1137-1336*, Cambridge, Brewer, 2018 et *Literature of the Crusades*, éd. S. Parsons et L. Paterson, Cambridge, Brewer, 2018.

6   Voir, de ce point de vue, P. Zumthor, « Intertextualité et mouvance », *Littérature*, 41, 1981, p. 8-16. Le terme *littérature* désigne toute forme de savoir écrit, mais l'existence d'une « conscience littéraire » est avérée, comme le souligne J. Cerquiglini-Toulet, « Moyen Âge, XIIᵉ-XVᵉ siècles », *La Littérature française : dynamique et histoire I*, éd. J.-Y. Tadié, Paris, Gallimard, 2007, p. 27-31.

7   A.-M. Eddé, « L'écriture des croisades dans l'historiographie arabe médiévale ».

même que le terme *croisés*, auquel se substitue longtemps le nom *Francs*. A.-M. Eddé rappelle que les croisades font une entrée timide dans les textes et qu'il faut attendre le tournant du XIIe siècle pour qu'elles prennent véritablement leur place dans une production régionale nourrie de l'idéologie du *jihad* en plein essor et de l'opposition contre les Francs. N'étant pas jugées comme un événement extraordinaire, elles ne débouchent pas sur une historiographie spécifique. L'histoire arabe des croisades est donc déroulée dans la trame de récits les plus divers, d'abord dans les textes narratifs et dans quelques très rares documents d'archives, puis, sous le règne de Saladin, dans les biographies du sultan dans une tonalité apologétique, dans les correspondances, dans les récits de voyage ou dans les textes historiques. La palette s'élargit à partir du XIIIe siècle avec les histoires universelles, les histoires des règnes et des peuples, les dictionnaires biographiques et les compilations.

Les auteurs ne sont pas attentifs aux mêmes éléments, mais beaucoup sont habités par la volonté de comprendre ce qui impulse l'offensive occidentale : si l'hypothèse d'un prolongement des guerres byzantines se vérifie, c'est davantage le facteur religieux qui s'impose, avec la conquête de Jérusalem en ligne de mire. Cette prise de conscience qui s'associe à l'examen du poids des reliques, du lien tissé entre pèlerinage et croisade et du rôle de la papauté alimente l'idée d'une menace réelle pour l'islam et les lieux saints. Elle implique une réflexion sur soi et sur ses propres divisions qui ont favorisé la fondation des États latins d'Orient et elle déclenche une réaction proportionnée qui passe par le rassemblement des forces, seule à même de garantir de succès du *jihad*. A.-M. Eddé examine comment les auteurs peaufinent à dessein leurs stratégies textuelles, comme la louange de Saladin. Ils livrent une vision subtilement nuancée des Francs, faisant le départ entre les croisés et les commerçants et négociants, distinguant les Poulains (nés sur place) et les Francs tout juste débarqués en Orient, dont ils reconnaissent la valeur au point de céder parfois à l'éloge sans pour autant se priver d'anecdotes moqueuses. Finalement, ce qui frappe, c'est l'absence de manichéisme, le pragmatisme, la convergence des valeurs et une ambivalence que partagent au demeurant les auteurs arabes chrétiens du Proche-Orient, plus proches des Arabes que des Francs de leur religion[8].

---

8   Voir, de ce point de vue, Rouxpetel, *L'Occident au miroir de l'Orient chrétien*.

Le panorama littéraire oriental pointe par contraste, dans la synchronie et l'aire considérées, des distorsions flagrantes avec les récits d'auteurs occidentaux conçus et/ou produits dans les États de l'Orient latin. Parmi ceux-ci, la *Chronique d'Ernoul et de Bernard le Trésorier* dont nous entretient M. Gaggero est un observatoire privilégié[9]. Elle est possiblement issue du récit de la chute de Jérusalem en 1187 intégré dans une narration plus ample des années 1101-1231 et rédigé par Ernoul, écuyer de Balian d'Ibelin, commanditaire de l'œuvre. La chronique est adjointe comme *Continuation* à la traduction française de Guillaume de Tyr dans l'*Eracles*, avant d'être à son tour utilisée à deux reprises dans des rédactions longues composées en Terre Sainte. L'intérêt, comme le souligne M. Gaggero, est d'observer comment les auteurs successifs s'approprient au fil des rédactions le matériau initial, dévoilant l'inflexion qu'ils lui apportent. La chronique se caractérise par un savant montage de renvois internes qui, outre leur portée pédagogique et explicative, met en relief la position en surplomb de l'auteur et sa maîtrise à relier des faits parfois éloignés dans le temps. La signification d'ordre idéologique et axiologique qui définit cette présence auctoriale, concrétisée par l'ajout d'épisodes romancés, dénote un esprit partisan engagé. Les rédactions longues, tout aussi interventionnistes, superposent les traits idéologiques et structurels des versions précédentes pour répondre aux mêmes exigences de cohérence narrative et explicative. Dédoublement de certains passages, effets de répétition, ajouts d'épisodes fictifs, modification de l'agencement narratif voire recours aux anachronismes, tout est mis en œuvre pour préserver la lisibilité d'une narration éclatée entre Orient et Occident, malgré les entorses à la chronologie ou les atteintes à la « vérité historique ». Est-ce à dire que les auteurs préfèrent un récit bien ficelé ? Sans doute est-il plus juste de voir dans ce soigneux travail de rédaction l'ambition de transmettre à la fois les faits et l'idée de croisade qu'ils défendent. Au rebours d'une historiographie arabe éclatée, on voit ainsi émerger et se fabriquer une histoire des croisades au long cours qui est le fruit de mouvances[10], une histoire mue aussi par une lecture chrétienne de l'événement, plus ou moins prégnante selon les textes.

---

9   M. Gaggero, « *La Chronique d'Ernoul et de Bernard le Trésorier*, l'*Eracles* et la narration de la croisade ».

10   Sur la notion de « mouvance », voir P. Zumthor, *Essai de poétique médiévale*, Paris, Seuil, 1972 et Zumthor, « Intertextualité et mouvance » ; le terme *variance* s'applique aussi dans

C'est précisément la dimension eschatologique et apocalyptique des croisades qu'analyse S. Luchitskaya par l'entremise de l'empereur Héraclius représenté chez les chroniqueurs occidentaux[11]. Dans les *Gesta Dei per Francos*, Guibert de Nogent s'appuie sur une prophétie annonçant la victoire finale des Francs sur les Sarrasins, qui est proférée dans les Saintes Écritures et corroborée par les astrologues musulmans. Soucieux de rendre acceptable cette alliance contre nature, l'auteur invoque Héraclius qui, par ce biais, apprit lui-même qu'une race de circoncis (Juifs ou Musulmans) se dresserait contre l'Empire romain. De l'empereur, il esquisse une image complexe et ambiguë : celle du pécheur et de l'apostat dont les défaites prennent l'allure de châtiments et celle de l'émule du Christ et du souverain idéal qui récupère la vraie croix. Cette représentation duelle conduit à dépeindre Héraclius en croisé exemplaire, parce qu'il est le premier à mener la guerre sainte contre les Infidèles. Malgré le lien avec le cycle de la légende de la vraie croix, ses exploits n'ont pas été suivis de développements écrits. Ainsi dans l'*Eracles*, alors que son nom est donné à l'œuvre, seules les lignes qui introduisent la chronique remémorent rapidement les guerres entre Byzance et les Perses et la récupération de la vraie croix, ainsi que la conquête musulmane de la Syrie et de la Palestine. C'est que la vocation de cette brève rétrospective réside dans sa perspective moralisatrice et eschatologique. L'échec d'Héraclius à repousser les Infidèles symbolise en effet l'ouverture d'une ère nouvelle dans l'histoire, celle des croisades. Cette filiation, ou généalogie, est actée dans l'*Histoire anonyme des rois de Jérusalem*, où les croisés, appelés à jouer le rôle prédestiné par Dieu, sont dépeints comme les héritiers et successeurs d'Héraclius, voire, s'agissant de Godefroi de Bouillon, comme un nouvel Héraclius épuré de tout péché, qui reprend la ville de Jérusalem et la sainte croix.

Les récits de croisade ne s'envisagent pas sans le truchement des sources de toute nature, sans le filtre d'une interprétation chrétienne et d'une réécriture. Ce que démontre l'exemple d'Héraclius se vérifie dans d'autres chroniques, dont l'*Histoire de la première croisade (Historia Ierosolimitana)* datée de 1107, adaptation des *Gesta Francorum*[12]. Écrivain très actif aux

---

ce cadre, comme effet de l'écriture dans l'œuvre médiévale ; voir B. Cerquiglini, *Éloge de la variante, Histoire critique de la philologie*, Paris, Seuil, 1989, ici p. 57-69.

11 S. Luchitskaya, « L'empereur Héraclius vu par les chroniqueurs occidentaux du XIIᵉ siècle ».

12 St. Biddlecombe, « Joseph of Arimathea, Crusader ? Hero ? Benefactor ? ».

nombreux écrits, poèmes, vies de saints, descriptions de voyages et lettres, son auteur, Baudri de Bourgueil, mobilise toutes ses compétences pour raconter la première croisade dans une veine apologétique. Comme le met en évidence St. Biddlecombe, Baudri veut présenter les croisés comme des héros et exalter leurs faits glorieux en Terre Sainte. Destinant son œuvre à des laïcs et à des clercs, il crée un style approprié, reposant sur l'invention de sermons et de discours au mode direct prononcés par des dirigeants militaires et religieux, imprégnés de références à la Bible, aux autorités chrétiennes et à la littérature classique. Parmi les figures héroïques, celle de Joseph d'Arimathie, considéré pourtant comme un second rôle dans la Bible, requiert l'attention. L'auteur établit un parallèle entre l'action des croisés aux accomplissements miraculeux rétribués par une récompense et celle de Joseph qui a recueilli le corps du Christ tel un trésor et l'a enterré dans ce qui allait devenir le Saint-Sépulcre. St. Biddlecombe, questionnant le choix de Joseph, fait l'exégèse du terme *decurio* qui qualifie le héros biblique. La reconstitution du parcours intellectuel et des lectures de Baudri – l'Ancien Testament, les lettres de Cicéron, les histoires romaines de César, Lucain et Salluste, les définitions de Végèce, de Tacite et d'Isidore de Séville, les gloses bibliques et les Évangiles apocryphes, les écrits des Pères de l'Église – permet de dégager ce qui l'érige en modèle réservé aux Croisés : son rôle à la fois administratif et militaire comparable à celui des châtelains, ses qualités de courage et de fermeté, enfin la mise au service du Christ de sa richesse et de sa puissance dans la droite ligne des directives que le pape lancera aux croisés, avec, en retour, la promesse de salut. La traque lexicale, dans le temps long des différentes traditions, concourt ainsi à forger une figure historique modélisante conformée au temps de l'écriture et à bricoler une filiation vraisemblable que concrétiseront un siècle plus tard les fictions du Graal[13].

C'est bien la culture et le dessein des auteurs, les milieux où ils évoluent qui président à la captation de l'événement et à ses modalités textuelles. J. Gabel Mac Aguire en témoigne dans l'étude qu'elle propose de la *Chanson de la première croisade*, adaptation anonyme de Baudri de Bourgueil[14]. Le titre même trahit le caractère très libre de cette translation

---

13   Se reporter à M. Séguy, *Les Romans du Graal ou le signe imaginé*, Paris, Champion, 2001 ; J.-R. Valette, *La pensée du Graal. Fiction littéraire et théologie*, Paris, Champion, 2008.

14   J. Gabel Mac Aguire, « L'écriture de la croisade dans la *Chanson de la première croisade* d'après Baudri de Bourgueil ».

du début du XIIIᵉ siècle : *chanson* renvoie à la chanson de geste, tandis que *première croisade* touche à l'histoire récente et à l'historiographie. Cette tension observée par les chercheurs s'expose continûment dans le fil du texte. L'exactitude des faits et la justesse des informations tirent du côté de l'historiographie, en dépit de manques ou de réajustements idéologiques par rapport à la source, comme l'insistance sur la libération de Jérusalem et la vengeance contre les Musulmans. En revanche, la facture du texte, sous l'influence de la chanson de geste avec le style formulaire, la laisse, les motifs, mais aussi dans le sillage des romans antiques avec les *topoi*, les clichés et les stéréotypes sur l'Orient, font signe vers la littérature et/ou vers la fiction. Dans une langue aux traits découpés du patron épique et romanesque, l'auteur loue les valeurs familières à l'auditoire et le système féodal où est prônée, au nom de Dieu, la violence guerrière orientée vers la vengeance. Le texte est visiblement conçu pour un public familier de ces types d'écrits, qu'il convient d'informer, de divertir et de subjuguer. Le remanieur attire la tradition littéraire dans l'orbe de l'histoire, de sorte qu'il milite implicitement pour la croisade dans des temps où elle est de nouveau d'actualité. Si le fonds théologique est quelque peu sacrifié, le texte ne se soustrait nullement à des intentions idéologiques aux accents de propagande, fermement placées sous obédience chrétienne, fût-ce par le truchement d'une geste flamboyante tout à la gloire des croisés.

Point n'est besoin d'une signature d'auteur pour cerner le porte-parole d'une histoire et d'un message. L'anonymat dont on ignore les raisons n'empêche pas qu'une voix s'élève, et porte. À défaut de sa *persona*, l'*ethos* de l'historien se construit dans le récit, peignant en creux sa culture, les modèles d'écriture qui l'identifient[15]. Cette présence agissante de l'historien, H. J. Nicholson la met en lumière dans l'*Itinerarium Peregrinorum* 1[16]. La date exacte et le nom de l'auteur, qui divisent les historiens, sont inconnus. Le texte est fait d'une compilation de sources, de digressions et d'échappées, qui résiste à l'enfilade étroitement chronologique des événements. Il se singularise par un latin travaillé, traversé de références bibliques et classiques, mais, contrairement au cas précédent, dénué de tout

---

15   Pour une définition de l'*ethos*, voir J.-Cl. Mühlethaler, D. Burghgraeve et Cl.-M. Schertz, « Introduction. Figure, posture, *ethos* à l'épreuve de la littérature médiévale », *Un territoire à géographie variable. La communication littéraire au temps de Charles VI*, Paris, Classiques Garnier, 2017, p. 9-51.

16   H. J. Nicholson, « The Construction of a primary source : the Creation of the *Itinerarium Peregrinorum* ».

remploi de la littérature contemporaine, chansons de geste et romans. Le récit se coule dans le moule d'une histoire de vengeance, encadré par le thème du désastre en ouverture et en clôture. L'événement est appréhendé, comme de coutume, dans sa dimension eschatologique, mais également comme une tranche de l'histoire humaine dans le *continuum* de l'histoire de Rome et plus encore du siège de Troie. La réactivation du paradigme troyen fait de la croisade un moment historique à l'échelle de la guerre de Troie. Elle s'opère au prix d'aménagements des faits, d'ajouts, de trafics des noms. Ces libertés ne nuisent pas au sérieux de l'information. Elles découvrent un parti pris qui obéit à des objectifs précis : valoriser la monarchie anglaise du royaume de Jérusalem en proie à de sérieux conflits, et singulièrement les souverains Guy et Sibylle ; dénoncer les conséquences néfastes de la défaite infligée par Saladin, instrument de Dieu pour punir les chrétiens de leurs péchés ; encourager l'union nécessaire de tous les fidèles pour reprendre la Ville Sainte. Ce faisceau d'indices renseigne sur l'auteur anonyme, vraisemblablement un clerc cultivé attaché au royaume d'Angleterre, un témoin oculaire accompagnant l'archevêque de Cantorbury à Acre. H. J. Nicholson propose les noms de Gérard de Galles et de Joseph d'Exeter, mais dément avec justesse ces hypothèses séduisantes, s'en tenant à supputer une fonction de chapelain, un chapelain maître de sa matière, bien que la fin du texte laisse un sentiment d'inachèvement avec la mort des champions chrétiens. En vérité, cette clôture, à lire avec en toile de fond la croisade de Frédéric Barberousse, idéal du bon gouvernant, paraît une exhortation déguisée, lancée à Richard, alors en Sicile, pour restaurer l'unité des chrétiens.

Tout récit de croisade n'est-il pas, quels qu'en fussent les moyens, dicté par une intentionnalité à la fois théologique, politique et morale, qui autorise à s'émanciper de l'écorce des faits, à en infléchir le sens ? Faire de l'événement une démonstration didactico-théologique et politique n'est pas l'apanage des clercs. Les laïcs instruits s'y adonnent pareillement, à l'aide de stratégies d'écriture qui revendiquent ouvertement un héritage formel. Parmi eux, Henri de Valenciennes rapporte dans l'*Histoire de l'Empereur Henri de Constantinople* qu'étudie Fl. Tanniou la conquête et reconquête à l'ouest de Constantinople à la suite de la quatrième croisade[17]. Le prologue formule le pacte d'écriture que se fixe

---

17   Fl. Tanniou, « Entre guerre et paix : rhétorique et usages de la parole dans l'*Histoire de l'Empereur Henri de Constantinople* d'Henri de Valenciennes ».

l'auteur : chroniquer les faits militaires dont il a été le témoin oculaire, l'agencement des souvenirs vus, entendus et retenus étant le cachet de vérités incontestables ; s'adosser à une grille chrétienne emblématisée par les propos sur la confession et la repentance desquels sourd l'enseignement de la voie du salut. L'aspiration de l'auteur est tout à la fois de décrypter l'enchaînement des faits et de les interpréter sur le plan divin, suivant l'opposition entre la voie du Bien et la voie du Mal. Pareil projet exige une rhétorique adéquate, « à visée légitimatoire », concrétisée par l'abondance des discours ajustés aux moments et aux contextes et œuvrant comme une dynamique de l'histoire. Dans la première partie dévolue à la guerre sainte, l'historien écrivain met à profit les rouages de la rhétorique prédicative, telle qu'elle se déploie dans la littérature de croisade, dans les chansons de geste, dans la prédication en langue romane, dans la poésie religieuse qu'il exerce lui-même. Plus original, il exploite les discours de nature ecclésiastique informés par des parallèles contemporains (ceux du pape Innocent III). Ces discours tenus par des clercs et des laïcs, dans une belle union des *bellatores* et des *oratores*, aident à justifier la guerre sacrée.

La seconde partie centrée sur le conflit entre le camp impérial et les Lombards et sur la nécessité en corollaire de prévenir la guerre, menace de désunion pour les chrétiens et de fragilisation de leur pouvoir, réclame une rhétorique d'un nouveau type qui se réalise pragmatiquement dans les discours des ambassadeurs. Si la diplomatie n'est pas encore une discipline constituée à l'instar de la prédication, les prémisses en sont posées, dessinant l'*ethos* du diplomate et les contours d'une parole efficace. Par la maîtrise des aspects techniques et des procédures juridiques, l'objet du discours est de parvenir à l'amour et/ou à l'amitié, avec ce paradoxe : si l'invocation de la paix échoue faute de réceptivité chez l'adversaire, en découle naturellement, sous la responsabilité de celui-ci, la décision d'enclencher la guerre. La subtilité d'Henri de Valenciennes est de jouer des deux rhétoriques et d'en rendre poreuses les frontières. La parole prédicative fait en effet retour dans la seconde partie pour figurer les partisans de l'empereur en croisés et pour solliciter la protection divine. La parole, dans laquelle l'apologie de la guerre sainte se mêle à la louange de l'harmonie interne, exprime la dialectique entre l'affrontement contre les Grecs et la recherche de la paix propice à l'union de tous les chrétiens. En ce sens, le texte se fait empiriquement manuel de diplomatie ou traité de négociation à l'épreuve des faits, sur le terreau de connaissances littéraires, politiques et ecclésiales – l'historiographie, en somme, comme exercice de style au service d'une cause.

Ces contributions forment un bel éventail de l'écriture médiévale de l'histoire des croisades. Sans qu'il soit loisible de l'essentialiser, tant elle est labile par ses sources, par les auteurs qui s'y attellent, par les techniques d'écriture qu'irriguent le legs littéraire et les contextes de réception, l'historiographie des croisades en Terre Sainte et/ou dans les royaumes latins prête à un portrait-robot grossièrement conditionné par « l'esprit de croisade » rattaché au sacré[18]. La dimension « scientifique », à nos yeux de modernes, en semble empêchée pour maintes raisons, à commencer par son inféodation à la religion et par des mentalités rétives à l'altérité. Histoire militante, histoire propagande, histoire *doxa*, cette historiographie tranche évidemment avec la démarche herméneutique de l'historien médiéviste pour qui l'histoire est un métier et qui puise aux méthodologies les plus diverses alliées ou confrontées à d'autres champs disciplinaires. Deux approches heuristiques inspirées par des objets d'étude et par des corpus distincts s'en font ici l'écho, aidant à apprécier en creux les lignes de force de l'historiographie médiévale d'aujourd'hui.

N. Morton participe ainsi au riche débat historiographique prospérant chez les spécialistes de l'histoire militaire à propos des chefs européens en Orient désireux d'engager de grandes batailles[19]. Il reprend toutes les pièces du dossier, effectuant un bilan sur les recherches préalables et retraçant l'évolution qui s'est produite dans la perception des faits, des motivations et des enjeux. L'hypothèse qui a prévalu pendant des années est que les chefs de guerre voulaient éviter les combats trop risqués. Elle a été nuancée et infléchie par les travaux de J. France en particulier, se penchant sur les stratégies suivies par les armées au Proche-Orient. N. Morton explore cette nouvelle voie critique pour la principauté d'Antioche aux prises avec ses puissants voisins turcs entre 1099 et 1164. Convoquant toutes les ressources de l'histoire militaire ainsi que le témoignage des chroniques médiévales, latines

---

18 Pour reprendre le titre de l'ouvrage de J. Richard, *L'Esprit de la croisade*, Paris, Cerf, 2000. Voir aussi A. Dupront, *Du sacré. Croisades et pèlerinages. Images et langages*, Paris, Gallimard, 1987.

19 N. Morton, « Risking battle : the Antiochene frontier, 1100-1164 ».

et vernaculaires, occidentales et orientales, il prouve qu'en dépit des dangers majeurs encourus, les armées d'Antioche recourant à une large gamme de combats n'hésitent pas à se battre contre les Turcs fort bien équipés et très performants. Cet appétit belliqueux vaut explication. À l'aune des positions avancées par des historiens comme R. Smaïl, N. Morton argue de la localisation d'Antioche à proximité des Turcs et du sentiment d'isolement et d'insécurité qu'elle procure, qui conduit les armées chrétiennes à combattre pour exister et survivre, plutôt que de se laisser dominer. Il éclaire ainsi d'un jour nouveau la singularité de la principauté d'Antioche dont le sort est en puissant contraste avec la situation du royaume de Jérusalem.

Tout autre est la méthode de Ph. Buc dont les travaux portent sur l'histoire et l'anthropologie, l'exégèse et l'histoire des concepts au Moyen Âge. Son dernier ouvrage, à travers l'analyse des rituels notamment, concerne la violence intrinsèquement liée à la religion[20] : il y montre comment la théologie chrétienne influe directement sur la violence caractéristique de l'Occident, en examinant le processus qui s'installe dans le temps long de l'histoire des croisades jusqu'à l'époque contemporaine sous le jour de la guerre sainte, du martyr et de la terreur. C'est dans les ambages de cette théorie que se situe la contribution présentée dans ce numéro. Ph. Buc établit un parallèle entre le premier cycle de la croisade, avec une prédilection pour la *Chanson d'Antioche*, et les romans fondamentalistes américains avec les séries à grand succès de T. LaHaye, *Left Behind* and *Babylon Rising* déjà largement abordées par la critique[21]. À la croisée de l'histoire et de l'histoire culturelle, avec, au moins pour l'œuvre médiévale oscillant entre épique et histoire, des textes-frontières sans catégorisation générique arrêtée, l'objectif de Philippe Buc est de pointer les éléments communs aux deux textes émanant des structures profondes de la théologie chrétienne. C'est une façon d'interroger ce que dit la série contemporaine sur la réception des textes de croisade et le régime de croyance qu'ils instaurent et, dans un spectre plus large, sur les liens que nouent le haut Moyen Âge et le Moyen Âge tardif entre histoire sacrée et violence. La théologie arborée

---

20 Voir Ph. Buc, *Guerre sainte, martyre et terreur. Les formes de la violence chrétienne en Occident*, Paris, Gallimard, 2017, traduction française de *Holy War, Martyrdom and Terror : Christianity, Violence and the West*, Philadelphie, University of Pennsylvania Press, 2015.

21 Ph. Buc, « Evangelical Fundamentalist fiction and medieval crusade epics ».

par la *Chanson d'Antioche*, au moment où l'exégèse biblique privilégie une compréhension historique, est dispensée au seuil de l'œuvre : elle est focalisée sur la vengeance du Christ en deux moments cruciaux, l'éradication du temple de Jérusalem et l'Apocalypse. La croisade est à insérer dans ce cadre : elle participe comme type et comme exemple de la destruction à la fin des temps. De la sorte est mise en place une théologie de l'histoire, une histoire sacrée qui confère à la *Chanson* les atours d'un texte de vérité, en *analogon* mineur de l'Écriture sainte. Elle donne à l'auditoire, aux croisés, une vision eschatologique de leurs opérations militaires, lorgnant vers la guerre de l'Apocalypse. Ce régime de croyance, on peut le saisir avec acuité par la comparaison avec les mécanismes typologiques équivalents qui structurent la culture évangélique contemporaine. En appréhendant le passé par le présent, l'histoire par la fiction, Ph. Buc bouscule les codes dans un jeu de surplomb, tirant profit du télescopage des temporalités, de l'intrication du présent et du passé, au cœur de l'opération historique.

Les contributions ici réunies illustrent éloquemment le travail des médiévaux sur l'événement qu'est la croisade pour l'Occident médiéval, dans des textes composites, irréductibles à une seule voie d'expression, mais tous rassemblés par une idéologie commune conjuguant croisade et guerre sainte, violence et sacré. Elles rendent compte également de la tâche des médiévistes, littéraires et historiens, confrontés à une historiographic téléologique et fataliste et à un régime d'historicité radicalement autre. Elles exposent les questionnements qui se posent au fil du temps et au gré des lieux, selon les avancées de la recherche, selon les centres d'intérêt, selon les échos du temps lointain qui vibrent dans le présent vif où se pérennise et se ravive, sous des allures autres, la guerre sainte[22]. La réception de la croisade est affaire d'époque et renseigne autant sur le passé que sur le présent, parfois plus encore sur le second.

Quittant le champ de l'historiographie, on peut en prendre la mesure, en guise de prolongement, avec C. Croizy-Naquet et J.-R. Valette, sur un mode ludique, dans le premier feuilleton télévisé contant les croisades, *Thibaut ou les croisades*, daté de la fin des années 1960[23]. Conçu

---

22 Consulter, par exemple, D. Crouzet et J.-M. Le Gall, *Au péril des guerres de religion*, Paris, PUF, 2015.

23 C. Croizy-Naquet et J.-R. Valette, « *Thibaud ou les croisades*, le feuilleton historique ou la croisade revisitée à "usage commun" ».

pour le grand public de l'ORTF, élaboré pour instruire et divertir, et encourager l'apprentissage civique des jeunes téléspectateurs, le feuilleton offre une vision singulière de la croisade : les expéditions sont résumées à une période de trêve entre la première et la deuxième croisade, où la tolérance et l'esprit de justice, par l'entremise de Thibaut, un *poulain*, forment le pivot structurel et le support de péripéties déclinées diversement au cours des deux saisons. Le feuilleton se fabrique ainsi autour d'un héros fictif en qui chacun peut se projeter et se mirer, mais qui répond à un idéal de chevalerie que le contexte médiéval est susceptible d'éclairer. On apprend sans doute fort peu sur l'Histoire, sinon quelques bribes sur les mœurs et coutumes orientales, entachées quelque peu d'orientalisme. On apprend en revanche beaucoup sur la fabrique de la croisade qui en découle. La déperdition historique qui caractérise *Thibaud* ne peut s'expliquer seule par le besoin de toucher le grand public ni par les projets pédagogiques et divertissants que réclame l'ORTF développant une culture de masse. Au sortir de la guerre d'Algérie, le feuilleton consonne avec une situation géopolitique toujours sensible que les historiens des croisades ont soulignée par un parallèle entre les croisades et la colonisation. En faisant de la violence un beau spectacle chorégraphié où les méchants succombent sous les coups légitimes des bons, de quelque religion qu'ils soient, en promouvant la tolérance au nom de valeurs partagées, les réalisateurs, dans l'ignorance délibérée ou non de ce que furent les croisades, bousculent tant soit peu, voire transgressent les clichés : s'ils peignent les croisés et, incidemment, les colonisateurs sous le jour le plus avantageux qui soit, ils prônent tout autant par l'entremise de Thibaud, symboliquement coiffé d'un keffieh à la une de Télérama, la reconnaissance de l'Autre. Le feuilleton concourt à tourner définitivement la page de la colonisation et à entrer dans une nouvelle ère qui est, aussi modestement soit-il, celle des « noces de la culture de masse et de la consommation ».

Il n'est guère possible de conclure sur un sujet hautement problématique dont les communications rassemblées ici donnent la mesure et dont je tiens à remercier les auteurs. Bien que le continent des croisades soit largement parcouru, il reste encore beaucoup à faire dans l'histoire et dans l'historiographie aussi bien que dans tous les genres littéraires qui en ont éprouvé le choc, l'influence et la contamination idéologiques. C'est peu dire que l'interdisciplinarité est plus que jamais un impératif épistémologique pour comprendre cet événement qui irradie par réfractions et diffractions, qui s'invite par l'analogie, par l'anachronisme dans la conscience de soi de nos sociétés.

Catherine CROIZY-NAQUET
Université Paris III –
Sorbonne Nouvelle
EA 173 –
Centre d'Études du Moyen Âge

L'ÉCRITURE DES CROISADES
DANS L'HISTORIOGRAPHIE
ARABE MÉDIÉVALE

L'un des premiers témoignages arabes sur la croisade à nous être parvenu est celui du juriste chafiite al-Sulamī (mort en 1106), qui rédigea, en 1105, un traité de *jihad* dont il donna lecture publique dans une mosquée de la banlieue de Damas. Il voulut, ce faisant, alerter ses contemporains sur les dangers que faisait courir à l'Islam cette nouvelle invasion, et les inciter au combat :

> Une partie [des infidèles] assaillit à l'improviste l'île de la Sicile mettant à profit les différends et les rivalités [qui y régnaient] ; de cette manière [les infidèles] s'emparèrent aussi d'une ville après l'autre en Espagne. Lorsque des informations se confirmant l'une l'autre leur parvinrent sur la situation perturbée de ce pays [Syrie] dont les souverains se détestaient et se combattaient, ils résolurent de l'envahir. Et Jérusalem était le comble de leurs vœux [...].
>
> Vos doutes s'étant dissipés, vous devez maintenant être sûrs quant à votre obligation personnelle de guerroyer pour la foi [...]. On est saisi d'un étonnement profond à la vue de ces souverains qui continuent à mener une vie aisée et tranquille lorsque survient une telle catastrophe, à savoir la conquête du pays par les infidèles, l'expatriation forcée [des uns] et la vie d'humiliation [des autres] sous le joug des infidèles, avec tout ce que cela comporte : carnage, captivité et supplices qui continuent jours et nuits[1].

---

1 Extraits éd. et trad. par E. Sivan, « La genèse de la contre-croisade : un traité damascain du début du XIIᵉ siècle », *Journal asiatique*, 254, 1966, p. 197-224, rééd. dans *Les Relations des pays d'Islam avec le monde latin du milieu du Xᵉ au milieu du XIIIᵉ siècle*, éd. F. Micheau, Éditions Jacques Marseille, Paris, 2000, p. 26-51, ici p. 42, 44-45. La vision des croisades par les musulmans a fait l'objet, ces vingt dernières années, d'un nombre important de travaux. Voir en particulier C. Hillenbrand, *The Crusades. Islamic Perspectives*, Edimbourg, Edimbourg University Press, 1999 ; P. Cobb, *The Race for paradise, an Islamic history of the crusades*, Oxford – New York, Oxford University Press, 2014 ; N. Christie, *Muslims and Crusaders : christianity's wars in the Middle East, 1095-1382, from the Islamic sources*, Londres – New York, Routledge, 2014 ; A. Mallett, *Popular Muslim Reactions to the Franks in the Levant*, Farnham, Ashgate, 2014.

Quelques poètes se firent aussi l'écho des malheurs subis par le Bilād al-Shām[2], tel l'Irakien al-Abīwardī (mort en 1113), qui apostropha ses contemporains en ces termes :

> Osez-vous somnoler à l'ombre d'une heureuse sécurité, dans une vie molle comme la fleur du jardin ?
> Mais comment l'œil peut-il dormir entre les paupières quand les malheurs sont tels qu'ils réveillent tous les dormeurs ?
> Alors que vos frères en Syrie sont réduits à prendre leur repos sur le dos des destriers ou dans le ventre des vautours[3].

En dehors de ces rares témoignages, il fallut toutefois attendre plusieurs décennies pour voir les croisades occuper une place significative dans les œuvres des auteurs arabes. L'Irak et dans une moindre mesure l'Égypte, du fait de leur situation géographique et de leurs divisions politiques, ne se sentirent pas immédiatement concernés par l'arrivée des croisés. C'est donc en Syrie, une région directement exposée aux attaques des Occidentaux, que les plus anciens récits sur les croisades virent le jour, mais la majeure partie en est aujourd'hui perdue. Claude Cahen avait évoqué jadis, pour expliquer ce constat, le morcellement politique de la Syrie, à la fin du XIe et au début du XIIe siècle, qui aurait non seulement freiné la production d'une historiographie d'envergure, mais entraîné également la perte des quelques œuvres produites[4]. Un tournant semble

---

2   Au Moyen Âge, l'expression *Bilād al-Shām* désigne une entité géographique qui recouvre la Syrie, la Palestine, le Liban, la Jordanie et Israël actuels. C'est dans ce sens-là que le terme de Syrie sera ici employé.

3   Poème cité par plusieurs auteurs postérieurs, dont Ibn al-Athīr, *Al-Kāmil fī l-taʾrīkh*, 13 vol., Beyrouth, 1965-1967, vol. 10, ici p. 285, trad. partielle F. Gabrieli, *Chroniques arabes des croisades*, Paris, Sindbad, 1977, p. 34-35. Sur ces premières réactions à la croisade, voir E. Sivan, *L'Islam et la croisade*, Paris, Maisonneuve, 1968, p. 28-34 ; Hillenbrand, *The Crusades*, p. 69-74.

4   Parmi les ouvrages historiques rédigés par des auteurs syriens dans la première moitié du XIIe siècle, mais aujourd'hui perdus, on peut citer la chronique d'Ibn Zurayq Yaḥyā al-Tanūkhī (né en 1051), qui évoquait l'installation des Francs en Syrie-Palestine (d'après Ibn ʿAsākir, *Taʾrīkh madīnat Dimashq*, éd. ʿUmar al-ʿUmrawī, 80 vol., Beyrouth, 1995-2000, vol. 64, p. 346) ; un ouvrage sur les princes d'Alep de ʿAlī Ibn Abī Jarāda (mort vers 548/1153-1154) et un dictionnaire biographique des notables d'Alep de Muhammad Ibn Abī Jarāda (mort vers 566/1170-1171), ainsi qu'un ouvrage sur les gouverneurs d'Alep de Hibat Allāh b. Saʿad Allāh Ibn al-Jibrānī (mort après 561/1165-1166). Sur ces sources que nous ne connaissons que par des citations d'auteurs postérieurs, voir C. Cahen, *La Syrie du Nord à l'époque des croisades et la principauté franque d'Antioche*, Paris, Geuthner, 1940, p. 40-44 et « L'historiographie arabe des origines au VIIe s. H », *Arabica*, 33, 1986, p. 133-198, ici, p. 174-175 ; A.-M. Eddé, « Sources arabes des XIIe et XIIIe siècles d'après

s'être opéré vers le milieu du XIIᵉ siècle, avec l'essor en Syrie d'une littérature historique régionale qui accompagna le développement de l'idéologie du *jihad* et de la réaction musulmane contre les Francs. Tandis que dans le sillage de la reprise d'Édesse en 1144 par l'émir turc Zengi (1127-1146) se développait, sous le règne de son fils Nūr al-Dīn (1146-1174), toute une propagande en faveur de la reconquête de Jérusalem, des histoires consacrées à la Syrie virent le jour, comme s'il apparaissait nécessaire de rappeler la centralité de cette région dans le mouvement de reconquête qui s'amorçait.

Une autre caractéristique de l'historiographie arabe des croisades, à cette époque, est l'absence de véritables histoires des croisades. À l'exception de la chronique de Ḥamdān al-Athāribī (mort en 1147 ou 1148), dont seuls quelques extraits nous sont parvenus au travers d'ouvrages plus tardifs[5], les auteurs médiévaux, historiens, voyageurs ou géographes, dans leur ensemble, abordent toujours les croisades au fil de leur récit, sans jamais les considérer comme un phénomène particulier dont il conviendrait d'expliquer l'origine, le déroulement et les conséquences. Les combats contre les croisés sont décrits comme un épisode parmi d'autres dans la longue succession de conflits qui opposèrent les musulmans aux chrétiens byzantins dans la région. Le terme *croisade*, qui n'apparut dans le monde latin qu'à partir du XIIIᵉ siècle, était totalement inconnu des auteurs arabes médiévaux, qui se contentaient de désigner tous les croisés, quelle que fût leur origine géographique, par le terme d'*Ifranj* (« les Francs »). L'expression arabe *al-ḥurūb al-ṣalībiyya*, traduction du terme *croisades*, ne fut utilisée par les Arabes qu'à partir du XIXᵉ siècle. C'est donc au travers de genres littéraires variés, chroniques, mais aussi biographies, correspondances, récits de voyages et traités divers, qu'il faut essayer de lire l'écriture arabe des croisades.

---

le dictionnaire biographique d'Ibn al-ʿAdīm (*Buġyat al-ṭalab fī taʾrīḫ Ḥalab*) », *Itinéraires d'Orient et d'Occident. Hommages à Claude Cahen, Res Orientales*, 6, 1994, p. 293-308, ici, p. 294-295 (aux sources citées ajouter Ibn al-Jibrānī, d'après Ibn al-ʿAdīm, *Bughyat al-ṭalab fī taʾrīkh Ḥalab*, éd. S. Zakkār, 11 vol., Damas, 1988, vol. 2, p. 741).

5   Originaire d'al-Athārib, une localité en Syrie du Nord, Ḥamdān rédigea une *Histoire d'Alep et de la conquête franque*, qui commençait en 490/1096-1097 et se terminait après 520/1126. Cet homme de lettres, aux connaissances diverses, fut tantôt au service des Francs, tantôt au service des musulmans en Syrie du Nord. Voir Cahen, *Syrie du Nord*, p. 41-42 ; Eddé, « Sources arabes », p. 294.

UN CORPUS DE TEXTES VARIÉS

La plupart des sources arabes dont nous disposons sont des textes narratifs, les documents d'archives parvenus jusqu'à nous étant beaucoup plus rares[6]. On retiendra d'abord les historiens syriens al-ʿAẓīmī (mort en 1161) et surtout Ibn al-Qalānisī (mort en 1160), qui composèrent l'un une chronique centrée sur la Syrie du Nord et l'autre une chronique axée sur la région de Damas[7]. Ibn al-Qalānisī, dont le portrait de Nūr al-Dīn (1146-1174) menant sans relâche le *jihad* contre les Francs fut abondamment repris par les historiens postérieurs[8], contribua beaucoup à répandre l'image de pieux combattant de ce souverain. Dès le milieu du XIIᵉ siècle, des recueils de *hadiths* incitant au *jihad* furent également composés par des proches du souverain, tel celui du traditionniste damascain Ibn ʿAsākir (mort en 1176)[9], que Nūr al-Dīn nomma à la

---

6 Quelques documents arabes ayant trait aux relations entre musulmans et Francs nous sont parvenus pour les XIIᵉ et XIIIᵉ siècles, rédigés en arabe ou traduits dans une autre langue, dans leur forme originale ou recopiés dans des encyclopédies ou des chroniques. Il s'agit essentiellement de documents de chancellerie (traités de paix ou de commerce, correspondance officielle). De même, des sources numismatiques, épigraphiques et archéologiques peuvent être mobilisées pour l'étude de ces relations, mais, tout comme les sources documentaires, elles ne relèvent pas à proprement parler de l'écriture des croisades et ne seront donc pas abordées ici.

7 Seule une version abrégée de l'histoire d'al-ʿAẓīmī nous est parvenue. Voir C. Cahen, « La chronique abrégée d'*al-ʿAẓīmī* », *Journal Asiatique*, 230, 1938, p. 353-448 ; *Taʾrīkh Ḥalab*, éd. I. Zaʿrūr, Damas, 1984, trad. partielle F. Monot, « La chronique abrégée d'al-ʿAẓîmî, années 518-538/1124-1144 », *Revue des études islamiques*, 59, 1991, p. 101-164. Ibn al-Qalānisī, *Dhayl taʾrīkh Dimashq*, éd. Amedroz, Leyde, 1908, trad. partielle R. Le Tourneau, *Damas de 1075 à 1154*, Damas, 1952 et H. A. R. Gibb, *The Damascus Chronicle of the Crusades*, Londres, 1932. Vers la même époque, Ibn al-Azraq al-Fāriqī, (mort après 1177) rédigea une histoire de Mayyāfāriqīn et d'Āmid (actuel Diyarbakır), deux localités de la partie septentrionale de Haute-Mésopotamie qui furent concernées par la fondation du comté d'Édesse. Cet ouvrage ne contient toutefois que très peu d'allusions à la présence franque dans la région. Voir C. Hillenbrand, *A Muslim Principality in Crusader Times. The Early Artuqid State*, Istanbul, Leiden, 1990 (éd. et trad. partielles de la chronique d'Ibn al-Azraq).

8 Tels qu'Ibn al-Athīr (mort en 1233), Sibṭ Ibn al-Jawzī (mort en 1256), Abū Shāma (mort en 1267) et al-Dhahabī (mort en 1348). Voir N. Christie, « Ibn al-Qalānisī », *Medieval Muslim Historians and the Franks in the Levant*, éd. A. Mallett, Leyde, Brill, 2014, p. 7-28, ici p. 16.

9 Auteur, par ailleurs, d'un volumineux dictionnaire biographique des personnalités ayant marqué l'histoire de la ville de Damas. Voir Ibn ʿAsākir, *Taʾrīkh madīnat Dimashq*, éd.

tête du Dār al-ḥādīth (école des traditions du Prophète) qu'il fonda à Damas[10]. Sans fournir d'informations particulières sur les croisades et les États latins, les ouvrages de ce genre, destinés à réveiller l'ardeur des combattants, n'en laissent pas moins percevoir les arguments mis en avant pour inciter à la guerre contre les Francs.

Sous le règne de Saladin (1174-1193), fondateur de la dynastie des Ayyoubides, l'écriture des croisades prit une nouvelle tournure avec, d'une part, les biographies que lui consacrèrent deux de ses proches et, d'autre part, les traités militaires et de *jihad* composés à son intention. Bahā' al-Dīn Ibn Shaddād (mort en 1234), juriste irakien de renom, installé en Syrie à la demande de Saladin, lui dédia non seulement un traité de *jihad* comparable à celui d'Ibn 'Asākir[11], mais aussi une biographie faisant son éloge et retraçant son parcours. Malgré son intention ouvertement panégyrique, le témoignage personnel qu'il nous livre sur les relations entre Saladin et les Francs ainsi que sur le déroulement de la Troisième Croisade est extrêmement précieux[12]. Également essentiel pour cette période est le récit de son contemporain d'origine iranienne, 'Imād al-Dīn al-Iṣfahānī (mort en 1201), secrétaire de chancellerie et auteur d'un grand nombre de lettres et de diplômes émis par Saladin. Ses deux ouvrages historiques majeurs, *Le Livre de la conquête de Jérusalem*, qu'il commença à rédiger du vivant même de son maître, et *L'Éclair syrien*, foisonnent de détails sur les relations entre Francs et musulmans au XIIᵉ siècle, même si, là aussi, il convient de faire la part entre le discours panégyrique et la réalité[13]. D'un genre tout à fait différent, car sans intention de décrire la croisade, l'abondante correspondance du plus

---

'U. al-'Umrawī, 80 vol., Beyrouth, 1995-2000.

10 Voir S. A. Mourad et J. E. Lindsay, *The Intensification and Reorientation of Sunni Jihad. Ideology in the Crusader Period. Ibn 'Asākir of Damascus (1105-1176) and His Age, with an Edition and Translation of Ibn 'Asākir's* The Forty Hadiths for Inciting Jihad, Leyde, Brill, 2013.

11 Il n'est pas parvenu jusqu'à nous, mais on peut s'en faire une idée au travers de son ouvrage intitulé *Dalā'il al-aḥkām min aḥādīth al-Rasūl 'alayhi al-salām*, éd. M. Shaykhānī et Z. al-D. al-Ayyūbī, 4 vol., Damas-Beyrouth, 1992, vol. 4, p. 137-220.

12 Voir Ibn Shaddād, *al-Nawādir al-sulṭāniyya wa l-maḥāsin al-Yūsufiyya*, éd. J. al-Dīn al-Shayyāl, Le Caire, 1964 ; trad. D. S. Richards, *The Rare and Excellent History of Saladin, Crusade Texts in Translation*, Aldershot, Ashgate, 2001.

13 Voir Al-Iṣfahānī, *Kitāb al-fatḥ al-qussī fī l-fatḥ al-Qudsī*, éd. Landberg, Leyde, 1888, trad. H. Massé, *Conquête de la Syrie et de la Palestine par Saladin*, Paris, 1972 et *al-Barq al-Shāmī* (partiellement conservé), t. V (années 578-580), éd. F. Ḥusayn, 'Ammān, 1987 ; L. Richter-Bernburg, *Der Syrische Blitz : Saladins Sekretär zwischen Selbstdarstellung und*

fidèle collaborateur de Saladin, le cadi al-Fāḍil (mort en 1200), contient de même de nombreuses informations sur les combats de Saladin contre les Francs[14].

Bien connu des historiens en Occident, car édité et traduit en français dès la fin du XIXᵉ siècle, l'ouvrage autobiographique d'Usāma Ibn Munqidh (mort en 1188) décrit de manière plus anecdotique et pittoresque les relations quotidiennes entre Francs et musulmans[15]. Au travers du récit de sa longue vie passée, en Syrie et en Égypte, d'abord à se former en grammaire, en littérature et en poésie, puis à chasser et surtout à guerroyer, transparaît le regard franc et direct d'un émir musulman cultivé, qui n'est pas sans refléter une certaine vision populaire des Francs. C'est de cette même époque, en 1184, que date le récit du voyageur andalou Ibn Jubayr (mort en 1217) qui relate divers aspects des rapports entre États latins et musulmans en Palestine et sur le littoral syrien[16].

Les sources musulmanes que nous possédons pour cette période sont en quasi-totalité l'œuvre d'auteurs sunnites, ce qui n'a rien de surprenant, le XIIᵉ siècle ayant été une période de renouveau sunnite dans l'ensemble de la Syrie et – à partir de 1171, date de la chute des Fatimides ismaïliens – en Égypte. Ibn Abī Ṭayyi' (mort en 1230), historien et poète chiite d'Alep, est une exception. Son œuvre historique, aujourd'hui disparue mais conservée partiellement dans les ouvrages

Geschichtsschreibung, Stuttgart, Steiner, 1998 et « 'Imād al-Dīn al-Iṣfahānī », *Medieval Muslim Historians*, éd. Mallett, p. 29-51.

14 Voir Al-Fāḍil, *al-Durr al-naẓīma min tarassul 'Abd al-Raḥīm*, éd. A. Badawī, Le Caire, s. d. ; I. al-Ḥafṣī, *Correspondance officielle et privée d'al-Qāḍī al-Fāḍil*, thèse de doctorat, Université Paris IV-Sorbonne, 4 vol., 1979. Cette correspondance a été bien exploitée par M. C. Lyons et D. E. P. Jackson, *Saladin. The politics of Holy War*, Cambridge, Cambridge University Press, 1982. Vers la même époque fut rédigée une chronique intitulée *Al-Bustān al-jāmi' li-jamī' tawārīkh al-zamān*, centrée sur la Syrie et l'Égypte, mais son auteur, sans doute syrien, reste indéterminé. Très abrégée jusque vers 518/1124, elle se développe au fur et à mesure que l'époque se rapproche de celle l'auteur. Voir éd. partielle C. Cahen, « Une chronique syrienne du VIᵉ/XIIᵉ siècle : le *Bustān al-Jāmi'* », *Bulletin d'Études Orientales*, 7-8, 1937-1938, p. 113-158.

15 Voir *Ousâma ibn Mounkidh : un émir syrien au premier siècle des croisades (1095-1188)*, éd. et trad. H. Derenbourg, Paris, 2 vol., 1886-1889, et la traduction plus moderne d'André Miquel, *Des enseignements de la vie. Souvenirs d'un gentilhomme syrien du temps des Croisades*, Paris, Imprimerie Nationale, 1983 ; voir aussi A. Miquel, *Ousâma, un prince syrien face aux croisés*, Paris, Fayard, 1986.

16 Voir Ibn Jubayr, *Riḥla*, éd. W. Wright revue par M. J. De Goeje, Londres – Leyde, 1907, trad. M. Gaudefroy-Demombynes, *Voyages*, 4 vol., Paris, 1949-1965, p. 348-364 et trad. P. Charles-Dominique, *Voyageurs arabes*, Paris, Gallimard, 1995, p. 321-332.

d'auteurs postérieurs[17], concerne surtout la fin de la dynastie fatimide au Caire et le début des Ayyoubides. En outre, elle apporte aussi un éclairage original sur la présence franque dans la région, au début du XIIe siècle, grâce aux sources orales et familiales dont disposait l'auteur.

Dans la première moitié du XIIIe siècle, les auteurs intéressés par l'histoire de la Syrie se firent plus nombreux. La chronique universelle d'Ibn al-Athīr (mort en 1233), historien originaire de Haute-Mésopotamie ayant entretenu des liens étroits avec la Syrie, est l'une des sources arabes principales sur les croisades jusqu'en 1231[18]. Son récit synthétique a l'avantage de présenter le monde musulman dans son ensemble et d'aborder les croisades comme une partie d'une expansion plus générale des Occidentaux en Méditerranée, c'est-à-dire dans la péninsule Ibérique, en Afrique du Nord, en Sicile et au Proche-Orient. Il ne fut pas le seul de son époque à produire un discours original sur les croisades. Si l'on peut trouver dans l'œuvre historique du célèbre prédicateur irakien Ibn al-Jawzī (mort en 1201)[19] quelques échos de ces événements à la cour du calife de Bagdad, c'est surtout son petit-fils Sibṭ Ibn al-Jawzī (mort en 1256) qui, ayant passé la majeure partie de sa vie à Damas dans l'entourage des princes ayyoubides, apporte un témoignage très personnel[20]. De son

---

17 Voir C. Cahen, « Une chronique chiite au temps des croisades », *Comptes rendus des séances de l'Académie des Inscriptions et Belles-lettres*, 1935, p. 258-269 ; A.-M. Eddé, « Francs et musulmans de Syrie au début du XIIe siècle d'après l'historien Ibn Abī Ṭayyi' », *Dei gesta per Francos. Études sur les croisades dédiées à Jean Richard*, éd. M. Balard, B. Z. Kedar et J. Riley-Smith, Aldershot, Routledge, 2001, p. 159-169 et « Ibn Abī Ṭayyi' » *Encyclopédie de l'Islam*, éd. K. Fleet, G. Krämer *et al.*, 3e éd., 2017.

18 Voir Ibn al-Athīr, *Al-Kāmil fī l-ta'rīkh*, 13 vol., Beyrouth, 1965-1967, trad. de la période des croisades par D. S. Richards, *The Chronicle of Ibn al-Athīr for the Crusading Period from al-Kāmil fī'l-ta'rīkh*, 3 vol., Aldershot, Ashgate, 2006-2008. Sur cet historien, voir F. Micheau, « Ibn al-Athīr », *Medieval Muslim Historians*, éd. Mallett, p. 52-83. Ibn al-Athīr fut aussi l'auteur d'une histoire des atabegs de Mossoul (*Al-Ta'rīkh al-bāhir fī l-dawla al-atābakiyya*, éd. A. A. Ṭulaymāt, Le Caire, 1963, trad. partielle dans *Recueil des Historiens des Croisades, Historiens orientaux* (*RHC, Or.*), 2/2, 1876, p. 5-375) qui contient beaucoup moins d'informations sur les Latins que sa chronique universelle. Ibn al-Athīr ne cite pas ses sources, mais, pour les premières croisades, on retrouve dans son récit des passages inspirés d'Ibn al-Qalānisī et de ʿImād al-Dīn al-Isfahānī.

19 Voir Ibn al-Jawzī, *Al-Muntaẓam fī ta'rīkh al-mulūk wa-l umam*, éd. M. et M. ʿAbd al-Qādir ʿAṭā, 19 vol., Beyrouth, 1992.

20 Il n'existe qu'une mauvaise édition d'une partie de sa chronique intitulée *Mir'āt al-zamān fī ta'rīkh al-aʿyān* (2 vol., Hyderabad, 1951-1952), et seuls quelques extraits concernant l'histoire des croisades ont été traduits dans *RHC, Or.*, 3, 1884, p. 517-570 (années 490-532/1097-1137-1138), dans Gabrieli, *Chroniques arabes*, p. 88-89 et 299-302, et dans P. Jackson, *The Seventh Crusade, 1244-1254. Sources and Documents*, Farnham, Ashgate,

côté, Kamāl al-Dīn Ibn al-'Adīm (mort en 1262), membre d'une famille influente de juristes alépins, rédigea un grand dictionnaire biographique des personnalités ayant marqué l'histoire politique ou intellectuelle de la Syrie du Nord ainsi qu'une histoire d'Alep, connue en Occident dès le début du XIXe siècle. Son récit est important non seulement pour les événements du XIIIe siècle, dont il fut le témoin direct, mais aussi pour les relations entre la Syrie du Nord, la Haute-Mésopotamie, la Cilicie et la principauté d'Antioche, au XIIe siècle, en raison des nombreuses sources écrites et orales qu'il utilisa pour cette période[21]. Abū Shāma (mort en 1268), également historien et juriste, né à Damas, fut l'auteur d'une *Histoire* des règnes de Nūr al-Dīn (1146-1174) et de Saladin (1174-1193), et d'une *Continuation* (*Dhayl*) qu'il prolongea jusqu'en 1263, deux ouvrages assez bien exploités par les historiens occidentaux des croisades, car partiellement traduits en français dès la fin du XIXe siècle[22].

Ibn Wāṣil (mort en 1298), originaire de Hama, en Syrie centrale, et proche des milieux dirigeants ayyoubides puis mamelouks, rédigea une histoire des Ayyoubides dans laquelle il fait une place à la fois à leurs prédécesseurs zenguides (1128-1174) et à leurs successeurs mamelouks de 1250 à 1263[23]. Son témoignage est particulièrement intéressant sur la croisade de Louis IX (1249-1250), car il se trouvait alors au Caire, dans

---

2009, p. 154-162 et 223-225. Pour les premières croisades, le récit de Sibṭ repose en grande partie sur Ibn al-Qalānisī et Ibn al-Athīr. Voir A. Mallett, « Sibṭ Ibn al-Jawzī », *Medieval Muslim Historians*, éd. Mallett, p. 84-108.

21 Voir Ibn al-'Adīm, *Zubdat al-ḥalab min ta'rīkh Ḥalab*, éd. S. Dahān, 3 vol., Damas, 1951-1968 (trad. partielle et pas toujours fiable d'E. Blochet, *Revue de l'Orient latin*, 3-6, 1895-1898) et *Bughyat al-ṭalab fī ta'rīkh Ḥalab*, éd. S. Zakkār, 11 vol., Damas, 1988 (quelques extraits trad. dans *RHC, Or.*, 3, 1884, p. 695-732). Voir A.-M. Eddé, « Kamāl al-Dīn 'Umar Ibn al-'Adīm », *Medieval Muslim Historians*, éd. Mallett, p. 109-135.

22 Voir Abū Shāma, *Kitāb al-rawḍatayn fī akhbār al-dawlatayn al-Nūriyya wa-l-Ṣalāḥiyya*, 2 vol., Būlāq, 1871-1875 ; éd. M. H. M. Aḥmad, 2 vol., Le Caire, 1998 ; *Al-Dhayl 'alā l-rawḍatayn*, éd. M. al-Kawtharī, Le Caire, 1947 ; trad. partielle de ces deux ouvrages dans *RHC, Or.*, 4-5, 1898-1906.

23 Voir Ibn Wāṣil, *Mufarrij al-kurūb fī akhbār Banī Ayyūb*, éd. J. al-D. al-Shayyāl (vol. 1 à 3) et Ḥ. Rabī', S. 'Āshūr (vol. 4 et 5), Le Caire, 1953-1977 (jusqu'en 645/1247-1248) ; les années 646-661 ont été éditées par 'U. 'A. S. Tadmurī, Beyrouth, 2004 et par M. Rahim, Wiesbaden, 2010 ; seuls des extraits ont été traduits par Gabrieli, *Chroniques arabes*, p. 291-299, 302-307 et 312-328, et surtout par Jackson, *The Seventh Crusade*, p. 47, 128-154 et 213-223. Ibn Wāṣil fut aussi l'auteur d'une chronique plus modeste, intitulée *Al-Ta'rīkh al-Ṣāliḥī* (éd. 'U. 'A. S. Tadmurī, 2 vol., Sayda-Beyrouth, 2010), qui s'étend jusqu'en 636/1239 et est dédiée au sultan ayyoubide d'Égypte al-Ṣāliḥ Ayyūb, mais est achevée après la mort de ce dernier. Beaucoup plus résumée que la première, elle contient quelques informations originales notamment sur la prise de Jérusalem par les croisés en

l'entourage de l'émir Ḥusām al-Dīn Ibn Abī 'Alī, vice-roi d'Égypte à la fin du règne d'al-Ṣāliḥ Ayyūb (1240-1249). S'étant mis ensuite au service des sultans mamelouks, Ibn Wāṣil fut envoyé en 1261 en ambassade à Manfred, fils de l'empereur Frédéric II, à qui il dédia un traité sur la logique. La relative connaissance qu'il acquit, à cette occasion, de l'Italie méridionale, explique le regard particulièrement favorable qu'il porte sur la dynastie des Hohenstaufen. Ibn Abī l-Damm (mort en 1242 ou 1243) et Naẓīf al-Ḥamawī (date de mort inconnue), deux auteurs ayant vécu, eux aussi, à Hama dans la première moitié du XIIIᵉ siècle, rédigèrent des chroniques universelles, dont seuls des abrégés nous sont parvenus, mais dans lesquels il est possible de glaner quelques informations intéressantes[24].

Par la suite, la croisade de Louis IX en Tunisie, en 1270, et surtout les combats des sultans mamelouks contre les Francs, qui aboutirent à la chute définitive des États latins en 1291, sont rapportés avec force détails par de très nombreuses sources égyptiennes et syriennes, chroniques et biographies de sultans, plus ou moins contemporaines des événements. On retiendra en particulier les noms de 'Izz al-Dīn Ibn Shaddād (mort en 1285), Ibn 'Abd al-Ẓāhir (mort en 1292) et son neveu Shāfi' Ibn 'Alī (mort en 1330), Abū l-Fidā' (mort en 1331), Baybars al-Manṣūrī (mort en 1325), al-Yūnīnī (mort en 1326), al-Nuwayrī (mort en 1333), Ibn al-Dawādārī (mort après 1335), al-Jazarī (mort en 1338). Les compilations plus tardives des XIVᵉ et XVᵉ siècles peuvent également être utiles lorsqu'elles citent des extraits de sources antérieures perdues. C'est le cas, par exemple, de celles d'Ibn al-Furāt (mort en 1405) et du grand historien égyptien al-Maqrīzī (mort en 1442), qui nous intéressent notamment pour les extraits qu'elles conservent de l'œuvre perdue de l'historien chiite Ibn Abī Ṭayyi' (mort en 1230)[25]. Outre ces chroniques

1099. Sur l'œuvre historique d'Abū Shāma et d'Ibn Wāṣil, voir K. Hirschler, *Medieval Arabic Historiography : Authors as Actors*, Londres, Routledge, 2006.

24 Voir Ibn Abī l-Damm, *Al-Ta'rīkh al-Islāmī al-ma'rūf bi-ism al-Ta'rīkh al-Muẓ affarī*, éd. Ḥ. Z. Ghānim Zayyān, Le Caire, 1985 et *Kitāb al-shamārīkh fī l-tawārīkh*, éd. et trad. partielles D. S. Richards, *Bulletin d'Études Orientales*, 45, 1993, p. 183-200 (années 617-626/1220-1229) ; Ibn Naẓīf, *al-Ta'rīkh al-Manṣūrī*, éd. Abū l-'Īd Dūdū, Damas, 1981, notamment p. 151 et 160 pour les relations entre Frédéric II et la secte des Assassins.

25 Voir V. et M. C. Lyons et J. S. C. Riley Smith, *Ayyubids, Mamlukes and Crusaders. Selections from the Tārīkh al-Duwal wa'l-Mulūk of Ibn al-Furāt*, 2 vol. Cambridge, Heffer and Sons, 1971 [extraits éd. et trad. des vol. 5, 6 et 7 (années 641-676/1243-1277)] ; Al-Maqrīzī, *Kitāb al-sulūk li ma'rifat duwal al-mulūk*, éd. M. Ziyāda et S. A. 'Ashūr, 4 vol., Le Caire,

et biographies de sultans, d'importants dictionnaires biographiques regroupant des notices sur des personnages illustres – genre littéraire très en vogue au Proche-Orient dès le IXe siècle – fournissent parfois des informations sur les relations entre Francs et musulmans, mais elles sont trop éparpillées pour être évoquées ici[26].

COMPRENDRE LES CROISADES

Tous ces auteurs, qui vécurent entre le début du XIIe et la fin du XIIIe siècle, en Égypte et en Syrie, ne portèrent pas le même intérêt aux divers aspects des croisades[27], mais la plupart s'interrogèrent sur l'origine de l'offensive occidentale. Certains, constatant que les premiers croisés étaient arrivés par le territoire byzantin, avec le soutien en hommes et en argent de l'empereur, voulurent y voir un prolongement des affrontements entre Byzantins et musulmans en Haute-Mésopotamie et en Syrie du Nord. Jusqu'au milieu du XIe siècle, en effet, les escarmouches dans cette région entre Fatimides et Byzantins – ces derniers ayant

---

1939-1973, trad. des années 567-648/1171-1250 par R. J. C. Broadhurst, *A History of the Ayyūbid Sultans of Egypt*, Boston, Library of Classical Arabic Literature, 1980 et trad. partielle des années 648-708/1250-1309 par E. M. Quatremère, *Histoire des sultans mamlouks*, 2 vol., Paris, 1837-1842. Sur les sources de la première période mamelouke, voir D. Little, *History and Historiography of the Mamluks*, Londres, Variorum Reprints, 1986 et « Historiography of the Ayyūbid and Mamlūk epochs », *The Cambridge History of Egypt*, vol. I, *Islamic Egypt, 640-1517*, éd. C. F. Petry, Cambridge, Cambridge University Press, 1998, p. 412-444 ; K. Hirschler, « Studying Mamluk Historiography. From Source Criticism to the Cultural Turn », *Ubi sumus ? Quo vademus ? Mamluk Studies. State of the Art*, éd. S. Conermann, Bonn, 2013, p. 159-186.

26　Sur cette littérature biographique désignée par le terme *Ṭabaqāt* (« classes »), voir J. Hafsi, « Recherches sur le genre 'Ṭabaqât' de la littérature arabe », *Arabica*, 23, 1976, p. 227-265 et 24, 1977, p. 1-41 et 150-186 ; W. al-Qâdî, « Biographical Dictionaries : Inner Structure and Cultural Significance », *The Book in Islamic World. The Written World and Communication in the Middle East*, éd. G. N. Atiyeh, Albany, State University of New York Press, 1995, p. 93-122 ; *Encyclopédie de l'Islam*, 2e éd., éd. T. Bianquis *et al.*, Leyde, 1998, « Ṭabaḳāt » (Cl. Gilliot).

27　Voir F. Micheau, « Les croisades vues par les historiens arabes d'hier et d'aujourd'hui », *Le Concile de Clermont de 1095 et l'appel à la Croisade*, Rome, École française de Rome, 1997, p. 345-360 ; Hillenbrand, *The Crusades*, p. 257-439 ; A.-M. Eddé, « La vision des Francs dans les sources musulmanes à l'époque des croisades (1099-1250) », *Islam et monde latin (milieu X^e-milieu XIIIe). Espaces et enjeux*, Paris, ADHE, 2000, p. 61-80.

repris Antioche aux musulmans en 969 – n'étaient pas rares. L'avancée des Turcs seldjoukides en Iran puis en Irak, au milieu du XIᵉ siècle, la déroute qu'ils infligèrent aux Byzantins à Mantzikert en 1071, leur expansion vers l'Anatolie et leur conquête d'Antioche en 1084 pouvaient laisser penser aux musulmans que l'empereur byzantin, aidé des Francs, cherchait à prendre sa revanche. Regagner les territoires conquis par les Seldjoukides était d'ailleurs l'objectif affiché d'Alexis Comnène (1081-1118) lorsqu'il fit prêter serment, à Constantinople, aux chefs de la Première Croisade. C'est la raison pour laquelle certains poètes, tel le Bagdadien al-Abīwardī, cité plus haut, emploient le terme de *Rūm* (« Romains » ou « Byzantins ») pour désigner les Francs[28]. Les musulmans n'en perçurent pas moins assez tôt les premières dissensions entre croisés et Byzantins, puisqu'al-'Azīmī relève dans sa narration des événements de l'année 489/1096 que « le roi des *Rûm* Alexis écrivit aux musulmans pour les informer de l'arrivée des Francs[29] ». Ibn al-Athīr fait lui aussi état dans son récit de la Première Croisade de cette animosité entre l'empereur et les Francs, le premier, d'après lui, incitant les seconds à attaquer les Turcs, espérant que ces derniers les élimineraient jusqu'au dernier[30].

Voir dans les croisades un prolongement des guerres byzantines n'était donc pas suffisant. En Syrie, les auteurs arabes comprirent assez vite que la croisade s'inscrivait dans un contexte occidental plus large. Le premier à l'évoquer, nous l'avons dit, fut le Damascain al-Sulamī (mort en 1106), qui, même s'il ne perçut pas les motivations religieuses des croisés, replaça clairement la Première Croisade dans le contexte de l'expansion occidentale en Méditerranée et comprit que son objectif ultime était Jérusalem, vision qu'Ibn al-Athīr reprit et développa un siècle plus tard. L'un comme l'autre montrèrent ainsi que l'ensemble du monde musulman – et pas seulement la Syrie – était concerné par l'offensive chrétienne. C'est l'Islam dans son universalité qui, selon eux, paraissait menacé. Quelques décennies plus tard, cette soif de conquêtes, hors des frontières de la Terre Sainte, est encore soulignée dans certains récits de la Deuxième Croisade : « Ils n'étaient pas d'accord sur la ville musulmane

---

28 Voir Hillenbrand, *The Crusades*, p. 69-72. Une confusion qui, dans le cas d'Abīwardī peut aussi être due au fait qu'il vivait en Irak, loin du théâtre des opérations.

29 Al-'Azīmī, *Ta'rīkh Ḥalab*, éd. Za'rūr, p. 358.

30 Voir Ibn al-Athīr, *Kāmil*, trad. Richards, Part 1, p. 14.

qu'ils iraient assiéger en territoire syrien et finirent par convenir entre eux de s'attaquer à la ville de Damas », écrit Ibn al-Qalānisī[31].

Au cours de la Troisième Croisade, l'objectif des croisés, qui était la reprise de Jérusalem et la récupération de certaines reliques telles que celle de la Vraie Croix perdue lors de la bataille de Ḥaṭṭīn (4 juillet 1187), ne faisait plus de doute pour les auteurs arabes. Ainsi, Ibn al-Athīr raconte, d'après le récit d'un prisonnier franc, comment la mère de ce dernier avait vendu tous ses biens pour envoyer son fils unique « libérer Jérusalem[32] ». Cette prise de conscience de l'importance que les Occidentaux accordaient à la ville sainte amena les musulmans à développer, vers le milieu du XIIᵉ siècle, une propagande de plus en plus active autour du thème de sa reconquête, en encourageant notamment la rédaction des *Faḍā'il al-Quds*, des ouvrages qui célébraient ses mérites et sa gloire[33]. De même, le lien qui existait entre l'aspiration des croisés à accomplir le pèlerinage et leur départ pour la croisade fut alors mieux compris. Il est rapporté, par exemple, que Saladin, au lendemain de la trêve conclue avec Richard Cœur de Lion en 1192, facilita l'accès de Jérusalem aux croisés afin de leur permettre de réaliser leur vœu de pèlerinage, espérant sans doute qu'ils seraient moins enclins, dans l'avenir, à reprendre le chemin de la Terre Sainte.

Le rôle de la papauté dans l'organisation des croisades fut, lui aussi, progressivement mieux perçu par les musulmans. Ibn al-Athīr relate qu'en 1217, c'est à l'initiative du pape que la Cinquième Croisade se mit en branle :

> Cette année-là [614/1217] les renforts des Francs arrivèrent par mer, depuis Rome et les autres pays francs d'Occident et du Nord, mais tous organisés par le seigneur de Rome (le pape) qui occupe chez eux un rang très élevé, au point qu'ils n'osent ni lui désobéir ni s'écarter de ses ordres, dans la bonne et la mauvaise fortune. Il fit donc partir de ses États les armées avec un groupe de chefs francs et il ordonna aux autres rois francs de venir en personne ou d'envoyer une armée. Ils obéirent à cet ordre et se concentrèrent à Acre sur le littoral de Syrie[34].

---

31 Voir Ibn al-Qalānisī, *Dhayl*, trad. Le Tourneau, p. 294.
32 Ibn al-Athīr, *Kāmil*, trad. Gabrieli, *Chroniques arabes*, p. 209-210 et trad. Richards, Part 2, p. 364.
33 Ce genre littéraire consistant à vanter les mérites d'une ville ou d'une région se développa dès le IXᵉ siècle en Islam. L'un des plus anciens ouvrages écrits à la gloire de Jérusalem date du début du XIᵉ siècle, c'est-à-dire bien avant les croisades ; voir Hillenbrand, *The Crusades*, p. 162-163.
34 Ibn al-Athīr, *Kāmil*, trad. Gabrieli, *Chroniques arabes*, p. 282 et trad. Richards, Part 3, p. 174.

L'auteur relève ainsi, très justement, le rôle prépondérant d'Innocent III (1198-1216) dans la préparation de la Cinquième Croisade. Il ne fut pas le seul à donner cette image d'un pape tout-puissant en Occident. Dans la notice sur Rome de son volumineux dictionnaire géographique, Yāqūt (mort en 1229), grand voyageur et bibliophile, dit pareillement que le pape (*bābā*) joue en Occident le rôle d'un imâm et que quiconque lui désobéit est aussitôt condamné et banni[35]. Ibn Wāṣil, qui séjourna en Italie du Sud en 1261, écrit de son côté :

> On dit que ce pape est pour eux le vicaire et le lieutenant du Messie, qu'il peut fixer le licite et l'illicite, couper et séparer. C'est lui qui impose aux rois la couronne royale et qui établit sur le trône, et dans leur loi, rien ne s'accomplit sinon par lui[36].

La Cinquième Croisade, enfin, fut jugée par certains comme une menace non seulement pour l'Égypte et la Palestine, mais aussi pour l'Islam et ses lieux saints. Sibṭ Ibn al-Jawzī, contemporain des événements, nous rapporte les propos qu'il tint lui-même au prince ayyoubide al-Ashraf qui tardait à envoyer des secours en Égypte à son frère al-Kāmil (1218-1238) :

> Les musulmans sont en difficulté. Si les Francs s'emparaient de l'Égypte, ils prendraient possession [des territoires] jusqu'au Ḥaḍramawt (au Yémen), parviendraient jusqu'à La Mecque, Médine et la Syrie, alors que toi tu te divertis. Lève-toi tout de suite et mets-toi en marche[37] !

Quelques années plus tard, la croisade pacifique de Frédéric II, qui aboutit en 1229 à la signature par l'empereur et le sultan d'Égypte al-Kāmil du traité de Jaffa par lequel Jérusalem fut rendue aux Francs, à l'exception notable de l'esplanade des mosquées, laissa un souvenir contrasté dans la mémoire des musulmans. Si Sibṭ Ibn al-Jawzī dénonça avec force cet accord, c'est en grande partie parce qu'al-Nāṣir Dā'ūd de Damas, le prince ayyoubide au service duquel il se trouvait, était en conflit avec son oncle al-Kāmil. Sibṭ Ibn al-Jawzī n'en décrit pas moins la personnalité de l'empereur sous un jour favorable, jugeant, comme ses

---

35 Voir Yāqūt, *Muʿjam al-Buldān*, 5 vol., Beyrouth, 1955-1957, vol. 3, p. 100 et trad. dans B. Lewis, *Comment l'Islam a découvert l'Europe*, Paris, La Découverte, 1984, p. 179.

36 Gabrieli, *Chroniques arabes*, p. 305.

37 Sibṭ Ibn al-Jawzī, *Mirʾāt al-zamān*, vol. 1, p. 619. Al-Ashraf possédait les territoires ayyoubides de Haute-Mésopotamie, mais se trouvait alors en Syrie, où Sibṭ Ibn al-Jawzī le rencontra.

contemporains, qu'il était finalement plus proche des musulmans que des chrétiens d'Occident. Ibn Wāṣil, lui, met directement la croisade de Frédéric II en relation avec le conflit qui opposait alors les deux frères ayyoubides, al-Kāmil du Caire et al-Muʿaẓẓam (1218-1227) de Damas. Ce dernier ayant fait appel aux mercenaires turcs khwarizmiens pour résister aux visées de son frère sur son territoire, al-Kāmil aurait envoyé à Frédéric II, dès l'année 1226, une ambassade dirigée par l'émir Fakh al-Dīn Ibn al-Shaykh[38] pour lui proposer une alliance qu'Ibn Wāṣil rapporte en ces termes :

> Al-Kāmil envoya l'émir Fakhr al-Dīn Yūṣuf, fils du chef des soufis Ṣadr al-Dīn, à l'empereur Frédéric, maître d'Apulie (les Pouilles) et de Sicile, pour lui demander de venir à Acre. Il lui promit de lui remettre Jérusalem et d'autres conquêtes d'al-Nāṣir (Saladin). Il voulait ainsi préoccuper son frère al-Malik al-Muʿaẓẓam afin que celui-ci sente le besoin de s'entendre avec lui et de lui obéir[39].

Pour cet historien, al-Kāmil aurait ainsi lui-même provoqué la croisade de Frédéric II en raison des divisions au sein même de sa famille. Notons que l'image de l'empereur donnée par les sources arabes fut généralement positive non seulement parce qu'il s'entourait de musulmans et s'intéressait à la langue et à la culture arabe, mais aussi parce qu'il était l'adversaire le plus acharné du pape, considéré par les musulmans comme la source de tous leurs maux. Ibn Naẓīf, qui fut un temps fonctionnaire auprès du prince ayyoubide al-Manṣūr de Homs, conserva dans l'*Histoire* abrégée qu'il dédia à son maître (*Ta'rīkh al-Manṣūrī*) quelques pièces d'archives originales, parmi lesquelles deux lettres de Frédéric II adressées, après son retour de Terre Sainte, à l'émir Fakhr al-Dīn Ibn al-Shaykh. Dans ces lettres, l'empereur faisait part des conflits qui l'opposaient au pape et des menaces qui pesaient sur son territoire en Italie méridionale. Et l'auteur de conclure après avoir retranscrit le contenu de ces lettres :

> Nous avons enregistré ici ces lettres pour mettre en lumière les possessions de ce roi empereur et sa puissance. En effet, personne dans toute la chrétienté n'a détenu un pouvoir pareil au sien depuis les temps d'Alexandre : tout

---

38 Voir H. L. Gottschalk, *Al-Malik al-Kāmil von Egypten und seine Zeit*, Wiesbaden, Harrassowitz, 1958, p. 141-142 ; R. S. Humphreys, *From Saladin to the Mongols. The Ayyubids of Damascus, 1193-1260*, New York, State University of New York Press, 1977, p. 184.

39 Ibn Wāṣil, *Mufarrij*, éd. Rabīʿ et ʿĀshūr, vol. 4, p. 206-207.

spécialement en ce qui regarde sa puissance, son attitude opposée au pape, leur calife, et son audace pour marcher contre lui et le repousser[40].

Bien différente fut l'image que les auteurs musulmans retinrent de Louis IX et de sa croisade vers l'Égypte en 1249. « Comment a-t-il pu venir à l'esprit de Votre Majesté, avec toute sa vertu, la sagesse et le bon sens que je découvre en elle, de s'embarquer sur un navire et de venir en ce pays si rempli de musulmans et de troupes, avec la conviction qu'elle pourrait s'en emparer[41] ? », s'exclama un émir kurde égyptien en s'adressant au roi de France fait prisonnier à al-Manṣūra en février 1250. Son étonnement traduit bien l'incompréhension des musulmans face à cette nouvelle croisade, à une époque où la puissance des mamelouks s'affirmait en Égypte. N'avaient-ils pas démontré, quelques années plus tôt, leur supériorité militaire en écrasant les Francs, en 1244, à La Forbie près de Gaza, victoire célébrée en grande pompe au Caire lors du retour des troupes et de leurs nombreux prisonniers ? C'est ce même étonnement qu'exprime un fonctionnaire mamelouk du début du XIVᵉ siècle, Qaraṭāy al-'Izzī, lorsqu'il décrit dans sa chronique une entrevue entre Frédéric II et Louis IX au cours de laquelle l'empereur dit au roi de France :

> « Où prétends-tu aller ? – Par Dieu absolument, en Égypte et à Jérusalem », déclara le Français. Et l'empereur de lui répondre, entre autres paroles : « Cela ne te convient pas, ne va pas en Égypte, considère la chose en toi-même avec tes princes, ceux qui te sont attachés et ceux qui ne te sont pas. J'ai marché contre elle en l'année tant et tant, sous le règne d'al-Malik al-Kāmil, j'ai enlevé aux musulmans Jérusalem et tous les villages situés entre cette ville et Acre, et stipulé avec al-Kāmil que ces localités seraient la propriété des Francs et qu'aucun musulman ne resterait à Jérusalem. Si je me suis borné à cela c'est que je m'étais rendu compte de l'impossibilité de combattre les princes, les émirs et toutes les troupes qui se trouvaient dans le pays et de mon impuissance en face d'eux. Tu ne pourras prendre ni Damiette, ni Jérusalem, ni l'Égypte[42]. »

---

40 Ibn Naẓīf al-Ḥamawī, *Al-Ta'rīkh al-Manṣūrī*, éd. Abū l-'Īd Dūdū, Damas, 1981, p. 194 et trad. Gabrieli, *Chroniques arabes*, p. 310.

41 Ibn Wāṣil, *Mufarrij*, éd. Tadmurī, p. 133 et trad. Gabrieli, *Chroniques arabes*, p. 326 ; A.-M. Eddé, « Saint Louis et la Septième Croisade vus par les auteurs arabes », *Cahiers de recherches médiévales*, 1, 1996, p. 65-92 ; Jackson, *The Seventh Crusade*, p. 153.

42 Qaraṭāy (ou Qirṭāy) al-'Izzī, *Ta'rīkh majmū' al-nawādir*, éd. 'U. 'A. S. Tadmurī, Sayda-Beyrouth, 2005, p. 119-120, trad. de cet extrait dans C. Cahen, *Orient et Occident au temps des Croisades*, Paris, Aubier, 1983, p. 241-242 (ici légèrement modifiée d'après l'édition).

APPELER AU *JIHAD*

Les sources montrent que les musulmans prirent vite conscience que leurs divisions politiques et religieuses avaient grandement facilité la fondation des États latins à la fin du XIᵉ siècle. Les auteurs n'ont donc de cesse, dès l'époque d'al-Sulamī, d'appeler au rassemblement politique présenté comme la condition essentielle du succès du *jihad*. Cette unité commença à s'opérer sous le règne des princes zenguides de Syrie (1128-1174) et se poursuivit à l'époque de Saladin (1174-1193). Celui-ci consacra, en effet, tous ses efforts, durant les dix premières années de son règne, à reconstruire l'union entre l'Égypte, la Syrie et la Haute-Mésopotamie, qui avait volé en éclat à la mort de Nūr al-Dīn. Dans une lettre rédigée par son fidèle cadi al-Fāḍil et adressée à l'un de ses émirs, Saladin écrivait :

> Maintenant que toutes les contrées musulmanes sont placées sous notre juridiction ou celle de nos subordonnés, nous devons, en retour de cette faveur du ciel, diriger notre résolution, utiliser toute notre puissance contre les Francs maudits[43].

Les souverains, à qui revenait ainsi la responsabilité de conduire le *jihad*, devaient se montrer respectueux de la loi divine et se consacrer entièrement à leur mission de protection de la communauté musulmane. La figure du prince héroïque qui n'hésite pas à risquer sa vie et ses biens pour combattre les « infidèles », pendant que les autres souverains ne songent qu'à se divertir, fut valorisée par la plupart de nos auteurs. Dans les lettres adressées au calife de Bagdad, les secrétaires de Saladin ne se privaient pas de dénigrer ses opposants musulmans, qui délaissaient la Guerre sainte pour ne s'occuper que d'argent et de loisirs, tout en insistant, par contraste, sur sa « conversion » personnelle qui l'avait conduit, dès sa prise de pouvoir en Égypte, à renoncer aux futilités de la vie pour se consacrer aux affaires de l'État[44]. Le souverain héroïque étant aussi celui qui ne craint pas la mort dans le combat contre les « infidèles », le statut de martyr lui assurant une nouvelle vie dans l'au-delà, Saladin, selon l'un de ses biographes, aurait crié sur son lit de mort :

---

43   E. Sivan, *L'Islam et la croisade*, p. 104 (d'après Abū Shāma, éd. Būlāq, vol. 2, p. 49) ;
     A.-M. Eddé, *Saladin*, Paris, Flammarion, 2008, p. 204.
44   Voir Eddé, *Saladin*, p. 203.

Amenez-moi mon cheval afin que je prenne part au combat, que je sois tué pour Allah, et que je lutte jusqu'à ce que je tombe épuisé : je vois une duperie à mourir dans mon lit, alors que vous m'avez connu vaillant et non couard[45].

Quelques décennies plus tard, en 1230, le prince ayyoubide de Hama, al-Malik al-Muẓaffar II (1229-1244), de retour d'une expédition victorieuse contre les Hospitaliers du Crac des Chevaliers, est, lui aussi, loué en ces termes par le poète : « Ce roi qui, lorsque les autres princes se plongent dans les plaisirs de la chasse, poursuit pour les vaincre les hommes blonds (Banū l-Aṣfar, c'est-à-dire les Francs) et c'est là son gibier[46]. »

Au début de l'époque mamelouke, la propagande en faveur du *jihad* connut un nouvel essor, car mener le combat contre les « infidèles », qu'ils fussent mongols ou francs, était un excellent moyen de légitimer un pouvoir dont s'étaient emparés d'anciens esclaves affranchis. La valorisation du combat contre les Francs passa également par le dénigrement des pouvoirs précédents. Ibn 'Abd al-Ẓāhir, en affirmant que les conquêtes du sultan Baybars (1260-1277) « mirent fin à une période de carence et de torpeur de la part des souverains[47] », dénonçait les alliances que certains princes ayyoubides avaient précédemment conclues avec les Francs. Deux souverains furent néanmoins épargnés par ces critiques : Saladin, qui avait fait du *jihad* contre les Francs le cœur de sa politique, et al-Ṣāliḥ Ayyūb, l'ancien maître de ces Mamelouks qui revendiquaient son héritage. Au début des années 1260, ce furent les Mongols qui apparurent désormais comme les plus menaçants pour l'Islam. La propagande du sultan mit alors l'accent sur son *jihad* prioritairement dirigé contre eux avec de nouveaux arguments. Baybars fut présenté comme l'« Alexandre du temps », un titre qui fut introduit dans sa titulature entre 1266 et 1269, car de même que dans le Coran, Alexandre (Dhū l-Qarnayn) repoussa les peuples sauvages de Gog et Magog (Coran, XVIII, 83-97), de même Baybars sauva l'Islam en empêchant les Mongols de s'établir en Syrie et en Égypte[48].

---

45   Al-Iṣfahānī, *Kitāb al-fatḥ al-qussī fī l-fatḥ al-Qudsī*, trad. Massé, p. 177.

46   Un vers anonyme cité par al-'Aynī (mort en 1451), trad. *RHC, Or.*, 2, 1876, p. 195.

47   Voir Sivan, *L'Islam et la croisade*, p. 165.

48   Voir D. Aigle, « Les inscriptions de Baybars dans le Bilād al-Šām. Une expression de la légitimité du pouvoir », *Studia Islamica*, 97, 2003, p. 57-85 ; A.-M. Eddé, « Baybars et son double : de l'ambiguïté du souverain idéal », *Le Bilād al-Šām face aux mondes extérieurs. La perception de l'Autre et la représentation du Souverain*, éd. D. Aigle, Beyrouth, Ifpo, 2012, p. 73-86.

En période d'accalmie, lorsque le danger mongol semblait provisoirement écarté, les Mamelouks se retournaient contre les Francs. L'argument principal de la propagande anti-franque des premiers sultans mamelouks fut alors d'insister sur la nécessité de parachever l'œuvre entamée par Saladin, c'est-à-dire d'obtenir l'extermination totale des Francs, en misant sur leur isolement et leur infériorité militaire[49]. Le secrétaire et biographe de Baybars, Ibn 'Abd al-Ẓāhir, rédigea lui-même, dans un style lyrique, la lettre annonçant à Bohémond la prise d'Antioche en 1268, dans laquelle on peut lire :

> Aucune défense ne t'est venue des cavernes creusées au sommet de tes hautes montagnes ni de tes ravins qui traversent la frontière et frappent l'imagination [...]. Si tu avais contemplé les croix brisées de tes églises, les feuillets des évangiles éparpillés, les tombeaux des patriarches violés ! Si tu avais découvert ton ennemi musulman piétiner l'emplacement de la messe, égorger sur l'autel moines, prêtres et diacres, porter le coup soudain aux patriarches et réduire en esclavage les princes royaux ! Si tu avais admiré les incendies dévorer tes châteaux, vos morts brûler dans les flammes de ce monde avant de séjourner à jamais en enfer, [...] alors tu aurais dit : « Oh ! Que ne suis-je moi-même poussière ! Pourquoi fallut-il donc qu'une lettre m'apportât pareille nouvelle[50] ! »

Les historiens de l'époque mamelouke écrivant pour la plupart soit peu de temps avant la disparition des États latins, soit bien après, il n'est guère étonnant de les voir exprimer ainsi un net sentiment de supériorité avec la conviction que l'Islam sortirait de toute manière vainqueur de cet affrontement. Les sultans – Baybars en particulier – furent alors présentés comme les nouveaux champions d'un *jihad* mené avec le soutien des élites religieuses. La chute d'Acre, en 1291, sous le règne d'al-Ashraf (1290-1294) fut même célébrée par les poètes comme le triomphe définitif de l'Islam sur la chrétienté :

> Dieu soit loué ! Le royaume de la croix a péri, et grâce aux Turcs la religion de l'élu arabe [le Prophète] a triomphé [...].
> Après la destruction d'Acre, l'infidélité n'aura d'autre salut, sur terre comme sur mer, que dans la fuite[51].

---

49 Voir Sivan, *L'Islam et la croisade*, p. 171-174.
50 Ibn 'Abd al-Ẓāhir, *Al-Rawḍ al-zāhir fī sīrat al-Malik al-Ẓāhir*, éd. 'A. al-'A. al-Ḫuwayṭir, Riyad, 1976, p. 309-313, trad. Gabrieli, *Chroniques arabes*, p. 340-341.
51 Vers cités par al-Jazarī, *Ta'rīkh ḥawādith al-zamān*, éd. 'U. 'A. S. Tadmurī, 3 vol., Beyrouth, 1998, vol. 1, p. 61-62 ; voir aussi Sivan, *L'Islam et la croisade*, p. 183 et Hillenbrand, *The*

LA VISION DE L'AUTRE

Rechercher dans les sources une vision globale et universelle des Francs n'aurait pas grand sens, les musulmans faisant très bien la différence entre des croisés fraîchement débarqués, ignorant tout du terrain et des populations locales, et des Francs nés en Orient (les « Poulains »), beaucoup plus habitués à discuter – parfois même en arabe – avec leurs voisins musulmans[52]. Il n'en demeure pas moins que la plupart des auteurs arabes s'attachent d'abord à décrire les comportements des Francs sur le champ de bataille. Les sources sont quasiment unanimes à reconnaître la bravoure et le courage de leurs adversaires. Souligner ainsi leur ardeur au combat permettait, bien sûr, de valoriser les victoires remportées par les musulmans, mais reflétait aussi une réelle admiration pour leurs exploits guerriers. Les ordres militaires, en particulier, étaient tout à la fois honnis et respectés, car ils représentaient une force de frappe redoutable, comme en témoigne cette exclamation d'Ibn Wâsil à propos des émirs mamelouks, vainqueurs de Louis IX en 1250 : « Ils furent les Templiers de l'Islam[53] ! »

De manière générale, les auteurs musulmans appréciaient les Francs qui respectaient les mêmes valeurs que celles qu'ils exigeaient des émirs musulmans : courage, respect de la parole donnée, hospitalité et protection des personnes sans défense. C'est la raison pour laquelle il n'est pas rare de trouver sous leur plume l'éloge de tel ou tel chevalier franc ayant fait preuve de sens de l'honneur[54]. C'est aussi pour cela que Renaud de Châtillon, seigneur d'Outre-Jourdain, connu pour avoir rompu plusieurs fois son serment, jouit d'une image particulièrement négative auprès des musulmans. À l'opposé, l'empereur Frédéric II est décrit par tous les auteurs arabes – même par ceux, tel Sibṭ Ibn al-Jawzī, qui

Crusades, p. 237-240.

52 Voir M. A. Köhler, *Alliances and Treaties between Frankish and Muslim Rulers in the Middle East. Cross-Cultural Diplomacy in the Period of the Crusades*, trad. de l'allemand par P. Holt, Leyde, Brill, 2013.

53 Ibn Wāṣil, *Mufarrij*, éd. Rahim, p. 70, n. 2, trad. Gabrieli, *Chroniques arabes*, p. 321.

54 Voir A.-M. Eddé, « L'honneur des chevaliers francs dans les sources arabes à l'époque des croisades », *L'Islam au carrefour des civilisations médiévales*, éd. M. Sot et D. Barthélemy, Paris, Presses de l'Université Paris-Sorbonne, 2012, p. 135-151.

étaient hostiles au traité de Jaffa – comme un souverain ouvert, cultivé et proche des musulmans. Certaines rumeurs, relayées par Ibn al-Furāt, au XIVe siècle, faisaient même de lui un musulman converti en secret[55].

Les relations entre Francs et musulmans pendant les deux siècles que durèrent les croisades furent loin d'être exclusivement militaires. Non seulement des musulmans continuèrent de vivre dans les territoires latins, mais de longues périodes de trêve permirent aussi aux uns et aux autres de négocier, de commercer et de coexister pacifiquement. Usāma Ibn Munqidh nous a laissé de ces contacts des descriptions imagées qu'il faut pouvoir lire avec un certain recul, les anecdotes qu'il rapporte sur les mœurs franques étant davantage destinées à divertir son lecteur, dans la tradition du genre littéraire appelé *adab*, qu'à être un fidèle reflet de la réalité. Même si l'étonnement des musulmans face aux comportements des Francs fut dans certains cas réel, Usāma, en racontant de plaisantes anecdotes, forçait à dessein le trait pour donner à ses contemporains l'occasion de se moquer de ces nouveaux occupants[56].

LE POINT DE VUE DES AUTEURS ARABES CHRÉTIENS

S'il est aisé de situer le camp dans lequel se rangèrent les auteurs musulmans, il est plus difficile de discerner le sentiment profond des auteurs arabes chrétiens. De quelle manière les melkites, les syriaques ou les coptes de Syrie, de Mésopotamie et d'Égypte, ont-ils perçu les croisades, eux qui avaient été au centre de l'appel du pape Urbain II, en 1095, lorsqu'il avait appelé les chevaliers occidentaux à aller porter secours à leurs « frères » des pays d'Orient persécutés par un peuple turc « venu de Perse[57] » ?

Notre objectif n'est pas de présenter ici l'ensemble de l'historiographie chrétienne orientale, mais de nous intéresser uniquement aux ouvrages rédigés en langue arabe par des chrétiens vivant au Proche-Orient,

---

55   Voir Ibn al-Furāt, *Ta'rīkh*, éd. et trad. L. et R. Smith, *Ayyubids, Mamlukes and Crusaders*, vol. 1, p. 48 et vol. 2, p. 39.
56   Voir Hillenbrand, *The Crusades*, p. 259-262, 276-282 et 347-365.
57   Voir Foucher de Chartres, *Historia Hierosolymitana*, *RHC, Historiens Occidentaux*, 3, 1866, p. 323.

sous domination musulmane. Nous ne parlerons donc ni des auteurs arméniens qui rédigèrent des chroniques dans leur propre langue, hors du territoire de l'Islam, et se montrèrent souvent favorables aux croi-sés[58], ni des auteurs syriaques tels que le patriarche jacobite Michel le Syrien (mort en 1199), qui composa en syriaque, dans le monastère de Barsauma, siège du patriarcat jacobite au XIIe siècle, une importante histoire universelle allant jusqu'en 1195[59]. Au siècle suivant, un autre prélat jacobite syriaque, Bar Hebraeus (mort en 1286), qui partagea sa vie entre la Haute-Mésopotamie, la Syrie du Nord et la cour mongole, occupe dans cette historiographie une place intermédiaire, car il rédigea ses ouvrages à la fois en syriaque et en arabe. Sa chronique universelle, rédigée en syriaque, accorde une place importante aux croisades et aux États latins, avec des informations puisées chez Michel le Syrien et dans quelques chroniques arabes et persanes, dont certaines sont aujourd'hui perdues[60]. Sa chronique arabe ne comporte, en revanche, pour les croi-

---

58   Même si certains souverains musulmans – le sultan seldjoukide Malikshāh (1072-1092) en particulier – furent loués par des auteurs arméniens tels que Matthieu d'Édesse (*RHC, Documents arméniens*, 2 vol., 1869-1896) : voir C. Cahen, *Syrie du Nord*, p. 97-100 ; G. Dédéyan, *Les Arméniens entre Grecs, Musulmans et Croisés : étude sur les pouvoirs arméniens dans le Proche-Orient méditerranéen, 1068-1150*, 2 vol., Lisbonne, Bibliothèque arménolo-gique de la Fondation Calouste Gulbenkian, 2003.

59   Voir Michel le Syrien, *Chronique syriaque*, éd. et trad. J.-B. Chabot, Paris, 4 vol., 1899-1914. Le monastère de Barsauma était situé dans la région de Malaṭyā, à l'est de la Turquie actuelle, dominée, à la fin du XIIe siècle, par les Seldjoukides de Rūm. Une autre chro-nique syriaque, anonyme, fut rédigée dans la première moitié du XIIIe siècle (jusqu'en 1234). Axée principalement sur les événements de Haute-Mésopotamie et d'Anatolie, elle apporte certaines informations absentes des autres sources, notamment sur les deux prises d'Édesse, en 1144 par Zengi, puis en 1146 par Nūr al-Dīn, ou la prise de Jérusalem par Saladin en 1187, car l'auteur séjournait alors dans la ville sainte : *Anonymi auctoris Chronicon ad annum Christi 1234 pertinens*, Part. 1, éd. J.-B. Chabot, Paris, 1920 (CSCO, *Scriptores Syri, Series tertia*, t. 14) et trad. A. Abouna, Louvain, 1974 (CSCO, *Scriptores Syri*, vol. 154), ici p. 89-95, 104-111 et 149-150.

60   Voir *The Chronography of Gregory Abū l-Faraǧ the son of Aaron*, éd. et trad. E. A. W. Budge, Londres, 2 vol., 1932 ; trad. P. Talon, *La Chronographie de Bar Hebraeus l'histoire du monde d'Adam à Kubilai Khan 1*, Fernelmont, EME Éditions, 2013. Son récit ne laisse apparaître aucune opinion personnelle ou solidarité confessionnelle avec les Francs peut-être parce qu'il écrivait, en 1276, à une époque où les Francs étaient en passe d'être chassés de la région et ne constituaient plus une force susceptible de venir en aide aux chrétiens. Voir F. Micheau, « Les croisades dans la Chronique universelle de Bar Hebraeus », *Chemins d'outre-mer. Études d'histoire sur la Méditerranée médiévale offertes à Michel Balard*, éd. D. Coulon *et al.*, Paris, Publications de la Sorbonne, 2004, p. 554-572 ; D. Aigle, « L'œuvre historiographique de Barhebraeus : son apport à l'histoire de la période », *Parole de l'Orient*, 33, 2008, p. 25-61.

sades et les États latins, qu'un intérêt limité, car il ne fit que recopier parfois mot à mot des sources arabes[61]. Quant aux melkites de Syrie et d'Égypte, qui s'étaient pourtant illustrés aux Xe et XIe siècles dans la littérature historique, ils ne semblent pas avoir produit d'ouvrage historique majeur aux XIIe et XIIIe siècles. Du moins, aucun n'est parvenu jusqu'à nous.

Trois autres *Histoires* chrétiennes, rédigées en arabe, méritent, en revanche, notre attention[62]. Elles furent l'œuvre de coptes vivant en Égypte ou en Syrie, sous domination musulmane, et ne reflètent donc que partiellement la perception de cette communauté en raison de la nécessaire prudence que devaient observer leurs auteurs. Il est possible néanmoins, au travers du choix des événements relatés, des sources ou des expressions retenues, d'en dégager quelques grands traits. Comme leurs contemporains musulmans, les historiens coptes ne traitent jamais des croisades comme d'un phénomène particulier. Ils en parlent au fil de leur récit et désignent toujours les Francs sous le terme générique de *Franj*. Non seulement aucune solidarité avec les croisés n'est exprimée – étant donné leur liberté limitée d'expression – mais, plus surprenant, une certaine solidarité syro-égyptienne face aux envahisseurs étrangers semble se manifester, malgré les représailles dont ils furent parfois victimes après des attaques franques. La plus importante de ces sources est l'*Histoire des patriarches d'Alexandrie*. Cet ouvrage est composé d'une suite de biographies des prélats coptes ayant occupé le siège patriarcal d'Alexandrie, des origines au XIIIe siècle, au travers desquelles divers événements ayant trait à l'histoire religieuse, politique et sociale de l'Égypte sont rapportés. Commencée à la fin du XIe siècle par un diacre alexandrin appelé Mawhūb Ibn Manṣūr Ibn

---

61 Sa somme théologique, *Le Candélabre du sanctuaire*, contient aussi quelques informations sur les différences théologiques entre Latins, Chalcédoniens et Jacobites. Voir H. Teule, « The Crusaders in Barhebraeus Syriac and Arabic Seculars Chronicles », *East and West in the Crusaders States*, éd. K. Ciggaar, A. Davids et H. Teule, Louvain, Peeters, 1996, p. 39-49 et « Ebn al-'Ebrī Abū l-Faraj », *Encyclopædia Iranica*, 8/1, 1997, p. 13-15.

62 Auxquelles on peut ajouter le *Livre des Histoires* (*Kitāb al-Tawārīkh*) du diacre copte Ibn al-Rāhib et un *compendium* anonyme intitulé *Chronicon Orientale*, sources qui n'apportent pas grand-chose de plus sur les croisades ; voir F. Micheau, « Croisades et croisés vus par les historiens arabes chrétiens d'Égypte », *Itinéraires d'Orient et d'Occident. Hommages à Claude Cahen*, p. 169-185, ici p. 173-175. Sur les historiens coptes en général, voir A. Sidarus, « Medieval Coptic Historians in Arabic (XIIIe-XIVe s.) », *Chapter and verse of non-Muslim contributions to Islamic civilisation*, éd. C. Hillenbrand *et al.*, Edimbourg, sous presse.

Mufarrij et poursuivie par divers continuateurs jusqu'au XIIIᵉ siècle[63], elle donne surtout le point de vue des Égyptiens chrétiens sur les attaques dirigées contre l'Égypte, que ce soit sous le règne du roi de Jérusalem Amaury (1163-1174), dans les années 1164-1169, au cours de la Cinquième Croisade, ou encore lors de la croisade de Louis IX en 1249-1250. Mais on y trouve aussi un passage intéressant sur la prise de Jérusalem par les croisés en 1099, dans lequel l'auteur se plaint de l'attitude des Latins à l'égard des coptes :

> Les Francs s'emparèrent ensuite de Jérusalem la Noble, et de ses environs, au mois de *ramaḍān* de l'année lunaire 492/1098-9. Désormais, il ne fut plus possible, à nous communauté des chrétiens jacobites coptes, d'aller en pèlerinage à Jérusalem, ni même de nous en approcher. En effet, ils nous détestent, en raison de ce qu'ils croient à notre sujet, nous considérant comme des impies[64].

Tout aussi intéressante est la biographie de Saladin insérée dans l'*Histoire des patriarches*, qui donne une image positive de celui qui reprit Jérusalem aux Francs en 1187 et dont il est dit que, s'étant comporté de manière magnanime envers ses ennemis, il bénéficia de l'appui de Dieu :

> Ṣalāḥ al-Dīn s'est conduit conformément à ces deux lois religieuses [la Torah et l'Évangile], sans en avoir eu connaissance et sans les avoir lues, mais par simple inspiration de Dieu. Et c'est pour cela qu'il est mort dans son lit et que sa fin fut louable pour lui-même et pour la postérité[65].

C'est une façon comme une autre pour l'auteur de se réapproprier la figure d'un souverain dont on fit un héros en Orient et qui donna naissance à une véritable légende en Occident[66].

---

63   Voir *History of the Patriarchs of the Egyptian Church*, éd. et trad. A. S. Atiya, A. Khater, Y. ʿAbd al-Masīḥ et O. H. E.-K. H. S. Burmester, Le Caire, 4 vol., 1943-1974 ; J. den Heijer, *Mawhūb Ibn Manṣūr Ibn Mufarriğ et l'historiographie copto-arabe. Étude sur la composition de l'Histoire des Patriarches d'Alexandrie* (CSCO, 513, *Subsidia*, 83), Louvain, Peeters, 1989 ; J. den Heijer, « Coptic Historiography in the Fāṭimid, Ayyūbid and Early Mamlūk Periods », *Medieval Encounters*, 2/1, 1996, p. 67-98 ; Micheau, « Croisades et croisés », p. 169-185 ; M. N. Swanson, « Mawhūb ibn Manṣūr ibn Mufarriğ al-Iskandarānī », *Christian-Muslim Relations. A Bibliographical History*, éd. D. Thomas et A. Mallett, Leyde, Brill, 2011, vol. 3, p. 217-222.

64   *Hist. Patr.*, vol. 2, part 3, éd. p. 249, trad. p. 398-399 ; Micheau, « Croisades et croisés », p. 179.

65   *Hist. Patr.*, vol. 3, part 2, éd. p. 82, trad. p. 139 ; Micheau, « Croisades et croisés », p. 180.

66   Voir Eddé, *Saladin*, p. 541-582 et 707-715.

L'histoire universelle d'al-Makīn Ibn al-ʿAmīd (mort en 1273), fonctionnaire copte au Bureau (*dīwān*) de l'armée au Caire puis à Damas, n'a pas l'ampleur de l'*Histoire des patriarches*, mais apporte malgré tout quelques informations originales sur les croisades[67]. Pour les événements qui se déroulèrent de la fin du XIᵉ à la fin du XIIᵉ siècle, Ibn al-ʿAmīd se contente de reprendre plus ou moins fidèlement des passages de la chronique d'Ibn Wāṣil[68]. Le fait même qu'il l'ait recopiée, sans y apporter de modifications significatives, signifie qu'il partageait probablement la perception des croisades de son contemporain musulman, celle d'une guerre de conquête dans laquelle les enjeux militaires et politiques primaient sur les aspects proprement religieux. Son écriture des croisades est beaucoup plus originale pour le XIIIᵉ siècle. Sur un ton qui reste généralement neutre, l'auteur développe son récit en y introduisant parfois, sans que rien ne l'y oblige, des formules très proches de celles des musulmans. Ainsi, la victoire des Ayyoubides sur les croisés en 1219 est qualifiée de « don de Dieu » et l'émir Fakhr al-Dīn Ibn al-Shaykh, lors de sa mort en 1250, est appelé « *ghāzī* (combattant de l'islam) et combattant du *jihad* dans la voie de Dieu[69] ».

L'*Histoire* d'al-Makīn Ibn al-ʿAmīd fut prolongée jusqu'en 1341 (avec quelques ajouts jusqu'en 1348), par un autre historien copte – sans doute son neveu – appelé al-Mufaḍḍal Ibn Abī l-Faḍāʾil. Toutefois, cette chronique, qui repose en grande partie sur les ouvrages de ses contemporains musulmans, dont il reprend mot à mot les expressions (formules islamiques, versets du Coran, évocation des « martyrs » musulmans morts au combat), n'apporte rien de nouveau sur les relations entre Francs et musulmans de 1260 à la chute d'Acre en 1291[70].

---

67   Elle s'arrête en 658/1260. Voir C. Cahen, « La chronique des Ayyoubides d'al-Makīn b. al-ʿAmīd », *Bulletin d'Études Orientales*, 15, 1958, p. 109-184 (édition de la partie qui concerne le XIIIᵉ siècle), trad. A.-M. Eddé et F. Micheau, *Chronique des Ayyoubides (602-658/1205-1206 – 1259-1260)*, Paris, Académie des Inscriptions et Belles-Lettres, 1994 ; A.-M. Eddé, « Al-Makīn Ibn al-ʿAmīd », *Franks and Crusades in Medieval Eastern Christian Historiography*, éd. A. Mallett, Leyde, Brill, sous presse.

68   Voir Ibn Wāṣil, *Kitāb al-taʾrīkh al-ṣāliḥī*, éd. ʿU. ʿA. S. Tadmurī, Sayda (Liban), 2010 ; C. Cahen, « Al-Makīn ibn al-ʿAmīd et l'historiographie musulmane. Un cas d'interpénétration confessionnelle », *Orientalia hispanica, sive Studia F.M. Pareja octogenario dicata*, éd. J. M. Barral, Leyde, Brill, 1974, p. 158-167.

69   Ibn al-ʿAmīd, éd. Cahen, p. 133, 159, trad. Eddé-Micheau, p. 31, 86.

70   Voir E. Blochet, *Moufazzal ibn Abi l-Fazaïl, Histoire des sultans mamlouks. Texte arabe publié et traduit en français*, Patrologia Orientalis, 12, fasc. 3 ; 14, fasc. 3 ; 20, fasc. 1 (Paris,

CONCLUSION

Toutes ces sources littéraires rédigées par des hommes issus pour la plupart d'une élite religieuse ou administrative proche du pouvoir, auteurs qui furent aussi souvent des acteurs politiques, nous livrent une vision des croisades qui ne reflète sans doute pas la façon dont le peuple des villes comme des campagnes vivait cette situation au quotidien. Elles nous informent néanmoins sur un grand nombre d'événements politiques et militaires, sur les batailles et les conflits, mais aussi sur les négociations et les périodes de coexistence pacifique entre Latins et musulmans durant les deux siècles que durèrent les croisades. Elles témoignent d'une prise de conscience progressive par les musulmans des motivations et des intentions des Occidentaux. Une connaissance de l'Autre qui leur permit d'affiner les arguments de leur propagande plus qu'elle ne favorisa de véritables échanges culturels et encore moins une quelconque mixité sociale.

Anne-Marie EDDÉ
Université Paris I
– Panthéon-Sorbonne

1919-1929) pour les années 1260-1317, et pour la suite par S. Kortantamer, *Ägypten und Syrien zwishen 1317 und 1341 in der Chronik des Mufaḍḍal b. Abī l-Faḍā'il (Islamkundliche Untersuchungen* 23), Freiburg um Breisgau, 1973. Ses sources pour la fin des croisades sont essentiellement Baybars al-Manṣūrī (mort en 1325), al-Nuwayrī (mort en 1333), Ibn al-Dawādārī (mort après 1335), al-Jazarī (mort en 1338) et al-Yūsufī (mort en 1358).

LA *CHRONIQUE D'ERNOUL*
ET DE BERNARD LE TRÉSORIER, *L'ERACLES*
ET LA NARRATION DE LA CROISADE

La *Chronique* attribuée par les critiques modernes à Ernoul et à Bernard le Trésorier[1] est l'une des principales sources vernaculaires sur les croisades et a connu, depuis le Moyen Âge, un succès considérable. La pluralité des rédactions qui sont transmises par les manuscrits offre une série de perspectives différentes sur la narration de la croisade, qui nécessitent, pour une meilleure compréhension, d'être envisagées dans une approche comparatiste.

Telle que nous la lisons, la *Chronique* embrasse une période allant, selon les manuscrits, de la mort de Godefroi de Bouillon à l'excommunication de Frédéric II par Grégoire IX (1227), à son retour de Terre Sainte (1229) ou au moment où Jean de Brienne devient régent de l'empire latin de Constantinople (1231). La *Chronique* trouve son origine dans le récit de la chute de Jérusalem aux mains de Saladin (1187) fait par Ernoul, que les manuscrits achevant le récit en 1227 et 1229 présentent comme l'écuyer de Balian d'Ibelin et l'auteur/commanditaire de l'œuvre : « Dont fist descendre.i. sien varlet qui avoit a non Ernous. Ce fu cil qui cest conte fist metre en escript. Celui Ernoul envoia Balyans de Belin dedens le castiel [...][2] ».

Il est possible que le récit d'Ernoul ait été un court exposé en prose, composé pour informer le public (surtout ceux qui vivaient en Occident)

---

1   Éditions de référence : *Chronique d'Ernoul et de Bernard le Trésorier*, éd. L. de Mas Latrie, Paris, Renouard, 1871 ; *Recueil des historiens des croisades*, publié par les soins de l'Académie des Inscriptions et Belles-Lettres, *Historiens occidentaux*, II, Paris, Imprimerie Impériale, 1859 (*RHC*) ; *La Continuation de Guillaume de Tyr (1184-1197)*, éd. M. R. Morgan, Paris, Geuthner, 1982 (*Lyon*). Les sigles des manuscrits sont repris à J. Folda, « Manuscripts of the History of Outremer by William of Tyre : A Handlist », *Scriptorium*, 27, 1973, p. 90-95.

2   *Chronique*, p. 149 (mss *F16-F20*).

et susciter une réaction visant la reconquête de la ville sainte, mais aussi pour justifier et mettre en valeur les actions d'un groupe de nobles de l'entourage de Balian d'Ibelin.

D'ailleurs la première partie du *Libellus de expugnatione Terræ Sanctæ per Saladinum*, composé par un clerc anonyme en latin à un moment proche de la composition du récit d'Ernoul, se concentre aussi sur la perte de Jérusalem et présente de notables similarités avec les différentes versions données par la *Chronique* et les rédactions de la *Première Continuation* de Guillaume de Tyr, similarités qui peuvent s'expliquer, selon J. H. Kane, par la connaissance, de la part de l'auteur, du récit d'Ernoul ou de traditions émanant du milieu dans lequel Ernoul opérait. Tout en étant proches sur le plan du contenu, la *Chronique* et le *Libellus* diffèrent cependant par le point de vue adopté et par le style, qui dans le *Libellus* est très soutenu : le texte a été défini comme « *a religious treatise on the fall of the Holy Land in which the anonymous writer subordinated pure historical narrative to his overall exegetical design*[3] ».

Le récit originel d'Ernoul serait ainsi le mémoire d'un spectateur proche d'un événement catastrophique de l'histoire de l'Orient latin. Cette catégorie de relations par des témoins oculaires forme un genre littéraire qui a toujours été lié à la croisade : le premier exemple en sont les *Gesta Francorum* anonymes, consacrés à la Première Croisade. En langue vernaculaire, nous pouvons citer encore au moins les deux ouvrages consacrés à la Quatrième Croisade par Robert de Clari et Geoffroi de Villehardouin[4]. Nous ne pouvons pas être sûrs que le récit d'Ernoul ait originellement été composé en langue vernaculaire ; si c'était le cas, nous aurions affaire à l'un des premiers exemples de prose narrative en français[5]. La composition d'un texte politiquement engagé sur la chute

---

3 Sur ce texte peu étudié, voir J. H. Kane, « Wolf's Hair, Exposed Digits, and Muslim Holy Men : the *Libellus de expugnatione Terræ sanctæ per Saladinum* and the *Conte* of Ernoul », *Viator*, 47/2, 2016, p. 95-112, ici p. 99. Le texte est publié en annexe dans Radulphi de Coggeshall, *Chronicon Anglicanum*, éd. J. Stevenson, Londres, Longman, 1875, p. 209-262 ; Voir maintenant K. Brewer-J. Kane, *The Conquest of the Holy Land by Salāh al-Dīn : A Critical Edition of the* Libellus de expugnatione Terrae Sanctae per Saladinum, Abingdon-New York, Routledge, 2019.

4 Voir, pour cette catégorie de textes, L. B. Mortensen, « Comparing and Connecting : the Rise of Fast Historiography (12th-13th century) », *Medieval Worlds*, 1, 2015, p. 25-39 (en ligne).

5 Sur les enjeux du passage du vers à la prose, voir C. Croizy-Naquet, « Écrire l'histoire : le choix du vers ou de la prose aux XIIᵉ et XIIIᵉ siècles », *Médiévales*, 38, 2000, p. 71-85.

de Jérusalem aux mains de Saladin ne saurait être trop éloignée des événements qui l'ont inspirée et elle prendrait tout son sens dans les années précédant la Troisième Croisade.

P. Edbury estime que la narration d'Ernoul n'allait pas au-delà de la chute de Jérusalem et que la *Chronique,* telle que nous la lisons, est l'œuvre de plusieurs remanieurs écrivant entre les années 1220 et 1230 dans l'entourage de Jean de Brienne pour expliquer ses relations contrastées avec Frédéric II et sa prise de pouvoir à Constantinople[6]. Le texte a été composé dans le nord de la France, région associée à l'essor de la prose narrative et historique en français au XIIIe siècle[7]. Sur la base d'éléments communs à la *Chronique* et à la *Conquête de Constantinople* de Robert de Clari, nous avons proposé l'abbaye de Corbie comme milieu d'origine pour les deux textes. Le colophon de *F25* (Bern, Burgerbibliothek, 340) et de *F26* (Paris, Arsenal, 4797), mentionnant Bernard, trésorier de l'abbaye de Saint-Pierre de Corbie, comme auteur ou commanditaire du livre en 1232, atteste la perception d'un lien entre le texte et l'abbaye, même si l'on n'a pas encore trouvé de documentation historique sur ce personnage[8].

Nous ne connaissons pas la date à laquelle la *Chronique* a été adaptée pour servir de continuation à la traduction française de Guillaume de Tyr dans la compilation dite *Estoire d'Eracles.* La traduction a été effectuée entre 1219 et 1223 environ, en Île-de-France, d'après Ph. D. Handyside[9] ; le manuscrit le plus ancien de l'*Eracles, F38* (London, British Library, Yates Thompson 12), date de la moitié du XIIIe siècle. Il a été localisé en Angleterre par J. Folda[10], mais R. Leson a récemment souligné dans les

---

6   Voir P. Edbury, « New Perspectives on the Old French Continuations of William of Tyre », *Crusades,* 9, 2010, p. 107-113, ici p. 109, et surtout « Ernoul, *Eracles* and the collapse of the Kingdom of Jerusalem », *The French of Outremer : Communities, Communications, Confabulations,* éd. L. K. Morreale et N. L. Paul, New York, Fordham University Press, 2018, p. 44-85 et « Conrad versus Saladin : the siege of Tyre, November-December 1187 », sous presse.

7   Voir B. Woledge et H. P. Clive, *Répertoire des plus anciens textes en prose française depuis 842 jusqu'aux premières années du XIIIe siècle,* Genève, Droz, 1964, p. 9-42 ; G. Spiegel, *Romancing the Past. The Rise of Vernacular Prose Historiography in Thirteenth-Century France,* Berkeley, University of California Press, 1993, p. 11-98.

8   Voir M. Gaggero, « Western Eyes on the Latin East : The *Chronique d'Ernoul et de Bernard le Trésorier* and Robert of Clari's *Conquête de Constantinople* », *The French of Outremer,* éd. Morreale et Paul, p. 86-109.

9   Voir Ph. D. Handyside, *The Old French William of Tyre,* Leiden, Brill, 2015, p. 114-120.

10   Voir J. Folda, « The Panorama of the Crusades, 1096 to 1218, as Seen in Yates Thompson MS. 12 in the British Library », *The Study of Medieval Manuscripts of England,* éd. G. Hardin Brown et L. Ehrsam Voigts, Turnhout, Brepols, 2010, p. 253-280.

armoiries figurant dans les enluminures des détails qui renverraient à la famille de Coucy[11]. Il est donc probable que la compilation de l'*Eracles* a été réalisée dans les régions au nord de Paris, entre 1232 et 1250. Par ailleurs la plus grande partie des manuscrits de l'*Eracles* donne de la *Première Continuation* un texte (« rédaction brève ») qui, pour l'essentiel, est identique au texte de la *Chronique* se terminant en 1232.

Les rédactions longues de la *Première Continuation* de Guillaume de Tyr, en revanche, ont été composées en Terre Sainte, probablement à Acre, à partir d'une réélaboration de la rédaction brève[12]. P. Edbury a daté la première rédaction, dite de *Colbert-Fontainebleau*, de 1230-1240 et la seconde, dite de *Lyon*, fondée sur celle-ci, des années 1240 ; la première rédaction est contenue dans *F73* (Paris, BnF, fr. 2628) et *F57* (Paris, BnF, fr. 2634), la seconde dans *F72* (Lyon, BM, 828) et, partiellement, dans *F70* (Firenze, Bibl. Medicea Laurenziana, Plut. 61.10)[13]. Le premier des deux remanieurs est intervenu sur le récit des batailles de la fontaine du Cresson et de Hattin, et s'est ensuite concentré sur la narration de la Troisième Croisade ; le second remanieur, qui a repris le travail sur l'ensemble de la partie relative aux années 1184-1197, se caractérise en particulier par son intérêt pour l'islam et les affaires ecclésiastiques. Ce pourrait être, d'après P. Edbury, un clerc[14].

Cette situation rédactionnelle complexe affecte la narration de la croisade dans son contenu et ses structures. Nous étudierons surtout ces dernières, en nous penchant sur la façon dont les différents auteurs se servent d'un système d'annonces et de renvois internes pour acclimater leurs interventions et souligner l'importance de certains éléments de la narration[15]. Le jeu sur ces éléments montre aussi la façon dont chaque auteur prenait conscience de la structure de l'œuvre et de l'agencement de ses parties. Nous terminerons notre analyse par quelques exemples de remaniements du récit sur une plus large échelle.

---

11 Voir R. Leson, « "Partout la figure du lion" : Thomas of Marle and the Enduring Legacy of the Coucy Donjon Tympanum », *Speculum*, 93/1, 2018, p. 27-71, ici p. 48-50, en particulier la n. 58 p. 49-50.

12 Voir P. W. Edbury, « The Lyon *Eracles* and the Old French Continuations of William of Tyre », *Montjoie. Studies in Crusade History in Honour of Hans Eberhard Mayer*, éd. B. Z. Kedar, J. Riley-Smith et R. Hiestand, Aldershot, Variorum, 1997, p. 139-153.

13 Voir Edbury, « New Perspectives », p. 111-112.

14 Voir Edbury, « The Lyon *Eracles* », p. 148-151.

15 Nous ne parlerons pas ici du remaniement de la *Chronique*, connu sous le titre d'*Estoires d'outremer et de la naissance Saladin* (éd. M. A. Jubb, Londres, University of London, 1990).

FONCTION STRUCTURELLE
DE LA PREMIÈRE PARTIE DE LA *CHRONIQUE*

La *Chronique* s'ouvre par une section qui embrasse les années 1101-1184, de la mort de Godefroy de Bouillon au moment où Baudouin IV, mourant, désigne Raymond III de Tripoli comme régent jusqu'à la majorité de Baudouin V[16]. Dans cette section, la narration d'abord très schématique, devient progressivement plus détaillée au fur et à mesure que l'on se rapproche du récit, fondé sur le témoignage d'Ernoul, de la chute de Jérusalem. La section initiale est importante pour comprendre les stratégies textuelles de la *Chronique*[17], modifiées par les interventions sur le texte qui se sont révélées nécessaires au moment de l'intégrer dans l'*Eracles*.

L'auteur de la *Chronique* se sert d'un système d'annonces et de reprises, qui garantit la cohérence du texte dans son ensemble et permet au lecteur/auditeur de comprendre que certaines séquences narratives introduisent des éléments qui auront des effets à moyen et à long terme. C'est d'ailleurs par une annonce de ce type que s'ouvre le texte de la *Chronique*[18] : « Oiés et entendés comment la tiere de Jherusalem et la sainte crois fu conquise de Sarrasins sour Crestiiens[19] ». L'appel au lecteur identifie tout de suite la chute de Jérusalem comme l'épisode central autour duquel se construit le texte[20]. Il est possible que l'appel au public soit l'œuvre d'Ernoul, car cet appel ne saurait introduire une œuvre qui embrasse une période se prolongeant 140 ans plus tard après l'événement évoqué en ouverture[21].

En poursuivant la lecture du texte, il est tout de suite clair que le projet de l'auteur de la *Chronique* diffère de celui d'Ernoul. On

---

16   Voir *Chronique*, p. 1-114.

17   Pour un examen des stratégies textuelles de la *Chronique*, voir C. Croizy-Naquet, « Deux représentations de la Troisième Croisade : l'*Estoire de la guerre sainte* et la *Chronique d'Ernoul et de Bernard le Trésorier* », *Cahiers de civilisation médiévale*, 44, 2001, p. 313-327.

18   Seulement dans *F26* et *F25*, où nous trouvons un court résumé qui commence par « L'an de l'Incarnation Nostre Segnor Jhesu Crist mil.c. et.i. an, morut Godefroi [...] » (*Chronique*, p. 1-4). Ce texte se lit aussi dans *F18* après le texte de la *Chronique* et a dû être placé en tête des deux manuscrits cités plus haut par un rédacteur.

19   *Chronique*, p. 4-5.

20   Voir *Chronique*, p. 211-229.

21   Voir Edbury, « The Collapse of the Kingdom of Jerusalem », p. 50.

trouve dès les premières pages une allusion aux faits de la Quatrième Croisade : « le contesse [Margarite] de Hainau, qui mere fu le conte Bauduin de Flandres et Henri d'Anjo, qui puis furent empereur de Constantinoble[22] ». Les annonces de la Quatrième Croisade se situent dans la série d'épisodes de la vie d'Andronic Ier Comnène. Le récit de sa relation avec Théodore, fille de Manuel Ier Comnène et veuve de Baudouin III de Jérusalem (1167-1180), est justifié par le narrateur parce qu'Andronic a commis la *malice* (le meurtre d'Alexis II Comnène, marié à Agnès de France, fille de Louis VII) qui est la cause première de la chute de Constantinople en 1204[23]. Plus loin, le récit du mariage d'Alexis II et d'Agnès de France se termine par une formule de transition[24] qui annonce un long passage relatant la succession au pouvoir d'Andronic Ier, Isaac II Ange et Alexis III Ange (1180-1195). Ce passage se conclut, à son tour, par une prolepse sur l'arrivée de la Quatrième Croisade[25]. Le narrateur dépasse largement la chronologie des événements de Terre Sainte à l'intérieur desquels le récit sur les empereurs byzantins est enchâssé (nous sommes bien avant la mort de Baudouin IV en 1184), pour préparer de loin la narration de la Quatrième Croisade qui se lit dans la partie finale de la *Chronique*[26] : c'est là une marque de l'importance de cet événement dans l'œuvre, mais aussi de l'attention portée par l'auteur à sa structure.

La séquence consacrée à Andronic Ier est reliée par une formule de transition à une autre séquence, qui introduit le thème de la déchéance morale des habitants de Jérusalem, cause de la perte de la ville. Guillaume de Tyr et Héraclius, protégé d'Agnès de Courtenay, mère de Baudouin IV, sont les deux candidats au patriarcat de Jérusalem. Sachant que l'élection d'Héraclius amènera la perte de la sainte croix, Guillaume essaie de convaincre les chanoines du Sépulcre de choisir d'autres candidats qu'eux. Une fois Héraclius élu, Guillaume part pour Rome faire appel au pape, mais Héraclius le fait tuer. Suit une description des mœurs débauchées du nouveau patriarche, responsables de la déchéance des mœurs des clercs et des laïcs de Jérusalem :

---

22 *Chronique*, p. 11.
23 Voir *Chronique*, p. 15-16. Sur cette construction idéologique, commune à la *Chronique* et à Robert de Clari, voir Gaggero, « Western Eyes ».
24 Voir *Chronique*, p. 47.
25 Voir *Chronique*, p. 89-96.
26 Voir *Chronique*, p. 336-388.

> Quant nostre sires Diex Jhesu Cris vit le pecié et l'ordure qu'il faisoient en le cité ou il fu crucefiés et espandi son sanc pour le monde racater, ne le pot il nient plus souffrir comme il fist de Gomorre et de Sodome ; ains esnetia la cité si des habitans qui i estoient al tans del patriarce Eracle de l'orde de luxure puant qui en le cité estoit, qu'il n'i demoura ne homme, ne femme, ne enfant fors seulement.ii. hommes, s'esclaves ne furent. Li uns de ches deux hommes avoit a non Robiers de Corbie, et fu al prendre de la cité, quant Godefrois de Buillon le prist, et li autres avoit non Folkes Fiole[27].

Ce passage illustre la technique employée dans la *Chronique*, qui consiste à insérer des épisodes qui n'ont pas de rapport avec la réalité documentée, mais qui permettent d'illustrer les axes idéologiques sur lesquels le texte est construit. La conclusion de l'épisode est reprise à la lettre vers la fin du siège de Jérusalem, lorsque le narrateur mentionne « l'orde puans luxure et l'avoltere qui en le cité estoit », à cause de laquelle Dieu « esnetia si le cité des habitans qu'il n'i demoura home ne feme en poesté, fors seulement.ii. homes d'aage, qui ne vesquirent gaires apriés[28] ». P. Edbury a remarqué que cette explication moralisante reçoit ici une inflexion anticléricale relativement inattendue, car l'origine de la déchéance morale des habitants de Jérusalem est dans les mœurs du patriarche même. L'épisode de Thoros d'Arménie, qui propose une explication politique de la perte du royaume nettement distincte de l'explication théologique propre au passage sur Héraclius, est teinté par le même anticléricalisme[29]. Cette composante anticléricale découle de l'*ethos* aristocratique qui informe la *Chronique* dans son ensemble et qui est cohérent avec l'utilisation de la langue vernaculaire pour la composition de l'œuvre.

Les deux épisodes de corruption morale et politique – celui d'Héraclius et celui d'Andronic Ier –, qui ont des répercussions importantes dans la suite du récit, sont présentés en séquence et introduits par une seule formule de transition :

> Or est li rois en pais en se tiere. Or vous dirons d'Androne, qui en prison estoit, qui fist le malisse pour coi li Franchois alerent en Coustantinoble,

---

27 *Chronique*, p. 87.
28 *Chronique*, p. 216-217.
29 Voir P. W. Edbury, « Thoros of Armenia and the Kingdom of Jerusalem », *Crusading and Warfare in the Middle Ages : Realities and Representations*, Aldershot, Ashgate, 2015, p. 181-190, ici p. 188-189.

qui au tans le roi mesel fu fait. Mais ançois que jel vous die, vous dirai de.ii. clers qui en le tiere de Jherusalem estoient, a chel tans, dont li uns estoit archevesques de Sur et li autres achevesques de Cesaire[30].

La formulation en deux temps semble marquer une hésitation de l'auteur sur le récit à présenter en premier lieu et pourrait renvoyer à la superposition de deux strates (dues à Ernoul et à l'auteur de la *Chronique*) dans la composition du texte. Cette double séquence est en tout cas signalée dans le texte même comme unitaire et son importance narrative et idéologique est mise en relief : ces deux faits ont été bien perçus par le rédacteur de la *Continuation* de Guillaume de Tyr (voir plus loin).

Un troisième fil rouge de la première partie concerne le personnage de Saladin. La *Chronique* consacre une narration assez développée à son ascension au pouvoir : il est le seul chef musulman qui soit présenté dont la biographie – déjà partiellement vue à la lumière de l'image idéalisée qui caractérise le personnage dans les littératures européennes – est présentée avec autant de détails. Le récit sur Saladin commence dans la *Chronique* justement avec un épisode relevant de la tradition romanesque : la mention de l'emprisonnement de Saladin au Crac de Montréal et de son adoubement par Onfroy III de Toron[31]. Celle-ci engendre à son tour un microsystème d'analepses liées à l'affection de Saladin pour la mère d'Onfroy IV de Toron que « [Saladin] avoit maintes fois portee entre ses bras quant il estoit esclave el castiel, et elle estoit enfes ». Ces références, qui soulignent la courtoisie du chef musulman, pourraient avoir été insérées par l'auteur qui a interpolé le récit d'Ernoul dans la *Chronique*, étant donné que la dernière des mentions de la mère d'Onfroy se lit dans la préparation à la Troisième Croisade[32].

Saladin est présenté dès son apparition comme le conquérant de Jérusalem :

---

30 *Chronique*, p. 82.
31 Voir M. Jubb, *The Legend of Saladin in Western Literature and Historiography*, Lampeter, The Edwin Mellen Press, 2000, p. 67-85. Dans la rédaction qui a circulé plus largement grâce aux différentes versions de l'*Ordre de chevalerie*, Saladin est adoubé par Hugues de Tibériade, prisonnier du chef musulman.
32 Voir *Chronique*, p. 103 (courtoisie de Saladin envers la mère d'Onfroi IV lors du siège du Crac en 1182) et p. 252 (Saladin restitue Onfroy IV, prisonnier après Hattin, à sa mère). Ces épisodes semblent impliquer que la dame était la fille d'Onfroy II, alors qu'il s'agissait d'Étiennette de Milly, mariée à Onfroy III : J. Richard, *Histoire des croisades*, Paris, Fayard, 1996, réimpr. 2012, p. 211.

Il ot non Salehadins. Li nons Salehadins, çou est a dire en françois : « C'est li sires qui euvre pour le loy. » Cil Salehadins est cil dont on parla tant par le mont, qui conquist Jherusalem. Mais ançois que je vous die comment il conquist la tiere de Jherusalem, vous dirai comment il conquist le roiaume d'Égypte et.v. roiaumes sour Sarrasins apriés, et comment il ocist le Mulane[33].

Le récit de la prise du pouvoir en Égypte et de l'assassinat du calife du Caire (appelé *mullah* dans la *Chronique*) fait l'objet d'une narration qui s'écarte de la réalité historique et se rapproche de la fiction littéraire. Pour se rapprocher du calife et le tuer, Saladin feint de se présenter désarmé pour lui rendre hommage, marchant à quatre pattes pendant que ses hommes le battent avec des verges ; au moment d'embrasser le pied du calife, il sort un couteau qu'il avait caché et le frappe[34]. L'annonce que la prise de Jérusalem est précédée par la conquête par Saladin de cinq royaumes crée un effet d'attente qui oriente le récit des premiers démêlés entre Saladin et les chrétiens (siège d'Ascalon et bataille de Montgisard) en introduisant une téléologie interne au texte. Saladin n'ayant pas encore conquis les cinq royaumes, il ne peut pas remporter de victoire significative sur les chrétiens, qui ont par ailleurs, dans la bataille de Montgisard, le soutien divin et la protection de la relique de la croix[35]. Le nombre des royaumes conquis est systématiquement noté à partir du mariage de Saladin avec la veuve de Nûr ed-Din[36], et les conquêtes de la Perse, de Mossoul et d'Alep sont entrelacées aux phases de la fortification du château du Gué Jacob par les Templiers. Le siège et la destruction du château en 1179 constituent la première véritable victoire de Saladin sur les chrétiens[37] et marquent le moment où la menace posée par celui-ci devient un danger immédiat pour le royaume de Jérusalem.

---

33 *Chronique*, p. 36.

34 Voir *Chronique*, p. 36-42. Pour une reconstruction des événements sur la base des sources arabes, voir A.-M. Eddé, *Saladin*, Paris, Flammarion, 2008, p. 33-71.

35 La vraie croix est mentionnée à la fois dans le siège d'Ascalon (*Chronique*, p. 42) et dans la bataille de Montgisart (p. 45). Sa perte dans la bataille de Hattin est déjà rappelée dans l'*incipit* de l'œuvre, cité ci-dessus, dans la prophétie de Guillaume de Tyr sur l'élection d'Héraclius (p. 83 – avec rappel à la p. 156) et enfin dans le récit de Hattin, à la suite duquel l'auteur décrit une tentative de récupération sous Henri II de Champagne (p. 170-171). La restitution de la vraie croix était aussi l'une des clauses de l'accord pour la reddition de Saint-Jean d'Acre dans la Troisième Croisade (p. 274 et 276).

36 Voir *Chronique*, p. 49 (« Or eut il.ii. roiaumes »), p. 53 (« Adont ot il.iiii. roiaumes conquis » – « Or ot il.v. roiaumes conquis »).

37 Voir *Chronique*, p. 53-54.

Les annonces et les renvois internes de la première partie mettent en relief les axes narratifs et idéologiques du récit. Celui-ci se fonde sur une réflexion sur les événements narrés et sur leurs causes, ainsi que sur un esprit partisan assez ouvertement affiché. Si une partie des annonces étudiées devait déjà se trouver dans le récit d'Ernoul, d'autres, celles de la Quatrième Croisade et, en général, tous les éléments se retrouvant aussi dans la narration des événements postérieurs à la prise de Jérusalem en 1187 peuvent avoir été intégrés par l'auteur qui a inséré ce récit dans le texte tel qu'il nous est parvenu.

Jusqu'à la chute de Jérusalem et à l'épisode de la défense de Tyr par Conrad de Montferrat, le récit de la *Chronique* est essentiellement caractérisé par la prolepse, alors que la présence de récits rétrospectifs demeure très limitée. Les acteurs principaux des événements narrés sont également introduits, à partir du moment où leurs actions infléchissent le cours des événements, sans aucun préambule, comme s'ils commençaient à exister, pour le narrateur, à partir de leur entrée en scène[38]. La première véritable analepse se trouve dans la transition à la Troisième Croisade. Elle explique *post factum* que l'une des causes de la faiblesse du royaume de Jérusalem était le fait que l'arrivée de forces occidentales en Palestine était réduite parce que plusieurs pèlerins étaient enrôlés dans la flotte envoyée par Guillaume III de Sicile contre l'empire byzantin. Cette expédition, qui eut lieu à la fin du règne d'Andronic Ier (1189), est rapportée après la prise de pouvoir d'Alexis III (1195) avec un anachronisme qui renvoie en même temps à la fin du passage sur les empereurs byzantins situé au début du texte[39].

L'ouverture de la section sur la Troisième Croisade semble marquer, dans la *Chronique*, un nouveau début narratif. Le succès de Conrad de Montferrat dans la défense de Tyr marque l'accomplissement du projet divin, dont le marquis est un instrument, consistant à punir les chrétiens de Palestine, mais à leur laisser cette ville. Ce projet est un *leitmotiv* de la narration des événements de 1187, si bien qu'après la prise de Jérusalem et l'échec de Saladin à Tyr, l'arrière-plan providentiel, sans disparaître, devient beaucoup moins important. Les rôles des personnages changent aussi : Guy de Lusignan est présenté sous un jour moins négatif, alors

---

38 Voir, par exemple, la façon dont sont introduits Balian d'Ibelin et son frère Baudouin dans la *Chronique*, p. 43-44.

39 Voir *Chronique*, p. 244-245.

que l'annulation du mariage d'Onfroy IV de Thoron et d'Isabelle de Jérusalem met en lumière l'ambition de Conrad de Montferrat. C'est aussi à partir de ce moment que l'horizon des événements narrés s'élargit considérablement, en prenant en considération l'Occident. Jusqu'alors (peut-être en bonne partie sur la base du récit d'Ernoul), le théâtre principal des opérations était représenté par les royaumes latins, et le théâtre secondaire par le Proche-Orient et l'Empire byzantin. L'Europe restait donc en arrière-plan, comme le lieu d'où provenaient hommes et aide financière et vers lequel on envoyait des messagers.

Ayant étudié les axes principaux – du point de vue structurel et idéologique – de la première partie de la *Chronique*, qui n'est pas entièrement reprise dans l'*Eracles*, nous pouvons maintenant nous tourner vers les modifications apportées au récit de la partie de la *Chronique* qui sert, dans cette compilation, de *Continuation* au récit de Guillaume de Tyr. Après avoir décrit l'opération de montage des deux textes, nous adopterons une démarche comparative, en prenant en considération les différences entre la rédaction brève de la *Continuation*, qui correspond au récit de la *Chronique* dans sa forme indépendante, et les versions longues de *Colbert-Fontainebleau* et de *Lyon*.

DE LA *CHRONIQUE* À LA *CONTINUATION* DE GUILLAUME DE TYR

La jonction de la *Chronique* à la traduction de Guillaume de Tyr dans l'*Eracles* est caractérisée par l'économie admirable des interventions du rédacteur, qui ont tout de même altéré le plan de la composition originale de notre texte. Le rédacteur a omis toute la partie initiale, que nous venons d'analyser, parce que les événements narrés figurent déjà, sous une forme plus développée, chez Guillaume de Tyr. Il a pourtant gardé une série de passages qui complètent le récit de celui-ci. Les épisodes du patriarche Héraclius et des Empereurs Andronic Ier, Isaac II et Alexis III sont interpolés dans la partie conservée de la *Chronique*. Seul le manuscrit *F38* (Londres, BL, Yates Thompson 12) transmet aussi trois autres passages interpolés dans la traduction de Guillaume de Tyr : les récits de la visite de Thoros d'Arménie, celui de la prise du pouvoir par Saladin en Égypte et le court paragraphe sur l'arrivée en Terre Sainte de Gérard de Ridefort, futur maître de l'Ordre du Temple, et sur l'origine de son inimitié avec le comte Raymond de Tripoli[40] :

Thoros, p. 25-31	fol. 138vb-139rb ; après Guillaume de Tyr, 19, 22
Saladin, p. 35-41	fol. 142rb-143ra ; après Guillaume de Tyr, 19, 33
Gérard, p. 114	fol. 172^{va-b} ; après Guillaume de Tyr, 22, 29
Empereurs, p. 82-88	fol. 174va-175rb ; *Chronique*, p. 128
Héraclius, p. 89-96	fol. 179vb-180rb ; *Chronique*, p. 166

Tous les récits mentionnés sont accompagnés dans la *Chronique* par des annonces explicites de leur importance pour la compréhension d'événements postérieurs (la chute de Jérusalem et la Quatrième Croisade dans l'épisode sur les empereurs byzantins). Il est probable que *F38* représente la forme originale de la *Continuation*, qui a pu se perdre dans le reste de la tradition[41] : l'extrapolation de tous ces passages répond à la même stratégie narrative et la technique suivie dans l'extraction est aussi la même. Des quatre passages les plus étendus, deux (*Empereurs-Héraclius*) se font immédiatement suite, alors que deux autres (*Thoros-Saladin*) se trouvent seulement à quelques pages de distance dans l'édition Mas Latrie : cette proximité a pu aider le rédacteur dans la sélection de ces séquences. L'interpolation des passages sur les empereurs byzantins et sur Héraclius les transforme en analepses servant à expliquer deux événements de 1187 : la révolte d'Alexis Branas et la bataille de Hattin. Il s'agit d'une transformation majeure des stratégies narratives de la *Chronique*, qui jusqu'après le siège de Tyr ne comporte pas, comme nous l'avons vu, de récits rétrospectifs.

L'élimination de la première partie de la *Chronique* a entraîné la disparition des digressions qui mettent en relation les sites des événements historiques narrés avec les événements de l'histoire sacrée[42]. Sauf erreur,

---

40 Pour le texte de la traduction de Guillaume de Tyr, voir *Guillaume de Tyr et ses continuateurs. Texte français du XIIIe siècle*, éd. P. Paris, Paris, Didot, 1880, t. 2. Cette édition reproduit (parfois en les déplaçant dans le texte) les trois premières interpolations de *F38*, qui appartenait à l'époque à Firmin Didot.

41 Voir Edbury, « New Perspectives », p. 108 ; M. Gaggero, « La *Chronique d'Ernoul*. Problèmes et méthodes d'édition », *Perspectives médiévales*, 34, 2012, en ligne, § 5.1.

42 Voir *Chronique*, p. 5-6, 14-15, 26-27, 52 et 97-98 ; aux p. 62-80, on lit un long *excursus* de géographie sacrée. Voir C. Croizy-Naquet, « Y a-t-il un représentation de l'Orient dans la *Chronique d'Ernoul et de Bernard le Trésorier* ? », *Cahiers de recherches médiévales et humanistes*, 8 (2001), en ligne, et F. Tanniou, « Lieux bibliques et écriture historique dans

seules trois courtes notices apparaissent dans la partie qui est passée dans la *Continuation*[43]. Le rédacteur de la *Continuation* a aussi omis la description de Jérusalem qui précède, dans les manuscrits de la *Chronique*, le récit de la perte de la ville[44]. Il est possible que, ce faisant, le rédacteur ait été sensible à l'architecture générale de la compilation : une description de Jérusalem ouvre le livre VIII de Guillaume de Tyr, et il aurait pu vouloir en éviter le redoublement, même à très grande distance, ce qui montrerait sa connaissance approfondie des textes qu'il compilait.

RÉDACTION BRÈVE ET RÉDACTIONS LONGUES

Les interventions de *Colbert-Fontainebleau* et de *Lyon* n'intéressent pas l'ensemble du texte, mais seulement le récit d'épisodes ou les sections que les rédacteurs percevaient comme insatisfaisantes : par exemple, la section concernant les événements de 1184 à la prise de Jérusalem subit relativement moins d'interventions que celles touchant à la Troisième Croisade, qui la suit immédiatement[45]. Chaque rédaction longue présente donc un diasystème formé par la superposition des caractéristiques idéologiques, structurelles et stylistiques des rédactions précédentes[46]. À cause du faible nombre d'attestations manuscrites de ces deux rédactions,

---

la *Chronique d'Ernoul et de Bernard le Trésorier* », Écritures de la Bible en français au Moyen Âge et à la Renaissance, dir. V. Ferrer et J.-R. Valette, Genève, Droz, 2017, p. 609-624.

43   Voir *Chronique*, p. 123-124, 126 et 153. Une notice dans le même style, à propos du château de Safed rendu par Saladin à la fin de la Troisième Croisade, a été ajoutée par *Colbert-Fontainebleau* (*RHC*, p. 199).

44   Voir *Chronique*, p. 190-210 ; C. Croizy-Naquet, « La description de Jérusalem dans la *Chronique d'Ernoul* », *Romania*, 115, 1997, p. 69-89.

45   Dans la première section, la séquence sur les empereurs byzantins est toutefois entiè-rement réécrite et des modifications idéologiquement importantes ont été apportées au récit de la bataille du Cresson ; voir P. W. Edbury, « Gerard of Ridefort and the Battle of Le Cresson (1 May 1187) : The Developing Narrative Tradition », *On the Margins of Crusading : The Military Orders, the Papacy and the Christian World*, éd. H. J. Nicholson, Aldershot, Ashgate, 2011, p. 45-60 ; voir aussi Edbury, « The Lyon *Eracles* », p. 144-146, qui discute les hypothèses de M. R. Morgan, *The Chronicle of Ernoul and the Continuation of William of Tyre*, Oxford, Oxford University Press, 1973, p. 79-99, pour une vue d'ensemble des rapports entre les rédactions de la *Continuation*.

46   Voir C. Segre, « Critica testuale, teoria degli insiemi e diasistema », dans *id.*, *Semiotica filologica. Testo e modelli culturali*, Turin, Einaudi, 1979, p. 53-70.

il est parfois difficile de distinguer ce qui est à attribuer au rédacteur et ce qui revient aux copistes des manuscrits qui nous sont parvenus[47].

CAUSES DE LA PERTE DE JÉRUSALEM

Les interventions des rédacteurs se situent en partie dans le prolongement des axes idéologiques et structurels de la *Chronique*, reprise par la rédaction brève de la *Continuation*. Les manuscrits des rédactions longues sont les seuls, avec *F38*, à présenter (dans une version remaniée) l'interpolation relative à l'avènement du maître du Temple, Gérard de Ridefort. Celle-ci est déplacée, par rapport à *F38*, avant le récit de la bataille de Hattin[48], pour expliquer l'animosité des répliques sarcastiques de Gérard aux conseils donnés par le comte Raymond III de Tripoli à Guy de Lusignan : arrivé en Terre Sainte, Gérard serait entré dans l'ordre du Temple par dépit, après que Raymond lui avait refusé la main de l'héritière du château de Botron. Le déplacement de l'interpolation renforce le portrait négatif du personnage déjà présent dans la *Chronique*. *Colbert-Fontainebleau* – suivi par *Lyon* – a aussi eu soin de créer un système de références proleptiques et analeptiques à l'épisode interpolé. Une première référence, en forme de prolepse, se trouve dans un ajout des deux rédactions à la fin de la description du couronnement de Guy et Sibylle. Gérard, favorable au couronnement qui est célébré en rupture des accords pris sur le lit de mort de Baudouin IV, commente de façon elliptique : « Ceste corone vaut bien le mariage du Botron[49] ». Une analepse implicite se trouve seulement dans *Lyon* : le seigneur du Botron, que les rédactions longues identifient avec un riche Pisan nommé Plivain, est mentionné avec le maître du Temple dans la liste des prisonniers de Saladin après la bataille de Hattin. Nous sommes à quelques pages de l'interpolation consacrée à Gérard, et cet ajout de *Lyon*, qui réunit dans le même destin le maître du Temple et son ancien rival, ne peut pas être un hasard.

La liste des causes de la perte de Jérusalem devient aussi plus longue au fil des rédactions : *Colbert-Fontainebleau* et *Lyon*[50] mentionnent à ce propos la capture par Renaud de Châtillon d'une caravane musulmane

---

47   Voir Edbury, « The Lyon *Eracles* », p. 145.
48   Voir *RHC*, p. 50-52 et *Lyon*, p. 45-46.
49   *RHC*, p. 29 et *Lyon*, p. 33.
50   Voir *RHC*, p. 34 et *Lyon*, p. 36.

qui transportait la sœur de Saladin. L'épisode, absent de la rédaction brève, est construit sur le même schéma narratif que deux épisodes relatifs à Renaud dans la partie pré-1184 de la *Chronique* omise par la *Continuation* : rupture d'une trêve ou accord avec les musulmans, demande de réparation de Saladin, intervention du roi de Jérusalem en faveur de Saladin, refus du transgresseur d'obéir au roi[51]. Des analepses rappellent l'importance de l'épisode au début et à la fin du récit de la bataille du Cresson dans les deux rédactions[52]. *Lyon* ajoute aussi une autre référence à l'épisode après la prise de Jérusalem par Saladin : celui-ci « manda a sa seror, cele que le prince Renaut avoit prise, qu'ele venist aorer ou lui au Temple, rendre grace a Dieu et a Mahomet de l'enor que Dieu li avoit faite[53] ». Le rédacteur offre ici à la dame une compensation du tort subi en l'associant à la victoire la plus importante de son frère. *Lyon* donne encore un récit rétrospectif dans la narration de la bataille de Hattin pour apporter une autre cause de la perte de Jérusalem, l'inimitié entre les chrétiens de Palestine (les *poleins*) et les Poitevins à cause de l'élection de Guy de Lusignan[54].

Dans tous ces cas, *Colbert-Fontainebleau* et *Lyon* s'inscrivent dans la continuité des caractéristiques du récit de la *Chronique* tel qu'ils le connaissaient par la *Continuation* de Guillaume de Tyr. Ils sont de même animés par un souci de cohérence narrative qui les amène, d'une rédaction à l'autre, à multiplier les renvois internes.

DUPLICATION DE SCÈNES ET DE MOTIFS

Le souci d'exploiter certaines caractéristiques du texte-source explique la répétition de motifs et le dédoublement d'épisodes dans les rédactions longues. Dans la description de la bataille de Hattin donnée par la version brève[55], l'armée de Guy de Lusignan, établie à Saffuriyah pour une action militaire contre les musulmans, reçoit la nouvelle que Saladin a assiégé Tibériade, où se trouve, dépourvue de défenses, la femme du comte Raymond III de Tripoli. Le comte tient un long discours devant le conseil des barons, dans lequel il déconseille au roi d'aller au secours

---

51   Voir *Chronique*, p. 54-55 et 96-97 ; Edbury, « Gerard of Ridefort », p. 48.
52   Voir *RHC*, p. 37 et 41 et *Lyon*, p. 37 et 40.
53   *Lyon*, p. 75.
54   Voir *Lyon*, p. 53.
55   Voir *Chronique*, p. 157-162.

de la ville et de sa propre femme pour des raisons stratégiques. Une remarque cinglante de Gérard de Ridefort fait allusion à l'alliance encore récente du comte et de Saladin : « Atant passa avant li maistres dou Temple, si dist qu'encore y avoit dou poil de l'ours[56] ». L'avis du comte remporte l'adhésion des barons mais, avant le coucher du roi, le maître du Temple réussit à convaincre Guy d'aller à Tibériade avec l'armée, qui est ainsi mise sur la route de la défaite de Hattin.

Dans *Colbert-Fontainebleau* et *Lyon*, l'épisode est plus complexe et se situe dans un contexte différent[57]. Le secours du roi est d'emblée déclaré inutile : Raymond III est allé à Tibériade pour en renforcer les défenses et donner à sa femme des instructions pour qu'elle et les habitants pussent quitter la ville s'ils n'arrivaient pas à contrer le siège de Saladin. À l'arrivée du message de la comtesse, le maître du Temple et Renaud de Châtillon conseillent d'aller défendre la ville, le comte de Tripoli estime plutôt qu'il faut pourvoir à la défense des autres villes du royaume, contacter le prince d'Antioche et Baudouin de Ramallah – brouillé avec Guy – et laisser la chaleur fatiguer l'armée de Saladin :

> Ensi come li cuens de Triple ot finee sa parole, li maistres dou Temple et li princes Renauz distrent au conte que en son conseil avoit dou poil dou loup. Oiant ce, li cuens de Triple se torna vers le roi, et li dist : « Sire, je vos requier et semons de aler rescorre Tabarie ».

Avant de se mettre en marche pour Tibériade, le roi consulte encore les barons ; le comte de Tripoli tient ici le même discours que dans la *Chronique*, et la scène se conclut par une reprise au mot près de l'échange précédent :

> Quant li cuens ot finee sa parole, li maistres dou Temple li dist encore : « Y a il dou poil dou loup. » Quant li cuens oï ce, tantost dist au roi : « Sire, je vos semoing et requier que vos alez rescorre Tabarie. » Dedens ce la contesse de Tabarie manda messages au roi, que il la deust secorre, car ele et ses gens estoient durement gregez. Oyés ces noveles, un cri s'esmut en l'ost entre les chevaliers, que l'en diseit : « Alonz secorre les dames et les damoiseles de Tabarie ! »

C'est ici qu'est interpolé le récit rétrospectif sur Gérard de Ridefort. La scène unique de la *Chronique* est dédoublée en deux scènes ponctuées

---

56 *Chronique*, p. 160.
57 Voir *RHC*, p. 47-50 et *Lyon*, p. 43-45.

par un élément qui se répète au mot près comme dans les laisses parallèles des chansons de geste. La réaction de l'armée qui clôt l'épisode a, elle aussi, une allure littéraire et souligne l'*ethos* aristocratique propre aux différentes versions de nos textes[58].

Dans le récit des premières phases de la Troisième Croisade, la *Chronique* raconte comment, poussés par la pénurie de nourriture dans le camp chrétien, pris entre la ville d'Acre et le contre-siège de Saladin, les *sergents* décident, face à l'impuissance des barons, de tenter une incursion dans le camp musulman. L'armée de Saladin feint de quitter le camp et attire les chrétiens dans un guet-apens mortel[59]. Cet épisode donne lieu, dans *Colbert-Fontainbleau* et *Lyon*, à deux épisodes de sens différent : le premier est le récit d'une expédition organisée par Guy de Lusignan, son frère Geoffroi, Gérard de Ridefort et André de Brienne pour faire face à la pénurie de nourriture dans l'armée. Le déroulement de l'action est quelque peu incongru : Saladin fait retirer ses hommes, mais n'a pas l'air de vouloir piéger les chrétiens ; il attaque seulement, sur le conseil d'un renégat chrétien, lorsqu'un cheval qui s'échappe sème le trouble dans le contingent croisé. L'épisode permet d'illustrer la valeur des chefs de l'armée et de décrire la mort héroïque d'André de Brienne et de Gérard de Ridefort, qui a ici un rôle positif[60]. Après la longue section qui occupe la fin du livre XXIV (ch. 21-26) et le début du livre XXV (ch. 1-9) dans le *RHC*, dont il sera question ci-après, nous trouvons un épisode qui est plus proche de celui de la *Chronique* : face à la pénurie dans l'armée, les *sergents* pensent valoir mieux que les barons et décident, en rupture ouverte avec eux, de tenter une sortie dans le camp musulman. Ils sont attirés dans le même guet-apens que dans la *Chronique* et tués en grand nombre[61]. La disposition des deux récits les met en regard et illustre, encore une fois, la proximité de l'auteur avec les barons, en glorifiant leurs exploits et en sanctionnant l'insubordination des soldats.

---

58 Pour une analyse détaillée de cet épisode dans le cadre des rapports entre nos textes et le *Libellus de expugnatione*, voir Kane, « Wolf's Hair », p. 99-104.
59 Voir *Chronique*, p. 266-267.
60 Voir *RHC*, p. 128-130 et *Lyon*, p. 91-92.
61 Voir *RHC*, p. 149-151 et *Lyon*, p. 104-105.

RESTRUCTURATION DU RÉCIT

Dans le récit consacré à la Troisième Croisade, l'élargissement des horizons du récit, désormais caractérisé par un va-et-vient entre l'Europe et le Proche-Orient, oblige le narrateur à chercher un équilibre entre les différents théâtres de l'action à travers la technique de l'entrelacement[62]. Tout en cherchant à combler les lacunes de la narration, les rédactions longues ont réorganisé les éléments du récit de la *Chronique*. Une comparaison entre les différentes versions de la longue séquence allant du début du siège d'Acre à l'arrivée de Philippe Auguste dans la ville[63] à l'échelle de l'articulation des grandes séquences narratives met en lumière les particularités de la version partagée par *Colbert-Fontainebleau* et *Lyon*.

La *Chronique* et *Colbert-Fontainebleau* se séparent au moment où Guy de Lusignan met le siège à Acre : Saladin, qui est en train d'attaquer le château de la Roche Guillaume, reçoit la nouvelle du siège et se dirige vers la ville. *Lyon* s'est écarté des autres rédactions plus tôt (§ 75), mais il rejoint *Colbert-Fontainebleau* à cet endroit (§ 82). La *Chronique* donne d'abord [a] une courte description de la situation à Acre (siège de Guy à la ville, contre-siège de Saladin), avec la précision que la situation reste bloquée pendant un an, et la mention de l'arrivée du fils de Frédéric Barberousse (Frédéric de Souabe, dont le nom n'est pas explicité), après la mort de son père, devant Acre. Ce dernier passage renvoie aux toutes premières pages de la section sur la Troisième Croisade, avec une description succincte du départ et de la mort de l'empereur (qui se serait noyé en Arménie en se baignant après le repas)[64]. La substitution de ce récit est l'un des buts du réaménagement de cette section dans les autres rédactions.

Alors que la *Chronique* revient en Occident sans transition, les rédactions longues présentent [1] une série d'épisodes relatifs au siège se terminant par un échange de messages entre Saladin et Guy : c'est ici qu'est décrite l'incursion des barons dans le camp musulman dont nous avons parlé ci-dessus[65]. Suit [2] la narration très détaillée de l'expédition de Frédéric Barberousse et de sa mort, qui se termine par un récit proleptique de la mort à Acre de son fils, Frédéric de Souabe, après la prise

---

62 Voir Croizy-Naquet, « Deux représentations », p. 320-321.
63 Voir *Chronique*, p. 259-270, *RHC*, p. 125-157 et *Lyon*, p. 86-111.
64 Voir *Chronique*, p. 249-250 ; Edbury, « The Lyon *Eracles* », p. 145-146.
65 Voir *RHC*, p. 125-131 et *Lyon*, p. 89-93.

de la ville[66] : tous les renseignements sur les Allemands, dont il n'est plus question dans le récit du siège d'Acre, sont ainsi rassemblés dans une seule séquence.

Ce n'est qu'après cette section que les rédactions longues renouent avec les épisodes de la *Chronique*, repris toutefois dans une forme plus développée et dans un ordre différent. La *Chronique* a d'abord [b] un récit suivi allant de la guerre entre Henri II d'Angleterre et Philippe Auguste, qui intervient dans la querelle sur le partage des terres du Plantagenêt entre Richard Ier et Jean Sans Terre, jusqu'au départ de Philippe et de Richard pour la croisade. De là, le récit se sert de l'entrelacement pour suivre les trajets des différents personnages : l'auteur abandonne le roi de France, contraint de s'arrêter à Messine, pour suivre l'arrivée de ses barons à Acre [c]. Il suit les événements du siège jusqu'à la malheureuse expédition des *sergents* et à la querelle pour l'annulation du mariage d'Isabelle de Jérusalem et d'Onfroy IV de Toron au profit de Conrad de Montferrat [d]. Il revient alors [e] au séjour de Philippe Auguste, rejoint par Richard Ier, à Messine jusqu'au départ des deux rois et à l'arrivée du roi de France à Acre[67].

Dans les versions longues, une séquence unique [3 = b+e¹] va de la guerre entre Henri II et Philippe Auguste à l'installation de Richard Ier en Sicile[68]. Un raccord temporel (« Le siege avoit ja esté un an devant Acre ») introduit une séquence [4 = d] allant de l'expédition des *sergents* au mariage de Conrad de Montferrat avec Isabelle de Jérusalem[69]. La dernière séquence [5 = e²] reprend les derniers événements du séjour en Sicile des deux rois et leur départ, et se termine par des épisodes absents de la *Chronique*, relatifs à l'arrivée de Philippe Auguste à Acre[70]. Elle se clôt par une remarque du narrateur : Philippe aurait pu prendre la ville tout seul, mais il a préféré attendre l'arrivée de Richard pour partager avec lui la gloire dérivant de la conquête. Ce passage fait écho à la séquence [1], où on lit que Saladin reçoit, dès son arrivée à Acre, le conseil d'attaquer les chrétiens, mais que, pour le faire, il préfère attendre l'arrivée de son frère, Saîf al-Dîn. Le dédoublement de cet expédient visant à retarder le dénouement de l'action rapproche implicitement

---

66   Voir *RHC*, p. 131-142 et *Lyon*, p. 93-100.
67   Voir *Chronique*, p. 260-270.
68   Voir *RHC*, p. 142-149 et *Lyon*, p. 100-104.
69   Voir *RHC*, p. 149-154 et *Lyon*, p. 104-107.
70   Voir *RHC*, p. 155-157 et *Lyon*, p. 108-111.

les chefs des deux armées, animés par une loyauté qui ne trouve pas d'équivalent chez leurs compagnons d'armes, comme la suite du récit se charge de le démontrer.

Cet examen cursif ne rend pas justice à la richesse des différentes rédactions, mais il permet de montrer que, tout en donnant un récit plus ample et détaillé, la réécriture crée des blocs narratifs cohérents avec la distribution des théâtres de l'action et réduit le mouvement de va-et-vient qui caractérise la *Chronique*. Il est par ailleurs probable que la réécriture attestée par *Colbert-Fontainebleau* commençait à l'origine plus loin que ce que nous voyons dans les manuscrits *F73* et *F57*, qui nous ont transmis ce texte. Ceux-ci présentent deux fois le récit de la mort de Frédéric Barberousse : d'abord selon la *Chronique*, ensuite selon la rédaction longue, alors que *Lyon* a éliminé la première occurrence[71]. Dans la section que nous venons d'analyser, des renvois analeptiques qui ne trouvent pas de correspondant dans le récit précédent tendent à prouver que l'antécédent de *Colbert-Fontainebleau* a changé de modèle à un moment donné, alors que *Lyon*, tout en étant remanié, garde une trace de la structure originale de la rédaction longue[72]. Nous touchons là à la limite de nos attestations et à la difficulté, parfois, d'analyser la structure d'une rédaction transmise de façon incomplète seulement par un nombre limité de manuscrits.

Les interventions de *Lyon* sur le texte de la rédaction longue affectent aussi les macrostructures du récit. Le déplacement d'épisodes crée parfois des anachronismes que M. R. Morgan et P. Edbury ont déjà signalés. L'épisode de Jean Gale[73] est raconté dans la *Chronique* et dans *Colbert-Fontainebleau* lors de la campagne menée par Saladin en 1188 après la prise de Jérusalem. Saladin apprend que le chevalier de Tyr Jean Gale, qu'il hait, se trouve à la Roche Guillaume. Un récit rétrospectif explique que Jean, ayant tué son seigneur, s'était réfugié chez Saladin ; il était devenu intime de l'un de ses neveux, qu'il avait ensuite livré aux Templiers en échange de leur protection, afin de rentrer dans les

---

71   Voir *Chronique*, p. 248-249, *RHC*, p. 116-117 et 137 et *Lyon*, p. 96-97 ; la première occurrence du récit de la mort du Barberousse est remplacée par une annonce du récit suivant dans *Lyon* (p. 84).

72   Voir Edbury, « The Lyon *Eracles* », p. 145-146.

73   Voir J. Richard, « The Adventure of John Gale, Knight of Tyre », *The Experience of Crusading. 2. Defining the Crusader Kingdom*, éd. P. W. Edbury et J. Phillips, Cambridge, Cambridge University Press, 2003, p. 189-195.

territoires chrétiens. La vengeance de Saladin a l'air de tourner court parce que, dans les deux rédactions, il n'en est plus question à la fin de l'analepse : nous apprenons en revanche que Jean devient un conseiller de Philippe Auguste lorsque celui-ci arrive en Terre Sainte, grâce à sa connaissance des musulmans[74]. Dans *Lyon*, l'épisode est anticipé entre la bataille de Hattin et la prise de Jérusalem. Le déroulement du récit est le même, sauf que la trahison de Jean Gale est vue sous un jour positif (il « s'entremist de bien et d'onor[75] »). Tout en faisant une entorse à la chronologie des événements, *Lyon* a essayé de mieux insérer l'épisode dans l'ensemble de la narration. Le texte décrit rapidement les raisons familiales et personnelles qui poussent Saladin à assiéger la Roche Guillaume :

> Quant Salahadin ot desconfit la crestienté et pris le rei, sa suer le comença a haster par quei il peust raveir son fils. Et Takaidin meismes, son serorge, le hasteit et teneit cort por raveir son fils. Salahadin meismes le voleit volentiers porce qu'il estoit son nevou[76].

La victoire dans la bataille de Hattin est vue comme la condition qui a permis à Saladin de libérer des forces qu'il peut maintenant concentrer dans un projet de vengeance personnelle. L'auteur explique que Saladin abandonne le siège de la Roche Guillaume parce que Renaud de Sidon lui a promis la reddition de la ville de Tyr. Plus loin, arrivé au récit de la campagne de 1188, l'auteur donne un dénouement très sec à l'histoire, qu'il avait laissée en suspens : « [...] si li [à Saladin] sovint de Johan Gale qui estoit encores en La Roche Guillaume. Il l'ala assegier, et ne la post prendre[77] ». Malgré l'économie des moyens utilisés, *Lyon* a assuré à l'histoire une cohérence narrative qui manquait dans la façon brusque dont l'épisode du siège est abandonné par la *Chronique* et *Colbert-Fontainebleau*. Le souci de précision historique semble passer, au moins ici, à l'arrière-plan par rapport à la volonté du rédacteur de raconter une histoire mieux agencée que dans ses antécédents.

---

74 Voir *Chronique*, p. 255-256 et *RHC*, p. 122-123, qui comprend que Guillaume est le nom du chevalier.
75 *Lyon*, p. 58.
76 *Lyon*, p. 58-59.
77 *Lyon*, p. 87.

CONCLUSIONS

Chaque état du texte pris en considération (*Chronique, Continuation,* versions longues de celle-ci) modifie de façon plus ou moins importante la structure de son prédécesseur. Le système des renvois internes permet aux auteurs de donner une présentation orientée des événements narrés, qui se fonde sur une vision d'ensemble de moyenne à longue durée. L'introduction d'effets de répétition et d'écho propres aux rédactions longues montre que les auteurs songent parfois davantage à la cohérence interne du récit et aux effets de sens produits par la mise en regard d'épisodes à distance qu'à l'exactitude historique des faits relatés. Il serait pourtant réducteur d'en conclure que le texte s'éloigne du domaine de l'histoire et se rapproche du roman : les épisodes fictifs ou romancés explicitent l'interprétation que les auteurs donnent des événements historiques qu'ils relatent. Il s'agit donc d'éléments importants pour la compréhension de l'idéologie de chaque texte, qui est elle-même un fait historique à interpréter[78].

Massimiliano GAGGERO
Università degli Studi di Milano

78   Cet article a été conçu dans le cadre d'un projet recherche sur la tradition manuscrite de l'*Eracles* financé par le programme Rita Levi Montalcini du Ministero dell'Istruzione, dell'Università e della Ricerca (MIUR). Je remercie Timothée Gaven pour la révision linguistique.

L'EMPEREUR HÉRACLIUS
VU PAR LES CHRONIQUEURS OCCIDENTAUX
DU XIIᵉ SIÈCLE

Nous savons que chaque croisade suscitait chez les chrétiens médiévaux des attentes apocalyptiques et eschatologiques. Les croyances concernant la fin du monde et le triomphe final du christianisme étaient liées d'une manière ou d'une autre aux succès militaires et politiques des croisés[1]. C'est ainsi qu'au début du XIIᵉ siècle, les succès militaires de Baudouin Iᵉʳ, roi de Jérusalem (1100-1118), qui s'empara d'Arsuf et de Cesarée, encourageaient les croisés à croire que les chrétiens remporteraient prochainement la victoire finale contre les Sarrasins. De nombreux passages issus des chroniques de la Première Croisade et en particulier un extrait de l'ouvrage de Guibert de Nogent intitulé *Gesta Dei per Francos* attestent que de tels sentiments régnaient dans l'armée des croisés[2]. D'après Guibert, non seulement les prophètes avaient prédit dans les saintes Écritures les réussites de Baudouin Iᵉʳ, mais les astrologues musulmans confirmaient également ces prédictions. En observant le mouvement des planètes, ils avaient découvert des signes célestes qui annonçaient la défaite des Sarrasins et que Dieu était du côté des Francs. En relisant les oracles propres à leur foi, dispersés dans un grand nombre de volumes (*gentilium volumina*), ils les avaient trouvés en parfait accord avec ces signes célestes. Mais leurs interprétations astrologiques n'étaient pas suffisamment précises pour situer exactement le moment où ces présages devaient s'accomplir[3]. En se rendant compte que la foi

---

1 Sur la dimension eschatologique des premières croisades, voir J. Flori, *L'Islam et la fin du temps. L'interprétation prophétique des invasions musulmanes dans la chrétienté médiévale*, Paris, Seuil, 2007, p. 250-265.

2 Voir Guibertus Novigentis, *Gesta Dei per Francos*, éd. R. B. C. Huygens, Turnhout, Brepols, 1996. La chronique a été écrite entre les années 1107 et 1108.

3 Voir *Gesta Dei per Francos*, p. 318-321. Les autres chroniqueurs rapportent aussi les prédictions des astrologues musulmans. Voir Robertus Monachus, *Historia Hierosolymitana*,

chrétienne est incompatible avec la science « païenne » des astres, qui est, selon lui, constamment étudiée chez les Orientaux, Guibert de Nogent décide de supprimer cette contradiction en s'appuyant sur l'autorité de l'empereur Héraclius :

> S'il était par hasard quelqu'un qui regarde comme incompréhensible que l'on puisse être instruit des choses à venir par l'art de l'astrologie, nous lui ferions savoir, comme une preuve incontestable, que l'empereur Héraclius apprit par des procédés de ce genre qu'une race de circoncis s'élèverait contre l'empire romain, sans qu'il lui fût cependant possible de reconnaître par ce moyen que ce seraient non les Juifs, mais les Sarrasins qui se déclareraient contre lui[4].

Il est bien connu que, sous le règne d'Héraclius, l'un des plus célèbres empereurs byzantins, les guerres contre Byzance étaient menées principalement par les Perses ou par les Arabes. À partir de 622, Héraclius a réussi à remporter une belle série de victoires sur l'empire perse, à la suite desquelles il a reconquis la vraie croix enlevée par Chosroès II, roi de Perse, en 614. Il faut croire qu'aux alentours de l'année 630, le *basileus* a commis un acte symbolique – il a transféré la croix dans l'église du Saint-Sépulcre. Mais Héraclius a subi ensuite une série de défaites au cours des guerres arabo-byzantines pendant les années 634-640, avec pour conséquence l'invasion de la Syrie et de la Palestine par les musulmans[5]. L'extrait de la chronique de Guibert de Nogent que nous avons cité ci-dessus est généralement interprété de manière univoque : on pense que le chroniqueur essayait de justifier le statut de l'astrologie

---

Recueil des Historiens des Croisades, Paris, Imprimerie Nationale, 1866, t. 3, p. 812 ; Petrus Tudebodus, *Historia de Hierosolymitano itinere*, éd. J. H. Hill et L. Hill, Paris, Geuthner, 1977, p. 93.

4   *Gesta Dei per Francos*, p. 320-321.

5   La bibliographie consacrée à ce personnage historique est inépuisable. Voir quelques ouvrages récents : *The Reign of Heraclius (610-641). Crisis and Confrontation*, éd. G. J. Reinink et B. H. Stolte, Louvain, Peeters, 2002 ; W. E. Kaegi, *Heraclius emperor of Byzantium*, Cambridge, Cambridge University Press, 2003 ; A. Sommerlechner, « Kaiser Herakleios und die Rückkehr des Heiligen Kreuzes nach Jerusalem. Überlegungen zu Stoff und Motivgechichte », *Römische Historische Mitteilungen*, 45, 2003, p. 319-360 ; S. Borgenhammar, « "Heraclius Learns Humility" : Two Early Latin Accounts. Composed for the Celebration of *Exaltatio Crucis* », *Millennium : Jahrbuch zu Kultur und Geschichte des ersten Jahhunderts n. Chr.*, 6, 2009, p. 145-201. Sur l'iconographie de l'empereur Héraclius, voir G. Quieroz de Souza, « Heraclius, Emperor of Byzantium », *Revista Digital de Iconografia Medieval*, 7, 2001, p. 27-38 ; B. Baert, « Héraclius, l'Exaltation de la Croix et le Mont St Michel au XIᵉ siècle : une lecture attentive du ms. 641 de la Pierpont Morgan Library à New York », *Cahiers de civilisation médiévale*, 51, 2008, p. 3-20.

en se référant à l'empereur Héraclius[6]. Mais une telle interprétation laisse le contenu de ce passage énigmatique inexpliqué.

Dans ce qui suit, nous allons essayer d'éclaircir certains points : que voulait dire le chroniqueur, dans son récit, par le soulèvement de la « race des circoncis » ? Et pourquoi Héraclius apparaît-il dans la narration de Guibert de Nogent ? Quelles idées pouvaient se cacher derrière ce passage énigmatique de sa chronique ? Nous allons étudier les différentes images de l'empereur byzantin dans la chronique de Guibert de Nogent, ainsi que dans les narrations des autres chroniqueurs. Nous chercherons à répondre à la question suivante : comment des informations sur la vie et les actions de ce personnage historique ont-elles été réinterprétées par les écrivains médiévaux dans des contextes différents ?

LE MYTHE DE LA « RACE DES CIRCONCIS »

Il semble que Guibert de Nogent soit le seul chroniqueur des croisades à mentionner l'épisode de la lutte d'Heraclius contre la « race des circoncis ». En revanche, nous constatons que ce sujet est traité dans un certain nombre de textes historiques composés entre le VIIIe et le XIIe siècle.

C'est dans la *Chronique de Frédégaire*, datée du VIIe siècle, que le récit de la « race des circoncis » apparaît pour la première fois. Plus tard, le moine bénédictin Aimoine de Fleury (fin du Xe siècle) reproduit le mythe dans son *Histoire des Francs*. Cette histoire est également racontée dans la *Chronique de Wurtzbourg*, qui fait partie de la *Chronique universelle* de Frutolf-Ekckehard (parue au tournant des XIe-XIIe siècles). L'épisode est aussi narré dans la *Chronique ou Histoire de deux cités* d'Otton de Freising (fin du XIIe siècle), de même que dans la *Chronique d'Echetrnach* et, finalement, dans le *Pantheon* de Godefroi de Viterbe (fin du XIIe siècle[7]). À

---

6   Voir A. Frolow, « La déviation de la 4e Croisade vers Constantinople. Note additionnelle : La Croisade et les guerres persanes d'Héraclius », *Revue de l'histoire des religions*, 147/1, 1955, p. 50-61, ici p. 54.

7   Voir *Chronicarum quae dicuntur Fredegarii Scholastici Libri IV*, éd. B. Krusch, *MGH, SS rer. Merow.*, Hanovre, Hahn, 1888, t. 2, p. 153-154 (traduction : *The fourth Book of the Chronicle of Fredegar with Its Continuations*, éd. et trad. J. M. Wallace-Hadrill, Londres, Nelson,

quelques différences près, les écrivains médiévaux reproduisent le texte le plus ancien, celui de la *Chronique de Frédégaire*, en ajoutant un certain nombre de détails[8].

Voici le résumé de l'histoire : ayant appris, en étudiant l'astrologie, que l'Empire byzantin sera dévasté par les « peuples circoncis », les peuples juifs selon l'empereur Héraclius, celui-ci ordonne de baptiser de force tous les juifs de l'Empire et invite le roi des Francs, Dagobert, à faire la même chose dans son royaume. Mais le malheur vient du côté des Sarrasins. Le roi essuie deux défaites écrasantes contre les « peuples circoncis », qui continuent de ruiner les provinces byzantines, tout en se rapprochant de la ville sainte. Manifestant sa faiblesse, Héraclius refuse de participer à la bataille et se retire à Jérusalem. Peu de temps après, il meurt d'une maladie douloureuse envoyée par Dieu en punition des péchés qu'il avait commis en épousant sa nièce et en tombant dans l'hérésie monophysite d'Eutychès.

Les chroniques issues des différentes époques recopient avec des modifications minimes le texte de « Frédégaire[9] ». Selon la *Chronique de Frédégaire*, c'est au cours de la première bataille que cent cinquante mille soldats byzantins furent tués par les Sarrasins. Ceux-ci offrent ensuite à Héraclius l'occasion de récupérer leurs dépouilles. Lui qui souhaite une revanche sur les Sarrasins refuse cette proposition. Ayant rassemblé un grand nombre de soldats venus d'horizons différents, l'empereur ordonne d'ouvrir les portes d'airain (« *Portas Cypias* »). Le Macédonien Alexandre le Grand les avait fait construire et il avait ordonné de les fermer en raison du flot incessant des nations barbares qui vivaient au-delà des cimes du Caucase[10]. Héraclius fait franchir ces portes à cent

---

1960, p. 54-55) ; Aimoin de Fleury, *De Gestis Francorum, Recueil des historiens des Gaules et de la France*, éd. M. Bouquet, Paris, 1741, t. 3, p. 129 ; Ekkehard d'Aura (*Uraugiensis*), *Chronica*, éd. G. Waitz, *MGH, SS*, Hanovre, Hahn, 1844, t. 6, p. 25 et 152-153 ; Otton de Freising, *Chronica sive Historia de duabus civitatibus*, éd. A. Hofmeister, Hanovre, Hahn, 1912, p. 242 ; *Chronicon Epternacense auctore Theoderico monacho*, éd. L. Weiland, *MGH, SS*, Hanovre, Hahn, 1874, t. 23, p. 45 ; Godefroi de Viterbe, *Pantheon*, éd. G. Waitz, *MGH, SS*, Hanovre, Hahn, 1872, t. 22, cap. 28, p. 196.

8   Voir *Chronicarum quae dicuntur Fredegarii*, p. 153, cap. 65-66. Sur l'importance de ce texte, voir Flori, *L'Islam et la fin des temps*, p. 175.

9   Dans les chroniques, c'est Héraclius, lui-même, qui fait des prévisions astrologiques ; voir Ekkehard d'Aura, *Chronica*, p. 153 ; Otton de Freising, *Chronica*, p. 242 ; *Chronicon Epternacense*, p. 45 ; Godefroi de Viterbe, *Panthéon*, p. 196.

10   Les chroniqueurs identifient souvent ces « nations barbares » avec les Alains ; voir Aimoin de Fleury, *De Gestis Francorum*, p. 129.

cinquante mille combattants engagés pour l'aider à combattre l'ennemi. Les Sarrassins, qui avaient deux princes, étaient à peu près deux cent mille. Les événements sont relatés ainsi :

> Les deux armées avaient établi leur camp non loin l'une de l'autre, de façon à engager le combat dès le lendemain. La même nuit, l'armée d'Héraclius est frappée par le glaive de Dieu (*eadem nocte gladio Dei Aeragliae exercitus percutitur*) : dans son camp, cinquante-deux mille des soldats d'Héraclius trouvèrent la mort dans leur lit. Alors qu'ils devaient marcher au combat le lendemain, quand ils se rendirent compte qu'une très grande partie des soldats de leur armée avait été tuée par un jugement divin (*devino iudicio*), ils n'osèrent pas engager le combat contre les Sarrasins. Toute l'armée d'Héraclius retourna vers ses terres, tandis que les Sarrasins, comme ils en avaient l'habitude, continuaient à dévaster sans cesse les provinces de l'empereur Héraclius. Comme ils s'étaient déjà approchés de Jérusalem, Hércalius vit qu'il ne pourrait pas s'opposer à leur violence. Il en conçut une profonde amertume et beaucoup de chagrin et, pour son malheur, embrassa bientôt l'hérésie d'Eutychès. Il délaissa le culte du Christ et prit pour épouse la fille de sa sœur[11].

Les descriptions de la bataille dans la *Chronique de Frédégaire*, ainsi que dans les écrits ultérieurs, nous suggèrent que ces textes parlent de la conquête musulmane de la Syrie et de la Palestine en 634-640[12]. Il s'agit probablement de la bataille d'Ajnadayn qui eut lieu le 30 juillet 634 et qui fut une bataille majeure entre les forces musulmanes conduites par le califat Rachidun et les armées de l'Empire romain d'Orient. Cette victoire ouvrit la voie de la Palestine aux musulmans[13]. Il est possible que, dans leurs récits de la première défaite d'Héraclius, Frédégaire et les autres chroniqueurs fassent allusion à cette campagne militaire. Le récit de la seconde défaite de l'empereur serait la description fantaisiste de la bataille de Yarmouk qui eut lieu le 20 août en 636 et dont le résultat fut la conquête musulmane de la Palestine et de

---

11 *Chronicarum quae dicuntur Fredegarii*, cap. 66, p. 153-154. Nous citons ici la traduction *Chronique des temps mérovingiens. Frédégaire* (Livre IV et Continuations), trad. O. Devillers et J. Meyers, Turnhout, Brepols, 2001, p. 185. Le passage cité est copié presque textuellement dans les autres chroniques.

12 La « Chronique de Frédégaire » est le premier texte latin à mentionner l'invasion musulmane de la Byzance ; voir J. Tolan, *Saracens : Islam in the Medieval Europan Imagination*, New York, Columbia UP, 2002, p. 77.

13 Sur ce sujet, voir E. Rotter, *Abendland und Sarazenen : das Okzidentale Araberbild und seine Entstehung im Frühmittelalter*, Berlin, De Gruyter, 1986, p. 153 ; L. Drapeyron, *L'Empereur Héraclius et l'Empire Byzantin au VIIᵉ siècle*, Paris, 1869, p. 92-93.

Jérusalem[14]. En tout cas, il semble que certains détails de la bataille se reflètent indirectement dans la *Chronique de Frédégaire* et les autres textes. C'est un fait établi que l'armée musulmane fut dirigée à la bataille du Yarmouk par deux commandants (les chefs militaires Khalid ibn al-Walid et Abu Ubadya[15]). Cela est également mentionné chez Frédégaire et ses compilateurs. Nous savons aussi que l'empereur Héraclius n'a pas participé à la bataille, mais qu'il a envoyé ses représentants, ce qui est confirmé dans les sources examinées[16].

Selon l'opinion répandue en historiographie, la *Chronique de Frédégaire* se compose de plusieurs parties datant de différentes époques[17]. Le texte a considérablement changé à cause de diverses interpolation[18], pour finalement s'imprégner d'une légère ambiance apocalyptique. Derrière l'expression « le glaive de Dieu » (« *gladius Dei* »), qui frappa l'armée d'Héraclius dans son sommeil, se cache probablement le surnom du commandant musulman Khalid ibn Walid (son surnom *Sayf Allāh* en arabe veut dire « glaive d'Allah »). Le texte initial, qui a considérablement changé, supposait peut-être que « les cinquante-deux mille soldats avaient été tués par un homme dont le surnom fut "le glaive de Dieu[19]" ». Il est à noter que, dans les textes des compilateurs de la *Chronique de Frédégaire*, tels que Godefroi de Viterbe, Otto de Freising et les autres, ce n'est plus le « glaive de Dieu » qui frappe l'armée d'Héraclius, mais « l'ange du Seigneur » (« *angelus Dei, angelus Domini*[20] »). De plus, la chronique d'Echternach indique tout simplement que tout s'est passé « sur l'ordre du Seigneur » (« *nutu Dei*[21] »).

Le récit sur Alexandre le Grand qui a fait construire les portes d'airain pour contenir les peuples barbares et les empêcher d'attaquer

---

14 Bien que le texte ne dise rien sur la conquête de Jérusalem en 638 (les Sarrasins ne font que s'approcher de la ville), il est fait allusion à cet événement ; voir Rotter, *Abendland und Sarazenen*, p. 157.

15 Voir Drapeyron, *L'Empereur Héraclius*, p. 99 ; G. Ostrogorsky, *Geschichte des byzantinischen Staates*, Munich, Beck, 1963, p. 92.

16 « *Saracini duos habentes principes* » (*Chronicarum quae dicuntir Fredegarii Scholastici Libri*, p. 153) ; « *Sarracenorum duo duces erant* » (Aimoin de Fleury, *De Gestis Francorum*, p. 129).

17 Voir, par exemple, W. Goffart, « The Fredegar Problem Reconsidered », *Speculum*, 38, 1963, p. 206-241.

18 L'auteur de la « Chronique de Frédégaire » (il y en avait peut-être plusieurs) avait accès aux sources orientales ; voir Rotter, *Abendland und Sarazenen*, p. 145.

19 Rotter, *Abendland und Sarazenen*, p. 159.

20 Otton de Freising, *Chronica*, p. 242 ; Godefroi de Viterbe, *Pantheon*, p. 196.

21 *Chronicon Epternacense*, p. 45.

les peuples chrétiens est un exemple typique de la littérature apoca-lyptique[22]. Il témoigne, dès lors, de son influence. Selon la tradition médiévale, les portes d'airain, construites par Alexandre le Grand, se nommaient habituellement les « Portes Caspiennes[23] ». Mais le nom *Portas Cypias*, utilisé dans le texte initial de Frédégaire, pouvait signifier aussi « les Pyles (Portes) Syriennes », c'est-à-dire la région de Belen (le col de Belen), le passage qui unit la Syrie et l'Anatolie. En fait, un tel toponyme correspond mieux aux faits qui y sont décrits[24].

La légende selon laquelle Alexandre le Grand aurait enfermé dans le Caucase les peuples apocalyptiques est aussi présente dans *L'Apocalypse du Pseudo-Méthode*, qui fut également une sorte de réponse à la conquête musulmane de la Syrie et de la Palestine. Cette œuvre a été d'abord écrite en syrien et ensuite traduite en grec, en latin et dans d'autres langues[25]. Elle stipulait que la domination musulmane ne durerait pas longtemps, qu'après « dix semaines d'années » (c'est-à-dire 70 années, un jour pro-phétique étant égal à un an), les « fils d'Ismaël » seraient vaincus par « le roi des Grecs » (l'empereur byzantin[26]). Celui-ci libérera les chrétiens, et la paix s'installera. Mais la paix ne durera pas longtemps, car c'est alors que commenceront réellement les temps de la fin. Alors s'ouvriront « les portes du Serpentrion[27] », au-delà desquelles Alexandre le Grand a enfermé les peuples sauvages, y compris les tribus de Gog et Magog, mentionnés dans le Livre d'Ézéchiel. Ces peuples apocalyptiques se répandront dans le monde entier en dévastant la terre des chrétiens et leurs habitants[28]. Au

---

22 Voir A. R. Anderson, *Alexander's Gate : Gog and Magog and the Inclosed Nations*, Cambridge, Massachusetts, The Medieval Academy of America, 1932.

23 Voir Aimoin de Fleury, *De Gestis Francorum*, p. 129 ; Otton de Freising, *Chronica*, p. 242 ; Ekkehard d'Aura, *Chronica*, p. 153.

24 Le nom fantastique *Cypias* pourrait être le résultat de la traduction déformée du toponyme grec Συρία Πύλαι. Sur ce sujet, voir Rotter, *Abendland und Sarazenen*, p. 162-163.

25 Voir *Die Apokalypse des Pseudo-Methodius. Du Ältesten griechische und lateinischen Übersetzungen*, éd. W. J. Aerts et G. A. Kortekaas, Louvain, Peeters, 1998 ; Flori, *L'Islam et la fin des temps*, p. 133-141.

26 Selon la version grecque, dans « sept semaines d'années » ; voir *Sybillinische Texte und Forschungen*, éd. E. Sackur, Halle, Niemeyer, 1898, p. 89-90.

27 Selon *L'Apocalypse du Pseudo-Méthode*, Alexandre le Grand a étendu ses conquêtes jusqu'aux montagnes qui s'appellent les « Portes du Septentrion » ; voir A. B. Schmidt, « Die "Bürsten des Nordens" und Alexanders Mauer gegen Gog und Magog », *Endzeiten. Eschatologie in den monotheistishcen Weltreligionen*, éd. W. Brandes et F. Schmieder, Berlin, De Gruyter, 2008, p. 89-100.

28 Voir *Sybillinische Texte und Forschungen*, p. 91.

terme de cette période calamiteuse, Dieu enverra un ange, qui se battra et anéantira les peuples démoniaques. « Le roi des Grecs » reviendra à Jérusalem pour y régner, mais, au bout de quelques années, le « fils de perdition », l'Antéchrist, aura fait son apparition, et « l'empereur des derniers jours » (le *basileus* de Byzance[29]) confiera son royaume à Dieu. Il montera sur le Mont Golgotha pour déposer la couronne sur la croix (c'est un acte qui rappelle l'Exaltation de la sainte croix par Héraclius[30]) et remettra tout le pouvoir entre les mains de Dieu. C'est alors que l'histoire proprement humaine s'achèvera et que la lutte ouverte entre le Christ et l'Antéchrist commencera[31].

Le traité du Pseudo-Méthode, qui avait déjà été traduit en latin au VIIIe siècle[32], peut être mis en parallèle avec le récit de la *Chronique de Frédégaire* et avec ceux qui ont été écrits par les autres chroniqueurs sur les peuples apocalyptiques. On voit que, si le texte du Pseudo-Méthode est optimiste – le « roi des Grecs » remporte la victoire sur les Sarrasins –, Frédégaire et ses compilateurs donnent une tout autre image : sans attendre un signe divin, l'empereur Héraclius ouvre, lui-même, les portes contenant les incursions des peuples sauvages Gog et Magog, qui participeront à la bataille contre les Sarrasins[33]. Mais le conflit armé n'a pas lieu, car l'armée d'Héraclius, comme on l'a déjà vu, a été frappée par le « glaive de Dieu » la nuit qui précédait la bataille. La plupart des soldats trouvèrent la mort dans leur lit, et les autres n'osèrent pas engager le combat contre les Sarrasins. C'est Dieu qui ainsi décida de l'issue du combat.

Dans les écrits de Frédégaire et des autres chroniqueurs, la défaite est décrite comme faisant partie du plan divin. Les Sarrasins sont ainsi

---

29   Sur la légende de « l'empereur des dernier jours », voir P. J. Alexander, « The Medieval Legend of the Last Roman Emperor and its Messianic Origin », *Journal of the Warburg and Courtauld Institutes*, 41, 1978, p. 1-15.

30   Il est difficile de savoir si l'empereur Héraclius s'est inspiré de la légende de « l'empereur des derniers jours » ou si c'est lui-même qui l'a inspirée ; voir C. Bonura, « The Man and the Myth. Did Heraclius know the legend of the Last Emperor ? », *Studia patristica*, 62, 2013, p. 505-514.

31   Voir *Sybillinische Texte und Forschungen*, p. 93.

32   La première version latine de l'Apocalypse a été composée vers l'an 700. Elle modifie peu son original oriental, si ce n'est que la victoire sur les musulmans est repoussée à une époque indéterminée. En général, les prophéties du Pseudo-Méthode étaient souvent adaptées aux situations politiques nouvelles de l'Occident médiéval ; voir Flori, *L'Islam et la fin des temps*, p. 182-187 et 206-214.

33   Voir, par exemple, Aimoin de Fleury, *De Gestis Francorum*, p. 129.

vus comme un instrument du châtiment de Dieu. C'est pour cette raison que Frédégaire et ses compilateurs mettent en relief les caractéristiques morales et religieuses de l'empereur byzantin. Selon eux, la défaite d'Héraclius fut la conséquence directe de son apostasie et de ses péchés[34], la punition de ses crimes[35]. À la différence de Guibert de Nogent, Godefroi de Viterbe considère comme un très grand péché son ambition de s'appuyer davantage sur la divination que sur la volonté de Dieu[36]. Et c'est encore Otto de Freising qui associe la passion d'Héraclius pour l'astrologie avec son hétérodoxie[37].

Ce passage sur la « race des circoncis », qui est sous-entendu dans la chronique de Guibert de Nogent et que l'on retrouve dans les textes de Frédégaire et des autres écrivains, raconte donc les défaites subies par l'empereur Héraclius face aux Sarrasins lors de la conquête musulmane de la Syrie et de la Palestine en 632-641. Mais ce n'est qu'une partie des actions réalisées par l'empereur légendaire qui a retenu l'attention des chroniqueurs. L'image d'Héraclius, créée par les écrivains médiévaux, présente d'autres facettes.

LA RÉCUPÉRATION DE LA VRAIE CROIX

Il est intéressant de remarquer que les auteurs qui véhiculent le mythe de la « race des circoncis » et qui nous racontent la perte des territoires byzantins par Héraclius font également l'éloge de l'empereur

---

34 Un tel regard sur Héraclius s'inscrit dans le contexte de l'historiographie byzantine. Selon Théophane le Confesseur, écrivain byzantin du IXᵉ siècle, la conquête de la Syrie par les Arabes n'est que le châtiment de Dieu pour les péchés de l'empereur Héraclius ; voir Théophane le Confesseur, *Chronographia*, éd. C. de Boor, Leipzig, Teubner, 1883, vol. 1, col. 506, 522. Les autres écrivains byzantins, comme Georges le Moine et Georges Cédrène, considèrent sa vie et ses actes comme « $\pi\alpha\rho\alpha\nu o\mu i\alpha$ » (« illégalité ») (*PG*, 110, col. 829 ; *PG*, 121, col. 805). Sur les sources byzantines de la légende d'Héraclius, voir Sommerlechner, « Kaiser Herakleios und die Rückkehr des Heiligen Kreuzes nach Jerusalem », p. 319-329.

35 Voir Otton de Freising, *Chronica*, p. 242 ; Godefroi de Viterbe, *Pantheon*, p. 196.

36 Voir Godefroi de Viterbe, *Pantheon*, p. 196 : « *magis in auguris quam in divino auxilio confidebat* ».

37 Voir Otton de Freising, *Chronica*, p. 242 : « *in Euthicianam incidit heresim, et mathematicus factus et astrologus* ».

byzantin en narrant ses victoires sur l'empereur sassanide Chosroès. Le texte de la *Chronique de Frédégaire* qui sera utilisé par des chroniqueurs ultérieurs comprend un passage très court contant ces événements[38]. Le chroniqueur Godefroi de Viterbe relate de manière très détaillée les guerres de l'empereur byzantin menées contre les Perses. L'histoire de ces conflits entre les deux empires est résumée dans les deux chroniques universelles d'Ekhehard-Frutolf et d'Otto de Freising ainsi que dans la *Chronique* d'Echternach.

Dans toutes ces œuvres, Héraclius est considéré comme le souverain chrétien idéal qui a récupéré la vraie croix à la suite d'une lutte acharnée contre les Perses. Les chroniques nous racontent l'histoire suivante. Ayant dévasté les provinces byzantines, Chosroès conquit Jérusalem et rapporta la vraie croix en Perse[39]. D'après les chroniqueurs, le souverain perse avait construit dans sa capitale (Ctésiphon ?) une tour d'argent dont les murs étaient ornés de pierres précieuses symbolisant le soleil, la lune et les étoiles. Il avait installé à côté de son trône la vraie croix[40], car il voulait être vénéré comme Dieu[41]. À l'aide de mécanismes spéciaux aménagés dans la tour d'argent, Chosroès simulait le tonnerre et la pluie en se faisant passer pour un dieu omnipotent maîtrisant les phénomènes naturels[42]. Il semblerait que le culte de Chosroès, qu'il a lui-même suscité, et ses tentatives d'auto-divinisation aient pu être interprétés par les médiévaux comme la prophétie de l'Antéchrist : « qui s'assiera dans le temple de Dieu, se proclamant lui-même Dieu » (2 Th 2-4). Héraclius mène contre Chosroès-Antéchrist de longues guerres, dont le point culminant est le combat singulier sur le pont du Danube. Il était convenu que celui qui remporterait la victoire s'emparerait du royaume de l'autre et de son

---

38 Voir *Chronicarum quae dicuntur Fredegarii Scholastici Libri IV*, p. 152. C'est dans la *Chronique de Frédégaire* que les écrivains médiévaux puisaient des informations sur l'empereur byzantin ; voir Brandes, « Heraclius Between Restoration and Reform », *The Reign of Heraclius*, p. 3-36.

39 L'armée de l'empire sassanide assiégea Jérusalem en 614 et la captura ; voir Drapeyron, *L'Empereur Héraclius*, p. 101 *ssq*.

40 Voir Godefroi de Viterbe, *Panthéon*, p. 197 : « *Cum Cruce quesita putat illic vivere vita* ».

41 Voir Otto de Freising, *Chronica*, p. 240 : « *ubi se ut Deum adorari fecit* ». D'après la *Légende dorée*, le roi Chosroès, qui cherche à se proclamer Dieu, met à droite de son trône le bois de la vraie croix, qui devait symboliser le Dieu-Fils, et, à gauche, il place le coq d'or, qui désigne le Saint Esprit : le satrape demande ainsi à ses citoyens de le vénérer comme Dieu. Voir Iacopo da Varazze, *Legenda aurea*, éd. G. P. Maggioni, Sismel, Florence, 2017, cap. 133 ; Honoré d'Autun, « *Speculum ecclesie* », *PL*, 172, col. 1104-1106.

42 Voir Godefroi de Viterbe, *Pantheon*, p. 197.

peuple, qui resterait ainsi sain et sauf[43]. Ayant combattu et vaincu le
fils de Chosroès, l'empereur Héraclius a ainsi converti le peuple perse
au christianisme[44]. Mais les événements les plus importants aux yeux
des chroniqueurs sont liés à la récupération de la vraie croix. Héraclius
atteint son ennemi dans son palais luxueux. Il lui coupe la tête. Il
prend la sainte croix et la rapporte – « en triomphe et dans une grande
gloire » (« *cum triumpho et gloria magna*[45] ») – d'abord à Constantinople,
ensuite à Jérusalem. La victoire d'Héraclius sur l'empereur sassanide,
qui se faisait passer pour Dieu, avait été remportée grâce à la puissance
de la vraie croix, comme le souligne Godefroi de Viterbe. Ce fut donc
la victoire de la vertu sur l'orgueil[46]. C'est ainsi que, dans ces textes, il
est dépeint comme un nouveau Constantin qui a triomphé des infidèles
et instauré le christianisme.

Au XIIᵉ siècle, la tradition narrative ayant trait à Héraclius était bien
développée et l'on en retrouve certains éléments dans la chronique de
Godefroi de Viterbe. C'est ainsi que Godefroi raconte un épisode qui
est peu présent dans les autres chroniques relatant le mythe de la « race
des circoncis ». Voici l'épisode. Héraclius rapporte la sainte relique à
Jérusalem. Il descend du Mont des Oliviers et arrive devant la porte
par où était entré Jésus-Christ, la veille de la Passion. Or, voici que les
pierres de la porte se rejoignent de façon à former un mur[47]. Au-dessus
de la porte, l'on voit apparaître l'ange tenant en main le signe de croix.
L'ange rappelle à l'empereur l'entrée de Jésus à Jérusalem : ce n'est pas
avec un luxe princier, mais en pauvre, monté sur un petit âne, que le fils
de Dieu est entré par cette porte, laissant un bel exemple d'humilité.
Héraclius, tout en larmes, descend alors de son cheval, se déchausse, se
dépouille de ses vêtements jusqu'à sa chemise et, prenant la croix du
Seigneur, il en frappe humblement la porte qui, se soulevant, lui permet
de passer avec toute sa suite[48]. Ce sujet est connu dans la littérature

---

43   Voir *Chronicarum quae dicuntur Fredegarii*, p. 152. Ce combat singulier est décrit dans le texte
     liturgique consacré à Héraclius et datant du VIIᵉ siècle. Sur ce sujet, voir Borgenhammar,
     « Heraclius Learns Humility », p. 161-163.

44   Voir Otto de Freising, *Chronic⸰*, p. 240.

45   *Chronicon Epternacense*, p. 45 : « *cum ingenti triumphi gloria et gaudio* ».

46   Voir Godefroi de Viterbe, *Pantheon*, p. 197, v. 25 : « *Obviat Eraclius, reprimens virtute
     superbum* ».

47   Voir Godefroi de Viterbe, *Pantheon*, p. 197, v. 40 : « *porta fit ut paries* ».

48   Voir Godefroi de Viterbe, *Pantheon*, p. 197, v. 42-45 : « *Nolo, quod augustus gemmis procedat
     honustus, / Intrantis Christi sit memor ipse sibi, / Auferat ornatus, humilis pede progrediatur, / Eraclii*

médiévale sous le nom de *porta clausa*. Il est traité dans de nombreux textes liturgiques et hagiographiques[49]. Godefroi de Viterbe et les autres auteurs médiévaux avaient probablement emprunté ce passage (de même que la description du combat singulier sur le Danube ou le récit sur le roi perse Chosroès, qui voulait s'assimiler à Dieu) à la source la plus ancienne. Il s'agit du texte liturgique intitulé *Reversio Sanctae Crucis*, que l'on a attribué très longtemps à l'écrivain du IXe siècle Raban Maur et qui circulait dans la société médiévale entre les VIIIe et XIIIe siècles[50].

On remarque que dans le *Pantheon* et les autres textes médiévaux, Chosroès est représenté comme l'Antéchrist, tandis que l'empereur byzantin est assimilé au Christ : ainsi, comme le Christ a triomphé de la mort avec l'aide de la croix, Héraclius a remporté la victoire sur ses ennemis. Dans les écrits des chroniqueurs, Chosroès-Antéchrist manifeste de l'orgueil (*superbia*) en s'assimilant à Dieu, tandis qu'Héraclius qui transporte la vraie croix à travers la Porte Dorée fait preuve d'humilité (*humilitas*) en imitant Jésus-Christ. On voit que l'image d'Héraclius construite par Frédégaire et ses compilateurs est très ambiguë : d'une part, l'empereur byzantin est considéré comme un véritable pécheur, ses défaites représentant le châtiment divin de ses crimes ; d'autre part, il est représenté comme le souverain chrétien idéal qui a récupéré la sainte relique pour le monde chrétien.

L'EMPEREUR HÉRACLIUS ET LES CROISÉS

Il est évident que le rôle symbolique d'Héraclius a considérablement augmenté à l'époque des croisades. Il était, après tout, le premier croisé à avoir mené la Guerre sainte, libéré Jérusalem des infidèles et reconquis la vraie croix. En outre, Héraclius, en cherchant à récupérer la sainte

---

manibus iam crux benedicta feratur ».

49   Voir M. Menzel, « Gottfried von Bouillon und Kaiser Heraclius », *Archiv für Kulturgeschichte*, 74, 1992, p. 1-21, ici p. 4-10.

50   Le savant suédois S. Borgenhammar a pu montrer dans sa recherche que ce texte avait été créé entre la fin du VIIe et le milieu du VIIIe siècle par un auteur italien anonyme qui s'appuyait sur les sources byzantines et orientales ; voir Borgehammar, « Heraclius Learns Humility », p. 145-202.

croix, a refusé le rôle de l'empereur triomphant et a préféré devenir l'émule du Christ. Comme lui, les croisés imitaient Jésus-Christ – en cousant la croix, symbolisant le vœu de croisade, sur leurs vêtements, ils répondaient à l'appel du Christ : « Si quelqu'un veut venir après moi, qu'il se charge de la croix et qu'il me suive » (Mt 16, 24).

Paradoxalement, ni dans la chronique de Guibert de Nogent ni dans les autres sources traitant des croisades, nous ne retrouvons de tels récits sur les exploits de l'empereur byzantin, que nous transmettent les compilateurs de Frédégaire et les autres textes narratifs et liturgiques. Peut-être est-ce dû au fait que la tradition d'Héraclius était devenue, pour les croisés, une sorte de lieu commun. Elle était associée non tant avec ce personnage qu'avec le cycle de la légende de la vraie croix[51]. On peut juger plutôt de la popularité de ce personnage historique par les références indirectes. L'image de l'empereur Héraclius occupait, sans doute, une très grande place dans l'esprit des chevaliers chrétiens et des chroniqueurs qui décrivaient les faits relatifs aux croisades. Voici un exemple. Il s'agit d'un épisode de la chronique d'Albert d'Aix. Après la prise de Jérusalem, le 15 juillet 1099, événement symbolique des croisades, Godefroy de Bouillon se dépouille de son armure chevaleresque, met sa haire, se déchausse et sort de la ville. Rempli de la plus profonde humilité, il fait, pieds nus, le tour des remparts de Jérusalem et rentre dans la ville par la Porte Dorée, située en face du Mont des Oliviers[52]. C'est ainsi qu'il avait probablement voulu imiter l'entrée d'Héraclius[53]. Un autre exemple : après avoir battu les Turcs d'Il-Ghazi à la bataille de Danith, près d'Antioche, le 14 août 1119 (la vraie croix était présente à la campagne militaire), le roi de Jérusalem Baudouin Iᵉʳ reporta son retour à Jérusalem d'un mois pour pouvoir revenir dans sa capitale le 14 septembre, jour de l'Exaltation de la croix[54].

Les deux fêtes introduites par les croisés – la fête de l'Invention de la sainte croix, célébrée le 3 mai, et la fête de l'Exaltation de la vraie croix, célébrée le 14 septembre – témoignent de l'importance du nom

---

51 Sur ce sujet, voir B. Baert, *A Heritage of Holy Wood. The Legend of the Cross in Text and Image*, Leiden, Brill, 2004.

52 Voir Albert d'Aix, *Historia Herosolymitana*, éd. S. B. Edgington, Oxford, Clarendon Press, 2007, p. 436.

53 Voir Menzel, « Gottfried von Bouillon und Kaiser Heraclius », p. 1-21.

54 Voir Foucher de Chartres, *Historia Hierosolymitana*, éd. H. Hagenmeyer, Heidelberg, C. Winter, 1913, p. 632-633.

d'Héraclius dans l'espace rituel de l'Orient latin. D'après les récits de pélerins, c'est pendant cette dernière fête que la Porte Dorée était ouverte[55], tandis que, le reste du temps, non seulement elle était fermée, mais un tas de pierres bloquait son accès[56], en rappelant ainsi peut-être la scène de la *porta clausa* qui est décrite par Saewulf, un des pélerins[57].

On ne trouve donc que peu d'informations sur l'empereur byzantin dans les chroniques des croisades. En revanche, une œuvre littéraire consacrée à Héraclius reflète parfaitement la tradition narrative et liturgique associée à ce personnage historique. C'est le roman d'*Eracles*, composé par l'écrivain du XIIe siècle Gautier d'Arras, à la veille de la Troisième Croisade, qui relate d'une manière laudative les exploits de l'empereur byzantin[58]. Héraclius y est représenté comme le croisé exemplaire dont les actes sont guidés par la volonté de Dieu[59]. En décrivant la vie et les exploits de l'empereur, Gautier d'Arras commence son récit avec la découverte de la vraie croix par l'impératrice Hélène, mère de Constantin[60]. Sont décrites ensuite les guerres entre Byzance et les Perses, dont l'issue fut la conquête de la relique de la sainte croix par l'empereur sassanide Chosroès. Celui-ci l'a transportée en Perse pour créer son propre culte : « le culte de lui-même[61] ». L'ange envoyé par Dieu à Héraclius lui confie la mission de se battre contre le mauvais satrape[62]. Dans le combat singulier, le *basileus* bat le fils de Chosroès et convertit les infidèles au christianisme. Puis il se dirige vers la Perse, où, après la vaine tentative de convertir l'empereur sassanide, il le tue

---

55   Voir *Itinéraires à Jérusalem et descriptions de la Terre Sainte, rédigés en français aux* XIe, XIIe *et* XIIIe *siècles*, éd. H. Michelant, Genève, Fick, 1882, p. 151-152 : « si n'i passoit nus forz seulement.II. foiz l'an [...] le jour de Pasque [...] et le jour de feste Sainte Croiz en septembre [...] ».

56   Voir *Peregrinatores tres : Saewulf, Johannes Wirziburgensis, Theodericus*, éd. R. B. C. Huygens, Turnhout, Brepols, 1995, p. 96 : « *Haec [...] porta intus clausa, foris lapidibus obstructa, in nullo tempore patet alicui [...] nisi in Exaltatione sanctae crucis* ».

57   Voir *Peregrinatores tres*, p. 68 : « *sed prius lapides cadentes clauserunt se invicem et facta est porta ut maceries integra [...]* ».

58   La structure de cette œuvre littéraire a peut-être subi l'influence de textes liturgiques comme la *Reversio Sanctae Crucis*.

59   C'est ainsi qu'il est appelé Dieudonné dans ce texte ; voir Gautier d'Arras, *Eracles*, éd. G. Raynaud de Lage, Paris, Champion, 1976, v. 225. Voir aussi D. A. Trotter, *Medieval French Literature and the Crusades (1100-1300)*, Genève, Droz, 1988, p. 130-131.

60   Voir *Eracles*, v. 5120-5214.

61   *Eracles*, v. 5216-5264.

62   Voir *Eracles*, v. 5324-5379.

et s'empare de la vraie croix pour la rapporter à Jérusalem[63]. Ensuite, Gautier d'Arras reprend le sujet de la *porta clausa*, qui était, bien évidemment, très populaire chez les auteurs médiévaux et selon lequel l'empereur, s'assimilant au Christ et montrant son humilité, fait entrer la sainte croix par la Porte Dorée dans Jérusalem[64]. Héraclius retourne alors à Constantinople, où il est accueilli avec les plus grands honneurs. La fête de l'Exaltation de la vraie croix est établie afin de célébrer la restitution de la sainte relique[65]. À la fin de son poème, Gautier d'Arras raconte qu'après la mort de l'empereur, on fit élever la statue équestre d'Héraclius. Celle-ci est posée sur un piédestal, main droite étendue vers le monde païen, comme le menaçant[66]. Une fois encore, le récit sur les actes de l'empereur byzantin s'inscrit dans l'histoire du salut : Héraclius devient le symbole de la lutte contre les infidèles[67].

Le roman d'*Eracles* peut être considéré comme le parallèle littéraire de l'*Estoire de Eracles*. C'est la version, en ancien français, de la chronique latine du XIIᵉ siècle écrite par Guillaume de Tyr, le meilleur historien des croisades au Moyen âge. Les premières lignes de la chronique en ancien français qui parlent d'Héraclius ont donné à l'ensemble du texte le nom de l'empereur[68]. Elles nous rappellent les guerres entre Byzance et les Perses, ainsi que la récupération de la vraie croix. Le récit est entrecoupé par l'histoire de la conquête musulmane de la Syrie et de la Palestine, dont les événements étaient décrits par Frédégaire et ses compilateurs. À la différence des textes de ces chroniques, le récit de l'échec d'Héraclius qui avait conduit l'empereur à la perte de la Palestine et de Jérusalem n'est pas imprégné d'accents apocalyptiques, mais revêt

---

63   Voir *Eracles*, v. 5520-5840.

64   Voir *Eracles*, v. 6184-6396.

65   Voir *Eracles*, v. 6430 : « Li biaus, li preus, li aloés / fist molt grant feste, ce fu drois / a l'onor de la Vraie Crois / fu la feste adont trovee / qui en septembre est celebree ».

66   Voir *Eracles*, v. 6496-6516 ; v. 6504 : « vers Paienime tent se destre / et fait sanlant de manecier / et de l'onor Dieu porcacier ».

67   Il est curieux de constater que, pendant la Quatrième Croisade, les chevaliers chrétiens, d'après le chroniqueur Robert de Clari, avaient pris la statue équestre de bronze de l'empereur Justinien, installée sur la colonne antique, pour l'image de l'empereur byzantin Héraclius. Ainsi, comme dans le *Roman d'Eracles*, la main droite de l'empereur était tendue vers l'Orient comme s'il menaçait les païens. Voir Robert de Clari, *Conquête de Constantinople*, éd. et trad. J. Dufournet, Paris, Champion, 2004, chap. 86 : « si avoit un empereur geté de coivre, seur i. grant cheval de coivre, qui tendoit se main vers païenisme ».

68   « Les anciennes estoires dient [...] », *L'Estoire de Eracles empereur, Recueil des Historiens des Croisades, Historiens Occidentaux*, Paris, Imprimerie royale, 1844, t. 1, p. 9.

une forte connotation moralisatrice. Le chroniqueur parle de l'époque où
« la doctrine empestée de Mahomet [...] s'était répandue de tous côtés »,
où les Sarrasins s'emparaient « de nouveaux territoires » et employaient
« le fer et la violence pour imposer aux peuples leurs erreurs ». Cette fois,
Héraclius, qui était tenu de prêter assistance aux chrétiens, n'étant pas
capable de réprimer « l'insolence des infidèles », prit le parti de se retirer
en sûreté chez lui, pour ne pas se livrer aux aléas incertains de la guerre[69].
Il attendit l'issue de la bataille en Cilicie, en laissant ainsi l'armée d'Omar
ibn al-Khattâb occuper d'abord Gaza et ensuite Damas. Sa défaite ouvre
un nouveau chapitre dans l'histoire de la Terre Sainte. La sainte ville de
Jérusalem se trouve ainsi soumise à la domination des infidèles et subit
pendant cent quatre-vingt-deux ans le joug d'une servitude injuste. En
conclusion, Guillaume de Tyr présume que Dieu avait permis que les
infidèles envahissent Jérusalem afin de punir le peuple chrétien, et non
uniquement l'empereur Héraclius pour ses péchés[70].

Comme il a déjà été dit, la chronique de Guillaume de Tyr a été
traduite en ancien français, et cette version a été complétée dans certains manuscrits jusqu'à l'année 1271. La traduction en langue vulgaire allait de pair avec l'illustration de la chronique[71], les images de
l'empereur étant généralement placées au début des manuscrits. Les
enlumineurs illustrent les actions d'Héraclius, en premier lieu la récupération de la vraie croix, y compris l'épisode de la *porta clausa* (fig. 1)[72].
Un manuscrit parisien richement enluminé s'ouvre ainsi sur un cycle
de six miniatures, dont trois sont consacrées à Héraclius (fig. 2)[73]. Le

---

69 Voir *L'Estoire de Eracles*, p. 10-11.
70 Voir *L'Estoire de Eracles*, p. 13 : « Einssint avint que cele seinte cité de Iherusalem par les
    pechiez del pueple fu en servage et el dangier de la gent mescreant à mout longuement,
    c'est à dire IIII cenz et IIII vinz et X anz ».
71 Les premières suites de la chronique en ancien français ont été composées vers 1232, tandis
    que les illustrations sont réalisées après 1244. Sur la chronique en ancien français, voir
    P. Handyside, *The Old French William of Tyre*, Leiden, Brill, 2015. Sur les illustrations,
    voir J. Folda, *The Illustrations in Manuscripts of the History of Outremer by William of Tyre*,
    Ph. D. diss., Johns Hopkins University, 1968, vol. 1-3 ; F. Caroff, *L'Ost des Sarrasins : les
    musulmans dans l'iconographie mediévale (France-Flandre. XIIIe-XVe siècles)*, Paris, Le Léopard
    d'Or, 2016, p. 91-96, 103-105, 287-310.
72 Voir par exemple les mss Paris, BnF, fr. 2628, fol. 1 ; Paris, BnF, fr. 2630, fol. 1 ; ou
    encore Paris, BnF, fr. 9082, fol. 25 (fig. 1).
73 Il s'agit du manuscrit français (Paris, BnF, fr. 22495) qui s'intitule « Li rommans de
    Godefroy de Buillon et de Salehadin et de tous lez autres roys qui ont esté outre mer
    jusques a saint Loys qui darrenierement y fu ».

cycle de miniatures se lit de haut en bas. Au niveau supérieur gauche, on voit l'empereur Héraclius assis sur le trône. Dans les miniatures du niveau suivant, les artistes figurent Héraclius qui d'abord rapporte la vraie croix à Jérusalem (à gauche) et restaure ensuite les églises chrétiennes détruites par Chosroès (à droite). Au niveau inférieur gauche, les artistes représentent l'épisode de la conquête de Damas par les Arabes. Les chrétiens assiégés par les musulmans dans la forteresse tirent à l'arc sur leurs adversaires. Cette image est l'illustration presque littérale des événements mentionnés par Guillaume de Tyr. En même temps, elle sert de modèle à de nombreuses miniatures de ce codex illustré, qui dépeint les scènes de la guerre de siège à l'époque des croisades. Dans toutes ces miniatures, les adversaires des croisés sont représentés de la même manière que les Arabes qui combattaient l'armée chrétienne d'Héraclius. La similitude des motifs iconographiques et l'identité du schéma de la composition sont évidentes[74]. À côté de la miniature consacrée au siège de Damas, l'on retrouve l'image représentant Pierre l'Hermite partant en croisade. L'iconographie semble effacer le temps. Les campagnes militaires de l'empereur Héraclius du VIIᵉ siècle et les événements des croisades sont situés dans un cadre temporel similaire. Les miniatures illustrent la même idée que celle présentée dans la chronique des croisades. L'empereur Héraclius a d'abord remporté la victoire sur le roi perse Chosroès, a recupéré la vraie croix, mais, par la suite, il n'a pu garder la Terre Sainte. Néanmoins, ses échecs et ses défaites ouvrent une nouvelle étape dans l'histoire, celle des croisades.

C'est presque de la même manière que Jacques de Vitry, qui a beaucoup puisé dans la chronique de Guillaume de Tyr, raconte les exploits de l'empereur Héraclius : tout d'abord, il a glorieusement (« *cum triumpho et gloria magna* ») récupéré la sainte croix, mais il a ensuite cédé la Terre Sainte au calife Omar, qui finit par conquérir la ville de Jérusalem[75]. Jacques de Vitry partage l'avis de Guillaume de Tyr, selon qui non seulement Héraclius, mais tous les chrétiens de Jérusalem étaient ainsi punis et devaient subir le joug des infidèles jusqu'à l'arrivée des croisés[76]. Dans ce contexte, la défaite d'Héraclius n'est pas considérée comme un

---

74   Voir ms. Paris, BnF, fr. 22495, fol. 30, 36, 50ᵛ, 173, etc.
75   Voir Jacques de Vitry, *Historia orientalis*, éd. J. Donnadieu, Turnhout, Brepols, 2008, p. 104.
76   Voir Jacques de Vitry, *Historia orientalis*, p. 129 : « *per quadringenta nonaginta annos iugum durrissimum infidelium, et crudelium perpessi sunt dominorum* ».

événement aléatoire. Elle acquiert de l'importance, car elle anticipe une nouvelle ère, celle des croisades. Les croisés sont appelés à jouer le rôle qui leur est destiné par Dieu. À l'instar de l'empereur, ils devront lutter contre les infidèles pour la vraie croix et la restauration du christianisme. C'est comme héritiers et successeurs de l'empereur Héraclius que les croisés sont perçus dans l'*Histoire anonyme des rois de Jérusalem*, compilation composée vers la fin du XIIe siècle et résumant les événements de la croisade. La reconquête de Jérusalem par les croisés est représentée ici comme une grande étape dans l'histoire de la récupération de la sainte relique : c'est d'abord Hélène, mère de Constantin, qui la découvre ; en commémoration de cet événement, on célèbre le 3 mai la fête de l'Invention de la vraie croix. Plus tard, la précieuse relique est enlevée par les Perses, mais l'empereur byzantin la récupère et la rapporte à Jérusalem. À la suite de ces événements, la fête de l'Exaltation de la croix est instaurée et célébrée le 14 septembre[77]. Selon l'*Histoire anonyme des rois de Jérusalem*, les chrétiens étaient maîtres de la ville sainte depuis l'époque d'Héraclius jusqu'à ce qu'Omar, « le disciple du séducteur Mahomet » (« *discipulus seductoris Machumet* »), ait conquis, en 636[78], de manière illégitime la Terre Sainte (la responsabilité d'Héraclius dans la conquête musulmane n'est pas reconnue). Ainsi, la domination des infidèles a perduré sur une période de 463 ans, pendant laquelle les Sarrasins régnaient à Jérusalem[79]. Le point culminant de ces événements est l'exploit de Godefroy de Bouillon, qui, en tant que nouvel Héraclius, reprend la ville de Jérusalem et la sainte croix[80].

La succession de l'héritage du pouvoir se dessine ainsi : d'abord, de Constantin à Héraclius[81], puis d'Héraclius à Godefroy de Bouillon (le premier souverain du royaume de Jérusalem est perçu comme le

---

77 Voir *Historia regum Hierusalem latinorum*, *Revue de l'Orient latin*, 5, 1897, p. 242 : « *14 die septembris per imperatorem Heraclium Jerusalem fuit restituta [...]* ».
78 Il est curieux que le texte se réfère à l'année 636, c'est-à-dire à la date de la bataille de Yarmouk.
79 Voir *Histoira regum Hierusalem latinorum*, p. 229 : « *[...] usque ad tempora Godefridi de Bolon, videlicet usque ad annum Domini millesimum LXXXXIX, hoc est per quadraginta LX et III annos fuit a Christi fidelibus violenter alienata et domino Saracenoru, totaliter subjugata* ».
80 Voir *Histoira regum Hierusalem latinorum*, p. 229-230 et 240-241.
81 Notons que, sur les murs de la chapelle du Golgotha de l'église du Saint-Sépulcre, Héraclius avec la croix est représenté à côté de sainte Hélène, c'est-à-dire à la place ordinairement destinée à saint Constantin ; voir G. Kühnel, « Heracles and the Crusaders : Tracing the Path of a Royal Motif », *France and the Holy Land. Frankish Culture at the End of the Crusades*, éd. D. Weiss et L. Mahoney, Baltimore, John Hopkins UP, 2004, p. 64-75.

nouvel Héraclius, tandis que l'empereur byzantin est présenté comme le prédécesseur de Godefroy de Bouillon), ensuite de ce dernier à tous les rois de Jérusalem. Les croisés qui ont fondé le royaume latin de Jérusalem s'avèrent donc les héritiers de Constantin et d'Héraclius. La figure charismatique de l'empereur byzantin est mise à profit par les écrivains médiévaux pour prouver la legitimité du pouvoir des croisés en Terre Sainte et leur droit à la possession de la sainte croix. Les rituels célébrés dans l'État latin d'Orient, comme la fête de l'Invention de la croix et la fête de l'Exaltation de la sainte croix, sont très importants pour l'idéologie des croisades. Ils servent à renforcer le pouvoir des souverains du royaume latin de Jérusalem.

CONCLUSION

Ce bref aperçu des récits historiques que nous avons présenté ici afin d'interpréter le passage énigmatique de la chronique de Guibert de Nogent nous a montré que la figure de l'empereur byzantin s'inscrit dans un contexte historique et symbolique de longue durée. La tradition liée au nom d'Héraclius était nécessaire pour créer et légitimer l'idéologie des croisés. L'image de l'empereur byzantin est toujours présente, de manière implicite, dans les chroniques, les croisades étant perçues comme la continuation des expéditions menées par celui-ci contre les Perses au VIIᵉ siècle. Déjà, dans les premiers textes qui relatent la réaction de l'Europe latine face aux victoires militaires de l'Islam (par exemple, la *Chronique de Frédégaire*), les faits historiques sont déformés par la légende et s'imprègnent des motifs eschatologiques. En fin de compte, comme le montrent les chroniqueurs, les défaites qu'a subies Héraclius au cours de la conquête musulmane de la Syrie et de la Palestine avaient été prédestinées par Dieu. Ses victoires et la récupération de la vraie croix s'inscrivent également dans le plan divin. Le motif de la *Reversio sanctae Crucis* accentue la perspective eschatologique dans laquelle se situent les récits sur l'empereur Héraclius[82]. Les guerres du *basileus* contre le roi

---

82   Ce n'est pas un hasard si les deux chroniques qui ont utilisé le texte de Frédégaire, le *Pantheon* de Godefroi de Viterbe et l'*Histoire des deux cités* d'Otton de Freising, ont été

perse Chosroès étaient présentées comme la lutte contre l'Antéchrist. Dans ce sens, les victoires de l'empereur sur les infidèles et, par la suite, la récupération de la vraie croix ainsi que les défaites ultérieures infligées par la « race des circoncis » à Héraclius sont incluses dans un cadre temporel plus long et représentent les différentes étapes de l'histoire du salut. Les défaites du *basileus* sont finalement interprétées comme le châtiment de Dieu pour les péchés commis par Héraclius et par tous les chrétiens. Elles ouvrent cependant un nouveau chapitre de l'histoire chrétienne : « les croisades ». Si, à l'instar de l'empereur byzantin, les croisés subissent des échecs à cause de leurs péchés, par la suite, comme « le *basileus* », ils vaincront les adversaires infidèles[83], car, Guibert de Nogent le rappelle dans sa chronique, la victoire finale du christianisme sur l'islam est inévitable et prédestinée par Dieu[84].

Svetlana LUCHITSKAYA
Institut d'histoire universelle
Moscou

écrites dans le genre de l'*historia salutaris*.

83 Voir, par exemple, le récit de la défaite des croisés dans la bataille contre l'émir de Mossoul, Maudoud, en juin 1113 (Foucher de Chartres, *Historia Herosolymitana*, p. 569). En ce sens, l'empereur Héraclius est un exemple de croisé typique.

84 Voir, par exemple, les raisonnements de Guibert de Nogent à ce sujet dans *Dei Gesta per Francos*, p. 320.

FIG. 1 – « Histoire d'Outremer ». Ms. Paris,
Bibliothèque nationale de France, français 9082, fol. 25.

FIG. 2 – « Li rommans de Godefroy de Buillon et de Salehadin et de tous lez autres roys qui ont esté outre mer jusques a saint Loys qui darrenierement y fu ». Ms. Paris, Bibliothèque nationale de France, français 22495, fol. 1.

JOSEPH OF ARIMATHEA, CRUSADER? HERO? BENEFACTOR?

Around the year 1105 at the Abbey of Bourgueil in the Loire Valley the abbot, Baldric, began writing a history of the First Crusade[1]. Baldric had already written poems, saint's lives, descriptions of his travels and numerous letters in his literary career and, in the enthusiasm and euphoria that swept through France in response to the miraculous success of the expedition to Jerusalem, he decided to turn his hand to writing history[2]. In *Historia Ierosolimitana* Baldric celebrated the crusaders as heroes, remembered their piety and dedication, and pledged to write in such a style as to match the glorious deeds of the Jerusalemites[3]. He did this by enhancing what he saw as the simplistic narrative of his primary source document, the *Gesta Francorum*[4]. He added logical and believable amplifications and embellishments to the story and included classical features such as orations and sermons. Baldric stated his strong desire to provide a version of the history that is more worthy of the miraculous achievements of the crusaders, a version that would have a bigger

---

1   See Baldric of Bourgueil, *Historia Ierosolimitana*, ed. S. Biddlecombe, Woodbridge, Boydell and Brewer, 2014. An earlier edition, comprisiing a compilation of the seven manuscripts available to its editors, can be found in *Recueil des historiens des croisades, Historiens occidentaux*, 5 vols., Paris, Académie des Inscriptions et Belles-Lettres, 1844-1895, Baldric's *Historia* is in vol. 4, published in 1879.
2   Baldric's life and works are discussed in *Historia Ierosolimitana*, ed. Biddlecombe p. xi-xxiv; H. Pasquier, *Un poète latin du XIIᵉ siècle: Baudri, abbé de Bourgueil, archevêque de Dol, 1046-1130*, Paris, Thorin, 1878; this volume was used as the source for biographical detail in P. Abrahams, *Les Œuvres poétiques de Baudri de Bourgueil (1046-1130)*, Paris, Champion, 1926; the most recent volumes of his poetry, Baudri de Bourgueil, *Poèmes*, I, ed. and trans. (into French) J.-Y. Tilliette, Paris, Les Belles Lettres, 1998, and Baudri de Bourgueil, *Poèmes: Carminas*, II, ed. and trans. (into French) J.-Y. Tilliette, Paris, Les Belles Lettres, 2002, expand on Pasquier.
3   See Baldric of Bourgueil, *Historia Ierosolimitana*, p. 3-4. The first translation into a modern language of the *Historia Ierosolimitana* (by S. Edgington and S. Biddlecombe) is currently being prepared and will be published by Boydell and Brewer.
4   See Baldric of Bourgueil, *Historia Ierosolimitana*, p. 2.

impact on his medieval audience, a textual community that was both lay and clerical. One indication of these enhancements is the inclusion of a high proportion of direct speech by his characters, especially when compared with other narratives of the First Crusade[5]. An example of a speechmaker utilized by Baldric is Bohemond of Taranto, who addresses 'his men', 'the people' or the other leaders of the expedition on several occasions, and expresses a broad strategic understanding of the purpose, both moral and military, of the First Crusade. Baldric used Bohemond, and other speakers and sermonizers, as his 'voice', a means of explaining what he believed were the crusader's motivations, and the meaning in theological or strategic terms of what they were doing[6]. The likelihood of these speeches being reproductions of actual spoken words is very low. In fact, the only speech that Baldric had to think about reproducing accurately was that made by Pope Urban at Clermont in 1095, and even here Baldric's version differs from the four other available versions[7]. The issue of accuracy aside, direct speech and sermons, especially by military and religious leaders, are features of both classical and biblical literature and Baldric's audience would have been familiar with these devices, which could bring a performative and inspirational element to what might otherwise be dry historical narrative[8].

It is a reference to Joseph of Arimathea in one of the speeches written down by Baldric that forms the starting point for this essay. The speech took the form of a sermon, as such it conveyed a religious message. A sermon is used to persuade people towards a particular action or way of behaving and a preacher, to be persuasive, would usually be

---

5   I have calculated that 27% of the text of *Historia* is formed of character utterances, most of which are directed at groups of people, this can be compared with just 18% in the *Gesta Francorum*, most of which is conversational.

6   The role of Bohemond in Baldric's narrative is examined in S. Biddlecombe, "Baldric of Bourgueil and the Flawed Hero", *Anglo-Norman Studies*, 35, 2012, p. 79-93.

7   The four other major versions of the speech are found in Robert the Monk, *Historia Iherosolimitana*, ed. D. Kempf and M. Bull, Woodbridge, Boydell and Brewer, 2013; Guibert of Nogent, *Dei gesta per Francos*, ed. R. B. C. Huygens, Turnhout, Brepols, 1996; *Gesta Francorum et aliorum Hierosolimitanorum*, ed. and trans. R. Hill, London, Nelson, 1962, hereafter *GF*; Fulcher of Chartres, *Historia Hierosolymitana 1095-1127*, ed. H. S. Fink and trans. F. R. Ryan, New York, Norton, 1973.

8   A review of the development of "Sermon Studies" with particular reference to the Middle Ages can be found in C. Muessig, "Sermon, Preacher and Society in the Middle Ages", *Journal of Medieval History*, 28/1, 2002, p. 73-91.

someone with personal or institutional authority. Even though Baldric was creating a written text in the *Historia*, when his words were read to an audience, either in Latin or translated into vernacular, they would retake the form of a sermon and re-assume that compelling and religiously committed message for an audience[9]. As abbot, Baldric would be the key preacher within his institution and he would appreciate the value and impact of a sermon. Sermons help to define Christian faith and encourage pious practice, often using quotations from the Bible and other Christian authorities in doing so. This leads us to believe that when Baldric included a reference to Joseph of Arimathea in his text, it meant something significant and was not done lightly. What the figure of Joseph represented to both the author and his audience at the beginning of the twelfth century helps to define the Christian values and practice that Baldric believed his audience should follow. Although a brief mention, the reference to Joseph of Arimathea has meaning for his audience, both readers and listeners. It indicates and communicates ideas and values to a broad textual community, one that included the arms-bearing men and their *familia*, who Baldric identifies as the main participants in the First Crusade. Therefore, understanding what the character of Joseph of Arimathea meant to Baldric and his audience at the beginning of the twelfth century can help us to understand the social and cultural pressures on arms-bearers and provide indications of how support for the Holy Land would over time become both a religious aspiration and a chivalric duty for them.

In addition to Baldric's understanding of the sermon genre we must also appreciate the reverence of Baldric, and medieval authors in general, for older forms and texts, as shown by their extensive borrowings from ancient Roman and biblical sources, both in terms of style and content. The life of Christ and those of his apostles and family, for example, often form the model for writing the life of a medieval saint, with the subject experiencing the same doubts and temptations in youth that assailed biblical figures, and performing miracles that mimic those carried out by Jesus. Similarly, the lives of medieval kings and lords or the history of their deeds, often follow a biblical pattern, with comparisons to King David being common, although, in writing the deeds of secular men,

---

9   A useful discussion on the delivery of sermons can be found in G. Constable, "The Language of Preaching in the Twelfth Century", *Viator*, 25, 1994, p. 131-152.

the use of a Roman model, such as that provided by Suetonius in *De vita Caesarum*, is actually more prevalent[10]. Medieval historians writing about military campaigns often utilised biblical references to the Old Testament wars of the Maccabees and the Jewish kings, but could just as easily use Homerian imaginings of battle scenes, using the Latin rewritings of the Trojan epics, or the imagery of warfare developed by Roman authors such as Sallust or Lucan[11]. Even when the author was an eyewitness to aspects of the history he wrote, his description of the 'deeds' of the central figures of the narrative often replicated in style and action those of ancient forms as a means of matching the events of recent times to a familiar and credible model.

This use of biblical and classical models is another reason for the inclusion of orations and sermons and is a feature of numerous historical narratives written in the middle ages. As a logical progression from this reverence for biblical and classical forms of literature figures from that literature are used as a means by which modern men, in this case men at the beginning of the age of crusading, can understand the motives or behaviour of the actors within the historical narrative. Baldric of Bourgueil in the *Historia Ierosolimitana* used figures from an ancient or biblical past for this purpose as much, if not more than, any other First Crusade narrator. The list of classical figures directly named by Baldric includes; Achilles, Ajax and Ulysses – Greek heroes of the Trojan War; Cicero and Sallust – authors; and Vespasian and his son, Titus (Roman emperors famed for battling the Jewish Revolt of the first century AD, and especially Titus for his apposite recapture of Jerusalem and the subsequent destruction of Herod's Temple). Baldric also makes reference to biblical figures, some famous and some quite obscure, including; Abraham, Balaam (the soothsayer asked to curse the Israelites, who is then persuaded by God speaking through the mouth of his donkey to bless them instead – Numbers 22-24), Melchisedech (king of Salem and high priest of God – Genesis 14:18), Moses and

---

10 Works such as C. H. Haskins, *The Renaissance of the Twelfth Century*, Cambridge, Mass., Harvard University Press, 1927, and R. W. Southern, *Medieval Humanism and Other Studies*, Oxford, Blackwell, 1984, outline the influence of classical literature on medieval thinking and writing.

11 E. Lapina, "The Maccabees and the Battle of Antioch", *Dying for the Faith, Killing for the Faith*, ed. G. Signori, Leiden, Brill, 2012, p. 147-159, provides numerous examples of the use made of Maccabean models in writing about the First Crusade.

his brother Aaron, Jacob, Josiah, Saul, Solomon, David, Phineas (the grandson of Aaron and killer of a fornicating Israelite and his Midianite woman, an act that began a slaughter in which 24,000 sinful Israelites were also killed – Numbers 25:1-19), Herod, Pontius Pilate, Longinus (not strictly a biblical figure, although a 'soldier' appears in John 19:34 and pierces the side of the crucified Christ with his lance, the soldier is named as 'Longinus' in the apocryphal Gospel of Nicodemus), John the Baptist, St. Peter, St. Paul, St. Andrew, The Blessed Mary, and Joseph of Arimathea.

The problem we have as historians, and the problem this work attempts to address in relation to Joseph of Arimathea, is understanding what these figures stood for in the medieval mind. Studies in reception history have shown very clearly how perceptions of the qualities and failings of a character can change over time. Achilles, for example, is a figure used by Baldric to make both a literary and a geographical connection between the heroes of the siege of Troy and the crusader heroes of the siege of Nicaea[12]. We know from our reading of Homer's *Illiad* about the arrogance and bravery of this character. However, our understanding of what this character stands for has developed over time with each new edition, version or analysis of the story we have read or seen. The *Illiad* was not available to Baldric, the library at Bourgueil would have made him aware of the existence of Homer but not of his written words. Instead, Baldric would have known of Achilles through his reading of Latin works such as *De excidio Troiae historia* by Dares Phrygius and Dictys Cretensis', *Ephemeridos belli Troiani*[13]. Understanding and appreciation of Homer in the original Greek would not re-enter literary circles in Western Europe until the fourteenth century, and Baldric, writing at the start of the twelfth century, would only have an understanding of Achilles derived from texts which present that character in a different way to the original Homeric texts. In the versions of the

---

12   Ralph of Caen makes use of Achilles, Ajax and Hector, for example, making his hero, Tancred, a greater hero than all three in his *Gesta Tancredi*, found in *Recueil des historiens des croisades, Historiens occidentaux*, Paris, Académie des Inscriptions et Belles-Lettres, 1866, vol. 3, chapters 52 and 128.

13   See Dares Phrygius, *De excidio Troiae historia*, ed. F. Meister, Leipzig, Teubner, 1873, and more recently *Dares Phrygius' De Excidio Trojae Historia: Philological Commentary and Translation*, trans. J. Cornil, unpublished Thesis, University of Ghent, 2012, and *The Trojan war. The chronicles of Dictys of Crete and Dares the Phrygian*, trans. R. M. Frazer, Bloomington, Indiana University Press, 1966.

siege of Troy by Dares and Dictys, which were widely read in the middle ages, Achilles played a much less dominant role; he is significant, but he does not dominate the narrative as he does in the *Illiad*. Baldric says of these heroes that: "In this place [meaning the area around Nicaea, on the western coast of Turkey] Ulysses exercised his cunning; Ajax showed his courage; Achilles demonstrated his hardness[14]." In the histories of Troy available to Baldric, Ajax fights far more often, more bravely and has a better reputation than Achilles. Hence his name is linked more readily by Baldric with the martial quality of courage. The perception of the strengths and weaknesses of a historical, fictional or mythical character used as an example for others always evolve and depend on what people knew about that figure and how they knew it at a given time and place.

The same principle applies to the biblical figures Baldric uses as the means of making points about the purpose of the First Crusade, the character of the men who went on it and the motivations that led them to do so. In the immediate aftermath of Pope Urban's speech, Baldric provides the reader with an example of the unity of religious and secular leadership that would be required if the expedition the pope had just proposed was to succeed. He reports that as soon as Urban's speech ended Bishop Adhemar of Le Puy and Raymond of St Gilles, the count of Toulouse, came forward and agreed to take the cross. Baldric comments that: "The bishop and the count represent Moses and Aaron for us[15]." Those who knew the Book of Exodus would know that Aaron was the elder brother of Moses, the High Priest of the Israelites, and that he acted as a diplomat and spoke to the Pharaoh on behalf of his brother and the Israelites[16]. They would know that Moses grew up as an Egyptian prince, but turned into a prophet and the lawgiver of the Jews and, much more relevant to potential crusaders, became the leader of a great mass of people heading for a land that God had promised them. At this point in the Middle Ages the distinction between secular and clerical worlds was often blurred, but what was clearly important to Baldric was that they should be seen in this case to be working closely together for the common good of all Christian peoples. To make this

---

14   Baldric of Bourgueil, *Historia Ierosolimitana*, p. 25, trans. S. Edgington.
15   Baldric of Bourgueil, *Historia Ierosolimitana*, p. 11, trans. S. Edgington.
16   See Exodus 6:20; 7:1-20.

point more forcefully, Baldric provided his listeners and readers with a strong comparison between the leaders of the First Crusade and the leaders of the Old Testament Exodus, and a significant example of cooperation between secular and clerical figures[17].

This comparison between Adhemar and Raymond and Aaron and Moses is fairly obvious; however, to understand what Baldric might mean by his reference to Joseph of Arimathea and what that character represents to him and his audience, we have to begin by placing Joseph, or any other classical or biblical character, into their historical and textual context. In the *Historia*, Baldric mentions Joseph of Arimathea as a model for others in a rousing sermon by one of the *pontifices et sacerdotes* who were part of the crusader army outside the walls of Jerusalem in June or early July of 1099[18]. Although the name of the sermoniser is unknown, the speech is placed in the middle of Book 4, after the siege of Jerusalem has begun, but before the procession led by priests and bishops around the city walls that immediately preceded the attack on the city. It is in the form of a sermon and acts as a rhetorical bookend for Urban's speech at the start of Book 1. The content of the sermon 'proves' that the pope was right to call for the expedition and it reaffirms many of the messages found in the speech at Clermont. Baldric has the cleric declare:

> Rouse yourselves, members of Christ's family! Rouse yourselves, knights and foot-soldiers, and seize firmly that city, our common property! Give heed to Christ, who today is banished from that city and is crucified; and with Joseph [of Arimathea] take him down from the cross; and lay up in the sepulchre of your hearts an incomparable treasure, that desirable treasure; and forcefully take Christ away from these impious crucifiers[19].

The speech can be seen as an attempt to raise the morale of the lords, knights, and ordinary soldiers as might be done with a battle oration[20].

---

17   For Moses as an Egyptian prince, see Exodus 2:1-10 and for Aaron as a priest, see Exodus 28:1-4.

18   See Baldric of Bourgueil, *Historia Ierosolimitana*, p. 107.

19   Baldric of Bourgueil, *Historia Ierosolimitana*, p. 108, translation based on that made in J. Riley-Smith, *The First Crusade and the Idea of Crusading*, London, Continuum, 2009, p. 151.

20   See J. R. E. Bliese, "When Knightly Courage May Fail: Battle Orations in Medieval Europe", *The Historian*, 53, 1991, p. 489-504.

However, as it was a sermon, its main purpose was to provide religious guidance to the audience, be they crusaders outside the walls of
Jerusalem or the textual community reading or hearing these words.
As befits a sermon it relies heavily on the Gospels, specifically, in this
extract, the descriptions of the Passion of Christ. The sermonizer draws
direct comparisons between the suffering of Jerusalem under its Muslim
rulers, who are characterised by Baldric as 'impious crucifiers', and the
suffering of Christ on the cross. It places the crusaders, and one must
assume Baldric's audience, in the role of Joseph of Arimathea and puts
the crusaders alongside this biblical figure who took the body of Christ
and buried it in what would become the Holy Sepulchre. It further
states that the crusaders would receive *thesaurum incomparabilem* in
return for their aid and creates parity between the body of Christ and
the city of Jerusalem, establishing it as a physical relic that must return
to the hands of pious Christians. It is a powerful message, outlining
the duties of Christian arms-bearers and holding out the promise of
salvatory rewards earned by those who emulate Joseph of Arimathea.

We can assume that this is not a verbatim report of an actual speech.
It is possible that Baldric spoke to a returning crusader who told him
of speeches and sermons made in the crusader camp at Jerusalem. The
means of transmission of this particular sermon from the camp at
Jerusalem to the green wax tablets upon which Baldric wrote, might
include the author receiving an entirely accurate recollection of it from
an eyewitness, or Baldric merely hearing that a preacher made the comparison between the crusaders and Joseph of Arimathea in a sermon.
The most likely explanation, however, is that Baldric, having read in
the *Gesta Francorum* that on the two days before the final assault on
the city "*ordinauerunt episcopi et sacerdotes predicando et commonendo omnes*",
decided to create his own sermon at this point in the narrative[21]. He
probably based the words he wrote, not on those reported by an eye-
witness, but on what he thought the preachers should have said. At the
same time, he used this opportunity to match this speech with what
he had earlier reported Urban as saying at Clermont, thereby providing
an oratorical balance to his narrative. The historicity of the speech is
not the important issue, what matters here is that Baldric chose to use
Joseph of Arimathea as a figure who was comparable to those on the

---

21   *GF*, p. 90.

expedition. He outlined the actions of Joseph as equal to the miraculous achievements of the crusaders and the 'incomparable treasure' Joseph had received as his reward, as comparable to the treasure that came to all those who took the cross. Some crusade historians have remarked upon this reference to Joseph of Arimathea; notably, Jonathan Riley-Smith who pointed out that Baldric of Bourgueil, in his *Historia Ierosolimitana*, had compared the 'liberation' of Jerusalem' to Joseph of Arimathea taking Christ down from the cross[22]. However, when Riley-Smith and more recently Jay Rubenstein and Katherine Allen Smith say that the crusaders became or were "like Joseph of Arimathea" they do not explain what that would have meant to a French abbot writing in the first decade of the twelfth century[23].

The exact meaning is, of course, impossible to know, but as a cultural figure, as a biblical character, Joseph of Arimathea must have stood for something specific and significant. We can find access to what he might have meant to Baldric through an appreciation of how the character of Joseph and the qualities and strengths he represented had been transmitted to the time in which Baldric wrote. The reception history of Joseph of Arimathea has been examined in a recent study by William Lyons, part of the Biblical Refigurations series which focusses on the textual, cultural, and interpretative contexts of biblical characters[24]. This essay seeks to expand upon the work done there to understanding the afterlife of this fairly minor biblical character and what he may have meant to Baldric and to those most likely to be the audience for his history of the First Crusade.

The character of Joseph is introduced in the gospels of Matthew, Mark, Luke, and John[25]. In the story of Christ's Passion, he appears after the crucifixion, asks Pilate for the body of Christ and buries that body in a tomb. He is briefly mentioned in all four Gospels, carrying out this act and then he disappears from the gospel story. Baldric's description

22 See Riley-Smith, *The First Crusade*, p. 151.
23 See J. Rubenstein, *Armies of Heaven: The First Crusade and the Quest for Apocalypse*, New York, Basic Books, 2011, p. 285; K. Allen Smith, "Glossing the Holy War: Exegetical Constructions of the First Crusade, c. 1095-c. 1146", *Studies in Medieval and Renaissance History*, 10, 2013, p. 13.
24 See W. J. Lyons, *Joseph of Arimathea: A Study in Reception History*, Oxford, Oxford University Press, 2014.
25 See Matthew 27:57-60, Mark 15:42-46, Luke 23:50-54 and John 19:38-42.

of the actions of Joseph (*"uobis illum deponite"*) shares similarities with the Gospel descriptions used in Mark (15:46, *"et deponens eum"*) and Luke (23:53, *"et depositum"*). Baldric uses the Latin verb *deponere* ("to take down") as a means of describing the actions carried out by Joseph of Arimathea as do Mark and Luke. The descriptions of Joseph's actions in both John (19:38-39) and Matthew (27:57-60) make no use of *deponere*. Matthew refers instead to Pilate delivering the body (using a form of the verb *reddere*), while John talks of Joseph taking the body away (using the verb *tollere*). These different usages indicate that Baldric probably used the Gospels of Mark and Luke as his starting point for understanding Joseph, providing the initial shaping to his perception of the character and what he represented.

In the gospels of John and Matthew, Joseph is described as *"homo dives ab Arimathia nomine Ioseph qui et ipse discipulus erat Iesui"* (Matthew 27:57). In the gospels of Mark and Luke he is described as *"nobilis decurio qui et ipse erat expectans regnum Dei"* (Mark 15:43) and *"erat decurio vir bonus et iustus [...] qui expectabat et ipse regnum Dei"* (Luke 23:50-51). These different descriptions of Joseph as *nobilis decurio* and *decurio vir* provide a starting point for understanding the character of Joseph as he would be perceived at the time that Baldric was writing. The description of Joseph as *homo dives* (a rich man) in John and Matthew suggests a man of wealth but gives no indication of his role or how those riches were earned. The gospels of Mark and Luke provide a much more specific role and a title for Joseph, that of *decurio*. This title can be found elsewhere in the Vulgate, specifically in I Maccabees 3:55 as *decuriones*. Here it refers to the organisation of the Jewish *populi* under Judah Maccabeus. Judah organised the hierarchy of these people/army into captains commanding thousands, hundreds, fifties, and tens. The *decuriones* are captains over ten. There is some dispute as to whether this was a military or communal leadership role, but as Judah immediately involved his *populi* in the battle at Emmaus against the Seleucid army led by Gorgias (I Macc 4:1-14), the *decuriones*, as represented in this part of the Bible take on a military role in the Jewish forces. In the *Historia*, Baldric alludes directly to Maccabees only once, but elsewhere his narrative and language are very reminiscent of the story told in the Vulgate of the war waged by the Jews to restore Jewish worship in Jerusalem and specifically in the Temple, a befitting scriptural reference in a First Crusade narrative[26]. Aside from this direct quotation, several examples of Baldric borrowing language and imagery from the story of the Maccabees can also be found in his *Historia*. These include, the order of Judah to *accingimini* 'gird yourselves' (Maccabees 1 3:58) which is repeated in Baldric's version of Urban's speech[27]; the numeric weakness of the nevertheless victorious Jewish army by comparison with that of the Gentiles (Maccabees 1 4:6) compares with the victory of an under-strength crusading army in its battle with Kerbogha[28]; the sounding of trumpets is found in battle scenes (Maccabees 1 4:13 and 3:54, *tuba cecinerunt*) and also those depicted by Baldric[29]; and, in the burning of the Seleucid camp and the smoke generated thereby (Maccabees 1 4:20) we find echoes in the language Baldric used for the retreat and rout of Kerbogha's army outside Antioch[30]. While the biggest theme of the First Crusade narrative, the restoration of Jerusalem to its rightful role, finds a direct parallel in the Maccabean revolt.

The origin of the role of *decurio* and its use in the Latin translations of the Bible is almost certainly the division of ranks within the Roman Army. The term is found throughout Roman literature, which is where Jerome, in creating the Vulgate that Baldric used, found the Latin word he needed to translate the original Greek word $\beta ou\lambda \varepsilon u\tau \dot{\eta}\varsigma$. An examination of what *decurio* describes in that literature may help us to understand how Joseph was preceived. Julius Caesar (d. 44BCE) in *De Bello Civili*, refers to *decurion* as 'young men of quality, with a great number of Roman knights'[31]. Varro (d. 27BCE), in his writings on terms used in the Latin language says that "*decuriae* refers to groups of ten and a squadron made up of three groups of ten and there were three decurion in each squadron[32]". Baldric in using the figure of Joseph the *decurio* might be drawing a comparison between the Old Testament Maccabees, the Roman military leaders known as *decurio*, and the arms-bearers of his own time.

---

26   See Baldric of Bourgueil, *Historia Ierosolimitana*, p. 27.
27   Baldric of Bourgueil, *Historia Ierosolimitana*, p. 9.
28   Baldric of Bourgueil, *Historia Ierosolimitana*, p. 79-83.
29   Baldric of Bourgueil, *Historia Ierosolimitana*, p. 91.
30   The importance of the Maccabees as a reference point for historians of the crusades is discussed in Lapina, "The Maccabees and the Battle of Antioch" and in N. Morton, "The Defence of the Holy Land and the Memory of the Maccabees", *Journal of Medieval History*, 36/3, 2010, p. 275-293.
31   Caesar, *De Bello Civili*, 1:23.
32   Varro, *De Lingua Latina*, 5:9.

Much closer in time to the creation of Jerome's Vulgate Bible and his translation of the Greek word βουλευτής into the Latin *decurio* are the writings of Vegetius (d. *c.*390CE), who referred to *decurio* in purely military terms, claiming that a *decurion* led a troop of 32 cavalrymen and stating that:

> The *Decurion* is to be preferred to the command of a troop for his activity and address in mounting his horse completely armed; for his skill in riding and in the use of the lance and bow; for his attention in forming his men to all the evolutions of the cavalry; and for his care in obliging them to keep their cuirasses, lances and helmets always bright and in good order [...]. In short, it is the duty of the *Decurion* to be attentive to whatever concerns the health or discipline of the men or horses in his troop[33].

The familiarity of medieval European arms-bearers with the writings of Vegetius is well-documented and the image of the well-equipped leader of a small group of cavalrymen skilled in the use of lance and bow, bears strong comparison with those of powerful medieval knights portrayed in stories such as the *Song of Roland* and on artefacts such as the Bayeux Tapestry[34]. By this understanding Joseph of Arimathea as *decurio* is the military leader of a small group of mounted arms-bearers. This allowed Baldric to create a direct parallel with the types of men who would have been part of the first expedition and those arms-bearers who may have formed a significant part of the audience for the *Historia*. Approximately one hundred years after Baldric had finished the *Historia*, the imaginative works of Robert de Boron, created a chivalric and legendary Joseph of Arimathea, placing him in the *chanson* tradition of France. Joseph is portrayed by Robert de Boron as a soldier in the service of Pontius Pilate, whose familiarity with the Roman governor enables him to claim the body of Christ in defiance of the Jews and to hold the holy grail that caught the blood of Christ[35]. Other romance stories make Joseph the progenitor of knights such as Galahad and the bringer of the child Jesus to England. This chivalric and romantic version

---

33   Vegetius, *De Re Militari*, 2:14.
34   See C. T. Allmand, *The De Re Militari of Vegetius: the reception, transmission and legacy of a Roman text in the Middle Ages*, Cambridge, Cambridge University Press, 2013.
35   The edition of this text is Robert de Boron, *Joseph d'Arimathie*, ed. R. O'Gorman, Toronto, Pontifical Institute of Mediaeval Studies, 1995; the translation is found in Robert de Boron, *Merlin and the Grail*, trans. N. Bryant, Woodbridge, Boydell and Brewer, 2001, p. 15-44.

of Joseph of Arimathea found in Robert de Boron's poem probably has its origins in this military interpretation of Joseph's status as a *decurio*.

However, Roman authors also used the word *decurio* to describe the senators of municipal towns, making reference thereby to an administrative and political role. Indeed, that is the sense in which Cicero (d. 43BCE) used the word, referring to a *decurion* as a colonial senator of a municipality or colony, specifically *Capuae decuriones*[36] and *Larini censorias corrupisse decuriones universi iudicaverunt*[37]. It may be that these overlapping usages suggest there was not a strict delineation between military and non-military roles for regional officers such as these in the Roman empire and that the title of *decurio* could encompass both. In the Roman world at the time of Christ, *decurio* would have been a role either in the lower echelons of the army or the colonial administration, because in the literature the title seems to encompass both military and administrative duties. These meanings suggest that Joseph of Arimathea could be seen as an administrator, a member of the Jewish council perhaps, who also had some of the characteristics of a military leader. Once again this understanding of Joseph allows Baldric to create a direct parallel with the arms-bearers of his own time. They too were men who would have provided administration in the form of local justice and tax collection, in addition to military leadership, either in support of their overlord or in their own right. The Roman literature referred to earlier would have been received by both Jerome translating the Vulgate in the fourth century and by medieval readers, such as Baldric, trying to understand what the Bible meant in the twelfth century. For Jerome, *decurio* provided a useful word to describe Joseph's status as a member of the Sanhedrin. Whether Joseph existed and whether this is an accurate word to describe his role is irrelevant here, because it is the perception that is transmitted through the literature that can help us to understand what he means in the context of a history of the First Crusade. Baldric's reading of Roman literature would have given him a broad understanding of what Mark and Luke meant by their description of Joseph of Arimathea as *decurio vir bonus et iustus*. This understanding of Joseph's status, and the military and political duties that were the duties of a man of that status and the Latin word which

---

36   M. Tullius Cicero, *For Sestius*, ed. Clark, 1909, 4:10.
37   M. Tullius Cicero, *For Aulus Cluentius* ed. Clark, 1908, 14:41.

best described it, was also informed by these texts and continued to inform those who read the Bible in the Middle Ages. Therefore, when Baldric refers to Joseph of Arimathea in the sermon, the meaning of that character to his audience had already been shaped by what they had read and what they had heard, potentially creating a communal understanding shared by author and audience of what Joseph's role was, what it meant in practical terms and how it could be applied to people in Baldric's own time.

Much closer to that time are the writings of Isidore of Seville (d. 636CE), who, in the *Originum sive etymologiarum libri*, describes *decurio* specifically in political terms as an office holder having charge of civic duties and carrying those duties out[38]. Isidore probably based this definition on a reading of Book 10 of the Justinian Code or *Corpus Juris Civilis*, which describes the *decurion* as the leader of a Roman municipality[39]. The Code further explains that in return for carrying out these civic duties they received some of the privileges that were normally reserved for the nobility, including the right to pass on the title to their sons. This implies that a *decurion* held a position of some honour in Roman society and a comparison with the castellans, knights, and minor lords of the twelfth century can easily be derived from this description of a class of men, who although neither royal nor benefitting from inherited lands, had noble privileges and ruled land on behalf of a higher lord. These middling medieval men would probably be complimented by the title of *decurio* and would feel that any comparison between themselves, and either the municipal leaders of Ancient Rome or Joseph of Arimathea would be one in which they could take honour and pride.

Aside from the description of Joseph as *decurio* in Mark and Luke and *homo dives* in Matthew and John, the character of Joseph of Arimathea as revealed in the gospels found in the Vulgate appears only briefly. Despite this St. Augustine, in his commentary *The Harmony of the Gospels*[40], built upon what the gospels said about Joseph, expanding

---

38   See *The Etymologies of Isidore of Seville*, ed. S. A. Barney, W. J. Lewis and J. A. Beach, Cambridge, Cambridge University Press, 2006, book IX.iv.23-24, p. 204.

39   See S. P. Scott, *The Civil Law*, XV, Cincinnati, Central Trust Co., 1932, book 10, title 31, accessed at Grenoble II University Roman Law Library website.

40   See St. Augustine, "The Harmony of the Gospels", *A Select Library of the Nicene and Post-Nicene Fathers*, ed. P. Schaff, New York, Christian Literature Company, Series 1, vol. 6, 1887, book 3, chs. 22 and 23.

what was 'known' about him through assumption and logical conclusion based on the truth they believed they found there. Augustine called Joseph 'an honourable councillor', calling this a 'dignified position', one which enabled him to approach Pilate to beg for the body of Christ 'on familiar terms'. Augustine goes on to praise Joseph's boldness and courage in going to Pilate, contrasting this with the fear displayed by Christ's other disciples who failed to perform this last service for Christ.

St John Chrysostom in his exegesis on the gospel of St Matthew also developed the character of Joseph, writing:

> Joseph went to Pilate, and asked for the body'. This was Joseph, who had been concealing his discipleship of late; now, however, he had become very bold after the death of Christ. For neither was he an obscure person, nor of the unnoticed; but one of the council, and highly distinguished; from which circumstance especially one may see his courage. For he exposed himself to death, taking upon him enmity from all, by his affection to Jesus, both having dared to beg the body, and not having desisted until he obtained it. But not by taking it only, nor by burying it in a costly manner, but also by laying it in his own new tomb, he showed his love and his courage[41].

None of the additional description of Joseph supplied by either St Augustine or St John Chrysostom, who was probably writing in either Antioch or Constantinople in the late fourth-century, is 'wrong', nor is it imagined; in fact, all of it can be deduced or concluded from the words found in the gospels. The characterization of Joseph as bold and courageous is based on an assumption that he was risking his life by asking for the body, especially so for a 'distinguished' person who was 'one of the council'. These are logical assumptions made by St John Chrysostom, based on what Mark and Luke wrote, assuming that *nobilis decurio* meant that Joseph was a member of the 'council' which had judged Christ and ordered his death. St Augustine did not go quite so far as this. Instead, he wrote that Joseph's 'dignified position' enabled him to approach Pilate on 'familiar terms'. Still, based on the assumption of council membership, when Joseph asked for the body, both of these church fathers considered it a very bold thing to do. It was character-ised as an act of defiance of his fellow councillors, and hence Joseph can

---

41   St. John Chrysostom, "Homilies on the Gospel of St Matthew", *A Select Library of the Nicene and Post-Nicene* Fathers, ed. P. Schaff, New York, Christian Literature Company, Series 1, vol. 10, 1887, Matthew 27: 58.

easily be described as having courage and daring, qualities that were admired by authors writing the deeds of medieval men and, we can fairly assume, by the audiences for whom they were written. There is no direct evidence for Joseph's courage or defiance in the Gospels, and neither John Chrysostom nor Augustine added any further narrative to the life of Joseph of Arimathea in their biblical exegesis. Instead of adding to the narrative, their exegesis amplified and to some extent re-drew Joseph's character, in works that would have a very significant influence on how he was perceived at the start of the twelfth century.

Evidence for the responses of medieval scholars to the Scriptures, and their interpretation and understanding of particular passages, can be found by examining the tradition of glossed bibles. These very popular books provided a kind of 'textbook' to the Bible for medieval readers and survive in thousands of extant medieval manuscripts dating from the sixth to the twelfth centuries[42]. Many of these marginal commentaries draw upon the works of the Church Fathers, which we have already examined, but others provide unique insights into medieval responses to the character and actions of biblical figures such as Joseph of Arimathea. One example is the *Catena Aurea* compiled by Thomas Aquinas in the mid-thirteenth century. This glossed bible draws on Bede, Augustine, Chrysostom and others, to discuss Joseph's wealth, position and rank as *decurio*, his boldness in asking for the body of Christ, the bravery of his defiance of the Jews and the merit he earned from the good works he performed for Christ. One other churchman included in the commentary on the sections of the gospel in which Joseph appears, was Theophylactus, the Greek Archbishop of Ohrid, who wrote his commentary on the gospels around 1100. In his commentary on Mark 15:42-47, and writing at virtually the same time as Baldric, he mirrors the *Historia* in calling on his readers to 'imitate Joseph' by taking the body of Christ. Similarly, in his commentary on John 19:38-42, Theophylactus urges his readers to 'be therefore a Joseph, and cover Christ's nakedness'. Although he was writing in Greek on the Western border of what we now call Macedonia, he shares the notion

---

42   A good summary of recent scholarship on biblical glosses can be found in L. Smith, *Glossa Ordinaria. The Making of a Medieval Bible Commentary*, Turnhout, Brepols, 2009, and D. A. Salomon, *An Introduction to the Glossa Ordinaria as Medieval Hypertext*, Cardiff, University of Wales Press, 2012.

of his readers imitating Joseph, or becoming like him, with Baldric of Bourgueil. The possibility of a direct literary connection between Baldric and Theophylactus is very low (although Bohemond of Taranto took the city of Ohrid during his campaign of 1083-1085 which may have established a link); however, their common approach to the character of Joseph of Arimathea as a role model for Christians is striking.

The format of these glosses is to place the biblical verse in the centre of the page, with the commentaries written in the space around it, and some glosses make mention of additions that had been made to the story of Joseph of Arimathea. His story was developed in another very popular work in Western Europe during the Middle Ages, the Gospel of Nicodemus (hereafter *GN*[43]). This work, originally written in Greek probably in the early Fourth-Century, has been described as a daring narrative which revised the four Gospels and embellished the story of Christ's Passion with imaginative detail[44]. It was translated into Latin as early as the Fifth-Century and, although it was eventually dismissed as a historical record by Reformation scholars, during the Middle Ages it was a very influential text. It survives in over four hundred manuscripts in Latin and was translated into just about every European and Middle Eastern vernacular language in many other books[45]. Unlike the four canonical Gospels, that of Nicodemus was not thought by those who used it in religious discourse to be divinely inspired, but, as Izydorczyk points out, comments by medieval copyists and commentators show that they thought it was a trustworthy and valuable witness to a number of events that were not fully recorded in those gospels[46]. An indication of the value placed upon of the *GN* is its inclusion in manuscripts alongside the canonical texts, not necessarily as a 'fifth gospel' but probably as a 'supplement', providing more details of what happened during and after Christ's Passion[47]. It has reached the modern age in many different forms and with numerous names, usually known in Latin as *Evangelium Nicodemi* and it was divided into two main sections in the

---

43   See *The Gospel of Nicodemus: Gesta Salvatoris*, ed. H. C. Kim, Toronto, Pontifical Institute of Mediaeval Studies, 1973.

44   See *The Medieval Gospel of Nicodemus: Texts, Intertexts, and Contexts in Western Europe*, ed. Z. Izydorczyk, Tempe, AZ., Arizona State University, 1997, p. 1.

45   See *The Medieval Gospel of Nicodemus*, ed. Z. Izydorczyk, p. 18.

46   See *The Medieval Gospel of Nicodemus*, ed. Z. Izydorczyk, p. 12.

47   *Ibid.*

Nineteenth-Century; the *Gesta Pilati* and *Descensus Christi ad inferos*[48].
Joseph appears in the *GN* as an office holder, a just and good man, who
disagreed with the condemnation of Christ by the Sanhedrin and who
cares for Christ's body after the crucifixion. The narrative then goes
far beyond what can be found in the 'canonical' gospels. It relates that
Joseph was arrested by the Jews and imprisoned for his actions, but
is miraculously rescued from peril by the risen Christ himself. The
medieval popularity of the *GN*, as well as the lively and ever-evolving
nature of the text, is reflected in the fact that Gregory of Tours in his
sixth-century *Ten Books of History* repeats and embellishes the story of
Joseph's arrest and miraculous escape. Gregory wrote (Book 1:21) that:

> Joseph, who had embalmed Christ's body with spices and hidden it in his
> own tomb, was arrested and shut in a prison cell. He was guarded by the high
> priests themselves, for, as is related in the account sent by Pilate to Emperor
> Tiberius, the hatred which they bore him was fiercer than that which they
> felt for our Lord himself. Christ was guarded by soldiers, but Joseph was
> watched over by the high priests. Our Lord rose again, and when He could
> not be found in the tomb, the guards were terrified by the vision of the
> angel. During the night the walls of the cell where Joseph was incarcerated
> were raised up in the air and he was freed from imprisonment, for an angel
> came to release him. Then the walls were put back in their proper place[49].

The embellishment added to the 'escape' of Joseph, i.e. the walls
being raised so that he can walk free, may have been invented by
Gregory himself, or may come from one of the numerous versions of
the dynamic and evolving *GN* text. These narratives of imprisonment
and miraculous escape add a lot to the character of Joseph of Arimathea
and take the reader well beyond his brief gospel role as a rich *decurio* of
uncertain religious conviction. Here Joseph is almost set on a par with
Christ; his escape happens in the same time frame as the resurrection,
and as Gregory states, Joseph is hated by the priests even more than
Christ, perhaps because he is one of their own who has turned away
from them. In the *GN*, and repeated by Gregory of Tours, can be read

---

48 See *Evangelia apocrypha*, ed. Constantinus de Tischendorf, Leipzig, Mendelssohn, 1876.
49 All citations of the *Libri Historiarum* deem refer to *Gregorii Episcopi Touronensis: Libri
    Historiarum X*, ed. B. Krusch and Wilhelm Levison, Monumenta Germaniae Historica,
    Scriptores rerum Merovingicarum, 1:1, 1885, repr. Hanover, Hahn, 1951; the translation
    is drawn from Gregory of Tour, *The History of the Franks*, Harmondsworth, Penguin,
    1974, p. 82.

examples of Joseph's suffering and bravery, and a confirmation that he was a supporter of Christ, that he defied the high priests who intended to punish him for that defiance. Some versions of the *GN* include a detailed description of how Joseph was to be killed, and his body left unburied, to be devoured by the birds, in direct defiance of Jewish law.

Gregory describes Joseph as *benefactorem Dei*, meaning he who confers a favour upon God, which is an honourable person to be. In return for that favour and dedication, God sent Joseph help, in the form of an angel, to miraculously release him from prison. To Gregory and Baldric 'God's benefactors' would be those men of wealth and power who gave money, land and gifts to a religious institution and who received in return the prayers of its monks and priests and, potentially, a place of rest in old age within the community and burial within its grounds. This culture of benefaction is described by Peter the Venerable, writing in 1127, who wrote that the gifts of the faithful allowed them to share in the spiritual merit earned by the prayers, fasts and good works of monks[50]. Just as the monks would pray for those who gave a gift to the monastic institution, so God would provide help to those, such as Joseph, who had done a favour for him. Professor Marcus Bull has pointed out that the giving of benefactions to the Church and crusading were "parallel pursuits, tending to the same aim of salvation [...] the two activities were intimately, even organically, linked[51]." The description offered by Gregory of Tours of Joseph as 'God's Benefactor' and the use of him as an example of right behaviour by Baldric would, therefore, have resonated very strongly with an early C12th medieval audience reading or hearing a history of the First Crusade.

By the time Baldric came to write his *Historia*, the character of Joseph of Arimathea had been shaped and re-shaped by nearly a thousand years of texts. The meaning of the words used to describe him in the Bible would have created a perception of Joseph as a wealthy man looking for salvation, a man who helped release the body of Christ from torments and placed his assets in the service of God. The exegesis of the Church Fathers drew logical conclusions from the words of the Bible to arrive at a

---

50   See Peter the Venerable, *The Letters*, ed. G. Constable, Cambridge, Mass., Harvard University Press, 1967, 2 vols., No. 28, 84.

51   M. G. Bull, *Knightly Piety and the Lay Response to the First Crusade: the Limousin and Gascony, c. 970-c. 1130*, Oxford, Oxford University Press, 1993, p. 178.

Joseph who was a member of the Sanhedrin council and therefore added characteristics such as boldness and courage to the man who gave aid to Christ. The meaning of the words used to describe Joseph in the Bible, such as *decurio*, would have been understood by Baldric through his reading of the Old Testament, the letters of Cicero and the histories written by Julius Caesar, Sallust, and Lucan, as well as the definitions found in Vegetius and Isidore of Seville. These readings would have led Baldric to understand the description of Joseph in the Vulgate as a *decurio* as a role that was partly military, partly administrative, one comparable to those of the castellans and minor lords in the region around the Loire valley where Baldric lived. This understanding of what Joseph did and what he was, is further enhanced by documents such as glossed bibles and the apocryphal Gospel of Nicodemus, as well as the writings of men such as Gregory of Tours. Baldric reminds his audience of the rewards that are promised to those who are benefactors of God, whether those benefactions are those provided by Joseph, a new tomb and the gentle service of burial or those provided by the participants in the First Crusade. The understanding of what Joseph was would also be influenced by the unknown and unrecorded sermons, stories and conversations that Baldric had heard throughout his adult life. These may have encompassed the courage and boldness of Joseph described by John Chrysostom and Augustine. They may have shaped the idea that Joseph of Arimathea was rich and powerful and that he wanted to put his resources in the service of Christ. They may have focused on the deeds of Joseph as the man who ended the indignity of the crucifixion, who bravely sought possession of the body of Christ from Pontius Pilate, so that it could be correctly buried, and who acted as a benefactor, treating the body of Christ with care and kindness. In the most simple and obvious way, Joseph of Arimathea's actions described in the Bible, gave the crusaders a goal to aim for. By putting the body of Christ in what then became the Holy Sepulchre, the figure of Joseph provided for the sermonizer outside Jerusalem and for those hearing the sermon through the medium of the *Historia*, a physical focus for the First Crusade, a place that above all other places in the Holy Land needed to be in Christian possession, the Holy Sepulchre itself.

At the start of the twelfth century, Joseph of Arimathea was perceived to be a rich man, a Jewish leader, perhaps with military and administrative duties, who had secretly supported Christ. By ending the indignity of the crucifixion, providing clean linen in which to wrap the body and donating a new tomb as a resting place for that body he had declared his faith, risked his life and provided a service or benefaction to God. Like medieval benefactors, he had valuable resources and influence that he chose to use for the benefit of Christ and, in return, according to the *GN*, he was rewarded for those gifts by being saved from incarceration and death by an angel of God. If the audience for the *Historia* could make the aspirational comparison between Joseph as a bold and influential man, and themselves as men with lands, wealth, and military power, then the urgings of the pope to put these resources at the service of the church, becomes more pervasive and powerful. The sermon reported by Baldric near the end of the *Historia* resonates even more strongly with the message given by Urban at the beginning of the text. His version of Urban's sermon at Clermont argued forcefully that arms-bearers had been following the wrong path by fighting each other and his sermonizer outside the walls of Jerusalem argues that those who took the cross had, like Joseph of Arimathea, put their assets in the service of Jesus Christ and made a gift of their service to God, who rewarded them by granting salvation in return. Just as Joseph took the sacred body down from the cross, a holy body that was tortured, abused, and abandoned, suffering just as Jerusalem had suffered, so the crusaders should take control of the sacred city and end its enslavement. The body of Christ and the city of Christ become one in the sermon Baldric records and the benefactors of God, like Joseph of Arimathea, will earn through their gift to God the protection of God on earth and eternal rewards in heaven. By taking back and protecting the Holy Sepulchre that Joseph of Arimathea had established, the crusaders are emulating this biblical figure in all the ways that a thousand years of European literature had shown them. It was entirely appropriate, therefore, for Crusaders to be shown by Baldric following the example set by Joseph of Arimathea.

Steven BIDDLECOMBE

L'ÉCRITURE DE LA CROISADE DANS
LA *CHANSON DE LA PREMIÈRE CROISADE*
D'APRÈS BAUDRI DE BOURGUEIL

La *Chanson de la Première Croisade d'après Baudri de Bourgueil*[1] fut écrite en ancien français vers le début du XIII° siècle. Cette œuvre raconte les principaux faits historiques de la Première Croisade de 1095 à 1099, en y incluant le Concile de Clermont et la croisade populaire, de même que la prise de Nicée, d'Antioche et de Jérusalem. Elle s'inscrit dans la tradition des chansons de croisade et donc des chansons de geste, même si l'appartenance de ces premières au genre épique n'est pas acceptée par tous les chercheurs. En tout cas, elle est moins connue que la *Chanson d'Antioche*[2] ou que la *Chanson de Jérusalem*[3], ce qui s'explique tout d'abord par le fait qu'il n'en existe pas d'édition complète. L'édition la plus récente de la *Chanson de la Première Croisade*[4] contient environ un tiers (un peu plus de 5000 vers) de l'œuvre, les éditions partielles antérieures de P. Meyer[5] et d'A. Petit[6] respectivement 1140 et 491 vers. La source principale du texte est la chronique latine de Baudri de Bourgueil, qui date d'environ 1107[7]. Pourtant, il s'agit plutôt d'une adaptation libre

---

1   L'œuvre est aussi connue sous les titres de *Siege d'Antioche ovesque le conquest de Jerusalem de Godefred de Boilion*, contenu dans l'un des manuscrits, et de *Récit en vers de la Première Croisade fondé sur Baudri de Bourgueil*, utilisé dans A. Petit, « Le camp chrétien devant Antioche dans le *RPCBB* », *Romania*, 108, 1987, p. 503-519.

2   *La Chanson d'Antioche*, éd. J. A. Nelson, Tuscaloosa/London, University of Alabama Press, 2003. Voir aussi *La Chanson d'Antioche*, éd. et trad. B. Guidot, Paris, Champion, 2011.

3   *La Chanson de Jérusalem*, éd. N. R. Thorp, Tuscaloosa/London, University of Alabama Press, 1992.

4   *La Chanson de la Première Croisade d'après Baudri de Bourgueil*, éd. J. Gabel de Aguirre, Heidelberg, Winter, 2015.

5   P. Meyer, « Un récit en vers français de la première croisade fondé sur Baudri de Bourgueil », *Romania*, 5, 1876, p. 1-63.

6   Petit, « Le camp chrétien ».

7   Voir Baudri de Bourgueil, *The Historia Ierosolimitana of Baldric of Bourgueil*, éd. S. Biddlecombe, Woodbridge, Boydell Press, 2014.

que d'une imitation. L'œuvre française nous est transmise dans deux manuscrits en scripta anglo-normande : Oxford, Bodleian Library, MS Hatton 77, daté du milieu du XIIIe siècle, et Londres, British Library, MS Additional 34114, qui comprend une continuation fondée sur une autre chronique et fut écrit vers 1400. Outre ceux-ci, il existe encore deux fragments (Oxford, Bodleian Library, MS Hatton 77 annexe et Oxford, Bodleian Library, MS Brasenose Coll. D.56). La forme du texte est typique d'une chanson de geste du XIIIe siècle : elle est organisée en laisses d'alexandrins monorimes.

Dans le présent article, nous traiterons de l'écriture de la croisade dans cette œuvre. Nous nous pencherons d'abord sur la représentation de la Première Croisade en comparant les événements décrits à ceux contenus dans la chronique latine de Baudri de Bourgueil et à ce que l'historiographie moderne considère comme les principaux faits de la Première Croisade. Nous essaierons ensuite de discerner l'objectif de l'auteur et sa façon de représenter l'idée de croisade. Finalement, nous aborderons la manière dont les croisés et leur religion sont décrits pour continuer avec la représentation de l'Orient, de ses habitants, c'est-à-dire des chrétiens orientaux et des musulmans, et de la religion musulmane.

LA REPRÉSENTATION DES ÉVÉNEMENTS HISTORIQUES ET DE L'IDÉE DE CROISADE

La *Chanson de la Première Croisade* est un récit assez fidèle des événements et ne diffère guère de ce que les historiens relatent en ce qui concerne les principaux faits, comme le concile de Clermont (laisse III et suivantes), la croisade populaire (l. VII-XIV), le départ des nobles et de leurs armées à la croisade (l. XV et suivantes), la traversée du Bosphore (l. XXXI), le siège et la prise des villes de Nicée (l. XLV-LV), d'Antioche (l. LXXXIV-CCXXIX) et de Jérusalem (l. CCCLV), ainsi que la bataille d'Ascalon (l. CCCLX[8]). Alors que l'auteur exagère généralement lorsqu'il donne des informations sur le nombre des soldats

---

8   Pour plus de détails et les renvois aux historiographies modernes, voir l'introduction à la *Chanson de la Première Croisade*, p. 6-28.

croisés, les dates sont souvent exactes, comme celle de l'arrivée de Godefroi à Constantinople deux jours avant Noël (l. XVI). Parfois, il ajoute même des informations qui manquent dans la chronique latine de Baudri de Bourgueil. Ainsi, l'épisode de Renaud Porchet (l. CLXIII et CLXXIX) ne figure pas dans le texte latin, de même que les noms de deux commandants musulmans, Holdequin de Damas dans la *Chanson de la Première Croisade*, v. 4694, qui correspond à Duqāq de Damas[9], et Rodoez de Halape (l. CXXXIX-CLX) qui correspond à Ridwan d'Alep[10]. Tous les deux restent anonymes dans la chronique latine (Baudri, *Historia Ierosolimitana*, livre II, p. 41 et 46).

En raison de son exactitude historique, plusieurs chercheurs, dont P. Damian-Grint[11], pensent que la *Chanson de la Première Croisade* n'est pas une chanson de geste, mais plutôt une chronique en vers. Néanmoins, la *Chanson d'Antioche*, elle aussi, fut jugée par D. Trotter comme « *a historically fairly accurate account*[12] » et son appartenance au genre épique a été mise en cause, par exemple, par K.-H. Bender, selon qui ce texte décrit les événements « avec une exactitude historique tout à fait étrangère aux chansons de geste traditionnelles[13] ». Tandis que R. Cook constate à propos de la *Chanson d'Antioche* que son auteur « amplifie, [...] supprime, [...] remplace, pour donner à ces événements une allure familière aux spécialistes de la littérature[14] », la *Chanson de la Première Croisade* se contente généralement d'ajouter et d'amplifier les informations de la chronique latine de Baudri de Bourgueil, ce que nous verrons plus en détail ci-dessous. Ce texte possède donc moins de divergences par rapport aux sources historiques que la *Chanson d'Antioche*. Toutefois, l'on peut constater qu'un degré de fiabilité historique élevé par rapport aux chansons de geste traditionnelles caractérise les deux textes.

---

9   Voir Ch. Tyerman, *God's war : a new history of the Crusades*, Cambridge (Mass.), Harvard University Press, 2006, p. 137.

10   Voir Tyerman, *God's war*, p. 140.

11   Voir P. Damian-Grint, *The New Historians of the Twelfth-Century Renaissance*, Woodbridge, Boydell, 1999, p. 82.

12   D. Trotter, *Medieval French literature and the Crusades (1100-1300)*, Genève, Droz, 1988, p. 114.

13   K.-H. Bender, « De Godefroy à Saladin. Le premier cycle de la croisade : entre la chronique et le conte de fées (1100-1300). Partie historique », *GRLMA*, III/1, *Les Épopées romanes*, éd. R. Lejeune, Heidelberg, Winter, 1987, t. 1, fasc. 5, p. 81-83, ici p. 43.

14   R. Cook, *Chanson d'Antioche, chanson de geste : Le cycle de la croisade est-il épique ?*, Amsterdam, Benjamins, 1980, p. 71.

Quant aux indications temporelles délivrées par la *Chanson de la Première Croisade*, elles spécifient souvent le jour de la semaine ou de quelle fête religieuse il est question, mais non l'année[15]. De telles informations se trouvent aussi dans les autres chansons de croisade comme la *Chanson de Jérusalem* (v. 4058 : « Çou fu par.I. joisdi, que jors fu esclarcis, / Que no Crestïens ont tos lor engiens bastis ») et la *Chanson d'Antioche* (v. 8188 : « Un vendredi matin al point de l'ajornee »).

Il existe en outre des différences entre la source latine et la *Chanson de la Première Croisade*, qui éloignent le texte français de l'historiographie et le rapprochent du genre épique. Il s'agit notamment de la manière de représenter les événements historiques et l'idée de la croisade. La chanson en ancien français omet, entre autres, des passages concernant les chrétiens orientaux qui traitent de l'histoire de Jérusalem et des souffrances de ces chrétiens (Baudri, *Historia Ierosolimitana*, livre I, p. 5 et 6), ainsi que des réflexions sur la situation exceptionnelle des croisés – ils n'ont pas de roi qui les guide, mais l'unanimité et la parité règnent parmi eux –, telles qu'elles apparaissent, par exemple, dans le prologue de Baudri, *Historia Ierosolimitana*[16], ou dans la description du siège de Nicée[17]. C'est justement à cause de ces réflexions destinées à un public cultivé et clérical que la chronique latine compte parmi les sources théologiques importantes[18]. Leur omission dans la *Chanson de la Première*

---

15   Voir F. Autrand, « Les dates, la mémoire et les juges », *Le Métier d'historien au Moyen Âge. Études sur l'historiographie médiévale*, éd. B. Guenée, Paris, Publications de la Sorbonne, 1977, p. 171.

16   Voir Baudri, *Historia Ierosolimitana*, livre I, p. 3 : « *Quis enim tot principes, tot duces, tot milites, tot pedites sine rege, sine imperatore dimicantes eatenus audiuit ? Neque siquidem, in isto exercitu, alter alteri prefuit, alius alii imperauit : nemo quod sibi peculiare uidebatur disposuit, nisi quod sapientium commune consultum decreuit, nisi quod plebis scitum collaudauit.* » (Nous traduisons : « Car qui avait entendu parler jusque-là d'autant de princes, de ducs, de soldats et de fantassins qui combattaient sans roi, sans empereur ? D'ailleurs, dans cette armée, aucun n'était supérieur à l'autre, ni ne commandait à l'autre : il semblait que personne ne disposait de ses propriétés, si ce n'était que la communauté le décrétait de manière plus sage par une délibération ou qu'une décision de sa part le loua »).

17   Voir Baudri, *Historia Ierosolimitana*, livre I, p. 26 : « *Preterea ibi erat tanta rerum omniu communitas ut uix aliquis aliquid sibi diceret propriu ; sed, sicut in primitiua ecclesia, ferme illis erant omnia communia* » (Nous traduisons : « Plus tard, la communauté de tous les biens était telle que presque personne ne déclara rien comme sa propriété, mais presque toutes les choses étaient communes à ceux-ci, comme dans l'Église originelle »).

18   Voir C. Kostick, *The Social Structure of the First Crusade*, Leiden, Brill, 2008, ici p. 65 : « *Baldric's history, however, merits analysis in its own right for the theological and classical perspectives that Baldric offers* ».

Croisade peut être interprétée comme un rapprochement avec les chansons de geste, pour lesquelles l'organisation sociale féodale est fondamentale.

Il existe une autre différence essentielle entre la *Chanson de la Première Croisade* et sa source, par laquelle le texte français s'inscrit dans la tradition épique[19] : c'est l'ajout de nombreuses scènes de bataille. Il s'agit notamment des descriptions de combats singuliers[20], qui contiennent généralement plus ou moins de clichés rhétoriques reliés au combat à lance dans les chansons de geste[21]. Les v. 2391-2402 donnent une description complète reproduisant tous les clichés correspondants – le chevalier éperonne son cheval, brandit sa lance, frappe, brise l'écu de son adversaire, rompt son haubert, lui « passe la lance au travers du corps[22] » et l'abat mort à bas de son cheval :

> Guilleaume de Ferrieres ad le giu comencié
> Qui joinst o Malatré […].
> Des esporuns a or ad le cheval brochié
> Et esloigné la lance od le fer aguisié.
> Vait ferir le paien que trova afichié
> Que l'escu de son col li ad frait et perchié
> Et l'auberc de son dos rompu et desmaillié,
> Parmi le gros del cors lui ad conduit son espié.
> Ou il volsist u non, jus l'ad mort trebuchié. […]

Les clichés reposent généralement sur des expressions formulaires, répétées fréquemment. Ainsi, le cliché relevé par J.-P. Martin[23] *X frappe Y* correspond généralement dans la *Chanson de la Première Croisade* à la formule *aler + ferir* et sert à marquer le début d'un combat singulier (par exemple, « Vait ferir un Franceis sor la targe flurie », v. 1343 ; « Vait ferir un paien sor le hialme sardri », v. 2694). Un emploi similaire se trouve dans la *Chanson d'Antioche* (« Et vait ferir.I. Turc de la lance aceree », v. 1763) et dans la *Chanson de Jérusalem* (« Et vait ferir un Turc, qu'il ne l'esparna mie », v. 481).

---

19   De telles séquences épiques traditionnelles se trouvent pourtant aussi en grand nombre dans les *Romans d'Alexandre* ; voir C. Gaullier-Bougassas, *Les Romans d'Alexandre. Aux frontières de l'épique et du romanesque*, Paris, Champion, 1998, p. 101-102.

20   D'autres exemples se trouvent dans les v. 1068-1075, 1342-1346, 2521-2541, 2693-2695, 4514-4523 et 4816-4819.

21   Voir J.-P. Martin, *Les Motifs dans la chanson de geste. Définition et Utilisation*, Villeneuve-d'Ascq, Centre d'Études Médiévales et Dialectales, 1987, p. 184-185.

22   *Ibid.*

23   Voir Martin, *Les Motifs dans la chanson de geste*, p. 186.

Les expressions formulaires servent aussi à structurer les descriptions de batailles. Au début d'une laisse qui prolonge la description d'une bataille commencée auparavant, nous trouvons par exemple : « **Mult fud grant l'estor** al val el pré herbu, / Bien i fierent Franceis, Deu les tienge en vertu » (*Chanson de la Première Croisade*, v. 4794-4795). Cette expression correspond à la formule A. *grans* + *noise* + *bataille* relevée par J.-P. Martin pour les chansons de geste[24]. Elle est aussi employée dans le Cycle de la Croisade : « Desur le pont de Fer **fu mout grans li bataille** ; / Bien fierent li baron et li [serjant] sans faille » (*Chanson d'Antioche*, v. 3887-3888) ; « **Molt fu grans li bataille**, mervellose et estraigne » (*Chanson de Jérusalem*, v. 8859). Les ajouts de la *Chanson de la Première Croisade* par rapport à sa source ne sont pourtant pas limités à des combats singuliers : il existe de longues additions, entre autres, les laisses XXXII-XLIV, qui relatent deux batailles entières.

Outre les scènes de combat, la *Chanson de la Première Croisade* ajoute des dialogues, par exemple, entre Garsion et Süart (v. 3593-6073), entre Garsion et ses hommes (v. 3622-3659) ou encore entre les chefs de la croisade (v. 4614-4652). L'on peut donc constater qu'il s'agit d'une dramatisation par rapport à la source latine. Si S. Biddlecombe remarque, dans son introduction à Baudri, *Historia Ierosolimitana*, p. LVII, que l'auteur aurait amplifié les événements et la description des caractères, on peut considérer que ce travail fut poursuivi par l'auteur de la *Chanson de la Première Croisade*.

Quant à la présentation des raisons de s'engager dans la croisade, Baudri invoque surtout les souffrances des chrétiens orientaux, car, suivant C. Rouxpetel, ceux-ci « sont essentiellement envisagés comme les victimes des Sarrasins, libérés de leurs bourreaux par les croisés[25] ». Mais comme nous l'avons vu, cette motivation est omise à plusieurs reprises dans le texte français, qui met plutôt l'accent sur la libération de Jérusalem :

> Qui por m'amor voldra ses richeises laissier
> Et sun pere et sa mere, ses enfanz et sa moillier,
> Prenge vïaz la croiz, en rien n'ait il desirier
> Et vienge ensenble od moi Jherusalem deraisner.
> (v. 75-78)

---

24 Voir Martin, *Les Motifs dans la chanson de geste*, p. 194.

25 C. Rouxpetel, *L'Occident au miroir de l'orient chrétien. Cilicie, Syrie, Palestine et Égypte (XIIᵉ-XIVᵉ siècle)*, Rome, École française de Rome, 2015, p. 296.

Un autre motif important est la vengeance contre les musulmans, qui joue un rôle prééminent dans les chroniques de croisade[26] : « Et sumes ça venu por noz cors traveillier / Et por la passïon nostre seignur vengier » (v. 875-876).

L'absolution de tous les péchés, relevée déjà par C. Erdmann[27] comme l'une des raisons les plus importantes de partir en croisade, est également évoquée à plusieurs reprises, par exemple aux v. 187-188 (« Barons, ceste novele ne se vielt pas celer / Que de prendre la croiz pot hom s'alme salver ») et aux v. 869-873 (« Que tut cil qui por Deu se voldront croisier / [...] Seroient toz asolz de Deu le jostisier »). Mais l'auteur ne passe pas sous silence que la cupidité jouait aussi un rôle important[28]. Ainsi, Tancrède et Baudouin se disputent la domination de Tarse (l. LXXX) et Raimond de Saint-Gilles et Bohémond celle d'Antioche (l. CCCXXIII-CCCXXXII).

Quant à l'objectif de l'œuvre, nous pouvons constater trois fonctions principales : l'instruction, la propagande et le divertissement. La fonction didactique de donner un bon exemple au public est perceptible dès le prologue, qui commence par une critique des temps actuels[29] :

> Seignurs, bien est seü et n'est pas lungement,
> Estoient cil proisié et servi largement
> Qui chantoient les faiz de l'ancïene gent,
> Et prendre l'on poet sen et esperiment.
> Mais ore n'ont de ceo cure, tut le funt altrement :
> A l'avoir se sunt pris trestuz communement,
> Vencu ad coveitise qui tut le mund suzprent.
> (*Chanson de la Première Croisade*, v. 1-7)

La fonction de propagande se manifeste dès les vers 17-19, qui invitent le public directement à suivre l'exemple des croisés :

---

26 Ainsi en est-il, par exemple, de Raymond d'Aguilers, pour lequel J. Tolan constate que « la croisade – avec son bain de sang – se justifie d'abord et avant tout comme vengeance » (J. Tolan, *Les Sarrasins*, trad. P.-E. Dauzat, Paris, Flammarion, 2003, p. 173).

27 Voir C. Erdmann, *Die Entstehung des Kreuzzugsgedankens*, Darmstadt, Wissenschaftliche Buchgemeinschaft, 1935, p. VIII.

28 Voir Erdmann, *Die Entstehung des Kreuzzugsgedankens*, p. VIII, qui constate que l'avidité (« *die Aussicht auf Sold, Beute und Landgewinn* ») était une des raisons de partir à la croisade.

29 Une critique similaire se trouve dans la *Chanson d'Antioche*, v. 118-123 : « Cis siecles est mout fel, si nos viut enganer : / N'i a point de justice, n'i puet on veïr cler, / Hom n'i est ki foit ait encontre avoir douner. / Mout i couvi[e]nt grans gardes pour nos vies sauver ; / Diables nos est prés, qui nos viut enganer / Bien nos devriiens mais de ses engiens garder. »

Pernez a cels essample qui ancïenement
Guerpirent lur terres et lur edifiement
Por servir Damedeu, le roi omnipotent.

On peut assimiler cette attitude à celle des chansons du Cycle de la
Croisade, pour lesquelles S. Edgington parle d'une fonction de recrute-
ment (« *recruitment function*[30] »). Encore une fois, la *Chanson de la Première
Croisade* se rapproche donc des chansons de croisade en s'éloignant de la
source latine, qui commence par des louanges à Dieu et met au premier
plan des réflexions théologiques. La *Chanson de la Première Croisade*, à
son tour, nous raconte des événements historiques en mettant en relief
les grands exploits des croisés, par exemple, dans les présentations
détaillées de combats singuliers. Celles-ci visent à instruire et divertir
le public, au même titre que la présentation des personnages dans leur
relation au « merveilleux chrétien » et que les longues descriptions des
merveilles de l'Orient.

LES CROISÉS ET LE MERVEILLEUX CHRÉTIEN

Les principaux acteurs de la croisade, c'est-à-dire les chrétiens occidentaux qui participèrent à l'expédition sont dépeints en héros. Là aussi,
l'on peut constater que la *Chanson de la Première Croisade* amplifie les
informations de la source latine. Elle ajoute fréquemment des épithètes

---

30 S. Edgington, « "Pagans"and "Others"in the *Chanson de Jerusalem* », *Languages of Love
and Hate*, éd. S. Lambert et H. Nicholson, Turnhout, Brepols, 2012, p. 37-47, ici p. 38.
Néanmoins, Hardman et Ailes considèrent qu'il serait simpliste de considérer les chansons
de geste qui traitent des croisades essentiellement comme propagande de la croisade :
« *Simplistic readings of chansons de geste and romances with crusading themes as essentially
crusade propaganda have long been abandoned* » (Ph. Hardman et M. Ailes, « Crusading,
Chivalry and the Saracen World in Insular Romance », *Christianity and Romance in
Medieval England*, éd. R. Field, Ph. Hardman et M. Sweeney, Cambridge, Brewer, 2010,
p. 45-65, ici p. 64-65). Ils citent Daniel : « *The songs are not Crusade propaganda, as I once
believed, but they are good propaganda for a life of daring and adventure* » (N. Daniel, *Heroes
and Saracens. An Interpretation of the Chansons de Geste*, Edinburgh, Edinburgh University
Press, 1984, p. 267). Ils observent pourtant la présence de « *complex attitudes to chivalric
values and Christian salvation that surrounded the practice of crusading* » (Hardman et Ailes,
« Crusading, Chivalry and the Saracen World in Insular Romance », p. 65) pour les textes
en moyen anglais.

aux noms propres, par exemple, « dan Godefroi li ber » (v. 478), « Baudoïn le hardi » (v. 3881), « Guilleaume li pruz » (v. 5094), ce qui correspond à la tradition épique et existe aussi dans la *Chanson d'Antioche* (« Aimeri le vaillant », v. 1684) et la *Chanson de Jérusalem* (« Robert le menbré », v. 4326).

En général, la *Chanson de la Première Croisade* décrit les chefs de la croisade de manière plus individuelle[31] : ainsi, dans les laisses LXX-LXXIV, après la bataille de Dorylée, l'auteur ajoute un épisode portant sur les qualités guerrières de Godefroy de Bouillon, qui se bat tout seul contre un grand nombre de soldats ennemis. Voici un extrait qui montre la prouesse et la valeur de Godefroy dans le combat et qui raconte le miracle divin le sauvant finalement face à la multitude des ennemis, suivi par sa prière d'action de grâces, qui illustre sa piété[32] :

> Le premier qui li vint od la teste colpee
> Et le secund enprés l'espaule desevree [...]
> Grant cops lui ont doné en la targe roee, [...]
> Mort l'eüst a estrus icele gent deffaee,
> Mais Deus le succurut par ital destinee,
> Que as Turs fud vïaire que devers la valee
> Venoit de crestïens, de la gent redutee : [...]
> Poür ont de la gent que Deus lur ad mustree,
> En un bois se ferirent por aveir recelee.
> Il [= Godefroy] vit la compaignie que Deus out amenee
> Qui furent trestut blanc comme neif sur gelee [...]
> Damedeu aora et la vertu nomee :
> « Sire, merciz te rend de m'alme qu'as salvee ! »
> (*Chanson de la Première Croisade*, v. 2967-2989)

Mais, outre les chefs de la croisade, il existe encore d'autres croisés qui figurent dans des épisodes absents de la source latine, dont Renaud Porchet, l. CLXIII et CLXXIX. Cet épisode rapproche la chanson de l'hagiographie, car il dépeint un martyre idéalisé[33]. La captivité et la

---

31   Bender, « De Godefroy à Saladin », p. 82, et Damian-Grint, *The New Historians of the Twelfth-Century Renaissance*, p. 83, ont mis en cause l'appartenance de ce texte au genre épique en argumentant que les héros ne seraient pas pris en compte individuellement. Ce jugement s'explique probablement par leur connaissance fragmentaire de l'œuvre, puisque, à l'époque, seulement une petite partie en avait été éditée.

32   Un épisode similaire se trouve d'ailleurs dans la *Chanson d'Antioche* vers la fin de la bataille d'Antioche (l. CCCLXXVII-CCCLXXIX).

33   Tolan constate que la mort de Renaud Porchet est représentée chez Tudebode « en des termes empruntés à l'hagiographie » (Tolan, *Les Sarrasins*, p. 168).

mort de Renaud sont aussi traitées dans la *Chanson d'Antioche* (l. 187, 189 et 192-203) et dans la chronique de la Première Croisade de Tudebode, mais ne figurent pas dans le texte de Baudri de Bourgueil. Il est donc fort probable que l'auteur de la *Chanson de la Première Croisade* a utilisé d'autres sources qu'il serait intéressant d'identifier.

Quant aux croisés pris dans leur totalité, ils sont caractérisés par leur prouesse (par exemple, v. 1107 : « Mais Franceis furent pruz, hardi et aduré »), qui est parfois excessive et empreinte d'orgueil. Ainsi en est-il dans la *Chanson de la Première Croisade* lorsque l'armée de Robert de Normandie se trouve dans une situation difficile lors d'un combat contre une multitude de musulmans : personne n'accepte de partir comme messager pour appeler à l'aide les autres armées croisées parce que cet acte pouvait être interprété comme pure lâcheté (l. XXXIX-XLI[34]). Voici un extrait de la laisse XLI :

> Il en apele Girard de Ruissillon [...] :
> « Si succuruz ne sumes, n'i ad plus mes morrom.
> Car poigniez, biaus amis, cest destrier d'Aragon
> Et alez dire as autres que nos nos combatom. »
> « Dehé ait », dist G[i]rard, « qui movera le talun !
> Ne fui unques messagier, nel ne comencerom,
> Por chevalier me tienent cil de mon aviron. »
> (*Chanson de la Première Croisade*, v. 1445-1452)

Une attitude similaire peut être observée dans la *Chanson d'Antioche* (l. 322-328), où tous les chefs de la croisade refusent de porter la sainte lance, car cela empêcherait leur participation au combat.

Même si l'on peut constater que les actes atroces des croisés sont relatés dans la *Chanson de la Première Croisade* (« Li home et les femmes qui i furent manant / Sunt trestut detrenchié et li petit enfant », v. 654-655), ce n'est qu'un groupe marginal de croisés, c'est-à-dire les Tafurs[35], qui font excessivement preuve de brutalité. Ce groupe est aussi mentionné dans les textes épiques et dans la chronique de

---

34 Cet épisode est absent de la chronique latine de Baudri.
35 Sur la représentation de ce groupe dans le Cycle de la Croisade, voir M. Janet, *L'Idéologie incarnée. Représentations du corps dans le premier cycle de la croisade (Chanson d'Antioche, Chanson de Jérusalem, Chétifs)*, Paris, Champion, 2003, p. 142-155 (sur les Tafurs en général et sur leur apparence physique), p. 171-184 (sur l'extravagance vestimentaire des Tafurs) et p. 345-368 (sur le cannibalisme des Tafurs).

Guibert de Nogent, mais non dans la source latine ni dans les autres chroniques[36]. Dans la *Chanson de la Première Croisade* comme dans la *Chanson d'Antioche*, les Tafurs sont décrits de manière particulièrement effrayante[37]. Les différences physiques par rapport aux autres croisés sont mises en relief[38] :

Si ad fait por le roi des Taffors envoier,	La fu li rois Tafurs, li ribaut o lui sont
Et il i est venu, avoec lui cent pautonier	Et jurent Dameldeu, ki forma tout le mont,
De la plus fiere gent que Deus ait a baillier	Que s'il truevent paiens as dens les
Que ont les chars plus noires que paluz	mangeront.
en vivier.	Tafur crient et huent et mout grant noise
Pels et maçues portent por paens chastïer	font.
Et merveillos coteals a bestes escorcier.	(*Chanson d'Antioche*, v. 3636-3639)
(*Chanson de la Première Croisade*, v. 4560-4565)	

Ils maltraitent les prisonniers musulmans (« Puis pernent les paens, si les font despolloier. / Batant les menerent od verges d'aiglentier », *Chanson de la Première Croisade*, v. 4568-4569), les tuent de manière cruelle et donnent leur chair aux chiens (« Puis lor ovrent lor [ventres] comme a porcs funt bochier. / La boele et la fresure funt a lur chiens mangier », v. 4586-4587).

Les musulmans supposent même qu'il s'agit de cannibales (« La hors ad une gent plus noire que charbon. / Nos Sarazins manguent comm autre veneison », v. 4602-4602). Dans la *Chanson d'Antioche*[39] et la *Chanson de Jérusalem*[40], les Tafurs mangent également de la chair humaine. Le cannibalisme est encore mentionné dans Baudri, *Historia Ierosolimitana*, livre III, p. 93, mais, à la différence de sa source, la *Chanson de la Première Croisade* limite cette pratique au groupe des Tafurs, absents de la source latine, et se contente d'allusions pour l'épisode de cannibalisme décrit en détail dans l'*Historia Ierosolimitana* (« Car la sunt li plusor por la

---

36 Voir Janet, *L'Idéologie incarnée*, p. 142.

37 Voir aussi S. Duparc-Quioc, *Le Cycle de la Croisade*, Paris, Champion, 1955, p. 79, qui constate cette similitude entre les deux œuvres.

38 Voir sur ce sujet Janet, *L'Idéologie incarnée*, p. 142-151, qui rapproche la représentation des Tafurs dans la *Chanson d'Antioche* de celle d'un homme sauvage, d'un animal ou d'un monstre.

39 Voir E. Baumgartner, « L'exotisme à rebours dans la *Chanson d'Antioche* », *L'Exotisme dans la poésie épique française*, éd. A. Kalmar, Paris, L'Harmattan, 2003, p. 13-28, ici p. 26-27 ; Janet, *L'Idéologie incarnée*, p. 345-368.

40 Par exemple v. 6424 ; voir Edgington, « "Pagans"and "Others"in the *Chanson de Jerusalem* », p. 45.

faim renoié », *Chanson de la Première Croisade*, l. CCCXXXV[41]). Dans la *Chanson de la Première Croisade*, mais apparemment aussi dans la *Chanson d'Antioche* et la *Chanson de Jérusalem*, les Tafurs endossent la responsabilité des actes les plus cruels et les plus difficiles à accepter pour un public chrétien, épargnant ainsi, comme le démontre E. Baumgartner, l'image positive des croisés dans leur ensemble[42].

Leur représentation généralement favorable tient à un trait valorisant commun à tous les croisés : la ferveur religieuse, qui est fréquemment mise en relief et qui suscite la présence du « merveilleux chrétien[43] » présent aussi dans les chansons de geste traditionnelles. Quand les croisés implorent l'aide de Dieu pendant les batailles (« Se sunt trestoz ensenble "Deus aïe" escrïé », v. 2441), Jésus et des saints apparaissent à certains d'entre eux dans des visions (l. CCXLV-CCXLVII, l. CCLXI), ce qui mène à la découverte de la sainte lance. Le merveilleux est très prononcé dans les chansons de croisade[44], comme le montre K.-H. Bender[45], qui souligne l'influence de l'hagiographie sur la *Chanson d'Antioche*. On peut ajouter aux visions les songes prémonitoires, comme dans la *Chanson de la Première Croisade*, l. CXXIX, où l'évêque prévoit l'arrivée du sarrasin converti Saraçon, et dans la *Chanson d'Antioche*, laisse 251 (Bohémond voit la prise d'Antioche dans un songe).

L'épisode d'une armée de saints qui vient à l'aide des croisés pendant la bataille d'Antioche illustre bien la prégnance du merveilleux :

> Quant Damedé meïsmes succurs lor envoia ;
> De la guaste montaigne un conroi desbuscha,
> Unques tant bel ne vit qui cel n'esgarda.
> Conreé de bataille vers paens chevalcha.
> Saint George et saint Domitre de devant le guia

---

41   Cette partie de la *Chanson de la Première Croisade* n'est toujours pas éditée. Le vers cité est directement transcrit du manuscrit, fol. 171ʳ.

42   Baumgartner, « L'exotisme à rebours dans la *Chanson d'Antioche* », p. 28 : « Mais ces effroyables *Tafurs*, si présents dans la *Chanson d'Antioche*, apparaissent à bien des égards comme l'image agrandie de l'horreur qui guette les croisés, comme des sortes de boucs émissaires [...] ».

43   Comme J. Le Goff, « Le merveilleux dans l'occident médiéval », *L'Étrange et le merveilleux dans l'islam médiéval*, éd. M. Arkoun, Paris, Éditions J. A., 1978, p. 61-79, ici surtout p. 73 et 75, nous comprenons par « merveilleux chrétien » toute catégorie de surnaturel qui se rapproche du miracle et dont l'auteur est le dieu chrétien.

44   Voir Trotter, *Medieval French literature and the Crusades*, p. 113.

45   Voir Bender, « De Godefroy à Saladin », p. 44.

Et saint Mercurïen qui l'enseigne porta.
Tut sunt blanc comme noif, ice descomforta
Le poeple deffaé et forment esmaia,
As crestïens comfort et hardement duna.
(*Chanson de la Première Croisade*, laisse CCXI[46])

Cette armée de saints est mentionnée également dans la chronique sur la croisade de Raymond d'Aguilers et dans les *Gesta Francorum*, de même que dans les chroniques qui l'ont utilisée en tant que source, comme l'*Historia Ierosolimitana* de Baudri. A. Leclercq parle d'un « motif bien répertorié, tout droit issu de la Bible[47] ». C'est donc un motif commun aux chansons de croisade et aux chroniques latines[48].

L'ORIENT

L'élément merveilleux dans la *Chanson de la Première Croisade* n'est pas limité au domaine chrétien, mais constitue aussi l'un des traits dominants dans la description de l'Orient. Sa représentation relève du motif des richesses orientales et s'inscrit dans la tradition des romans d'antiquité, concernant notamment la description des villes[49] et des tentes orientales. Ainsi, les villes orientales sont présentées comme pleines de richesses : beaucoup de détails sont ajoutés à la source latine, par exemple, dans la laisse LXXXV, v. 3427-3440, qui décrit la ville

---

46 Ces vers sont directement transcrits du manuscrit Hatton 77, fol. 159[v]. Voir aussi la *Chanson d'Antioche*, l. CCCLXXIII.

47 A. Leclercq, *Portraits croisés. L'image des Francs et des Musulmans dans les textes sur la Première Croisade. Chroniques latines et arabes, chansons de geste françaises des XIIe et XIIIe siècles*, Paris, Champion, 2010, p. 381.

48 Ainsi, R. Deschaux, « Le merveilleux dans la *Chanson d'Antioche* », *Au carrefour des routes d'Europe : La chanson de geste. X[e] congrès international de la Société Rencesvals*, éd. F. Suard, Aix-en-Provence, Publications du CUERMA, 1987, t. 1, p. 431-443, ici p. 440, constate à propos de la *Chanson d'Antioche* que « [l]a comparaison avec des œuvres du temps à prétention plus nettement historiographique montre que sur ce point il n'y a pas grand écart ».

49 Voir C. Croizy-Naquet, *Thèbes, Troie et Carthage. Poétique de la ville dans le roman antique au XIIe siècle*, Paris, Champion, 1994, p. 39 : « La ville se révèle ainsi réceptacle de toutes les richesses aussi bien matérielles que culturelles, religieuses ou politiques [...] ».

d'Antioche[50], ou dans la description de la ville de Sarmacène, qui n'est pas nommée dans la chronique latine (*Chanson de la Première Croisade*, l. CLXXXV-CXCIII). Dans les deux cas, l'enfermement de la ville est décrit (« Close fud de fossez et de bon mur entur », v. 3429, et « Plus de dis grosses lieues dure le tenement / Clos de merveillos murs tut asis o ciment », l. CLXXXV[51]), puis sa topographie et ses bâtiments[52]. À plusieurs reprises, la beauté et la richesse des villes[53] sont dépeintes par des expressions formulaires similaires à celles de la tradition des romans d'antiquité[54] : « Mult fud bone la vile, onc home ne vit meillur, / Ne tant richement fait de l'ovre ancienur » (en parlant d'Antioche, v. 3427-3428) ; « trestutes les citiez qui sunt en occident / Ne valent cele sule par le mïen escient » (en parlant de Sarmacène, l. CLXXXV). Cette caractéristique est encore mise en relief par la représentation des matériaux précieux utilisés dans la construction[55], tels que le marbre (« une tur […] toute de marbre de diverse colur », v. 3431-3434), l'or (v. 3438) et des pierres extraordinaires, dont les aimants (« De pieres d'aimant sunt tut li fundement », l. CLXXXV[56]), et des pierres resplendissantes d'origine orientale (« Trente portals […] / Tuit fait d'une pïere qui est

---

50   Cette description est complétée par le sermon de l'évêque du Puy, v. 3355-3370, qui parle de l'histoire de la ville, par la laisse LXXXIV, v. 3380-3427, qui explique l'origine de son nom, donne des informations supplémentaires sur son histoire et vante sa propreté et sa richesse, et par la laisse LXXXVI, v. 3458-3485, où les rois et les émirs de la ville sont énumérés. Dans Baudri, *Historia Ierosolimitana*, livre II, p. 38, la description se limite à quelques lignes : « *Post hec ingressi sunt uallem illam inclitam, uallem spaciosam et uberem, in qua regia et famosa ciuitas Antiochia sita est, que tocius Sirie metropolis et princeps est, en qua primicerius apostolorum, Petrus, catedram decorauit pontificalem.* ». Une partie des informations sur Antioche contenues dans la *Chanson de la Première Croisade* se trouve ailleurs, dans Baudri, *Historia Ierosolimitana*, livre III, p. 90 ; il s'agit néanmoins d'une description beaucoup plus neutre et moins détaillée.

51   Cette partie de la *Chanson de la Première Croisade* n'est toujours pas éditée. Les vers cités de la laisse CLXXV sont directement transcrits du manuscrit Hatton 77, fol. 100ᵛ-101ʳ.

52   Voir Croizy-Naquet, *Thèbes, Troie et Carthage*, p. 77 : « Dans les romans antiques, décrire la ville, c'est évoquer l'aspect d'enfermement puis la topographie interne avec l'ensemble des maisons, palais, tours et donjons principaux ». Il existe « une gradation d'un espace ouvert vers un espace clos » (Croizy-Naquet, *Thèbes, Troie et Carthage*, p. 86).

53   Voir Croizy-Naquet, *Thèbes, Troie et Carthage*, p. 111 : « La deuxième caractéristique de la ville est la prééminence de la richesse, associée à la largesse et à l'abondance, mais également à la beauté. »

54   Voir Croizy-Naquet, *Thèbes, Troie et Carthage*, p. 113.

55   Voir sur ce sujet Croizy-Naquet, *Thèbes, Troie et Carthage*, p. 114-117.

56   Voir Croizy-Naquet, *Thèbes, Troie et Carthage*, p. 120, pour l'emploi des aimants dans les romans antiques.

en orïent [...], / Et reluisent plus cler [...] / Que piere de cristal ne que oil de serpent », l. CLXXXV[57]). À l'instar des romans d'antiquité, des verbes imprécis sont employés[58], par exemple, *faire* (v. 3431) ou *peinturer* pour le travail du peintre (v. 3436 et l. CLXXXV : « sunt tuit painturé o bel enlacement / De bestes et de oiseals, de flurs et de serpent »). Sont dépeints enfin en prolongement les marchés de la ville de Sarmacène, où l'on vend des pierres précieuses et des épices exotiques (« giroffle et garingau[59] [...] Et la riche canele et bon citoau[60] », l. CLXXXVI[61]). La topographie et la description des lieux font ainsi de l'Orient un espace onirique, un endroit hors du commun, semblant appartenir à un autre monde qui peut même être rapproché du paradis (« Seignors, en la citié ad un eaue mult grant / Qui surt de paraïs, ce trove l'en lisant », l. CLXXXVII[62]).

Cette magnificence est parachevée par la générosité des souverains orientaux offrant des tentes merveilleuses, telles celles qu'Alexis de Constantinople remet aux croisés qui lui jurent foi et hommage. Ces cadeaux qui ne sont pas mentionnés dans la chronique de Baudri sont décrits en détail aux laisses XC-CIX, v. 3671-4134, à l'occasion du siège d'Antioche[63]. Ce motif est typique du roman antique médiéval, auquel il pourrait être directement emprunté[64] : le *Roman d'Alexandre*[65] et le *Roman de Thèbes* donnent des descriptions détaillées de tentes et de

57   Voir Croizy-Naquet, *Thèbes, Troie et Carthage*, p. 123 sur l'éclat des matières précieuses.

58   Voir Croizy-Naquet, *Thèbes, Troie et Carthage*, p. 125-126.

59   Il s'agit de clou de girofle et de *rhizoma galangae*, une plante aromatique des Indes Orientales ; voir *Dictionnaire Étymologique de l'Ancien Français* (DEAF), G 92, 34, s. v. *galingal*, consultable sur le site www.deaf-page.de.

60   Il est question de la zédoaire, qui est similaire au gingembre ; *Dictionnaire du Moyen Français* (DMF), s. v. *citoual*, consultable sur le site de l'ATILF.

61   Ce vers est directement transcrit du manuscrit Hatton 77, fol. 101ʳ.

62   Ce vers est directement transcrit du manuscrit Hatton 77, fol. 101ᵛ.

63   Cet extrait a déjà été publié dans Petit, « Le camp chrétien », qui fournit la description de la structure de toute la séquence à la p. 504 et le schéma des laisses qui sont toutes structurées de la même manière à la p. 505.

64   Voir Leclercq, *Portraits croisés*, p. 177-180, qui constate, p. 180 : « Hérité du roman antique médiéval, ce motif n'a pas grand-chose à voir avec les tentes réelles des campements musulmans ; il illustre en revanche l'interpénétration de la chanson de geste et du roman ».

65   Voir E. Armstrong *et al.*, « Version of Alexandre de Paris, Text », *The Medieval French Roman d'Alexandre*, éd. M. S. La Du, Princeton, Princeton University Press, vol. 2, 1937 ; Gaullier-Bougassas, *Les Romans d'Alexandre*, p. 138-139 ; S. Friede, *Die Wahrnehmung des Wunderbaren. Der Roman d'Alexandre im Kontext der französischen Literatur des 12. Jahrhunderts*, Tübingen, Niemeyer, 2003, p. 107-114.

palais orientaux, où se manifeste une intention didactique comparable à celle de la *Chanson de la Première Croisade*[66]. Ces tentes, comme les villes, exposent les richesses de l'Orient par leurs matériaux précieux et par leurs peintures. Quelques-unes possèdent même des qualités magiques, telles que celle de guérir des maladies (« Ja hom qui fust dedenz n'eüst sanc melleison, / Ne fievre ne chalt mal, ne gote ne curson / Ne morir ne peüst neis par une poison », *Chanson de la Première Croisade*, v. 3688-3690)[67].

Les créatures merveilleuses complètent le panorama oriental : elles sont évoquées dans les laisses CC-CCIX de la *Chanson de la Première Croisade* et correspondent aux merveilles de l'Inde de la tradition classique représentée, entre autres, par Isidore de Séville[68]. Absentes dans la chronique latine et dans la *Chanson d'Antioche*, elles appartiennent à l'armée du soudan de Perse et constituent un point commun avec la *Chanson de Jérusalem*, qui décrit des monstres similaires dans les laisses 227-230, 245 et 250[69]. Dans la *Chanson de la Première Croisade*, une influence directe des *Romans d'Alexandre*, notamment du *Roman de toute chevalerie* de Thomas de Kent[70] est tout à fait envisageable[71]. S. Friede relève plusieurs types de monstres auxquels Alexandre est confronté avec son armée dans le *Roman d'Alexandre*[72]. Voici deux exemples de la

---

66   Voir E. Baumgartner, « Peinture et écriture : la description de la tente dans les romans antiques au XIIᵉ siècle », *Sammlung – Deutung – Wertung : Ergebnisse, Probleme, Tendenzen und Perspektiven philologischer Arbeit*, éd. D. Buschinger, Amiens, Université de Picardie, 1988, p. 3-11, ici p. 3-4. Les deux œuvres incluent dans leur description des tentes de riches informations encyclopédiques sur la conception de l'univers, puisqu'il existe des tentes peintes avec une mappemonde, les astres, etc. (l. XCV dans la *Chanson de la Première Croisade*).

67   Les tentes merveilleuses font aussi partie de la tradition des romans antiques ; voir Baumgartner, « Peinture et écriture », p. 11. Pour une description similaire de tentes, voir la *Chanson d'Antioche*, l. CXL-CLII.

68   Voir J. Gabel de Aguirre, « Die *merveilles de l'Inde* in der altfranzösischen *Chanson de la Première Croisade* nach Baudri de Bourgueil und ihre Quellen », *Ki bien voldreit raisun entendre. Mélanges en l'honneur du 70ᵉ anniversaire de Frankwalt Möhren*, éd. S. Dörr, Th. Städtler, Strasbourg, Éditions de linguistique et de philologie, 2012, p. 95-116, ici p. 95.

69   Voir sur ce sujet aussi Edgington, « "Pagans"and "Others"in the *Chanson de Jerusalem* », p. 41.

70   Thomas de Kent, *The Anglo-Norman Alexander (Le Roman de toute Chevalerie)*, éd. B. Foster et I. Short, London, Anglo-Norman Text Society, 1976-1977. Voir aussi Thomas de Kent, *Le Roman d'Alexandre ou Le Roman de toute Chevalerie*, éd. B. Foster et I. Short, trad. C. Gaullier-Bougassas et L. Harf-Lancner, Paris, Champion, 2003.

71   Voir sur ce sujet Gabel de Aguirre, « Die *merveilles de l'Inde* in der altfranzösischen *Chanson de la Première Croisade* ».

72   Voir Friede, *Die Wahrnehmung des Wunderbaren*, p. 284-287.

Chanson de la Première Croisade et des passages analogues de la *Chanson de Jérusalem* et de Thomas de Kent, *Roman de toute chevalerie* :

Chanson de la Première Croisade,
laisse CXCVII[73] :

Ja home de la contree de pain ne mangera,
Ne n'en beivra de vin, ne drap ne vestira.
D'erbe vivent tuz jorz, qui ja ne lur faudra
Et sunt plus verz de cive, qui verité en dira.
Ne ja nul de bataille pur arme ne suira,
Ne d'escu ne de riens son cors ne covra,
Car un vestement en font de glaiol qui
   creist ja
Que riens nel pot perchier tant et ne s'en
   penera.

Chanson de Jérusalem, v. 8281-8289 :

La tierce est des Majols, la quarte d'Alfaïn –
C'est une gens averse qui ne gostent de vin.
Les roces i sont hautes et li perron marbrin,
Tot mainent desos terre parfont en sousterin
Et mangüent le graine del poivre et del
   comin.
Plus trençoient lor dent que rasoir acerin
Et si corent plus tost que cevroel en gaudin.
Ainc ne vestirent drap de laine ne de lin,
Velu sont conme viautre, s'ont abai de
   mastin.

Chanson de la Première Croisade,
laisse CCIII[74] :

Enprés Emofradites vindrent Cenophali,
Une gent merveilluse, onques home tel ne vi.
A loi de chien resemble lor parole et lur cri
Et si ne sunt pas grant, mais forment sunt
   hardi.

Thomas de Kent, *Roman de toute chevalerie,*
v. 4710-4711 :

Un autres i ad qe l'em cleime chenine :
Abaient e sunt chiens en amont la poitrine

    Comme dans les chansons du Cycle de la Croisade, la représentation de l'Orient de la *Chanson de la Première Croisade* s'inscrit explicitement dans une tradition littéraire et non pas historiographique[75]. L'œuvre satisfait ainsi le goût de son public pour l'exotisme en créant un espace merveilleux.

    Si la représentation de l'Orient est donc la plupart du temps positive, celle de ses habitants est beaucoup plus ambiguë, voire négative. Même les chrétiens byzantins et orientaux, qui partagent la religion des croisés, sont décrits comme lâches et efféminés (à propos des Byzantins : « Mais

---

73   Édité dans Gabel de Aguirre, « Die *merveilles de l'Inde* in der altfranzösischen *Chanson de la Première Croisade* », p. 97-98.

74   Édité dans Gabel de Aguirre, « Die *merveilles de l'Inde* in der altfranzösischen *Chanson de la Première Croisade* », p. 100.

75   Voir Leclercq, *Portraits croisés*, p. 184 : « Alors que l'historiographie ramène surtout le lecteur à la réalité de l'expédition historique, la chanson de geste lui fait aussi traverser un espace en partie onirique. Malgré son ancrage historique, le premier Cycle de la croisade préfère à bien des égards développer une vision merveilleuse de l'Orient et promouvoir un songe littéraire. »

coarz sunt et revers et sanz defendement », *Chanson de la Première Croisade*, v. 839) et comme des traîtres ; les Byzantins attaquent à plusieurs reprises les croisés (l. XVI-XVIII et XXII-XXIII) et les chrétiens d'Antioche servent d'espions aux musulmans de la ville, par exemple, dans *Chanson de la Première Croisade*, v. 4429-4433 :

> Bien ad esté conté Grasïon l'amirail, [...]
> Crestïen le lui distrent et sai bien dire qual :
> Hermine baptizié del païs natural
> Qui soient maleït de Deu l'espiritual.

Quant à l'empereur byzantin, il est présenté de manière ambivalente. D'un côté, c'est lui qui donne l'ordre d'attaquer les croisés, de l'autre, il leur fait de riches cadeaux lorsqu'ils lui jurent foi et hommage (l. XXX) et on l'appelle « roi droiturier » (v. 864).

L'auteur de la *Chanson de la Première Croisade* ne suit donc pas la chronique latine où Baudri défend l'idée que tous les chrétiens sont membres de la même famille, révélant une position originale face aux chrétiens orientaux[76]. Il omet, on l'a vu, des passages de sa source, notamment ceux qui parlent de la croisade comme d'une expédition servant à aider et à défendre les chrétiens orientaux. Il paraît, dans ce cas, suivre les *Gesta Francorum*[77] qui, selon St. Biddlecombe représentent les chrétiens orientaux de manière ambiguë :

> The Gesta *author has the Armenian and Syrian Christians walk a fine line between the Turks and crusaders at Antioch : for exemple they are spying for the Turks, while at the same time bringing much-needed supplies to the crusader camp.* (Baudri, *Historia Ierosolimitana*, éd. Biddlecombe, p. XLVII)

Il existe toutefois un groupe situé entre les musulmans et les croisés et dont la représentation dans la *Chanson de la Première Croisade* est beaucoup plus positive : les convertis, notamment Saraçon et Pirrus d'Antioche. Le premier est un personnage qui n'existe pas dans l'historiographie, le second est mentionné dans les chroniques comme la personne qui a

---

76   Voir Biddlecombe dans l'introduction à Baudri, *Historia Ierosolimitana*, p. XLIX : « *only Baldric takes the unique position of wholeheartedly embracing the Eastern Christians as members of the same Christian family, celebrating the Eastern Church as the source of the Christian inheritance and describing it as the mother of the Christian faith* ».

77   Voir « Gesta Francorum et Aliorum Hiersolymitanorum », *Recueil des Historiens des Croisades, Historiens occidentaux*, t. 3, Paris, Imprimerie Royale, 1866, p. 121-163.

facilité l'accès des croisés à la ville d'Antioche ; en réalité, il s'agissait probablement d'un chrétien arménien et non pas d'un musulman converti. Par rapport à l'historiographie, ce personnage occupe une place beaucoup plus importante dans la *Chanson de la Première Croisade*. L'importance des deux personnages et leur ajout, voire leur rôle amplifié par rapport à la source latine, pourraient être encore une manière de rapprocher ce texte de la tradition épique, dans laquelle les convertis jouent un rôle plus important que dans des textes de genre différent[78]. Des convertis se trouvent aussi dans les chansons du Cycle de la Croisade. Tandis que Saraçon se convertit à la suite d'une illumination miraculeuse (l. CXXX), Garsiien d'Acre dans la *Chanson de Jérusalem* renonce à sa foi pour sauver sa vie[79], mais, dans les deux cas, le baptême est décrit en détail :

Li evesques lui fait les fonz apparillier,
Et li autre baron le font tut despouillier.
Le cors ont lavé d'eaue au noble chevalerie
Et od un blanc chainsil l'ont fait bien essuier.
Puis l'est alé li evesques maintenant
    primseignier,
Deudoné le noma quant il le velt plungier.
(*Chanson de la Première Croisade*, v. 5086-5091)

Li vesques de Mautran a les fons aprestés,
Aprés se fu li rois de ses dras desnüés ;
Mais ses nons ne li fu cangiés ne remüés :
Puis fu en l'ost par lui mains bons consels
    donés.
(*Chanson de Jérusalem*, v. 2570-2257)

Pirrus, dont l'amitié étroite avec Bohémond est décrite amplement dans la *Chanson de la Première Croisade*, réagit de façon similaire dans *Chanson de la Première Croisade* (l. CCXXIV) et dans la *Chanson d'Antioche* (l. CCLX-CCLXI) face à sa femme, une fervente musulmane, qui veut l'empêcher de donner la ville aux croisés : il la tue. Ce conflit d'intérêts entre loyauté familiale et religieuse, relevé par M. Ailes[80], comme typique pour les convertis, est donc résolu de la même manière – la religion l'emporte sur l'amour de sa propre femme. La fiabilité des nouveaux chrétiens n'est donc aucunement mise en cause dans les chansons de croisade.

---

78   Leclercq, *Portraits croisés*, p. 475, observe à ce sujet : « S'il est davantage présent dans les chansons de geste, le motif de la conversion n'est pourtant pas purement épique ». Voir aussi P. Bancourt, *Les Musulmans dans les chansons de geste du Cycle du roi*, Aix-en-Provence, Université de Provence, 1982, t. 1, p. 549-557, qui décrit plusieurs personnages convertis des chansons de geste.

79   Voir Leclercq, *Portraits croisés*, p. 473.

80   Voir M. Ailes, « Tolerated Otherness : Saracens who do not convert in the chansons de geste », *Languages of Love and Hate*, éd. Lambert et Nicholson, p. 3-19, ici p. 10.

Quant aux musulmans non convertis, ils correspondent aux stéréotypes des chansons de geste. D'un côté, ils sont couverts d'insultes
par les croisés et par le narrateur (« li paen desfaé », v. 1059, « la gent
Belzebu », v. 2318, « la pute gent haïe », v. 1549) et décrits comme cruels
(ils maltraitent les prisonniers chrétiens, « Aler les funt a pié par la terre
durcie / Et les mainent batant comm autre bergerie », v. 1550-1551 ; ils
torturent Renaud Porchet, l. CLXXVII-CLXXIX[81]). De l'autre, ils sont
aussi dépeints comme de vaillants guerriers (« Borgeau l'envoisié [...] fud
prouz et hardi et out le cors haitié », v. 2407-2409 ; « Soliman [...] od la
chiere hardie », v. 2928 ; « trente mile Turcs hardiz et corrajus », v. 1382).
Ils peuvent même avoir des qualités chevaleresques et courtoises, ce qui est
traditionnel dans les chansons de geste et dans le Cycle de la Croisade[82].
Il en est ainsi dans l'épisode du musulman Rubidan (v. 1332-1368), qui
fait preuve de valeurs chevaleresques (« Riches amirailz ert, n'ot tant
proz en Surie, / A Niques fud venu a grant chevalerie », v. 1333-1334)
et éprouve un amour tout de courtoisie pour Florence, la nièce de son
souverain (« La niece Soliman avoit mult encovie », v. 1335). Cet amour
le conduit à sa perte lors du combat mortel qu'il engage contre le duc
de Normandie à l'instigation de Beaufomet, « cui Florence iert amie »
(v. 1357). Rubidan est donc l'exemple typique du chevalier parfait dont le
seul défaut est celui d'être « païen », stéréotype des chansons de geste[83].

Dans la même veine, la représentation de l'islam comme religion
païenne correspond, elle aussi, aux stéréotypes fréquemment utilisés dans
les chansons de geste et dans les chroniques de la Première Croisade[84].
Dans la *Chanson de la Première Croisade*, trois noms de dieux musulmans sont mentionnés qui, selon P. Bancourt, forment une « espèce de
Trinité[85] » dans la tradition épique : Apolin, Tervagant et Mahomet.
Ils se trouvent aussi dans la *Chanson de Jerusalem*[86]. Le premier, Apolin,
n'est pourtant évoqué qu'une seule fois dans la *Chanson de la Première
Croisade* (v. 2570). Tervagant est cité deux fois (v. 3529 et 4005). Mahom/

---

81   Bancourt, *Les Musulmans dans les chansons de geste du Cycle du roi*, p. 114, mentionne la
      cruauté comme l'un des principaux traits caractéristiques des Sarrasins épiques qui « se
      manifeste surtout par leurs actes ».
82   Voir Leclercq, *Portraits croisés*, p. 420-421.
83   Voir Bancourt, *Les Musulmans dans les chansons de geste du Cycle du roi*, p. 326-333.
84   Voir Tolan, *Les Sarrasins*, p. 163.
85   Bancourt, *Les Musulmans dans les chansons de geste du Cycle du roi*, p. 355.
86   Voir Edgington, « "Pagans"and "Others"in the *Chanson de Jerusalem* », p. 40.

Mahomet est le plus souvent évoqué comme dieu musulman : il est nommé 58 fois avec de légères variations (entre autres, *Mahom* v. 127, 1004, 1041 etc., *Mahomet* v. 1033, 1235, 1273 etc., *Mahon* v. 1676, 3752 et *Malmet* v. 1609).

Pour compléter l'image du paganisme, la *Chanson de la Première Croisade* représente des sacrifices d'animaux (« Et ont sacrifié a lur Deu un mouton / Et une vache o trestut son foon. / Por ce quident li fel qu'il aient pardon », v. 2273-2275) et parle d'idoles de Mahom :

> Plus i furent unchore de trois cenz soudoier
> Qui tuz jurent le Deu qui tut pot jostisier
> Que ja ne retorneront por neis un encombrier, [...]
> Jesque en Antïoche se peussent herbergier,
> Et [lez] paens occire et (lur) Mahom trebuchier,
> Qui est en lur mustiers tresgeté d'or mier.
> (*Chanson de la Première Croisade*, v. 3749-3753)

A. Leclercq[87] relève des passages de la *Chanson de Jérusalem* et de la *Chanson d'Antioche* décrivant l'idolâtrie des musulmans et la volonté des croisés de détruire ces idoles (voir la *Chanson d'Antioche*, v. 1752-1753 : « Ne lairons Soliman, si l'arons trait a fin / Et destruit Tervagan, Mahon et Apolin »).

L'impuissance de Mahomet est démontrée par les réactions des musulmans devant leur échec dans les batailles menées. Ils supposent que leur dieu Mahomet est endormi (*Chanson de la Première Croisade*, v. 2898-2899 : « Ahi, saint Mahomet, comm ies hui dormiz, / Malveisement nos as tensez et garantiz ») et en insultent leur dieu :

> Franceis nos encontrerent, nostre en fud le dehez,
> Ça m'en sui afoï issi com vos veiez.
> Jamés n'en iert par moi Mahomet ahorez,
> Nu sera il par vos, si croire me volez,
> Car nule rien ne valt la sue poüstez
> (*Chanson de la Première Croisade*, v. 3597-3601)

Ces éléments sont absents de la source latine. Cependant, la *Chanson d'Antioche* introduit aussi le motif de Mahomet endormi (v. 2292 : « Or

---

puis je mout bien dire, pour voir, que vous dormés[88] »), de même que celui des musulmans insultant leurs dieux après une défaite, relevé par A. Leclercq[89].

Même si l'islam est représenté comme religion païenne et idolâtre, Pirrus, le musulman d'Antioche qui se convertit ultérieurement au christianisme, montre par sa formule de salutation qu'il croit que chrétiens et musulmans adorent le même créateur :

> Si ge ne sai voz nons, car nes ai pas usé,
> Mais d'icel creatur qui le mund ad formé,
> Et mist el firmament soleil pur clarté
> Soiez tuz asols, benoit et guaranté,
> Mais que a nos pais aiez et soiez amé.
> (*Chanson de la Première Croisade*, v. 4246-4248)

Il évoque les différences entre les deux religions, tout en faisant ressortir leurs similarités :

> Mais a salver noz almes sumes mielz avisé :
> Nos creiom en Mahom et le tenom a dé
> Et vos en Jhesu Crist, le roi de majesté.
> Nos sumes circumcis, vos estes baptizié.
> (*Chanson de la Première Croisade*, v. 4275-4278)

Ce qui est intéressant, c'est que Mahomet et Jésus sont, tous les deux, nommés dieux alors qu'en réalité, il s'agit des fondateurs de l'islam et du christianisme. Pour chacune des deux religions, un rite qui s'effectue peu après la naissance d'un enfant est évoqué. Dans ce bref extrait se dessine une représentation de l'islam comme religion monothéiste et similaire à celle des chrétiens. En dehors de ce discours direct de Pirrus, la *Chanson de la Première Croisade* reste pourtant conforme à la représentation stéréotypée des musulmans et de l'islam comme religion « païenne » typique des chansons de geste.

---

88   Voir Leclercq, *Portraits croisés*, p. 213.
89   Voir Leclercq, *Portraits croisés*, p. 215.

CONCLUSION

L'écriture de la croisade de la *Chanson de la Première Croisade* se caractérise surtout par l'inscription de ce texte dans la tradition épique et par l'ajout de scènes de combat et d'épisodes concernant les chefs de la croisade. L'auteur met l'accent sur l'héroïsme et la prouesse des croisés, qui sont représentés de manière identique aux héros des chansons de geste traditionnelles. Un autre élément qui distingue l'œuvre de la chronique latine est l'insertion de longues descriptions des richesses et merveilles de l'Orient, rapprochant la *Chanson de la Première Croisade* du roman antique médiéval. Cette double influence des chansons de geste et du roman s'observe aussi pour les chansons du Cycle de la Croisade, la *Chanson d'Antioche* et la *Chanson de Jérusalem* : la *Chanson de la Première Croisade* entretient du reste beaucoup de points communs avec ces dernières. Elle combine ainsi le récit des principaux événements de la croisade avec une représentation épique et l'augmentation des éléments merveilleux qui se trouvent déjà dans les chroniques latines.

Jennifer GABEL DE AGUIRRE
Université de Klagenfurt

THE CONSTRUCTION OF A PRIMARY SOURCE

The creation of *Itinerarium Peregrinorum* 1

The so-called *"Itinerarium Peregrinorum* 1", as named by Professor H. E. Mayer in his ground-breaking 1962 study, is an anonymous medley of different sources forming a loose narrative of events in the Holy Land and during the Third Crusade between May 1187 and November 1190. It includes martyrdom accounts, letters, and eye-witness material. Its precise date of composition and its author are unknown. In this article I will argue that it had an over-riding purpose, and that this purpose is important evidence for its authorship and date[1].

This work survives as a stand-alone chronicle in five manuscripts[2]. It was later adapted to form the first part of a Latin history of the whole Third Crusade, the *Itinerarium peregrinorum et gesta regis Ricardi* (IP 2)[3]. Scholars generally agree that the latter was written by Richard de Templo, prior of Holy Trinity (an Augustinian priory in London), during the period 1217-1222[4]. Because our text now forms the first part of the

---

1   Earlier versions of this paper were presented at a day conference on the Third Crusade at Queen Mary University of London on 4 March 2016 and at the ninth quadrennial conference of the Society for the Study of the Crusades and the Latin East at Odense, Denmark, in June 2016. I am very grateful for the comments and suggestions offered on those occasions. Note that all translations in the article below are my own.

2   See *Das Itinerarium peregrinorum: eine zeitgenössische englische Chronik zum dritten Kreuzzug in ursprünglicher Gestalt*, ed. H. E. Mayer, Stuttgart, Hiersemann, 1962, p. 7.

3   For this expanded version of the *Itinerarium peregrinorum*, see *Itinerarium Peregrinorum et gesta Regis Ricardi, auctore, ut videtur, Ricardo, canonico Sanctae Trinitatis Londoniensis*, ed. W. Stubbs, *Chronicles and Memorials of the Reign of Richard 1*, London, Longman, vol. 1, 1864; H. Nicholson, *Chronicle of the Third Crusade: A Translation of the Itinerarium Peregrinorum et gesta Regis Ricardi*, Aldershot, Ashgate, 1997. It was partly based on a French account of the Third Crusade: this or a derivation from it survives in the *Estoire de la Guerre Sainte: The History of the Holy War: Ambroise's "Estoire de la Guerre sainte"*, ed. M. Ailes and M. Barber, trans. M. Ailes, Woodbridge, Boydell & Brewer, 2003, 2 vols. Catherine Croizy-Naquet doubts that the *Estoire* is the direct source for the translation: *L'Estoire de la Guerre Sainte*, ed. C. Croizy-Naquet, Paris, Champion, 2014, p. 83-92.

4   See Nicholson, *Chronicle*, p. 11.

Itinerarium Peregrinorum Mayer dubbed it *IP* 1. H. Möhring called it *Historia Hierosolimitana*, remarking that *IP* 1 is a misleading title[5]. It certainly is a "Jerusalem history", and Möhring's title is more accurate; however, because there are already several *Historiae Hierosolimitanae*, scholars in general continue to call it *IP* 1.

This is a controversial text. Firstly, the date of composition is unclear. It must have been written after 19 November 1190, the date that Archbishop Baldwin of Canterbury died, as this is the last event recorded[6]. As *IP* 1's account of the Emperor Frederick's crusade indicates that the Emperor's bones were taken to Tyre to be carried on to Jerusalem, Hans Mayer points out that this section must have been written before 2 September 1192, the date that King Richard of England concluded a peace treaty with Saladin which left Jerusalem under Saladin's control[7]. Mayer also postulated that, because the text describes Richard of England as remaining involved on the crusade after all other princes had died or retreated, it was composed after 1 August 1191, when King Philip Augustus left Acre[8].

Yet evidence within the text contradicts this assumption. The account of the Emperor Frederick's crusade describes how on the way to the Holy Land the Duke of Swabia's teeth were knocked out when he was attempting to assist his father in battle, and then comments in the present tense that whenever the Duke of Swabia opens his mouth, his bare gums bear witness to the glory of his victory[9]. But the Duke of Swabia died on 20 January 1191[10]. Was the text written over a period of time, and not fully revised?

The authorship of *IP* 1 is also uncertain, although the text offers some indicators. It was written in complex Latin with many classical and Biblical allusions, so the author was almost certainly a cleric. Again, he was probably English, as he makes favourable reference to King Henry II of England, his son Count Richard of Poitou (later King Richard I),

---

5   See H. Möhring, "Eine Chronik aus der Zeit des dritten Kreuzzugs: das sogennante *Itinerarium Peregrinorum 1*", *Innsbrucker Historische Studien*, 5, 1982, p. 149-167, at p. 150.

6   See *Itinerarium peregrinorum*, ed. Mayer, p. 357.

7   See *Itinerarium peregrinorum*, ed. Mayer, p. 302; discussion p. 103.

8   See *Itinerarium peregrinorum*, ed. Mayer, p. 277; discussion of date in introduction, p. 85, 103.

9   See *Itinerarium peregrinorum*, ed. Mayer, p. 297.

10   See C. Tyerman, *The Third Crusade*, London, Folio Society, 2004, p. xiv.

the archdeacon of Colchester, Archbishop Baldwin of Canterbury, and the bishop of Salisbury[11]. His genealogy of the rulers of Jerusalem starts with Fulk of Anjou, father of Geoffrey count of Anjou (and therefore grandfather of King Henry II of England), showing the connection between the kings of Jerusalem and England[12]. His references to King William II of Sicily also indicate an English connection: William was married to Henry II's daughter Joanna[13].

H. Mayer suggested that the author was an English Templar chaplain[14]. However, H. Möhring showed that the author could not be a Templar[15]. Although the author included some Templar anecdotes he knew too little about the Templars' activities to be a member of that Order. A Templar should have known the date when Saladin released the Templar master Gerard de Ridefort from prison, but the date given by the author of *IP* 1 is a year too late: Gerard was released in May 1188, but *IP* 1 indicates that he was released in May 1189[16]. The author did not mention the Hospitallers at Hattin on 4 July 1187, although a Templar should have known that they were involved. He did not mention the Templars' and Hospitallers' heroic defences of their castles in Galilee – Saphet and Belvoir – in 1188, nor Gerard de Ridefort's successful defence of the Templar fortress of Tortosa. In fact, apart from three isolated Templar martyr stories, the author of *IP* 1 knew very little about the Templars. In fact the third of these martyr stories – describing the death of Gerard de Ridefort on 4 October 1189 – was not even the most favourable surviving account of the Templars' actions on this occasion. *IP* 1 mentions that the Templars had made a tactical error which led to the disaster; another western Latin source says nothing of this error, depicts Gerard's death as akin to martyrdom and states that the Templars who died at Hattin were martyrs[17]. All

---

11 See *Itinerarium peregrinorum*, ed. Mayer, p. 269, 276-277, 331, 349-350, 353, 354, 356-357; see also Mayer's discussion of the author's English interests, p. 55-56.

12 See *Itinerarium peregrinorum*, ed. Mayer, p. 55-56, 335.

13 See *Itinerarium peregrinorum*, ed. Mayer, p. 55, 271, 278.

14 See *Itinerarium peregrinorum*, ed. Mayer, p. 88.

15 See Möhring, "Eine Chronik", p. 149-167.

16 See *Itinerarium peregrinorum*, ed. Mayer, p. 275.

17 See *Itinerarium peregrinorum*, ed. Mayer, p. 313-314; "*Versus ex libro magistri Ricardi canonici Sancti Victori Parisensis*", ed. H. Prutz, "Ein zeitgenössisches Gedicht auf die Belagerung Accons", *Forschungen zur Deutschen Geschichte*, 21, 1881, p. 449-494, at p. 478-479, l. 767-786.

of this suggests that the author's sources, not the author himself, were responsible for the information on the Templars.

Clearly, however, the author of *IP* 1 was a well-educated cleric, and his favourable depiction of Archbishop Baldwin of Canterbury suggests that he was in the archbishop's service. It is likely that he arrived in the Holy Land with the archbishop, which would have brought him to the siege of Acre by 12 October 1190[18]. I will return to this question at the end of this article.

IP 1 can be divided into four sections. The appendix to this article sets out the contents in detail, but they can be summarised as follows:

- Prologue: justification for writing, with reference to Dares of Phrygia.
- Section One: Saladin's conquest of the kingdom of Jerusalem and the preaching of the crusade in the west.
- Section Two: the crusade of Frederick Barbarossa.
- Section Three: the siege of Acre.
- Section Four: the conspiracy of the Marquis Conrad of Montferrat, the deeds of Archbishop Baldwin of Canterbury at Acre, and the abduction of Isabel of Jerusalem (here called "Elizabeth").

The narrative is framed within the theme of disaster, which opens and closes the chronicle. It starts abruptly with the disastrous battle of 1 May 1187, and ends equally abruptly on 19 November 1190 with the nobles' decision to award the kingdom of Jerusalem and the heiress to the throne to the Marquis Conrad. The people have turned their back on what is right (*spreto iure*) and so, the author indicates, God will abandon them. Yet between these disasters the central part of the book is optimistic, describing the successes of Frederick Barbarossa's crusade and the crusaders flocking to the Holy Land. This balanced narrative suggests deliberate organisation and purpose, inviting more detailed scrutiny.

---

18   See C. Holdsworth, "Baldwin (*c.*1125-1190)", *Oxford Dictionary of National Biography*, Oxford, Oxford University Press, 2004, vol. 3, p. 442-445.

CHARACTERISTICS OF *IP* 1

IP 1 has several idiosyncrasies which set it apart from *IP* 2 and other contemporary and near-contemporary accounts of the events of 1187-1192. The author's very extensive use of classical allusions transforms this into a story of nemesis on the scale of a classical tragedy such as the siege of Troy. The use of Biblical and other religious allusions is not unusual or surprising in the work of a late twelfth – or early thirteenth-century cleric[19]. Yet it is unusual to find so many classical allusions in a work on the crusades, especially as (as Mayer points out) the author of *IP* 1 was well but not exceptionally educated[20]. The author opens his work by referring to the history of Greece and Rome[21]. As we might expect in a work on the Third Crusade, he refers a few times to the First Crusade[22], but alludes just as often to the siege of Troy[23]. He also quotes Virgil[24] and uses the work of Vegetius[25]. He is at pains to give us the classical origins of Tyre and Acre[26], and quotes Solinus's geographical work, although in fact Solinus does not say what our author states[27]. Our author also refers to other classical myths and history, introducing his work with references to the journey of Jason, the labours of Hercules, the glory of Alexander and the victories of Caesar[28].

---

19 See *Itinerarium peregrinorum*, ed. Mayer, p. 245 (a passing reference to the Church fathers), 252 (quotation), 257 (vision of doom), 258 (defeat at Hattin), 270 (Antioch as the first place where Christians were named), 289 (God's inspiration), 292 (the Greeks' fear of the Emperor), 298 (Christian victory), 299 (description of an untrustworthy enemy), 300, 301 (the Emperor's death), 304-305 (as the crusaders gather in Tripoli), 306 (the Marquis rebuffs King Guy), 308 (God's aid), 313 (*sine deo nil possit homo*), 354 (references to Judas and Herod).

20 See *Itinerarium peregrinorum*, ed. Mayer, p. 64.

21 See *Itinerarium peregrinorum*, ed. Mayer, p. 245.

22 See *Itinerarium peregrinorum*, ed. Mayer, p. 264, 265, 270, 317.

23 See *Itinerarium peregrinorum*, ed. Mayer, p. 246 (Dares of Phrygia's account of the siege of Troy), 293 (Sinon and Ulysses), 310 (Nestor and Achilles), 317 (the sieges compared), 352 (Ulysses), 353 (Helen of Troy).

24 See *Itinerarium peregrinorum*, ed. Mayer, p. 352, 354.

25 See *Itinerarium peregrinorum*, ed. Mayer, 322, 232.

26 See *Itinerarium peregrinorum*, ed. Mayer, p. 267 and 318-319.

27 See *Itinerarium peregrinorum*, ed. Mayer, p. 318, n. 9; *Itinerarium Peregrinorum*, ed. Stubbs, p. 76, n. 8.

28 See *Itinerarium peregrinorum*, ed. Mayer, p. 245, 293, 302, 310, 352, 354; for a summary and discussion of his classical allusions, see *Itinerarium peregrinorum*, ed. Mayer, p. 62-64.

On the other hand, he does not refer to the epic and romance literature that was so popular in western European noble culture in the late twelfth century. There is only one reference to Charlemagne and his (legendary) chronicler Turpin, and there are no references to Roland or Arthur[29].

Overall, the author of *IP* 1 impresses the reader with his classical education and integrates his account of modern events into classical history. He depicts these events as being not only the work of God; but also part of human history stretching back to the Roman Republic and to the siege of Troy. They are indeed a tragedy on the scale of the story of Troy.

The author also shows a particular interest in the Angevin monarchy of the kingdom of Jerusalem, stressing the positive contribution of the Queen and her husband King Guy and insisting that their monarchy is legitimate. Unlike (for example) Roger of Howden's *Gesta*, there is no mention of Queen Sybil's forced separation from her husband and her decision to remarry him[30]. The first part of the account emphasises the validity of Sybil's and Guy's right to rule: the Queen is *"regina, regis Amalrici filia, Sibilla nomine"* (giving first her title; then her inheritance; and finally her first name); she works with the Patriarch in the defence of Jerusalem; she is a faithful and loving wife to Guy[31]. No blame is attached to the King for the defeat at Hattin; the defeat was foretold and (apparently) unavoidable[32]. Even in the face of defeat, the King refuses to give up the kingdom[33]. Once released, he meets the Queen on Arwad Island, near Tortosa, and they go together to Antioch to start the fight-back[34]. The author demonstrates the King's determination to recover his kingdom: he gathers troops, he marches to Tyre and then Acre, he leads the initial attacks on Saladin[35]. The Pisans' revolt at Tyre in favour of King Guy is "commendable" (*commendabili seditioni*[36]). Finally, a long genealogical digression explains the Queen's hereditary

---

29 See *Itinerarium peregrinorum*, ed. Mayer, p. 311.
30 See Roger of Howden, *Gesta Henrici Secundi*, ed. W. Stubbs, London, Longman, 1868-1871, 2 vols, vol. 1, p. 358-359.
31 See *Itinerarium peregrinorum*, ed. Mayer, p. 264, 266, 268.
32 See *Itinerarium peregrinorum*, ed. Mayer, p. 257-261.
33 See *Itinerarium peregrinorum*, ed. Mayer, p. 263.
34 See *Itinerarium peregrinorum*, ed. Mayer, p. 268-269.
35 See *Itinerarium peregrinorum*, ed. Mayer, p. 304-307, 312-315.
36 See *Itinerarium peregrinorum*, ed. Mayer, p. 58, 306.

right, descended from Fulk of Anjou and Melisende of Jerusalem, and why Guy was the legitimate king[37].

Turning to the other side of the narrative, Saladin is presented as the enemy of Christendom. He is depicted as morally dubious (as he started his career licensing the prostitutes of Damascus and financing plays), opportunist (gaining control of Damascus by marrying Nur al-Din's widow and disinheriting Nur al-Din's heirs), untrustworthy (promising to release the King if Ascalon is surrendered to him, then failing to do so) and cruel (executing the aged Prince of Antioch after the battle of Hattin[38]). He is irreligious: he insults Christianity, and when he meets with setbacks he curses Mohammad[39]. He uses underhand tactics, trying to poison the water of the Christian camp by throwing the corpses of Christian dead into the river[40]. Yet he is a worthy enemy: as a young man he was knighted by a Christian warrior[41]. He is God's tool to punish the Christians, chosen by God for this purpose[42].

Although Saladin is God's tool to punish sin, IP 1 reveals that the fundamental enemy to the Christian cause is far more insidious. The greatest enemy to Christianity is the Christians' own sin: the dissension between Christians that led to the disaster at Hattin; and the plotting of the Marquis, who leads the nobility of the kingdom astray. Another danger is a woman's weakness: Queen Sybil's half-sister is weak and easily persuaded to abandon her legal husband to marry the Marquis. Isabel/Elizabeth's husband is also to blame, however: IP 1 accuses him of being effeminate[43]. In fact, although by the end of the text Saladin and his army are still a serious danger to the Christians, following the successful advance of 12 November 1190 it appears that the greatest remaining danger to the Christian cause lies within the Christian camp itself.

It is striking that the author of IP 1 names two of the key individuals in this tragedy differently from his contemporaries. He calls the Queen's sister "Elizabeth" rather than Isabel (the name used by other

37 See Itinerarium peregrinorum, ed. Mayer, p. 335-337.
38 See Itinerarium peregrinorum, ed. Mayer, p. 250, 252, 263, 259.
39 See Itinerarium peregrinorum, ed. Mayer, p. 265, 268.
40 See Itinerarium peregrinorum, ed. Mayer, p. 316.
41 See Itinerarium peregrinorum, ed. Mayer, p. 251.
42 See Itinerarium peregrinorum, ed. Mayer, p. 276.
43 See Itinerarium peregrinorum, ed. Mayer, p. 352-353.

sources[44]), and calls her first husband and his ancestor "Enfrid" rather than Humfrey[45]. The name Enfrid appears both in the first section (where Saladin is knighted by "Enfrid" and "Enfrid" is released by Saladin in May 1189) and in the final section, where Isabel/Elizabeth is divorced from Enfrid, indicating that the same author composed both.

This is not the only material in *IP* 1 that is misleading, incorrect, unverifiable or simply different from that reported by other contemporaries. For example, as already mentioned, in *IP* 1 Saladin releases the master of the Temple, Gerard de Ridefort, a year after his actual date of release, so that Gerard is released at the same time as Humfrey of Toron and William of Montferrat, rather than with King Guy. This alteration in the order of events allowed the author to focus his audience's attention on King Guy.

Again, our author consistently names Reynald of Châtillon as *princeps Antiochie*, "prince of Antioch", despite the fact that he had not been prince of Antioch since 1163, when his stepson Bohemond had taken the title while Reynald was a prisoner of the Muslims. Since 1177 Reynald had been lord of Transjordan through his marriage to Stephanie de Milly. As Mayer points out, contemporary documents still gave him the title of prince of Antioch: he was given this title in charters until 1202[46]. But if *IP* 1 was written for western Europeans who did not know the history of the kingdom of Jerusalem, the effect of using this title was to suggest that Saladin had executed the ruler of a great Christian city, the place where Christians were first given that name, and the focus of the famous siege during the First Crusade[47].

According to *IP* 1, shortly after King Guy began the siege of Acre (28 August 1189), fifty cogs arrived with 12,000 armed men from Denmark, Frisia, England and Flanders. On their way to Acre they had captured Silves on the coast of Spain and appointed a bishop for the city. They were such brave fighters that by the time the city fell to the Christians they had almost all been killed[48]. Silves was in fact captured on 3 September 1189, no bishop was appointed, and the Dutch fleet that won the city could not have reached Acre in autumn 1189[49]. Dana

44 See *Itinerarium peregrinorum*, ed. Mayer, p. 337.
45 See *Itinerarium peregrinorum*, ed. Mayer, p. 251, 275, 337, 352, 354.
46 See *Itinerarium peregrinorum*, ed. Mayer, p. 253-254 n. 1, 259.
47 See *Itinerarium peregrinorum*, ed. Mayer, p. 270.
48 See *Itinerarium peregrinorum*, ed. Mayer, p. 308-309.
49 See *Itinerarium peregrinorum*, ed. Mayer, p. 309 n. 4 and 5.

Cushing, the most recent editor of the *De itinere navali*, a contemporary account of the capture of Silves, argues that the victors of Silves arrived at Acre in the following year in late spring or early summer[50].

There was certainly more than one fleet sailing to Acre via Portugal in 1189-1190[51]. Mayer suggested that the author of *IP* 1 meant the capture of Alvor in June 1189, where a bishop was appointed[52]. *IP* 1 is correct in recording that reinforcements arrived via the conquest of Silves but misrepresents when they arrived. Including them at this point in the text allowed the author to depict the start of the siege of Acre as a highpoint, with Christians flocking to Acre having already had successes against Muslims.

IP 1 also includes a battle which does not appear in other accounts of the siege of Acre. This battle is placed on 12-19 May 1190, and is described occurring directly after an engagement around Ascension Day (the *Estoire de la guerre sainte* says Ascension Day, *IP* 1 says the Sunday after) at which three siege towers were destroyed[53]. This battle was not directly described by any independent contemporary source, neither Christian nor Muslim. It is mentioned in the so-called "Latin Continuation of William of Tyre", but both Mayer and Möhring agree that the "Latin Continuation" copied from *IP* 1. The most detailed contemporary Arabic commentors, Baha al-Din ibn Shaddad and 'Imād al-Dīn, mention the arrival of new forces at Saladin's camp at the end of May, but there was no large engagement[54]. There is an eight-line reference in the work of 'Haymarus Monachus', to a battle at Ascension

---

50 See D. Cushing, *A German Third Crusader's Chronicle of his Voyage and the Siege of Almohad Silves, 1189 AD/Muwahid Xelb, 585 AH: De itinere navali*, no place, Antimony Media, 2014, p. civ.

51 See L. Villegas Aristizábal, "Revisión de las crónicas de Ralph de Diceto y de la *Gesta regis Ricardi* sobre la participación de la flota angevina durante la Tercera Cruzada en Portugal", *Los Mozárabes: entre la Cristiandad y el Islam. Studia Historica, Historica Medieval*, 27, 2009, p. 153-170.

52 See *Itinerarium peregrinorum*, ed. Mayer, p. 309, n. 4 and 5.

53 See *Itinerarium peregrinorum*, ed. Mayer, p. 326; *The History of the Holy War*, ed. Ailes, v. 3390-3427; *L'Estoire de la Guerre Sainte*, éd. Croizy-Naquet, v. 3395-3432.

54 See *Itinerarium peregrinorum*, ed. Mayer, p. 327-329; Nicholson, *Chronicle of the Third Crusade*, p. 92, n. 74. On the "Latin Continuation of William of Tyre", see *Itinerarium peregrinorum*, ed. Mayer, p. 160-161, 327, n. 2; Möhring, p. 167; see also *The Rare and Excellent History of Saladin […] by Bahā al-Dīn Ibn Shaddād*, trans. D. S. Richards, Aldershot, Ashgate, 2002, p. 110-111; 'Imād al-Dīn al-Isfahāmi, *Conquête de la Syrie et de la Palestine par Saladin*, trans. H. Massé, Paris, Geuthner, 1972, p. 221-223.

Day, the following Saturday and Pentecost. Paul Riant reckoned this account had used *IP* 2; Mayer calculated that as the putative author died by 1202 it must have been independent of *IP* 2[55]. This states:

> *Ad hoc in sanctissimo die Pentecostes*
> *Nos ab omni latere circumdabant hostes*
> *nitentes irrumpere fovearum postes*
> *Nec est locus vacuus a sagittis, quo stes*
> *Idem nobis fecerant in Ascensione*
> *Nec non post in Sabbato, et tunc in agone*
> *Pugnarunt viriliter homines Veronae*
> *memores Ferrariae tali die pronae*[56].

"At this in the most holy day of Pentecost [13 May]
the enemy surrounded us from every side
glittering, they burst through the gates of the embankments
nor was the place empty of arrows, whither you might stand.
The same attacked us at Ascension [3 May]
and after on the Saturday [5 May], and then in agony
the men of Verona fought manfully;
Ferrara is inclined to remember such a day."

In common with *IP* 1, this account says that the enemy surrounded the crusaders, arrows were shot and the fighting was arduous. Amalgamating this account with the *Estoire* and *IP* 1, we could suggest that there was continual fighting from Ascension Day to Pentecost.

IP 1 describes Saladin drawing together a huge army from the whole of Asia, India, and Africa: "two parts of the world attacked the third": "*due mundi partes terciam imperunt*". He hires mercenaries from money accumulated from a death duty of one third on "Gentiles" (here meaning Muslims); in fact, as Mayer comments, the death duty was a legend: the money came from a type of military levy, the *iqtā*"[57]. Other Muslims come "on a sort of obtaining of the grace of pilgrimage": "*quodam peregrinationis obtenu gratis*". The army is compared to that of King Darius of Persia. The Christians fight boldly for eight days and hold their ground. On the eighth day one of Saladin's sons is killed by a bolt from a crossbow, and the army withdraws in fear, "shuddering

---

55   See *Itinerarium peregrinorum*, ed. Mayer, p. 180-181.
56   "Monachus Florentinus de expugnatione civitatis Acconensis", in Roger of Howden, *Chronica*, ed. W. Stubbs, London, Longman, 1868-1871, 4 vols, vol. 3, p. cxiii.
57   See *Itinerarium peregrinorum*, ed. Mayer, p. 328, n. 5.

at ever engaging the Christians in battle again": *"christianorum prorsus abhorrentes congressum"*. Yet *IP* 1 then goes on to recount that on 25 July 1190 Saladin's army held its ground and repulsed an attack by the crusaders, which contradicts this statement[58].

IP 1's description of the battle in May 1190 shows the whole of Islam descending on a small group of Christians, and this small group of Christians surviving a battle against overwhelming odds: an image familiar from the *chansons de geste* (such as Baligant's army attacking Charlemagne's force in the *Chanson de Roland*). The lack of supporting evidence in the otherwise detailed Muslim sources suggests no large engagement took place. However, *IP* 1's account conveys the message that the Christians were successful because they were united. They were defeated at Hattin and on 4 October 1189 and they would lose on 25 July 1190 because they were divided. But they won the naval battle in spring 1190 and the battle against all odds in May 1190 because they all fought together.

In short, the alterations to history made by the author of *IP* 1 were not errors but were made with a purpose: to focus attention on King Guy, emphasise the impact of the defeat at Saladin's hands, and create an image of a large number of faithful Christians flocking to the siege of Acre, where they could win battles against overwhelming odds as long as they were united and trusted God.

So far, this discussion has focussed on the idiosyncrasies of the author of *IP* 1 and the details in his narrative that can be called into question. This may give the impression that his narrative is unreliable. In fact, this is one of the most reliable and detailed Christian accounts of events in the kingdom of Jerusalem during the years 1187-1190, indicating that the author was well-informed and had access to reliable sources of information.

For example, in describing the battle on 1 May 1187, the author of *IP* 1 does not make the mistake of calling Brother Jacquelin de Maillé marshal of the Temple. Two contemporary letters reveal that the Templar marshal was Brother Robert de Frenellus, who also died at the battle on 1 May[59]. Yet the *Libellus de expugnatione Terre Sancte per*

---

58 See *Itinerarium peregrinorum*, ed. Mayer, p. 329-331.
59 See J. Burgtorf, *The Central Convent of Hospitallers and Templars: History, Organisation and Personnel (1099/1120-1310)*, Leiden, Brill, 2008, p. 576-577; *Itinerarium peregrinorum*, ed.

Saladinum and the Old French continuations of William of Tyre claim that Brother Jacquelin was marshal, suggesting that they were written much later[60]. Unlike many of the western English and Norman sources, including *IP* 2, the author of *IP* 1 does not accuse the count of Tripoli of treachery before the battle of Hattin, only stating that there was a dispute between him and the king[61]. Unlike the *Estoire de la guerre sainte*, he describes the fall of Jerusalem and the terms of surrender, although he also insists that the Queen was prominent in its defence, whereas other writers foreground Balian of Ibelin[62]. He has some information about Saladin's origins and describes Saladin's campaigns in the Holy Land, his northern campaign and his siege of Kerak and Monréal (1187-1189)[63]. Perhaps most significantly, his account of the Emperor Frederick's crusade is unique and includes a physical and personal description of Frederick[64]. These accurate details indicate that where his work is inaccurate, or omits information, this was done deliberately in order to convey his message more effectively.

Mayer, p. 248, n. 5.

60 *"De expugnatione terræ sanctæ per Saladinum"*, *Radulphi de Coggeshall Chronicon Anglicanum*, ed. J. Stevenson, London, Longman, 1875, p. 215; *La Continuation de Guillaume de Tyr (1184–1197)*, ed. M. R. Morgan, Paris, Geuthner, 1982, p. 39, section 25. For the date of the Old French continuations, see P. Edbury, "Ernoul, Eracles and the Beginnings of Frankish Rule in Cyprus, 1191-1232", *Medieval Cyprus: A Place of Cultural Encounter*, ed. S. Rogge and M. Grünbart, Münster, Waxmann, 2015, p. 29-51, at p. 34. On the *Libellus*, see A. V. Murray, "Libellus de expugnatione Terrae Sanctae per Saladinum expeditione", *The Crusades: An Encyclopedia*, ed. A. V. Murray, Santa Barbara, CA, ABC Clio, 2006, vol. 3, p. 725; J. H. Pryor, "Two *excitationes* for the Third Crusade: the letters of brother Thierry of the Temple", *Mediterranean Historical Review*, 25, 2010, p. 147-168; M. Barber, *The Crusader States*, New Haven – London, Yale University Press, 2012, p. 421, n. 31. John H. Pryor of the University of Sydney and his research team are producing a new edition of the *De expugnatione*; at the time of writing this has not yet been published.

61 See *Itinerarium peregrinorum*, ed. Mayer, p. 253, 256-257, n. 1; Nicholson, *Chronicle of the Third Crusade*, p. 31, n. 26.

62 See *Itinerarium peregrinorum*, ed. Mayer, p. 264.

63 See *Itinerarium peregrinorum*, ed. Mayer, p. 250-253, 261-275.

64 See *Itinerarium peregrinorum*, ed. Mayer, p. 300.

THE MESSAGE OF *IP* 1

The idiosyncratic interests, emphases and alterations of actual events in *IP* 1 point to the author having had a particular message to convey to his readers.

His chronicle depicts the war against Saladin as an historically significant event, the equal of the Trojan War. He stresses the legitimacy of Queen Sybil and King Guy; in contrast to the Marquis Conrad, who has illegally married the late queen's younger sister. He stresses the significant role of the kings of England in the defence of the Holy Land: King Henry II's money saved the kingdom; Richard of Poitou will save the kingdom when everyone else has run away or died in the attempt[65]. He emphasises that Christians succeed only when they are united and respect God.

This message indicates that the author was close to the King of England and his family (which included Queen Sybil, King Richard's first cousin once removed); he was a religious man; and he had a classical education, with a particular interest in the Trojan War.

WHO WROTE *IP* 1?

The evidence set out above indicates that *IP* 1 was composed and compiled by an English clerk who travelled with Archbishop Baldwin of Canterbury.

Archbishop Baldwin's expedition was a major undertaking: *IP* 1 tells us he employed 'two hundred knights and three hundred retainers'[66]; and Gerald of Wales recorded that he planned to have official histories made of the crusade[67]. There would be a Latin verse account by the archbishop's

---

65   See *Itinerarium peregrinorum*, ed. Mayer, p. 269, 277.
66   *Itinerarium peregrinorum*, ed. Mayer, p. 349.
67   See C. Tyerman, *How to Plan a Crusade: Reason and Religious War in the High Middle Ages*, London, Allen Lane, 2015, p. 122-123.

nephew Joseph of Exeter, who had already written a six-book verse account of the siege of Troy based on Dares of Phrygia[68]; and a prose account, which Gerald of Wales expected to write. As he explains in his autobiography:

> *Finita sic igitur legatione laudabili, cum ad Angliam de Walliæ finibus tenderet archepiscopus, quidam de clericis suis pariter iter agentes, et de peregrinatione Jerosolimitana coram ipso loquentes, interrogabant eum quis nobilem historiam illam de terræ Palestinæ per principes nostros restauratione, et Saladini ac Saracenorum per eosdem expugnatione digne tractare posset. Quibus ipse respondens ait, se bene providisse ac promtum habere qui historiam illam egregie tractaret. Et cum instarent illi quærendo quisnam esset, vertens se ad archiaconum Giraldum, qui at latus ipsius equitabat: "Hic est", inquit, "qui prosaice tractabit, et nepos meus Joseph metrice, quem et archidiacono adjungam, ut ei serviat et inseparabiliter adhæreat". Sperabat enim archdiaconum promovendum a rege plurimum et sublimandum[69].*

"Thus having finished the laudable legation [his preaching tour of Wales], when the archbishop headed from the bounds of Wales to England, certain of his clerks who were equally making the journey and speaking in his presence about the Jerusalem pilgrimage asked him who could worthily draw up the noble history of our princes' restoration of the land of Palestine and their conquest of Saladin and the Saracens. In reply to them, he said that he had provided well for himself and had ready [the person] who could excellently draw up the history. And when they pressed him, asking who it was, turning to Archdeacon Gerald who was riding beside him, he said: "Here is the person who will draw it up in prose, and my nephew Joseph [will write it] in verse; I will also attach him to the Archdeacon to serve him and inseparably stick by him". For he was hoping that the king would very much promote and raise up the Archdeacon."

However, Gerald did not go on the Third Crusade. He explains that, after the death of King Henry II – whom he had originally intended to accompany – he could not afford to go; and in 1189 he obtained absolution from his crusade vow[70]. His autobiography does not suggest that he ever wrote the planned prose history. But in another book, *De principis instructione*, Gerald did use text identical to that in *IP* 1[71]. He

---

68 See K. Bate, "Exeter, Joseph of (*fl. c.*1180-1194)", *Oxford Dictionary of National Biography*, vol. 10, p. 827-828, citing Joseph Iscanus, *Werke und Briefe*, ed. L. Gompf, Leiden, Brill, 1970, p. 76-211; Joseph of Exeter, *Trojan War, I-III*, ed. and trans. A. K. Bate, Warminster, Aris & Phillips, 1986, p. 3, 7.

69 Giraldus Cambrensis, *De rebus a se gestis, libri III*, ed. J. S. Brewer, *Giraldi Cambrensis Opera*, ed. J. S. Brewer, London, Longman, 1861, 8 vols, vol. 1, p. 1-122, at book 2, chapter 20, p. 79.

70 See *De rebus*, book 2, chapters 21-22, p. 81-82.

71 See *Itinerarium peregrinorum*, ed. Mayer, p. 65, 184-185.

included the letter from Saladin which is incorporated into *IP* 1, as well as a letter from Emperor Frederick which is not in *IP* 1 but appears in other contemporary English sources[72]. He describes Saladin's letter and its impact in precisely the same words as *IP* 1: "*Hanc superbi et infidelis tyranni epistolam cum nugis sui magnificus imperator contemnens dignas principe iras concipit et ad bella totis affectibus ardescit*[73]." He goes on to indicate that he has drawn the details of his account of Emperor Frederick's crusade from another account, "*sicut historica veritate sunt explanata luculentoque stilo et studio exquisitissimo exarata*[74]." Was this account, whose style and quality Gerald praised so highly, *IP* 1? Certainly most of Gerald's account of the Emperor's crusade is identical word-for-word to *IP* 1, although Gerald omits the initial organisation of the expedition, the journey from Germany to Plowdiw, two battles and the anecdote about the Duke of Swabia's teeth[75]. So Gerald could have drawn his account of the Emperor's crusade from *IP* 1 – or he could have had access to *IP* 1's source for this crusade. His flattery might suggest that its author was a close friend.

On the other hand, Joseph of Exeter did accompany his uncle and wrote a verse account of the Third Crusade entitled *Antiocheidos* or *Antiocheis*. Only a 26-line extract survives, identifying Britain as the birthplace of the Emperor Constantine I and of Brennius who conquered Rome, mentioning the deeds of Marcus Cassius Scaeva, and praising King Arthur[76]. The title suggests that the book began with the First Crusade[77]. Even the great antiquary John Leland (*c.* 1503-1552) saw only a fragment of this work, indicating that it did not survive the dissolution of the monasteries[78].

---

72 See Giraldus Cambrensis, *De principis instructione liber*, ed. G. F. Warner, *Giraldi Cambrensis Opera*, vol. 8, p. 1-329, at *distinctio* 3, chapters 17-18, p. 267-269, 269-271; *Itinerarium peregrinorum*, ed. Mayer, p. 280-288.

73 "The magnificent emperor regarded with contempt all the nonsense in this letter from the proud and faithless tyrant"; *De principis instructione*, distinction 3, chapter 18, p. 272; *Itinerarium peregrinorum*, ed. Mayer, p. 289, l. 1-6.

74 "Just as they are explained with historical clarity and lucid pen and written with most exquisite application"; *De principis instructione*, distinction 3, chapter 18, p. 272.

75 See *De principis instructione*, distinction 3, chapters 19-22, p. 273-276, 277-280, 280-281; *Itinerarium peregrinorum*, ed. Mayer, p. 289, l. 1-23, p. 292, l. 17 to p. 295, l. 23, p 297, l. 19 to p. 301, l. 16, p. 302, l. 21 to p. 303, l. 3.

76 See "Das Fragment des 'Antiocheis'", Joseph Iscanus, *Werke*, p. 212.

77 See A. K. Bate, "Introduction", Joseph of Exeter, *Trojan War*, p. 13.

78 See John Leland, *De uiris illustribus = On famous men*, ed. James Carley with Caroline Brett, Toronto, Pontifical Institute of Medieval Studies, 2002, p. 402-409.

In Gerald's absence, *IP* 1 would have been written by whichever of the Archbishop's clerks replaced Gerald in the role of prose historian. Like Joseph of Exeter, and unlike Gerald, the author of *IP* 1 was a poet: he included poetry in his prose history, and his frequent references to the siege of Troy and classical history, plus the reference in his Prologue to Dares of Phrygia, indicate that he knew Joseph's work. M. L. Bulst-Thiele and H. Möhring discussed the possibility that Joseph himself was the author of *IP* 1[79]. This is an attractive theory, but it presents problems. Unlike Joseph's *Antiocheidos*, *IP* 1 never refers to King Arthur: *IP* 1 is fixed in the classical past rather than the world of contemporary romance. This suggests that it was written by a different author. Arguably the Latin of *IP* 1 falls far behind the quality of Joseph's Latin[80]. It also seems unlikely that Joseph would have written both a verse and a prose history of the Third Crusade, or that – if he did – neither he nor any of his contemporaries mentioned it.

Surely the Archbishop could have found another skilled Latinist to replace Gerald? For example, the Archbishop's chaplain wrote to the convent of Canterbury on 21 October 1190 in terms very similar to those of *IP* 1. Both authors use *"turpis"*: the chaplain wrote: *"exercitus noster turpi exercitio deditus"*, while *IP* 1 includes phrases such as: *"vite turpitudo"*; *"ad turpia declinarent"*; *"in abyssum turpitudinis"*; *"turpiter repulsus"*; *"turpiter consputam"*; *"turpiter demigraret"*; *"tam turpi fato"*; *"turpi reditu"*; *"in pravum docilis turpem momentium doctrinam"*. Both pile noun on noun: the chaplain wrote: *"In castris non est castitas, sobrietas, fides, dilecctio, caritas"*; while *IP* 1 has (for example): *"Cedes, rapinas, adulteria, longum est evolvere"*. Both state that the army was in a poor condition: the chaplain wrote: *"otio potius et libidini quam virtuti indulget [...] ignavi et torpidi, et quasi convicti, contumelias sibi ab hostibus infra impune patiuntur"*; while *IP* 1 has: *"exercitum omnino dissolutum, tabernis, scortis et ludis talorum insistere"*. Both deplore the defeat on St James' day 1190 and describe the Christian army on that occasion as infantry rather than cavalry. Both emphasise the death of the Queen[81].

79　See H. Möhring, "Joseph Iscanus, Neffe Balduins von Canterbury, und eine anonyme englische Chronik des Dritten Kreuzzugs: Versuch einer Identifikation", *Mittellateinisches Jahrbuch*, 19, 1984, p. 184-190.

80　Joseph's Latin is discussed by W. B. Sedgwick, "The *Bellum Troianum* of Joseph of Exeter", *Speculum*, 5/1, 1930, p. 49-75; on *IP* 1's less able Latin, see *Itinerarium peregrinorum*, ed. Mayer, p. 65-66.

81　*Epistolæ Cantuarienses, the Letters between the Prior and Convent of Christ Church, Canterbury From A.D. 1187 to A.D. 1199*, ed. W. Stubbs, *Chronicles and Memorials of the Reign of Richard I*, London, Longman, 1865, vol. 2, p. 328-329, n° 346; translation in Tyerman,

But the Archbishop's chaplain did not add his own name to his letter, so his identity is unknown – perhaps he was Joseph of Exeter.

Which other skilled English Latinists took part in the Third Crusade? Geoffrey of Vinsauf was credited by the antiquary Roger Gale as author of *IP* 2. This attribution has been disproven, but could he have written *IP* 1? Probably not, as there is no evidence that he accompanied the crusade[82]. On the other hand, the young Richard de Templo, who wrote *IP* 2, was probably on the crusade; but the differences in Latin style and content between *IP* 1 and *IP* 2 rule him out as author of the former.

Identifying a named individual as author may not be productive. Recent studies suggest that even where a crusade account is linked to named individual, that individual may have been a fictitious narrator rather than the actual author[83]. All that can be concluded with a degree of certainty is that the author of *IP* 1 probably travelled to Acre in the entourage of Archbishop Baldwin of Canterbury.

It remains to ask whether *IP* 1 was left unfinished. If *IP* 1 is the intended prose history of Archbishop Baldwin's crusade, then the most likely explanation for its ending abruptly with the death of the Archbishop is that the author decided that there was no point in continuing after the Archbishop's death. Alternatively, perhaps the author himself died in the epidemic of the winter of 1190-1191. Or perhaps, like Joseph of Exeter, he returned home to England after the Archbishop's death, leaving his account to be completed thirty years later by Richard de Templo[84].

Yet it is possible that *IP* 1 is complete as it stands. The careful structure and consistent message of the narrative suggests that it is complete: it begins and ends with a crisis and the death of Christian champions, but its central highlight – the crusade of Emperor Frederick Barbarossa – demonstrates what the crusade army could achieve when

---

Third Crusade, p. 145-146; *Itinerarium peregrinorum*, ed. Mayer, p. 247, 262-263, 265, 277, 302, 331, 334, 336, 352, 354, 357.

82 See *Itinerarium peregrinorum*, ed. Stubbs, p. xli, xlvii-lv; M. Clapinson, "Gale, Roger (1672–1744)", *Oxford Dictionary of National Biography*, vol. 21, p. 299-301. On Geoffrey, see M. Camargo, "Vinsauf, Geoffrey of (*fl.* 1208-1213)", *Oxford Dictionary of National Biography*, vol. 56, p. 555-556.

83 See *L'Estoire de la Guerre Sainte*, ed. Croizy-Naquet, p. 65-83; B. Schuster, "The Strange Pilgrimage of Odo of Deuil", *Medieval Concepts of the Past: Ritual, Memory, Historiography*, ed. G. Althoff, J. Fried and P. J. Geary, Cambridge, Cambridge University Press, 2002, p. 253-278, at p. 256: "Odo can no longer be regarded as the author of the account but as a narrator (a character based on a historical individual, that is, a creation of an unknown author)."

84 See Bate, "Introduction", p. 5.

it was united under a wise, devout and experienced leader. *IP* 1 could have been aimed at King Richard of England and his crusade army – still in Sicily in November 1190, *en route* to the East – urging them to come to the East as quickly as they could to thwart the treachery of the Marquis and unite the Latin Christians. Richard of England, whose father's money had aided the Holy Land, whom *"dominus [...] primum aliorum omnium incentorem elegit, cum ceteris principibus vel defunctis vel regressis negotii sui executorem reservavit*[85]*"*, must now come to the East to help the kingdom of his late cousin *"regina regis Amalrici filia Sibilla*[86]*"*.

In this case, the work would have been written very quickly, between 19 November 1190 and 20 January 1191 (that is, between the deaths of Archbishop Baldwin and the Duke of Swabia), in order to reach the king in Sicily with the first spring sailings in March. It could even have been written by more than one author, clerks formerly in the employment of Archbishop Baldwin, working together to produce a carefully-structured account. The prologue admits that it is unpolished – *"pomposo non expolita ornatu"*; if Joseph of Exeter was involved in its production, the speed of composition could explain why the quality of the Latin falls short of his style elsewhere[87].

If *IP* 1 was intended to urge Richard of England to complete his crusade, it was successful to a certain degree. Richard set off from Sicily for the East just before Easter 1191. Although he did not recapture Jerusalem, he set up a stable government in the kingdom in the persons of his relative Count Henry of Champagne, married to his cousin Isabel of Jerusalem; and his peace treaty with Saladin in September 1192 ensured the survival of the kingdom, albeit in a greatly reduced state, for nearly another century.

Helen NICHOLSON
Cardiff University

---

85 "The Lord [...] chose first as inciter of all the others [and] retained as executor of His affairs when all the other princes had either died or retreated"; *Itinerarium peregrinorum*, ed. Mayer, p. 277, l. 1-4.

86 "The Queen, King Amaury's daughter, Sybil"; *Itinerarium peregrinorum*, ed. Mayer, p. 266, l. 1.

87 *Itinerarium peregrinorum*, ed. Mayer, p. 246, l. 17-18.

APPENDIX
The contents of *IP* 1

PROLOGUE[88]

Justifies the writing of histories to ensure the memory of great events, specifically mentioning Dares of Phrygia's history of the Trojan War; states that this book was written *"calente memoria"*, while memory was warm, and that as it was written in the military camp the style is clumsy.

SECTION ONE

Subject: Saladin's conquest of the kingdom of Jerusalem and the preaching of the crusade in the West[89].

– Opens with the date, 1187; gives the name of the pope and the leading kings of Europe; states that in this year the Lord exterminated the Christians of the Holy Land because of their sins.
– Saladin puts the master of the Temple, Gerard de Ridefort, to flight and kills the master of the Hospital, Roger des Moulins, at the battle [of the Spring of the Cresson] on 1 May 1187; description of the heroic death of the Templar Brother Jacquelin de Maillé.
– Saladin's origins and rise to power via an official post in Damascus, his service in Egypt (with a brief description of the Fatimid caliph), his take-over of Damascus on the death of Nur al-Din, marriage to the latter's wife and disinheritance of Nur al-Din's heirs; Saladin was knighted by "Enfrid" of Toron – that is, Humfrey II of Toron.
– Quarrel in the kingdom of Jerusalem between Raymond of Tripoli and Guy, eighth king of the Latin kingdom. The start

---

88 See *Itinerarium peregrinorum*, ed. Mayer, p. 245-246; *Itinerarium Peregrinorum*, ed. Stubbs, p. 3-4.
89 See *Itinerarium peregrinorum*, ed. Mayer, p. 246-276; *Itinerarium Peregrinorum*, ed. Stubbs, book 1, chapters 1-17, p. 5-33.

of the war is blamed on the Prince of Antioch's attack on a Muslim caravan that was travelling from Damascus to Egypt during a truce.

- "Parthians, Bedouins, Arabs, Medes, Kurds and Egyptians" invade the Holy Land.
- Vision by King Guy's chamberlain of the forthcoming disaster.
- Battle of Hattin (4 July 1187): the army of the kingdom of Jerusalem is defeated, the Holy Cross is captured; Saladin executes the Prince of Antioch and the Templars.
- Christians sailing into Acre are captured. The Marquis Conrad of Montferrat evades capture and goes to defend Tyre.
- Saladin's conquests of Beirut, Sidon, Ascalon (surrendered on promise of King Guy's release – a promise not kept), but the Marquis successfully defends Tyre.
- Saladin captures Jerusalem, which was defended by the Patriarch and the Queen.
- "The Queen, daughter of King Amaury, Sybil by name", goes to Antioch with the Patriarch, Templars and Hospitallers and innumerable others. She meets her husband King Guy at Nablūs. She plans to cross the sea, but the Marquis takes her ship away to Tyre. Saladin besieges Tyre but is driven back a second time. His attempt to use the Marquis's father as a bargaining tool fails when the Marquis pretends to shoot crossbow bolts at his father.
- History of Tyre. Saladin withdraws from Tyre.
- Saladin releases King Guy, who goes to Arwad (Ruad, island off Tortosa) to meet the Queen. They go to Antioch and then Tripoli and wait for Christians to come from overseas to help them.
- King Henry II of England's money, deposited with the Templars and Hospitallers, helps to defend Tyre and the kingdom.
- Saladin captures towns in Palestine and attacks Antioch and Tripoli, which are relieved by King William of Sicily's navy, led by Margarit.
- The fortresses of Kerak and Monréal surrender to Saladin (May 1189), who releases Enfrid (that is, Humfrey) of Toron, Gerard de Ridefort (actually released 12 months earlier) and the Marquis's father.

- Anecdote about a jester telling Saladin that he was no more than God's tool to punish Christians.
- The Archbishop of Tyre preaches the crusade in the West. Count Richard of Poitou, King Philip of France and King Henry of England take the cross. Everyone takes the cross. Death of King William of Sicily (11 November 1189).

SECTION TWO

Subject: the crusade of Frederick Barbarossa[90].

- The Emperor Frederick takes the cross.
- Saladin writes to Frederick.
- The Emperor's crusade, his successful advance across eastern Europe and the Byzantine Empire, and defeat of the Sultan of Iconium.
- Having reached Cilician Armenia, Emperor Frederick dies in an accident (10 June 1190). His son, the Duke of Swabia, reaches Antioch, where he takes over the government of the city. An aside implies that the Duke of Swabia was still alive at the time of writing.

SECTION THREE

Subject: the siege of Acre[91].

- Meanwhile, the Christians are besieging Acre. Flashback to the release of King Guy from prison (in May 1188; described in the first section). The clergy release King Guy from his oath to Saladin. Crusaders flock to Tripoli to aid him. His brother Geoffrey of Lusignan joins him. The army goes to Tyre (late April 1189), where the Marquis will not admit them. Two anecdotes against the Marquis. The army besieges Acre (28 August 1189).

---

90 See *Itinerarium peregrinorum*, ed. Mayer, p. 276-303; *Itinerarium Peregrinorum*, ed. Stubbs, book 1, chapters 18-24, p. 34-57.
91 See *Itinerarium peregrinorum*, ed. Mayer, p. 304-335, 349-350; *Itinerarium Peregrinorum*, ed. Stubbs, book 1, chapters 25-43, p. 59-94.

— Saladin arrives and sets up his camp. 12,000 armed men arrive
  in a fleet of 50 ships of Danes and Frisians, who had captured
  Silves on the coast of Spain. James of Avesnes arrives; the
  Bishop of Beauvais and nobles of Champagne arrive; and the
  Landgrave of Thuringia arrives and persuades the Marquis
  to join the siege.
— Battle of 4 October 1189: King Guy and the Templars and
  Hospitallers attack Saladin's camp; the Templars charge ahead,
  become cut off and are slaughtered. The King saves the Marquis
  from death. The siege resumes and Acre is surrounded.
— Description of Acre, with allusions to classical literature and
  the Bible. The siege of Acre is compared to the classical siege
  of Troy, and to the siege of Antioch during the First Crusade.
— The besieged run short of food; Saladin relieves them with
  ships; sea battle on 26 December 1189.
— The Marquis brings supplies by sea around Easter (25 March
  1190). Battle at sea, with description of galleys and of Greek fire.
— Siege continues: three siege towers are built, but destroyed by
  Saladin's forces on 6 May.
— Battle of 12-19 May 1190: Saladin draws together armies from
  the whole of his kingdom to attack the Christians; the army
  is compared to that of King Darius of Persia. For eight days
  the battle rages, only ending when one of Saladin's sons is
  killed by a crossbow bolt.
— Besieged run short of food; Saladin relieves them with ships.
— Battle of 25 July 1190: the Christian infantry attack Saladin's
  army but are defeated.
— More crusaders arrive by ship, including Count Henry of
  Champagne (28 July 1190), who takes over leadership of the
  army from James of Avesnes and the Landgrave of Thuringia.
  The Landgrave of Thuringia returns home on the grounds of
  ill-health.

SECTION FOUR

Subject: the conspiracy of the Marquis Conrad of Montferrat and the deeds of Archbishop Baldwin of Canterbury at Acre[92].

- Flashback to section two: the Duke of Swabia is at Antioch. The crusader army sends the Marquis to him as an ambassador to ask him to continue defending the city, but the Duke comes to Acre.

- The Marquis wants the Duke's support so that he can take advantage of the failure of the ruling line of Jerusalem. Genealogy of the ruling house of Jerusalem from Fulk of Anjou and Melisende; Sybil of Jerusalem and her daughters died (before 21 October 1190), leaving Guy without a good title to the throne. The Marquis decided to marry Sybil's half-sister Isabel (here called Elizabeth), currently married to "Enfrid" of Toron.

- 12 November 1190: attack on Saladin's camp. This battle introduces Archbishop Baldwin of Canterbury as a Christian leader who led the army with the Duke of Swabia and Count Theobald of Blois; favourable mention of the Bishop of Salisbury (Hubert Walter).

- Return to the Marquis's plotting; many classical allusions; Isabel/Elizabeth of Jerusalem agrees to leave her husband and is married to the Marquis. The Archbishop of Canterbury sees that the army is completely dissolute. He falls ill and dies (19 November 1190).

---

92   See *Itinerarium peregrinorum*, ed. Mayer, p. 352-354, 356-357; *Itinerarium Peregrinorum*, ed. Stubbs, book 1, chapters 44-46, 61, 63-65, p. 94-97, 115-117, 119-124.

ENTRE GUERRE ET PAIX

Rhétorique et usages de la parole
dans l'*Histoire de l'Empereur Henri de Constantinople*
d'Henri de Valenciennes

L'*Histoire de l'Empereur Henri de Constantinople* d'Henri de Valenciennes
relate les événements – entre mai 1208 et juillet 1209 – de la conquête
ou reconquête à l'ouest de Constantinople à la suite de la quatrième
croisade[1] : d'abord dans les territoires qui en sont les plus proches, où
les troupes impériales se heurtent aux Bulgares, aux Valaques et aux
Coumans (« Blacs et Commains »), menés par Boril ; ensuite, plus à
l'ouest, dans le royaume de Salonique, où se règlent, entre croisés, des
conflits d'allégeance succédant à la mort de Boniface de Montferrat. Cette
chronique de faits militaires est l'œuvre d'un historien qui se donne
comme témoin « oell a oell » (§ 501) des événements qu'il a suivis. Dès le
prologue, un « premerain commenchement » – en apparence adventice[2]
– porte sur la confession, la repentance et le salut du chrétien, et paraît
se distinguer de la « propre matiere », la relation historique à laquelle
Henri de Valenciennes retourne toutefois assez vite, refusant de prolonger
l'entame digressive. Le prologue tisse en réalité de manière concertée[3]

---

1 Voir *Histoire de l'Empereur Henri de Constantinople*, éd. J. Longnon, Paris, Geuthner, 1948.
   La chronique se lit dans le prolongement de celle de Villehardouin, qui s'arrête en septembre 1207 ; elle a été composée sans doute assez tôt après les événements narrés, entre
   1208 et 1216 ; voir G. Paris, « Henri de Valenciennes », *Romania*, 19, 1890, p. 63-72 et
   Histoire de l'Empereur Henri, p. 11-14.

2 Voir J. Longnon, « Sur l'*Histoire de l'empereur Henri de Valenciennes* », *Romania*, 69, 1946,
   p. 198-218, ici p. 199. A. Corbellari souligne une certaine « gaucherie et lourdeur du
   prologue », qui « hésite à deux fois et semble craindre de susciter l'ennui » ; voir « L'art
   narratif d'Henri de Valenciennes : de la *Chronique de l'Empereur Henri* au *Lai d'Aristote* »,
   Romans d'antiquité et littérature du Nord, Mélanges offerts à Aimé Petit, éd. S. Baudelle-Michels,
   M.-M. Castellani, Ph. Logié et E. Poulain-Gautret, Paris, Champion, 2007, p. 187-197,
   ici p. 190.

3 Dans le prologue, Henri se place du côté de la maîtrise des techniques de l'écriture (« traiter », « bien dire »), et cette apparente maladresse correspond, selon toute vraisemblance,

deux fils : celui de la vérité factuelle et celui de la vérité axiologique. Ainsi tramée, la vérité historique, loin de se limiter à la dimension du témoignage, dévoile une connaissance sur les actions humaines et leur portée idéologique ; elle s'élève au-dessus des faits pour enseigner en particulier la voie du salut. Ces fils, matériel et spirituel, politique et religieux, s'uniront constamment dans le cours de la chronique pour servir la démonstration de l'auteur. C'est là l'ambition de l'historien que de s'atteler, par son écriture, à lier l'enchaînement des causes humaines et leur explication sur un plan divin, le caractère double et brisé du prologue reflétant la réalité de leurs interférences. Cette conception de l'histoire le conduit à donner des guerres auxquelles il a assisté une vision idéologique marquée : voie du Bien et voie du Mal y sont nettement distinguées, préparant une justification des conflits relatés.

Cette rhétorique à visée légitimatoire éclate surtout dans l'usage des discours : la chronique, bien plus que celles de Geoffroy de Villehardouin ou de Robert de Clari[4], est « sans cesse interrompu[e] par des discours », entre autres des « prises de paroles proférées sur un mode oratoire » qui déclinent « devoirs et droits des suzerains[5] », mais encore bien d'autres prises de parole aux fonctions variées, qu'il s'agisse de morale, de politique ou de stratégie militaire. Modelée pour constituer un soutien du panégyrique impérial, la parole est vue comme une force dynamique dans le cours de l'Histoire : placée au cœur du récit, adossée à une rhétorique efficace, elle guide la conduite et la résolution des conflits armés. Suivant le cheminement chronologique qui souligne la transition entre suites de la croisade – avec l'appropriation des territoires bulgares aux confins de l'empire de Constantinople – et préservation d'une union politique des croisés au sein de cet empire, la mise en scène de la parole joue de

---

à un choix concerté, celui d'un prologue à double tête, « sans couverture » et par « couverture », où le fait est directement exposé, ou amené par l'intermédiaire de sentences et de réflexions morales, selon les termes de la rhétorique judiciaire, largement utilisée au Moyen Âge en dehors de son champ d'application premier ; voir, par exemple, Brunet Latin, *Li Livres dou Trésor*, éd. F. Carmody, Genève, Slatkine reprints, 1998, III, 35, p. 344.

4   Voir Geoffroy de Villehardouin, *La Conquête de Constantinople*, éd. J. Dufournet, Paris, Garnier-Flammarion, 2004, et Robert de Clari, *La Conquête de Constantinople*, éd. J. Dufournet, Paris, Champion, 2004. Voir également J. Frappier, « Les discours dans la chronique de Villehardouin », *Histoire, mythes et symboles : études de littérature française*, Genève, Droz, 1976, p. 55-71 et « Le style de Villehardouin dans les discours de sa chronique », même ouvrage, p. 73-83.

5   Voir C. Croizy-Naquet, « Représentation historienne de l'ailleurs dans l'*Histoire de l'empereur Henri de Constantinople* », *Écrire l'histoire*, 8, 2011, p. 17-26, ici p. 23.

différents modèles rhétoriques, depuis la reprise et le renouvellement du modèle de discours exhortant à la guerre sainte jusqu'à l'esquisse d'une rhétorique diplomatique avec l'exposition des vertus tactiques de l'échange et de la négociation. L'écriture se fraie un chemin entre ces deux modèles d'apparence antagoniste, réunis toutefois dans le but similaire de justifier la guerre et d'exalter l'expression d'une harmonieuse conciliation des forces chrétiennes au sein de l'empire.

LA PAROLE PRÉDICATIVE POUR JUSTIFIER UNE GUERRE DE CROISADE

Dans la première partie d'une œuvre nettement scindée en deux, Henri de Valenciennes relate la lutte contre les Valaques et les Coumans ; il livre un récit idéologique des événements : son tableau, manichéen, oppose aux adversaires bulgares incarnant le Mal les forces impériales du Bien, traitant à l'image d'une guerre sainte les suites politiques de la quatrième croisade. Les peuples se confrontent sur le plan de la croyance, les ennemis étant assimilés – en partie à tort, mais sûrement à dessein – à des païens[6] :

> Toutes ces gens ke vous veés ichi ne croient Diu ne sa poissance ; et vous qui boin crestien iestes et tout preudome [...] (§ 538).

D'un côté, les adversaires, « la gens Burile », sont donc « li deable » (§ 543), qualifiés de « chienaille » (§ 516), d'« anemis Jhesu Crist » (§ 538) – autant de termes évoquant les Sarrasins de la chanson de geste[7] ; de l'autre, les « boin[s] crestien[s] » se trouvent au « service Nostre Segnor » (§ 523) et se caractérisent par leurs prières – depuis la supplique formulée par l'empereur lui-même (§ 529) jusqu'au collectif « patre nostre saint Julien » (§ 544) – et par la célébration d'une liturgie protectrice « en

---

6   Les Valaques, tout comme les Bulgares (qui ne sont jamais nommés par Henri de Valenciennes ; voir *Histoire de l'Empereur Henri*, n. 3, p. 28-29), sont des chrétiens (n. 1, p. 44), ils utilisent comme auxiliaires des *Coumans*, qui, eux, sont païens (n. 2, p. 28). Mais ces chrétiens sont au fil du temps en dissension croissante avec la papauté, qui appuie la lutte contre eux ; voir Croizy-Naquet, « Représentation historienne de l'ailleurs », p. 24.

7   Voir Croizy-Naquet, « Représentation historienne de l'ailleurs », p. 23-25.

l'onour dou Saint Esperit, por chou que Dex lor donnast hounour et victore contre leur anemis » (§ 524). Invoqué dans ces exhortations, Dieu se manifeste à leur côté par des « miracles » (§ 544) ou par le « secours que Nostre Sires leur fist iluec » (§ 542). L'auteur dit encore : « molt fist illuec Nostre Sires apiert miracle a nostre gent » (§ 543) et « nos avons Diu par deviers nous en la nostre aide » (§ 520). L'empereur porte des « petites croisetes d'or » (§ 541) qui emblématisent son statut de chef de croisade et le cri de ralliement des Francs sur la terre byzantine est celui de la libération de Jérusalem : ils attaquent « en escriant : Saint Sepulcre ! molt humlement » (§ 539)[8]. L'image de cette armée est d'autant plus marquante qu'elle se montre en extension – « tout adiés croissoit li os de jor en jour » (§ 505) – et semble ranimer, en un mouvement inversé, la troupe de jour en jour « despeciee » que présentait Villehardouin dans sa chronique[9].

Sans nul doute Henri de Valenciennes emprunte-t-il des formules à la littérature de croisade et des accents à la chanson de geste pour dresser ce tableau d'une guerre sainte, mais il s'inspire aussi, plus spécifiquement, de discours de nature ecclésiastique. Dans le cours de la narration, la victoire de l'empereur sur Boril est ainsi décrite :

> Tels miracles comme vous avés oï, et tel acrossement a l'empire de Constantinoble et si grant essaucement a l'Eglise de Rome, fist Nostre Sires as crestiens a celui termine (§ 544).

Rapportée à la suprématie de l'Église romaine, l'expression de cette victoire rappelle une formule adressée par Innocent III, en novembre 1204, aux clercs de l'armée croisée à Constantinople[10]. Les discours

---

8 Voir *La Chanson d'Antioche*, éd. S. Duparc-Quioc, Paris, Geuthner, 1977-1978, 2 vol., t. 1, v. 1599, 1659, 1673, 6374, etc.

9 Voir *La Conquête de Constantinople*, § 61, 81, 82, 84, 85, 95, 199. Cette amplification n'est pas absente des chansons de geste liées à la croisade ; voir, par exemple, *La Chanson d'Antioche* : « La gens Nostre Segnor va tos jors acroisant / Et Turc orgellous forment amenuisant » (v. 9159-9160).

10 Voir la lettre-sermon d'Innocent III du 13 novembre 1204 : « ceci a été fait par Dieu et c'est une merveille à nos yeux : c'est vraiment un changement accompli par la main droite du Très-Haut, en ce que la main droite du Seigneur a manifesté sa puissance afin qu'il puisse exalter la très sainte Église de Rome » (J. Flori, *Prêcher la croisade*, Paris, Perrin, 2012, p. 203). Voir également *Contemporary Sources for the Fourth Crusade*, Innocent III, *Registrum* VII, 154, trad. A. J. Andrea, Leyde, Brill, 2000, p. 115 *sqq*. J. Longnon relève la proximité avec les termes de la lettre de l'empereur Henri lui-même au pape en 1208 ;

de prédication, développés au style direct, créditent la conquête de l'approbation papale, le chapelain Philippe affirmant aux Français : « iestes chi assamblé par le commandement l'apostole » (§ 538). La papauté, après s'être montrée réticente à la déviation vers Constantinople, avait en effet reconnu le maintien et la défense de son empire latin comme un devoir de croisade[11] et Henri de Valenciennes suit ces inflexions politiques pour forger l'image d'une guerre juste, initiée par la plus haute autorité ecclésiastique. Ainsi n'est-il pas fortuit qu'il déclare « no gent estoient comme li innocent » (§ 543) ; le terme, tout en renvoyant à ceux qui, dépourvus de culpabilité, ne connaissent pas le mal, relie aussi les troupes impériales à l'influence du pape – en jouant sur le nom d'Innocent, comme le fait Gunther de Pairis[12] – et accentue la légitimation institutionnelle de la guerre.

Les discours exhortatifs s'imposent à travers la parole des ecclésiastiques tout aussi bien que dans les propos des laïcs. Le chapelain Philippe « monstr[e] la parole Nostre Segneur » (§ 522), « anonch[e] la parole Nostre Seigneur » (§ 524) et « sermon[e] » (§ 536), mais il n'est pas seul à le faire, puisque l'empereur Henri lui-même « preesch[e] de Nostre Seignor » ; l'auteur y insiste, utilisant là deux occurrences du verbe *preescher* et deux du verbe *amonester* (§ 517) et détaillant « la predication del boin empereour Henri » (§ 527). La parole prédicative circule ainsi de la bouche des laïcs, avec l'empereur (§ 516-517) et ses chevaliers (§ 524), à celle des ecclésiastiques (§ 522, 525 et 537), *bellatores* et *oratores* s'unissant dans une exhortation qui soutient la reconnaissance de la guerre sainte.

Ces exhortations, rapportées au discours direct, sont entendues par le public, acquérant une valeur illocutoire plus nette que celles des autres chroniques en français et fournissant une justification religieuse à la guerre. Les chroniques de Clari et de Villehardouin n'en étaient certes pas dépourvues ; elles décrivaient l'entreprise militaire comme

---

voir *Histoire de l'Empereur Henri*, n. 3, p. 47. L'argument, annexant la gloire de l'empire constantinopolitain à la puissance de l'Église romaine, circule ainsi de l'autorité papale au discours impérial.

11 Voir Flori, *Prêcher la croisade*, p. 202 ; *Histoire de l'Empereur Henri*, n. 3, p. 27 : Innocent III désigne en 1207 les partisans de l'empereur comme des « *crucesignati* ».

12 Gunther de Pairis, dans son *Hystoria Constantinopolitana*, commente la signification du nom d'Innocent, en rapport avec les événements relatés ; voir *Exuviae Sacrae Constantinopolitanae*, éd. P. Riant, Genève, Fick, 1878, rééd. Paris, CTHS, 2004, 2 vol., t. 1, p. 75.

une croisade, mais la place de la religion tendait à s'estomper au fil du
texte : la mention de la prédication de croisade, liminaire dans l'œuvre
de Geoffroy, se rattachait au départ prévu en Terre sainte mais, par
la suite, la référence ecclésiastique s'amenuisait après la déviation, les
Francs cessant par exemple d'être appelés « croisés » juste après la prise
de Zara, même s'ils restaient ensuite les « pelerins[13] ». Les justifications
à la guerre étaient essentiellement d'ordre politique ou juridique, avant
comme après la prise de Constantinople[14]. Chez Robert de Clari, où
des phénomènes similaires s'observent, la prédication des évêques et
des clercs introduisant la prise de Constantinople était exposée mais
dans des discours indirects qui ne faisaient pas véritablement résonner
ni entendre les arguments ecclésiastiques[15].

Au contraire, Henri de Valenciennes met en scène et en voix la parole
exhortative. Symboliquement, la croix occupe une place majeure dans
l'*actio* : le chapelain, « ki tint en se main la crois de nostre redemption,
lors commencha a sermonner » (§ 536) et « ot moustree la crois u Nostre
Sires rechut, por son povre pueple rachater, mort et passion » (§ 539),
anime le corps d'armée au nom de la mort de Christ et lie la réussite
de l'entreprise à l'exaltation de la foi – « se nos creons bien en Nostre
Segneur, li cans sera nostres » (§ 535)[16]. Le discours direct reprend
d'autres thèmes fréquents de la prédication de croisade : la souffrance
du Christ (§ 537)[17], l'image des armées croisées combattant pour Dieu
au péril de leur vie – « or en soit al couvenir li Sires por cui li nostre se

---

13   De manière symptomatique, la « croix » n'était plus mentionnée à partir de ce même
     événement. Sur le discours direct prononcé par le clergé ; voir *la Conquête de Constantinople*,
     § 224-225. Villehardouin y mêle des arguments politiques et les arguments reli-
     gieux suivants : « Por coi nous vous disons, fet le clergié, que la bataille est droite et
     juste. Et se vous avez droite entencion de conquerre la terre et metre a l'obedience de
     Rome, vous auroiz le pardon tel conme l'apostele le vous a otroié, tuit cil qui confés
     y morront. »
14   Il s'agit de rétablir Alexis sur le trône en chassant l'usurpateur, puis de venger les des-
     tructions de Johannitza, Geoffroy de Villehardouin insistant particulièrement sur sa
     violence (*La Conquête de Constantinople*, § 394, 398, 401, 414, 419, 420, 424, etc.).
15   Le terme de *croisés* disparaît, lui aussi, après la prise de Zara. Le discours ecclésiastique,
     rapporté indirectement, justifie l'attaque de Constantinople par un mélange d'arguments
     politiques et religieux, les Byzantins étant « inobedient[s] » à l'Église de Rome ; voir
     Robert de Clari, § LXII et LXXIV ainsi que § XXXIX.
16   Voir Flori, *Prêcher la croisade*, p. 175.
17   Voir A. Demurger, *Croisades et croisés au Moyen Âge*, Paris, Flammarion, 2006, p. 65.
     L'auteur insiste sur les changements thématiques de la prédication de croisade à partir du
     pontificat d'Innocent III : la souffrance du Christ fait partie de ces nouvelles orientations.

metent en habandon » (§ 532)[18] – ou la rédemption accordée par Dieu au croisé trépassé (§ 537). L'auteur use d'une rhétorique modelée sur celle des sermons ou des œuvres religieuses, se détachant des formulations que l'on peut trouver dans les chansons de geste traitant de croisade ou dans les chroniques :

> « Segnor, por Diu, soiés preudome en vous meismes, et aiiés fiance en Nostre Segnor, qui por nous soufri paine et tourment, et qui por le pechié d'Adan et d'Evain soufri martyre por l'ocoison del mors que il morsent en la pume, por la quele tout estiemes es paines del tenebrous infier ; et par la propre mort Jhesu Crist en fumes rachaté. Et qui chi morra por lui, il ira ou sain saint Abrahan par devant lui » (§ 537).

La paronomase *mors/mort* exalte, en une dimension eschatologique, le sacrifice rédempteur des croisés. Ce jeu sur les mots, accompagné d'assonances (*qui, chi, lui* et *sain saint Abrahan*), constitue une marque rhétorique de la prédication en langue romane[19] ou de la poésie religieuse ; elle fait entendre des échos avec le poème d'Henri de Valenciennes sur le Jugement dernier[20]. Le thème de la rédemption est traité par l'intermédiaire de la métaphore du fleurissement, que l'on retrouve dans d'autres œuvres religieuses de l'auteur : « chil qui fera mauvais samblant doit bien iestre banis de la glore Nostre Segnour », tandis que « qui por Diu morra en ceste besoigne, s'ame en ira toute florie en paradis par devant lui » (§ 534)[21] . Une autre métaphore, biblique, opposant les chrétiens et leurs ennemis – « vous iestes li grain, et veés

---

18 Voir aussi § 585 : « Et i avomes autresi bien endurées les paines et les travaus por Nostre Segnor comme vous avés ».

19 Voir M. Zink, *La Prédication en langue romane avant 1300*, Paris, Champion, 1976, p. 266-270 et 288 ; voir aussi, par exemple, pour les assonances et les jeux sur les mots, « fiance/esperance/doutance » (§ 516) et « reconfort/desconfors/desconfirons » (§ 520).

20 Voir ms. Paris, BnF, fr. 12471, fol. 76ᵛ, v. 168-173 : « Dame, bien de voir sai et bien en sui remors / Que par vous fu dampnee et perie la mors [...] / El dolerous infer par son dolerous mors / Li mors Adan nous ot saint paradis tolu / Et l'amors vostre fils nous en a absolu ». On peut aussi penser à l'œuvre hagiographique de l'auteur, dont les premiers vers sont proches d'une rhétorique de prédication de croisade : *Vie de saint Jean l'Évangéliste*, éd. E. Westberg, Uppsala, 1943, v. 1-168. Voir F. Zufferey, « Henri de Valenciennes, auteur du *Lai d'Aristote* et de la *Vie de saint Jean l'Évangéliste* », *Revue de linguistique romane*, 68, 2008, p. 335-357.

21 Voir *Vie de saint Jean l'Évangéliste*, v. 536-540 et *Jugement*, ms. Paris, BnF, fr. 12471, fol. 75ᵛ, v. 92-107. L'image, topique, se trouve aussi, par exemple, dans la *Chanson d'Antioche*, v. 7915. Sur ces images, voir G. Jacquin, *Le Style historique dans les récits français et latins de la quatrième croisade*, Paris/Genève, Champion/Slatkine, 1986, p. 411.

la de la paille » (§ 538) – est attestée dans des discours de prédication de croisade[22].

Les procédés de répétition se donnent particulièrement à lire dans les passages d'exhortation évoquant la confession[23] :

> [...] et l'aide de Diu premierement, la quele vos serra prestee, pruec que vous soiés confiés a vo pooir. Car confiessons o vraie compunction de cuer si est eslavemens de toz visses. Et por chou commandons nous a toz que cascuns soit confiés selon son pooir » (§ 523).

Aux termes *confession* et *confiés* s'ajoute celui de *compunction*, plus technique, désignant la douleur entraînant la contrition, employé dans les sermons et les œuvres pieuses[24] ; ils sont glosés par l'image de l'« eslavement des vices » qui s'y lit aussi fréquemment[25]. Cette confession s'accompagne de la communion – « por chou que cascuns estoit confiés selon son pooir et cumeniiés, cascuns estoit couvoitans et desirans de conquerre ses anemis » (§ 527) – gratifiant de ce sacrement les chrétiens engagés contre les Bulgares et créant un lien direct entre la confession, suivie de la communion, et l'action contre les ennemis. Le sacrement devient ainsi moteur de l'action, ce que met en valeur l'usage des termes mêmes de la liturgie latine : ils « rechurent *corpus Domini*, cascuns endroit de soi, au plus devotement qu'il pot » (§ 524). Si Geoffroy de Villehardouin considérait, lui aussi, que la guerre contre les Coumans constituait aux yeux des Francs une guerre sainte, avec la distribution des indulgences et le double rappel

---

22 Par exemple, plus tardivement, dans un sermon de Jean Gobi. Voir S. Menache et J. Horowitz, « Au commencement était le verbe, *Propagatio Fidei* et propagande au Moyen Âge », *Revue belge de philologie et d'histoire*, 70/2, 1992, p. 330-356, ici p. 337-338.

23 Voir également § 502, 507, 524, 527, 538. La confession est l'une des thématiques principales de la prédication, évoquée dès le prologue. C'est également le cas chez Gunther de Pairis ; voir Flori, *Prêcher la croisade*, p. 198. Elle est centrale à cette époque dans les préoccupations de l'Église : l'aboutissement des réflexions mènera au canon 21 du Concile de Latran (1215). Sur les liens entre confession et croisade, voir en particulier J.-Ch. Payen, *Le Motif du repentir dans la littérature française médiévale, des origines à 1230*, Genève, Droz, 1967, p. 44-47.

24 Voir Flori, *Prêcher la croisade*, p. 157.

25 Il s'agit d'images très courantes, par exemple, dans les sermons de Maurice de Sully ; voir C. A. Robson, *Maurice of Sully and the Medieval Vernacular Homily*, Oxford, Basil Blackwell, 1952, p. 79 (« esmonder et eslaver [...] ordure de son cors »). D'autres images empruntées par Henri de Valenciennes à la vie féodale et militaire (« castelain », « hiaume », § 538) ou à la nature (« bruhier » et « faucon », § 520) correspondent aussi aux pratiques du sermon en langue vulgaire.

d'une armée partant au combat « confessé[e] et communié[e][26] », ses remarques s'avéraient nettement moins abondantes que chez Henri de Valenciennes.

Confession et communion ne sauraient être complètes sans mention de l'absolution délivrée par l'institution ecclésiastique, qui garantit la pureté des combattants de Dieu. La croisade est présentée comme une forme de pénitence en elle-même qui rend l'absolution effective :

> Vous iestes tout confiessé et mondé de toz pechiés et de toutes ordures de vilenie. [...] Je vous commanc a toz, en non de penitance, que vous poigniés encontre les anemis Jhesu Crist ; et je vous assoil, de Diu, de toz les pechiés que vous onques feistes jusques au point d'ore (§ 538).

Le discours direct semble lui-même transmettre au lecteur, par une voie performative, les effets de cette communion. Reprenant la parole imagée des sermons – « mondé », « ordures de vilenie » –, jouant sur les répétitions (*tout, toz, toutes, toz, toz*), les sonorités (*é* associant *confiessé, mondé, pechié*) et les rythmes (2 segments de 6 syllabes « je vous commanc a toz, / en non de penitance » ; 3 segments de 5 syllabes « de toz les pechiés / que vous onques feistes / jusques au point d'ore[27] »), le discours dévoile ici une conception traditionnelle de la croisade comme pénitence pour les péchés confessés[28]. De manière nette, Henri de Valenciennes accorde une prééminence à la rhétorique prédicative. En proposant ce point de vue plus clérical, promouvant une parole exhortant à la croisade au sein des discours ecclésiastiques, mais insistant aussi sur son infiltration dans la sphère laïque, il se distingue et des chansons de geste[29] et des chroniqueurs en français de la quatrième croisade. Beaucoup plus proche à cet égard d'un texte comme celui de Gunther de Pairis[30], l'auteur, prenant la suite de la narration de Geoffroy, ranime l'image de la croisade alors même que les combats décrits s'éloignaient d'une stricte définition de la guerre sainte ; mais à une période où elle est repensée, et peut-être prêchée

---

26 Voir *La Conquête de Constantinople*, § 427, 429, 430.
27 Sur ces effets, voir Zink, *La Prédication en langue romane*, p. 266-269.
28 Voir Flori, *Prêcher la croisade*, p. 156, 181.
29 Les premières chansons de geste sont plutôt rétives à l'intégration d'un discours de croisade dont l'Église serait la garante ; voir M. Bonansea, *Le Discours de la guerre dans la chanson de geste et le roman arthurien en prose*, Paris, Champion, 2016, p. 439-443.
30 Voir *Exuviae Sacrae Constantinopolitanae*, t. 1, par exemple, p. 62 *sqq.*

plus activement[31], l'auteur fait entendre une rhétorique qui justifie
fermement le caractère sacré de la guerre.

Face à ce déploiement de la rhétorique exhortative, la communication
engagée avec les adversaires se passe, quant à elle, de tout modèle, car
elle est réduite à néant. Henri de Valenciennes n'accorde pas plus la
parole aux ennemis qu'il n'évoque un quelconque échange entre les
camps, contrairement aux autres chroniques[32] ; le silence ainsi instauré
nie partiellement à l'autre son identité[33]. « Blacs et Commains » ne
paraissent pas même doués d'un langage articulé, puisque seule est
mentionnée leur aptitude au cri – « huant et glatissant » (§ 518, 528) – et
au bruit (§ 526, 536), cette sauvagerie tonitruante se trouvant renforcée
par l'image vétérotestamentaire de la tempête (§ 518 et 528) s'abattant
sur le pays avec fracas : « une noise si grant k'avis estoit que toute la
plaigne en tremblast » (§ 518). À l'annonce de leur invasion, le combat est
livré contre eux directement (§ 528) sans que soit entreprise la moindre
négociation. La mention du silence affirme une irréductible différence
qui ne peut qu'aboutir à la guerre et qui contribue aussi à la légitimer :

> Et quant li empereres oï chou, si se teut et ne dist plus a cele fois ; ains che-
> vaucha viers la gent Burille, dont il ot molt desiré la bataille (§ 531).

Pleinement autorisé comme guerre sainte par la parole exhortative,
le conflit se justifie aussi dans cette absence de communication et, de
guerre de défense, se commue en conflit d'attaque (§ 535).

LA PAROLE DIPLOMATIQUE POUR ÉTABLIR
LA PAIX OU JUSTIFIER LA GUERRE ?

C'est un autre conflit qui est présenté dans la seconde partie de
l'œuvre : celui du camp impérial contre les Lombards, portant sur des

---

31   Innocent III prêche de nouveau la croisade en 1213 ; voir Flori, *Prêcher la croisade*, p. 239.
32   Voir la chronique de Clari (§ LXIV, CVI, CXVI) et celle de Villehardouin (§ 333, 393-
     394, 399, 425).
33   Sur les questions de représentation de l'altérité, voir Croizy-Naquet, « Représentation
     historienne de l'ailleurs », p. 23-25.

questions d'allégeance et de succession au titre de roi de Salonique possédé avant sa mort par Boniface de Montferrat. La guerre qui menace, signe d'une désunion du camp chrétien, doit être évitée et les échanges diplomatiques se multiplient, mettant au premier plan des discours entre les camps opposés pour promouvoir la paix. À l'inverse de la guerre menée sans sommation contre les Bulgares, le conflit contre le comte de Biandrate, à la tête des Lombards, est longuement différé par de multiples négociations[34]. Les Lombards, en effet, ne sont pas considérés, contrairement aux « Blacs » et aux « Commains », comme des ennemis en soi, mais comme des rivaux politiques susceptibles d'être ramenés à la raison malgré leurs trahisons. L'affirmation d'un savoir-faire technique en matière de parole se donne à lire dès le prologue ; la mention d'une réputation acquise par l'auteur auprès de « tos discrés et autorisiés » (§ 501) dessine l'horizon d'un public docte ou spécialisé, à même d'apprécier ce nouveau modèle rhétorique, cet art *in vivo* de la diplomatie qui succède à celui de la prédication[35]. La diplomatie n'est nullement une discipline constituée à l'époque d'Henri de Valenciennes[36], mais les prémisses d'un intérêt technique et rhétorique pour ce domaine se font sentir.

L'auteur dessine de véritables figures d'ambassadeurs, se déployant en coïncidence avec l'évolution de la fonction, comme en témoignait déjà l'œuvre de Villehardouin. Dans cette chronique, les spécialisations de Geoffroy de Villehardouin et de Conon de Béthune en tant qu'ambassadeurs, respectivement la conciliation et la menace[37], mettaient déjà en évidence

---

34 La seconde partie de l'œuvre offre les discours directs les plus fournis et développés ; voir Jacquin, *Le Style historique*, p. 482.

35 Cela n'est certes pas incompatible avec l'idée que la chronique s'adresserait aux « cours seigneuriales, aux barons, aux dames et aux chevaliers du Hainaut et de Flandres [...] à des amateurs de romans », selon J. Dufournet, « Robert de Clari, Villehardouin et Henri de Valenciennes, juges de l'empereur Henri de Constantinople. De l'Histoire à la légende », *Mélanges Jeanne Lods*, Paris, École normale supérieure de jeunes filles, 1978, t. 1, p. 183-202, ici p. 195. En revanche, on peut difficilement soutenir l'idée que le texte « tourne en une simple chronique historique » faite pour « tenir au courant les [chevaliers et les dames de Flandres] des gestes de leurs compatriotes de l'empire de Constantinople » dans cette deuxième partie, qui recèle toute une réflexion sur la diplomatie (*Histoire de l'Empereur Henri*, p. 12-13).

36 Voir J.-M. Moeglin et S. Péquignot, *Diplomatie et « relations internationales » au Moyen Âge (IXe-XVe siècle)*, Paris, PUF, 2017, p. 7-12.

37 Voir Frappier, « Les discours dans la chronique de Villehardouin », p. 63. Ce modèle nouveau de rhétorique emploie un lexique technique, qui n'est pas encore propre à la diplomatie, mais qui s'adosse en partie à celui de la rhétorique judiciaire : on pourra évoquer l'usage des termes *atirance* (§ 560, 581) et *atirement* (§ 577), par exemple, typiques

un usage très maîtrisé du discours, qui s'éloignait des traits topiques des ambassades romanesques ou épiques[38], bien que d'autres aspects en fussent proches. Les choix d'Henri de Valenciennes valorisent plus encore la figure du diplomate pourvue d'un véritable *ethos*. Renversant l'image donnée par son prédécesseur, Henri fait de Conon de Béthune un émissaire conciliant et un négociateur hors pair et c'est sûrement moins là une refonte psychologique du personnage[39] que la manifestation d'un intérêt neuf pour l'art de la diplomatie. Les qualités du messager ne sont plus seulement l'objet de quelques épithètes récurrentes – Conon est certes « sage chevalier et loial » (§ 574) –, mais d'une véritable exposition : ce ne sont pas des traits personnels qui sont décrits, mais un *ethos*, qui repose en particulier sur une mise à distance des passions individuelles. Conon apparaît, dans sa fonction de messager, comme un acteur :

> Quant Cuenes de Biethune oï ceste response, si fu molt dolans ; et ne respondi mie son pensé, selonc le grant orguel ke il oï. (§ 579)

Et lorsqu'il est dit qu'il « ne se pot tenir que il au conte ne desist [...] » (§ 585), cet élan spontané se présente comme l'exception qui confirme la règle. L'empereur lui-même adopte une posture identique (§ 641). Les passions individuelles, peut-être mentionnées pour exacerber le contraste (§ 591, 593), sont ainsi mises à l'écart d'une parole qui vise au contraire la « mesure » (§ 692) et la « raison » (§ 646). Les discours, « biaus mos polis » (§ 692), n'excluent pas pour autant la fermeté, voire une forme de menace, qui s'incarne par exemple dans des usages rhétoriques codifiés comme la double apostrophe[40] ou des questions oratoires pour formuler indirectement les reproches (§ 577) ; admonestations et avertissements deviennent ainsi bien plus stratégiques qu'impulsifs – quand, au contraire, les adversaires usent d'une parole incontrôlée[41].

---

du vocabulaire des chartes du Nord, mais encore *respons en court* (§ 571), *droit jugement* (§ 604), *avoué* (§ 610), *acorde* (§ 650), qui interviennent dans les négociations.

38 Voir, par exemple, J.-Cl. Vallecalle, *Messages et ambassades dans l'épopée française médiévale*, Paris, Champion, 2006 ; J. Merceron, *Le Message et sa fiction. La communication par messager dans la littérature française des XIIᵉ et XIIIᵉ siècles*, Berkeley, University of California Press, 1998.

39 Voir *Histoire de l'Empereur Henri*, p. 9 : « Conon de Béthune, Pierre de Douai [...] apparaissent dans son récit avec leur caractère propre ».

40 Voir, par exemple, « Cuens de Blandras, cuens de Blandras » (§ 577), « Sire cuens, sire cuens » (§ 586), « Raoul, Raoul » (§ 636).

41 Systématiquement dévoyée (§ 607, 609, 610), la parole des ennemis finit par se retourner contre eux (§ 607, 626, 637-639).

L'esquisse d'une pragmatique diplomatique se lit dans le protocole entourant la négociation. La vision d'un empereur patientant dans son camp tandis que ses envoyés – Conon de Béthune, Pierre de Douai ou Anseau de Cayeux – sont dépêchés pour assurer le travail de négociation promeut l'image d'un corps qui, s'il n'est pas exclusivement dévolu à la diplomatie, est en voie de spécialisation[42]. Ces seigneurs sont par exemple pourvus de lettres de créance participant à un processus d'accréditation dont les étapes sont décrites avec soin :

> Dont descendirent et saluerent Michalis de par l'empereour, et li baillent les lettres, si comme il avoit commandé ; et disoient les lettres que li doi messaje fussent creü de tout chou k'il diroient de par l'empereour. Michalis fist lire les lettres. Et quant elles furent leües, si dist as messages que il desissent lor volenté. (§ 691)

L'auteur accorde une importance constante au double mouvement impliqué par le travail de l'ambassadeur : la conformité à la parole du mandant et la possibilité d'une émancipation qui confère au messager un statut plus autonome[43]. La parole d'autorité dont les ambassadeurs sont les dépositaires est systématiquement rappelée dans la narration comme dans les discours (§ 574 : « lor mostrés […] de par nous » ; § 575 : « la parole moustree de par l'empereour, ensi comme il li fu commandé » ; § 576 : « et je de par lui le vous di », etc.) et pourtant les messagers peuvent aussi agir en partie de leur propre chef ; ainsi Conon de Béthune, Pierre de Douai et Nicolas de Mailly analysent-ils la situa-tion – « et bien voient que […] » (§ 579) –, avant de se lancer dans une proposition de conciliation : « et por chou leur consentent il a dire toz leur boins » (§ 579). La décision s'autonomise plus encore lorsque Conon de Béthune et Anseau de Cayeux prennent l'initiative personnelle – elle sera infructueuse – de faire cesser la guerre : « Or avoient Cuenes de Biethune et Ansiaus de Kaeu devisé entre eus que boin seroit que il

---

42 Sur ces personnages historiques et leurs fonctions administratives ou juridiques, voir J. Dufournet, « Henri de Valenciennes et la quatrième croisade », *Image et mémoire du Hainaut médiéval*, éd. J.-Ch. Herbin, Valenciennes, Presses universitaires de Valenciennes, 2004, p. 33-50, ici p. 36-38. La « technicité accrue des échanges » rend nécessaire l'emploi « de notaires, de légistes, ou du moins d'hommes frottés en droit » (Moeglin et Péquignot, *Diplomatie et « relations internationales »*, p. 404), ce qui accroît aussi la participation à la diplomatie de « nobles à l'envergure sociale moindre » à partir du XIIe siècle et surtout du XIIIe siècle (p. 399).

43 Voir Moeglin et Péquignot, *Diplomatie et « relations internationales »*, p. 361 *sqq.*

pevussent faire par coi cele guerre fust apaisie » (§ 667). Aux § 576-577, la structuration duelle du discours de Conon au comte de Biandrate et à ses hommes s'explique par ce double mouvement : les marqueurs de la parole de l'empereur dans la première partie (« li empereres nos sires vos salue et vous fait a savoir, et je de par lui le vous di », « il n'a, che dist », « est il biel à monsegneur ») cèdent la place à un discours recentré sur le locuteur, avec le surgissement de la première personne (« or te dirai ke tu feras ») et la proférarion d'ordres (« fai avant aporter la chartre [...] »). Occupant ainsi un rôle politique de premier plan, l'ambassadeur gagne une part d'autonomie dans la gestion des conflits[44]. L'intérêt pour le protocole diplomatique se prolonge dans la figuration des rencontres entre parties adverses. Sont aussi bien détaillés tant les salutations – « li connestables vint a l'empereour, et mist pié a terre si tost comme il le vit ; et quant il vint devant lui, il s'agenoulle » (§ 669) – faisant l'objet de rites très codifiés[45], que les préalables à la discussion, comme celui de se pardonner les torts antérieurs : « dont le baisa li empereres et li pardonna toute male amour » (§ 596); « et li empereres l'en lieve et le baise, et li pardonne son mautalent et canques il avoit meffait enviers lui » (§ 669)[46].

La parole est accordée au camp adverse comme au camp impérial, mais un déséquilibre flagrant se fait jour : les Francs polissent leur discours pour ouvrir à la négociation, tandis que les Lombards n'interviennent que pour la refuser. La mise en scène de cet antagonisme est patente, ainsi dans la formulation binaire et parallèle : « li empereres li manda que il viegne parler a lui, et il li remanda que il n'i venroit pas » (§ 571). La constance de l'offre de paix et la réitération du message d'apaisement, relancée avec divers interlocuteurs (§ 568, 571, 579, 588, 648, 667), attirent l'attention et Henri de Valenciennes joue sur les chiffres pour faire valoir l'ouverture diplomatique :

> Dont offrirent doubles drois de l'empereour, et lor deviserent.iij. manieres de pais. (§ 580)

---

44 Voir S. Péquignot, « Figures et normes de comportement des ambassadeurs dans les documents de la pratique. Un essai d'approche comparative (*ca* 1250-*ca* 1440) », *De l'ambassadeur, les écrits relatifs à l'ambassadeur et à l'art de négocier du Moyen Âge au début du XIXe siècle*, éd. S. Andretta, S. Péquignot et J.-Cl. Waquet, Rome, Publications de l'École Française de Rome, 2015, p. 102-107.

45 Voir Moeglin et Péquignot, *Diplomatie et « relations internationales »*, p. 205-207.

46 *Ibid.*

Nous vos partirons.iij. pais, si verrons laquele vous prenderés. (§ 581)

La représentation d'un libre choix de l'interlocuteur se traduit également par l'usage des alternatives (§ 690). L'évocation de procédures d'arbitrage, en adéquation avec les pratiques historiques contemporaines[47], apparaît formulée avec précision à deux reprises (§ 581, 604) :

> Or eslisiés.ij. sages homes et preudomes, et de boine renommee entre vous ; et nous, d'autre part, en eslirons aussi.ij. Et cil quatre enquiercent toutes les verités ; et quant il l'auront enquis, si en doinsent a cascun son droit, et cascune partie se tiegne a chou que il en diront. (§ 581)

Les arbitrages – probablement davantage destinés à différer la guerre qu'à obtenir la paix[48] – entraînent le conflit vers la résolution juridique, par le moyen de l'enquête (« enquiercent », « enquis ») et l'entremise éventuelle des instances juridiques :

> Et se vous tout chou ne volés faire, si nous en metons sor le dit de le court de Rome, ou sor celle de France, ou sor la court de l'empereour de Rome, u sour la chartre meismes. Et ensi ert faite li atirance entre nous, et demourrons boin amit. (§ 581)

Quand bien même la coercition point ici dans l'évocation d'un droit multiforme mais supposé unanime, Henri de Valenciennes place surtout l'accent sur la liberté offerte par le camp impérial à ses adversaires et sur la magnanimité dont il fait preuve.

Cette parole diplomatique devient un gage d'efficacité ; Henri de Valenciennes insiste sur ses effets, décrivant la réaction de l'auditoire, test reflet de la relation diplomatique :

> Et Cuenes de Biethune et Pieres de Douay se prendent a parler et a dire uns biaus mos polis, et a metre avant la parole de lor segnor par si grant mesure, et a deffendre sa partie en respondant, car mestiers lor iert, si tempreement, que chil ki contre eus estoient en estoient aussi comme tout abaubi. (§ 692)

Cette parole étonnante a pour vertu d'« amoliier » (§ 667, 693) le « cuer » des ennemis, les rendant « sozriant » (§ 693) et les incitant à s'accorder aux vues politiques du mandant :

---

47   Voir Moeglin et Péquignot, *Diplomatie et « relations internationales »*, p. 695 *sqq.*
48   Voir Moeglin et Péquignot, *Diplomatie et « relations internationales »*, p. 716-717.

Lor moustroient tantes bieles paroles et tantes bieles raisons traities de droit, que tout chil de la partie Michalis, et Michalis meismes, estoient tout desirant de venir a nostre amor. (§ 692)

Ce qui est visé en effet, l'« amour » ou l'« amitié », correspond à l'*amicitia* romaine, notion politique centrale dans la diplomatie naissante au Moyen Âge et sur laquelle Henri de Valenciennes s'attarde abondamment (§ 545, 555, 574, 581, 596, 636, 671)[49]. Les mariages proposés pour conclure des alliances sont aussi à percevoir à la lumière de ce concept[50]. L'efficacité de la parole menant à cette *amicitia* est également exhibée par les choix mêmes du récit : le plus souvent, lorsque l'échange se solde par un échec diplomatique complet, il est mentionné sous la forme de discours indirect (§ 668) ou de discours narrativisé (§ 561, 562, 568, 580-581). Lorsque la parole aboutit au contraire à une discussion argumentée, si ce n'est à un accord, elle est rapportée de manière directe (§ 576-577, 581-582, 595). Son rôle de *dynamis* dans l'Histoire est ainsi souligné ; la parole vive bien maîtrisée apparaît comme un succès pour le camp impérial et le texte se fait manuel de cette parole efficace.

Cet usage permet de reporter sur le camp des ennemis, qui dévoient la parole et refusent la négociation, toute la responsabilité de la guerre. Récusant la conciliation, ce que l'auteur souligne par un usage massif de la négation (§ 571, 572, 573, 589, 635, 648, 650, 670, 671, 673), ils sont les porte-parole de toutes les déficiences de la communication : propos fourbes, mensongers, parjures[51], discours « agu » et « trenchant » (§ 169). Les tentatives d'obtenir la paix sont toujours à porter au crédit d'Henri de Constantinople et même lorsque c'est le camp adverse qui se trouve à l'origine d'une proposition d'alliance (§ 646), tout est présenté de façon que l'empereur s'en ressaisisse pour en paraître l'instigateur

---

49 Voir Moeglin et Péquignot, *Diplomatie et « relations internationales »*, p. 150 *sqq.* Une telle notion est absente de la chronique de Villehardouin.

50 Voir Moeglin et Péquignot, *Diplomatie et « relations internationales »*, p. 249-269. L'épouse a alors un rôle à jouer dans les relations internationales, ce que souligne Henri dans un discours qui relève sans doute plus du traité de diplomatie que d'un trait psychologique lié à l'amour paternel : « vous gardés toutes voies que vous ja por *l'amour*, ne por lor acointance, qu'ils aient a vous ne vous a eus, ne retraiiés vostre cuer de nostre gent *amer*, dont vous iestes estraite » (§ 559) ; il est également dit à propos du mariage entre la fille de Théodore Lascaris et le frère de l'empereur : « se nous ces.ij. poiemes ensemble ajoindre par mariage, dont primes seroit nostre pais legiere a faire » (§ 693).

51 Sont retenues les discordances entre les intentions et les paroles, les paroles mensongères (§ 613, 622, 626, 637-639, 646, 687, 688).

(§ 648). L'ultime refus – « Lombart ne voelent enviers lui faire pais ne acorde » (§ 650) – est dès lors suivi de la déclaration de guerre (§ 651)[52]. Les discours, qui promeuvent en apparence la paix, ont bien davantage pour fonction de montrer que l'échec de l'entente, loin d'être imputable à l'empereur, est le fait des ennemis. Paradoxalement si la diplomatie a une fonction d'exaltation de la paix, elle est ici mise en scène pour justifier le déclenchement d'une guerre dans le camp chrétien.

INTERFÉRENCES RHÉTORIQUES,
ENTRE GUERRE ET PAIX

Bien que les deux modèles rhétoriques, prédicatif et diplomatique, se répartissent avec netteté dans les deux parties du texte pour justifier les deux guerres menées, des interférences complètent néanmoins ce tableau antagonique. La seconde partie de l'œuvre, où la parole se pense pour grande part selon le modèle de la rhétorique diplomatique, est en effet discrètement informée par des références au modèle prédicatif dominant dans la première partie. Cette résurgence du discours prédicatif dans la seconde moitié de l'œuvre renforce la légitimation de la guerre entre chrétiens d'obédience romaine. Ainsi, les partisans de l'empereur y font, plus subrepticement, figures de croisés : « nostre gens ont tant fait, par la divine soufrance de Nostre Segnour, que bien ont retenu le moitié de lor anemis » (§ 632). On peut entendre dans cette « soufrance » aussi bien la volonté divine qu'un écho à la Passion. Dans les propos rapportés de Conon de Béthune, l'expédition contre les Lombards est aussi considérée comme une « pénitence » qui vaudra le paradis à ses participants. Ils s'en trouvent absous (§ 594) et la formulation choisie fait écho à la guerre de croisades représentée dans la première partie :

> En ceste chevaucie estoit Cuenes de Biethune, qui molt maudissoit durement
> cels qui la l'avoient mené, et disoit ke chil qui si grande penitance souffroit
> por Nostre Segnour, a che que tout estoient aussi comme trenchié de froidure
> et de dolour, bien aroit desiervi son paradis. (§ 643)

---

52   Voir également § 672, 595 et 596 *sqq.*

Les références à l'aide divine, ainsi qu'aux oraisons dans les églises pratiquées par le camp de l'empereur (§ 673)[53], confortent l'assimilation
des impériaux à des croisés et lors d'un affrontement armé contre les
Lombards, Henri de Valenciennes dit d'eux que « cascuns i fu ou liu
d'Olivier et de Rollant » (§ 633)[54]. Lombards et Grecs, quant à eux,
dans leur tentative de résister à l'empereur, préfèrent s'allier au premier
ennemi, Boril, glissant ainsi vers l'image des païens :

> Et chil dou castiel avoient envoiés messages au bailliu Burille, qui molt estoit
> outrageus ; si manoit a Menelic. Et disent au bailliu qu'il venist a la Serre, et
> se il i amenoit force de gens, li castiaus li seroit rendus et delivrés ; « car li
> castelains voet mius que vous l'aiiés que li empereres ». (§ 619)

La remarque de l'empereur au comte de Biandrate, chef des opposants
lombards, « et poi m'aime plus que Blac u Commain » (§ 601), contribue
encore à cet effet[55]. La disposition en miroir des deux grands épisodes
– chacun commence par la présence de l'empereur à Constantinople (§ 504
et 552-560) – amène le lecteur à tracer un parallèle entre la guerre de
croisade contre les païens et la guerre intestine d'hommage, soulignant
une parenté entre les ennemis ; ainsi l'identification des Lombards avec
les païens est-elle progressivement mise en place.

Mais l'emploi de la rhétorique prédicative sur ce mode mineur s'avère
symptomatique d'une double fonction, à l'image des ambiguïtés idéologiques qui se cristallisent autour de la quatrième croisade et qui ont
amené les Latins à chercher tantôt l'affrontement, tantôt la conciliation
avec les autres branches de la chrétienté[56]. Ces accents parénétiques
cherchent en effet aussi à plaider contre la désunion des chrétiens et
pour la paix. Henri de Valenciennes rappelle dans un discours direct
les efforts communs de tout le camp chrétien dans la croisade passée :

> Et i avommes autresi bien endurées les paines et les travaus por Nostre
> Segnor comme vous avés [...] et si avons esté en toz les plus granz besoins de
> la conqueste tout adiés. (§ 585)

---

53 Pour l'aide divine, voir, par exemple, § 563, 653 et, pour les oraisons, § 673, 681, 693.
54 Voir Croizy-Naquet, « Représentation historienne de l'ailleurs », p. 24.
55 Voir également le § 688, où le comte de Biandrate promet de lutter contre les *Blas* et les
    Commains, mais « la felonnie de son cuer pensoit tout el ».
56 Voir S. Runciman, *A History of the Crusades*, Cambridge, Cambridge University Press,
    1955, t. III, p. 129-130 et *Contemporary Sources for the Fourth Crusade*, p. 7-176.

L'argument est utilisé dans les discours du clan impérial pour exiger la suzeraineté de la terre et pour promouvoir la paix : si la terre conquise est perdue au profit des Grecs (§ 586), la chrétienté s'en trouvera en péril (« toute la tierre en serra destruite, et si pierderons canques nos avons conquis », § 587) ; dans une guerre fratricide, les chrétiens, « en haine mortel li uns viers l'autre », perdront leur salut (§ 586). Les notions de salut, de péché, de crainte de Dieu (§ 587) et de reniement (§ 588) interviennent également. L'un des discours de Conon de Béthune est saturé de références à la religion (« Por Dieu », « se Dex me saut », « li pechiés en seroit vostres », § 582) pour faire valoir l'union nécessaire des chrétiens romains. Ce discours qui, face au refus du camp opposé, servira aussi à justifier de manière circonstancielle la guerre, prône l'idéal d'une entente parfaite au sein du camp des chrétiens. De même, l'irruption du discours diplomatique dans la fin de la première partie consacrée aux Bulgares propose, à l'encontre du discours prédicatif dominant, un modèle pacifié d'alliance avec les chrétiens schismatiques, dans le mariage entre Esclas et la fille de l'empereur. Les développements qui y sont consacrés, que les critiques ont qualifiés de courtois[57], évoquent comme de façon métonymique les difficultés et le bénéfice de cette union. L'alliance finale entre la fille de Théodore Lascaris et le frère de l'empereur suggère aussi un rapprochement des Francs et des Byzantins qui soumet ceux-ci à l'autorité des Latins (§ 694). Prédication et diplomatie tissent dans ces discours d'appoint plus diffus une vision du rassemblement de la chrétienté.

De la sorte, l'entremêlement des fils historique et religieux, de la rhétorique diplomatique et de la rhétorique prédicative, établi dès le prologue, sert simultanément la double justification d'une guerre contre les ennemis bulgares ou contre les opposants chrétiens et l'expression d'une paix idéalisée de la chrétienté. Au début et au milieu de la chronique, la capitale de l'empire chrétien d'Orient, emblème du pouvoir impérial, apparaît comme le centre pacifié à partir duquel rayonne et s'étend la chrétienté[58] ; Henri de Constantinople, empereur en guerre permanente,

---

57   Voir Dufournet, « Henri de Valenciennes et la quatrième croisade », p. 34.

58   Henri de Valenciennes choisit, avec ces deux mentions de la ville, une composition en miroir qui sépare nettement les deux épisodes – l'un de politique extérieure, l'autre de politique intérieure – formant deux parties autonomes, alors que dans la chronique de Villehardouin les relations avec les Grecs ou les Bulgares et les relations entre chrétiens s'entremêlaient constamment.

figure aussi le promoteur de la paix et le garant de cet empire chrétien augmenté et unifié, à l'image, en somme, de sa toute première apparition, pacifique et arthurienne, un jour de Pentecôte (§ 504).

CONCLUSION

« Les longs discours [...] retardent trop souvent la marche de ces vieux poèmes[59] », déplorait N. de Wailly ; il semblerait tout au contraire qu'ils contribuent à la signification même de cette marche. Les caractéristiques d'un style historique, greffé sur la connaissance et l'usage des topiques propres à la chanson de geste et au roman, se complètent d'un ambitieux travail sur la rhétorique oratoire : placés sur le même plan que l'action militaire, les discours, susceptibles d'envenimer ou de résoudre un conflit, constituent la force dynamique de l'histoire. Les discours de la première partie déploient une rhétorique de prédication qui met en exergue la dimension religieuse de la lutte contre les « Blacs » et les « Commains », assimilés d'un seul tenant à des païens, la faisant coïncider au plus près avec une entreprise de croisade et assurant ainsi l'orientation idéologique et apologétique de l'œuvre. Dans la seconde partie, en revanche, se développe une rhétorique de nature judiciaire dont les critères s'inventent en lien avec la diplomatie naissante. Transformée en manuel de diplomatie, en traité de négociation, l'œuvre n'a pas uniquement pour but de persuader un public d'aller « prêter main forte à l'empereur de Constantinople[60] », mais aussi d'exposer de manière pragmatique les modes de règlements d'un conflit et de montrer l'étendue des pouvoirs de la parole. Paradoxalement, le discours diplomatique assure la légitimation d'une autre guerre : la multiplication des discours de négociation permet de faire porter sur les adversaires lombards la responsabilité de cette division de la chrétienté. Mis au service contextuel de la justification de guerres contemporaines, les discours n'en restent pas moins dans leurs deux modèles – prédicatif et

---

59 Voir Paris, « Henri de Valenciennes », p. 67 et *Histoire de l'Empereur Henri*, p. 9 : « il alourdit son récit de sermons, de discours et de discussions qui coupent l'action ».
60 Voir Corbellari, « L'art narratif d'Henri de Valenciennes », p. 196.

diplomatique – sensibles à l'union possible entre les chrétiens d'orient et d'occident et à l'exaltation de cette chrétienté unifiée et pacifiée. L'usage réversible des modèles rhétoriques en faveur de la paix ou de la guerre témoigne ainsi, sans nul doute, des ambiguïtés et des aspirations contradictoires de la croisade byzantine, entre idéologie conquérante et rêve d'union pacifique.

Florence TANNIOU
Université Paris-Nanterre
CSLF (EA 1586)

RISKING BATTLE

The Antiochene frontier, 1100-1164

When the warrior writer Usama ibn Munqidh captioned his Frankish enemies as 'the most cautious of all men in war', he can't possibly have known how much trouble he was going to cause modern historians[1]. Usama's statement has sat at the heart of an ongoing debate in which studies have first defined and then redefined the Eastern Franks' appetite for major pitched battles against their Turkish and Fatimid opponents, reaching very different conclusions. Some have suggested that Latin Eastern commanders were unwilling to risk such large-scale encounters[2]. *Prima facie* this view makes sense because it chimes with the commonly-held view that commanders in Western Christendom were equally reluctant to fight battles, except in the most desperate of circumstances[3]. By contrast, J. France has suggested that the rulers of the Crusader States were far more willing to give battle than has hitherto been supposed and

---

1   Usama Ibn Munqidh, *The Book of contemplation: Islam and the Crusades*, trans. P. Cobb, London, Penguin, 2008, p. 25.

2   See J. Gillingham, "Richard I and the Science of War in the Middle Ages", *Anglo-Norman Warfare: Studies in Late Anglo-Saxon and Anglo-Norman Military Organization and Warfare*, ed. M. Strickland, Woodbridge, Boydell, 1992, p. 197; C. Hillenbrand, *The Crusades: Islamic Perspectives*, Edinburgh, Edinburgh University Press, 1999, p. 522; R. C. Smail, *Crusading Warfare, 1097-1193*, 2nd ed., Cambridge, Cambridge University Press, 1995, p. 138-139, also makes a similar point but only for the period after 1127.

3   This article will not rehearse the lengthy historiography on attitudes towards battle in Western Christendom beyond observing that the notion that commanders tried to avoid battle has been nuanced or challenged by several historians. See, for example, C. J. Rogers, "The Vegetian 'Science of War' in the Middle Ages", *Journal of Medieval Military History*, 1, 2002, p. 1-19; L. J. A. Villalon, "Battle-Seeking, Battle Avoiding or perhaps just Battle-Willing? Applying the Gillingham Paradigm to Enrique II of Castile", *Journal of Medieval Military History*, 8, 2010, p. 131-154. For Gillingham's riposte, see J. Gillingham, "Rejoinder: 'up with Orthodoxy!' In Defense of Vegetian Warfare", *The Journal of Medieval Military History*, 2, 2003, p. 149-164. For a survey of the historiography, see J. France, "Battle, Historiography of", *The Oxford Encyclopedia of Medieval Warfare and Medieval Technology*, Oxford, Oxford University Press, 2010, vol. 1, p. 128-129.

were fully prepared to give battle when the need arose. He argues that this more front-footed approach represents an adaptation to the rather different military/political environment of the Near East[4].

This important issue is central to the Latin East's military history, but the majority of studies to deal with this question have tended to focus their attention on the kingdom of Jerusalem, rather than the northern states. Antiochene battles, such as the Roger of Salerno's famous defeat at the *Ager Sanguinis* (1119) or the post-Second Crusade debacle of Inab (1149) have received some attention, but there has been no study focusing specifically on the Antiochene Franks' readiness to engage in major battles[5]. As will be shown, the surviving evidence rewards closer attention in revealing their approach to large-scale encounters. Consequently, this article seeks to explore the Antiochene Franks' attitude towards battle, whilst drawing occasionally upon examples of battles from the southern Crusader States where appropriate.

THE IMPLICATIONS OF DEFEAT IN THE PRINCIPALITY OF ANTIOCH AND THE OTHER STATES OF THE LATIN EAST

It has long been observed that fighting a pitched-battle was a dangerous business, primarily because of its inherent perils. Christendom's commanders, both in the west and the east, were aware that a major

---

4 See J. France, "The Crusades and Military History", *Chemins d'Outre-Mer: Études d'histoire sur la Méditerranée médiévale offertes à Michel Balard*, ed. D. Coulon *et al.*, Paris, Éditions de la Sorbonne, 2004, p. 345-352; J. France, "Crusading Warfare and its Adaptation to Eastern Conditions in the Twelfth Century", *Mediterranean Historical Review*, 15, 2, 2000, p. 60; J. France, "Crusading Warfare", *Palgrave Advances in the Crusades*, ed. H. Nicholson, Basingstoke, Palgrave, 2005, p. 73; Y. Lev, "The *Jihād* of Sultan Nūr al-Dīn of Syria (1146-1174): History and Discourse", *Jerusalem Studies in Arabic and Islam*, 35, 2008, p. 264.

5 There have been some book chapters and articles, however, which have explored individual battles: for example, A. Mallett, "The battle of Inab", *Journal of Medieval History*, 39, 1 2013, p. 48-60; N. Morton, *The Field of Blood: the battle for Aleppo and the Remaking of the Medieval Middle East*, New York, Basic Books, 2018. For broader studies incorporating the principality's political/military history, see T. Asbridge, *The Creation of the principality of Antioch: 1098-1130*, Woodbridge, Boydell, 2000; A. D. Buck, *The Principality of Antioch and its frontiers in the Twelfth Century*, Woodbridge, Boydell, 2017.

defeat could result in the death or captivity of a state's leading knights and nobles (and consequently its major landowners and regional governors). The obstacles and costs involved in raising and re-equipping a new force could be equally prohibitive. Generals would also have been aware that, should matters take a turn for the worse, there was a real chance that they could lose their reputation, their kingdom and/or their life.

These were formidable concerns for the medieval commander and they all hold true for the Crusader States, especially the principality of Antioch. While no king of Jerusalem lost his life in battle during this period, and only one was taken captive whilst reigning as king[6], no less than three Antiochene rulers were killed in combat and three were taken captive[7].

Likewise, the territorial losses suffered following a major defeat in the Crusader States could be catastrophic. The major case study here of course is the battle of Hattin, which represents the example *par excellence* for the danger that a substantial reverse could lead to the implosion of a kingdom's entire defensive infrastructure. In the wake of Hattin in 1187, the kingdom of Jerusalem collapsed and when, several years later, the first contingents of the Third Crusade began to arrive, all the kingdom's major cities had fallen to Saladin, except Tyre in the north. The battle also opened a path for the swift reduction of both the principality of Antioch and the county of Tripoli which both lost much of their hinterland.

Antioch also furnishes its own case-study for such dire post-battle losses (if not quite so bad as Hattin): Harran. This confrontation took place in 1104 when a combined Edessan and Antiochene force first besieged the town of Harran before withdrawing to deflect an attack against Edessa led by the Turkish commanders Suqman and Jokermish. As the allied Frankish force approached to relieve Edessa, the Turks retreated, drawing the Franks far from their own borders, before heavily defeating them on 7 May near the Balikh river. In subsequent weeks the principality's territories shrank dramatically, both as the victorious Turks advanced upon their eastern borders and also as other factions

---

6   Baldwin II of Jerusalem (taken captive in 1123).

7   Antiochene rulers killed in battle: Roger of Salerno (1119), Bohemond II (1130), Raymond of Poitiers (1149). Antiochene rulers taken captive: Bohemond I (1100), Reynald of Chatillon (1160/1161), and Bohemond III (1164).

seized the opportunity to challenge Frankish rule. The Byzantines retook Antioch's major port of Latakia and stepped-in to take control of the Antiochene-held towns on the Cilician coastlands to the north, following a spate of local rebellions[8]. Other garrisons abandoned their posts and fled to Antioch, while several further towns threw out their Frankish overlords and welcomed forces despatched by Ridwan, Turkish of Aleppo (who had not participated in the battle of Harran[9]).

The catalogue of disasters resulting from this battle makes the point that a comprehensive defeat in the Levant entailed a dangerously high risk of causing a cascade of further losses. The Levantine Franks were minority rulers governing a far broader population composed of many different communities including Eastern Christians, Muslims and Jews along with other smaller groups. The Franks lacked the manpower or financial resources to replace substantial casualties, either in men or horses, while there was always a danger that the non-Latin population would join forces with the victor, intensifying the pressure[10]. In addition, the Turks' highly-mobile cavalry armies were exceptionally well suited to making as much chaos as possible across rural settlements, once a Frankish frontier had been denuded of its main army. Following the great Antiochene defeat at the battle of the Field of Blood (1119) near al-Atharib, Turkman raiders reached as far as the Black Mountain region of the Amanus mountains in the north and the Mediterranean coastline in the west as they spread out to despoil the landscape[11]. In short, the Franks were extremely exposed to the risks of failure just as the Turks were superbly well equipped to exploit any victory.

---

8   See Ralph of Caen, *Tancredus*, ed. E. D'Angelo, Turnhout, Brepols, 2011, p. 126.

9   See Kamal al-Din, "Extraits de la Chronique d'Alep", *Recueil des Historiens des Croisades, Historiens Orientaux*, Paris, 1884, vol. 3, p. 592; for an excellent overview, supported by maps, of these territorial losses, see Asbridge, *The Creation of the Principality of Antioch*, p. 54-58.

10   Al-Sulami specifically foregrounds the Franks' weakness during their early years of maintain sufficient warhorses; see Al-Sulami, *The Book of the Jihad of 'Ali ibn Tahir al-Sulami (d. 1106): text, translation and commentary*, ed. and trans. N. Christie, Aldershot, Ashgate, 2015, p. 235. Admittedly rebellions against Frankish authority were rare, but the potential remained; see B. Z. Kedar, "The Subjected Muslims of the Frankish Levant", *Muslims under Latin Rule, 1100-1300*, ed. J. M. Powell, Princeton, Princeton University Press, 1990, p. 154-160.

11   See Kamal al-Din, "Extraits de la Chronique d'Alep", p. 619; Bar Hebraeus, *The Chronography of Gregory Abû'l Faraj: the Son of Aaron, the Hebrew Physician commonly known as Bar Hebraeus*, trans. E. Wallis Budge, Oxford, Oxford University Press, 1932, vol. 1, p. 249.

Another factor compounding the dangers of defeat was the contested political environment of the Near East during this period. This was a region where many different factions, whether Turkic, Arabic, Byzantine, Armenian or Frankish, jostled for power in close proximity. In this heated arena the various combatant parties spent much of their time waiting for any sign of weakness among their neighbours. The defeat of one party could immediately provoke other previously-uninvolved rulers to launch their own attacks, leading to a generalised feeding frenzy of competing factions all seeking to claw their pound of flesh from a wounded neighbour. The Byzantine attacks made upon the principality of Antioch following Harran (mentioned above) provide one example of this 'piling on' of neighbouring powers. Another example can be seen in the progressive enfeeblement of the county of Edessa following the fall of the city of Edessa in 1144 to the Turkish ruler Zengi. As it became clear that the county could not defend its borders in the following years, both the Anatolian Turks and Nur al-Din (Zengi's heir and ruler of Aleppo) staged repeated attacks upon the county; essentially competing to grab as much land as possible. William of Tyre described county's death-throes as being "crushed incessantly between two millstones[12]". A major defeat, whether through siege or battle, could have catastrophic consequences.

Admittedly this was not always the case. At times it was politic to maintain a defeated party's existence out of fear that an even stronger enemy might take its place[13]. This was the explanation attributed by Ibn al-Athir to Nur al-Din when discussing the events following the Antiochene defeat at Artah in 1164. He explains that having secured a substantial victory over the Franks, Nur al-Din chose not to take advantage of Antioch's weakness because there was a danger that this would provoke the Byzantines to intervene decisively from the north, take control in Antioch, and become far more dangerous enemy than their Frankish predecessors[14]. This was a serious concern that may well have played its part in maintaining Antiochene independence. Certainly,

---

12 William of Tyre, *Chronicon*, ed. R. Huygens, Turnhout, Brepols, 1986, vol. 2, p. 781.

13 See M. A. Köhler's thesis on this: M. A. Köhler, *Alliances and Treaties between Frankish and Muslim Rulers in the Middle East: Cross-cultural Diplomacy in the Period of the Crusades*, trans. P. M. Holt, ed. K. Hirschler, Leiden, Brill, 2013, *passim*.

14 *The Chronicle of Ibn al-Athir for the Crusading period from al-Kamil fi'l-Ta'rikh.*, ed. and trans. D. S. Richards, Aldershot, Ashgate, 2006, vol. 2, p. 167.

the return of Antioch to Greek control was a longstanding Byzantine objective[15]. Geopolitical logic of this kind could prevent the complete destruction of a crusader state at times, but even so the history of the northern crusader states also furnishes examples of the exact opposite scenario.

THE ANTIOCHENE APPETITE FOR BATTLE

Consequently, there are grounds for suggesting that the rulers of the Crusader States probably had more to lose from a major battle than many of their contemporaries in the West. It is all the more remarkable then that – despite the increased risks – they fought so many battles. Where J. Gillingham has argued that major rulers in Western Christendom fought few or no battles (Henry II of England, none; Philip Augustus of France, one; Richard I of England, two/three[16]) the principality of Antioch fought at least eleven between 1100 and 1164[17]. A serious case could also be made for several others including the encounters at Kella in 1100[18] Shaizar in 1111[19], Azaz in 1124[20]. Identifying precisely

---

15   For discussion, see J. Harris, *Byzantium and the Crusades*, London, Hambledon, 2003, *passim.*

16   See Gillingham, "Richard I and the Science of War in the Middle Ages", p. 196-197.

17   This number includes all those battles which meet the below criteria. It includes all battles fought either within the principality of Antioch itself or those where the principality's main army (at times led or supported by forces from Jerusalem) took a leading role in encounters within its main theatre of operations in Northern Syria. It excludes those occasions when Antiochene contingents supported the Jerusalemite army, defending the kingdom's borders to the south. These battles are: Harran (1104), Artah (1105), the encounter between Aleppo/Antioch and Mosul/Edessa (1108), Tell Danith (1115), Field of Blood (1119), Second Battle of Tell Danith (1119), Azaz (1125), Qinnisrin (1133), Yaghra (1148), Inab (1149), Artah (1164).

18   See Kemal al-Din, "Extraits de la Chronique d'Alep", p. 588.

19   The sources differ on whether there was a battle in 1111. For discussion, see Edgington's comments in Albert of Aachen, *Historia Ierosolimitana: History of the Journey to Jerusalem*, ed. S. Edgington, Oxford, Clarendon Press, 2007, p. 818-819, n. 84.

20   See Ibn al-Qalanisi, *The Damascus chronicle of the Crusades*, ed. and trans. H. Gibb, Mineola, New York, Dover, 2002, p. 170; Kamal al-Din, "Extraits de la Chronique d'Alep", p. 640. For other encounters we lack sufficient detail to make a judgement, such as the ambush where Bohemond II was killed in Cilicia; although it is not impossible that this was a battle.

how a 'battle' should be defined (as opposed to a large skirmish or an embattled fighting march) is occasionally problematic when drawing up such lists of 'battle-level' encounters, but for the purposes of this investigation a 'battle' in the Near East has been defined as an encounter which satisfies the following criteria:

1. Any encounter in which two commanders both sought to defeat their opponent (i.e. a 'fighting march' in which the Frankish commander sought only to reach a given location and not to give battle would not qualify, unless it evolved into a pitched battle).
2. An encounter ending in the defeat or forced withdrawal from the battlefield of at least one army consisting of over 3000 soldiers, or at least 350 Frankish heavy cavalry.
3. An encounter which did not take place across an intervening rampart or other permanent – rather than field – fortification (i.e. a siege).
4. An encounter which was deemed worthy of remembrance by the writers of more than one culture.

These criteria have been selected to capture the major qualities typically associated with the concept of a 'battle': scale, purpose, context, and regional impact.

To restate the problem, the points raised so far represent a seeming dichotomy. On one hand, the Antiochene Franks had more to lose than most medieval rulers from fighting pitched battles, yet on the other, they took part in such encounters with far greater frequency. This requires an explanation.

A survey of these battlefield encounters reveals a striking pattern that goes some way to answering this problem. Seven (arguably eight) of the eleven abovementioned battles (and two of the 'possibles') took place when the Franks were on the defensive, either during, or directly following, a Turkish attack on the principality of Antioch. Among these defensive encounters the course-of-events was remarkably similar. In all these cases the battle was a response to a Turkish invasion into the principality, rather than being the product of an Antiochene attack upon Turkish territory. In most of these cases, the Turks first attacked a frontier stronghold and then fought a battle when confronted by a

Frankish relief force. Examples fitting this precise pattern include the battles fought after Turkish attacks upon: Ma'arrat al-Nu'man (1115), Al-Atharib (1119), Azaz (1124 and 1125), Inab (1149), and Harim (1164)[21]. Consequently, when discussing the Frankish appetite for 'battle', it is necessary to emphasise that these were predominantly attempts to ward off invasion, rather than battles fought as part of an offensive operation. This is not to say that the Franks could not be highly aggressive in their warcraft – they could be very bellicose – only that they tended to express their expansionist impulses through raiding and occasionally sieges, not pitched-battles.

Notably, the Antiochene propensity for fighting battles predominantly whilst on the defensive is mirrored by the Crusader States to the south. Before 1125 the kingdom of Jerusalem exclusively fought pitched battles in defensive scenarios; beating off multiple Egyptian invasions despatched out of Ascalon and also the Damascene ruler Tughtakin's attacks upon Tiberias, the most important taking place in 1113. Likewise, during the period 1109-1164, the battles fought in Tripolitarian territory against the Turkman commander Bazwaj in 1137, Zengi in 1137 and Nur al-Din in 1163 were solely responses to invasion. By contrast, only very rarely did the Franks actively seek out their enemy's forces for a major encounter during offensive operations and these tended to occur only when the Franks had very substantial forces at their disposal (often including large numbers of recently-arrived crusaders) or following a major victory. Baldwin II's invasions towards Damascus in 1126 and 1129 and the battles they provoked are rare examples of such encounters and they occurred in unique circumstances, the former following Tughtakin's (ruler of Damascus) defeat the previous year, and the latter with the support of a large crusading army.

An example which underlines' the Franks very different approaches to battle during offensive and defensive campaigns can be seen in Baldwin II's campaign in Northern Syria in late 1124-1125. This expedition began soon after Baldwin's release from Turkish captivity in August 1124. Almost immediately, the king (then acting ruler of Antioch) assembled a powerful coalition comprised of Frankish, Turkish and Arab troops and marched to besiege the great northern Syrian powerhouse of

---

21   The Second battle of Tell Danith (1115/1119) does not quite follow this pattern but it
     was certainly fought as a defensive stroke.

Aleppo. The conquest of this city was a longstanding strategic goal for the Crusader States and its fall would have markedly tilted the regional balance of power towards the Franks[22]. Nevertheless, Baldwin chose to lift the siege and yield this long-term ambition upon learning that Aqsunqur, ruler of Mosul, was marching Aleppo's relief. He made this choice even though, firstly, his important Arab ally Dubays was intent upon seeking battle with Aqsunqur[23], secondly, Aleppo's garrison was small and the city's ruler was absent[24] and, thirdly, Aqsunqur's army does not seem to have been especially strong[25]. In short, Baldwin II refused battle during an offensive campaign even though he stood to gain enormously from the conquest of Aleppo and even though he was confronted with inferior forces.

This decision stands in stark contrast to Baldwin's conduct a few months later. On this occasion, Aqsunqur – having secured Aleppo for himself – invaded the principality of Antioch in alliance with the Damascene ruler Tughtakin. This combined Turkish force then took Kafartab before besieging Azaz. Baldwin II responded to this attack by gathering his supporters and marching upon Azaz, without Arab or Turkish allies, where he fought and won a battle against the large opposing Turkish coalition[26]. The disparities between Baldwin's conduct are striking. He refused battle when the odds were in his favour and when he stood to gain a major prize, *but when he was on the offensive*. But he accepted battle when the odds were severely against him, and when he stood to gain very little beyond defending the frontier, *but when he was on friendly territory and on the defensive*. The strategy was clear: battles were far more acceptable when fought on home ground and in defence. Admittedly Baldwin did go on the offensive in the south the following

---

22 The earliest reference to the Frankish aspiration to conquer Aleppo can be found in Guibert of Nogent's chronicle: *Dei gesta per Francos et cinq autres textes*, ed. R. B. C. Huygens, Turnhout, Brepols, 1996, p. 338.

23 See "Anonymous Syriac chronicle", trans. A. Tritton, *Journal of the Royal Asiatic Society*, 92, 1933, p. 96. For discussion on this siege, see Morton, *The Field of Blood*, p. 123-164; T. S. Asbridge, "How the Crusades could have been won: King Baldwin II of Jerusalem's campaigns against Aleppo (1124-1125) and Damascus (1129)", *Journal of Medieval Military History*, 11, 2013, p. 77-86.

24 See Kamal al-Din, "Extraits de la Chronique d'Alep", p. 647.

25 See Fulcher of Chartres, *Historia Hierosolymitana (1095-1127)*, ed. H. Hagenmeyer, Heidelberg, 1913, p. 754.

26 The most detailed account of the campaign can be found in "Anonymous Syriac chronicle", p. 96-98.

year, launching a campaign out of the kingdom of Jerusalem and seeking battle with Tughtakin, but that was presumably an attempt to exploit Tughtakin's weakness in the wake of his defeat at Azaz.

FREQUENT AND DEFENSIVE BATTLES

The plot thickens. It is now necessary to explain both why the Franks tended only to accept battle in defensive scenarios as well as to render some explanation for the fact that they fought so many battles despite the risks involved. The answers to both issues are bound together – they reflect the Franks' attempts to recalibrate their tactics to answer the Turks' warcraft.

J. France is entirely right to caption to the military encounters between the Franks and Turks as a "clash of contrasts[27]". The Turks fought in a very different manner to their opponents. Their primary tactics were those of the Central Asian Steppe where nomadic commanders sought to employ their peoples' traditional skills in horsemanship and archery to the greatest possible effect on the battlefield. Armies made up of mounted archers were formidable instruments of war, almost unknown in Western Christendom. Some commanders along Christendom's eastern margins might have heard stories about their predecessors' historic wars with the Magyars, who are reported by Regino of Prüm to have fought in much the same way, but there is little to suggest that these former experiences influenced the First Crusaders or the later defenders of the Crusader States[28].

By the twelfth century, the Turks' traditional steppe tactics remained central to their warcraft but they were also being remoulded somewhat as the Turks slowly acclimatised themselves to life in the Near East, slowly adopting Islam and gradually defining their power by terri-torial holdings rather than tribal groupings[29]. They started to gather

---

27   J. France, "Warfare in the Mediterranean region in the age of the crusades, 1095-1291: a clash of contrasts", *The Crusades and the Near East*, ed. C. Kostick, Abingdon, Routledge, 2011, p. 9.

28   See Regino of Prüm, "Chronicon", *Monumenta Germaniae Historica, Scriptores Rerum Germanicarum*, ed. F. Kurze, Hanover, vol. 50, 1890, p. 133.

29   Given that the Turks were essentially post-nomadic by this stage it is difficult to apply some of the principles outlined by Morillo which are founded on nomadic cultures that

slave-soldiers (*Ghulam*) and to employ the arms and armour commonly used in the region, but their basic tactical approach to warfare was fundamentally unchanged.

The Turks' two main advantages – mobility and massed archery – help to explain why their Frankish opponents were so reluctant to engage in battle whilst fighting offensive campaigns in enemy territory. As mentioned briefly above, the Turks' horsemanship and longstanding experience both in hunting and in the control of great herds provided an excellent basis for harrying and destroying a beaten enemy. If defeated during an offensive campaign, the remnants of a Frankish army would not simply be permitted to perform an orderly withdrawal. Instead they would typically be submerged beneath a deluge of swarming Turkish attacks from all quarters. An example of the kind of pressure that the Turks could bring to a retreating Frankish army can be seen in Tancred's attempt to march back to Apamea (Antiochene territory) following his attempt to conquer the town of Shaizar in 1111. The campaign began in September 1111 when a combined Christian army first gathered at Apamea and then set out to confront the Munqidhs of Shaizar who were supported by Mawdud of Mosul. The Franks advanced upon the town and then fought an indecisive encounter (possibly a battle – the accounts are not clear on this point) against their Turkish and Arab enemies which compelled them to withdraw. They then began an agonised retreat back to Apamea (which is only about *c*.15 miles to the north-west). The Franks tried to make camp on two occasions on the return journey and both times they were forced against their will to resume their march by the relentless pressure exerted by their foes. In the event, even though their army was (1) unbroken, (2) led by expert commanders like Tancred and Baldwin I of Jerusalem, (3) only had to cover a short distance, and (4) had opted to march at night to disrupt Turkish archery (a technique they picked up during the First Crusade) this was clearly a tortured journey demonstrating just how dangerous the Turks could become one they sensed that their foes had rendered themselves vulnerable[30].

---

are 'non-territorial': S. Morillo, "Battle-Seeking: The Contexts and Limits of Vegetian Strategy", *Journal of Medieval Military History*, 1, 2002, p. 31.

30   See Usama Ibn Munqidh, *The Book of contemplation*, p. 80-81. For night marching during the First Crusade, see B. S. Bachrach and D. S. Bachrach, "Ralph of Caen as a Military

More catastrophic case studies demonstrating the damage that Turkish light cavalry could inflict upon *broken* Frankish armies can be seen in the abortive attempts to cross Anatolia made by the three main waves of the 1101 Crusade and Conrad III's army during the Second Crusade. In all cases these very large forces were worn down, defeated, and then put to flight by the Turks. The chroniclers for these campaigns tell very grim tales reporting the aftermath of these armies' collapse and the massive casualties inflicted as the fleeing survivors were hunted down by the victorious Turkish light cavalry[31]. The memory of such experiences would have gone some way to dissuading later commanders from seeking battle whilst in enemy territory. Without the protection afforded by a nearby place-of-retreat, such as a stronghold or fortified town, the Turks' impressive mobility could substantially dilate the consequences of defeat for a Frankish commander.

The Turks were well aware of this advantage and, at times, they deliberately sought to goad Frankish armies into pursuing them away from their sources of help so that they could isolate them in unfamiliar territory and then magnify the scale of their victory. As mentioned above, the battle of Harran provides one such example, and another can be seen in the manoeuvres which took place before the battle of Artah 1164. Describing this latter Frankish defeat, Ibn al-Athir specifically reports that Nur al-Din tried to provoke the combined Frankish forces into following him away from their own lands before instigating a battle. He comments that Nur al-Din moved his army "from Harim to Artah to encourage them [the Franks] to follow him, so he would have them in his power because they would be far from their territory if they met him in battle[32]".

The thought of Turkish cavalry hunting down the fleeing remnants of a defeated Frankish army would have been a sobering thought for any Frankish commander contemplating an offensive operation, but this would only have been one reason among many to avoid pitched battles during offensive campaigns. The Turks' considerable mobility

---

Historian", *Crusading and Warfare in the Middle Ages: Realities and Representations, Essays in Honour of John France*, ed. S. John and N. Morton, Farnham, Ashgate, 2014, p. 95.

31   See Albert of Aachen, *Historia Ierosolimitana*, p. 614-618; Odo of Deuil, *De profectione Ludovici VII in Orientam: The journey of Louis VII to the east*, ed. and trans. V. Berry, New York, Columbia University Press, 1948, p. 92-96.

32   *The Chronicle of Ibn al-Athir*, vol. 2, p. 147.

had many applications. They could cut a Frankish army's communications with its home territory and harry foragers. This happened during many campaigns and was instrumental to Baldwin II's defeat during his attack upon Damascus in 1129[33]. Turkish cavalry could also slow a Frankish advance, repeatedly attacking their marching columns and forcing them to fight for every mile of their advance. This occurred on many occasions, particularly in the south, such as during King Fulk's attempt to seize the city of Bosra in 1147[34]. They frequently used their troops to deny the Franks access to water, either by destroying wells – such as during the 1101 Crusade[35] – or by stationing troops to block accessible watering points at nearby rivers – such as during Tancred's attack on Shaizar in 1111[36]. The combined effect of these tactics was to make it very difficult indeed for a Frankish commander to have any hope of success when conducting any offensive campaign in close proximity to a major Turkish army, still less when seeking a pitched battle. After all, the Turks were so well equipped to harass, isolate, and destroy a slow-moving Frankish army. Over time of course the Franks adapted to these strategies by: marching in close formation (the famous 'fighting march[37']), marching at night, and by developing their own light cavalry (Turcopoles). Even so, while these hybrid tactics may have helped them to resist or temporarily avoid the Turks; they do not cumulatively represent a decisive counter-measure of such magnitude as to deny the Turks their great advantage in war. Consequently, the image of a collapsing Frankish army, disintegrating far from help and surrounded by Turkmen goes some way to explaining why the Franks only risked battle during offensive war in the most exceptional of circumstances.

Turning now to the question of why the Franks fought battles so frequently whilst on the defensive, the answer must simply be that they did not have a choice. Of the seven defensive battles mentioned above (nine including the two 'possibles'), six were fought to ward off invasion while the seventh took place following the battle of the Field of Blood when the Turks were already ranging freely across Antiochene territory.

33   See William of Tyre, *Chronicon*, p. 620-621.

34   See William of Tyre, *Chronicon*, p. 726-731.

35   See *Frutolfi et Ekkehardi chronica necnon anonymi chronica Imperatorum*, ed. F.-J. Schmale and I. Schmale-Ott, Darmstadt, Wissenschaftliche Buchgesellschaft, 1972, p. 168.

36   See Usama Ibn Munqidh, *The Book of contemplation*, p. 80.

37   See Smail, *Crusading Warfare*, p. 156-165.

In these scenarios the Franks were confronted with the challenge of devising a strategy that would compel their enemies to abandon their attack and depart from Frankish territory.

The tactical options available to Antiochene commanders suffering invasion, however, were far fewer than those open to contemporary commanders in distant Western Christendom[38]. Unlike their western counterparts, they could not attempt to cut their enemies' supply lines because, firstly, the Turks could provision themselves from their own herds (often brought along on campaign) and, secondly, because this kind of action required light cavalry warfare which was the Turks' great strength. Equally they could rarely afford to 'sit-out' their enemies' attacks in their strongholds and wait for them to go away. The Turks were expert raiders and when eventually the Franks re-emerged from their fastnesses they would find that their former estates were in ruins. Consequently, these approaches were scarcely ever attempted[39]. Another choice was to buy-off an enemy, but this option was equally problematic. Paying off enemies was always a risky choice because it won short-term security at the cost of offering an enemy a long-term incentive to renew their attack. All these approaches were viable options in Western Christendom – at least in some locations/scenarios – but they were scarcely ever suitable in the east.

There were only two remaining alternatives: (1) to adopt a 'shadowing' strategy or (2) to directly relieve the beleaguered stronghold with a major field army, thereby risking battle. Both these options were possible. Shadowing tactics were employed – albeit rarely – in the Crusader States. This approach to war essentially entailed commanders physically blocking an enemy's path across the frontier by entrenching their forces

---

38 For discussion on defensive strategies, see Morillo, "Battle-Seeking", p. 26.

39 The county of Edessa occasionally responded to attacks in this way and the county's defenders seem to have sought refuge behind stone walls when Mawdud attacked in 1111. Certainly the surviving sources mention no attempt to confront Mawdud until his forces were withdrawing from Edessa (at which point Albert of Aachen says that Joscelin set out in pursuit of one Turkish contingent); see *The Chronicle of Ibn al-Athir*, vol. 1, p. 156; Ibn al-Qalanisi, *The Damascus chronicle of the Crusades*, p. 114; Albert of Aachen, *Historia Ierosolimitana*, p. 810-812; Bar Hebraeus, *The Chronography*, p. 244; Fulcher of Chartres, *Historia Hierosolymitana*, p. 549-551. C. Marshall, *Warfare in the Latin East, 1192-1291*, Cambridge, Cambridge University Press, 1992, p. 176-177 and 182, however describes a rather similar approach being employed in the Latin East during the later period 1192-1291.

in a strong location and refusing either to budge or to give battle. The clearest example of this for the northern Crusader States occurred during Baldwin II's defence of Antioch in the 1120s[40]. In 1122 the Artuqid ruler Ilghazi twice tried to attack Zardana but on both occasions was compelled to withdraw when Baldwin II stationed his army at the nearby fortified monastery of Hisn ad-Dair, but refused to engage in battle[41].

It is not difficult to see why Frankish commanders might employ shadowing tactics. This approach enabled them to block an enemy invasion whilst conserving their manpower (a vital consideration in the Latin East). These tactics were also used further south in the kingdom of Jerusalem. Famously, the great debate before the battle of Hattin 1187, when King Guy and his nobles discussed how they should tackle Saladin's recent invasion, centred on the question of whether they should try to shadow Saladin's forces or alternatively to march out to relieve the recently besieged city of Tiberias. The initial consensus was to adopt shadowing tactics; to hold their position in close proximity to Saladin, thereby conceding Tiberias, but preventing the Turks from penetrating any further into the kingdom. This approach had been reasonably successful in the past, helping the Franks to fend off a similar attack in 1183 so it made sense to suggest that it should be adopted again. Nevertheless, after the meeting, Guy was dissuaded from this course of action and convinced instead to relieve Tiberias and, by extension, to stage a frontal attack upon Saladin's army.

Guy's decision to jettison a 'shadowing' approach was not unjustified. Despite its *prima facie* appeal, there were problems with this kind of strategy. Refusing battle looked weak – even cowardly – in the eyes of Christian knights, afire with stories of knightly deeds and convinced in their belief that God would grant them victory[42]. Likewise weakness could not be shown to the Turks. A major enabling factor underpinning the foundation of the Crusader states had been the fearsome reputation

---

40 Roger of Antioch similarly refused battle in 1115 against Bursuq of Hamadhan near Shaizar, although this cannot really be said to be 'shadowing' tactics. He did not want to give battle because he wanted to wait for the arrival of reinforcements from Jerusalem. See Walter the Chancellor, *Bella Antiochena*, ed. H. Hagenmeyer, Innsbruck, 1896, p. 69.

41 See Kamal al-Din, "Extraits de la Chronique d'Alep", p. 632-633; Asbridge, *The Creation of the Principality of Antioch*, p. 82-84.

42 *La Continuation de Guillaume de Tyr (1184-1197)*, ed. M. R. Morgan, Paris, Geuthner, 1982, p. 43-47.

the First Crusaders had won for themselves against their Turkish adver-
saries. Refusing battle was not consistent with the maintenance of that
image. Likewise, if a ruler sought to adopt shadowing tactics against
an opponent, who had already instigated a siege against a friendly
frontier castle (i.e. Tiberias in 1187), then it was necessary for that ruler
to accept the fact that he was essentially abandoning that stronghold
and its defenders to their fate. This would have been a bitter pill to any
ruler to swallow who felt any obligation to his troops, but especially
for the Crusader States whose territorial footprint was so slight that
major fastnesses could not gamely be thrown away uncontested. These
were the kinds of arguments that were among those which dissuaded
Guy from adopting shadowing tactics in 1187 and they also presumably explain why the Antiochene Franks were equally cautious about
adopting this approach. Having said this, Baldwin II in 1122 seems
to have overcome the inherent deficiencies in this course-of-action by
managing – somehow – simultaneously to adopt shadowing tactics,
to refuse battle, and to successfully drive Ilghazi away from Zardana.
Exactly how he managed this is unclear. The sources are too slight.
Still it must have been a unique set of circumstances because he did
not attempt this kind of approach again.

The remaining option was to march directly to the relief of the
beleaguered stronghold. This was by-far the most common reaction
to a Turkish invasion and the frequency with which this response was
adopted hints at the conspicuous drawbacks surrounding all the other
alternatives. This approach did not necessarily mean that the Frankish
army was deliberately seeking battle, but at the very least it had to be
prepared to threaten battle if it was to have any chance of success[43].
Antiochene commanders might well have hoped that the Turks would
raise their siege and concede the fight upon hearing news of the relief
army's approach. This occasionally happened and certainly, by using
their main field army in conjunction with a major frontier fortress, the
Franks were confronting the Turks with their greatest possible deter-
rent. In such a scenario, the Franks essentially transferred the decision
about whether to give battle onto the Turks. When news arrived of
the imminent arrival of a Frankish relief force, the Turks could choose
either to lift the siege, or they could fight.

---

43   Borrowing terminology from S. Morillo, "Battle-Seeking", p. 26.

The Turks often chose to fight and indeed they seem to have been far more eager to engage in battle than their enemies, even when facing a Frankish field army supported by a stronghold in close proximity. Their willingness to stage a pitched battle in this scenario explains the vast majority of the battles that took place in these circumstances. The Turks had strong grounds for adopting a battle-seeking posture. They were nearly always numerically superior to the Franks and they could compensate for battlefield casualties with far greater ease. New manpower could be sourced relatively easily from the Turkmen tribes of the northern Jazira and Ibn al-Qalanisi frequently mentions the rulers of Damascus summoning new forces/allies from this region[44]. Other troops could be raised from the heartlands of the sultanate in Iraq. Heavy defeat and loss of territory were also potentially less ruinous than for their Frankish counterparts, given that their landholdings were immeasurably more extensive. When the Turkman ruler Balak lost his city of Saruj during the First Crusade, he adopted a roving lifestyle, fighting for a variety of masters, before re-asserting himself as a territorial power when the chance occurred several years later[45]. The Franks did not have this kind of luxury. Also, the Turks' considerable mobility combined with the fact that their enemies were slower-moving and on the defensive, diminished further the consequences of defeat; after an initial pursuit the Turkish horsemen could simply scatter and return home. All these factors gave the Turks strong incentives to adopt 'battle seeking' strategies, meaning that the Franks would have to accept battle on a semi-regular basis whether they liked it or not. The explanation then for the relatively high number of battles during this period lies more with the Turks' approach to battle than with the Franks.

---

44   See Ibn al-Qalanisi, *The Damascus chronicle of the Crusades*, p. 81, 158-159, 197, 285, 305.

45   For Balak's loss of Saruj, see Albert of Aachen, *Historia Ierosolimitana*, p. 176-178. What we know of his subsequent career comes largely from Ibn al-Athir's chronicle, although many authors took a greater interest in his actions when he became involved in the wars of Northern Syria in the early 1120s. There is no standard work on Balak, but for a good summary, see T. El-Azhari, "Balak (d. 1124)", *The Crusades: An Encyclopedia*, ed. A. Murray, Santa Barbara, ABC-CLIO, 2006, vol. 1, p. 129-130.

IMPLICATIONS

Ultimately, the pitched-battles fought between the Antiochene and Turkish enemies reflect the cross-cultural nature of warfare along the Antiochene frontier. Both sides had their strengths and weaknesses. Very broadly, the Franks were deficient in reinforcements and, to some extent, mobility. They compensated for these problems by: developing major frontier fortresses, raising light-cavalry forces, identifying counter-measures to Turkish archery, and building a warcraft centred upon discipline, caution and their main battle-winner: the heavy cavalry charge. The Turks for their part were deficient in heavily armoured forces – cavalry or infantry – or by extension in troops capable of competing with the Franks in hand-to-hand combat. Their responses included: making full use of their considerable numbers, exercising caution when engaging in hand-to-hand combat, maximising the advantages inherent in their considerable mobility, arming their troops with armour-defying maces, enhancing their siege-craft and in some cases developing more heavily armoured cavalry contingents.

As this article has demonstrated, both sides learned to adapt themselves to their opponents but their revised tactics proved more effective in some military scenarios than in others[46]. The Franks seem to have recognised that the idea of staging major battle-seeking invasions into Turkish territory was simply too dangerous to contemplate in any but the most unusual of situations. Their forces were not suitable for an aggressive campaign against an army of mounted archers, unless they had major support from the west or some other substantial circumstantial advantage. Their inability to compensate for this deficiency may go some way to explaining why the Franks never managed to conquer one of the big inland centres of power that barred their path to the conquest of the entire Near East: Aleppo, Damascus, and Cairo. Their principle offensive tactic was heavy raiding but, as their attacks upon Aleppo (1110s-1120s) or Damascus (1120s) prove, raiding could weaken

---

46   A good starting point for discussion on the Franks/Turks adaptations to one another's tactics can be found in France, "Crusading Warfare and its Adaptation to Eastern Conditions in the Twelfth Century", p. 49-66.

these cities but much more pressure was needed to bring about their overthrow. In defensive scenarios the Franks were more 'battle-willing[47]', but this was seemingly through lack of alternatives and they still tended to avoid battle where possible[48].

In practice, the Antiochene Franks fought most of their pitched battles for the simple reason that they were vital for their continued existence[49]. Their survival traded on the maintenance of their fearsome reputation and this often necessitated fighting major encounters. Equally the security of their borders demanded that they relieve besieged strongholds – necessarily requiring them to threaten battle – because the other possible counter-measures were either ineffective or could only be applied in specific circumstances. Their general behaviour suggests that they preferred *in principle* to avoid battle – and so Usama ibn Munqidh is undoubtedly correct to characterise them as cautious in war – but nonetheless the political context of Northern Syria and the front-footedness of their enemies frequently required them frequently to grudgingly deploy for battle.

Their predilection for defensive over offensive battles was a pragmatic stance, but it may also go some way to explaining the ultimate failure of the Latin Eastern project. The Antiochene Franks fought most of their battles in defensive scenarios where they had very little to gain and a great deal to lose. If the Franks lost then the doors were open for their enemies to conquer multiple fortresses and to raid the principality's heartlands. If the Franks won then their victory served simply to maintain the *status quo*. A victorious Frankish army might gain a few small settlements by treaty or capitalise on their enemy's temporary weakness by launching a major raids, but that is all. They would certainly never gain the kinds of advances that their Turkish enemies achieved after Harran in 1104 or the Field of Blood in 1119. Consequently, the Franks' military stance created an imbalance in the potential impact of battle, tilting the odds in favour of the Turks, even though – ironically – it was a strategy designed to conserve their position.

---

47   Borrowing terminology here from Villalon, "Battle-Seeking, Battle Avoiding or perhaps just Battle-Willing?", p. 131-154.
48   In 1164 at Artah they were goaded into seeking battle with Nur al-Din following his attack upon Harim but this was rare; see *The Chronicle of Ibn al-Athir*, vol. 2, p. 147.
49   See France, "Crusading Warfare and its Adaptation to Eastern Conditions in the Twelfth Century", p. 60.

There were exceptions to this battle-hardened, yet battle-avoiding, behaviour. The advent of a major crusade could supply a temporary abundance of troops which *could* permit the Franks to be far more aggressive. Still, the big crusading armies tended to fight their wars out of the kingdom of Jerusalem, rather than in the northern states, and on the rare occasion that a big army from Western Christendom did enter Antiochene territory (such as Bertrand of Saint Gilles' army in 1109, or the survivors from Louis VII's army in 1148) the principality's rulers tended to quarrel with the newcomers, who in any case seem to have intended only to pass through Antioch rather than rendering it aid[50].

Turning now to the historiography, the great work on campaigning in the Latin East during this period is naturally R. C. Smail's *Crusader Warfare*[51]. This hugely influential study offers a highly nuanced argument concerning the Eastern Franks' approach to battle. R. C. Smail presents the Franks as pragmatic fighters who sought to incrementally build up their position with strongholds whilst launching campaigns with limited territorial ambitions. He observes that the Franks were cautious in war because battle was a dangerous business and they had limited manpower. The first generation of Frankish conquerors (up to 1127) often wanted to fight big battles because the creation of the Crusader States required a degree of aggression if it was to be successful, but later generations learned to avoid battles because they conferred little advantage so the Franks achieved their goals instead by refusing battle when confronted by a major enemy or using fighting marches.

R. C. Smail's thesis requires revision. The Antiochene Franks *do* seem to have fought more battles in their early years than in later decades and yet it is striking that most of these were still defensive. Their frequency owes more to their Turkish enemies – who were still in process of learning to be wary of the Frankish heavy cavalry – than to a deliberately battle-seeking approach by the Franks. Moreover, R. C. Smail over-emphasises the use of blocking/shadowing tactics. Rather than being a standard tactic characteristic of the post 1127 period, this approach seem rather to have been employed sparingly throughout this period

---

50 See Albert of Aachen, *Historia Ierosolimitana*, p. 776-778; William of Tyre, *Chronicon*, vol. 2, p. 754-755.

51 See Smail, *Crusading Warfare*, p. 138-140.

(both before and after 1127) at times of intense need[52]. Overall, the Antiochene Franks' approach to battle seems broadly consistent during the period 1099-1164. The defeat at Harran and the later problems encountered during offensive campaigns (such as the 1111 campaign) may have reinforced the Franks' conviction that battle-seeking during offensive campaigns was too dangerous to contemplate, but even in the wake of the First Crusade, there are few examples of Frankish armies from any region deliberately seeking battle against an enemy which did not pose an imminent threat to their own borders[53]. Even the First Crusaders themselves manifested a curiously defensive approach to battle, never seeking a pitched battle against an enemy's army unless it was clear that they were intent on staging an attack.

Turning to the historiography surrounding broader Medieval European attitudes towards battle, this article serves neither to confirm nor disprove the core precepts of the much debated 'Gillingham paradigm' (that Christendom's commanders preferred not to fight battles given the risks involved). Fundamentally the Eastern Franks were indeed battle-avoiding in their behaviour, but this was clearly through force of local circumstances and it would be difficult argue that it was an inherited preference carried across from Western Christendom. The Levantine theatre hosted a very different kind of war fought against an enemy whose military culture blended influences from their peoples' formerly nomadic way of the life and the agricultural Islamic world of the contemporary present. This article's two main contributions to this particular debate are firstly to add another voice to those who have stressed that the Western Christian approaches to pitched battle cannot be reduced to a single dominant overarching orthodoxy. It is necessary to recognise diversity in military practice and political context across different cultures and frontiers. Secondly, J. Gillingham presents his argument – that Western European commanders tended to adopt a defensive strategy and to avoid battle – as an extrapolation and development upon the arguments made in R. C. Smail's magisterial work[54].

---

52   As Smail, *Crusading Warfare*, p. 140-148, curiously seems to acknowledge a few pages later.
53   The exceptions I have in mind are predominantly the battles fought by Amalric in Egypt.
54   This is suggested in Gillingham's "Richard I and the Science of War", p. 195, 197, but it becomes rather clearer in his article "Rejoinder: 'Up with Orthodoxy!'", p. 153.

Nevertheless, his seeming belief that lessons can be learned about warcraft in mainland Europe from a study on campaigning in the Latin East is highly problematic given the very different environments in which these campaigns were fought. As both this article, and R. C. Smail's *Crusading Warfare*, demonstrate, the Eastern Franks' tactics represent a highly-evolved adaptation to Turkish tactics which cannot easily be transposed elsewhere.

This article has endeavoured to lay bare an important aspect of the Antiochene Franks' strategic thinking and, reflecting upon their conduct, it is possible perhaps to speculate about the broader mentality implied by their behaviour. The conservatism of their tactical behaviour along with their dogged unwillingness to risk battle when far from their strongholds stresses a sense of isolation and insecurity that was perhaps the logical extension of their quest to build a principality in unfamiliar surrounds, far from mainland Europe and yet so close to enemy centres of power[55].

Nicholas MORTON
Nottingham Trent University

---

[55] R. Ellenblum has argued persuasively that the kingdom of Jerusalem experienced a long period of relative peace and security from *c.* 1115-*c.* 1167, but this was almost certainly not the case in the north which pre-1167 experienced long periods of warfare which, by drawing-in the region's various combatant factions, may actually have served to shelter the kingdom of Jerusalem further to the south. Admittedly, as the Turkish-ruled regions to the east were consolidated under Zengi and Nur ad-Din there were longer periods of peace when these rulers concentrated their attention elsewhere. See R. Ellenblum, *Crusader Castles and Modern Histories*, Cambridge, Cambridge University Press, 2007, p. 176 and *passim*.

EVANGELICAL FUNDAMENTALIST FICTION AND MEDIEVAL CRUSADE EPICS

This paper develops a comparison between two genres of literary fiction, on the one hand, turn of the millennium fundamentalist evangelical novels, and on the other hand, high medieval crusade romances or epics. These texts were produced at centuries of distance from one another, yet they share a number of traits owing to (as shall be explained) the structures of Christian theology. Present-day audience response, quantitatively and qualitatively known for the former genre, can (cautiously) inform hypotheses about the High medieval reception of crusade novels, and in particular, about the novels' *régime de croyance*. This question will be the focus of the first part of this paper. There, I shall put side-by-side one crusade epic (the *Song of Antioch*) and evangelical fiction, represented by Timothy LaHaye's best-selling series, *Left Behind* and *Babylon Rising*, novels set at the End of Times rich in violence and in theology. Evangelical apocalyptic fiction became a highly popular literary genre in the United States already in the 1950s, and scholars interested in eschatology and holy war may indeed profit from existing studies of its American readership[1]. In the second part, I shall leave aside LaHaye's novels and focus on what this crusade epic's theology can (cautiously again) tell us about the manner in which the High and later Middle Ages understood the relationship between retributive violence and Sacred History, *Vergeltung* and *Heilsgeschichte*[2].

---

1   Conversely, studies of the eschatological imaginary sometimes present in the modern U.S. army can benefit from crusade studies, see P. Buc, "Medieval Eschatology and Modern American Apocalypticism", video lecture at the Central European University, Budapest, dated April 7th, 2015.

2   For a cursory comparison of medieval Christian, medieval Japanese Buddhist, and Islamic eschatologies, see P. Buc, "Eschatologies of the sword, compared: Latin Christianity, Islam(s), and Japanese Buddhism", *Making Ends Meet: Cross-Cultural Perspectives on the End of Times in Medieval Christianity, Islam and Buddhism*, ed. V. Wieser and V. Eltschinger, Berlin, De Gruyter, forthcoming. I profited immensely there from M. Terrier, "Le combat sacré

The Old French Crusade Cycle, and in particular its earliest three books, the *Cycle de la Croisade* proper, has long interested, but also baffled, historians and literary scholars[3]. First, there are the classic questions of authorship and (especially) dating. Was the tripartite core of the *Cycle de la Croisade* – the *Chanson d'Antioche* (*Song of Antioch*), *Les Captifs* (*the Captives*), and the *Chanson de Jérusalem* (*Song of Jerusalem*) – composed close to the European crusaders' conquest of Jerusalem in July 1099, that is, in the early twelfth century? Or was it penned much later, perhaps circa 1200? The *Chanson d'Antioche*, best known, has been the most debated[4]. Is its author to be identified with the *Ricars li pelerins*, Richard the Pilgrim, mentioned once in the text? Or is this person a fiction? And was the real author, then, Grainsdor de Douai, named only once, and not in all manuscripts? If the *Chanson d'Antioche*'s composition is late, was there a now lost primitive song in circulation around 1100? Can the *Chanson* provide historians hungry for facts, in particular military facts, data on the critical episode of the year 1098, the siege of the Holy Land's major coastal city, Antioch? The current orthodoxy tentatively places the main redaction of the *Chanson* after Saladin's victory at Hattin (1187), which would make it more relevant to studies of the climate surrounding the Third Crusade of 1189-1191 than for either the cultural or military history of the First Crusade, a hundred years earlier. But there is no reason either not to locate it closer to the Second Crusade, launched in 1146. Second, there is the issue of genre, in particular the relationship between these versified epics and the First Crusade chronicles. Generally speaking, historians are not at ease with poetry, including epics, and handle more readily chronicles.

---

des vaincus de l'histoire: Expérience et représentation du *jihâd* dans le *shi'isme* imamite ancien", *Journal Asiatique*, 305/1, 2017, p. 23-31.

3   Still useful despite more recent controversies as a guide: K.-H. Bender and H. Kleber, *Le Premier Cycle de la croisade. De Godefroy à Saladin: entre la chronique et le conte de fées (1100-1300)*, GRLMA, III/1, *Les Épopées romanes*, fasc. 5, Heidelberg, Winter, 1986.

4   The received editions are by S. Duparc-Quioc, Paris, Geuthner, 1976, 2 vols., and J. A. Nelson, Tuscaloosa, University of Alabama Press, 2003, based on different texts. See now *La Chanson d'Antioche. Chanson de geste du dernier quart du XIIᵉ siècle*, ed. B. Guidot, Paris, Champion, 2011, based on the same manuscript that Duparc-Quioc used, so with the same numbering of laisses and verses; ed. and trans. of the same text by S. B. Edgington and Carol Sweetenham, *The Chanson d'Antioche. An Old French Account of the First Crusade*, Farnham, Ashgate, 2011. Good panorama on the debate in J. Flori, *Chroniqueurs et propagandistes. Introduction critique aux sources de la première croisade*, Genève, Droz, 2010, p. 269-276.

Reassuringly for positivistic scholars, members of this source genre sometimes proclaim loudly their veracity, sometimes label some of their information as witnessed by the author, or sometimes attribute some of this information as having been related by trustworthy witnesses. Yet the boundaries between these two genres – chronicles and epics or romances – are hazy[5]. Taking stock of this fluidity, it has become the dominant historiographic position that reconstructions of the First Crusade have to address the versified histories of the like of Gilo of Pairis and Ralph of Caen. This has led to new editions and translations[6]. Furthermore, it has been argued by Jean Flori, the most authoritative French expert on the First Crusade, that the *Song of Antioch* and Albert von Aachen used a common source[7]. In Flori's wake the same has been proposed concerning *The Song of Jerusalem*: it too is a cousin of Albert von Aachen[8].

Yet despite this genealogy, a substantial gulf in tonality, concerns, and conception separates the *Song of Antioch* from the chronicles written in 1099 and shortly after[9]. This chasm is particularly wide *vis-à-vis* the *Liber* penned by Raymond d'Aguilers, chaplain of Count Raymond of Toulouse, one of the main princely leaders of the crusading expedition[10].

---

5   See most recently S. Loutchisky, *"Veoir* et *oïr, legere* et *audire*: Réflexions sur les interactions entre traditions orale et écrite dans les sources relatives à la Première Croisade", *Homo Legens. Styles et pratiques de lecture: Analyses comparées des traditions orales et écrites au Moyen Âge*, ed. S. Loutchisky and M.-C. Varol, Turnhout, Brepols, 2010, p. 89-125 (my thanks to Christina Lutter for the reference); also M. Ailes, "Historiographical essay: Early French chronicle – history or literature?", *Journal of Medieval History*, 26/3, 2000, p. 301-312.

6   See *The Historia vie Hierosolimitane of Gilo of Paris and a Second Anonymous Author*, ed. and trans. Chr. W. Grocok and J. E. Siberry, Oxford, Clarendon Press, 1998; *Radulphi Cadomensis Tancredus*, ed. E. d'Angelo, Leuwen, Brepols, 2011, trans. B. S. Bachrach and D. Bachrach, *The Gesta Tancredi of Ralph of Caen: A History of the Normans on the First Crusade*, Burlington, Ashgate, 2005.

7   See Flori, *Chroniqueurs et propagandistes*, p. 275.

8   See F. Andrei, "Alberto di Aachen e la *Chanson de Jérusalem*", *Romance Philology*, 63, 2009, p. 1-69.

9   Albeit the trend towards epic is already visible with the widely copied chronicle of Robert the Monk, *circa* 1106/1110 (for which see the new edition by M. Bull and D. Kempf, *The Historia Iherosolimitana of Robert the Monk*, Woodbridge, Boydell, 2013), and with versified sources like the *Deeds of Tancred*.

10   For Raymond of Toulouse, Count of Saint-Gilles, see T. Lecaque, *Raymond of Saint-Gilles: Occitanian Piety and Culture in the Time of the First Crusade*, Farnham, Ashgate (forthcoming), initially a PhD thesis at the University of Tennessee, Knoxville. The earlier study is by J. H. Hill and L. L. Hill, *Raymond IV de Saint-Gilles*, Toulouse, Privat, 1959, trans. *Raymond IV count of Toulouse*, Syracuse, Syracuse University Press, 1962.

214   PHILIPPE BUC

The priest Raymond believed that he stood at the End of Times, and that the crusade was the Last War announced by the Apostle John's Revelation (and in this he was not alone). His so-called *Liber* is rich in visions and shot through with quasi-communist ideology[11]. Jean Flori has even gone as far as to call it – in a wordplay with another crusade title, Guibert abbot of Nogent's *The Deeds of God through the Franks* – *The Deeds of God through the poor, Gesta Dei per pauperes*[12]. No such egalitarianism graces the *Song of Antioch* (although it is present in the *Song of Jerusalem*[13]). Its listeners and readers were knightly aristocrats, and it caters to this audience's tastes. Sticking close to the actual course of the First Crusade as we know it from chronicles and crusader letters, the plot of the *Chanson d'Antioche* did not meander as epics often do. It took its audience all the way from the departure of the expedition to the crusaders' major victory before the walls of the great regional capital. Before this triumph against the relief army led by the Atabeg of Mosul, Corbaran (Kerbogha to the chronicles), the *Chanson* described the long siege of Antioch, and its capture thanks to the providential conversion to

11   See S. Schein, "Die Kreuzzüge als volkstümlich-messianistische Bewegungen", *Deutsches Archiv*, 47, 1991, p. 119-138; L. Ferrier, "La couronne refusée de Godefroy de Bouillon: Eschatologie et humiliation de la majesté aux premiers temps du royaume latin de Jérusalem", *Le Concile de Clermont de 1095 et l'appel à la croisade*, Rome, École française de Rome, 1997, p. 245-265; S. Schein, *Gateway to the Heavenly City: Crusader Jerusalem and the Catholic West, 1099-1187*, Burlington, Ashgate, 2005; P. Buc, "La vengeance de Dieu. De l'exégèse patristique à la réforme ecclésiastique et à la première croisade", *La Vengeance, 400-1200*, ed. D. Barthélemy, F. Bougard and R. Le Jean, Rome, École française de Rome, 2006, p. 451-486; C. Kostick, *The Social Structure of the First Crusade*, Leiden, Brill, 2008; J. Rubenstein, *Armies of Heaven: The First Crusade and the Quest for Apocalypse*, New York, Basic Books, 2011; J. Flori, *L'Islam et la fin des temps: interprétation prophétique des invasions musulmanes dans la chrétienté médiévale*, Paris, Seuil, 2007, p. 271 *passim*; K. Skottki, "Vom 'Schrecken Gottes' zur Bluttaufe. Gewalt und Visionen auf dem Ersten Kreuzzung nach dem Zeugnis des Raymond d'Aguilers", *Gewalterfahrung und Prophetie*, ed. P. Burschel and C. Marx, Vienna, Böhlau, 2013, p. 445-490; *Christen, Muslime und die Erste Kreuzzug. Die Macht der Beschreibung in der mittelalterlichen und modernen Historiographie*, Münster, Waxmann, 2015; P. Buc, *Holy War, Martyrdom, and Terror. Christianity, Violence, and the West*, Philadelphia, University of Philadelphia Press, 2015, p. 167-176 and *passim*.

12   See Flori, *Chroniqueurs et propagandistes*, p. 193-217.

13   See K.-H. Bender, "Les épopées de la croisade ou la gloire épique du peuple dans la Conquête de Jérusalem", *Littérature et société au Moyen Âge*, ed. D. Buschinger, Paris, Champion, 1976, p. 159-176; a position re-iterated in Bender and Kleber, *Le Premier Cycle de la croisade*, p. 48-49. Bender notices the heightened role of the proletarian Tafurs in the *Chanson de Jérusalem* as compared to the *Chanson d'Antioche*, which suggests different purposes and/or audiences for the two *Chansons*.

Christianity of a Turkish emir, here called Daciens (otherwise known as Pirrus or Firruz). The *Song of Antioch*, as an epic should, provided much spectacular swordplay and feats of prowess with lances. The apex in warrior exploit is – by historiographic consensus – Godfrey of Bouillon's splitting in half a Muslim knight, with a single sword-blow (apparently an actual event, if one trusts converging sources[14]). One part fell on the battlefield, the other half rigidly clung to the horse, which took it back into the city, spraying the streets with blood along the course of its frantic gallop. Knightly prowess, but holy war reactions: "The Franks cavorted with delight as they saw this, screaming, 'Montjoie' at the top of their voices [...]; the race of the Devil was terrified at the sight", and lamented[15]. Throughout the Cycle, chivalric prowess leaves grass, sand, and streets splattered with brain and blood. It may suffice to cite two representative doublets of verses:

> Del sanc as Sarrasins font corre grant ruisel,
> Tout li pré sont couvert d'entraille et de boisel.
> ("They made run out a great brook of Saracen blood; all the meadows were covered with guts and innards.")

> As espees trençans font tele occisïon,
> Li sans e li cervelle en gist sor le sablon.
> ("Shearing with swords, they made such a great slaughter that blood and brains covered the sand[16].")

For its aristocratic audiences, the Cycle de la Croisade also provided comic entertainment[17]. But entertainment of a gruesome sort. It developed the figures of the so-called Tafurs, a group of poor soldiers within God's Army, attested for the first time in Guibert of Nogent's *Gesta Dei*

---

14 See Tudebode, *Historia de Hierosolymitano itinere* (one manuscript in the ed.), ed. J. H. Hill and L. L. Hill, Philadelphia, American Philosophical Society, 1974, p. 75; Albert of Aachen, *Historia Ierosolimitana*, 3.65, ed. S. Edgington, Oxford, Clarendon Press, 2007, p. 244; and received in second-generation chronicles such as Robert the Monk, *Historia*, 4.20, ed. Kempf and Bull, p. 44-45.

15 *Chanson d'Antioche*, CLXVII-CLXVIII, v. 3687-3713, ed. Duparc-Quioc, p. 202-203; ed. Guidot, p. 480-483; ed. and trans. Edgington and Sweetenham, p. 193.

16 *Chanson d'Antioche*, LVI, v. 1382-1383, and CCCLV, v. 9008-9009, ed. Duparc-Quioc, p. 83 and 442; ed. Guidot, p. 296 and 916.

17 Also bombastic opponents, ultimately ridiculous given the defeats they shall suffer. A. J. Frykholm, *Rapture Culture. Left Behind in Evangelical America*, Oxford, Oxford University Press, 2004, p. 102, underlines the "two primary and intertwined purposes" of the *Left Behind* series, "entertainment and edification".

per Francos (*c.* 1108)[18]. One is far here from the exaltation of the poor that runs through Raymond d'Aguilers' apocalyptic chronicle. The downtrodden kept the fanatical cruelty that graces Raymond's pages, but became burlesque. In particular, these barefoot, half-naked men, armed with cudgels and Danish axes, along with their king, *le roi Tafur*, engaged in demonstrative acts of cannibalism. The Tafurs skinned dead Muslims and roasted or boiled them. This to the amusement of the aristocratic leaders of the army, who provided these proletarian cannibals with wine to wash down Turkish flesh, and claimed lack of authority over them when Turkish envoys protested about these inhuman feasts[19]. We are far here from Raymond d'Aguilers' apocalyptic perception of crusader cannibalism, of celestial birds that would devour the armies of Heaven's enemies (Apoc. 19:12-21)[20].

Finally, like the Old French *Chanson de Roland* (itself rich in theological underpinnings[21]), the *Chanson d'Antioche* (and even more the *Chanson de Jérusalem*[22]) contains visions, sermons, prayers, and theological declarations[23]. These religious statements are particularly interesting.

---

18   See most cogently and intelligently J. Rubenstein, *Guibert of Nogent, Portrait of a Medieval Mind*, New York, Routledge, 2002.

19   See J. Rubenstein, "Cannibals and Crusaders", *French Historial Studies*, 31/ 4, 2008, p. 525-552, with relevant historiography; *Armies of Heaven*, p. 240-242; Bender and Kleber, *Le Premier Cycle de la croisade*, p. 39 and 42.

20   See Buc, *Holy War*, p. 262-265.

21   See M. Gabriele, "Asleep at the Wheel? Messianism, Apocalypticism and Charlemagne's Passivity in the Oxford *Chanson de Roland*", *Nottingham Medieval Studies*, 67, 2003, p. 46-72; P. Rousset, *Les Origines et les caractères de la Première Croisade*, Neuchâtel – Genève, La Baconnière, 1949, p. 110-133 (missionizing war offering the Muslims choice only between conversion and death). Modulating, J. Flori, "*Pur eshalcier sainte crestïenté*. Croisade, guerre sainte et guerre juste dans les anciennes chansons de geste française", *Le Moyen Âge*, 97, 1991, p. 171-187, has underlined the absence of strictly crusading themes (and the presence of older notions of warrior service to kings in defense of the faith) in the French epics of the twelfth century's first half (the *Chanson de Roland* and the cycle of Guillaume d'Orange), here in agreement with Bender and Kleber, *Le Premier Cycle de la croisade*, p. 40.

22   See in particular Godfrey of Bouillon's long prayer in the Holy Sepulcher, which recounts sacred history from the Creation, including acts of belief rewarded by divine mercy (Mary-Magdalen and Longinus), in *La Chanson de Jérusalem*, CCXII, v. 7665-7734, ed. N. R. Thorp, Tuscaloosa, University of Alabama Press, 1992, p. 205-207.

23   See Bender and Kleber, *Le Premier Cycle de la croisade*, p. 40, 44-46, 50-51. As recently analyzed by J. Rubenstein, "Miracles and the Crusading Mind: Monastic Meditations on Jerusalem's Conquest", *Prayer & Thought in Monastic Traditions: Essays in Honour of Benedicta Ward SLG*, ed. S. Bhattacharji, D. Mattos and R. Williams, New York, Bloomsbury & Clark, 2014, p. 197-210, at p. 200-201, in Robert the Monk's *Historia Iherosolimitana*

The longest prayer in the *Song of Antioch* is a Credo of sorts, adapted to the crusaders' need for divine protection[24]. It is uttered by one Fulcher l'Orphelin, the first man to ascend into Antioch on the ladder provided by the Turkish emir Daciens (Daciens had been convinced by Bohemund of Taranto to convert and to deliver his six towers to the crusaders):

> Lord God, Lord the Father, by Your most holy name, [protect me], You Who took birth from the Holy Virgin, saved Jonah from the stomach of the fish, and resurrected Saint Lazar bodily from the dead. You pardoned Mary Magdalen, when in Simon's dwelling she cried at Your feet; she poured out her heart's tears to such a point that she washed them all and around, and then anointed them with myrrh with good intention [motion of the soul]. She did something quite wise, and obtained a good reward. God, You suffered the passion on the Holy Cross, and Longinus struck You with the Lance with force. He had never had sight, as we well know this truth. The blood came to him through the shaft with impetuous gushing all the way to his fists; he splashed his eyes with it, and obtained sight. 'Lord, have mercy', Longinus shouted out, with good intention. You granted him pardon and great remission [for his sins]. You were put in the tomb and treated as if a thief; the third day afterwards there was the resurrection; You went to Hell, which could not defend itself, and You threw out from it Your friends, Noah and Aaron; then ascended to Heaven on Ascension day [...]. There, above, in Your holy place, there is not any traitor (*felon*). God! Just as this is the Truth – and so we do indeed well believe – let me ascend and be safe, and do You protect the French from death and prison, that we may conquer the city and its keep.

"Then", continues the poet, Fulcher "raised his hand, made a blessing [the sign of the cross]; and grabbing the ladder, he went up[25]". Fulcher's prayer weaves together motifs of pardon, salvation from death, victory and vengeance (given the vindictive charge attached to the miraculously

---

V.viii-ix, ed. Kempf and Bull, p. 51, Bohemond of Taranto explains to the Turk (Pirrus) "some of the mystery of our faith [...] what lies beneath the surface" of a literal event, to wit, how the army of martyrs fights for the living army of God. He must however call on his chaplain, so to a cleric, to provide an explanation of how dead souls can rematerialize themselves, and have material equipment (horses, shields, and banners). See the translation by C. Sweetenham, *Robert the Monk's History of the First Crusade*, Aldershot, Ashgate, 2005, p. 141-143.

24 See *Song of Antioch*, ed. and trans. Edgington and Sweetenham, p. 75; E.-R. Labande, "Le Credo épique, à propos des prières dans les chansons de geste", *Recueil de travaux offerts à M. Clovis Brunel*, Paris, École des chartes, 1955, vol. 2, p. 62-80. Fulcher's words are a long version of the so-called "*Prière du plus grand péril*", present in many epics.

25 See *Chanson d'Antioche*, CCLIII, v. 6097-6126, ed. Duparc-Quioc, p. 305-306; ed. Guidot, p. 676-680; ed. and trans. Edgington and Sweetenham, p. 247-248.

discovered Holy Lance of Longinus during the First Crusade). Other prayers, shorter, take up the core of Fulcher's Credo. Godfrey of Bouillon, when pressing hard Corbaran's fleeing Turks during the great battle before Antioch, finds himself ahead of the others and cornered. He too invokes Lazar and Mary the sinner[26]. And before the Antioch ladder, Godfrey too uses the formula professing the truth of the Gospels and his belief in it – "God, just as this is the Truth, and just as I believe it without doubting, give us tonight that we may conquer the city[27]". Commonly in the *Chanson's* sermons or in moments of need, a Frank will invoke Christ's torments on the Cross at the fetid Jews' hands and Christ's sufferings, endured to redeem His Christian people. The Christians should in return be willing to suffer martyrdom to avenge Him.

Another figure who speaks theology is Daciens, this same Turkish turncoat. Repeatedly, as this "blessed Turk" anxiously waits for his allies to climb into Antioch, he confesses "Christ the Savior[28]". At another point Daciens exclaims "I truly believe in Christ, Mary's son". Belief in the Virgin Birth marks the convert as a convert. To encourage the French, the traitor Daciens clamors, "By the God who was born from a virgin in Bethlehem, I shall not betray you even should I lose my head[29]".

In the *Babylon Rising* series, conversion implies recognizing Christ with the formulaic expression of one's desire to have Him enter one's life. The hero, Murphy, a Bible archeology professor, scriptural exegete, and reluctant holy warrior, advises:

> All you have to do is pray a little prayer to Him. Something like this: "God, I realize that I am a sinner and I have done wrong. I believe that You died on the cross to pay the penalty for my sins. I believe that You rose from the dead to create a new life for me. I would like to experience that new life. Please forgive me. I want to follow You. Please change my life. Please help me to learn to live for You. Thank You for doing this for me. Amen[30]."

---

26 See *Chanson d'Antioche*, CCCLXIV, v. 9289-9301, ed. Duparc-Quioc, p. 456; ed. Guidot, p. 938-941.

27 *Chanson d'Antioche*, CCL, v. 6035-6036, ed. Duparc-Quioc, p. 302; ed. Guidot, p. 670.

28 *Chanson d'Antioche*, CCLV, v. 6157, ed. Duparc-Quioc, p. 308; ed. Guidot, p. 684.

29 *Chanson d'Antioche*, CCLVI, v. 6161, ed. Duparc-Quioc, p. 308; ed. Guidot, p. 684; CCXLIX, v. 6005-6006, ed. Duparc-Quioc, p. 301; ed. Guidot, p. 668.

30 See the *Babylon Rising* series' third volume, T. LaHaye with B. Phillips, *The Europa Conspiracy*, New York, Random House, 2005, p. 109. In the series' second volume, *The Secret on Ararat*, New York, Bantam Books, p. 160, the troubled teenager Tiffany finds

Evangelical fiction meets evangelical hortatory. In 2003, during the first months of the ill-fated invasion of Iraq, Lieutenant-General Jerry Boykin toured fundamentalist Protestant congregations, delivering in uniform lectures on the war. On the one hand, he branded America's enemies as instruments of Satan in a conflict that was both material and spiritual; on the other hand, he explained that he was raising a spiritual army to pray for both the armed force's victory and the religious re-conquest of America itself. Boykin exhorted those among his conference's listeners who had "not joined that [spiritual] army yet", to do so "today's the day with a simple prayer, 'Lord forgive me; I accept Jesus as my Savior[31]'".

Take out the Virgin Mary, and Daciens' eructation comes close to the commonplace Evangelical "Sinner's Prayer", which also involves a recognition of failings and a call for divine mercy[32]. But Daciens (known to other sources as Pirrus or Fairouz) demonstrates his Christian profession of Faith in the most gruesome way. While he prays Jesus that his wife may convert to his desired new "law", and while he adjures her to "believe in Jesus Who was tortured on the cross and in the Holy Virgin who bore Him [...]", he does not hesitate after her refusal to precipitate her from the battlements, to her death and damnation. Her body was shattered in more than twenty places; "devils took her soul[33]". The same alternative, conversion or death, awaits Daciens' brother. Hardened in paganism, he loses his head.

Jesus: "'Please forgive me for my sins. Change my life. Please help me learn to live for you. I believe that you died for me. I believe that you rose from the dead to make a home for me in heaven. I invite you in. Please come'".

31 For more on Boykin's sermon-lectures, see Buc, "Medieval Eschatology [...]".

32 General Jerry Boykin, Conference of June 21, 2003, Good Shepherd Church, Sandy, Oregon (Video), transcription provided to me by William Arkin, the journalist who uncovered Boykin's lecture tours. See W. Arkin, "The Pentagon Unleashes a Holy Warrior. A Christian extremist in a high Defense post can only set back the U.S. approach to the Muslim world", *The Los Angeles Times* (17 Oct. 2003), p. B17. The authenticity of Arkin's transcripts is vouched for by their correspondence with two other sources: first are the excerpts of one video showed on the NBC program (see NBC News clip 5115223939_s06, "War Of Words: NBC News Investigates", dated 15 October 2003); second is the official Pentagon inquiry, Department of Defense, Office of the Inspector General, Case H03L89967206, August 5, 2004, "Alleged improprieties related to public speaking: Lieutenant-General William G. Boykin, U.S. Army Deputy Under-Secretary of Defense for Intelligence", available online.

33 See *Chanson d'Antioche*, CCXLV, ed. Duparc-Quioc, p. 296-297; ed. Guidot, p. 658-661.

Is theology in the *Chanson d'Antioche* an ornament or a semi-foreign body that pops here and there between battle-scenes, battle-scenes that are the text's actual essence? Or is it an integral and integrated part of the epic? From the answer to this question depends the evaluation of the longest theological section of the work, located at the beginning of the poem (and echoed at its end[34]). To it we now turn.

The *Chanson d'Antioche*'s laisses 1 to 7 summarize very briefly the crusade; recall, intertwined with this summary, how Jesus suffered for the Christians on the Cross; and exhort its French audience that it is therefore its duty to take the cross like the First Crusaders of 1096-1100. Like them, the poet's listeners and readers too should "take revenge on the lineage of Antichrist[35]". In laisses 8-13, the *Song of Antioch* gives a fabulous version of the Crucifixion. Challenged on the cross by the bad thief, Christ explains to the good thief that in a thousand years a "new people" (*novele gent*), a "*gent* [which] is not yet born", will come to wipe out paganism from these lands and "take revenge for the death of their Father". Christ names them. They are the French[36]. And He announces the rewards for martyrdom. The poet then recounts in two laisses Titus and Vespasian's destruction of Jerusalem in 70 C.E., which will be a first retaliation for Jesus' death (the audience would have been familiar with the legend of the Vengeance of the Lord by Titus and Vespasian, by the ninth century made into militant converts to Christianity[37]). The *Chanson* concludes on these paired retributions: "Thus was Our Lord avenged", immediately adding, "and so will He be again. Whomsoever

---

34 See *Chanson d'Antioche*, VIII-XIII, ed. Duparc-Quioc, p. 26-29; ed. Guidot, p. 196-204; ed. and trans. Edgington and Sweetenham, p. 106-108.

35 The best study on the medieval Antichrist is by G. L. Potestà and M. Rizzi, *L'anticristo*, Milan, Il Mulino, 3 vols., 2005-2017.

36 See J. Riley-Smith, *The First Crusade and the Idea of Crusading*, Philadelphia, University of Pennsylvania Press, 1986, p. 55-56.

37 See J. E. Cross and D. Brearley, *Two Old English apocrypha and their manuscript source. The Gospel of Nicodemus and the Avenging of the Saviour*, Cambridge, Cambridge University Press, 1996; R. Gounelle, "Les origines littéraires de la légende de Véronique et de la Sainte Face: la *Cura sanitatis Tiberii* et la *Vindicta Saluatoris*", *Sacre impronte e oggetti « non fatti da mano d'uomo » nelle religioni*, ed. A. Monaci Castagno, Alessandria, Edizioni dell'Orso, 2011, p. 231-251. By possibly 1200, the oldest Old French version of *La Venjance Nostre Seigneur* (ms. Paris, BnF, français, 1374, fol. 75r-90v) made Vespasian and Titus initially Muslims! This refracts the fondest hopes of the crusading movement. See *The Oldest Version of the twelfth-century Poem La Venjance Nostre Seigneur*, ed. L. A. T. Gryting, Ann Arbor, University of Michigan Press, 1952.

will go avenge Him will receive good reward, for he will wear a crown in the heavenly paradise[38]". One should take good note at this point of the medieval meaning of *venjeance*, in Latin *vindicta* – it means righteous retribution, and is synonymous with *ultio* and *justitia*[39].

The passage dramatizes a commonplace in medieval theology. Mid-ninth century, commenting Isaiah 63, Haymo of Auxerre had placed on the cross Christ's decision to avenge Himself from the reprobate Jews and the demons, and from all unbelievers[40]. Haymo also assumed that this vengeance would take place twice (in 70 C.E. and at EndTimes[41]). This duality of the Lord's vengeance was traditional since at least the fourth century. Christ had wept over Jerusalem, predicting two great catastrophes for the city. The first would take place in 70 CE with the Jewish Temple's destruction by the Romans. The other would take place at EndTimes; by the early Middle Ages, it was identified with the final battles pitting Christendom against Antichrist[42]. Interestingly,

---

38 *Chanson d'Antioche*, xiii, v. 245-249, ed. Duparc-Quioc, p. 29; ed. Guidot, p. 206.

39 For this semantic field, see S. A. Throop, *Crusading as an Act of Vengeance, 1095-1216*, Farnham, Ashgate, 2011.

40 See Buc, "Vengeance de Dieu", p. 463-464. Haymo, in Isa. 63:34, PL 116, col. 1054c-d: "The day of vengeance against the demons and the Jews was in my heart, understand, as I hung on the cross suffering from such [torments]. The year of my redemption is coming, that is, the year or time of the redemption of humankind [...] Christ's passion contained [...] the punishment of demons, of reprobate Jews, of all unbelievers, and the rewards of the just. [...] Indeed, as the Lord hung on the cross and suffered passion for us, there was in His heart that He would condemn the demons to Hell and deliver the Jews to the Romans' hands." ("*Dies enim ultionis, subaudis daemonum et Judaeorum, fuit in corde meo, subaudis dum penderem in cruce talia sustinens. Annus redemptionis meae venit, hoc est, annus vel tempus redemptionis generis humani. Iste est annus quem superius appellavit annum acceptum Domino, et diem retributionis Judaeorum. Passio Domini secundo habuit in se poenam daemonum et Judaeorum reproborum, omnium infidelium, et praemia justorum. Quae duo [1054d] etiam isto in loco dividuntur in bonam et malam partem. In malam, dies ultionis in corde. In bonam, annus redemptionis generis humani venit. Dum enim Dominus penderet in cruce passionem pro nobis sustinens, in corde ejus fuit quia daemones damnaturus erat in inferno, et Judaeos traditurus in manibus Romanorum.*").

41 See Haymo, in Isa. 2:12, PL 116, 733d-734a: "*Dies autem Domini [exercituum], id est, dies vindictae illius, dupliciter intelligitur: tempus videlicet captivitatis Judaeorum, quae venit super omnem superbum, et excelsum, et super omnem arrogantem. Quae tria unum sensum obtinent, per quae intelliguntur principes Judaeorum, sacerdotes, Pharisaei et scribae. Tempus quoque ultimi judicii,* [734a] *in quo damnabitur superbus diabolus cum omnibus consectatoribus ejus, et humiliabitur super omnes arrogantes et superbos*". Interlinear gloss, in *Bibliorum Sacrorum cum Glosa ordinaria*, Venice, 1603, vol. 4, p. 45-46: "*Quia dies domini exercituum super omnem superbum ¶ Sacerdotes, scribas & phariseos; vel dies iudicii super diabolum & membra eius*".

42 See Jerome, *Commentarii in euangelium Matthaei*, in Matt. 24:24-25, ed. D. Hurst and M. Adriaen, Turnhout, Brepols, 1969, p. 228; for this all, see Buc, "Vengeance de Dieu", p. 476-478.

Augustine also said that the tears announced the Church's travails against heretics between the Roman siege of Jerusalem and the End of History – so a long series of spiritual conflicts[43]. This dual realization is what exegetes call the partial fulfillment and the total fulfillment of a type or prophecy. A type or prophecy is realized at least once, partially, within the time of the Church, and for good and totally in the Last Days of Sacred History. As we shall see, this conception of history is not foreign to modern Evangelical Protestantism, and typology was far from absent in the New World Puritan tradition that shaped so much American dispositions[44].

Furthermore, the partial fulfillment is itself a type of the total fulfillment. For many participants in the First Crusade's storming of Jerusalem in July 1099, the expedition was this very last war at the End of Times. And still between 1099 and at least 1108, many understood the crusade to be the total fulfillment of Christ's tearful prophecy[45]. Traces of these expectations are visible in the Crusade Cycle, including several mentions of the lineage of Antichrist and a peculiar version of Godfrey's rule over Jerusalem[46]. But Christ did not return in glory; and Antichrist did not manifest himself. Within a few decades, the July 1099 conquest lost this apocalyptic status. Yet the First Crusade was not rejected into the category of profane history, and reduced to an event without meaning in *Heilsgeschichte*, Sacred History or History of Salvation. The demotion was relative. The *Song of Antioch* testifies to the re-evaluation of the First Crusade from total fulfillment to the status of partial fulfillment. To cite anew the poem: "Thus was Our Lord avenged, and so will He be again". The crusade was, like Titus and Vespasian's Vengeance of the Lord, a partial fulfillment, and as such both an example and a type for the final war still to come.

The import of the initial question may have by now become clear. Was this theological formula a foreign body in the epic, and as such easily bypassed, dismissed, or forgotten by its audience? Otherwise put,

---

43   See Augustine, Ep. 199.9, ed. A. Goldbacher, Vienna, Tempsky, 1911, p. 265-266.
44   See Buc, *Holy War*, p. 73.
45   See G. Lobrichon, *1099. Jérusalem conquise*, Paris, Seuil, 1998, p. 108 and 130-132; Rubenstein, *Armies*, p. 310-311 and 313-314; J. Rubenstein, "Crusade and Apocalypse: History and the Last Days", *Quaestiones Medii Aevi Novae*, 21, 2016, p. 159-189.
46   See *Chanson d'Antioche*, IV, v. 98-100, ed. Duparc-Quioc, p. 23; ed. Guidot, p. 192 (lignage); *Chanson de Jérusalem*, CXLVI-CLVII, ed. Nelson, p. 146-154 (élection de Godefroy).

what was – to use Paul Veyne's concept – the *régime de croyance* here at play[47]? The *Song of Antioch* itself provokes the scholar to this question with its own self-evaluation: "My lords, there is no fiction (*fable*) in our song: nothing but pure truth (*pure verité*) and the holiest account (*saintissime sermon*)[48]." This assertion claims for the *Chanson d'Antioche* as a whole the status that its characters, for instance Fulcher l'Orphelin, attribute to their summary of the Christ Story. To quote his prayer at the foot of the ladder again: "God! Just as this is the Truth – and so we do indeed well believe". Is the *Chanson*'s Theology of History, then, a truth that must be believed, like Holy Scripture? How to check whether the audience accepted this claim, and how can we surmise the causes of this acceptance, if any?

A tentative – I insist on tentative and add in conditional – answer can be found by turning to a much more recent literary genre, the American Protestant evangelical novel, and in particular to the two series authored by Timothy LaHaye, *Left Behind* and *Babylon Rising*. The genealogical metaphor (used in all earnest by the *Chanson* for the lineage of Antichrist) is dangerous, but LaHaye's novels and the 3-part crusade cycle are relatives in the grand genre of eschatological literature. In the late 1990, Tim LaHaye, a fundamentalist pastor, self-styled prophecy scholar, and professor at Jerry Falwell's Liberty University, penned with the professional writer Jerry Jenkins what soon became an absolute best-seller. Between 1995 and 2000, twenty million of the volumes thus far published had been bought; by the beginning of 2002, 32 million copies. By the same year, nine per cent of Americans had read at least one volume. This impact (along with the impact of other fundamentalist novels) has led Crawford Gribben to state that evangelicalism can no longer be seen as a sub-culture; evangelicalism is at the center of American culture[49]. *Left Behind* is the story of the survival, combats,

---

47   Here I have found helpful A. Boureau, *La Légende dorée. Le système narratif de Jacques de Voragine*, Paris, Cerf, 1984; "L'église médiévale comme preuve animée de la croyance chrétienne", *Terrain*, 14, 1990, p. 113-118; P. Veyne *et al.*, "Entretien avec Paul Veyne", *L'Homme*, 175-176, 2005, p. 223-550.

48   *Chanson d'Antioche*, III, v. 66-67, ed. Duparc-Quioc, p. 21; ed. Guidot, p. 191 ("Segnor, n'a point de fable ens en notre canson, / mais pure verité et saintissime sermon"); ed. and trans. Edgington and Sweetenham, p. 103.

49   See C. Gribben, "Rapture Fictions and the Changing Evangelical Condition", *Literature & Theology*, 18/1, 2004, p. 77-94, at p. 77-78; *Writing the Rapture. Prophecy Fiction in Evangelical America*, Oxford, Oxford University Press, 2009, p. 130.

and martyrdoms of men and women after the Rapture. Unlike true Christians predestined to salvation and taken bodily out of this world to heaven, the "left behind" are people who have to endure the Great Tribulation perpetrated by Antichrist and his minions[50]. Left behind (not taken up in the Rapture), some of these men and women have found Christ – the Christ of Fundamentalist Evangelical Christianity. But these elect at the End of Times do not merely endure the Tribulation; they also fight with arms and ruse Antichrist's religious and political tyranny. They are both martyrs and crusaders. The series' final book, *Glorious Appearing, the End of Days* (2004), features the return of Christ, His victory over Antichrist, and the Last Judgment, ushering in the millennial kingdom of peace. But between the first volume and the last, violent action couples itself with prayer and professions of faith.

Babylon Rising, a four-book series published between 2003 and 2006, is located in time right before the Rapture. Its hero, Michael Murphy, a muscular professor of Biblical Archeology and Christian Prophecy, fights a conspiracy of European and Asian elites in alliance with Muslim Jihadis. The plot aims at weakening America, at creating a world tyranny based on the European Union and a United Nations moved to Babylon, at subverting True (understand, evangelical) Christianity, and at giving birth to Antichrist, who will take the reins of world-government and false Christianity. Like *Left Behind*, *Babylon Rising* admixes entertainment (here, romance), violent action, and religious passages. To cite the author's preface: "*Babylon Rising* is my newest attempt to create another uniquely satisfying combination of suspense and substance", and draws on "materials based on my continuing research on the prophecies of the Bible[51]". Theological substance comprises chapter-length flashbacks to Old Testament moments, like the building of Noah's Ark (a type for the Rapture), or the life of the Prophet Daniel (typologically tied through the vision of Nabuchodonosor to the rise of the evil empire of

---

50 For Antichrist in American fundamentalism, see R. C. Fuller, *Naming the Antichrist. The History of an American Obsession*, Oxford, Oxford University Press, 1995, too psychoanalytical for comfort; P. Boyer, *When Time Shall Be no More. Prophecy Belief in Modern American Culture*, Cambridge, Mass., Harvard University Press, 1992; M. Sells, "Armageddon in Christian, Sunni and Shia Traditions", *The Oxford Handbook of Religion and Violence*, ed. M. Juergensmeyer, M. Kitts and M. Jerryson, Oxford, Oxford University Press, 2013, p. 467-495; recent comparative discussions in G. L. Potestà, "Ripensare i messianismi", *Nuova informazione bibliografica*, 4, 2014, p. 721-748.

51 T. LaHaye and G. S. Dinallo, *Babylon Rising*, New York, Bantam Books, 2003, p. x.

Antichrist, but also to deliverance through faith in Christ). Evangelical beliefs are also expounded in conversations between Murphy and his pastor, or in discussions with people whom Murphy is trying to counsel to find Christ, or in Murphy's university classroom lessons. There one learns, for instance, the meaning of the opposition between Babylon and Jerusalem – a pair of cities fundamental for crusading ideology. The novels also contain their moments of Credo. In turn, the crusade chronicles depict, like the fundamentalist fictions, what one may call lay theology, insofar as the (often clerical) authors place in the mouth of knights positions about the supernatural[52]. Finally, no Evangelical fiction volume is without an episode of, to cite Jenkins, "believable [and] reproducible" conversion experience[53]. The Crusade cycle and the LaHaye novels are thus comparable in their components – entertainment, action, and theology. One could push the analogies deeper. There are, for instance, fantasies of conversion of Muslims (and Jews)[54], the asymmetric pairing of Babylon and Jerusalem, and the constant reference to Antichrist[55]. The analogies are actually even more striking when one compares, on the one hand, the LaHaye novels and, on the other hand, the early First Crusade chronicles that convey the chiliast or apocalyptic atmosphere that many participants breathed. No wonder, since like Raymond d'Aguilers, Ekkehard of Aura, and Guibert de Nogent, LaHaye believes firmly that Christ's return is right around the corner.

Unlike in the case of the Crusade Cycle, one knows much about the reception of LaHaye's fictions. Paul Gutjahr's 2002 quantitative and qualitative study of reader response to the first six volumes of the *Left Behind* series has yielded instructive results. Gutjahr mined 1700 amazon.com reviews of the books, and obtained detailed answers to a questionnaire sent to those reviewers whose email addresses he had[56]. Both sets were overwhelmingly made up of Christians, principally evangelicals – the

---

52 See Robert the Monk, *Historia*, 5.8-9, ed. Bull and Kemp, p. 51-52; already discussed by Rubenstein, "Miracles and the Crusading Mind", p. 200-201.

53 Gribben, *Writing the Rapture*, p. 143.

54 See *Chanson de Jérusalem*, LXXXIV, v. 2476-2481, ed. Nelson, p. 89-90.

55 A. Derbes, "Crusading Ideology and the Frescoes of S. Maria in Cosmedin", *The Art Bulletin*, 77/3, 1995, p. 460-478, at p. 474-476, provides a good introduction to the plural "Babylons"; see also Buc, *Holy War*, p. 291-293 and *passim*.

56 See P. C. Gutjahr, "No Longer Left Behind: Amazon.com, Reader-Response, and the Changing Fortunes of the Christian Novel in America", *Book History*, 5, 2002, p. 209-236. A return rate of 36 percent, 233 surveys were mailed, 83 filled the surveys.

largest religious constellation in contemporary America. The readership liked the action-oriented stories. But fully one-tenth of the 1700 reviews saw and/or used the books as tools for evangelization. 15 percent of the 1700 considered the volumes to be "biblical interpretive assets" – aids in their understanding of Scripture, and in particular of John's Revelation. For one person, the books were all at once a fiction and a revelation of the Truth[57]. It motivated them to read, and cleared up confusing passages. Of the 83 people who filled surveys, 70 percent said that the books had influenced their understanding of various passages of the Bible. They understood better the materiality of biblical symbolism – its literalness – and all the same that a sword in Revelation would be a modern warfare weapon at EndTimes. For 11 percent, it was clear that the novels were not just stories, but were quasi-scriptural themselves. One exclaimed: "I believe that these books are not just great fiction, but PROPHETIC fiction. This stuff WILL happen!" The books were true. Gutjahr comments: "Their novel readings and Bible readings are not hermetically sealed activities [...]. Such a connection [between readings in different genres] forces one to reconsider how best to define the term *sacred text*[58]." Amy Johnson Frykholm has even proposed that the mode of reading is comparable to that classically attributed to pre-modern audiences: involving networks and communities, and sometimes orality[59]. Tantalizingly also, *Left Behind* audience's reading practices are presented as "Calvinist", involving living "along with the text", which living along in turn stamps religious "practice and experience". Para-biblical stories translate apocalyptic or prophetic canonical texts and allow the reader to incorporate them, apply them to the lived world, and understand his or her own place in the overall "scheme" of things[60]. Another study, unlike Gutjahr's but like Frykholm's qualitative in nature, confirms the role of the books as a go-between object, serving discussions among evangelicals and missionizing attempts, but also self-definition as a born-again. One read the volumes; one also employed them to shape the self and one's environment. This is what LaHaye and Jenkins wanted, and they documented their first series' impact in their 2003 *These Will not be Left Behind: True Stories of Changed Lives*[61].

---

57 Frykholm, *Rapture Culture*, p. 54.
58 Gutjahr, "No Longer Left Behind", p. 222-227.
59 See Frykholm, *Rapture Culture*, p. 40.
60 Frykholm, *Rapture Culture*, p. 103 and 111-115.
61 See Gribben, *Writing the Rapture*, p. 142.

West European culture circa 1200 is obviously different from North American culture circa 2000. Yet one can cautiously advance that it is possible, and even likely, one, that the consumption of the Crusade Cycle followed analogous patterns; two, that the military action and the religious teachings worked together; and three, that the stories were seen by many readers or listeners as true, and even as possessing the grade of truth that one accorded to the Scriptures. It is thus possible and even likely that the knightly audiences took as quasi-Scripture the message of the *Chanson d'Antioche*'s opening stanzas: Sacred History was punctuated by a limited number of gleeful acts of righteous violence perpetrated at God's command. Each of these moments was related to the others in a deeply meaningful way. Each was an example for all those that followed. But each was more than an example; it was a type. Holy wars for Christendom were, to use the Old French term, "estoires" within a chain of *estoires* announcing the Final Battles. Vespasian's sword materialized this chain between past and present histories. It was in Godfrey of Bouillon's hands as he purged Jerusalem from the blasphemous Muslims[62]. The *Chanson d'Antioche* informs us that the sword had once belonged to Alexander, had passed on to Antiochus, then to Judas Maccabeus – the righteous Jew who had purified Jerusalem and its Temple from pagan idolatry and Jewish collaboration with the Greeks – and then to Vespasian, who had used it to execute vengeful justice against the Jews of the Holy City[63]. How far this scheme was internalized by some among the crusaders, how far they may have seen their armed violence as looking forward, essentially, along a chain of fulfillments, to the End, is of course unfathomable. But here again well-researched present New World Evangelical fictions may suggest

---

62 See *Extraits de la Chronique de Matthieu d'Édesse*, dans *Recueil des historiens des croisades. Documents arméniens*, Paris, Imprimerie impériale, 1850, vol. 1, p. 45 (with French translation); trans. A. E. Dostourian, *Armenia and the Crusades. Tenth to Twelfth Centuries: The Chronicle of Matthew of Edessa*, Lanham, University Press of America, 1993, p. 173: "Taking the sword of the emperor Vespasian, Godfrey fell upon the infidels with all his might and slaughtered 65,000 men in the Temple, not counting the other inhabitants who were slaughtered in the city. In this way the holy city of Jerusalem was captured, and the Sepulcher of Christ our God delivered from subjection to the Muslims. Now this was the third time since the crucifixion of the Lord that the sword of Vespasian had been used against Jerusalem."

63 See *Chanson d'Antioche*, CLXXVII, v. 4165-4179, ed. Duparc-Quioc, p. 222-223; ed. Guidot, p. 516.

something about past Old Word dispositions. LaHaye's dispensationalist
evangelical readers consider that their own actions may typify events at
Christ's Second Coming[64]. And they tend also to see their own present
in echo with the Apocalyptic future, with a sort of paradoxical double
Tribulation (that is, the era right after the Rapture has removed from
this world those predestined to salvation, in which Antichrist will rage
as retributive judgment on humankind before Christ's final and trium-
phant Second Coming). The Tribulation "is both now *and* yet to come".
Glenn Shuck, here quoted, describes how this takes place:

> LaHaye and Jenkins create a narrative space in which their visions of the future
> and its possibilities can be explored in a time much like our own. This has
> the dual effect of giving readers insights into contemporary developments,
> along with tactics for altering them. The reader can acknowledge such texts
> as future-oriented, while still experiencing them as intense reflections of
> contemporary and not merely future concerns. Even those who expect to
> forego the Tribulation must still face the issues presented in the texts. For
> the evangelical reader, the Tribulation is both now *and* yet to come[65].

Thus the typological mechanisms present in medieval theology have
their equivalent in contemporary Evangelical readership culture. This in
turn authorizes a cautious and hypothetical retrojection of current reader
response into the premodern past. More specifically put, the attested
American reader's ability to see present tribulations as both God-willed
realities and in a relationship of semi-identity to EndTimes suggests
that medieval listeners and readers could well see their military actions
as both eschatological (really oriented to the End) and as pointing to
the Apocalypse war to end all wars.

The *Chanson d'Antioche*'s diffusion of this typological formula is contemporary of a major turning point for biblical exegesis, the moment
when the Bible and in particular John's Revelation began to be interpreted
historically. It is in the twelfth century that the different seals, plagues,

---

64 See S. Harding, "Imagining the Last Days: The Politics of Apocalyptic Language",
    Bulletin of the American Academy of Arts and Sciences, 48/3, 1994, p. 14-44, at p. 27.
65 G. W. Shuck, *Marks of the Beast: The Left Behind Novels and the Struggle for Evangelical
    Identity*, New York, New York University Press, 2004, p. 26 (emphasis his). I owe the
    reference to C. Gribben, "Left Behind, Prophecy Fiction and the Clash of Civilizations",
    Left Behind and the Evangelical Imagination, ed. C. Gribben and M. Sweetnam, Sheffield,
    Sheffield Phoenix Press, 2011, p. 49-68, at p. 49. See Buc, "Vengeance de Dieu", p. 477;
    Holy War, p. 75-77.

and trumpets of John's vision began to be associated with key events in the history of Christendom, most of them in the past, some yet to come. In most of these schemes, the 1099 Conquest of Jerusalem constituted one of these special moments (exegesis may have been helped here by liturgy, since July 15 1099 had been commemorated from early on as a turning point in Sacred History, on a par with Biblical events[66]). For instance, in his commentary of Revelation 17-19, Peter Aureol (Pierre Auriol, d. 1322) summarized in detail the First Crusade proper and the reign of Baldwin, second Christian ruler of Jerusalem (1100-1118)[67]. Here is again a hypothesis impossible to prove, to wit, that episodes in history that were seen in their own times as apocalyptic could transmute themselves, precisely because of their apocalyptic charge, into special nodes of Sacred History. The hypothesis is impossible to prove, and I do not mean to say that each and every historical moment featured in, for example, Pierre Auriol's interpretation of Revelation was generated by this mechanism. But as argued elsewhere, it has some evidence for itself[68].

The *Chanson* called on the audience to journey, again, to avenge Christ from "Antichrist's lineage". Here was a history that would meaningfully reiterate itself until the End. Said in passing, it may be that Augustine's position – that Christ's tears announced 70 CE, travails at the Eschaton, but also in between the constant struggles of the Church against heretics – helped create this semi-continuum. History's meaningfulness was imparted by the performance of violent justice – vengeance. Singing for a new crusade, the poet Rutebeuf fictionalized an advent of Christ, but in this ordinary earthly historical time of the Church, prior to the Eschaton:

---

66 See M. C. Gaposchkin, "The echoes of victory: liturgical and para-liturgical commemorations of the capture of Jerusalem in the West", *Journal of Medieval History*, 40/3, 2014, p. 237-259, and see now the same's splendid *Invisible Weapons. Liturgy and the Making of Crusade Ideology*, Ithaca, Cornell University Press, 2017; see earlier Schein, *Gateway to the Heavenly City*, p. 21-33.

67 See Pierre Auriol, *Compendium sensus litteralis totius divinae scripturae*, ed. P. Seeboeck, Quarachi, Collegium S. Bonaventurae, 1896. The sixth angel was Gregory VII; the seventh angel was Alexius, in moving Urban to preach the crusade. The fifth vision covered the times from the recuperation of Jerusalem to Antichrist and Judgment Day, covering Revelation all the way to the end of chapter 20, and including Hattin, the rise of Franciscans and Dominicans, Frederick II, and the Mongols.

68 The hypothesis is strengthened by two odd details, one from the eleventh century (the scrapbook of Benzo of Alba), and one from the sixteenth (the prison confessions of Jan of Leyden), for which see Buc, *Holy War*, p. 284-286.

See now the time has come when God comes to seek you,
His arms stretched out, stained with His blood
Through which He will extinguish the fire
Both of Hell and Purgatory.
Start anew a new history [*recommenciez novele estoire*],
Serve God with an entire heart
For God shows you the path
Of His land and of His steps [...].
For this reason you should have the understanding
To vindicate and defend
The Promised Land[69].

Crusade literature, thus, was (evidently) a crucial component in the education of the Latin West into the crusade's theological significance. At the same time, it educated this public in a notion of History that reminds one of Hegel – a history moved forward by violence, here vindictive retribution, *Vergeltung*[70]. Jan Assmann has written of *"Recht und Gerechtigkeit als Generatoren von Geschichte"* (Law and Justice as History's generators). So entitled, the article proposes that the Ancient Near-East developed the notion of divine retribution for injustice, thus a notion of historical causality and linearity that accompanied the dominant cyclical notion of time. Gods intervened to punish, through natural catastrophes, wars, and bloody massacres, breaches of pacts and contracts, especially between states. Because kings and nations would be judged on their deeds, they developed a historical record to plead for these deeds. In this cultural ensemble centered on Mesopotamia, there emerged Ancient Israel, which put at the center of its religion a covenant with God involving retribution and vengeance, *Vergeltung*. After a detailed analysis of these early religious systems, Assmann travels quickly from Israel to Hegel, with only Moses Maimonides as an intermediary. I am equally incapable of reconstructing a continuum between the thirteenth and the nineteenth century. It may not be necessary. In the more general continuum, picking and assembling from the virtual library composed of real books and general understandings, Westerners can re-make in any era very similar unpleasant violent forms. But I hope to have at

---

69 Rutebeuf, *Œuvres complètes*, ed. M. Zink, Paris, Bordas, 1989-1990, vol. 2, p. 313-223, at p. 314.

70 See J. Assmann, "Recht und Gerechtigkeit als Generatoren von Geschichte", *Die Weltgeschichte – das Weltgericht?*, ed. R. Bubner and W. Mesch, Stuttgart, Klett-Cotta, 2001, p. 296-311.

least suggested how the First Crusade, in being a retributive apocalyptic event, generated a broadly received conception of *Heilsgeschichte* in which successive acts of just retribution paved the road to the End. *Die Weltgeschichte als Weltgericht*, the world-encompassing violent dialectic adjudicating between national spirits is Universal History[71].

Philippe Buc
Institut für Geschichte
Universität Wien (Austria)

---

71 Hegel in his *Philosophy of the Spirit* (§ 548-549) borrowed the expression from Friedrich Schiller, transposing it from the individual to the totality.

THIBAUD OU LES CROISADES

Le feuilleton historique,
ou la croisade revisitée « à usage commun[1] »

Pour Basile, pour Emmanuel.

Dans le cadre de ce dossier thématique consacré à la croisade vue par des chroniqueurs et historiens contemporains de l'événement, il y a sans doute quelque incongruité à s'intéresser à un feuilleton historique de la fin des années 1960, *Thibaud ou les Croisades*, réalisé et diffusé dans la France gaullienne et pompidolienne[2]. Ce double décentrement, chronologique et esthétique, invite pourtant à s'interroger sur la manière dont cet événement inscrit dans la longue durée est relu au prisme de la fiction historique ; il invite aussi à apprécier les fondements de cette captation de l'histoire et d'une construction idéologique qui a prospéré jusqu'à nos jours : il n'est qu'à voir la fortune du terme *croisade*, qui appartient au langage général et la reprise de ses paradigmes dans divers contextes géopolitiques[3]. Dans ce feuilleton, la représentation historique donne à lire moins l'histoire dans toute sa complexité qu'une version stylisée d'un passé, dans laquelle puissent communier tous les téléspectateurs. Elle touche au domaine des mentalités[4], car elle reflète les hantises, les

---

1   Voir le sous-titre de chapitre choisi par P. Rousset, *Histoire d'une idéologie des croisades*, Paris, L'Âge d'homme, 1983, p. 206.

2   Voir S. Berstein et J.-P. Rioux, *La France de l'expansion 2. L'apogée Pompidou (1969-1974)*, Paris, Seuil, 1995.

3   Voir Rousset, *Histoire d'une idéologie des croisades*, p. 208 *sqq.* Sur la pérennisation de l'imaginaire de la croisade (la prise eschatologique de la croix, du désir sacrificiel, etc.), voir D. Crouzet et J.-M. Le Gall, *Au péril des guerres de religion*, Paris, PUF, 2015, p. 35 *sqq.*

4   On sait combien ce terme, lié à l'école des Annales, est complexe, renvoyant à l'étude des comportements, des sensibilités, des représentations ; voir Fr. Dosse, « Mentalités »,

attentes et les soifs d'une époque, ses zones d'ombre, voire ses utopies. Elle incite à considérer le rapport que noue une société avec son passé, proche ou éloigné, et avec l'histoire qu'elle fabrique, une histoire encastrée dans un « espace d'expérience » et un « horizon d'attente » l'orientant essentiellement[5]. Une telle saisie de l'histoire par la fiction illustre le concept de réception productive, forgé par H.-R. Jauss et richement approfondi par la suite, appliqué au matériau historique, référent extérieur appuyé sur des écrits, passible d'être manipulé et interprété, voire vidé de sa substance.

Le titre même de ce feuilleton télévisé mérite à cet égard de retenir l'intérêt. Comment évaluer l'équivalence qu'il pose entre le héros de la fiction et les croisades, entre *l'histoire* recréée autour du personnage de Thibaud à la fin du XXe siècle et *l'Histoire* des croisades[6] ? Quelle image *Thibaud ou les Croisades* donne-t-il des expéditions en Terre Sainte à un moment où les questions d'actualité (notamment la guerre d'Algérie, la colonisation et la décolonisation, la guerre du Vietnam, le conflit israélo-palestinien) sont plus ou moins brûlantes ? Afin d'observer, grâce à ce cas d'étude, les modes de perception et de représentation du phénomène complexe qu'est la croisade, nous distinguerons deux niveaux : la fabrique du feuilleton, la fabrique des croisades.

Historiographies II. Concepts et débats, Paris, Gallimard, 2010, t. II, p. 664-675.

5   Voir R. Koselleck, *Le Futur passé. Contribution à la sémantique des temps historiques*, trad. de l'allemand J. Hoock et M.-Cl. Hoock, Paris, Éditions de l'EHESS, 1990. Les catégories d'*espace d'expérience* et d'*horizon d'attente*, pour « thématiser le temps historique » donnent le moyen de mieux appréhender la place occupée par l'utopie au sein des imaginaires du temps dont le feuilleton est un avatar.

6   Suivant sur ce point Dominique Boutet, « pour éviter toute confusion, nous distinguerons systématiquement Histoire (avec une majuscule) et histoire (avec une minuscule), selon que le référent est de nature "historique" ou de nature "littéraire" (narrative) », *Formes littéraires et conscience historique aux origines de la littérature française (1100-1250)*, Paris, puf, 1999, p. 3, n. 2.

LA FABRIQUE DU FEUILLETON[7]

« Que le cinéma puisse devenir avant toute chose une machine à raconter des histoires, voilà qui n'avait pas été prévu », écrit Ch. Metz, et pourtant cette « rencontre du cinéma et de la narrativité » s'est imposée tandis que le « long-métrage de fiction romanesque dessinait de plus en plus nettement la voie royale de l'expression filmique[8] ». Cette narrativité fondamentale retient également l'attention d'A. Gaudreault dans un livre intitulé *Du littéraire au filmique*[9], livre dont l'éditeur a confié la préface à P. Ricœur. L'hommage rendu par le philosophe n'est pas mince : le mérite essentiel de l'ouvrage d'A. Gaudreault est, à ses yeux, de « se battre avec une force égale sur deux fronts : celui de l'unité générique de la communication narrative – et celui de la spécificité du récit filmique, à côté du récit scriptural et du récit scénique ». Ce livre enjoint, en effet, à « poser la question de confiance par excellence : qu'est-ce que le *narrable*, pris en deçà de son triple investissement : *écrit, scénique, filmique*[10] ? ». Il contribue à maintenir l'idée du récit à un haut niveau de généralité à la différence de ceux qui ne parlent le plus souvent que « par analogie vague et finalement par emprunt déguisé au récit littéraire, ce qui revient à refuser son autonomie à l'art filmique[11] ». Dans les limites de cette étude, c'est à un tel niveau de généralité que nous souhaiterions nous situer à notre tour en distinguant deux plans, celui de l'énonciation et celui de l'énoncé.

---

7   Au terme *feuilleton* il convient sans doute de préférer celui de *série*, peu employé dans les années 50-60. Par commodité, nous conservons pour l'instant le vocable en usage à l'époque où *Thibaud ou les Croisades* a été créé.

8   Ch. Metz, *Essais sur la signification au cinéma*, Paris, Klincksieck, 1968, t. 1, p. 96, cité par P. Beylot, *Le Récit audiovisuel*, Paris, Colin, 2005, p. 9.

9   Voir A. Gaudreault, *Du littéraire au filmique. Système du récit*, Paris, Colin, 1999 [1988].

10 Ricœur, Préface à l'ouvrage de Gaudreault, *Du littéraire au filmique*, p. 16 et 14.

11 Ricœur, Préface, p. 15. Voici ce que précise Paul Ricœur : « Adossé à cette définition générique du récit, l'auteur peut reconstituer ce qu'il appelle le système filmique, c'est-à-dire la faculté combinatoire qu'aurait le cinéma de faire tenir ensemble une hiérarchie d'opérations, liées au tournage et au montage, qui toutes ensemble assurent au récit filmique son droit égal face au récit scriptural et au récit scénique. »

ÉNONCIATION[12]

Sous le titre « L'appel du désert », le premier épisode de *Thibaud ou les Croisades* est diffusé le samedi 2 novembre 1968, de 20h30 à 21h00. Voici comment *Télérama*[13] le présente :

> C'est votre nouveau feuilleton du samedi soir. Rachel Fabien nous entraîne à Jérusalem, au début du XIIᵉ siècle. Entre la première et la deuxième croisade, un équilibre précaire s'établit entre les Français et les Arabes. Thibaud, le Chevalier blanc, bon combattant, bon chrétien, est le symbole de la croisade victorieuse. Il conforme chacun de ses actes à son idéal de chevalerie et de charité chrétienne. Tourné en Tunisie et au Maroc, ce film à grand spectacle vous offre un nouveau héros, Thibaud, le preu [*sic*] chevalier[14].

Ce rendez-vous hebdomadaire est le premier d'une longue série : de novembre 1968 à janvier 1969, puis d'octobre à décembre 1969, deux ensembles de 13 épisodes de 26 minutes chacun sont présentés sur la première chaîne de l'ORTF. Sur la page de gauche du magazine télévisuel, en regard des lignes et de la photographie introduisant le premier épisode, figure un encart publicitaire vantant « les robes *Perles d'Orient* inspirées du feuilleton de la Télévision Française *Thibaud les Croisades* chaque samedi 1ʳᵉ chaîne[15] ». Se trouvent ainsi scellées les noces de la culture de masse et de la société de consommation... De toute évidence, « la "télé" – l'appellation est passée dans le langage courant en 1965 – s'est installée en pleine pâte sociale, au centre des activités de loisir et de culture de l'immense majorité des Français[16] ».

Trois semaines plus tard, dans le n° 983 daté du dimanche 17 novembre 1968, *Télérama* consacre sa page de couverture au feuilleton nouveau-né

---

12 Par référence aux travaux de C. Kerbrat-Orecchioni, nous donnons un sens large au concept d'*énonciation*. Ce dernier peut, en effet, se définir par les « relations qui se tissent entre l'énoncé et les différents éléments constitutifs du cadre énonciatif », à savoir « les protagonistes du discours (émetteur et destinataire(s)), la situation de communication, les circonstances spatio-temporelles, les conditions générales de la production/réception du message : nature du canal, contexte socio-historique, contraintes de l'univers de discours, etc. » (*L'Énonciation. De la subjectivité dans le langage*, Paris, Colin, 1980, p. 30-31).

13 Fondé en 1947 par G. Montaron, *Télérama* est à l'origine un hebdomadaire catholique de gauche. Il fut développé dans le sillage de *Témoignage chrétien* pour traiter des vecteurs de la nouvelle culture de l'après-guerre (radio, cinéma et télévision).

14 *Télérama*, n° 980, dimanche 27 octobre 1968, p. 49.

15 *Télérama*, n° 980, dimanche 27 octobre 1968, p. 48. Voir l'illustration figurant à la fin de cet article.

16 Berstein et Rioux, *La France de l'expansion 2*, p. 259.

en offrant le portrait du héros-titre, dessiné d'après un cliché le représentant coiffé d'un keffieh blanc et enveloppé d'un manteau à rayures
noires et blanches[17]. Creusant l'écart fictionnel, ce choix esthétique fait
porter un double accent : sur le personnage plutôt que sur A. Laurence,
le comédien qui incarne Thibaud ; sur l'identité du héros, sous le costume d'un Arabe (il est coiffé d'un keffieh blanc[18]) plutôt que sous celui
d'un chevalier franc[19]. Au moment où la page de la décolonisation vient
d'être tournée et où le conflit israélo-palestinien fait rage, un tel parti
ne manque sans doute pas d'audace.

Comme en témoignent la parution du livre de J. Capé dès 1968[20],
la diffusion d'un livre-disque[21] ou encore la fabrication de figurines que
l'on peut se procurer sur la Toile encore aujourd'hui, *Thibaud* a suscité
un vif engouement. Avant de connaître un relatif oubli[22], il a bénéficié
du succès que l'époque assurait à ces productions télévisuelles.

Tandis que la télévision apparaît d'emblée comme « la forme idéale de
diffusion du feuilleton[23] », l'apparition de la fiction historique, en 1963,

---

17 Ce cliché figure à l'intérieur du même numéro, à la page 3. Il est extrait du douzième épisode
    de la première série, « Le seigneur du Hauran », soit I, 12, suivant le référencement que nous
    adopterons désormais (le premier chiffre indique la série et le second le numéro de l'épisode).

18 Voir l'illustration figurant à la fin de cet article.

19 Par comparaison, voir la couverture de *Télé 7 jours* qui, au même moment, donne une
    photo d'André Lawrence dans tout l'éclat de sa jeunesse, revêtu de son costume blanc
    de chevalier. *Télérama* ne renonce pourtant pas à la personnalisation, qui est la marque
    de fabrique de *Télé 7 jours* ; une présentation de l'acteur figure à l'intérieur du magazine,
    en marge du cliché signalé précédemment : « On connaît encore peu en France André
    Lawrence (Thibaud), comédien canadien, marié, père de deux enfants, qui après ses
    études à Montréal et un stage de photographie dans l'armée de l'Air de son pays devint
    un passionné de théâtre. Ses premiers succès, il les obtint à Londres, puis à Rome, où il
    tourna dans les studios de Cinecittà, la Mecque du cinéma italien. Marcel Camus en fit
    la vedette de son film *Le Chant du monde* et il vient de terminer un film avec Gardner
    Mac Kay, l'ex-capitaine Troy au séduisant sourire : *Quatre filles à Madrid*. Les aventures
    lointaines du chevalier blanc permettront-elles à André Lawrence de figurer au palmarès
    des héros de feuilletons TV ? » (*Télérama*, n° 983, dimanche 17 novembre 1968, p. 3)

20 Voir J. Capé, *Thibaud les Croisades*, Paris, Éditions Solar, 1968. Après un bref prologue, les
    13 chapitres du livre suivent le récit mis en images par les 13 épisodes de la première série.

21 Voir *Thibaud chevalier des croisades*, d'après le grand film à épisodes de la télévision française,
    raconté et interprété par André Laurence, musique de Georges Delerue, un livre-disque
    33 tours, « Le Petit Ménestrel » / Éditions Lucien Adès, 1969.

22 Après cette période, indépendamment des rares rediffusions télévisuelles, les cassettes-vidéo
    puis les dvd ont constitué pour le grand public les seuls moyens d'accès à la série. Depuis
    quelques années, *YouTube* met l'ensemble des épisodes à la disposition des internautes.

23 J. Baudou et J.-J. Schleret, *Les Feuilletons historiques de la télévision française*, Paris, Huitième
    Art, 1992, p. 9. Voir le succès des feuilletons *Le Temps des copains* (1961) et *Janique aimée* (1963).

avec le *Chevalier de Maison-Rouge* (d'après Alexandre Dumas) marque, en effet, le début d'un véritable âge d'or. L'ouverture d'une deuxième chaîne de télévision en avril 1964, puis l'apparition de la couleur (1967) favorisent l'essor des feuilletons. À quatre ans d'intervalle, le tournage en couleur de *Thibaud* succède aux aventures en noir et blanc de *Thierry la Fronde* (1964), héros dans lequel J.-Cl. Deret, le créateur du feuilleton, voit « un maquisard de la guerre de Cent Ans[24] ». Dans les deux cas, le Moyen Âge fait signe vers le contexte historique du téléspectateur.

En quelques années, la télévision est devenue

> « l'eau et le gaz à tous les étages » de la culture de masse, [...] le médium souverain de l'âge nouveau, celui qui vise au cœur de la cible : le grand public « populaire », c'est-à-dire socialement indistinct et aspirant au bonheur simple[25].

Dès 1962, dans *L'Esprit du temps*, E. Morin avait signalé

> l'avènement d'une culture nouvelle, aux formes importées des États-Unis et fille du développement des *mass media*, dont l'allant bousculait et marginalisait la « culture cultivée » des intellectuels et des élites, dédaignait les héritages nationaux et séduisait surtout les jeunes[26].

Aux « écartèlements des cultures et des croyances », « une volonté publique a été opposée », soulignent S. Bernstein et J.-P. Rioux, laquelle donne lieu à « la première politique culturelle au sens plein que le pays ait connu[27] ». Parmi ses formes, il faut mentionner l'ORTF, dont l'histoire s'articule en deux temps. Avant 1964, sous les directions de J. d'Arcy puis d'A. Olivier, le service public, jaloux de son monopole, « avait offert tout en un de l'information, de la distraction et de l'instruction dans une ambiance vertueuse et bon enfant », grâce à « la toute-puissance des premiers réalisateurs de "l'École des Buttes-Chaumont", souvent de gauche, qui avaient ouvert la télévision au monde entier et fait assaut d'éducation populaire dans le style des années 1930 et 1940 ». Par contraste, la décennie 1964-1974 est « autrement trouble et conflictuelle, tant le médium est secoué par sa propre croissance » :

---

24   J.-Cl. Deret, entretien donné à *Télé 7 Jours* cité par Baudou et Schleret, *Les Feuilletons historiques*, p. 25.
25   Berstein et Rioux, *La France de l'expansion 2*, p. 259.
26   Berstein et Rioux, *La France de l'expansion 2*, p. 254.
27   Berstein et Rioux, *La France de l'expansion 2*, p. 283.

« Il y eut de fortes raisons politiques qui poussèrent à considérer après 1968 que la télévision devait d'abord "distraire" », notent S. Bernstein et J.-P. Rioux. Dès 1969, « au grand dam des nostalgiques de la culture populaire et des adeptes d'une télévision "de qualité" qui jouerait sur l'éclectisme des goûts des téléspectateurs », « l'unicité des programmes pour tous les publics a vécu[28] ».

C'est à l'inspiration de la première période qu'il convient de rattacher *Thibaud ou les Croisades*. En 1967, M. Mizrahi, alors directeur du bureau des textes de la société de production Telfrance, avec le concours de la scénariste R. Fabien, conçoit le projet d'un feuilleton historique. L'ORTF en confie les rênes à J. Drimal, qui avait réalisé *Thierry la Fronde*, et à son équipe de scénaristes (l'écrivain alsacien R. Ehni, le dramaturge B. Dabry, le dialoguiste A. Tudal). Après le départ de J. Drimal, la réalisation d'une deuxième série d'épisodes échoit à H. Colpi, monteur d'H.-G. Clouzot (*Le Mystère Picasso*) et d'A. Resnais (*Hiroshima mon amour*, *L'Année dernière à Marienbad*), mais aussi auteur d'un long métrage adapté de M. Duras, *Une aussi longue absence*, qui lui valut la Palme d'or en 1961. De nouveaux scénaristes s'ajoutent aux anciens (sauf R. Ehni) : R. Mazoyer, Fr. Benys, Ph. Verro. Précisons qu'à côté des paysages grandioses du Maroc et de la Tunisie, Aigues-Mortes et le Grau-du-Roi ont servi de décor aux extérieurs et que le tournage de la série en anglais et en français a joué dans le choix des acteurs principaux (A. Laurence, qui n'a pas voulu être doublé pour les scènes de combat, et A. Meunier). Pour les rôles secondaires, des figurants autochtones et des acteurs de complément ont été sollicités pour incarner indifféremment des soldats francs, turcs, arabes, des marchands, des pillards, etc. La musique originale du feuilleton est l'œuvre de G. Delerue, ancien élève de D. Milhaud et compositeur préféré de la Nouvelle Vague.

ÉNONCÉ

Après l'examen du « cadre énonciatif », il convient de s'attacher à l'énoncé, c'est-à-dire au récit fictionnel lui-même, en l'envisageant dans sa triple composante, syntaxique, morphologique et sémantique.

---

28   Berstein et Rioux, *La France de l'expansion 2*, p. 261-262.

Syntaxe : feuilletons et séries

Fruits du double héritage de la radio et du cinéma, les fictions télévisuelles se répartissent originellement en trois catégories : le téléfilm, le feuilleton et la série. Comme le précise St. Benassi, cette classification « regroupe les fictions télévisuelles en fonction de leurs formes syntaxiques, ou, si l'on préfère, selon qu'elles développent une narration unique et courte (c'est le cas de la *dramatique* et du téléfilm) ou une narration plurielle, c'est-à-dire *longue et fractionnée* dans le cas du feuilleton, *courte et répétée*, dans le cas de la série[29] ». Parmi ces deux types de fictions plurielles, *Thibaud ou les Croisades* relève *stricto sensu* de la série, selon un terme qui s'imposera peu à peu. Si la rhétorique du feuilleton est gouvernée par la métonymie, la série est placée sous l'empire de la métaphore dans la mesure où la mise en paradigme à laquelle elle procède repose sur une « opération de développement diégétique par déploiement de nombreux possibles autour d'un héros permanent ou d'un horizon de référence, cadre mémoriel constant[30] ». Tel est bien le cas de *Thibaud ou les Croisades*, dont le titre associe le « héros permanent » et l'« horizon de référence ». Au fond, c'est à l'unification du paradigme que contribue inlassablement la diversité syntagmatique des actants et des situations[31]. Ce point n'a pas échappé à U. Eco, pour qui les séries « sont construites à partir d'une situation donnée et de quelques personnages pivots, immuables, autour desquels évolue un certain nombre de personnages secondaires auxquels il appartient de donner l'impression que le nouvel épisode diffère du précédent, alors que le schéma narratif est le même ». Tout leur plaisir vient de l'itération. En ce sens, elles répondent « au désir des enfants d'entendre toujours la même histoire » ; elles reposent sur notre besoin d'être rassuré par « le retour de l'identique, très superficiellement modifié[32] ».

En confrontant *feuilletonisation* et *sérialisation*, St. Benassi montre bien en quoi le jeu sur l'identité et la variabilité affecte différemment

---

29   St. Benassi, *Séries et feuilletons T.V. Pour une typologie des fictions télévisuelles*, Liège, Éditions du CÉFAL, 2000, p. 35.
30   N. Nel, « Téléfilm, feuilleton, série, saga, *sit-com, soap-opera, telenova* : quels sont les éléments clés de la sérialité ? », *CinémAction*, 57, 1990, cité par Benassi, *Séries et feuilletons T.V.*, p. 46.
31   Voir à cet égard les branches du *Roman de Renart*, œuvre sérielle s'il en est, et les analyses de J.-R. Scheidegger, *Le Roman de Renart ou le texte de la dérision*, Genève, Droz, 1989.
32   U. Eco, cité par Benassi, *Séries et feuilletons T.V.*, p. 81.

les paramètres sémantiques, spatiaux, temporels, narratifs et discursifs du récit fictionnel : « Il semble que dans le cas de la série, les *variations* soient davantage d'ordre spatial et/ou discursif, tandis que les invariants seraient plutôt d'ordre sémantique, temporel et/ou narratif[33]. »

C'est ainsi que le prototype de chaque série, parfois nommé *pilote*, « détermine généralement comme acquises et immuables les données axiologiques et idéologiques que l'on retrouve dans chaque épisode[34] ». C'est ainsi que *Thibaud ou les Croisades* s'ouvre par un épisode au titre significatif, « L'appel du désert ». Le protagoniste y acquiert un nom, Thibaud, mais surtout un surnom, celui de *Chevalier blanc*. En le baptisant ainsi, le scénariste fait également surgir à ses côtés un autre chevalier blanc, un mystérieux nomade issu du « peuple du désert », qui déclare n'aimer ni les Francs ni les Turcs et qui l'accueille par ses mots : « Tu es l'hôte très honoré du prince blanc ; je sais qui tu es : le chevalier blanc, mon frère. Qu'Allah soit remercié et que ton Dieu le soit aussi. » Ce premier épisode ne saurait répondre à une nécessité d'*exposition*, au sens que le théâtre donne à ce mot. Comme le font les romans arthuriens, il prête au téléspectateur une familiarité immédiate avec les protagonistes. Sans doute apprend-on que Thibaud est issu d'une mère musulmane et d'un baron franc, mais une autre logique prévaut, qui consiste à inscrire le paradigme axiologique et idéologique dans le champ de l'utopie : « Tu es un homme du désert, comme moi, lui dit son hôte, tu veux sacrifier toute ta vie à une idée. » Il s'agit aussi de ménager une rencontre avec un héros qui n'évoluera pas. À l'instar du même imperméable élimé que l'inspecteur Colombo porte pendant plus de 35 ans, la tunique blanche de Thibaud reste inaltérée.

Du côté des invariants, il faut également ranger le rythme et le schéma du récit, identiques d'un épisode à l'autre, même si chacun d'eux possède sa propre unité diégétique. Sous ce rapport, *Thibaud ou les Croisades* relève du type « classique », fondé sur « trois moments soumis à une tension nœud/dénouement » :

> 1. Une *séquence initiale* où le héros se voit proposer un contrat. [...] La situation initiale de chaque occurrence est une situation d'*euphorie* jusqu'à l'introduction d'une tension (le contrat) correspondant au nœud du récit ; 2. Une *séquence action-nelle* où le héros, après une suite d'échecs (généralement deux ou trois), remplit

---

33 Benassi, *Séries et feuilletons T.V.*, p. 47.
34 *Ibid.*

son contrat. La fin de cette séquence correspond au dénouement, c'est-à-dire à la suppression de cette tension. [...] 3. Une *séquence finale* où, de retour à sa position initiale (*euphorie*), le héros est de nouveau en attente d'un autre contrat[35].

Il arrive que le principe contractuel soit thématisé comme dans « Le seigneur du Hauran » (I, 12), où Thibaud promet solennellement à la dame de Rochefort qu'il retrouvera son mari et son fils disparus en Palestine quelques années plus tôt et qu'il prendra sous sa protection sa fille Cécile. L'épisode organisé autour de la défense de la forteresse de Safed (I, 2) s'achève, quant à lui, comme il avait commencé, sur une note « euphorique », par le souhait de Blanchot de retrouver aussi vite que possible la compagnie des danseuses de Jérusalem.

Du côté de la variation, en revanche, « la *sérialisation* semble essentiellement favoriser les changements de lieux ainsi que la démultiplication des figures, thèmes et motifs discursifs[36] ». *Thibaud ou les Croisades* n'échappe pas à cette règle. Le héros gagne Jérusalem, Jaffa, Tripoli, Antioche, Karak ; il fréquente les forteresses de Safed ou de Massada, les châteaux de Coucy ou de Monteil ; il côtoie Foulques, Mélisande, Sibylle présentée comme la fille du roi Foulques (en réalité sa petite-fille), Hugues de Puiset, Pierre et Isabelle de Coucy, Raymond de Poitiers, la princesse Alix, etc. ; il affronte Zengi, les Turcs, la secte des assassins, sans compter les pillards et les brigands de toute sorte. Il serait trop long de dresser la liste des thèmes et des motifs sollicités par les scénaristes. Et pour rendre compte de la diversité des registres, il suffit peut-être de citer l'épisode consacré au prétendu « mariage de Blanchot » (II, 11) ou les aventures mi-héroïques, mi-burlesques organisées autour du personnage de Douglas, Écossais hâbleur, querelleur et truculent (« La course de Tripoli », II, 2) : pour la possession d'un cheval, une rivalité effrénée et pittoresque l'opposera à Thibaud.

Morphologie : le système des personnages

Si les séries et les feuilletons se définissent comme un « ensemble d'œuvres audiovisuelles formant système autour de personnages et/ou de thèmes communs[37] », le rôle structurant joué par la figure de

---

35   Benassi, *Séries et feuilletons T.V.*, p. 82-83.
36   Benassi, *Séries et feuilletons T.V.*, p. 47-48.
37   Benassi, *Séries et feuilletons T.V.*, p. 46.

Thibaud reste à préciser. L'originalité est d'avoir fait du protagoniste un « poulain », c'est-à-dire un Franc né en Palestine d'une mère arabe et d'un père chrétien[38], en l'occurrence d'un baron au service du roi Foulques V d'Anjou, successeur du roi Baudouin II, dont il a épousé la fille, Mélisande, le 2 juin 1129[39]. Pour consolider son royaume et asseoir sa souveraineté, Baudouin II a encouragé ses troupes à s'implanter dans les villes et les campagnes et à s'intégrer aux autochtones, d'où la population mixte évoquée en un passage resté célèbre par le chroniqueur franc Foucher de Chartres († 1127)[40].

Le *pilote* de la première série fait brièvement allusion à la naissance de Thibaud, mais il faut attendre celui qui ouvre la seconde série pour que son « roman familial » soit véritablement scénarisé. Dans cet épisode intitulé « Les deux croix » (II, 1), Thibaud, accompagné de Blanchot, revient au château de ses parents pour découvrir avec étonnement que leurs tombes sont régulièrement entretenues par une jeune bergère qui fut la compagne de jeu de Thibaud – au grand dam de Kaddour, musulman fanatique !

La vision que ce dernier incarne correspond à celle que livre la chanson de geste. Elle est fondée sur « un manichéisme structurel qui annexe tous les plans, et aplatit la variété du réel pour que se glorifient l'ethnie, la patrie (la "douce France"), la seigneurie qu'un dessein divin lance à la reconquête de l'espace humain[41] ». Elle repose sur « une "bipolarisation" absolue que traduit, dynamiquement, le thème de la croisade[42] ». D'un côté les bons, de l'autre les méchants ; d'un côté les chrétiens, de l'autre les païens : « au monde lumineux et plein du Bien s'oppose le monde noir et vide du Mal, symétrique de l'autre[43] ». Entre les deux groupes, sur lesquels se fonde la « typologie des agents » épiques « par nature » en

---

38 Sur les « poulains » et le choix de ce terme, voir M. Balard, *Les Latins en Orient (X^e-XVe siècles)*, Paris, PUF, 2006, p. 93-94.

39 Voir J. Prawer, *Histoire du royaume latin de Jérusalem*, trad. G. Nahon, Paris, Éditions du CNRS, 1969-1970, vol. 2, rééd. 2003. Il semble que ce soit la seule et unique apparition de la reine de Jérusalem à l'écran. Voir l'épisode « Hugues de Puiset » (I, 10).

40 « Occidentaux nous fûmes, et nous voilà transformés en Orientaux. Le Romain ou le Franc d'hier est devenu, transplanté, un Galiléen ou un Palestinien. Celui qui habitait Reims ou Chartres se voit citoyen de Tyr ou d'Antioche. » (Foucher de Chartres, *Historia Hierosolymita*, éd. H. Hagenmeyer, Heidelberg, Winter, 1913, p. 748, cité et trad. par A.-M. Eddé, *Saladin*, Paris, Flammarion, 2008, p. 383).

41 D. Madelénat, *L'Épopée*, Paris, PUF, 1986, p. 175.

42 Madelénat, *L'Épopée*, p. 173.

43 P. Zumthor, *Essai de poétique médiévale*, Paris, Seuil, 1972, p. 327.

conflit permanent, s'établit une « zone d'échange » qui évite au système sémantique la solidification et permet aux personnages de changer de fonction : le repentir et la conversion, où le méchant devient bon, la trahison et le reniement, où le bon devient méchant[44]. Tels sont bien les ressorts de l'épisode que nous considérons. Pour effacer la « trahison » de la jeune bergère, renégate à ses yeux, Kaddour invite Thibaud non seulement à l'épouser, mais aussi à se convertir – peu avant de découvrir que celle-ci a déjà abjuré. Dès lors, aucune solution n'est possible, un combat sans merci s'engage, épée contre cimeterre, et, juste avant de trépasser, Kaddour tue lâchement la jeune femme.

En vertu de cette structuration, de même que les chrétiens comptent des méchants parmi eux (Ganelon), de même il existe de bons sarrasins, ce qu'illustre, de son côté, le roman médiéval[45]. *Thibaud ou les Croisades* s'emploie à multiplier ces figures favorables, en les rattachant surtout au « peuple du désert ». Et la fiction télévisuelle déploie sans cesse de nouveaux parallèles : ainsi l'un des épisodes[46] repose-t-il sur le massacre par des chevaliers chrétiens d'un groupe de pèlerins en route pour la Mecque. Il faut pourtant se garder de confondre la symétrie que forge inlassablement *Thibaud* avec la construction spéculaire sur laquelle sont fondées les premières chansons de geste. Sans doute les deux camps y réunissent-ils autour d'un chef les barons avides de prouesses (Marsile et Baligant tiennent conseil de pairs, comme Charles). Sans doute, au plan métaphysique, à Dieu et à ses anges correspond la trinité Mahomet – Apollin – Tervagan, accompagnée de démons mineurs. Cependant, « ces analogies institutionnelles soulignent une inversion et une dissymétrie : les sarrasins offrent une caricature simiesque de la chrétienté[47] ». Ordonnée à une implacable axiologie (les païens ont le tort et les chrétiens le droit, d'après un vers célèbre de la *Chanson de Roland*), leur mise en scène relève, en réalité, d'une « usurpation de ressemblance », selon l'expression que la théologie médiévale applique au diable, à partir du texte paulinien qui présente le maître du mensonge comme un voleur (Ph. 2, 6).

---

44   Voir Zumthor, *Essai de poétique médiévale*, p. 325-326.
45   Voir C. Girbea, *Le Bon Sarrasin dans le roman médiéval (1100-1225)*, Paris, Classiques Garnier, 2014.
46   « Pour les beaux yeux d'Isabelle » (I, 5).
47   Madelénat, *L'Épopée*, p. 175.

Dans *Thibaud ou les Croisades*, en revanche, le monde sarrasin jouit d'une égale consistance ontologique, comme s'il s'agissait avant tout de soutenir l'opposition qui, dans les deux camps, distingue entre les bons et les méchants. Afin de mieux serrer la réflexion, sans doute convient-il ici de faire appel à la « relation antagoniste du charnel et du spirituel » dans laquelle A. Guerreau-Jalabert voit « comme la matrice à travers laquelle sont perçus et pensés, dans la société chrétienne médiévale, divers pans de la réalité matérielle, pratique et idéelle[48] ». Si cette relation est inscrite dans l'être même de l'homme, fait d'esprit et de chair, elle peut aussi s'étendre, à l'échelle de notre série, au couple Thibaud/ Blanchot, qui dédouble le composé humain en une figure spirituelle et en une figure charnelle, à l'instar de Don Quichotte et de Sancho Panza. Dans la perspective d'A. Guerreau-Jalabert, il faut élargir encore le champ d'application de ce modèle à l'organisation sociale et à l'ordre de l'univers. Le schème *spiritus/caro* permettrait ainsi de penser les relations clercs/laïcs, homme/femme, Dieu/homme, Dieu/diable, etc.[49] À cet égard, tandis que la chanson de geste réserve le pôle charnel au monde sarrasin et le pôle spirituel aux chrétiens, en vertu d'une « typologie structurelle d'une étonnante fixité[50] », *Thibaud* inscrit la dialectique charnel/spirituel au cœur de chaque camp.

Comme dans les romans de Chrétien de Troyes, la figure du chevalier occupe le devant de la scène. La prééminence de l'institution chevaleresque est clairement affirmée dans le *Conte du Graal* : elle est le plus haut ordre que Dieu ait fait et, comme le rappelle M. Stanesco à propos de ce roman, la littérature courtoise « ignore ou méprise l'ecclésiastique, elle célèbre dans l'ermite l'ancien chevalier[51] ». À l'instar de Gauvain, Thibaud s'offre comme le « soleil de toute chevalerie » et, si les génériques des deux séries diffèrent légèrement, ils donnent tous deux à voir une

---

48   A. Guerreau-Jalabert, « Le *temps des créations*, XIᵉ-XIIIᵉ siècles », *Histoire culturelle de la France, I : Le Moyen Âge*, éd. J.-P. Boudet, A. Guerreau-Jalabert et M. Sot, Paris, Seuil, 1997, p. 107-221, ici p. 236.

49   Pour une présentation de cette grille de lecture, voir A. Guerreau-Jalabert, « *Spiritus* et *caro* dans la littérature courtoise : une perspective historique », *L'Unique change de scène. Écritures spirituelles et discours amoureux (XIIᵉ-XVIIᵉ siècle)*, éd. V. Ferrer, B. Marczuk et J.-R. Valette, Paris, Classiques Garnier, 2016, p. 41-62.

50   Zumthor, *Essai de poétique médiévale*, p. 326.

51   M. Stanesco, « Parole autoritaire et "accord des semblances" dans la *Queste del Saint Graal* » [1998], repris dans M. Stanesco, *D'armes et d'amours. Études de littérature arthurienne*, Orléans, Paradigme, 2002, p. 249-260, ici p. 260.

ample et superbe chevauchée, étendards et gonfanons déployés, portée par la musique envoûtante de G. Delerue. À ce primat de la chevalerie, la figure historique et mythique de Saladin procure, dans l'autre camp, un incontestable point d'appui et si, pour respecter la chronologie, *Thibaud ou les Croisades* ne la sollicite pas, il n'hésite pas à multiplier les nobles figures sarrasines qui en constituent autant d'avatars[52].

Comme dans les romans du Graal et comme dans la *Queste del Saint Graal*, où le clerc semble pourtant imposer son discours au détriment de l'histoire chevaleresque, le monde ecclésiastique est tenu en lisière quand il n'est pas purement et simplement absent. C'est tout au plus un élément du décor, tel le couvent où trouve refuge la princesse Sibylle, qui se déguise en moniale pour échapper à l'émissaire dépêché par son père (« Sybille et Thibaud », I, 4). Moines, prêtres ou évêques sont absents de la série. Les seuls personnages susceptibles d'être rattachés à l'Église sont les Templiers, ces moines-chevaliers que saint Bernard a imaginés en appelant de ses vœux une *nova militia* propre à mener les combats de Dieu sur un double plan (« *gemino conflictu* »), « *tum adversus carnem et sanguinem, tum contra spiritualia nequitae in caelestibus*[53] ».

Grâce à eux, charnel et spirituel semblent s'équilibrer. Dans la fiction télévisuelle, cependant, cet idéal appartient déjà au passé, au temps de la première croisade, comme le dit à Blanchot l'un de ses anciens compagnons d'armes, surnommé le Scorpion de Judée depuis qu'il massacre les Templiers que la soif de l'or a fait basculer vers le pôle charnel :

> Tu as raison, Blanchot, le tombeau de notre Seigneur Jésus est devenu un lieu de commerce ; le prêtre trafique au lieu de prêcher l'évangile, le marchand est devenu un voleur et le voleur un lâche.
> – Oui, c'est bien vrai, répond son interlocuteur. La sainte croix et Jésus sont bien oubliés. Seuls comptent aujourd'hui l'or, les richesses, les châteaux, tout ce que l'homme amasse sur la terre.
> – Et ce sont les mêmes hommes pourtant qui furent des lions jadis. La vie était belle alors, ardente[54].

---

52   Voir notamment J. Tolan, « Miroir de la chevalerie : Saladin dans l'imaginaire européen médiéval », *L'Europe latine et le monde arabe. Cultures en conflit et en convergence*, Rennes, Presses Universitaires de Rennes, 2009, p. 75-96 ; Eddé, *Saladin*.

53   « Contre la chair et le sang et contre les esprits du mal dans les espaces célestes » (Bernard de Clairvaux, *Éloge de la nouvelle chevalerie*, éd. et trad. P.-Y. Emery, Paris, Cerf, 1990, § 1). La formule est empruntée à saint Paul (Ép. 6, 12).

54   « Le Scorpion de Judée » (I, 3).

Comment comprendre la sévérité du regard porté sur les Templiers alors même que ces derniers portent, semble-t-il, le même manteau blanc que Thibaud ?

Loin d'être isolée, l'institution des Templiers doit être rapportée à la « prolifération des chevaleries imaginaires », dans laquelle D. Barthélemy voit « le grand fait culturel du XIIᵉ siècle français » : « on parlerait presque de choc des imaginations, ajoute l'historien, si elles ne se mêlaient et ne s'influençaient un peu mutuellement[55] ». À examiner de près cette dialectique, il est possible de dégager deux grandes logiques symétriques et convergentes : d'un côté, l'appropriation par l'Église d'un usage légitime des armes, qui débouche sur la formation des ordres dits « religieux-militaires » ; de l'autre, « l'appropriation laïque de Dieu[56] », sur laquelle sont fondés les romans du Graal. L'élaboration de la figure du chevalier « en une *militia* siamoise de la *militia spiritualis* », selon l'heureuse formule de J. Morsel[57], prend tout son sens, en effet, si l'on considère « les formes sociales éminemment codées » que revêt « la concurrence entre les deux fractions de l'aristocratie[58] ». Parmi ces formes prend place la fiction dite littéraire, grâce à laquelle l'*ordo* chevaleresque reproduit en décalque la bipartition ecclésiastique charnel/ spirituel, l'accaparant pour mieux se substituer à elle. Tel est le sens qu'il convient de donner à la distinction entre une chevalerie *terriene* et une chevalerie *celestiele*, selon les termes du *Lancelot en prose*, distinction destinée à « marginalise[r], voire [à] élimine[r] complètement le clergé de l'ordre social au profit des seuls chevaliers[59] ». C'est à cette perspective, celle du défi laïque, dont relève la littérature chevaleresque en langue vernaculaire en se construisant en contrepoint à la fois dans et contre les textes ecclésiastiques, qu'il convient de rattacher la figure de Thibaud. Celle-ci ne saurait donc se confondre avec les Templiers. Thibaud s'offre comme un *chevalier celestiel*, comme un chevalier spirituel, mais relevant d'une spiritualité décléricalisée.

---

55 D. Barthélemy, *La Chevalerie. De la Germanie antique à la France du XIIᵉ siècle*, Paris, Fayard, 2007, p. 374.

56 Nous empruntons cette formule à J. Morsel, *L'Aristocratie médiévale. La domination sociale en Occident (Vᵉ-XVᵉ siècle)*, Paris, Colin, 2004, p. 160.

57 Morsel, *L'Aristocratie médiévale*, p. 166.

58 Morsel, *L'Aristocratie médiévale*, p. 167.

59 Morsel, *L'Aristocratie médiévale*, p. 162.

Sens et référence : « *l'aveu de la fiction*[60] »

Comme l'a montré X. Storelli, le chevalier constitue, dès le XIIᵉ siècle, une figure achronique. L'usage anachronique qu'en fait l'historiographie anglo-normande lui apparaît comme le signe précurseur d'une « conception atemporelle de la chevalerie, qui aurait été instituée depuis les premiers temps de l'humanité ». Sous cet angle, « l'idéal chevaleresque, dont la perfection est repoussée dans un passé mythique, serait toujours à accomplir de nouveau, à réactualiser, à restaurer[61]. » C'est à Chrétien de Troyes qu'il revient d'avoir fixé la chevalerie dans son achronie. Grâce à lui, « le monde arthurien est devenu mythique et presque atemporel » :

> C'est désormais une utopie ouverte à l'aventure et au parcours symbolique du héros dans lequel prime la quête du sens. Alors seulement, la fiction courtoise et chevaleresque se détache de la gangue historique dont elle est issue[62].

Après avoir rapporté l'institution par Arthur de la Table Ronde, Robert Wace, le traducteur de l'*Historia regum Britanniae* de Geoffroy de Monmouth, signale un vide dans sa chronique : les douze ans de paix que connaît alors le royaume d'Arthur et durant lesquels, dit-il, eurent lieu les nombreuses aventures que l'on conte sur Arthur. Comme le note E. Baumgartner :

> Tout se passe comme si Chrétien, qui fut un lecteur très attentif de Wace, avait en quelque sorte accaparé ce temps mort dans le règne d'Arthur pour y déployer librement, en marge de l'histoire [...], la part de la merveille[63].

Que *Thibaud ou les Croisades* s'inscrive dans un intervalle entre la Première et la Deuxième Croisade, en une période de latence comparable à celle qu'exploite Chrétien[64], invite à esquisser un parallèle. En évitant de s'attacher à une croisade en particulier pour mieux les évoquer toutes,

---

60 Nous empruntons cette formule à M. Zink, *Littérature française du Moyen Âge*, Paris, PUF, 2014 [1992], p. 142.

61 X. Storelli, « La chevalerie comme catégorie achronique dans l'historiographie anglo-normande du XIIᵉ siècle », *Mito e storia nella tradizione cavalleresca*, Spoleto, Fondazione Centro di Studi sull'Alto Medioevo, 2006, ici p. 95-96.

62 Storelli, « La chevalerie comme catégorie achronique », ici p. 136-137.

63 E. Baumgartner, *Romans de la Table Ronde de Chrétien de Troyes*, Paris, Gallimard, 2003, p. 15.

64 L'histoire se situe vers 1135 près de 40 ans après la première croisade lancée par le pape Urbain II en 1095 et prêchée par Pierre l'Ermite, dans le royaume franc de Jérusalem.

Thibaud se hausse au plan du mythe – du mythe des croisades, auquel il identifie son héros. C'est ce que souligne le titre de la série.

Rompant avec les romans d'antiquité, les récits arthuriens signent ce que M. Zink nomme « l'aveu de la fiction » :

> En quittant l'Antiquité et le monde méditerranéen pour la Bretagne et le temps du roi Arthur, le roman renonce à la vérité historique, référentielle, et doit se chercher une autre vérité. Une vérité qui est celle du sens ; un sens qui se nourrit pour l'essentiel d'une réflexion sur la chevalerie et l'amour[65].

Et si, selon la formule d'E. Auerbach, « le réalisme des romans courtois se limite à la peinture d'une seule classe de la société[66] », celle des *bellatores*, il faut ajouter que ce réalisme est peint aux couleurs de l'idéal :

> Il est digne de remarquer que, dans le plus grand nombre des cas, uniformément, [la description] est conçue, si divers qu'en soient les objets, dans une intention élogieuse. Elle est destinée à exciter l'admiration ; elle prétend enchanter l'imagination du lecteur[67].

C'est bien, en effet, dans le cadre de cette perspective épidictique, à travers l'écriture de la merveille et selon l'orientation imprimée par une courtoisie dans laquelle J. Le Goff voyait le premier idéal laïc, qu'il faut inscrire la figure de Thibaud ainsi que l'univers dans lequel il évolue. À côté de la chevalerie qui occupe le premier plan, figure l'amour et notamment, parmi les langages de l'amour[68], celui que l'on dit courtois, bien illustré par l'épisode intitulé « Sibylle et Thibaud » (I, 4). Après avoir cueilli une rose dans le jardin où il a rencontré la jeune femme, le héros lui offre en retour, dès le lendemain, une rose des sables… Au cours du voyage qui les mène jusqu'au château du mari de Sybille, les deux jeunes gens apprennent à se connaître et à s'aimer. Mus par une haute idée de l'honneur et de la chevalerie, ils se quitteront avec noblesse à la

---

Rappelons qu'en 1100, Baudouin de Boulogne, le frère de Godefroy de Bouillon devient roi de Jérusalem ; il est couronné par le patriarche Daimbert de Pise.

65 Zink, *Littérature française du Moyen Âge*, p. 143.

66 E. Auerbach *Mimésis. La représentation de la réalité dans la littérature occidentale*, trad. C. Heim, Paris, Gallimard, 1968, p. 142.

67 E. Faral, « Le merveilleux et ses sources dans les descriptions des romans français du XIIe siècle », *Recherches sur les sources latines des contes et romans courtois du Moyen Âge*, Paris, Champion, 1913, p. 307.

68 Voir J. J. Baldwin, *Les Langages de l'amour dans la France de Philippe Auguste*, trad. B. Bonne, Paris, Fayard, 1997 [1994].

fin du voyage, tant il est vrai que la *fin'amor,* fille de l'utopie, se déploie dans « les espaces dégagés de la gratuité, de la liberté ludique[69] ». Loin du pôle charnel incarné par le mari, par la *seigneurie,* cet art d'aimer se comprend par référence à la *chevalerie,* celle du *fin'amant.*

Si le propos essentiel des romans courtois est de « représenter, d'un point de vue lui-même féodal, les mœurs et les idéaux de la chevalerie féodale », pour autant « ses formes extérieures ne sont pas négligées ; elles sont dépeintes à loisir[70] ». Comme le souligne E. Faral :

> Il semble que ç'ait été, pour les poètes auteurs de romans, à qui peindrait les jardins les plus magnifiques, les châteaux les plus somptueux, les femmes les plus éblouissantes, les curiosités les plus rares, les prodiges les plus inattendus[71].

Dans *Thibaud,* l'art du décor repose sur ce que M.-M. Davy nomme un « langage roman[72] », langage fondé sur le symbole, la stylisation des formes et un certain parti de théâtralité, conforme au découpage en scènes que l'on rencontre dans les romans de Chrétien de Troyes[73]. À cette grammaire visuelle répond, selon une formule souvent employée par la critique, la musique « lyrique et chevaleresque » de G. Delerue. Si l'on dit souvent que la musique est l'âme d'un film, cette âme entraîne Thibaud moins vers le genre théâtral[74] que vers le romanesque des grands espaces et des longues chevauchées, au gré de *leitmotive* savamment concertés[75].

Au fond, c'est à une écriture de l'idéal qu'est ordonné *Thibaud ou les Croisades,* dans la lignée des romans chevaleresques et courtois des

---

69   G. Duby, « Que sait-on de l'amour en France au XIIᵉ siècle ? » [1988], repris dans *Féodalité,* Paris, Gallimard, 1996, p. 1408.

70   Auerbach, *Mimésis,* p. 140.

71   Faral, « Le merveilleux et ses sources », p. 307.

72   M.-M. Davy, *Essai sur la symbolique romane (XIIᵉ siècle),* Paris, Flammarion, 1955.

73   Jusqu'à un certain point, un parallèle pourrait être esquissé avec le *Perceval le Gallois* d'Éric Rohmer, sorti sur les écrans de cinéma en 1978. Au cours d'une rencontre avec Jacques Le Goff, le cinéaste explique qu'il s'est efforcé d'« évoquer l'espace roman », un espace « sans ombres », qu'il a tenté d'exprimer par le moyen d'« un théâtre qui n'existait pas », « une certaine conception plastique du Moyen Âge » (*Ça cinéma,* 17, 1979, p. 9, 10 et 12).

74   À titre de comparaison, se reporter à la musique que Georges Delerue a composée pour l'opéra de Boris Vian, *Le Chevalier de neige,* sous les deux versions de l'œuvre, lyrique et dramatique (B. Vian, *Le Chevalier de neige,* Paris, Bourgois, 1974).

75   Voir G. Loison, livret de huit pages, notes internes français-anglais, dans *Thibaud ou les croisades. Fortune,* Bande originale des séries TV d'Henri Colpi (1968/1969), Music box Records.

XIIe et XIIIe siècles. Cette fiction télévisuelle de la fin des années 60 s'accorde bien, sous ce rapport, à la définition de Fr. Jullien, qui voit dans l'idéal une invention européenne : « détaché de l'expérience », il « représente l'absolu de notre aspiration[76] ». Le blanc manteau de Thibaud, immaculé en toute circonstance, est une *merveille* au sens médiéval du terme. Il relève d'une vérité du sens, et non de la référence. Et c'est bien parce qu'il est « détaché de l'expérience » que l'idéal en tant que tel (et notamment l'idéal chevaleresque) est transhistorique.

Le détachement n'est pourtant pas son seul mode d'être :

> L'idéal est concept, et force à la fois. Il exige son incarnation en même temps qu'il se prévaut de l'impossibilité de celle-ci. Tout en se proclamant d'un autre monde, il est le plus en mesure de mobiliser effectivement celui-ci et de le transformer[77].

Pour désigner l'envers historicisé de l'idéal, pour définir « la pensée dans toutes ses fonctions, présente et agissante dans toutes les activités de l'homme, lequel n'existe qu'en société[78] », l'anthropologie avance la notion d'idéel. À l'encontre d'un imaginaire conçu comme supplément de rêve ou arrière-plan illusoire, M. Godelier observe que « tout rapport social, quel qu'il soit, inclut une part idéelle, une part de pensée, de représentations », précisant :

> Ces représentations ne sont pas seulement la forme que revêt ce rapport pour la conscience, mais font partie de son contenu. Il ne faut pas confondre *idéelle* avec *idéale* […]. Loin d'être une instance séparée des rapports sociaux, d'être leur apparence, leur reflet déformé-déformant dans la conscience sociale, elles sont une part de ces rapports sociaux dès que ceux-ci commencent à se former et elles sont une des conditions de leur formation[79].

La « part idéelle du réel » sur laquelle reposent les romans arthuriens a fait l'objet de recherches socio-historiques (A. Guerreau-Jalabert ou J. Morsel, notamment). Reste à étudier celle que met en œuvre *Thibaud* en offrant aux téléspectateurs du début du XXIe siècle la fiction d'un chevalier idéal au temps des croisades.

---

76 Fr. Jullien, *L'Invention de l'idéal et le destin de l'Europe*, Paris, Gallimard, 2017 [2008], p. 13 et 11.
77 Jullien, *L'Invention de l'idéal*, p. 19-20.
78 M. Godelier, *L'Idéel et le matériel*, Paris, Flammarion, 2010 [1984], p. 199.
79 Godelier, *L'Idéel et le matériel*, p. 171-172.

LA FABRIQUE DES CROISADES

La recontextualisation à la fin des années 1960, ou la focalisation sur le plan de l'idéel et/ou de la référence, éclaire la fabrique des croisades au sein de *Thibaud ou les Croisades*[80]. C'est le premier feuilleton qui appréhende en effet un passé soigneusement contourné jusqu'alors par la littérature populaire et le cinéma de l'hexagone[81]. En fonction du contexte historique, caractérisé ces années-là par le développement de l'ère de consommation corrélée à la culture de masse, les croisades y sont envisagées selon un double processus : d'une part, un accaparement de l'Histoire des croisades à partir de la mobilisation d'un fonds documentaire ; d'autre part, sa déshistoricisation causée par l'Histoire contemporaine marquée au sceau de la guerre d'Algérie et de la décolonisation qui, bousculant le système de représentation des rapports politiques et socio-culturels, enclenche dans un effet de boomerang la rehistoricisation de l'Histoire des croisades.

SOURCES HISTORIQUES, ENGAGEMENTS
INTELLECTUELS, MÉDIATIONS CULTURELLES

Les réalisateurs de films et les scénaristes, écrivains et dramaturges, n'éprouvent pas le besoin propre aux historiens de métier de documenter les sources auxquelles ils s'adossent, et nulle archive télévisuelle ne vient, à notre connaissance, les identifier.

L'adaptation télévisée ne laisse rien filtrer des recherches universitaires qui traitent des croisades, ni de leur définition, ni de leur nature. Elle écarte les questionnements et les critiques qu'elles avivent ou ravivent

---

80   Dans le cadre de cet article, il s'agit simplement d'évoquer les événements marquants qui présentent un lien direct avec la fabrique du feuilleton, d'où le caractère succinct et forcément réducteur de leur appréciation.

81   À l'étranger, en revanche, la production cinématographique est active autour des principaux personnages de la croisade ; voir Rousset, *Histoire d'une idéologie des croisades*, p. 205-206. On peut citer les films suivants : Enrico Guazzoni, *La Jérusalem délivrée*, 1911 ; C. B. de Mille, *The Crusades*, 1935 (l'action est centrée sur l'année 1187) ; David Butler, *Richard Cœur de Lion et les croisés*, 1954 (d'après le roman éponyme de Walter Scott) ; Ingmar Bergman, *Le 7ᵉ sceau*, 1957 (qui raconte le retour d'un chevalier croisé dans une Suède ravagée par la peste) ; Andrzej Wadja, *La Croisade maudite*, 1968 (d'après le roman du même nom de Jerzy Andrzejewski, daté de 1960 et où est évoquée la croisade des enfants).

immanquablement au gré des soubresauts de l'Histoire. Chr. Tyerman s'est employé à synthétiser les domaines où elles sont volontiers convoquées[82] : « *cultural and religious identity, economic and political expansion, imperialism and colonisation, the ideology legitimacy and pathology of public violence, the experience of war [...], inter-ethnic and inter-faith relations [...]*[83] ». Aux lendemains de la guerre d'Algérie, le feuilleton ne pouvait manquer, semble-t-il, d'attirer l'attention sur le lien noué entre le colonialisme et la croisade. Ce lien, de longue date déjà, est rationalisé dans le premier vingtième siècle par les travaux d'historiens comme, pour ne citer qu'eux, R. Grousset, développant le concept de colonies françaises, J. Richard, parlant en 1953 de colonies franques, ou encore, hors de France, J. Prayer[84]. D'autres aspects gagnent en visibilité, dont la mise en cause d'une vision purement eurocentrique, qui favorise un déplacement du regard sur l'Orient : en témoigne l'article pionnier d'E. Sivan, daté de 1972, « Modern Arab Historiography of the Crusades[85] ». Plus tardive, cette approche n'affecte pas encore la façon dont sont reçues les croisades, au moins dans le grand public. Pour apprécier *Thibaud*, on ne trouve guère d'éléments non plus dans les prises de position différentielles des intellectuels sur la guerre d'Algérie[86]. Si la colonisation et la décolonisation ont beaucoup agité les esprits aux alentours des années 1960 et ont fait évoluer les « cultures politiques[87] », l'heure n'est plus aux polémiques. « La mémoire de la guerre d'Algérie était effacée », constate B. Stora : pour les intellectuels en 1967 ou 1968, d'autres causes en effet primaient : le Vietnam, le gaullisme, « la société de l'époque très fermée, étouffante[88] ».

---

82   Voir Chr. Tyerman, *The Debate on the Crusades*, Manchester – New York, Manchester University Press, 2010, p. 216-232 ; *The Invention of the Crusades*, Toronto, University of Toronto Press, 1998, p. 1-7 et le premier chapitre.

83   Tyerman, *The Debate on the Crusades*, p. 5.

84   Pour les origines de ces mouvements de pensée, courants et influences, et leur analyse, voir Tyerman, *The Invention of the Crusades*, p. 121 *sqq.*

85   E. Sivan, « Modern Arab Historiography of the Crusades », *Asian and African Studies*, 8, 1972, p. 109-149 ; voir aussi E. Sivan, *L'Islam et la Croisade, idéologie et propagande dans les réactions musulmanes aux croisades*, Paris, Maisonneuve, 1968.

86   Voir J.-P. Rioux, *La Guerre d'Algérie et les intellectuels français*, éd. J.-P. Rioux et J.-Fr. Sirinelli, Paris, Éditions complexes, 1991, p. 33-55 ; Cl. Liauzu, « Ceux qui ont fait la guerre à la guerre », *La Guerre d'Algérie, 1954-2004, la fin de l'amnésie*, éd. M. Harbi et B. Stora, Paris, Laffont, 2004, p. 161-170.

87   Rioux, *La Guerre d'Algérie et les intellectuels français*, p. 19.

88   Propos de l'auteur dans un entretien à propos de la sortie de son ouvrage *Les Mémoires dangereuses : de l'Algérie coloniale à la France d'aujourd'hui*, suivi de *Le Transfert d'une mémoire :*

L'écriture du feuilleton s'avère donc *a priori* imperméable au monde universitaire et intellectuel, à l'encontre des nouvelles habitudes qui se sont installées aujourd'hui de solliciter un conseiller historique pour l'écriture du scénario[89]. L'entreprise créative des réalisateurs relève bien davantage de l'avènement d'une « culture de masse » et de la marginalisation de la culture « cultivée » des intellectuels et des élites[90]. Désireux de transmettre une culture populaire accessible, les hommes de télévision puisent, peut-on supposer, faits et chronologie dans un savoir issu de l'enseignement scolaire de l'Histoire, encore influencé par Lavisse et les penseurs de l'école républicaine[91]. Comme l'observe S. Citron :

> Lavisse fixa, pour les écoles, un TEXTE du passé, organisé autour d'une France sans commencement, incarnée dans une Gaule mythique, succession d'actes de guerre et de conquêtes licites puisqu'ils construisaient une patrie préexistant à sa formation. Les abus de pouvoir servant la grandeur et l'unité de l'État étaient soit légitimés, soit occultés[92].

Dans l'idée de Lavisse et des « Pères de la République » cités par l'historienne, l'Histoire que l'on écrit et que l'on enseigne, qui enregistre et vulgarise la science instituée, est un opérateur de « réassurance nationale », associant une visée cognitive et une finalité politique patriotique. J. Le Goff va dans ce sens : « l'histoire de Lavisse et de Malet-Isaac était celle d'une nation rassemblée autour de la conscience de son unité affirmée, vaille que vaille, de la valeur universelle de son modèle[93] ». Le manuel d'A. Malet et J. Isaac, *Le Moyen Âge jusqu'à la guerre de 100 ans* (classe de 4ᵉ), dont le dernier tome paraît en 1961, réserve un chapitre

---

de l'Algérie française au racisme anti-arabe, avec A. Jenni, Paris, Albin Michel, 2015.

89 Aujourd'hui, en effet, des historiens sont sollicités dans la création de séries : témoin Jean-Pierre Azéma pour la série *Un village français*, diffusée sur France 3 depuis 2009 ; comme conseiller historique, il commente et contextualise, au moyen de témoignages, l'intrigue qui rapporte la vie des habitants d'un village fictif du Jura pendant l'occupation allemande durant la Seconde Guerre mondiale.

90 Berstein et Rioux, *La France de l'expansion 2*, p. 254.

91 Voir P. Garcia et J. Leduc, *L'Enseignement de l'histoire en France, de l'Ancien Régime à nos jours*, Paris, Colin, 2003.

92 S. Citron, *Le Mythe national. L'histoire de France revisitée*, Paris, Éditions de l'Atelier / Éditions ouvrières, 2008 [1987], p. 17.

93 Cité dans l'article de Fr. Lorcerie, « L'histoire dans le second degré en France au prisme de l'immigration musulmane : des programmes aux manuels », *Manuels et altérités dans l'espace méditerranéen : enjeux institutionnels et linguistiques*, éd. M. Verdelhan-Bourgade, A. Denimal et A. Diabaté, Paris, L'Harmattan, 2011, p. 21-44, ici p. 22.

entier aux croisades d'Orient, où la première croisade est jugée « la plus extraordinaire » des grandes expéditions féodales[94]. Dans *Thibaud*, la première croisade, âge d'or perdu de la chevalerie au service du Christ, est remémorée avec nostalgie par Blanchot, alors au côté de Raymond de Saint Jean (II, 9). La croisade, susceptible d'alimenter le « roman national[95] », est donc affaire de bravoure, de patriotisme et de providentialisme[96], par l'héroïsme des faits et des gestes de ses participants. Les manuels scolaires, respectant les instructions de l'Éducation Nationale[97], ne modifient guère par la suite l'apologie plus ou moins dissimulée de la supériorité occidentale et française, acquise dans la science et dans les mentalités, certains versant même dans l'histoire mythologique[98]. Et il faut attendre le BO spécial n° 4 de 1987 pour qu'une évolution s'opère autour du mot de civilisation : « les croisades ne sont plus évoquées seulement comme un épisode guerrier mais comme un fait de civilisation où chacun affirme son identité tout en se pénétrant de l'influence de l'autre[99] ».

La télévision se fait le medium privilégié de cette histoire propagée par les manuels. Elle joue un rôle majeur dans la culture de masse, qu'elle construit et revendique pour un grand public sans distinction sociale et en recherche du *happy end*[100]. Les réalisateurs se conforment à l'ambition de l'ORTF, qui entend faire de ce type de feuilleton un outil à la fois de promotion culturelle et d'apprentissage de la citoyenneté. *Thibaud* enrichit, fût-ce modestement et pour une petite

---

94 Rousset, *Histoire d'une idéologie des croisades*, p. 207. Le sens religieux des croisades est également pris en considération, mais, semble-t-il, dans ces années, de manière plus discrète ; voir dans l'éd. 1957 du *Nouveau Larousse Classique* la définition que cite Rousset : « expédition armée de catholiques contre les hérétiques et les Infidèles ».

95 L'expression « roman national » est une expression popularisée par P. Nora en conclusion du dernier tome de ses *Lieux de mémoire*. L'historien l'a empruntée au sociologue P. Yonnet, *Voyage au centre du malaise français, l'antiracisme et le roman national*, Paris, Gallimard, 1993. Cette expression renvoie aux figures tutélaires que sont Michelet et Lavisse. Elle est réactivée particulièrement depuis une décennie : voir N. Offenstadt, *L'Histoire bling-bling. Le retour du roman national*, Paris, Stock, 2009.

96 Voir Rousset, *Histoire d'une idéologie des croisades*, p. 207.

97 Voir Lorcerie, « L'histoire dans le second degré en France au prisme de l'immigration musulmane […] », p. 24.

98 Voir Rousset, *Histoire d'une idéologie des croisades*, n. 6, p. 208, citant Cl. Billard et P. Guibbert, *Histoire mythologique des Français*, Paris, 1976.

99 Lorcerie, « L'histoire dans le second degré en France au prisme de l'immigration musulmane […] », p. 27.

100 Voir Berstein et Rioux, *La France de l'expansion 2*, p. 264.

génération[101], « l'album des images » qu'invoquent S. Berstein et J.-P. Rioux[102], et contribue à une culture populaire de bonne qualité et à la louange de l'esprit civique. Les critiques, peu nombreux, rendent justice à ce programme d'apparence consensuelle. Dans *Télérama*, Cl.-M. Trémois se félicite qu'enfin le Moyen Âge soit restitué « sans que cela sente le carton bouilli et le déguisement de carnaval », et le même *Télérama*, on l'a vu, précise ce renouvellement culturel du médiéval, par l'entremise d'un personnage de fiction peu susceptible *a priori* de froisser les sensibilités, « un nouveau héros, Thibaud, le preu (*sic*) chevalier ».

La mise en contexte du feuilleton éclaire sa tonalité, sa teneur et son parti pris grand spectacle. Elle montre comment il quitte le territoire de l'Histoire pour rejoindre les rives de l'imaginaire, que J. Le Goff cerne par trois concepts : celui de représentation non pas littérale d'une réalité extérieure, mais « la traduction mentale d'une réalité extérieure » perçue suivant un processus d'abstraction, une traduction créatrice qui la déborde ; celui de symbolique qui renvoie « l'objet considéré à un système de valeurs sous-jacent, historique ou idéal » ; enfin celui d'idéologique, qui présuppose une vision du monde soumettant la représentation du monde à un sens[103]. Ces concepts entrelacés commandent le style d'un feuilleton qui se détourne de la référence à l'Histoire des croisades pour esquisser un nouvel idéal consonant avec la fin des années 1960.

DÉSHISTORICISER LA CROISADE

Le titre *Thibaud ou les Croisades*, avec l'emploi de la conjonction de coordination qui fait dépendre les croisades de Thibaud, emblématise, on l'a dit, cette prise de possession de l'Histoire médiévale et la déshistoricisation qui la frappe simultanément. Par le truchement d'un héros fictif, le fait historique coupé de sa référence est rendu plastique et malléable :

---

101 Un sondage rapide et sauvage révèle que ce feuilleton n'est vraiment connu que par la génération née au début des années 1960, qui a pu en transmettre la connaissance à ses descendants.

102 Berstein et Rioux, *La France de l'expansion 2*, p. 263.

103 J. Le Goff, *L'Imaginaire médiéval. Un autre Moyen Âge*, Paris, Gallimard, 1999, Préface de la première édition (Gallimard, 1985), p. 423 *sqq*. Pour une application à un texte traitant de la troisième croisade, voir aussi C. Croizy-Naquet, « Histoire et imaginaire aux XIIe et XIIIe siècle », *Paysages de l'imaginaire : bilans et perspectives*, PRIS MA, 25/1-2, 2010, p. 117-130.

il se transforme, s'embellit, voire se dénature, révisant positivement le passé et prédisant une forme d'avenir qui est aussi une forme de pensée sur la vie en société. Certes, Thibaud porte le nom d'un célèbre croisé, Thibaut de Champagne[104] ; certes, le costume, la parole, l'espace et le décor oriental sont médiévalisés. Mieux : le feuilleton conserve les traces de l'aura de Jérusalem, dont la pensée agite, dès les origines, les prédicateurs, Urbain II en tête, et nourrit la mentalité et l'imaginaire des croisés. Il laisse affleurer la nature d'exception de la croisade et du pèlerinage en Terre Sainte à travers les souvenirs de Blanchot : un combat lancé au nom de Dieu contre les païens diabolisés[105] pour le Bien de la chrétienté ; une bataille sous l'égide de la protection miraculeuse de Dieu, qui dispense aux combattants honneur et récompenses célestes et réserve aux victimes la vie éternelle et la couronne des martyrs[106]. Blanchot constate d'ailleurs avec une certaine envie que Thibaud réussit dans toutes ses entreprises, comme s'il était l'élu de Dieu. Cette remarque, qui oriente vers un processus de rémunération céleste de ses mérites et de son engagement, ne qualifie pas cependant le héros en idéal du croisé prêt à tout sacrifier, dans la dynamique du « génocide joyeux » évoqué par J.-Ch. Payen[107].

Le Chevalier blanc n'incarne guère l'esprit des croisades, tel que le définit J. Richard[108] : il n'en véhicule que partiellement l'idéologie[109] et n'en illustre qu'avec quelque distance les croyances et les actes. Thibaut n'est ni Roland, le héros épique tout habité par la foi et ses exigences sans concession, ni Godefroy de Bouillon, le personnage historique, héroïsé, emporté par sa mission de reconquête[110]. Le moment de l'action entre deux croisades justifie ce détournement de la référence à la figure

---

104 Si l'on se fie à la chronologie, ce serait Thibaut II de Champagne, mais l'important est plus l'effet médiéval que suscite le prénom que la précision historique.

105 Voir, par exemple, l'*Estoire de la guerre sainte*, éd. C. Croizy-Naquet, Paris, Champion, 2014, v. 48 avec le mot *diable*. D'ailleurs, quand le terme *diable* ou *démon* est employé par un templier, c'est pour être corrigé par les propos et les actions de Thibaud.

106 Voir J. Richard, « L'indulgence de croisade et le pèlerinage en Terre sainte », *Il Concilio di Pacienza et le crociate*, Piacenza, Tip. Le. Co. Editore, 1996, p. 220.

107 J.-Ch. Payen, « Une poétique du génocide joyeux : devoir de violence et plaisir de tuer dans la *Chanson de Roland* », *Olifant*, 6/3-4, 1979, p. 226-236.

108 Voir J. Richard, *L'Esprit de la croisade*, éd. J. Richard, Paris, Le Cerf, 2000.

109 Voir P. Alphandéry et A. Dupront, *La Chrétienté et l'idée de croisade*, Paris, Albin Michel, 3 vol., 1954-1959, rééd. 1995.

110 Sur les croisades, leur contexte, l'idée et les pratiques, se reporter, par exemple, à G. Constable, *Crusaders and Crusading in the Twelfth Century*, Aldershot, Ashgate, 2009.

archétypale du croisé et à la « réalité » des croisades, fût-elle partiellement conservée dans sa factualité[111]. Mais les réalisateurs instruisent un
changement de paradigme axiologique, comme on l'a dit, qui apparente
bien davantage Thibaud à l'idéal du chevalier courtois. S'agissant de la
référence historique, ils instaurent un double décalage : pour la période
médiévale, en versant le personnage dans le champ du roman et, pour la
période contemporaine, en dénaturant la figure historique du croisé que
donne à percevoir l'historiographie des croisades. Avec ce personnage
de fiction qui ressortit à la catégorie achronique définie par X. Storelli,
telle qu'elle s'est concrétisée avec Chrétien de Troyes[112], ils inventent
un personnage modélisant, tout de bonté et d'audace bien comprise,
qui fascine les enfants et en qui il est loisible de se mirer. Thibaud
ressemble aux héros qui, sans jamais « défamiliariser » le spectateur,
peuplent l'écran des années 1960-1980[113]. Dans un empan temporel et
générique plus large, il partage avec des figures historiques et légendaires
des stéréotypes déclinés à l'envi, mais situés précisément en contexte
depuis l'Antiquité jusqu'à nos jours[114]. Il entre dans le panthéon des
grands modèles médiévaux que sont Roland, Charlemagne, Richard
Cœur de Lion, Louis IX, que Joinville, parmi d'autres, s'est évertué à
dépeindre en saint homme[115], et, bien sûr, Godefroy de Bouillon, que
Blanchot mentionne avec admiration (I. 9)[116].

La déshistoricisation est accusée en corollaire par une réécriture
du passé sur un mode elliptique et sélectif. L'entre-temps arraché à
l'Histoire, c'est-à-dire un moment de calme relatif entre les deux premières croisades, sous le règne de Foulques v, n'est, il est vrai, guère
contraignant, comme l'est une expédition dont les faits sont consignés
par le menu dans les chroniques. Il ouvre un espace fictionnel que les

---

111 Voir *La Chanson de Roland*, éd. C. Segre, nouvelle édition refondue traduite de l'italien
par M. Tyssens, Genève, Droz, 2003.
112 Voir Storelli, « La chevalerie comme catégorie achronique ».
113 Tel Lagardère, héros d'une série télévisée créée par Marcel Jullian en 1967.
114 Voir, à titre d'illustration, le catalogue de la Bibliothèque nationale de France issu de
l'exposition *Héros d'Achille à Zidane*, éd. O. Faliu et M. Tourret, Paris, Seuil, 2007.
115 Voir Jean de Joinville, *La Vie de saint Louis*, éd. et trad. J. Monfrin, Paris, Garnier, 1995.
116 Rappelons que Godefroy entre dans la liste des Neuf Preux : le motif se lit pour la première
fois dans les *Vœux du Paon* de Jacques de Longuyon en 1312. Dans sa forme canonique, il
repose sur une succession de trois triades : une triade païenne composée d'Hector de Troie,
d'Alexandre le Grand et de Jules César ; une triade biblique avec Josué, David et Judas
Macchabée ; et enfin une triade chrétienne constituée du roi Arthur, de Charlemagne et
de Godefroy de Bouillon.

scénaristes ont beau jeu de combler par le foisonnement d'aventures qu'ils annexent à la trame historique[117]. De nombreux épisodes se rattachent à des données enregistrées par les historiens, mais leur emploi en fait plutôt un matériau adjuvant de la fiction. Le « Crime du Templier » (II, 9) en fournit un exemple. Dans cet épisode, le roi Foulques décide de conclure une alliance avec la secte des Assassins. Une brève introduction pédagogique en voix-off livre quelques informations exactes sur cette secte musulmane composée d'Ismaélites nizârites, alors réfugiée dans les montagnes. Elle est réputée pour son recours aux assassinats sous les ordres de son chef, appelé le Vieux de la Montagne – il en est ainsi dans le feuilleton –, assassinats accomplis avec un zèle tout fanatique[118]. Elle fait de la terreur une arme politique dirigée contre les dirigeants, tant musulmans que chrétiens, qui refusent la création d'un imâmat[119]. D'entrée, il est dit que le royaume chrétien de Jérusalem a besoin de la secte pour contrer les offensives de leur ennemi commun, Zenghi, atabeg de Mossoul et d'Alep. Mais le roi se heurte à l'opposition des Templiers, qui refusent de pactiser avec le « diable », le « démon ». L'un d'entre eux, le Frère Ulrich, tue de son épée l'envoyé du Vieux de la Montagne, Akbar, lors d'un affrontement régulier. Thibaud, qui se rend sans hésiter auprès du redoutable Vieux de la Montagne au péril de sa vie, sauve la situation par un stratagème, ménageant à la fois la secte des Assassins et les Templiers pour le plus grand bénéfice de Foulques V. C'est là pure invention, mais une invention tirant profit de la réalité des échanges réels entre Assassins et chrétiens, grâce à laquelle les réalisateurs, une fois de plus, rehaussent l'image idéalisée/idéale du chevalier croisé en chevalier *celestiel*. À travers l'accord passé, ils insistent sur la nécessité de concilier la foi et la politique, de conjuguer les engagements célestes et terrestres dans un univers où l'emprise des clercs a cédé devant l'éclosion d'une nouvelle figure chevaleresque et où l'empire du *miles Christi*, ici enfermé

---

117 Pour la période considérée, voir en particulier Balard, *Les Latins en Orient (X^e-XVe siècles)*, p. 76-78.

118 Voir B. Lewis, *Les Assassins. Terrorisme et politique dans l'Islam médiéval*, trad. A. Pélissier, Paris, Berger-Levreau, 1982, rééd. Bruxelles, Complexe, 2001 ; F. Daftary, *Les Ismaéliens. Histoire et traditions d'une communauté musulmane*, Paris, Fayard, 2003 ; du meme, *Légendes des Assassins. Mythes sur Les Ismaéliens*, Paris, Vrin, 2007.

119 Parmi les victimes, citons, côté sunnite, Mawdûd, Bursuqî et, côté chrétien, Raymond II de Tripoli, Conrad de Montferrat. Sur ce dernier, voir C. Croizy-Naquet, « Légende ou histoire ? Les Assassins dans l'*Estoire de la guerre sainte* d'Ambroise et dans la *Chronique d'Ernoul et de Bernard le trésorier* », *Le Moyen Âge*, 117, 2011, p. 237-257.

dans sa logique vindicatoire, est désavoué. D'autres épisodes reprennent, avec la même liberté et la même distance à l'endroit de la réalité, faits et personnages historiques. Le conflit qui naît entre Hugues de Puiset, comte de Jaffa, et le roi Foulques au sujet de la reine Mélisende est résolu par Thibaud sans qu'en soient détaillés exhaustivement les ressorts privés et surtout politiques (I, 10)[120]. L'Histoire est « enromancée » à la façon médiévale et se dissout dans une fiction historique derrière l'histoire d'un héros fictif.

L'événement historique que P. Veyne conçoit comme « une différence » qui « se détache sur fond d'uniformité[121] » est de la sorte sciemment sacrifié au profit d'une collecte de faits entremêlant les acteurs historiques et les personnages fictifs dont les mœurs et coutumes et le langage structurent le *story telling*, à des fins ludiques et pédagogiques. Le feuilleton accumule du reste les péripéties aux registres les plus variés sans référent identifiable et les images d'Épinal[122], qui se tissent au savoir historique comme autant de vignettes (danse du ventre des danseuses orientales, scènes de banquets et de tavernes, *decorum* royal, gestuelle). Dans cette recomposition, le feuilleton n'est que lointainement inféodé à l'Histoire et à l'imaginaire des croisades que les manuels élaborent et réenchantent comme un épisode glorieux, même malheureux, qui ensemence des modèles vivaces dans la mémoire collective[123].

Cette réécriture conduit plus fondamentalement à décentrer les raisons et les finalités des croisades. La domination de l'*ecclesia* médiévale, « institution totale », selon A. Guerreau-Jalabert[124], qui

---

120 Sur ce point, voir notamment M. Balard, « Melisende, reine de Jérusalem », *Retour aux sources. Textes, études et documents d'histoire médiévale offerts à Michel Parisse*, éd. M. Goullet, Paris, Picard, 2004, p. 449-455.

121 P. Veyne, *Comment on écrit l'histoire*, Paris, Seuil, 1971, p. 15. Pour une définition de cette notion, voir Fr. Dosse, « Événement », *Historiographies II. Concepts et débats*, p. 744-756.

122 Les réalisateurs déploient toute l'« imagerie » à disposition : le mot s'entend au sens d'ensemble d'images, de figures, de métaphores ou de représentations mentales (images d'Épinal).

123 Sur ce point, voir Rousset, *Histoire d'une idéologie des croisades*, p. 205. On se situe là dans ce que Paul Ricœur appelle la mémoire *manipulée* en raison des manipulations idéologiques effectuées pour légitimer tel ou tel fait, tel ou tel personnage comme constitutif de l'identité nationale ; voir P. Ricœur, *La Mémoire, l'histoire, l'oubli*, Paris, Seuil, 2000, p. 98.

124 Sur ce point, parmi d'autres études, voir A. Guerreau-Jalabert, « L'*ecclesia* mediévale, une institution totale », *Les Tendances actuelles de l'histoire en France et en Allemagne*, éd. J.-Cl. Schmitt et O. Gerhart Oexle, Paris, Publications de la Sorbonne, 2002, p. 219-226.

sous-tend modes d'être et modes de penser est ainsi « actualisée », en l'occurrence dévitalisée, par la place relative concédée aux religions ou aux spiritualités chrétienne et musulmane[125]. La sacralisation de la violence dénotant la guerre sainte[126] – violence et sacré liant passion et intolérance – est ignorée et privée de son inscription dans la longue durée, seule garante de sa pérennité[127], au profit d'un beau spectacle savamment orchestré – la chorégraphie des combats est d'ailleurs confiée à un maître d'armes –, qui ne heurte pas la sensibilité du jeune public. Thibaud prône inlassablement le respect des cultures et des religions, repoussant toute velléité de conversion ou d'éradication de l'adversaire, et, dans une interprétation anachronique de la charité chrétienne, milite pour la primauté de la tolérance, à l'aune de laquelle se fait la peinture des personnages[128]. Un tel discours pouvait être audible à un moment où l'église catholique pâtissait à la fois d'un certain désinvestissement et d'un brouillage relatif de ses valeurs – on a parlé d'un « christianisme éclaté[129] » – et où l'islam des immigrés était discrètement présent[130].

Le feuilleton échappe pour partie à l'agrandissement épique et à la restitution historiographique qui prévalent dans les œuvres médiévales relatant les croisades, et plus encore au déferlement de réalisme qui habite les séries contemporaines, et réfléchit les apories, les inquiétudes, les violences de la société. La veine pacifiante qui la parcourt coupe les expéditions en Terre Sainte de leur histoire et fait obstacle à toute historicisation en leur ôtant leur réalité et leur altérité. Défendant les valeurs humanistes et surtout la tolérance comme façon d'être au monde, *Thibaud* tend à faire des croisades la rencontre virtuellement harmonieuse des civilisations, sous le regard lucide mais confiant d'un héros transcendant les différences en vertu du respect de chacun.

---

125 Voir Y. Citton, *Lire, interpréter, actualiser. Pourquoi les études littéraires ?*, Paris, Éditions Amsterdam, 2007, en particulier le chapitre XIII, « Actualisations ».

126 Voir notamment Rousset, *Histoire d'une idéologie des croisades*, p. 25-26.

127 Voir Rousset, *Histoire d'une idéologie des croisades*, p. 13.

128 Sur l'importance de cette vertu théologale, voir notamment A. Guerreau-Jalabert, « *Spiritus* et *caritas*. Le baptême dans la société médiévale », p. 133-203 et la lecture proposée ci-dessus. Voir aussi de la même auteure, « *Caritas* y don en la sociedad medieval occidental », *Hispania. Revista espanola de historia*, 60/1, 2000, p. 27-62.

129 Berstein et Rioux, *La France de l'expansion 2*, p. 280, en référence à l'ouvrage de M. de Certeau et J.-M. Domenach, Paris, Seuil, 1974.

130 Voir Berstein et Rioux, *La France de l'expansion 2*, p. 281 *sqq.*

Si les réalisateurs se risquent ainsi sur le terrain de l'Histoire, c'est donc pour mieux s'en affranchir et s'épanouir dans l'espace de la fiction, sans chercher, contrairement aux séries actuelles inspirées de l'Histoire[131], à interroger l'événement et moins encore à l'inquiéter. En cela, le feuilleton est conforme à la logique des programmations télévisuelles et à la mise en place de grilles calibrées dictant le genre de la fiction historique. Les connaissances sur la/les croisade(s), telles qu'elles sont réinvesties, ne créent pas d'écart avec le téléspectateur et n'encourent pas le risque de le décevoir. Obéissant à son horizon d'attente, elles cultivent l'émotion et la sensation ; elles flattent le désir d'ailleurs et d'autrefois et le plaisir : plaisir des paysages, des costumes, des combats réglés avec soin, des personnages qui font rêver, qui font peur ou qui font rire. En somme, le feuilleton raconte la croisade sans la croisade, la *semblance* sans la *senefiance*, ou une *senefiance* réduite à un message universalisant qui se garde des pièges du manichéisme, en auréolant de prestige autant les figures orientales que les figures occidentales. Cette déshistoricisation, qui s'effectue en soustrayant l'événement à son temps historique, n'est pas réductible à la seule motivation ludique et pédagogique. Le silence sélectif peut se comprendre en faisant retour à l'Histoire contemporaine, à l'idéel qui lui est attaché, car « les silences sont autant l'histoire que l'histoire », dit M. Ferro[132].

REHISTORICISER LA CROISADE

Les choix qui président à l'écriture du scénario réfèrent, sans qu'ils soient forcément concertés et formalisés, au contexte historique et géopolitique qui se dessine au sortir de la « guerre d'Algérie », cette guerre sans nom[133]. L'image télévisuelle qui transforme l'Histoire médiévale découvre les tabous, les interdits, les non-dits de la société de la fin des années 60. Les réalisateurs relisent librement l'Histoire médiévale, en vertu d'un

---

131 Voir de ce point de vue D. Moïsi, *Géopolitique des séries ou le triomphe de la peur*, Paris, Stock, 2016.

132 M. Ferro, *Une histoire sous surveillance*, Paris, Calmann Lévy, 1985, p. 8.

133 Puisque l'État refusait de reconnaître l'état de guerre : voir notamment G. Pervillé, « Les historiens de la guerre d'Algérie et ses enjeux politiques en France », *Concurrence des passés. Usages politiques du passé dans la France contemporaine*, éd. M. Crivello, P. Garcia et N. Offenstadt, Paris – Aix-en-Provence, PUP, 2006, p. 257-269, ici p. 257 ; Sl. Benaïssa, « La guerre d'Algérie : une "guerre sans nom" ? », *Les Mots pour la dire*, éd. C. Brun, Paris, CNRS Éditions, 2014, p. 167-176.

présent qui interfère avec le passé[134]. La colonisation et la décolonisation sont soigneusement mises sous le boisseau, sans doute parce que la guerre du Vietnam en particulier est au cœur de l'actualité, sans doute aussi parce que les traumatismes profonds qu'elles ont provoqués sont restés tus.

Sensibles à la proximité des situations au Moyen Orient à quelques siècles de distance, en une redite, les scénaristes « translatent » la croisade dans un jeu de miroir entre un passé reconstruit et valorisé et un présent problématique, qui incline à réhabiliter en filigrane les colonisateurs. Par l'usage fictionnel de la croisade grâce au personnage de Thibaud, le feuilleton aide à dépasser ou plutôt à contourner et éviter « [le] souvenir vif et douloureux, [le] sentiment de culpabilité pour les crimes commis, [le] constat d'illégitimité imposé par la décolonisation » qu'ont laissés la guerre d'Algérie à peine une décennie plus tôt[135]. Le silence sur la « véritable » Histoire des croisades, compensé par l'accent mis sur la dimension humaniste, s'explique donc parce que *Thibaud* touche à « tous ces martyrs collectifs, que les guerres, croisades et autres djihads font subir aux vaincus[136] ». Histoire des croisades, histoire de la guerre d'Algérie se recouvrent ainsi sur un même lit de silence, consenti ou imposé, aux motivations variées[137].

L'absence de commémoration officielle qui signe une « politique de l'oubli » et l'impossibilité de trouver un consensus entre des camps ou des « mémoires concurrentes[138] » sont exacerbées par la censure qui, au même moment, s'exerce impitoyablement au cinéma[139.] Songeons aux films interdits : *La Bataille d'Alger* de G. Pontecorvo (1969), *Avoir vingt ans dans les Aurès* de R. Vauthier, Prix de la critique à Cannes en 1972 et qui aborde de front la guerre d'Algérie et les responsabilités françaises[140].

---

134 Voir S. Thénault, « France-Algérie pour un traitement commun du passé de la guerre d'indépendance », *Vingtième Siècle. Revue d'histoire*, 85, 2005, p. 119-128, ici p. 128.

135 Thénault, « France-Algérie », p. 124.

136 Ferro, *Une histoire sous surveillance*, p. 6.

137 Cela n'empêche pas que des recherches soient conduites de manière individuelle ; voir Pervillé, « Les historiens de la guerre d'Algérie », p. 258.

138 Pervillé, « Les historiens de la guerre d'Algérie », p. 257-258.

139 Même si la censure ne paraît pas de mise, et contrairement aux apparences, la guerre du Vietnam ne produit pas plus de fictions que la guerre d'Algérie ; voir B. Stora, « Le cinéma américain pendant la guerre du Vietnam, le mythe de l'avalanche », *Vingtième Siècle. Revue d'histoire*, 49, 1996, p. 149-155.

140 Un tel déni d'Histoire touche du reste aussi la période de la collaboration ; voir Pervillé, « Les historiens de la guerre d'Algérie », p. 260 : « bien loin de faire l'objet de débats dépassionnés et sereins, la guerre d'Algérie a rejoint Vichy parmi les enjeux de mémoire

À la télévision, la censure s'exerce plus ou moins souterrainement[141]. Les réalisateurs, qui ne sont pas des militants engagés, pratiquent plutôt une autocensure. Ils se tiennent à distance de l'Histoire pour complaire aux commandes passées par l'ORTF : divertir et édifier la jeunesse, promouvoir une France glorieuse. Ils brandissent la carte de la fiction, produisant une « contre-histoire » des croisades[142], assumée car fiction-nalisée, qui, par ses impensés, recadre implicitement la tragédie récente. En ce sens, c'est bien l'époque qui construit la croisade, si l'on suit Chr. Tyerman, qui cite H. E. Mayer : « *the crusades filtered through the material of own mind*[143] », et c'est bien, pourrait-on ajouter, la croisade recompo-sée et revisitée qui construit à son tour le moment contemporain ou la représentation mentale qu'on aspire à lui donner. Cette reconstruction accuse évidemment la forte allégeance des réalisateurs à la Télévision, et celle de la Télévision au pouvoir établi et à la société, impréparés à faire face aux bouleversements existentiels nés des « événements » de la guerre d'Algérie[144]. Elle entretient, dans une sorte d'amnésie par anticipation, la « blessure », comme le dit le titre de l'ouvrage de J. Daniel[145], à propos de cette guerre « à la fois guerre civile, affrontement culturel et religieux [...] révolution sociale et mouvement national[146] ». Dans un tel contexte, le feuilleton est l'expression oblique, interstitielle, d'un inconscient collectif fait de traumatismes à vif que la pâte historique d'hier avantageusement remodelée à l'honneur des Francs aide à enfouir[147].

Thibaud n'est pas, on l'a constaté, lénifiant pour autant : il est même en soi un défi. Faire d'un croisé chrétien le croisé d'une musulmane et d'un chrétien et, en conséquence, le médiateur des cultures, comme le montre si bien le portrait de Thibaud dans *Télérama* avec son keffieh, a en effet quelque chose de transgressif. Le fait d'être « poulain » permet d'hypostasier les conflits pérennes qui opposent Francs et musulmans,

les plus controversés ». Voir aussi J. Bourdon, « La guerre d'Algérie à la télévision », *La France en guerre d'Algérie*, éd. L. Gervereau *et al.*, Paris, BDIC, 1992, p. 242-246.

141	Sur ses différents aspects, voir J. Bourdon, « Censure et télévision », *La Censure en France à l'ère démocratique (1848-...)*, éd. P. Ory, Paris, Éditions complexes, 1997, p. 313-322.

142	Expression de Ferro, *Une histoire sous surveillance*, p. 71.

143	Tyerman, *The Debate on the Crusades*, p. 125, qui cite H. E. Mayer, *The Crusades*, trad. J. Gillingham, Londres, Oxford University Press, 1972, p. 281.

144	Sur le pouvoir et la télévision, voir Bourdon, « La guerre d'Algérie à la télévision », p. 313-316.

145	J. Daniel, *La Blessure*, suivi de *Le Temps qui vient*, Paris, Grasset, 1992.

146	Cité dans *Les Mots pour la dire*, éd. Brun, p. 71.

147	Voir *La Guerre d'Algérie, 1954-2004, la fin de l'amnésie*, éd. Harbi et Stora.

colons et colonisés/décolonisés, et de remédier au clivage frontal et manichéen entre deux civilisations grâce à la conduite exemplaire d'un héros achronique. Justicier dont la mission est de maintenir la loi et l'ordre dans une Palestine où cohabitent, plus que ne se confrontent, Francs, Sarrasins, Juifs et Turcs, il personnifie la reconnaissance de l'autre comme le fondement de la société. Thibaud rédime, côté occidental, les figures d'hier et d'aujourd'hui placées sous le signe de la violence : celle du croisé appelé par Dieu à mener la guerre sainte louée dans les chansons de geste et figuré par les Templiers et celle du colonial convaincu de sa mission civilisatrice. Le feuilleton ne s'exempte pas tout à fait, il est vrai, des constructions fantasmées par l'Occident avec ses clichés orientalistes[148]. Dans une verve comique, la figuration de marchands lâches, apeurés, musulmans ou juifs, soumis au bon blanc, en donne un aperçu, avec l'accent ou le parler ordinairement attribué aux Orientaux dans la veine « y'a bon banania », slogan apposé sur l'affiche représentant un tirailleur sénégalais hilare, abandonné en 1967, mais dénoncé dès 1948 par Léopold Ségar Senghor dans le poème liminaire à L.-G. Damas de son recueil *Hosties noires*. Toutefois, ce comique n'épargne pas les Occidentaux, dont la langue mâtinée d'un vocabulaire et de formules à la médiévale vire également à la caricature. Le baron avare qualifiant les musulmans de « frères couleur de boudin » et proclamant vouloir « brûler tout ce qui adore Mahommed » (*sic*) est décrédibilisé par l'excès de ses propos, qui déclenchent le rire. Le feuilleton ne s'abandonne donc jamais à l'apologie de Soi : il joue du retournement des clichés et rétablit l'équilibre – l'égalité ? – entre les peuples.

Par sa facture et son style, il s'instaure comme un acte de résistance à l'apologie des conquêtes, quelles qu'elles soient, rejetant la veine patriotique et religieuse longtemps nourrie dans l'Histoire officielle. En rejetant un ordre régi par l'extrémisme et par tout excès de violence, il exhorte au dialogue interculturel sans renier les croyances. À la marge de l'Histoire qu'elle remodèle, à la marge aussi des bouleversements causés par mai 1968 dans la politique comme dans les mœurs[149], et malgré la fièvre contestataire secouant l'ORTF[150], les réalisateurs créent

---

148 Sur ce point, voir l'étude pionnière et polémique d'Edward Saïd, plus tardive (1978), sur cette vision de l'Occident au prisme de la colonisation et de l'impérialisme culturel jusqu'aux années 1970 : *L'Orientalisme : l'Orient créé par l'Occident*, trad. C. Malamoud, Paris, Seuil, 1980.
149 Le feuilleton a été écrit, il est vrai, dès 1967.
150 Voir Berstein et Rioux, *La France de l'expansion 2*, p. 261.

un feuilleton humaniste fondé sur l'aspiration à croire que le bien est possible. Esquissant sa partition des droits de l'homme, *Thibaud* ouvre une brèche salvatrice dans un monde ébranlé dans ses certitudes et en proie à de profonds antagonismes plus ou moins mis en sourdine. La croisade, ainsi réécrite ou re-présentée, ni dans la repentance ni dans la complaisance, est projetée dans l'avenir : conciliant idéel et idéal sur le champ de l'utopie, elle prend les couleurs de combats légitimes et jamais gratuits, où le bon, qu'il soit occidental ou oriental, finit toujours par l'emporter, avec la bénédiction du Blanc Chevalier qui clôt les épisodes. Cette réécriture fait sens dans l'ère de consommation en pleine efferves-cence à la fin des années 1960, évaluée « comme un défi modernisateur lancé aux Français depuis l'achèvement de la décolonisation en 1962[151] ». Soucieuse de tracer un chemin de vie, elle entre en résonance avec la « mythologie du bonheur » qui se façonne alors[152].

Néanmoins, la confiance en l'avenir, prégnante dans l'ode à la tolé-rance qui valorise une façon d'être qu'on pourrait nommer « esprit Thibaud » et fait table rase d'un passé dérangeant, est empreinte d'une nuance déceptive. D'une part, Thibaud, et il n'est pas seul[153], déplore l'importance grandissante de l'esprit mercantile au détriment de la cause sacrée du Christ et des lieux saints. D'autre part, il s'estime, quant à lui, en décalage avec ce monde ; il se dit inapte à l'amour terrestre et fatigué par la violence : « notre royaume chrétien en Orient ne se maintient que par la force » (II, 9). Et plus encore, il se trouve empêché dans sa volonté d'étancher sa soif de spiritualité. Il est logique qu'il quitte alors le terrain. S'il faut bien achever la seconde série, n'y a-t-il pas, dans ce retrait ou cette retraite, comme le sentiment de la faillite d'un idéal ? N'y a-t-il pas le pressentiment, alors qu'une crise socio-culturelle et économique s'amorce à l'aube des années 1970, que les noces de la culture de masse et de l'ère de consommation, d'où s'absente la spiritualité, fût-elle décléricalisée, sont vouées à creuser de nouveaux écarts et à générer de nouvelles violences[154] ?

La méthode adoptée pour fabriquer les croisades révèle dans *Thibaud ou les Croisades* un feuilleton historique qui a tout pour satisfaire les codes

---

151 Berstein et Rioux, *La France de l'expansion 2*, p. 262.

152 Berstein et Rioux, *La France de l'expansion 2*, p. 273.

153 Voir ci-dessus l'échange entre Blanchot et l'un de ces compagnons d'armes regrettant les temps passés.

154 Voir Berstein et Rioux, *La France de l'expansion 2*, p. 240.

de l'apprentissage civique et du divertissement pédagogique élaborés à la Télé. Support de projection imaginaire sur la toile de fond des croisades, il n'aide assurément pas à dire l'Histoire médiévale, en lui posant des questions décisives pour un présent tourmenté. Il propose un discours sur le monde qui délivre, par une axiologie universalisante, une image optimiste de l'avenir. Il peut sembler aux antipodes des séries actuelles, devenues, comme le démontre D. Moïsi, « des outils incontournables de compréhension des émotions du monde, de la politique, de la transformation des mœurs aux progrès de la science, sans parler du sport[155] ». Sa force pourtant est qu'il filtre l'inconscient collectif et se fait le témoin des rapports difficiles que la France entretient alors avec son Histoire passée et récente et qu'il en donne à percevoir les linéaments. Le silence dont il se pare sur les questions les plus sensibles est en effet corrigé par une revendication au vivre ensemble, sans souci d'indisposer acteurs et commentateurs des événements par sa vision irénique. Après *Thibaud*, l'engouement se porte sur des périodes historiques plus consensuelles et au potentiel romanesque affiché, avec les feuilletons *Quentin Durward* en 1971, *Les Rois maudits* en 1972, *Gaston Phébus* en 1978[156]. Le cinéma s'est emparé par la suite de la croisade, bien plus tardivement, en 2005, avec R. Scott et son film *Kindgom of Heaven* où, cette fois, même sous le couvert de la fiction, elle est comme saisie à bras-le-corps par le souci de la reconstitution historique[157]. Le filon semble s'être tari, à moins d'en voir aujourd'hui des rémanences dans les séries nées après le 11 septembre 2001, comme *Homeland*, où la problématique de la croisade, sous les avatars d'une guerre contre le terrorisme, renaît d'une autre manière[158].

Relire ainsi à quelque cinquante ans de distance un feuilleton qui a illuminé l'enfance de toute une génération et continue de séduire

---

155 Moïsi, *Géopolitique des séries ou le triomphe de la peur*, p. 18.

156 Feuilletons tirés respectivement des romans de Walter Scott, de Maurice Druon et de Myriam et Gaston de Béarn.

157 Sur les faits, voir, entre autres, Chr. Tyerman, *God's War : A New History of the Crusades*, Londres, Penguin, 2007. Le film a été mal accueilli par certains historiens, dont Jonathan Riley-Smith, pour le message qu'il transmet ; voir, par exemple, son interview par Charlotte Edwardes au *Daily Telegraph*, le 17 janvier 2004, « Ridley Scott's new Crusades film panders to Osama bin Laden ».

158 *Homeland* est une série américaine créée par Howard Gordon et Alex Gansa, d'après la série télévisée israélienne *Hatufim* de Gideon Raff (première saison en 2011). Voir A. Pichard, « Homeland, un antidote à la guerre contre le terrorisme ? », *TVSeries. La guerre en séries I*, 9, 2016, en ligne.

un certain public a quelque chose de vertigineux. Moins parce que *Thibaud ou les croisades* n'est pas calibré suivant les nouvelles attentes du public que par ce qu'il dit à la fois sur le temps d'alors, voire sur le temps d'aujourd'hui. C'est comme un écheveau noueux aux multiples fils qu'il est malaisé de démêler. Il plonge, par son sujet, dans des problématiques dont l'actualité prouve qu'elles ne sont pas résolues ni en passe de l'être rapidement.

CONCLUSION

En dressant un bilan contrasté du rôle joué par l'ORTF, S. Bernstein et J.-P. Rioux observent : « Il n'empêche : le cheminement a été original, le pli de la culture de masse est joliment pris et l'album des images est somptueux. » Et d'évoquer les bons vieux feuilletons à la française (sans toutefois mentionner *Thibaud ou les Croisades*) : « cette fête des images », précisent-ils, « signale sans conteste la suprématie de la "télé" dans la promotion et la diffusion de la culture de masse[159] ». « Fête des images » sans doute, mais il ne faudrait pas conclure trop vite à la gratuité, à la futilité ou à la vanité de telles productions fictionnelles. Comme l'écrit J. Rancière en invoquant Aristote :

> Ce qui distingue la fiction de l'expérience ordinaire, ce n'est pas un défaut de réalité mais un surcroît de rationalité. Dans les fictions avouées de la littérature comme dans les fictions inavouées de la politique, de la science sociale ou du journalisme, il s'agit toujours de construire les formes perceptibles et pensables d'un monde commun[160].

La construction dont il s'agit intervient au moment précis où émerge une « autre France », celle de la prospérité et de la consommation, une France qui « a continûment provoqué l'intelligence et la création depuis le début des années 1960, dès que la page de la décolonisation a été tournée[161] ». Quels en sont les fruits, rapportés aux traumatismes du

---

159 Berstein et Rioux, *La France de l'expansion 2*, p. 263-264.
160 J. Rancière, *Les Bords de la fiction*, Paris, Seuil, 2017, Quatrième de couverture.
161 Berstein et Rioux, *La France de l'expansion 2*, p. 240.

passé proche ? Dans l'introduction du livre précédemment cité sur *La Guerre d'Algérie et les intellectuels français* (1991), J.-P. Rioux écrit :

> La déchirure est toujours là, individuelle et collective, dans une société où les intellectuels, comme tant d'autres, n'ont pas encore conduit à leur terme le nécessaire travail du deuil à propos d'une guerre close depuis bientôt trente ans. Un signe ne trompe pas : cette guerre n'a pas sécrété son témoignage éclatant. Nous n'avons pas parlé ici des créateurs, de tous ceux qui auraient pu la saisir pour l'exorciser par une œuvre. Voilà peut-être le plus troublant : qu'est donc cette guerre, sans nom mais peuplée de tant de visages défaits, qui n'a fait naître aucun *Temps retrouvé* et aucun *Guernica*[162] ?

Sans doute *Thibaud ou les Croisades* n'est-il pas comparable au *Temps retrouvé* ou au *Guernica* que Jean-Pierre Rioux appelle de ses vœux. Idéal ou idéel, du moins enchante-t-il l'imagination tout en développant une leçon de tolérance « à usage commun ».

Catherine CROIZY-NAQUET
Université Paris III –
Sorbonne Nouvelle
EA 173 –
Centre d'Études du Moyen Âge

Jean-René VALETTE
Sorbonne Université
EA 4349 – Étude et édition
de textes médiévaux

---

162 Rioux, *La Guerre d'Algérie et les intellectuels français*, p. 52-53.

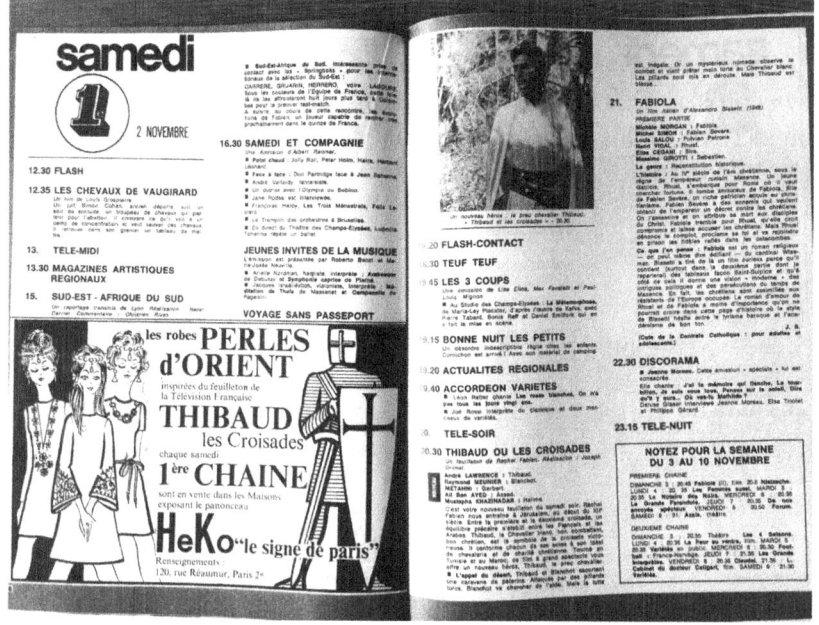

FIG. 1 – *Télérama*, n° 980, dimanche 27 octobre 1968, p. 48-49.

Fig. 2 – *Télérama*, n° 983, dimanche 17 novembre 1968, couverture.

LES FESTIVITÉS JOYEUSES
ET LEUR PRODUCTION LITTÉRAIRE :
PRATIQUES PARODIQUES EN SCÈNE
ET EN TEXTES, EN FRANCE ET EN EUROPE
(XVIᵉ-XVIIIᵉ S.)

SOUS LA DIRECTION
DE KATELL LAVÉANT ET CÉCILE DE MORRÉE

INTRODUCTION

Mises en scène de maris battus par leurs femmes à coup d'ustensiles de cuisine pour débattre de la question de l'harmonie dans le mariage, parades de carnaval donnant la parole à des sots pour commenter l'état du monde ou de la ville, défilés de groupes reflétant l'organisation sociale mais dans un monde inversé – tous ces cas soulignent l'importance de la parodie comme moteur des débats sociaux dans les festivités urbaines joyeuses de la fin du Moyen Âge et de la première modernité, en France et dans l'Europe occidentale. Ces festivités s'inscrivent dans ce que nous proposons de nommer la culture joyeuse, c'est-à-dire un système de sociabilité commun à des groupes et des individus qui organisaient des performances et des activités ludiques ritualisées, dans lesquelles la parodie jouait un rôle central, en particulier (mais pas uniquement) en milieu urbain, par exemple pendant la période de Carnaval. De nombreux documents d'archives (registres de comptes et de délibérations municipales, procédures judiciaires ou chroniques locales) permettent de saisir de manière souvent précise l'organisation, le déroulement et l'impact dans l'espace public de ces festivités. De plus, on a bien souvent conservé les textes produits dans le cadre de ces fêtes : pièces de théâtre et récits de parades, libelles et poèmes, mais aussi toutes sortes de textes parodiant des textes officiels, notariés ou commerciaux.

Le présent dossier rassemble des contributions de spécialistes, aussi bien historiens que littéraires, qui proposent d'analyser le rôle de la culture joyeuse et de l'un de ses traits essentiels, la parodie, dans la société de la première modernité, en particulier en France et dans les Pays-Bas, mais aussi dans d'autres pays européens voisins[1]. Il vise notamment à prolonger les travaux de chercheurs qui, à l'instar de Natalie Zemon

---

[1] Les articles rassemblés ici sont issus d'une rencontre organisée à Utrecht les 20 et 21 septembre 2018, *La culture joyeuse et ses produits : présence de la parodie dans la société européenne (fin du Moyen Âge et début de l'époque moderne)*, dans le cadre du projet Uncovering Joyful Culture. Parodic Literature and Practices in and around the Low Countries (13th-17th

Davis, se penchèrent dans les années 1970 et 1980 sur les fonctions politiques et culturelles des pratiques joyeuses[2]. Cependant, là où ces recherches soulignaient les mécanismes de confrontation entre groupes sociaux à l'œuvre dans ces occurrences festives, notre réflexion vise à montrer que la culture joyeuse avait également une importante fonction pour lier différents groupes sociaux dans la société post-médiévale. Les activités et textes joyeux parodiques visaient en effet aussi à renforcer l'identité du groupe et le sentiment d'appartenance à une communauté, soit à un niveau local ou régional, soit dans des groupes spécifiques tels que les métiers, confraternités, chambres de rhétorique et autres types de groupes festifs. Ils permettaient également de discuter de questions à l'œuvre dans ces communautés, qu'elles concernent la vie familiale, professionnelle, civile ou religieuse de leurs acteurs.

PLURALITÉ DES FORMES PARODIQUES

Dans le cadre festif de la culture joyeuse, la parodie est une notion complexe à analyser, car protéiforme[3]. Dans les situations que nous étudions, on constate en effet que différentes formes de parodie s'entrecroisent, voire s'entrechoquent. Les formes de parodie textuelles directes sont celles qui, pour nous, sont encore les plus repérables. Un mandement, un testament, un catalogue de libraire parodiques (comme ceux étudiés dans ce dossier par Rozanne Versendaal et Paul Smith) suivent plus ou moins scrupuleusement un modèle textuel pour y injecter un sens nouveau. Le modèle comme son retournement sont immédiatement évidents pour le public auditeur ou lecteur, qui décode et interprète le texte parodique au regard de son modèle.

---

centuries) (2015-2020), subventionné par l'Organisation pour la Recherche Néerlandaise (NWO).

2   N. Zemon Davis, *Les cultures du peuple : rituels, savoirs et résistances au XVIe siècle*, Paris, Aubier, 1979.

3   Cette constatation forme également le point de départ d'un précédent dossier dans les *Cahiers de recherches médiévales et humanistes*, consacré aux formes médiévales de la parodie, en particulier dans ses émanations textuelles : *La tentation du parodique dans la littérature médiévale*, CRMH, 15, 2008.

Il existe cependant aussi des formes textuelles dans lesquelles la parodie est indirecte, au sens où elle prend pour source un modèle non-textuel pour s'incarner dans un objet écrit. C'est précisément le cas, dans notre dossier, des libelles parodiques composés dans le cadre de la querelle Marot-Sagon, dont Jérémie Bichüe analyse la composition comme une reprise du genre de la farce[4]. Cette forme de la parodie, qui s'inspire d'un registre littéraire davantage que d'une forme fixe, n'est alors plus aussi facilement reconnaissable que la précédente.

Il en va de même pour une troisième forme de parodie qui s'incarne dans des pratiques et des objets non-textuels. En l'absence de sources suffisamment précises pour en saisir tous les enjeux, il est parfois difficile d'établir qu'il s'agit bien de parodie – ou du moins, que le détournement facétieux est l'objectif premier, ou unique, de telles pratiques. Ainsi, dans les mises en scène de la compagnie joyeuse des imprimeurs lyonnais au milieu du XVIe siècle qui consistent à moquer les maris battus des différents quartiers de la ville, il n'est pas évident de démêler ce qui est de l'ordre de la pratique charivarique profondément sérieuse dans sa dénonciation des désordres matrimoniaux, de ce qui relève du rire parodique, comme le souligne l'article d'Éric Négrel dans ce dossier[5]. Dans de tels cas, identifier la parodie implique de mettre en place d'autres stratégies interprétatives, par exemple en essayant, quand cela est possible, de relever les indices textuels ou performatifs qui appellent effectivement une réaction de reconnaissance rieuse de la part du public[6].

À étudier les nombreuses manifestations de la parodie à la fin du Moyen Âge et au début de l'époque moderne, on se rend donc compte qu'il existe parmi les chercheurs un consensus sur le fait qu'il s'agit d'une forme d'imitation. En revanche, les différents aspects de la parodie rendent son appréhension problématique : ses formes (modèle, style, thèmes) ; ses fonctions (humour, expression d'une critique) et le point d'ancrage de

---

4   « La parodie à l'œuvre dans le Valet de Clément Marot ne vise pas un hypotexte précis, mais emprunte les codes d'un sous-genre dramatique, celui de la farce, pour modifier peu à peu le sens du conflit ».

5   K. Lavéant, « Obscène chevauchée ? Théâtre, charivari et présence féminine dans la culture joyeuse à Lyon au milieu du XVIe siècle », *Revue d'Histoire du Théâtre*, 269, 1, 2016, p. 21-32.

6   K. Lavéant, « Usages et statuts de la parodie dans un défilé joyeux des Conards de Rouen et ses publications (1542 et 1587) », *Les organisations joyeuses (XVe-XIXe siècles)*, éd. J.-Y. Champeley, Chambéry, Éditions de l'Université Savoie Mont Blanc, à paraître en 2019.

ces fonctions (par rapport à un texte-modèle, un style d'expression, ou des conventions sociales); l'intensité de son propos (ludique, satirique, railleuse). On a donc intérêt à définir des axes qui permettent de jauger la parodie, en se basant sur des exemples et cas d'études qui fournissent, de manière pragmatique, des critères d'évaluation.

STRATÉGIES INTERPRÉTATIVES

La parodie pose donc plusieurs problèmes à qui souhaite étudier ses manifestations, ses produits et ses fonctions. Comme le montre notre dossier, les chercheurs en sciences humaines choisissent des stratégies différentes pour malgré tout pouvoir se servir de la notion. Katja Gvozdeva, par exemple, signale l'extrême variété des pratiques parodiques au XVᵉ siècle à Sienne. Elle décide de ne pas se limiter à une définition spécifique mais de se servir d'approches plurielles que la théorie met à notre disposition, afin de montrer la pluralité de pratiques parodiques. D'autres chercheurs suivent une définition plus générale, y incluant des phénomènes variés d'intertextualité à des fins comiques, satiriques ou même sérieuses. En outre, Olivier Spina signale dans son analyse des *Inns of Court* anglaises que la parodie vise à produire un message attendu avec un sens inattendu, en détournant l'ensemble du contexte d'énonciation et de réception. Rozanne Versendaal, pour son analyse des mandements joyeux en français et en néerlandais, tire sa définition du travail de Martha Bayless[7], qui distingue deux types de parodie que l'on peut reconnaître dans des textes littéraires, à savoir la parodie d'un modèle et la parodie sociale. Selon Bayless, la parodie sociale est une dimension supplémentaire qui peut être ajoutée à la parodie d'un modèle. Dans les textes médiévaux, ce niveau plus profond était toujours présent et nous ne pouvons l'omettre.

Bien que les chercheurs utilisent des définitions et méthodes différentes, il ressort de ce tour d'horizon que la notion de parodie est un instrument utile pour la recherche. Nous n'avons pas nécessairement besoin d'un

---

7   M. Bayless, *Parody in the Middle Ages. The Latin Tradition*, Ann Arbor, The University of Michigan Press, 1996, p. 3.

consensus absolu sur la signification de la notion pour aborder son étude de manière fructueuse. Chaque chercheur vise plutôt à préciser les termes appliqués qui correspondent à son corpus spécifique, en s'appuyant sur les travaux des théoricien/nes antérieur(e)s, auxquels il ajoute une nouvelle couche interprétative. De cette façon, on peut tenir compte de manière optimale de la très grande variation des productions parodiques qui existaient à la fin du Moyen Âge et au début de l'époque moderne.

Pour autant, il faut signaler que, dans ce processus de définition, tous les chercheurs se trouvent devant des choix similaires à faire. À cet égard, les axes formulés ci-dessus peuvent se montrer avantageux. Les pratiques parodiques étudiées par Jérémie Bichüe, par exemple, ne sont pas produites en fonction d'un hypotexte précis mais selon les codes du sous-genre de la farce. Son investigation se situe donc dans l'axe des formes de la parodie. Olivier Spina met plutôt l'accent sur l'axe de l'intensité. Il distingue rigoureusement la parodie du ridicule et de la satire, au sens où l'élément parodique ne remet pas en cause l'importance et le statut de la chose parodiée. De même, mais sur un autre axe, Rozanne Versendaal met l'accent sur le point d'ancrage de la fonction de la parodie, en posant que les mandements joyeux ne ridiculisent pas nécessairement la solennité et l'autorité de leur modèle. Ainsi, ces axes nous aident à rendre visibles les différents aspects de la notion de la parodie. Ils nous guident à travers la complexité de ses significations stratifiées et ils offrent la possibilité d'accentuer certains éléments de manière bien structurée.

Reste qu'il faut se demander s'il est possible de formuler une définition du terme « parodie », une fois considérée la pluralité de ses manifestations. Au lieu de brider la notion sur le plan théorique, il vaut peut-être mieux étudier son fonctionnement et ses effets. Dans son article, Katja Gvozdeva signale même que le terme « parodie » gagne à être remplacé par celui du « fonctionnement social de la parodie ». Comme le montre notre dossier, cet aspect social est un élément essentiel à considérer.

Les chercheurs qui travaillent sur la notion se rendent compte que la parodie s'ancre dans sa situationnalité, c'est-à-dire qu'elle est liée aux circonstances concrètes du moment où elle prend place[8]. La parodie ne

---

8   Cette idée a d'abord été exprimée par J. Koopmans, « La parodie en situation. Approches
     du texte festif de la fin du Moyen Âge », *CRMH*, 15, 2008, p. 88. Cette situationnalité
     est en accord avec la distinction de la parodie sociale de Bayless.

fonctionne pas, n'existe pas, sans la participation active du public, qui doit utiliser ses connaissances intertextuelles pour la décoder. Ensuite, les textes peuvent acquérir ou perdre leur valeur parodique selon leur contexte de réutilisation ou de relecture. De plus, cet ancrage dans un contexte social explique pourquoi les produits parodiques ont d'habitude une fonction sociale, notamment une force unifiante. La parodie invite à la réflexion, en révélant les pensées et la logique d'un certain groupe ainsi que les normes et conventions qui font fonctionner une société.

Les contributions du dossier montrent que la parodie contient toujours un élément familier, qu'elle est, dans son essence, un mécanisme de reconnaissance. Nous pouvons également constater que la parodie contient toujours un élément nouveau ou inattendu. Car le double sens est propre à la parodie, qui sert en même temps à faire rire et à communiquer un message sous-jacent plus sérieux. C'est bien la relation entre le familier et la nouveauté qui est difficile à saisir. Bichüe place au centre de son analyse l'idée que la parodie décontextualise et recontextualise, en suivant les travaux de Patricia Eichel-Lojkine[9]. Ces opérations même affectent le fonctionnement de la parodie. Cette idée de recontextualisation est également exprimée par Spina et par Versendaal. Cette dernière caractérise une certaine forme de texte parodique, le mandement joyeux, comme une plateforme anonyme et neutre, qui serait contextualisée et recontextualisée à l'infini pour débattre d'idées sur une série de thématiques contemporaines de son lecteur. Il semble donc que la parodie ne soit pas une forme (d'un texte, d'une imitation) statique, mais un mécanisme de transformation dynamique.

C'est pourquoi nous proposons ici une nouvelle définition provisoire de la notion de la parodie en tant que mécanisme qui donne un sens nouveau à une matière familière. En mettant l'accent sur ce processus de transformation effectué par la parodie, cette définition provisoire nous permet d'étudier le fonctionnement et les effets des pratiques parodiques, ancrées dans leur contexte social.

---

9   P. Eichel-Lojkine, *Excentricité et Humanisme*, Genève, Droz, 2002, p. 202.

APPORT DES ARTICLES DU DOSSIER

C'est sur l'articulation entre parodie et pratiques parodiques que s'ouvre ce dossier, avec l'article de Jelle Koopmans, qui propose une réflexion d'ensemble sur ce qui constitue les spécificités de la performance parodique de la fin du Moyen Âge, à prendre en compte non seulement en elle-même, mais dans les différents temps de son organisation et de son déroulement, afin de mieux en saisir la nature et la complexité.

Jérémie Bichüe s'interroge sur les conditions dans lesquelles la pratique parodique prend place dans l'espace publique via la querelle Marot-Sagon. Sa proposition est que le dialogue polémique entre Marot et Sagon se déroule dans un lieu imaginaire qui reste dans la mémoire collective. Il montre que la parodie ne permet pas seulement de désamorcer la gravité du conflit, elle sert surtout à transformer l'échange public des textes littéraires à une forme de festivité polémique. Ainsi, la parodie donne naissance à une sociabilité agonistique.

Jean-Yves Champeley ouvre l'enquête au-delà des textes et tente une approche historique des phénomènes parodiques. Il nous amène vers les pratiques parodiques juridiques de l'abbaye de Maugouvert. Cette compagnie joyeuse maintenait au registre parodique une justice autour de la question du mariage et de la vie conjugale qui imite les procédures de la jurisprudence sérieuse. Cette justice joyeuse complétait la justice officielle. De plus, Champeley démontre que ces codes et rituels joyeux demeurent longtemps vivaces, même après qu'ils sont officiellement lentement refoulés à partir du XVIIᵉ siècle.

Éric Négrel poursuit ces pistes, dans le même contexte régional, en proposant une analyse anthropologique de la signification de la *Chevauchée de l'âne* qui eut lieu dans les rues de Lyon en 1566. Via l'analyse du témoin textuel produit par la compagnie de la Coquille (qui rassemble un certain nombre d'imprimeurs lyonnais), Négrel interroge les limites de la parodie dans une mise en scène qui a aussi, et peut-être même avant tout, pour but de mettre en lumière le scandale du déséquilibre des forces et des pouvoirs dans les couples et entre les sexes, l'un des thèmes par excellence de la culture joyeuse depuis le Moyen Âge.

Katja Gvozdeva étudie une parodie littéraire Italienne (*Le piace-voli*) qui a comme modèle un autre texte parodique (*Il Sacrificio*). Elle analyse le point de départ de cette chaîne des pratiques parodiques pour en interpréter ensuite les imitations tardives. Dans son analyse, Gvozdeva révèle les différents niveaux de signification du spectacle rituel – un sacrifice parodique – qui a inspiré ces imitations. Dans le même temps, son analyse est une quête des termes adéquats pour décrire le fonctionnement et la pratique de la parodie. Au lieu de la dichotomie Bahktinienne traditionnelle entre culture officielle et culture carnava-lesque, elle propose d'adopter une vision plus différenciée et dynamique du carnavalesque privé et du carnavalesque publique.

Olivier Spina reconsidère la vision de l'historiographie traditionnelle sur les festivités des *Inns of court* londoniennes, qui seraient une sorte d'instrumentalisation ludique des gestes et des paroles appris durant la formation juridique des membres des *Inns*, en mettant en scène de la propagande politique. Spina pourtant propose une lecture politique de ces spectacles parodiques. Il montre que la signification des spectacles des *Inns* porte plus loin. Ils véhiculent en effet un discours politique contrôlé par la monarchie, qui vise à mettre en scène l'unité du peuple anglais derrière son souverain. Au micro-niveau, les festivités servaient à maintenir l'autorité dans l'enceinte de l'*Inn*.

Rozanne Versendaal propose d'étudier des sources littéraires, des mandements joyeux. Bien que ces textes portent sur les abbayes joyeuses, elle ne les relie pas à l'existence des abbayes comme phénomène histo-rique mais à leur fonction comme une construction imaginaire qui est inventée pour les besoins du texte. En analysant l'adoption du modèle de mandement législatif par la culture joyeuse, elle propose l'hypothèse que l'abbaye joyeuse y fonctionnait comme un topos littéraire, évoquant une ambiance libre et ludique, sans contraintes sociales et religieuses et donc parfaitement apte à la création d'une espace où l'on pouvait librement exprimer des critiques sociales.

Enfin, Paul Smith étudie un texte néerlandais peu connu (la *Lyste van rariteiten*) qui présente un catalogue imaginaire parodique. Dépassant les difficultés entourant la contextualisation de ce texte et de ses enjeux parodiques, Smith montre que ce catalogue, publié entre 1699 et 1741, fait partie d'une longue tradition parodique, qui tire son origine de Rabelais.

L'ensemble des articles de notre dossier soulignent la nécessité de placer nos perspectives de recherche au-delà à la fois d'un cadre purement national ou monolinguistique, et d'une délimitation chronologique étroite. À leur lecture, on comprend que la permanence des pratiques parodiques performatives et textuelles étudiées ici, ainsi que leur migration d'un contexte à un autre, impose de proposer une approche comparatiste inscrite dans le temps long, pour une enquête dont ce dossier constitue un premier jalon.

Katell LAVÉANT
et Cécile DE MORRÉE
Université d'Utrecht – NWO

L'OBJET DE NOS RECHERCHES
OU L'UNITÉ D'ANALYSE

L'histoire du théâtre pèse comme une malédiction curieuse sur l'histoire du théâtre elle-même. En effet, une bonne partie de cette histoire s'occupe d'une période, le « Moyen Âge », où la notion de théâtre ne s'était pas encore singularisée et pour laquelle, par conséquent, la notion elle-même fait problème comme catégorie historique. Les savants du XIXᵉ siècle, qui ont imposé une dynamique fortement téléologique aux recherches sur le théâtre français, ont aussi dessiné les contours de la nouvelle discipline qu'était alors l'histoire des arts de la scène[1]. Quelques principes lui donnaient sa logique : le théâtre français devait nécessairement s'affranchir du latin (genèse de la littérature vernaculaire, et donc de la littérature « française ») ; le théâtre profane devait s'affranchir du théâtre religieux (républicanisme laïc oblige) ; l'acte spectaculaire devait être « théâtre » au sens que le terme a pu prendre à l'époque moderne et dont on voulait alors chercher les origines dans la perspective d'une histoire évolutionniste. Or tous ces présupposés apparaissent désormais comme une fausse donne. C'est sur cette fausse donne, à la source de bien des malentendus suscités par le « théâtre médiéval », que le présent article entend revenir en guise de prolégomènes aux recherches menées dans ce dossier.

LE THÉÂTRE, UNE DÉFINITION IMPOSSIBLE ?

De façon schématique, on peut dire que l'histoire du théâtre s'occupe des éléments qui, pour nous, peuvent être isolés comme des représentations

---

1 J. Koopmans et D. Smith, « Un théâtre français du Moyen Âge », *Médiévales*, 59, 2, 2010, p. 5-16.

théâtrales. La question est : à partir de quoi ont-ils été isolés ? Les attitudes des historiens face à cette question sont doubles. Il y a la voie
facile : on ne considère comme théâtre que ce qui se présente comme
« texte de théâtre », même si c'est là déjà une catégorie hautement problématique pour le Moyen Âge et le XVIe siècle. D'autre part, il y a la
voie plus étroite de l'histoire des représentations, qui se heurte aussitôt
au problème de la terminologie[2] et qui révèle vite l'inexistence d'un
« théâtre médiéval » au Moyen Âge.

Pour définir le théâtre existent donc des définitions abstraites et des
définitions pragmatiques. Pragmatique et hautement efficace pour les
temps modernes est la définition qui se base sur ce qui se passe sur une
scène de théâtre dans un bâtiment créé à cet effet. Mais pour cela, il
faut bien qu'une telle scène existe, qu'un tel bâtiment existe. D'autres
définitions partent du concept de rôle ou de l'impersonation, mais celle-
ci est difficile à retrouver de manière univoque dans bien des textes du
Moyen Âge. Une autre possibilité serait de partir d'une définition par
le costume – les couvre-chefs sont souvent cités dans les productions
dramatiques des XVe et XVIe siècles[3] et l'on se rappelle le fameux premier
vers du *Jeu de la Feuillée* :

Segneur, savés pour quoi j'ai mon abit cangiet[4].

Ce n'est toutefois qu'un critère de faible valeur, étant donné qu'à
côté de la *comedia togata*, redécouverte vers la fin du XVe siècle, il existait aussi une tradition d'un théâtre non costumé, notamment pour les
clercs qui n'avaient pas le droit de se déguiser. Le costume, donc, est
un critère bien faible.

Le thème de ce dossier consacré aux pratiques parodiques sur les
scènes et dans les textes peut être considéré comme un véritable retour
aux choses qui comptent, ou au moins comme un questionnement
sérieux et bienvenu de l'essence de la discipline. C'est pourquoi cet
article liminaire entend problématiser une question rarement posée en

---

2   J. Koopmans, « Les mots et la chose ou les mots pour le dire », éd. X. Leroux, *Vers une
     poétique du discours dramatique au Moyen Âge*, éd. X. Leroux, Paris, Champion, 2011,
     p. 289-323.
3   J. Koopmans, « Esthétique du monologue : l'art de Coquillart et compagnie », *Les mondes
     théâtraux autour de Guillaume Coquillart (XVe siècle)*, éd. J.-F. Chevalier, Langres, D. Guéniot,
     2005, p. 27-44.
4   P.-Y. Badel, *Adam de La Halle, Œuvres complètes*, Paris, Livre de poche, 1995, p. 285.

tant que telle, qui est celle de savoir où se situe exactement l'objet de l'analyse qui occupe les historiens du théâtre et quelle pourrait bien être l'unité de cette analyse. N'analyse-t-on, finalement, que le texte qui a été conservé, sans se soucier trop du contexte ? Analyse-t-on un ensemble d'événements au sein duquel une éventuelle représentation dite théâtrale a pu avoir lieu ? Un problème nouveau pointe alors : qu'est-ce qui permet de distinguer entre le texte et le contexte, entre le théâtral et le paradramatique ? Comment isoler un objet de recherche sans se laisser aussitôt guider par des démarches disciplinaires (histoire littéraire, histoire du théâtre, ou des spectacles si l'on veut, histoire matérielle ou sociale, histoire locale ou régionale) ? Si les historiens du théâtre se sont de plus en plus penchés sur le cadre de la représentation, le terme « cadre » lui-même n'est-il pas trompeur, au même titre que celui de « contexte », en suggérant une distinction essentielle entre un centre (le théâtre) et ce qu'il y a autour ? La représentation théâtrale, à son tour, a pu avoir lieu « autour » d'autre chose et servir de contexte, de cadre. Ne peut-on pas dire dans certains cas qu'au lieu d'être l'événement, elle fait partie d'un événement ?

De telles questions devraient présider à toute enquête sur l'histoire du théâtre ; mais on peut constater qu'il n'en est pas ainsi. La tradition pèse ; les historiens font ce que font les historiens, les littéraires suivent des démarches littéraires, les théâtreux s'intéressent aux points déclarés importants par les théâtreux. Autant dire qu'il est nécessaire, quelle que soit la discipline dominante du chercheur qui souhaite s'aventurer dans le domaine des études théâtrales, de tirer au clair un certain nombre de présupposés.

L'ACTE THÉÂTRAL MÉDIÉVAL :
DE L'UNITÉ D'ANALYSE À LA DIVERSITÉ DES SCÉNARII

Que veut dire « faire du théâtre » aux XVe et XVIe siècles ? Il est temps d'illustrer la diversité des actions spectaculaires à laquelle les historiens sont souvent confrontés par quelques exemples. À Abbeville, à la fin du Moyen Âge, on avait coutume de se rendre à la Fosse aux Ballades,

en grand cérémonial, une place de choix étant réservée pour le conseil
de la ville. On y jouait à la *choule*, ensuite on écoutait une chanson de
geste avant de se rendre à nouveau en ville pour un repas. La chanson
de geste intéresse l'historien de la littérature, la *choule* l'historien des
sports, mais les deux actes ont fait partie du même événement, dont le
sens reste délicat à analyser. En 1598, pour célébrer la paix de Vervins,
on joua à Lille un jeu de *Pyramus et Thisbé;* or ce jeu entrait dans une
séquence spectaculaire : il y avait des feux de joie, on jeta un soldat de
paille du haut du beffroi – le tout régi par ce que j'ai appelé ailleurs un
scénario ou un « programme de la fête[5] ». L'articulation de ces gestes
peut surprendre, même si elle n'est pas rare : les documents évoquent
souvent l'organisation de « farces et allumées ». Mais rares sont les historiens de choses jetées du haut d'un beffroi, rares sont les historiens
des feux de joie.

On sait depuis longtemps que les spectacles dramatiques au Moyen
Âge comprenaient souvent plusieurs pièces ou représentations apparen-
tées, telles que « farces et moralités » ou « farces et morisques[6] ». Quant
aux représentations des grands mystères, elles présentaient elles aussi
différents états ou séquence. Parfois il y avait une répétition générale
payante, à l'intérieur d'une église par exemple ; il y avait également la
fameuse « montre » où les acteurs défilaient en costume dans les rues
avec les accessoires du jeu. Pour les mystères en plusieurs journées, il y
avait parfois une séparation entre l'avant-dînée et l'après-dînée – le dîner
marquant donc un temps dans le spectacle et devant être étudié comme
élément de celui-ci plutôt que comme une interruption insignifiante[7] .

Autant dire que ce que l'on étudie aujourd'hui comme le « théâtre »
de la période n'est en fait qu'une découpe et que, peut-être, l'objet de nos
analyses n'a pas toujours été le bon. Il faut y ajouter que cette découpe
s'est produite dès le Moyen Âge et concerne aussi l'état des sources.

---

5   J. Koopmans, « Contre-textes et contre-sociétés », *Texte et contre-texte pour la période pré-
     moderne*, éd. N. Labère, Bordeaux, Ausonius, 2012, p. 53-61.

6   Dans certains cas, il y avait des combinatoires plus précises, voir E. Doudet, *Moralités et
     jeux moraux, le théâtre allégorique en français*, Paris, Classiques Garnier, 2018, p. 120-125.

7   Un cas analogue est à trouver dans la culture dramatique du Nord de la France, où il
     y a eu apparemment une tradition de présentation avant le repas (un jeu muet, une
     tapisserie historiée, des jeux sur des chars) avec ensuite, après le repas, une version « par
     personnages » ; voir K. Lavéant, *Un théâtre des frontières. La culture dramatique dans les
     provinces du Nord aux XVᵉ et XVIᵉ siècles*, Orléans, Paradigme, 2011, p. 93, 154 et 184.

La conservation du matériel textuel, surtout pour les « petites pièces » comme les farces, sotties et monologues, n'a pas toujours suivi la forme de leurs représentations, et cela se comprend. Dans leur fonctionnement sous forme manuscrite ou imprimée, ces pièces suivent une autre logique que celle d'un éventuel scénario où elles ont pu trouver place. La reconstitution d'un tel scénario amène de ce fait à prendre en compte trois types de sources : les sources décrivant le « programme » de la fête, souvent des sources administratives ou historiques ; les sources livrant un élément textuel de ce programme, la pièce ; et les bien rares sources où transparaît en quelque sorte une esquisse de l'ensemble. Dans cette dernière catégorie, on placera par exemple l'ensemble de pièces jouées par Pierre Gringore aux Halles de Paris en 1511[8].

Parmi les sources ne donnant qu'un élément textuel, prenons un exemple précis : celui des sermons joyeux[9]. Ceux-ci seraient de parodies de sermons. Or, de quelque manière que l'on définisse la parodie (optons pour celle de Zumthor : « l'inversion du signifié dans une structure signifiante fixe »), aucun sermon joyeux ne peut être relié à une *pratique* de sermons sérieux. En revanche, ce sont des *textes* qui se construisent sur le format rhétorique défini par les *artes praedicandi*, et qui ont un rapport assez libre avec la prédication sérieuse. Ces formes de parodie sont-elles par ailleurs du « théâtre » ? Depuis la belle thèse de Jean-Claude Aubailly[10], on a situé ce type de monologues « au seuil du dramatique » dans un modèle évolutionniste qui voyait la création d'un théâtre organisé comme le résultat d'un passage du narratif au dramatique, du monologue au monologue fractionné, du monologue fractionné au dialogue, du dialogue au « vrai » théâtre. De la sorte, le sermon joyeux, consacré comme « genre » du théâtre profane de la fin du Moyen Âge, est apparu comme un théâtre débutant, encore inaccompli. Ce ne serait pas encore pleinement du théâtre, mais s'en rapprocherait. Le sermon joyeux est ainsi une bonne illustration de la difficulté théorique qu'a longtemps posée la notion de paradramatique dans l'histoire du théâtre. Le paradramatique se définit naturellement à partir de l'idée

8   Pierre Gringore, *La Sottie du Prince des Sotz et de Mère Sotte*, éd. A. Hindley, Paris, Champion, 2000.

9   J. Koopmans, *Quatre sermons joyeux*, Genève, Droz, 1984 ; J. Koopmans, *Recueil de sermons joyeux*, Genève, Droz, 1988.

10   J.-C. Aubailly, *Le Monologue, le dialogue et la sottie. Essai sur quelques genres dramatiques de la fin du Moyen Âge et du début du XVIe siècle*, Paris, Champion, 1978.

que l'on se fait du dramatique ; et bien des médiévistes conservateurs n'ont pas vu, n'ont pas voulu prendre en compte les conséquences du théâtre expérimental moderne et de son questionnement de la notion de dramaticité pour faire évoluer leur propre discipline. Comme je l'ai signalé, quand il a fallu commencer à écrire l'histoire du théâtre du Moyen Âge au XIXe siècle, on a simplement découpé de la réalité complexe de cette période tout ce que ressemblait, selon les normes du XIXe siècle, à du théâtre. Revenons toutefois au postulat que le sermon joyeux est un genre dramatique du Moyen Âge. Il est tout d'abord assez difficile de considérer des performances d'une douzaine de minutes comme un genre fonctionnant dans l'absolu : ces textes font d'évidence partie d'un contexte spectaculaire, d'un programme de la fête, et devaient se comprendre au sein de celui-ci, même si les sources ne sont plus là pour le spécifier. Malgré les lacunes documentaires, on peut de fait saisir deux éléments des scénarii où se situaient les sermons joyeux. D'une part, le sermon joyeux ne fonctionne pas en réalité comme parodie du sermon sérieux ; il apparaît plutôt dans le contexte festif du monde inversé : là où dans ce monde, il y a la place pour un sermon, on le débite. Dans ce contexte, le sermon n'est nullement parodique, mais suit les lois du monde festif. D'autre part, la théâtralité d'un tel sermon ne peut être isolé d'une séquence spectaculaire : il y a mise en scène, il y a fiction, et c'est en leur sein que se produit une performance qualifiée plus tard de dramatique.

À LA RECHERCHE DE L'OBJET DE NOS RECHERCHES

Dès lors, où peut-on donc situer avec précision l'objet de nos recherches ? Qu'est-ce qui constitue en fait l'unité que l'on compte analyser ? Quand on s'occupe du théâtre médiéval – qui est d'ailleurs largement et peut-être surtout, un théâtre du XVIe siècle –, il faut reconnaître que des formes pour nous inhabituelles de dramaticité, des performances non strictement théâtrales peuvent avoir un rapport avec notre objet, voire peuvent constituer des objets de recherche. De quel droit, toutefois, se permet-on d'isoler des faits historiques et jusqu'où doit-on aussi les voir dans leur contexte ? De nombreuses productions qualifiées aujourd'hui par la critique de représentations théâtrales ont été en effet de simples éléments dans une suite d'événements spectaculaires. Quelles sont les conséquences de cette redéfinition pour nos pratiques de chercheurs ?

Question loin d'être simple, et qui n'est pas le seul apanage de l'histoire des spectacles. Je propose donc de réfléchir brièvement à plusieurs parallèles possibles entre les nouveaux questionnements que doivent aborder les historiens des spectacles anciens et ceux qui ont été soulevés dans d'autres champs d'étude. Grâce à l'évolution des études philologiques, nous avons fini par comprendre qu'au lieu d'isoler des textes individuels des manuscrits où ils figurent, il est important de les considérer dans le contexte de leur conservation – qui, hélas, n'est pas toujours celui de leur création. La logique de la mise en recueil, de la mise en situation est devenue un objet important pour la recherche philologique.

La musicologie est aux prises avec un problème similaire. Doit-on analyser une symphonie, un mouvement, voire – ce qui va dans le sens où je compte aller ici – le programme d'un concert ? Nicolaus comte de La Fontaine et d'Harnoncourt-Unverzagt considérait les symphonies 39, 40 et 41 de Mozart comme un ensemble, un « oratoire instrumental » selon ses propres dires. Prenons une perspective inverse : tous les mélomanes connaissent l'air « Mon cœur s'ouvre à ta voix » tiré de *Samson et Dalila* de Saint-Saens. Air classique s'il en est, chanté par toutes les grandes cantatrices. Toutefois, lorsque l'Opéra National des Pays-Bas a produit l'opéra il y a quelques années, tous les critiques tombèrent d'accord que c'était à juste titre que l'on n'en connaissait que cet air. Où est dès lors l'objet exact qui doit retenir l'attention des chercheurs, l'œuvre complète ou sa réception fragmentée ?

Revenons maintenant à l'histoire du théâtre et à la redéfinition de l'objet de ses recherches. Tout le monde connaît l'expression « à la fin, vous aurez la farce ». Elle relève d'une pratique durable où, après une tragédie, le rire libérateur d'une pièce divertissante était attendu. De là à remettre en cause les analyses qui n'ont longtemps pris en compte que la seule tragédie comme objet d'étude, il n'y a qu'un pas. Qu'à l'Hôtel de Bourgogne, au début du XVIIᵉ siècle, il y eût encore un prologue de Bruscambille avant la tragédie nous incite, ou devrait nous inciter, à considérer l'ensemble « prologue – tragédie – farce » comme un ensemble à analyser comme tel, et non de manière fractionnée. Prenons un autre exemple éclairant et ignoré de beaucoup d'analystes de la littérature : *Ubu roi*, la pièce qui fait exploser le genre de la farce dans la modernité, fut conçu comme l'acte terrestre d'un mystère intitulé *César Antéchrist*. Quelle devrait dès lors être l'unité d'analyse de cette œuvre célèbre ?

Ces brèves comparaisons incitent aujourd'hui à reprendre la réflexion sur la définition de l'objet qui occupe les historiens des arts du spectacle. Le cœur des recherches est-il résumé par les textes dramatiques ? Est-ce leurs cadres d'intelligibilité qu'il faut reconstituer ? Est-ce encore les scénarii spectaculaires, au sein desquels l'acte que nous appelons théâtral a pris sens, qu'il faut tenter de penser ?

L'une des compétences attendues des historiens du théâtre est la philologie, une approche qui est et se doit d'être un savoir textuel. Plus généralement, l'histoire est, par nature, un savoir basé sur des documents écrits. La nouvelle importance de ce que l'on appelle l'histoire orale n'est en fait que fort relative, au sens où cette histoire orale ne peut entrer en jeu qu'au moment d'un enregistrement quelconque – et sous l'Ancien Régime, c'est un enregistrement textuel. De là, l'aporie de la fameuse tradition orale, car s'il est d'une part indéniable qu'une telle chose a dû exister, il est d'autre part impossible d'en dire autre chose que ce que nous rapporte l'écrit. Toutefois, la retombée textuelle de ce que nous n'arriverons sans doute jamais à saisir est bien plus riche que l'on ne le croit, et permet d'étudier des dimensions qui n'ont jusqu'ici pas été envisagées. En outre, la pratique du jeu dramatique ne demande généralement pas à être inscrite dans des documents : on ne dit pas ce qui va de soi.

Confrontons maintenant ce raisonnement général au cas précis du *Jeu de la Feuillée* d'Adam de La Halle, écrit au XIIIᵉ siècle. Signalons tout d'abord que cette pièce a été jouée à l'occasion de la Grande Beuvée, un temps festif qui était sans doute accompagné d'un rituel qui lui était propre mais que nulle archive ne documente. Le *Jeu de la Feuillée*, lu jusqu'ici comme une pièce de théâtre, est en fait une suite de sketches articulée sur ce rituel traditionnel[11]. Or une fois ce rituel festif pris en compte, non seulement on comprend mieux certaines scènes du jeu,

---

11   J. Koopmans, « Arras, where Burghers and Jongleurs meet and Develop Forms – afterwards seen as Theatre », *The Routledge Research Companion to Early Drama and Performance*, éd. P. King, Londres, Routledge, 2016, p. 30-41.

l'arrivée des fées, le repas nocturne, mais également le rapport complexe établi entre le temps représenté et le temps de la représentation. La durée particulière de la fiction dramatique, de la soirée au lendemain, avec un endormissement général des personnages, devient intelligible : là où le texte reste muet, le rituel doit sans doute reprendre ses droits jusqu'au moment où le texte recommence. Certes, ce rituel de la Grande Beuvée ne nous est pas connu : un rituel se soustrait à la codification par écrit. On ne peut donc arriver à une véritable reconstruction de ce qu'a pu être la « pièce » d'Adam de la Halle. Mais, méthodologiquement du moins, sont désormais posées les conditions d'une meilleure compréhension de cette « pièce ».

De ce repositionnement de l'objet-texte découle une nécessaire réflexion sur les cadres d'intelligibilité des jeux dramatiques. Les représentations n'ont naturellement pas lieu dans un vide total. Elles sont conditionnées par de nombreux paramètres qui appellent l'attention. Ainsi par exemple de la compréhension culturelle de ce qui paraît « sérieux » ou « comique » à une époque donnée. Souvent cette simple distinction est problématique pour le chercheur. Pour prendre un exemple aux marges de l'acte théâtral mais qui relève dans une certaine mesure de la culture de la performance médiévale, on songe par exemple aux enseignes de pèlerins avec des vulves avec béquilles. Les savants modernes les ont dites parodiques, burlesques, obscènes. Or ne s'agit-il pas d'objets situés, qui prennent sens notamment dans les pèlerinages de fertilité à Saint Faustin – devenu, par une étymologie populaire, Saint Foutin ? Les enseignes témoigneraient donc d'une sensibilité religieuse qui n'avait rien de parodique. Leur difficulté d'analyse tient pour une bonne part au fait que la culture qu'elles révèlent ne correspond guère à l'idée que les savants se sont longtemps fait de la religiosité médiévale et de son lien supposé au carnavalesque.

Pour approcher ces cadres d'intelligibilité, de nouvelles notions doivent être forgées. Depuis une décennie, j'ai essayé de tirer au clair une chose que je croyais importante, sans y réussir totalement : resituer des phénomènes dits théâtraux au sein de la suite d'événements ou d'actions qui leur servaient de cadres. J'avais premièrement opté pour l'idée de scénario. Les historiens, depuis quelque temps, accordent de plus en plus leur attention à ce qu'ils appellent des *scripted events*, des événements qui se déroulent selon un certain scénario conventionnel, fixe, formel. Cela vaut pour des rituels de pénitence, pour des fêtes, pour des événements politiques. Pour *Les Bourgeois de Calais*, l'étude séminale de Jean-Marie Moeglin a bien montré par exemple que cette scène touchante, immortalisée par Froissart et sans doute plus encore par Rodin, relève en fait d'une simple convention[12] : il existe un scénario préétabli pour un tel cas de demande publique de grâce, et en cette occasion, tout le monde a fait de son mieux pour suivre ce scénario. Les faits en deviennent-ils pour autant « moins réels » ? Non certes. Leur caractère scénarisé nous aide toutefois à mieux comprendre le sens de ce rituel. A y regarder de près, ce type de performance ritualisée est fréquente pendant la période étudiée dans ce dossier : en 1514, les Tournaisiens, farceurs invétérés selon Maximilien d'Autriche, se seraient moqués dans leurs farces de la bataille de Venlo. Ils durent implorer le pardon impérial, mais Maximilien refusa d'abord de leur pardonner[13]. Non par cruauté, mais parce que le rôle du prince était de refuser le pardon dans un premier temps ; par ce refus, les Tournaisiens étaient prévenus que le pardon était non garanti et ne s'accordait qu'à la troisième requête.

Ayant pu constater que de nombreux événements qui relèveraient de ce qu'on appelle habituellement les spectacles publics au Moyen Âge font partie de telles suites conventionnelles, j'ai à plusieurs reprises essayé de défendre l'importance du scénario ; mais, réflexion faite, on peut se demander si le terme « programme de la fête » ne serait pas plus adéquat. Il a l'avantage d'éclairer le statut de certains textes, tels que les *mystères de la procession de Lille* ainsi intitulés par leur éditeur Alan Knight[14]. En fait, à bien scruter les documents, ces pièces n'ont pas été jouées *pendant* la procession de Lille, mais *après* la procession de Lille. Ceci est significatif si l'on raisonne en termes de programme de la fête. Le scénario de la fête lilloise aurait été celui-ci : non pas une procession ponctuée de pièces de théâtre, mais une procession émaillée de tableaux vivants et/ou de sketches, puis un repas, ensuite et enfin les jeux par personnages, présentés devant les dignitaires de la ville dans une salle. Les interprétations appelées par les pièces en sont passablement changées.

---

12 J.-M. Moeglin, *Les Bourgeois de Calais. Essai sur un mythe historique*, Paris, Albin Michel, 2002.

13 J. A. C. Buchon, *Chroniques et mémoires sur l'histoire de France*, Paris, Bureau du Panthéon littéraire, 1836, t. 2, p. 22, 40, 45.

14 A. E. Knight, *Les Mystères de la procession de Lille*, Genève, Droz, 2001-2011.

Prendre en compte le programme de la fête, c'est aussi ouvrir la possibilité de repenser le fonctionnement même du texte dramatique. La moralité de l'Assomption a longtemps été lue comme une pièce théâtrale inachevée, dans la mesure où la fin semble manquer, laissant l'action suspendue. Or le manuscrit, comme l'a remarqué Francesc Massip, indique bien le terme « fin ». Comment comprendre cette difficulté ? La reconstitution du programme de la fête offre des éléments de réponse. Le 14 août était d'abord jouée une moralité dramatique. Le lendemain, jour de l'Assomption, tout le monde venait admirer l'automate dans l'église qui « représentait » le mystère de l'Assomption[15]. La pièce était donc « achevée » par un autre spectacle, situé hors du texte actuellement conservé mais qui faisait corps avec lui.

Il reste sans doute maintenant aux chercheurs à affiner la notion de scénario ou de programme de la fête. Il apparaît par exemple important de distinguer entre les relations de subordination et les relations de coordination qui permettent aux différents composants d'un programme de s'articuler. Quand il y a, au sein d'un spectacle dramatique, prologue, tragédie et farce, il y a coordination. Dans le cas du rituel de la Grande Beuvée et du *Jeu de la Feuillée*, il y a en revanche subordination. Quand il y a une fête locale, une élection du conseil municipal, une promenade vers la Fossée aux Ballades, un jeu de *choule* et une chanson de geste, il y a à la fois coordination et subordination. Quand existe un cadre festif avec un monde inversé où l'on énonce un sermon, il y a subordination. Enfin, quand il y a une fête, et qu'à l'intérieur du calendrier festif, le conseil municipal mange sur un échafaud devant un public qui regarde le conseil qui mange, mais qui regarde en même temps une représentation que le conseil qui mange regarde aussi, il y a un intéressant jeu de miroirs où la coordination et la subordination jouent.

Ces propositions de distinction, à poursuivre, pourront mettre en perspective, je l'espère, les pratiques qui ont entouré les textes parodiques et les productions des sociétés joyeuses. Ces textes et productions ont souvent été jugés curieux ou négligeables parce qu'ils n'ont que rarement été resitués dans la cohérence de leurs programmes festifs et dans la richesse de leurs cadres d'intelligibilité. Retrouver cette cohérence est

---

15   F. Massip, « Le drame de l'Assomption en France et en Belgique », *Mainte belle œuvre faite, Études sur le théâtre médiéval offertes à Graham A. Runnalls*, éd. D. Hüe, M. Longtin et L. Muir, Orléans, Paradigme, 2005, p. 357-374.

justement l'un des enjeux de ce dossier, dont les auteurs s'attachent tous, à leur manière, à tester les suggestions méthodologiques que j'ai ici rapidement esquissées. La voie est ainsi ouverte à un renouvellement en profondeur de l'histoire des cultures spectaculaires européennes. Restent, *in fine*, des questions nécessairement ouvertes et qui doivent le rester pour stimuler l'évolution de nos pratiques de chercheurs : qu'est-ce qui fait l'unité de nos analyses ? Où donc se situe l'objet de nos enquêtes ?

Jelle KOOPMANS
Université d'Amsterdam

PARODIE, RITUEL SATIRIQUE
ET CULTURE JOYEUSE DANS
LA QUERELLE MAROT-SAGON (1534-1538)

Le différend entre Clément Marot et François Sagon aurait commencé en août 1534 au mariage d'Isabeau d'Albret, la belle-sœur de Marguerite de Navarre. « Mais onc ne fut et est à commencer / Nopce, ou festin sans aulcun mal penser[1] » rappelle Sagon, en précisant les circonstances de la brouille :

> Car toy et moy devisans dessus l'herbe,
> Le lendemain au beau parc d'Allençon,
> Apres souper eusmes noise et tenson
> Pour la leçon de la foy catholicque[2].

Le débat aurait ensuite dérivé sur les « temples sainctz », le « jeusne » et les « oraisons », épineuses questions théologiques que Marot aurait abordées avec un prosélytisme particulièrement brûlant. La confrontation s'envenime et attire les curieux (« Tu t'obstinas et ta fureur descent, / Tant qu'en une heure y en vinst plus de cent[3] »), au point que Marot aurait menacé Sagon d'un poignard. Au mois d'octobre de la même année survient l'affaire des Placards. La découverte d'affiches condamnant la messe dans Paris et d'autres grandes villes de France, et en particulier Amboise où François Ier réside alors, provoque la colère du roi. Inquiet, Marot prend la fuite à Bordeaux où il est arrêté. Il parvient toutefois à s'enfuir et rejoint Marguerite de Navarre en ses terres de Nérac avant l'hiver. Sur ses recommandations, il prend ensuite la direction de la cour de la duchesse de Ferrare en Italie où il

---

1   F. Sagon, *Deffense de Sagon contre Clement Marot*, Paris, Pierre Vidoue, [1537], in-8°, Paris, Arsenal (Rés. 8° BL 8737) fol. B1[v].
2   *Ibid.*
3   *Deffense de Sagon*, fol. B2[r].

demeure près de deux ans. Pendant ce temps en France, deux poètes, François Sagon et Charles de la Hueterie, multiplient les manœuvres individuelles pour s'introduire en cour et prendre la place de l'absent. Quelques mois après son retour en France à l'hiver 1536, Marot réplique en publiant le *Valet de Marot contre Sagon*[4]. Cette réponse cinglante provoquera la réaction de nombreux auteurs qui se jetteront dans la bataille jusqu'à la fin de l'année 1537. Peu à peu le différend privé se change en événement éditorial et l'affrontement individuel en exercice de satire collective[5].

Les auteurs de la querelle recourent volontiers à la parodie. Sagon compose ainsi un pastiche moqueur intitulé « Dieu gard », qui imite le célèbre pardon que Clément Marot adresse aux poètes de France à son retour d'exil[6]. Cet exemple correspond bien à la définition de la parodie donnée par le Trésor de la Langue française : « texte, ouvrage qui, à des fins satiriques ou comiques, imite en la tournant en ridicule, une partie ou la totalité d'une œuvre sérieuse connue ». La critique littéraire a cependant élargi cette définition en y incluant les pastiches sérieux d'un texte ou d'un style, les détournements ludiques avec ou sans visée satirique, des phénomènes variés d'intertextualité, posant ainsi la question des sources, des procédés et de l'intentionnalité de l'écriture parodique[7]. En ce qui concerne la Renaissance, Patricia Eichel-Lojkine insiste notamment sur l'éclectisme des modèles détournés :

> Ce ne sont pas toujours des textes, des productions achevées, des objets culturels clos, mais des formes relevant de l'oralité, des raisonnements tout

---

4   [C. Marot], *Le Valet de Marot contre Sagon cum commento*, Paris, Jean Morin, 1537, in-8°, Paris, BnF (Rés. Ye 1584).

5   Le terme *satire* sera employé dans les lignes qui vont suivre non pas pour désigner une forme poétique particulière, mais pour qualifier, durant la période qui nous intéresse, une intention, un ton satirique, toujours le fruit d'une « conscience morale » selon les mots de P. Debailly (*La Muse indignée. La Satire en France au XVIᵉ siècle*, t. 1, Paris, Classiques Garnier, 2012, p. 11). Partant de ce constat, l'activité polémique peut être définie comme une forme de dialogue satirique « allant de l'attaque *ad personam* à la réfutation théorique » (C. Kerbrat-Orecchioni, « La polémique et ses définitions », dans *Le Discours polémique*, Lyon, Presses Universitaires de Lyon, 1980, p. 3-40, ici p. 27).

6   *Deffense de Sagon*, fol. G3ʳ.

7   Pour une présentation synthétique des différents enjeux de la parodie, nous renvoyons à la mise au point de D. Bertrand dans un dossier consacré à la question (« Introduction : état des lieux », *Seizième Siècle*, n° 2 (La Parodie), 2006, p. 7-19).

faits, des discours, des performances et des rituels langagiers que la parodie exporte et transpose, décontextualise et recontextualise[8].

Dans le cadre de la querelle Marot-Sagon, ces opérations de décontextualisation et de recontextualisation affectent le modèle même de l'échange polémique. Au gré des ajustements tactiques et des interactions entre les divers auteurs, la querelle prend alternativement ou simultanément la forme d'une dispute sérieuse ou légère. Cette ambivalence s'explique en grande partie par l'introduction de modes d'expression de la culture joyeuse dans le conflit. Par les thèmes qu'elle convoque, l'agitation qu'elle provoque, la querelle va même jusqu'à s'inspirer des formes de certains rituels festifs. Plus ou moins intentionnels, ces détournements confinent à une forme déroutante de dialogisme qui rend parfois délicate l'identification du geste parodique lui-même et perturbe la réception des textes : le sens du conflit se trouve en permanence renégocié en fonction des lectures propres à chaque intervenant. Cette incertitude favorise pourtant la naissance d'interactions entre des auteurs qui reconnaissent le potentiel créatif et ludique de la querelle Marot-Sagon.

Partant de ces constats, nous souhaiterions voir sous quelles conditions la pratique parodique donne naissance, lors de la querelle Marot-Sagon, à une forme de festivité polémique. Nous verrons d'abord comment la parodie, utilisée à des fins stratégiques, permet de désamorcer la gravité du conflit, transformant le différend en une dispute destinée à susciter le rire. La reconnaissance par les lecteurs et les auteurs du détournement des formes de la culture joyeuse donne par conséquent naissance à une sociabilité agonistique originale où la querelle devient un phénomène littéraire associé au plaisir et à la fête. Le trouble jeté par cet objet littéraire invite alors à s'interroger sur les liens entre polémique, satire et rituel festif, à travers l'intervention dans la querelle de la confrérie joyeuse des Conards.

---

8   P. Eichel-Lojkine, *Excentricité et Humanisme*, Genève, Droz, 2002, p. 202.

TACTIQUE DE LA PARODIE

Dans son *Coup d'essay* composé au début de l'année 1536, Sagon reproche à Marot sa conduite morale, allant même jusqu'à le suspecter d'hérésie. Voici les mots qu'il adresse à deux sœurs[9] auxquelles Marot avait lui-même envoyé une épître de tonalité évangélique depuis Ferrare :

> Fuyez devant, evitez, [*sic*] le derriere
> Et n'escoutez la chanson ne la voix
> De l'ypocrite avec ses mille croix
> Qui tost mourra nonobstant repentance
> En feu, en croix, en roe, ou en potence[10].

Ces menaces, que reprendront en chœur les détracteurs de Marot, donnent un aperçu de la gravité des enjeux entre l'année 1535 et l'année 1536. Dans le *Valet*, Marot rédige une réponse qu'il fait endosser à son valet fictif, façon de signifier à son adversaire qu'il ne le juge pas digne d'une réplique en son nom propre. À travers la voix de Fripelippes, il raille la bêtise et le style de Sagon tout en évitant scrupuleusement la question religieuse. En réalité, le coup de force du *Valet* consiste à modifier la forme même du conflit, en utilisant l'écriture parodique comme un leurre. Jouant sur l'ambivalence de la dispute qui peut prendre la forme de la controverse ou de son envers dérisoire, Marot programme un conflit burlesque qui interfère avec le débat initial.

Pour cela, il puise en premier lieu dans l'imaginaire de la farce, où la dispute est bien souvent le moteur d'une intrigue rudimentaire qui provoque le rire. La gravure au titre du recueil, qui représente le valet Frippelippes battant le Sagouin, avatar onomastique de Sagon, évoque une action typique de la farce. Marot veille en outre à ne pas préciser l'appartenance générique de son texte. Si celui-ci prend la forme d'une épître, il n'en porte pas clairement le nom. Le titre de la plaquette annonce simplement « *Valet de Marot contre Sagon* », se contentant de décrire ce qui relève autant d'une situation énonciative épistolaire que potentiellement

---

9   C. Marot, *Œuvres complètes*, « Aultre Epistre de Marot qui mandoit aux Damoiselles », éd. F. Rigolot, Paris, Flammarion, vol. 2, p. 557.

10 F. Sagon, *Coup d'essay*, Paris, [Olivier Mallard], 1537, in-8°, Paris, Arsenal (Rés. 8° BL 8736 (1)), fol. E3ᵛ.

dramatique. Cet effet de théâtre est encore plus perceptible à la lecture de certains vers qui jouent de l'ambivalence du discours ancré dans la situation d'énonciation pour faire jaillir sous les yeux du lecteur, devenu spectateur le temps de quelques vers, une saynète de bastonnade :

> Zon dessus l'œil, zon sur le groing
> Zon sur le dos du Sagouyn
> Zon sur l'asne de Balaan.
> Ha villain, vous petez d'ahan,
> Le feu sainct Anthoine vous arde.
> Ça ce nez. que je le nazarde
> Pour t'apprendre avecques deux doitz
> À porter honneur où tu doys.
> Enflez villain, que je me joue
> Sus, apres, tournez l'autre joue
> Vous cryez ? Je vous feray taire [...][11].

Certains vers évoquent des gestes et mentionnent même, à la manière d'une didascalie interne, la réaction de la victime. En mots d'abord : « Vous cryez ? », puis en geste : « Ha villain, vous petez dahan ». À la manière de ce que l'on a souvent noté au sujet des sermons joyeux, le texte de Marot « [fait] état de [son] caractère écrit tout en jouant de la pragmatique théâtrale[12] ».

Tous ces procédés contribuent donc à modifier le lieu imaginaire du dialogue polémique, du tribunal aux tréteaux, neutralisant au passage l'inquiétante rhétorique judiciaire de Sagon. La parodie sape les « fondements de la parole[13] » et la raillerie portée par la voix d'un valet autorisé à toutes les grossièretés, permet d'emporter l'adhésion des rieurs. Le leurre parodique témoigne en définitive des capacités d'invention de

---

11 *Valet*, fol. B2[r].

12 Nous empruntons l'expression à F. Manuel, « Pronostications joyeuses et théâtre polémique : une rencontre paradoxale », *Le Théâtre polémique français. 1450-1550*, éd. M. Bouhaïk-Gironès, J. Koopmans, K. Lavéant, Rennes, Presses Universitaires de Rennes, 2008, p. 33-47, ici p. 38. Nous renvoyons également à l'étude de J.-C. Aubailly qui évoque le caractère « mimique » du monologue dramatique : « même les œuvres destinées à être lues sont écrites en fonction d'une mise en scène rudimentaire et il est hors de doute que l'art de la lecture mimée était fort cultivé » (*Le Monologue, le Dialogue et la Sottie. Essai sur quelques genres dramatiques de la fin du Moyen Âge et du début du XVIe siècle*, Paris, Champion, 1984, p. 4).

13 F. Manuel emploie à l'origine cette expression au sujet des pronostications joyeuses (« Les Pronostications Joyeuses : la parodie au service d'une poétique négative », *Albineana, Cahiers d'Aubigné*, n° 20, 2008, p. 133-148, ici p. 140).

Marot lui-même, devenu parfait dupeur de farce. Le tour est à ce point réussi que c'est essentiellement le caractère dérisoire de la querelle qui restera dans la mémoire collective. En témoignent ces quelques mots que Du Bellay adresse à ses détracteurs dans la seconde préface de *L'Olive* : « Si quelques uns vouloient renouveler la farce de Marot et de Sagon, je ne suis pour les en empescher : mais il fault qu'ilz cherchent aultre badin pour jouer ce rôle avecques eux[14] ».

Dans ses diverses réponses au *Valet*, François Sagon devra désormais composer avec ces différents détournements, s'évertuant à séparer le sérieux du comique, le digne de l'indigne :

> Ton parler de si povre estoffe
> Ne sent en rien son philosophe
> Mais son badin, ou gaudisseur
> Son tabourin, ou son farceur
> Qui tant m'estonna d'insolence
> Qu'il m'engendra ung temps silence[15].

La rime entre « farceur » et « gaudisseur », éclairée par le mot « badin », montre à quel point Sagon considère l'écart farcesque et le recours au style bas comme une forme d'inconvenance. Plus grave encore, Marot commettrait avec le *Valet* une infraction éthique en parlant sous le masque de son valet de fiction. Comme le rappelle Pauline Dorio dans sa thèse sur l'épître en vers au XVIe siècle, « la transparence de l'énonciation épistolaire et l'engagement moral de l'épistolier constituent deux conditions primordiales à la réalisation du genre[16] ». La transgression du poète serait alors le reflet de l'hypocrisie de l'homme et *in fine* la preuve même de sa nature vicieuse :

> Escrips moy donc sans secretaire
> Si tu as desir voluntaire
> D'estre desormais diligent

---

14   J. Du Bellay, *La Deffense et illustration de la langue française et L'Olive*, éd. J.-C. Monferran, Paris, Droz, 2001, p. 238.

15   F. Sagon, *Epistre à Marot par François de Sagon pour luy monstrer que Frippelipes avoit faict sotte comparaison des quatre raisons dudit Sagon à quatre oysons*, Paris, Gilles Corrozet et Jean André, 1537, in-8°, Paris, Arsenal (Rés. 8° BL 8736 (13)), fol. A2ᵛ.

16   P. Dorio, *« La Plume en l'absence ». Le devenir familier de l'épître en vers dans les recueils imprimés de poésie (1527-1555)*, thèse de doctorat, Université Sorbonne Paris Cité-Université Paris III Sorbonne Nouvelle, 2017, p. 312.

D'oster le roil d'avec l'argent,
Et de ton corps faire à ton ame
Ung vaisseau pur sans vice ou blasme[17].

Pour s'amender, Marot devrait donc distinguer le joyeux du sérieux, « oster le roil d'avec l'argent », ce qu'il ne fera bien entendu jamais. On le voit bien, la querelle finit par porter sur la pratique polémique elle-même, qui est comme le reflet des antagonismes originels entre les deux auteurs. Cependant, la transposition joyeuse de la dispute rend également possibles de nouvelles interactions, qui dépassent l'affrontement singulier. Les lecteurs et futurs auteurs de la querelle identifient clairement l'opération parodique de Marot qui devient progressivement l'un des moyens de la perpétuation ludique du différend.

FESTIVITÉ POLÉMIQUE

En parodiant les codes de la farce, Marot semble définir en creux l'existence d'un public qui assiste au spectacle du châtiment de Sagon. La mise en scène du différend – au sens quasi littéral – témoigne ainsi d'une volonté de triompher publiquement et collectivement de l'adversaire. Les nombreuses références à des rituels festifs dans les textes de la querelle poursuivent ce même objectif. L'un des soutiens de Marot, à la veille de son retour, invitait déjà à la réjouissance générale en évoquant la fête antique des Saturnales :

Voy cy Triton sonant sa grant coquille
Creuse et tortue, et qui saulte et fretille,
Prest de getter en l'air une gambade :
Lequel pourtant donne si doulce aubade,
Qu'il fait soubz luy les Nymphes voltiger,
Voulans, ce semble, en noz jours eriger,
(Comme jadis) les festes Bacchanales,
Ou de Flora, ou quelques Saturnales [...][18].

---

17 *Epistre à Marot*, fol. A4ᵛ-B1ʳ.
18 *Les Disciples et amys de Marot contre Sagon*, « Apologie de Maistre Nicole Glotelet, de Victry en Partoys, pour Clement Marot, contre le Coup d'essay faict par ung cerité ou

Quelques mois plus tard, l'humiliation de Sagon, en texte et en image, confirme le retour en grâce de Marot sur la scène littéraire. Contre l'usurpateur les libelles se multiplient, l'infamie est châtiée par le rire collectif et la querelle prend la forme d'un rituel d'intégration-exclusion. Voilà qui explique en partie les fréquentes comparaisons de Sagon à un âne. La bête était en effet au centre de plusieurs rituels festifs comme celui de la Fête de l'ânesse de Balaam, qui se tenait à Rouen, ville dont est originaire Sagon[19] : « Zon sur l'asne de Balaan[20] » peut-on lire sous la plume de Marot qui ne conserve de la cérémonie que l'image de la procession, mise au service de la charge satirique : Sagon seul au milieu de tous et puni par chacun. À ce titre, la répétition parfois pénible d'injures dans le corpus de la querelle ne doit pas seulement être interprétée comme un défaut de littérature. Elle est en fait la reproduction lexicale d'une brimade collective, de l'acharnement punissant la déviance, du scandale sanctionné par le bruit.

De fait, la plupart des termes employés dans les textes de l'époque pour qualifier la querelle rendent compte de l'agitation collective née du conflit dans l'espace public. Ainsi en va-t-il du substantif « huterie[21] », probablement dérivé de « hutin » qui signifie « querelle, bruit, manifestation bruyante », mais aussi du mot « tabut[22] » ou du substantif « tintouyn[23] ». L'on mesure surtout ce vacarme de papier à l'extraordinaire nombre de publications émises en un temps très court, entre l'été 1537 et le début de l'année 1538 tout au plus. Tout porte à croire que l'on suivait avec passion la querelle Marot-Sagon, comme un « feuilleton illustré » selon les mots de Philippe Desan[24] :

---

mathelineux, nommé Sagon », Paris, [Louis Blaubloom pour] Jean Morin, 1537, in-8°, Paris, BnF (Rés. Ye 1582), fol. A3ᵛ.

19   Durant la cérémonie, on rejouait l'épisode biblique dans lequel l'ânesse du devin Balaam, soudainement douée de parole, s'en prend à son maître. C'était semble-t-il un clerc qui revêtait le costume de l'animal et qui recevait en outre, conformément au texte, les coups portés par Balaam. Ce scénario est évoqué dans le *Glossarium mediæ et infimæ latinitatis*, Niort, L. Favre, 1883-1887, à l'entrée « *festum* », disponible en ligne sur le site des Éditions en ligne de l'École des Chartes (Élec).

20   *Valet*, fol. B2ʳ.

21   *Disciples*, fol. E2ᵛ.

22   *Valet*, fol. B2ᵛ.

23   *Disciples*, fol. G3ᵛ.

24   Ph. Desan, « Le feuilleton illustré Marot-Sagon », *La Génération Marot. Poètes français et néo-latins (1515-1550), Actes du Colloque international de Baltimore, 1996*, éd. G. Defaux, Paris, Champion, 1997, p. 348-380.

> Les gens en ont les cerveaulx assotez
> Et estourdiz, Car ung petit follet
> S'en va criant, le debat du vallet
> Clement Marot contre Françoys Sagon
> Ung aultre vient qui crie en son jargon
> Portant o soy de papiers ung pacquet
> Qui veult qui veult : le rabaiz du caquet
> De Fripelipe et de Marot Clement
> Dict rap[e]lé [...][25].

Ce passage évoque une situation courante, celle du crieur de rue ou du libraire ambulant, paquet de papiers sous le bras ou dans une hotte, assurant la réclame des nouveautés littéraires. Les cris de la querelle seraient-ils assourdissants au point d'en donner des maux de tête ? L'un des bois gravés d'un libelle, à la facture rudimentaire, laisserait presque deviner un homme se tenant la tête d'une main ou se bouchant les oreilles[26]. N'est-ce pas le même engouement que décrivent ces quelques vers de Sagon adressés à Marot ?

> Car je te promectz que j'ay dueil
> De veoir que par jugement d'œil
> Nous sommes au peuple une histoire
> Ou fable en chascun auditoire[27].

Un « auditoire » désigne, outre la salle d'audience d'un tribunal, un « lieu où on s'assemble pour écouter quelqu'un » et, par métonymie, « un ensemble de personnes réunies pour écouter quelqu'un[28] ». Sans confondre cette dernière définition avec le concept bakhtinien de « place publique », il est pourtant clair que la querelle porte en elle la possibilité d'une convivialité dans l'espace public, surtout en milieu urbain. On se lit, on commente, on intervient dans cette querelle en fonction de ses affinités et les lecteurs deviennent vite auteurs à leur tour. En rééditant à souhait les libelles, l'imprimerie permet l'avènement d'une scène discursive sur laquelle le conflit se pratique sur le mode ludique

---

25   *De Marot et Sagon les treves, donnez jusqu'à la fleur des febves. Par l'auctorité de l'abbé des Conardz*, [Paris ?], [Antoine Bonnemère ?], [1537], in-8°, Paris, BnF (Rothschild n° 2594 (620 A) (16)), fol. A4ᵛ.

26   *Les Treves de Marot et Sagon, Données jusques à la fleur des febves Par l'auctorité de L'abbé des Conardz à Caen.*, [Paris ?], [Pierre Gromors ?], 1537, in-8°, Paris, BnF (Rés. Ye 1591).

27   *Epistre à Marot*, fol. A3ᵛ.

28   Entrée « auditoire » du *Dictionnaire du Moyen Français* consultable sur le site de l'ATILF.

de la compétition, entre des auteurs issus de zones géographiques et de catégories sociales variées[29]. Le tout prend l'allure d'une mascarade énonciative : l'anonymat, le recours aux prête-noms, à l'anagramme et aux avatars permettent à chacun de se livrer à l'exercice polémique en engageant sa personne à des degrés de sincérité variables. Les personnages du Sagouin, de Frippelippes et autres sont réemployés, remaniés au gré de l'inventivité des participants. Lorsque des réconciliations entre les deux ligues sont organisées, elles prennent naturellement l'apparence d'une ordonnance parodique :

> Veu et consideré que c'est do vivre en bonne paix (dict honneur) après parties par nous oyes ensemble les conditions proposées par nostre bien aymé Clement Marot. Nous à la requeste de Sagon tenons par ratifiée la paix accordée entre les dictz Marot Sagon et aultres cy presentz[30].

Au « banquet d'honneur » sont convoqués tous les acteurs d'une distribution polémique qui mêle les poètes et leurs avatars :

> Venes y tous, entre autres viens Marot,
> Viens tost paige laisse brusler ton rot
> Suis ton maistre Sagon, toy Huterie
> Fais bonne myne et garde que ne rye,
> Fripelippes ne demeure derriere
> Aupres ton maistre auras place premiere[31].

Cette réconciliation burlesque autorise peut-être à rapprocher la forme de la querelle d'autres manifestations festives reposant sur le conflit et la parodie épique. On pense en particulier à la *Bataille et paix du glorieux pensard à l'encontre de Caresme,* dans lequel le rituel calendaire est illustré par une sorte de jeu-combat entre Charnau, Carême et leurs ligues. Après de nombreuses provocations, les opposants finissent par se livrer une bataille comique à l'aide d'aliments gras contre maigres. C'est à coup de boyaux que les troupes de Charnau s'en prennent à celles de Carême :

---

29   É. Rajchenbach évoque justement la « fonction communautaire » de la querelle (« Une querelle poétique : la querelle des dames parisiennes et des lyonnaises », *La Poésie à la cour de François Iᵉʳ*, éd. J.-E. Girot, PUPS, 2012, p. 101-119, ici p. 112).

30   *Le Banquet d'honneur sur la Paix faicte entre Clement Marot, Françoys Sagon, Fripelippes Hueterie et aultres de leurs ligues. Nouvellement imprimé,* [Paris ?], [Alain Lotrian ?], 1537, in-8°, fol. B4ʳ, Paris, BnF (Rothschild n° 621 (18)), fol. B4ʳ.

31   *Le Banquet d'honneur,* fol. A3ʳ.

L'en m'a gecté par le visaige
Ung boyau tout ort et merdoulx,
Qu'il n'est homme, tant soit il saige,
Qui n'en eust plus d'ung an la toux[32].

Entre les belligérants de la querelle, les « mauvais ditz » – est-ce un hasard si le mot *trippe*, appelé à la rime par « Fripelippes » est l'un des grands *leitmotiv* de la querelle ? – constitueraient autant d'« aspersions sales[33] » que s'échangent les deux ligues, Marotins et Sagontins. On le voit bien par ce dernier exemple, la modification de la dispute par Marot aboutit à une perpétuation joyeuse du différend, pensée selon des modèles familiers de réjouissance collective. L'identification des modèles détournés – c'est-à-dire de l'opération parodique elle-même – fournit aux intervenants un outil de compréhension du différend, mais aussi un principe d'invention poétique. Mais s'agit-il encore là de parodie ? Ne faut-il pas plutôt conclure à une forme de dialogisme où l'on verrait le rituel festif et la culture joyeuse servir de modèle d'intelligibilité à une querelle dont on ne percevait pas, à l'époque déjà, les frontières et la nature exacte ? Est-ce à dire, par conséquent, que la reconfiguration parodique du différend ait neutralisé la dangerosité et la part scandaleuse de la querelle pour la transformer en pur objet de joyeuseté ? L'intervention de la Confrérie joyeuse des Conards de Rouen révèle les limites de la connivence et permet d'évaluer les rapports complexes entre polémique, satire et rituel festif.

UNE CONCURRENCE SATIRIQUE ET JOYEUSE ?

C'est un fait bien connu que l'intervention dans la querelle de la confrérie des Conards, qui avait en charge, notamment à Rouen, la production des festivités en période de Carnaval[34]. Les dignitaires des Conards sont les

---

32 *Deux Jeux de Carnaval de la fin du Moyen Âge*, éd. J.-C. Aubailly, Genève, Droz, 1977, p. 51.

33 J.-C. Aubailly, « Théâtre médiéval et fêtes calendaires », *RHR*, n° 11-1, 1980, p. 5-12, ici p. 5.

34 « *As with many urban festive societies, the primary function of the Abbey of the Conards was the organization of the carnival celebrations in Rouen every year.* » (D. Reid, « *Carnival in Rouen :*

auteurs avérés de trois libelles, dont deux s'attachent à réconcilier Clément Marot et François Sagon. L'abbé des Conards de Rouen signe un sermon parodique dans son *Appologie*[35] où il appelle les deux adversaires à la paix, mais on lui connait également un texte intitulé *La premiere leçon des matines ordinaires du grand abbé des Conardz de Rouen*[36] dans lequel il répond à l'un de ses contradicteurs. Dans *De Marot et Sagon les treves*[37], Constantin le Grant, « secrétaire de l'abbé des Conards à Caen », fixe les conditions d'une trêve entre les deux ligues, qui doit commencer aux alentours du mois d'août 1537, quelques mois à peine après la parution du *Valet*. Ces interventions faites en qualité d'*appointeurs*[38] cachent toutefois des enjeux plus profonds, relatifs à la fonction sociale de cette confrérie joyeuse.

L'abbé des Conards reproche en premier lieu à Marot et à Sagon leurs propos inconvenants, rappelant à l'ordre ces deux poètes qui ont en leur esprit « de toutes les muses [...] les graces infuses[39] ». Il entend ainsi « reformer les vices / De ces deulx folz, noz glorieux novices[40] », leur défendant « ne user de coups, faire, dire, n'escrire / Faictz qu'ilz ne soient joyeux et bons pour rire[41] ». La position d'« appointeur » occupée par l'abbé et ses sous-fifres est ainsi relativement conforme à ce que l'on sait du rôle joué par les dignitaires des confréries joyeuses dans la société. Katja Gvozdeva, s'appuyant sur les travaux d'Adolphe Rochas, rappelle qu'à l'Abbaye joyeuse de Pierrelatte, « l'abbé prêtait le serment d'entretenir la jeunesse en bonne paix et amitié[42] ». Il est vrai que ce qui tourmente les

---

A History of the Abbaye des Conards », *The Sixteenth Century Journal*, vol. 31, nᵒ 4, 2001, p. 1027-1055, ici p. 1030.)

35   *Appologie faicte par le grant abbé des Conards sur les invectives Sagon, Marot, La Huterie, Pages, Valetz, Braquetz, etc.*, [Paris], [Antoine Vidoue], [1537], in-8ᵒ, Paris, BnF (Rothschild 2594 (620 A) (12)).

36   *La premiere leçon des matines ordinaires du grand abbé des Conardz de Rouen, souverain monarcque de l'ordre, contre la response faicte par ung corneur à l'apologie du dict abbé*, [Rouen], [Cardin Hamillon], 1537, in-4ᵒ. Reproduction du texte par P. A. Bourdier à Paris en 1857, Paris, BnF (Rés. Ye 4610).

37   *De Marot et Sagon les treves*, fol. B1ᵛ.

38   Le terme est synonyme de *médiateur* selon l'entrée du *Dictionnaire du Moyen Français* consultable sur le site de l'ATILF.

39   *De Marot et Sagon les treves*, fol. A3ʳ.

40   *Appologie*, fol. A2ʳ.

41   *Appologie*, fol. A3ʳ.

42   K. Gvozdeva, « *Le Jeu du Sacre* dans les contextes ludiques, rituels et polémiques », *Le Théâtre polémique français. 1450-1550*, p. 89-107, ici p. 92. Voir également le travail source d'A. Rochas, « L'abbaye joyeuse de Pierrelatte d'après des documents inédits et les traditions populaires », Grenoble, X. Drevet, 1887. Il est toutefois douteux que dans

dignitaires des Conards en 1537, c'est la place prise dans l'espace public par la querelle Marot-Sagon, la bruyante passion pour ce différend à Rouen et en Normandie. L'abbé des Conards redoute que les adversaires en viennent aux mains : « Ne reste plus qu'à jouer des cousteaulx / ce qu'ilz feront quelque ung de ses matins / Ou se mordront comme font les mastins[43] ». Le secrétaire de l'abbé des Conards à Caen craint des violences plus grandes encore entre les partisans des deux ennemis : « Si que souvent maint homme se querelle / À son amy, et grans debatz s'en sourdent / Jusqu'à tuer[44] ». De tels propos laissent perplexe. Les avis étaient-ils à ce point tranchés qu'on en fût venu au point de se tuer en défense de Marot ou de Sagon ? Peut-être y a-t-il une part de vrai, dans la mesure où l'auteur anonyme de la *Responce à l'abbé des Conards* se sent tenu de rappeler la limite infranchissable entre les paroles et les gestes :

> Là où tu parles de cousteaux.
> Je ne voy que les Maroteaulx
> (Comme tu dis) ou Sagouyns
> Demy barbares, et Touyns
> Aient escript, ou faict, ou dict
> Ung seul mot qui vienne à ton dict[45].

Il faudrait donc admettre que les textes de la querelle ont dû cesser d'être perçus comme des objets joyeux pour que cet auteur fût obligé de rappeler leur caractère inoffensif. Dans le même recueil, l'auteur conteste définitivement la réelle dangerosité de la querelle :

> Or entre se batre, et escrire
> Y a plus d'une lieue à dire :
> Et par s'entrepicquer de plume,
> L'esprit se resveille, et s'allume.
> Seulement par joyeuseté
> On escript maint petit traicté[46].

le cas de l'Abbaye des Conards, le haut dignitaire ait lui-même été issu de la jeunesse. Voir sur ce point les réserves émises par Reid dans « *Carnival in Rouen : A History of the Abbaye des Conards* », p. 1036.

43   *Appologie*, fol. A3ʳ.

44   *De Marot et Sagon les treves*, fol. B1ʳ.

45   *Responce à l'abbé des Conars de Rouen*, Paris, Jean Morin, 1537, in-8°, Paris, BnF (Rothschild n° 2594 (620 A) (13)), fol. A3ʳ. L'entrée « touin » du *Dictionnaire du Moyen Français* consultable sur le site de l'ATILF donne le sens de « saligaud », « cochon ».

46   *Responce à l'abbé des Conars de Rouen*, fol. A3ᵛ.

Faut-il alors prendre au sérieux les inquiétudes de l'abbé des Conards ?
Dans la mesure où l'*Appologie faicte par le grand Abbé des Conards* prend
la forme d'un sermon joyeux, sans doute pas. De fait, à la lecture des
textes, on devine surtout l'enthousiasme des confrères pour l'affaire
Marot-Sagon. Le secrétaire des Conards à Caen décrit tout autant les
plaintes que la franche gaîté que suscite le conflit dans les rangs mêmes
de la confrérie : « Tous noz conardz en font gemissemens / Et moy aussy,
ensemble nostre abbaye / Mais tout le monde en rit la gueulle baye[47] ».
On rit certes des injures parce qu'elles sont ridicules, mais peut-être
aussi parce qu'elles réjouissent. Au sujet des Conards, Michel Rousse
affirmait dans sa thèse :

> [...] il semble qu'ils [les Conards] aient joui d'une certaine autorité intellectuelle
> et morale, non seulement à Rouen, mais bien au-delà. Et c'est sans doute ce qui
> explique l'intervention de l'abbé des Conards dans la querelle Marot-Sagon[48].

Le constat demeure juste, mais peut être nuancé. Émettons l'idée selon
laquelle l'attitude des différents dignitaires ne témoigne pas tant de
l'inquiétude de voir le conflit dégénérer que de celle d'assister impuissants
à une manifestation satirique publique dont ils sont habituellement les
principaux promoteurs, en période de Carnaval notamment :

> *Some of these groups were there simply to display their magnificent costumes ; others
> including those who accompanied the carts, were part of amusing, or satirical set pieces.
> They often carried placards of handed out printed broadsheets with relevant lines of
> poetry, or else recited verses aloud*[49].

En surestimant la gravité du conflit, que Marot avait cherché à atténuer
dans le *Valet*, les Conards ne chercheraient-ils pas à neutraliser les effets
de cette actualité brûlante qui leur dispute à coup de libelles l'exclusivité
d'une performance joyeuse dans l'espace urbain ? Eux-mêmes avaient fait
de l'imprimerie l'un des supports privilégiés de leurs événements festifs.
Le *Triumphe de l'Abbaye des Conards*[50], qui constitue la description détaillée

---

47 *De Marot et Sagon les treves*, fol. A3ᵛ.
48 M. Rousse, *Le Théâtre des farces en France au Moyen Âge*, « La Confrérie des Conards de
    Rouen. Textes de farces, documents d'archives », thèse de doctorat, Université de Rennes,
    1983, p. 12.
49 Reid, « *Carnival in Rouen : A History of the Abbaye des Conards* », p. 1030.
50 *Les Triumphes de l'Abbaye des Conards de Rouen*, éd. M. de Montifaud, Paris, Librairie des
    Bibliophiles, 1874.

de l'une des parades de la confrérie, insiste précisément sur le recours à des feuillets placardés ou distribués à la foule, appelés « umbres de Conardie ».

Mais la concurrence se situe peut-être à un niveau plus profond, posant la question des limites de la satire et de son lien avec le rituel festif. Les Conards de Rouen, en temps de Carnaval, avaient pour habitude de faire la satire de vices généraux ou des différents états, mais l'on sait que celle-ci a parfois pu dégénérer en calomnie, visant des personnalités nettement identifiables[51]. En 1509, les Conards avaient mis en scène sous forme d'une farce un scandale local : deux chapelains avaient été surpris en train de se faire lire les lignes de la main par des gitanes[52]. En 1536, soit quelques mois avant leur intervention dans la querelle Marot-Sagon, la confrérie était frappée d'un décret du Parlement leur interdisant les attaques *ad hominem* durant leurs festivités[53]. La même année, le Parlement de Paris rappelait aux membres de la Basoche la défense de porter atteinte nommément à quiconque[54]. On comprend mieux dès lors l'inquiétude des Conards vis-à-vis de l'affaire Marot-Sagon. L'année même où la confrérie voit son droit à la satire restreint, la querelle propose une forme originale de divertissement scandaleux qui,

---

51 A. Floquet, « Histoire des Conards de Rouen », *Bibliothèque de l'École des Chartes*, 1840, t. 1, p. 105-123, ici p. 112.

52 « *The first record of their activities comes in 1509, when the cathedral chapter made a note that two chaplains had been caught having their palms read by gypsies, and that the Conards had re-created the scene the next day for the amusement of the public* » (Reid, « *Carnival in Rouen : A History of the Abbaye des Conards* », p. 1039).

53 Archives Départementales Seine-Maritime, Registres du Parlement, 1 BP 9100, Registres d'arrêts, 7 avril 1536-30 mai 1536 : « La court advertye que aulcuns eulx se disans et nommans conars et leurs complices et alliez se sont vantez et vantent faire quelques amatz et preparatifz pour deshonnorer, injurier et scandaliser aucuns bons personnages de la ville par libelles diffamatoires et autrement en lieux publiques. Et sur ce oy le procureur general du Roy, a ordonné et ordonne que inhibicions seront et sont faictes ausd. eulx disans conars, leurs complices adherens et alliez qu'ils n'aient à injurier ou scandaliser par parolles diffamatoires ne de faict, par effigie ou painture ne autrement en lieux publics ne autres, aucunes personnes quelz qu'ilz soient sur peine de punicion corporelles, amendes et autres peines à la discretion de ladite Cour […] » (Rousse, *Le Théâtre des farces en France au Moyen Âge*, p. 28). L'information est reprise par D. Reid : « […] *in 1536, the Parlement issued a decree directed at the Conards forbidding them from mocking individuals in their festivities* » (« *Carnival in Rouen : A History of the Abbaye des Conards* », p. 1039) et on la trouvait déjà dans *Recherches sur les origines et l'histoire du théâtre à Rouen, avant Pierre Corneille*, Rouen, E. Cagniard, 1868, p. 46).

54 Arrêt du 20 mai 1536 : « […] deffenses de ne jouer à la monstre de la Bazoche prochaine, aucuns jeux, ne faire monstration de spectacles, ne escripteaux taxans ou notans quelque personne que ce soit, sois peine de n'en prendre à eux […] » (Arch. Nat. X1a 1539, fol. 293). L'extrait est cité par M. Rousse dans *Les Clercs de la Basoche et le théâtre comique (Paris, 1420-1550)*, Paris, Champion, 2007, p. 140.

en mêlant le vrai au faux, calomnie et parodie, rend possible la critique *ad hominem* et l'outrage en échappant, jusqu'à preuve du contraire, à toute forme de contrôle. La situation était d'autant plus insolite que les libelles mettaient en cause une personnalité rouennaise, en la personne de François Sagon. Du reste, ce ne sera pas la seule fois où les Conards s'attacheront à rappeler leur monopole en matière de divertissement public. On a conservé une « criée » de l'abbé des Conards de 1586 qui défend « de ne porter masque sans son congé » :

> Chacun ne peut ignorer que la court
> N'ait deffendu par arrest magnifique
> À toutes gens ayant long nez ou court,
> De ne troubler son regne pacifique,
> Ny de porter sans sa grace authentique
> Masque de jour ny de nuict nullement,
> Sur peine à tous que leurs biens on confisque,
> Comme infracteurs de son commandement[55].

Tout se passe comme si le recours aux pages et valets fictifs, à l'anagramme, aux prête-noms, avait rendu possible un débordement de la satire que les Conards eux-mêmes ne pouvaient s'autoriser, de surcroît en temps de fête. Mais surtout, la querelle Marot-Sagon constitue un spectacle satirique fortuit. Non seulement elle ne semble ne jamais devoir finir, ce qui est contraire au principe de la fête qui suppose une activité intense mais limitée dans le temps, mais elle se déroule dans une période qui ne correspond *a priori* à aucun rituel calendaire établi. Voilà donc peut-être pourquoi le secrétaire de l'abbé des Conards réclame une trêve qui devra durer « jusques au temps que floriront les febves[56] », c'est-à-dire jusqu'à l'avènement de la période de Carnaval. À supposer que les outrages

---

55 *Les Triumphes de l'Abbaye des Conards*, p. 93. Un décret du Parlement daté de 1570 va dans le même sens. Archives Départementales Seine-Maritime, Registres de Parlement, 1 BP 9283, Registre d'arrêts, 3 octobre 1569-28 février 1570, vendredi 3 février (Rousse, *Le Théâtre des farces en France au Moyen Âge*, p. 88).

56 *De Marot et Sagon les treves*, fol. B1ᵛ. La fève joue un rôle important dans les rites antiques. Sa nature embryonnaire symbolise la fécondité et le renouveau. C'est la raison pour laquelle elle et se trouve fréquemment associée au rituel du Carnaval qui célèbre le passage de l'hiver au printemps. Comme le précise Claude Gaignebet : « d'après les textes pythagoriciens, il faut quarante jours pour que la fève se développe à la manière d'un embryon à l'intérieur d'un homme [...]. Quarante jours après la fève des Rois, nous parvenons en février, en pleine période de Carnaval. » (C. Gaignebet et M.-C. Florentin, *Le Carnaval, essais de mythologie populaire*, Paris, Payot, 1974, p. 149.)

entre Marot, Sagon et leurs ligues reprennent à la fin de cette trêve, ils trouveront leur place dans le cadre réglé de la fête.

Si l'on a pu quelques fois envisager la parodie comme un phénomène d'« imitation déceptive[57] », dans le cas de la querelle Marot-Sagon, cette définition résiste partiellement. La parodie à l'œuvre dans le *Valet* de Clément Marot ne vise pas un hypotexte précis, mais emprunte les codes d'un sous-genre dramatique, celui de la farce, pour modifier peu à peu le sens du conflit. Le coup de génie tient à cet usage spécifique de la parodie qui mêle le vrai et le faux et propose, à la manière d'une anamorphose, deux images concurrentes d'une même réalité. Cette ambivalence ouvre la voie à un phénomène de création collective, de convivialité polémique où les belligérants s'adonnent à une pratique ludique du blâme. On pourrait alors envisager de rattacher cette querelle à certaines formes de sociabilités agonistiques bien connues pour la période du moyen français. On songe en particulier à la querelle de la *Belle Dame sans mercy*, qui se développait déjà selon un principe de collaboration permettant aux continuateurs d'améliorer leurs compétences poétiques[58]. La persistance de cette culture agonistique dans les années 1530-1540 expliquerait l'inventivité avec laquelle les auteurs de la querelle Marot-Sagon perpétuent leur œuvre polémique commune. Mais le caractère ponctuel et incontrôlable du différend, dont témoignent les efforts plus ou moins sincères des Conards pour le réguler, révèle aussi l'embarras suscité par un objet littéraire hybride, dont on peine encore aujourd'hui à proposer une lecture univoque. Resterait à approfondir l'enquête pour mettre au jour toutes les richesses de cette « povre matiere[59] ».

Jérémie BICHÜE
Université Paris III
Sorbonne-Nouvelle

---

57 Bertrand, « Introduction : état des lieux », p. 9.

58 Voir sur ce point, A. Armstrong, *The Virtuoso Circle : Competition, Collaboration, and Complexity in Late Medieval French Poetry*, Tempe, Arizona Press University, (« Arizona Center for Medieval and Renaissance Studies » 415), 2002. On renverra également à l'ouvrage de E. Cayley, *Debate and Dialogue : Alain Chartier in his Cultural Context*, Oxford, Clarendon Press, 2006.

59 *Deffense de Sagon*, fol. E1ᵛ. C'est ce que nous appliquons à faire dans notre thèse consacrée aux stratégies éditoriales et aux sociabilités polémiques de la querelle Marot-Sagon, actuellement en préparation sous la direction de Nathalie Dauvois et de Guillaume Berthon.

LA JUSTICE DE L'ABBAYE DE MAUGOUVERT

XVIᵉ-XVIIIᵉ siècles, Dauphiné, Lyonnais et Savoie

En Lyonnais et en Dauphiné, la forme abbatiale dominante est celle de l'abbaye de Maugouvert. En Savoie, c'est l'abbaye de la basoche qui l'emporte[1]. La variation des vocables qualifiant les abbayes et la plasticité des formes abbatiales sont un vaste sujet que nous ne traiterons pas ici. Pour ces trois provinces, nous nous bornerons à rappeler que les scribes des villes et des villages se limitent parfois à la mention du terme d'abbaye, ou d'abbaye de la ville ou encore d'abbaye des compagnons. Ainsi en 1602, le procureur de la ville de Chambéry précisait en parlant de « l'abbaye de la ville » de cette ancienne capitale du duché de Savoie : « Telle abbaye n'est chose nouvelle y ayant longtemps qu'il y en a heu en la presente ville et autres principales tant de ce pays que hors icelluy[2] ». Ces abbayes de Lyonnais, Dauphiné et Savoie sont surtout connues pour leur participation aux grandes festivités urbaines. Ici comme ailleurs, elles ont en leur sein des lettrés qui ont pu produire les récits joyeux et savants. Sans vouloir étudier ici la littérature joyeuse à motif juridique, nous devons rappeler que des arrêts à caractère joyeux sont parfois insérés au sein des corpus judiciaires des plus sérieux. « Ceste honneste licence de plaider des causes grasse [...] vous n'en pouvés blasmer l'invention & la coustume. [...] Il est bien raisonnable de choisir quelquesfois des suiet ioyeux & agreables[3] ». Il est tentant de mettre en évidence la parodie

---

1   J-Y Champeley, « Redevances communautaires sur les mariages et abbayes de la basoche en Savoie (1640-1780) », le témoignage des petites justices, *L'honnête homme, l'or blanc et la pomme d'or. Mélanges en l'honneur du professeur Alain Becchia*, publication 2016, Chambéry Éditions de l'université de Savoie Mont Blanc, p. 397-419.

2   A.C. de Chambéry, BB, 15 février 1602. Dans ce document le greffier de la ville de Chambéry emploie aussi le terme d'abbaye de la basoche.

3   C. Expilly, *Ensemble plusieurs Arrests & reiglemens notable dudit Parlement* (de Grenoble), 5ᵉ édition, Lyon, S. Rigaud, 1631, p. 52 : huitième plaidoyer, le mardy jour de la cessation du Parlement avec les Cendres, de l'an 1605, « si un enfant nay six mois apres le mariage consommé, etant viable est tenu pour legitime ». Pour ces causes grasses voir notamment

juridique résultant de la correspondance entre un hypertexte issu de la jurisprudence sérieuse et un hypotexte à connotation joyeuse[4]. Cette complexité de la relation entre ces registres sérieux et joyeux se trouve dans les textes mais aussi dans certaines formes pratiques des rituels et des procédures judiciaires des abbayes. À l'instar de la liturgie de l'Église et de sa *parodia sacra*, il nous semble intéressant d'observer comment la tradition juridico-judiciaire a su ménager une place aux tribunaux et aux procédures parodiques au cours du XVIe siècle[5]. Les abbayes de Maugouvert constituées en tribunaux parodiques ont parfois laissé les traces écrites témoignant de la réalité de leurs activités circonscrite à la police et à la justice du fait conjugal. C'est ce corpus documentaire à l'échelle de trois provinces de l'espace francophone qu'il nous semble intéressant de reprendre[6].

UNE ORGANISATION PARODIQUE RECONNUE PAR LES INSTANCES POLITIQUES ET JURIDIQUES

Notre espace d'enquête couvre deux provinces au sud-est du royaume de France et la province voisine du duché de Savoie. Dans ces provinces, il existe évidemment une superposition des justices supervisées par le roi ou le duc. Cette organisation est bien décrite par les juristes du temps. Le sommet de cette pyramide judiciaire est aux mains du roi et de son conseil. Il a en-dessous de lui ses parlements, siégeant dans nos trois provinces à Grenoble, à Paris et à Chambéry, pour exercer notamment la justice d'appel. En dessous des parlements, ce sont les justices

---

M. Bouhaïk-Gironès, *Les clercs de la Basoche et le théâtre politique (Paris, 1420-1550)* Paris, Champion, 2007, 309 p.

4   B. Dominique, « Introduction : État des lieux », La parodie, *Seizième siècle*, 2, 2006, p. 7-19. Avec notamment l'appel à sortir du textuel pour tenter une approche interdisciplinaire du phénomène parodique.

5   Ces correspondances sont connues dès les premiers travaux sur l'abbaye de Maugouvert, voir l'abbé Rouchier, « L'abbaye de Maugouvert », 3, *Bulletin de la société des sciences naturelles et historiques de l'Ardèche*, 1866, p. 19-40.

6   Notre corpus porte prioritairement sur les archives judiciaires et communales exploitées dans *Organisation et groupes de jeunesse dans les communautés d'entre Rhône et Alpes (XVIe-XVIIIe siècles), thèse de doctorat*, Université Lyon II, 2010.

intermédiaires des bailliages, sénéchaussées et présidiaux qui siègent dans les villes d'importance ou dans de plus petites villes de quelques milliers d'habitants. Enfin, dans les villages et dans les bourgs, les justices locales obéissent déjà à des règles strictes fixées par les légistes des princes. À ce niveau inférieur ou premier de la justice locale, bien des contentieux sont réglés oralement sans laisser de trace écrite. En ville, la nécessité de cette police de proximité amène les chefs des corporations et/ou les dizeniers à régler immédiatement et oralement les affaires qui ne méritent pas d'être couchées par écrit. Ces chefs des quartiers ou des rues sont le plus souvent nommés par les conseils politiques de la ville[7]. De la même façon, ces conseils municipaux des villes et des villages nomment le plus souvent les abbés[8]. En Dauphiné comme dans la ville de Gap, l'abbé de Maugouvert peut même siéger épisodiquement et ainsi donner son avis au conseil de ville[9]. Dans le tout petit village de Rochegude en 1551, le conseil général des habitants nomme les syndics, les répartiteurs de l'impôt mais aussi l'abbé des compagnons, son lieutenant ainsi que le porcher, le chevrier, le garde champêtre, le maréchal-ferrant et le barbier[10]. Pour toutes ces abbayes, il s'agit toujours de placer à leur tête des hommes sérieux et responsables qui doivent manier l'argent prélevé et dépensé par l'abbaye. Ils doivent aussi exercer cette police et cette justice du fait conjugal de façon joyeuse et pacifique autant que possible.

En Dauphiné, les exemples sont nombreux attestant la supériorité de l'abbé de Grenoble sur les abbés des villes et des villages du Dauphiné. Il est ainsi nommé le grand abbé de Dauphiné et l'abbaye grenobloise est dite la grande abbaye de Dauphiné[11]. Derrière cela se profile la

---

7   J.-L. Laffont, « La police de voisinage à la base de l'organisation policière des villes de l'ancienne France », *Annales de la recherche urbaine*, 83-84, 1999, p. 23-30.

8   Dans notre espace, seule la ville de Lyon comprend plusieurs abbayes de Maugouvert. Voir J. Rossiaud, « Fraternités de jeunesse et niveaux de culture dans les villes du Sud-Est à la fin du Moyen Âge », *Cahiers d'Histoire*, 1976, p. 67-102, avec la précision de « six abbayes de Maugouvert et en dessous des organisations de quartier ou de rue ». Article repris dans *Jacques Rossiaud Lyon 1250-1550 : Réalités et imaginaires d'une métropole*, textes réunis par J.-L. Gaulin et S. Rau, Seyssel, Champ Vallon, 2015, 512 p.

9   Archives communales (A.C.) de Gap (Hautes-Alpes), BB 17 (1612-1614), f° 608ʳ, conseil général, décembre 1613.

10 A.C. de Rochegude (Drôme), BB 1 (1545-1602), 1 mai 1551. Même type d'élection dans le village voisin de Tulette 1ᵉʳ mai 1553. A.C. de Tulette, BB1 (1550-1567), 1ᵉʳ mai 1553.

11 G. Vallier, « La grande abbaye de Dauphiné », *Revue du Dauphiné et du Vivarais*, 5, 1879, p. 420-432.

prétention à former une seule et même organisation provinciale avec des ramifications locales subalternes. Ainsi ces abbés de Maugouvert des villages, des bourgs et des villes du Dauphiné apparaissent parfois dans la nécessité d'obtenir confirmation de leur nomination auprès de l'abbé de la capitale provinciale, Grenoble. L'abbé grenoblois est le plus souvent un homme de loi qui conseille et assiste le cas échéant l'abbé local jusque devant les tribunaux du roi. En 1609, les statuts de refondation de l'abbaye de Vienne prévoient que l'abbé nouvellement élu se fera confirmer par l'abbé grenoblois[12]. Déjà en 1551, l'abbé de Saint-Agnan et le Rousset exhibe ses lettres de nomination envoyées par l'abbé grenoblois[13]. En 1609, à Romans, le corps de ville demande à l'abbé grenoblois de trancher la question de la rétribution possible pour un abbé romanais. Surtout, l'abbé grenoblois est très bien introduit au parlement de la province où il peut intervenir directement ou en appel pour régler les différends survenus dans l'exercice de la police et de la justice du fait conjugal.

Les prérogatives bien connues de l'abbaye de Maugouvert permettent à cette société d'arbitrer le mauvais et le bon gouvert, qui est avant tout compris comme le gouvernement du fait conjugal[14]. Pour cela, l'abbaye contrôle les mariés qui doivent s'acquitter d'une contribution en argent. Cette somme peut aussi se comprendre comme le prix de l'enrôlement dans l'abbaye communautaire. L'abbaye est la réunion joyeuse de la communauté des mariés et des célibataires instruits ainsi de leurs droits et devoirs. Tout cela est rappelé lors des manifestations de l'abbaye notamment au temps propice du carnaval. L'abbaye lève des contributions renforcées sur les remariés qui subissent le charivari[15]. Ainsi en 1558, les juges du parlement de Dauphiné condamnent un mari charivarisé à régler, à l'abbaye de Maugouvert de Vienne, l'intégralité du prix de ce charivari. Les magistrats expliquent dans leur arrêt que

---

12 Bibliothèque municipale (B.M.) de Grenoble, R 10258 n° 1, fonds Royer, transcription dactylographiée d'un acte dressé par le notaire Vieulx à Vienne (1609).

13 Abbé Fillet, « La grande abbaye de Dauphiné », *Revue du Dauphiné et du Vivarais*, 6, 1879, p. 486-489.

14 N. Charbot (1645-1722), *Dictionnaire étymologique de la langue vulgaire qu'on parle en Dauphiné*, trois tomes manuscrits des années 1715-1721, publié par H. Gariel, *Bibliothèque historique et littéraire du Dauphiné*, tome IV, Grenoble, Allier, 1885, p. 100 et p. 153.

15 J. Le Goff et J.-C. Schmidt, *Le charivari*, Actes de la table ronde organisée à Paris (25-27 avril 1977), Paris / La Haye / New York, Mouton, 1981, 444 p. N.Z. Davis, *Les cultures du peuple. Rituels, savoirs et résistances au XVIᵉ siècle*, Paris, Aubier, 1979, 444 p.

ce mari « a heu sa part du passe-temps qui se fist par le moyen de l'abbaye[16] ». En 1576 dans le bourg de la Voulte, un notaire rédige l'acte d'élection de l'abbaye de Maugouvert ainsi que le tarif des contributions sur les mariages. Il précise que l'abbé et ses officiers ont « pouvoir et puissance de gouverner, administrer, régir et administrer les affaires de ladite abbaye de Maugouvert en toute honnesteté et joyeuseté[17] ». L'abbaye organise aussi des barrières ou péages à acquitter pour les filles nouvellement mariées et partant s'installer chez un mari résidant hors du ressort territorial de l'abbaye locale. La police et la justice abbatiales sont encore et surtout connues par l'organisation des chevauchées sur l'âne pour le mari se laissant battre par sa femme. Tout cette police et justice de Maugouvert est réputée suffisamment joyeuse et utile à la constitution d'une bonne société pour que la communauté urbaine puisse se présenter en cet ordre festif devant les hôtes illustres et dans les grandes occasions[18].

Plus prosaïquement, nous possédons certains documents comptables et financiers qui attestent du payement de ces droits de police des mariages, des remariages et des chevauchées sur l'âne. Ainsi dans un petit village de Bernin, proche de Grenoble, l'abbé de Maugouvert de ce lieu a dû récapituler en 1624 toutes les sommes encaissées par lui sur les remariés, sur les filles nouvellement mariées et rejoignant un mari étranger à la paroisse et encore sur les maris ayant bénéficié d'une chevauchée sur l'âne. Le montant de la douzaine de taxes levées entre 1599 et 1624 varie entre dix sols et quatre livres[19]. Ce sont majoritairement les maris qui les payent à l'abbé. Parmi les douze payeurs, on trouve toutefois un père qui contribue pour sa fille. On dénombre douze taxes sur une période de vingt-cinq ans, soit en moyenne une action abbatiale tous les deux ans.

---

16   A.D. de l'Isère, B 1025, f° 181, arrêt du Parlement, affaire Beraud / André du Boys, abbé de Malgouvert de Vienne (15 février 1558). Copie réalisée par E. Pilot de Thorey déposée à la B.M.G, R7906, n° 14. Nous soulignons ce terme de « passe-temps » ou de « réjouissance » qui est encore utilisé en 1641 pour qualifier la paillade ou le charivari de Meyras jugé au présidial de Valence en 1641.

17   Abbé Rouchier, « L'abbaye de Maugouvert », p. 31.

18   *Recueil des chevauchées de l'asne faites à Lyon en 1566 et 1578 augmenté d'une complainte inédite du temps sur les maris battus par leurs femmes*, Lyon, N. Scheuring, 1862, 48 et 33 p. J. Millet, *La vénérable abbaye de Bongouvert de Grenoble, sur la reiouyssance de la paix, & du mariage du Roy*, À Grenoble, imprimerie d'André Gales, Imprimeur, 1660, 20 p.

19   A.C de Bernin (Isère), 4 E 189, n° 179. Registres paroissiaux de Bernin contenant deux feuillets intitulés « Estat et parcelle au vray de ce que François Rochas Abbé de Malgouvert en la paroisse de Bernin en ceste qualité a receu des cy apres nommés ».

Cinq taxes concernent des filles mariées partant s'installer chez un mari extérieur au village. Deux taxes frappent des filles non natives de Bernin mais devant traverser le village le jour de leurs noces pour se rendre de leur lieu de naissance et de mariage vers le village de leur mari. Pour ces deux filles c'est donc un droit de passage par la paroisse et le ressort de l'abbé de Bernin qui est payé. Trois remariés ont payé leur remariage et deux maris battus ont payé leur « chevaucherie » sur l'âne. En vingt-cinq ans avec douze taxes cela ferait en moyenne une action abbatiale tous les deux ans dans ce petit village. Il est possible d'imaginer d'autres manifestations abbatiales chaque début d'année avec des taxes payées en nature sous forme de simple buvette notamment pour les mariés tous deux natifs du lieu ou encore pour les protagonistes trop pauvres et exemptés d'un payement en argent. À la Voulte l'acte notarié rédigé en 1576 précise que l'abbé et les officiers de cette abbaye de Maugouvert doivent avoir « esgard aux facultés des mariés sellon leur pouvoir et faculté de leur bien dot et benefice ou faire telle grace que bon leur semblera[20] » . Dans le bourg de Saint-Nazaire en Royans en 1611, les droits de remariage des nommées Cordeil, Drogue et Virrepuis se montent à un barral de vin et le nommé Rivail paye trois livres et un barral de vin muscat pour son quatrième mariage[21]. Le juge Claude Noirot, dissertant sur les sanctions infligées aux maris, évoque la chevauchée sur l'âne du mois de mai. Il précise que l'amende infligée au mari est « aplicable a l'entretenement du palais des voisines & autres de la troupe ioyeuse [...] si bien que divers proces s'en sont feuz instruictz en ces petites buvettes villageoises [...][22] ».

À Romans, seconde ville de la province de Dauphiné, les curés fournissaient les listes des mariés de l'année pour qu'au moment du carnaval l'abbé vienne demander les droits à tous les nouveaux mariés[23].

---

20 Abbé Rouchier, « L'abbaye de Maugouvert », p. 29-32. Pour les remises prononcées à Besançon en 1470 et en 1480, voir M. Grinberg, « Charivaris au Moyen Âge et à la Renaissance, condamnation des mariages ou rites d'inversion du temps ? » in J. Le Goff et J.-C. Schmidt, *Le charivari*, p. 143.

21 A. Lacroix, *Arrondissement de Valence. À travers l'histoire du canton de Loriol et du Royans*, Valence, 1922, p. 89.

22 *L'origine des masque, mommerie, bernez, et revennez es iours gras de Caresmprenàt, menez sur l'asne a rebours & Charivary. Le iugement des anciens Peres & Philosophes sur le subiect des Masquarades, le tout extrait du livre de la mommerie de Claude Noirot Iuge en la mairie de Lengres, Lengres, par Iehan Chauvetet imprimeur et libraire iuré, 1609, in-8°, 148 p et ici p. 64.*

23 A.C de Romans (Drôme), GG 42 (1581-1614) n° 100, « S'ensuit le recueil des mariages célébrés en l'an 1598 commençant le premier janvier ». Archives départementales (A.D.)

Évidemment, cette police des mariages pouvait aussi déboucher sur une justice des maris offensés. Au XVIᵉ siècle, cette justice des maris battus était reconnue par tous. Nous pouvons ainsi trouver les traces d'une chevauchée sur l'âne de l'année 1579 consignée après les actes de naissance inscrits par le curé de la paroisse de Saint-Forgueux[24]. Dans tous ces cas, il pouvait se produire des refus de payer. Pour réaffirmer ses principes, l'abbaye, par les soins de ses officiers ou dignitaires, faisait homologuer par écrit les tarifs de ces droits par les conseils de la communauté villageoise et urbaine et si nécessaire par devant notaire[25]. Néanmoins, l'abbaye pouvait être confrontée à des particuliers récalcitrants et mauvais payeurs. Les resquilleurs refusant d'acquitter leurs taxes lors des tournées du carnaval, qui reste le temps par excellence des célébrations nuptiales et des quêtes abbatiales, étaient alors dénoncés par l'abbaye aux autorités municipales. Les abbés fournissaient la liste de ces réfractaires au conseil de la ville comme à Vienne en 1537 et en 1540[26].

PROCÉDURES ET TITULATURES PARODIQUES

Si la question s'envenimait, alors le contentieux pouvait être porté devant la justice supérieure des tribunaux du roi. En 1576, l'acte d'élection de l'abbé du lieu de la Voulte précisait « tous reffusans qui ne vouldront payer aulcune chose a ladite abaye les faire constraindre par devant tous magistrats et courts qu'il appartiendra les poursuivre par toutes rigueurs de justice jusques a sentence deffinitive[27] ». Ainsi, la justice du parlement de Grenoble en 1558 est saisie de l'appel de l'abbé de Vienne, soutenu par celui de Grenoble. Le procureur ou avocat du grand abbé de Dauphiné présente donc une requête au parlement afin d'être reçu comme intervenant

---

26, E 3797, « Mandat de 3 écus pour trois chapeaux donnés aux curés qui tiennent comptes des mariages (1594). Don de chapeau au cocuré (17 novembre 1590) » et « recueil des mariages célébrés dans l'église Saint-Barnard en l'année 1596 par moy, Michel Marin Grenier ».

24 A.D du Rhône, A.C. Saint Forgueux, GG 1 (1543-1552), rajout en dernière page de cette mention.

25 Abbé Rouchier, « L'abbaye de Maugouvert », 1866, p. 29-31.

26 A.C. de Vienne (Isère), BB 15, le 29 avril 1537, liste du 13 février 1537, 9 février 1540.

27 Abbé Rouchier, « L'abbaye de Maugouvert », p. 29-32.

dans ce procès. Il s'agissait concrètement de contrer un avocat remarié qui avait subi un charivari sans vouloir en acquitter le prix fixé à dix écus. L'abbaye de Vienne avait dépêché « l'huissier de l'abbaye » pour prendre en gage le cheval de l'avocat Béraud qui n'avait payé que quatre écus sur les dix écus que lui demandait l'abbaye de Vienne pour prix de ce charivari. L'abbé de Vienne nommé du Bois, secondé par celui de Grenoble, faisait donc appel au parlement provincial. Il s'agissait de réformer la décision obtenue par l'avocat Béraud auprès de la cour de justice de Vienne qui avait invalidé la saisie du cheval ordonnée par l'abbé viennois. Surtout, devant le parlement son procureur avait prétexté que Béraud était sujet de l'abbaye de la localité voisine de Sainte-Colombe, qui se trouvait sur l'autre rive du Rhône et donc en province du Lyonnais. Rien de tout cela ne lui fut concédé et les juges du parlement de Grenoble concluaient en renvoyant à la décision du grand abbé de Grenoble. Celui-ci avait fait remarquer que « la matière (de ce procès) est de son gibier et juridiction ordinaire […] comme appert par bons et légitimes privilèges octroyés et obtenus par les roys daulphins et vérifiés par la cour de céans[28] ». Faisant droit à cette demande les juges décidaient :

> Pour le regard de la matiere abbatiale, a renvoyé et renvoie les parties par devant le grand abbé de ce païs de Daulphiné pour y estre procédé comme de rayson et cependant par matiere de provision et sans prejudice des droicts des parties ordonne que ledict Béraud consignera entre les mains dudict du Boys abbé, la somme de dix escus distrait toutefois quatre escus deja payés et sans despans dommages et interests…

Force est de constater que pendant tout le XVIe siècle, les magistrats supervisaient et défendaient le bien-fondé des abbayes de Maugouvert et de leur justice.

Si l'abbaye était toujours dirigée par un abbé, parfois secondé par un lieutenant ou enseigne dans les villages, les abbayes des bourgs et des villes peuvent distribuer de nombreux titres. Nous pourrions juger hâtivement qu'ils étaient fantaisistes ou même satiriques, alors que bien souvent ils correspondent aussi à des fonctions réelles et sérieuses. À Tain-L'Hermitage en 1599, aux lendemains des troubles, l'assemblée de

---

28   A.D. de l'Isère, B 1025 fᵒ 181, arrêt du Parlement, affaire Beraud / André du Boys, abbé de Malgouvert de Vienne (15 février 1558) et copie par E. Pilot de Thorey déposée à la B.M.G., R 7906, nᵒ 14.

ce bourg se réunit en présence du lieutenant de la justice locale, pour permettre l'intervention du procureur fiscal de l'abbaye qui est aussi le fils du consul de ce bourg. Il explique que l'abbé a quitté la ville depuis dix-huit ans sans espoir de retour. Il précise plus largement les nécessités de ce rétablissement d'un abbé.

> ...à cette fin que tant d'abus qui sont commis audit lieu et qui accroissent de jour à autre, soient réprimés, et que la justice et police soient observées de point en point, l'on fasse une eslection d'abbé par devant lequel l'on promettra et jurera de luy obéir en tout et partout. Pour, après ladicte eslection faicte, celui qui sera abbé prestera le serment en tel cas requis, et suivant les statuts et ordonnances delphinales[29].

Dans ces assemblées urbaines et villageoises, tous pensent que cette justice et cette police joyeuses de l'abbaye sont totalement conformes aux règlements politiques et juridiques anciens sans que l'on puisse toujours retrouver ces textes. En 1558 à Vienne et au parlement de Grenoble, en 1599 à Tain dans le conseil de ville, tout comme en 1608 à Vienne ou en 1602 à Chambéry, les notables et les hommes de loi invoquent toujours ces anciens statuts. Dans cette dernière ville, ces statuts sont ceux donnés à l'abbaye de la ville à la fin du XVe siècle par le duc de Savoie[30].

À Tain pour l'élection du nouvel abbé de 1599, nous possédons une liste complète des dignitaires de l'abbaye. Celle-ci comprend une quarantaine de titulaires. Avec l'abbé et son vicaire général, qui est dans la vie courante le lieutenant de justice de la ville, il y a un grand prieur, un sacristain, un receveur et trésorier général ainsi qu'un contrôleur. Ce comité directeur de six personnes tient les comptes de l'abbaye. Il est renforcé par le personnel judiciaire de l'abbaye qui comprend une douzaine de personnes : un juge, son lieutenant, un procureur fiscal, un secrétaire, un procureur général, un corrier, le substitut du corrier, les conseillers et le chancelier[31]. Le troisième groupe des dignités abbatiales comprend un doyen, un diacre, un archidiacre, un maître de chœur,

---

29 A.C. de Tain-l'Hermitage (Drôme), BB 1 (1553-1614), pièce n° 16, assemblée de ville du samedi 12 février 1599, citation d'après la version publiée par monseigneur Bellet, *Bulletin de la société d'archéologie et de statistique de la Drôme*, 1866, p. 337-339.

30 A.C. de Chambéry (Savoie), BB 29 (1602-1616), f° 10 r° et v°, délibération «pour l'élection de l'Abbé de la ville».

31 En région lyonnaise, le corrier est le magistrat chargé de s'occuper de la justice et des affaires temporelles d'un évêque ou d'un archevêque. Voir le site du CRNTL.

un prévôt général, un lieutenant de prieur, un secrétaire de prieur, un grand aumônier, un médecin. Il existe encore quatorze archers venant devant tous les moines qui sont l'ensemble des habitants mariés et tous les novices constitués par les célibataires de ce bourg.

Nous avons vu comment cette police du fait conjugal avait conduit en 1558 l'abbé de Vienne à faire saisir par « l'huissier de l'abbaye » le cheval d'un mauvais payeur. L'abbaye pouvait faire saisir des biens en gage du payement réclamé pour les droits de mariage/remariage ou encore pour les promesses de don non tenues. Pour le village de Saint-Jean-en-Royans en 1587, nous disposons d'un acte notarié passé entre des membres de l'abbaye locale[32]. Ceux-ci se promettent devant notaire et par acte écrit de financer les musiciens qui feront danser « les chevaliers de l'abbaye » à l'occasion du retour de la paix. Le preneur et payeur des festivités s'engage « à payne de tous despans » et jure sur les livres saints. Le texte initial prévoit qu'en cas de non-paiement, l'affaire soit portée devant la justice royale du bailliage de Saint-Marcellin et de la justice locale de Saint-Nazaire en Royans. Mais le notaire biffe la formule et la remplace par une phrase expliquant qu'en l'absence de payement le donateur pourrait subir « la prise de corps » par l'abbaye avec la précision : « mesme sa personne aux prisons de ladite abbaye ». Ces arrestations et ces prisons locales improvisées attestent la capacité des villageois à organiser la police et la justice de proximité en attendant l'éventuelle résolution du contentieux par les autorités supérieures[33].

Avant son crépuscule, l'abbaye de Maugouvert possédait officielle-ment sa juridiction, marquée par des symboles encore connus de tous. L'ensemble de la communauté se trouvait placée sous le pouvoir de l'abbaye symbolisé notamment par la crosse peinte ou gravée en certains emplacements de la ville, comme au carrefour de Tortorel à Romans[34]. Le plus grand nombre se soumettait à cette juridiction abbatiale, à son personnel, à ses jugements et à ses sanctions.

---

32 A.D de la Drôme, 2 E 276, registre du notaire Terrot, f° 365, « acte de promesse et sub-mission » (30 janvier 1587).

33 Des prisons abbatiales « pour rire » mais dans lesquelles peuvent se trouver placés les mauvais plaisants. Voir, N. Schindler, « Les gardiens du désordre. Rites culturels de la jeunesse à l'aube des Temps modernes », *Histoire des jeunes en Occident*, G. Levi et J.-C. Schmidt, t. 1 de l'Antiquité à l'époque moderne, Paris, Seuil, 379 p., ici p. 300.

34 À Romans (Drôme) la rue baptisée « Mathieu de la Drôme » était anciennement nommée la « rue de l'abbaye ». Voir abbé Rouchier, « L'abbaye de Maugouvert », p. 24-25.

LA DISPARITION DE MAUGOUVERT
ET LA SURVIE DES PARODIES JUDICIAIRES

La fin du XVIᵉ siècle et les lendemains des troubles voient la réactivation plus ou moins efficace de certaines de ces abbayes de Maugouvert. Très vite se met aussi en place une première vague de disparition complète ou partielle touchant un grand nombre de villes dès les années 1600-1630. Dans cette première décennie du Grand siècle à Lyon, le poète Jean Garon écrit sur la disparition de Maugouvert[35]. « Des anciens esbat la joie est abolie ; / on n'entend plus parler de la grande Abbaye / dite de Malgouvert, le monde n'est plus fol / ». En Dauphiné, les statuts rédigés en 1608-1609 à Vienne constituent le chant du cygne de l'abbaye viennoise si active au siècle précédent. L'abbaye romanaise tente de survivre en maintenant une partie de ses activités dans les deux premières décennies du XVIIᵉ siècle. Comme à Vienne en 1608-1609, à Romans entre 1606 et 1617 ou à Grenoble dans la décennie 1640, nous voyons ces abbayes tenter un aggiornamento entre leurs vieilles pratiques et les directives nouvelles de la Contre-Réforme et de l'État royal. Il s'agit par exemple, pour les abbés, de proposer plus ou moins spontanément de reverser tout ou partie des taxes sur les mariés et les remariés au profit d'œuvres pieuses et non plus de les affecter au financement des banquets et des bals du carnaval. Ces droits sur les mariés ou les remariés pourraient ainsi devenir facultatifs. Dans les modalités pratiques de l'application de l'Edit de Nantes, les représentants de la minorité protestante demandent l'exemption de ces pratiques abbatiales pour leurs coreligionnaires[36]. Les habits et les insignes de Maugouvert disparaissent à la demande du clergé catholique qui juge immoral l'usage de ces ornements abbatiaux. Ils peuvent dorénavant être clairement dénoncés comme une imitation négative des vêtements et des enseignes ecclésiastiques. Le biographe de l'abbé de Saint-Antoine dénonçait l'abbaye de Maugouvert de Romans en ces termes :

---

35 *Notice sur Louis Garon et la fête du cheval fol, suivie des stances…par Louis Garon*, Lyon, Boitel, 1837, p. 23 (BM Lyon 354 712). Voir J. Tricou, « Les confréries joyeuses de Lyon au XVIᵉ siècle et leur numismatique », *Revue de Numismatique*, 1937, p. 293-317.

36 E. Rabut, *Le Roi, l'Eglise et le temple, l'exécution de l'Edit de Nantes en Dauphiné*, Grenoble, La pensée sauvage, 1987, p. 87, 121, 113, 163, 170, 204.

une société abominable, dans laquelle non seulement la plus part de la ieu-
nesse, mais aussi les hommes mariez s'enroloient. Cette assemblée portoit le
nom de l'Abbaye de Maugouvert, dont le Principal ou Supérieur prenoit par
dérision, le nom d'Abbé, il estoit revestu d'ornemens Pontificaux, et portoit
une Crosse, et tous les Confraires avoient des habits qui n'estoient pas moins
injurieux à la Religion Catholique [...] au quatriesme mois de son seiour en la
ville de Romans tous les Confraires de cette pretendue Confrairie, luy vindrent
apporter leur Crosse, leurs Habis, leurs Reglemens, & furent conduicts par
luy à leur Archevesque & legitime Pasteur, qui les fist brusler[37].

Dans ce contexte nouveau, voyons ce que deviennent les fonctions
parodiques, longtemps connotées positivement, de police et de justice
de l'abbaye de Maugouvert.

Après les troubles des guerres de religion, les justices royales abandonnent leur longue entente avec les juridictions abbatiales. Le juriste
Antoine Favre écrit à ce sujet « l'ancienneté de ces coutumes n'emporte
pas qu'elles soient éternelles surtout si elles blessent la piété et les bonnes
mœurs[38] ». Vers 1630 en Dauphiné et Lyonnais nous voyons les tenants
de la police et justice de Maugouvert en mauvaise posture face à leurs
détracteurs. Les affaires judiciaires se multiplient entre les partisans de
ces pratiques abbatiales et les particuliers qui veulent s'affranchir des
taxes sur les mariés ou des sanctions aux maris battus. Les documents
judiciaires des premières années du XVIIᵉ siècle signalent le basculement
vers un nouvel état d'esprit. Dans le bourg lyonnais de Thizy, le juge
local explique aux derniers nostalgiques que le titre de capitaine des
enfants de l'abbaye de Malgouvert est interdit par un arrêt du parlement
de Paris[39]. En 1640, un groupe villageois est condamné en première
instance pour avoir organisé une « paillade ». La « paillade » consiste à
répandre de la paille sur les chemins proches de la maison d'un couple
dont la femme était soupçonnée d'avoir battu son mari. Le bien-fondé

37   Jean de Loyac, *Le bon prélat, ou discours de la vie & de la mort de Reverend Père en Dieu Messire Antoine de Tolosany, Abbé & Supérieur General de l'Ordre de Sainct Antoine de Viennois...*, Paris, chez Antoine Bertier, M.DC.XLV (1645), 385 p et ici p. 35-36. L'abbé de Saint Antoine a prêché à Romans dès 1596 et encore en 1606 en demandant alors aux consuls de Romans de « faire cesser les débauches, bransles, mascarades et autres actes publics sous le nom de l'abbaye de Malgouvert comme scandalleux et de maulvais exemple », A.C. de Romans, BB 22, 11 décembre 1606.
38   A. Favre (1557-1624), *Codex Fabrianus...*, Lyon, 1606, dernière édition Turin 1829, p. 67, article « de societatibus quas Abbatias vocant ».
39   A.D. du Rhône, 4 B 240 (année 1628).

de cette variante de la chevauchée sur l'âne est plaidé par leur avocat en appel devant le présidial de Valence. Il défend cette pratique en écrivant que tout cela s'est fait sans violence et sans injure « par forme de passe-temps pendant le carnaval dans les formes et coutumes de tous temps pratiquées en ce lieu comme dans d'autres et preuvé par toutes sorte de sociétés civiles. Lesdits appelant n'ayant en cella rien faict de nouveau ny d'extraordinaire[40] ». Le grand changement en quelques décennies, c'est que la justice et la police de Maugouvert ne sont plus acceptées par les tribunaux du roi qui prennent alors la défense des individus récalcitrants.

Pourtant, ce n'est pas la fin de la police des mariages, des charivaris et des chevauchées sur l'âne. Tout cela survivra, plus ou moins clandestinement, jusque tard. La dernière chevauchée sur l'âne en Dauphiné est signalée en 1937 à Dolomieu. Les habitants de ce village ont rapporté à l'enquêteur que cette chevauchée portait le nom de « la baï[41] ». À la fin du XVIIIe siècle, la police des mœurs hors du cadre familial ou religieux ne pouvait être assumée en dernier ressort que par la seule justice royale. Cette dernière se montrait soucieuse de la tranquillité publique. Mais, pour ne prendre qu'un seul exemple de survie des sanctions abbatiales, il faut constater que la lutte contre les chevauchées sur l'âne pour les maris battus était compliquée. Nous connaissons le cas d'une chevauchée sur l'âne à Livron en 1771[42]. Dans ce bourg, une chevauchée violente se déroule avec un mari doublement battu, vraisemblablement d'abord par sa femme puis par ceux qui l'ont attaché sur l'âne[43]. Ce modeste travailleur, Jean-Louis Richard, obtient le soutien du ministère public en la personne du procureur juridictionnel qui dépose plainte contre les organisateurs de la chevauchée. Ces responsables avaient demandé l'autorisation du consul de Livron. Un homme d'expérience avait en vain expliqué aux organisateurs qu'ils se mettaient dans un mauvais cas s'ils ne pouvaient obtenir l'autorisation des officiers de la communauté. Le consul leur permit « sous conditions qu'ils ne faisoient ni mal ni insulte audit Richard et que s'il leur fit un procès, ils le payeraient ». Après quoi,

---

40 A.D. de la Drôme, B 41, présidial de Valence, n° 79, 34 f° (année 1640). J.-P. Bernard, « La sanction coutumière des maris battus : deux 'paillades' sous l'Ancien Régime en Ardèche et dans la Drôme », *Le Monde alpin et rhodanien*, 1-2, 1978, p. 147-159.

41 C. Talon, « Notes de Folklore extraites de documents des 16ᵉ, 17ᵉ, et 18ᵉ siècles » (Rhône, Ain, Isère), *Evocations*, 1975, p. 99.

42 J.-P. Bernard, « La sanction coutumière des maris battus... », p. 147-159.

43 A.D. de la Drôme, B 599, n° 89-92, plainte et information judiciaires (décembre 1771).

les participants font chauffer le vin, placent des cocardes à leurs chapeaux et battent la caisse pour assembler la population. Jean-Louis Richard tente de s'échapper après avoir perdu connaissance, il est heureusement délivré de la « populace » par le châtelain. En 1784 à Chatonnay, deux chevauchées sur l'âne pour des maris battus par leurs femmes sont organisées plus pacifiquement par les villageois dirigés par le secrétaire de la communauté. Mais à son tour, ce dernier profite d'une chevauchée. Il goûte assez peu la chose et porte plainte devant la justice de Vienne qui condamne les organisateurs à vingt-quatre livres d'aumône pour les pauvres mais à plus de 350 livres de frais de procès. Ces derniers vont en appel au parlement de Grenoble avec l'avocat Barnave qui fait imprimer un factum ou mémoire de défense[44]. Il précise que « s'il étoit possible qu'ils fussent coupables, ce soit parce qu'ils sont mariés, qu'ils habitent et qu'ils y sont soumis aux bonnes comme aux mauvaises coutumes du lieu[45] ». Aucune référence ici à la lointaine abbaye de Maugouvert. L'invocation des coutumes et des usages a remplacé le souvenir des statuts des abbayes et des reconnaissances anciennes de leur pouvoir de police et de justice. Mais ces chevauchées du village de Châtonnay recouraient aux jugements d'un bailliage fantaisiste de Châtonnay. « Dès l'instant qu'il étoit connu qu'une femme avoit porté des mains impies sur son mari, on le plaignoit, on faisoit contre lui un jugement portant en substance : le prévôt soussigné du bailliage de Châtonnay, somme le mari battu par sa femme, de comparoir aujourd'hui, pour voir exécuter le jugement porté contre lui ». Cette affaire en appel au parlement de Grenoble est jugée le 18 février 1786. Le parlement met hors de cours et de procès les organisateurs de la chevauchée sur l'âne organisée contre le secrétaire greffier de Châtonnay. Dans ce laps de temps, en 1785, le procureur général du parlement de Dauphiné décrit à son subalterne à Romans la marche à suivre pour empêcher les chevauchées.

> Je suis informé, monsieur, qu'on se propose de faire un attroupement dimanche prochain dans votre ville à l'occasion d'une prétendue querelle entre les mariés Monier, aubergistes. L'un des voisins des Monier se propose de monter sur un âne et de courir ainsi la ville suivis de la multitude. Les attroupements sont non seulement contraires au bon ordre mais encore tendent le plus souvent

---

44   B.M. de Grenoble, O/9841, factum judiciaire, Parlement de Grenoble (1785), « *Pour les sieurs Pichat, Roussillon, Chapotat et autres contre le sieur mottet. Borel et Guedy* (avocats) ».
45   B.M. de Grenoble., O/9841, p. 1.

à mettre la désunion dans les ménages. En conséquence, vous voudrez bien prendre toutes les précautions nécessaires pour empêcher que le scandale ait lieu[46].

Mais en janvier 1786 une nouvelle chevauchée contre un mari prétendument battu défrayait la chronique villageoise de Veurey. Elle donnait lieu à un procès au parlement de Grenoble avec la production de plusieurs mémoires judiciaires contradictoires qui étaient ainsi répandus dans le public[47]. L'avocat rédigeant un des factums de cette affaire mentionnait l'affaire de Châtonnay et citait aussi le récit de la chevauchée lyonnaise de 1566.

Bien longtemps après la disparation de l'abbaye de Maugouvert, les populations restaient intéressées par ces rituels entourant mariage, remariage et mari battu. Généralement, les responsables de l'ordre collectif dans les villages et les villes ne suivaient pas les interdictions contre le charivari, les quêtes sur les mariés et les promenades sur l'âne[48]. Il faut une situation extraordinaire ou de grands débordements pour engager des poursuites judiciaires, et notamment que ces pratiques soient mises au service de manifestations séditieuses. Derrière les interdictions générales du charivari et des quêtes sur les mariés qui s'étaient multipliées aux XVIIe et XVIIIe siècles, la justice royale des Lumières ne condamnait qu'à des amendes. Et encore fallait-il le plus souvent trouver des circonstances aggravantes comme les vols, les violences caractérisées ou encore une situation critique sur le plan social ou politique. Il serait à mon sens abusif de penser que les élites judiciaires des Lumières rejetaient absolument ces pratiques et notamment la chevauchée sur l'âne. Il est bien possible que la justice officielle et la justice officieuse et parodique aient maintenu une certaine connivence autour de ces sanctions anciennement dévolues à l'abbaye.

---

46   B.M. de Grenoble, Q 4 tome 5, f° 133, copie de la lettre du procureur général du Parlement monsieur Duport-Roux, procureur du Roi à Romans (15 septembre 1785). Les interdictions répétées sont d'autant moins efficaces. Voir A.D. de la Drôme, B 1782 (1730-1739), requête du procureur du roi de Romans au juge de cette ville pour obtenir défense « à toute personne de faire aucun charivari ».

47   René Favier, « La cérémonie de l'âne en question à la fin du XVIIIe siècle Veurey-en-Dauphiné, janvier 1786 », *Histoire, économie & société*, 4, 2015, p. 27-40.

48   Cela est encore vrai pour certains charivaris du XIXe siècle où maires et gendarmes laissent faire. Voir E. Weber, *La fin des terroirs, La modernisation de la France rurale, 1870-1914*, Paris, Fayard, 1983, 846 p. et ici p. 575.

Car, bien que paradoxalement très ancienne et pas exclusivement réservée aux maris battus, cette forme de sanction restait en usage au siècle des Lumières pour toutes sortes de manquements à la morale du temps[49]. En 1771, le parlement de Grenoble condamnait une maquerelle à une promenade sur l'âne[50]. Marie Ferrière monte la tête tournée vers la queue de cet animal avec un écriteau autour du cou, précisant qu'elle est maquerelle publique. Elle fait le tour de la ville ou du quartier et elle est ainsi signalée à tous pour avoir débauché une jeune fille venue de Lyon. Cette décision grenobloise ne doit pas nécessairement être comprise comme un héritage explicite de Maugouvert ou encore comme une curiosité judiciaire. En effet un des principaux traités de jurisprudence publié en 1780 et largement utilisé par les hommes de loi de cette France des Lumières proposait cette sanction dans le cas du maquerellage. Muyard de Vouglans disait que cet usage de la promenade par les rues était réservé aux bigames et polygames et seules les maquerelles devaient être menées à rebours sur l'âne[51]. L'auteur précisait que ce délit ne méritait pas une instruction criminelle mais seulement une enquête de voisinage menée par le lieutenant de police. Celui-ci n'existe vraiment au XVIIIe siècle que dans les villes d'importance. Dans les contrées savoyardes voisines du Dauphiné, la législation renouvelée au XVIIIe siècle ordonnait de faire monter le parjure et le faux témoin à rebours sur l'âne. Ainsi monté et une mitre sur la tête, il devait traverser la ville avec une rame sur l'épaule. Tout cela signifiait à tous l'infamie du comportement qui nécessitait donc de faire des excuses publiques et de partir dix ans aux galères ou au bagne[52]. Cela fut au moins appliqué

---

49 *Félix et Thomas Platter à Montpellier, 1552-1559, 1595-1599. Notes de voyage de deux étudiants bâlois publiées d'après les manuscrits originaux appartenant à la bibliothèque de l'Université de Bâle*, Montpellier, Coulet, 1892, 505 p. et p. 195, les chevauchées sur l'âne organisées à l'université de Montpellier pour les faux médecins.

50 A.D. de l'Isère, B 2206, 15 janvier 1770, arrêt du Parlement de Grenoble. Cet arrêt est publié par R. Fonvielle, *Le Monde alpin et rhodanien. Revue régionale d'ethnologie*, 1980. Il est encore signalé par M.-F. Brun-Jansen, « Criminalité et répression pénale au siècle des Lumières. L'exemple du Parlement de Grenoble », *Revue historique du droit français et étranger*, 1998, p. 343-369.

51 P.-F. Muyart de Vouglans, *Les lois criminelles de France dans leur ordre naturel...*, Paris, 1780, 883 p et ici p. 66. Du même auteur les *Institutes ou droit criminel...*, Paris, Lebreton, 1757, 726 p et ici p. 496.

52 *Lois et constitutions de sa majesté*, tome second, Turin, 1729, 505 p et ici p. 224, livre 4, titre 34, chapitre XI : Des faussetés. Chapitre inchangé dans le code de lois édité en 1770 sous le même titre, tome second, 574 p et ici p. 253.

à quatre reprises entre 1755 et 1785[53]. À la fin du XIXᵉ siècle, un lexicographe savoyard signale l'expression populaire « montâ le borrique » pour qualifier la chevauchée sur l'âne des maris battus encore en usage dans le canton d'Albertville[54]. Les pratiques judiciaires sérieuses des tribunaux des princes et les sanctions pour rire du peuple se répondent encore longtemps après la disparition de Maugouvert.

Finalement cette police et cette justice des mariés forment une justice parodique qui complète joyeusement la justice officielle. Cette justice de l'abbaye n'existe qu'en relation avec la justice sérieuse qui la reconnait et la soutient au XVIᵉ siècle. Il est bien possible qu'elle préexiste et qu'elle soit captée lors de la mise en place de l'abbaye de Maugouvert en un temps qui reste à préciser. Il semble indéniable que cette sanction survive à l'abbaye pendant presque deux ou trois siècles[55]. La justice parodique de l'abbaye ne serait alors qu'un moment de l'existence de ce que les folkloristes et les juristes appellent, faute de mieux, les justices populaires[56]. Avec la survie de la sanction de la promenade sur l'âne, la justice officielle conserve une des pièces maîtresses de cette justice parodique de l'abbaye de Maugouvert. Cela peut certainement s'expliquer par la longue efficacité de ce mode parodique pour agir plus efficacement dans la sphère de l'honneur. Jean Millet, poète francoprovençal et secrétaire de la grande abbaye, précisait que les officiers de l'abbaye « sçavon mainteni l'honou de la perrochi » et il rappelait qu'il « vau mieu un po d'honou que d'estre montracu[57] ». Nous ne pouvons que constater la grande complémentarité de cette justice parodique du voisinage et des justices supérieures émanant du roi. La première avait l'avantage d'être totalement efficace dans cette question de la surveillance

---

53 A.D. de la Savoie, 2 B 12116 (année 1755), 2 B 10237 (1767), 2 B 10322 (1779), 2 B 10032 (1785). Merci à Samy Mechatte qui a repéré et scanné ces procédures ensuite étudiées en cours de paléographie moderne.

54 F. Brachet, *Dictionnaire du patois savoyard tel qu'il est parlé dans le canton d'Albertville [...] suivi d'une collection de proverbes et maximes usités dans le pays*, Albertville, Hodoyer, 1883, 217 p., ici p. 62-63. L'auteur décrit cela comme une cérémonie burlesque avec un enfant remplaçant le mari battu et les garçons du village comme organisateurs.

55 Sur la longue durée du charivari dans le sud-ouest de la France voir C. Desplat, *Charivaris en Gascogne. La morale des peuples du XVIᵉ au XXᵉ siècle*, Pau, Cairn, 2007, 334 p.

56 *Justice populaire*, actes des journées de la société d'histoire du droit (25-28 mai 1989), Villeneuve d'Asq, Ester, 1992, 209 p. Sur un essai de catégorisation des formes de la justice sous l'Ancien Régime, voir B. Garnot, « Justice, infrajustice, parajustice et extrajustice dans la France d'Ancien Régime », *Crime, histoire & Sociétés*, 4, 1, 2000, p. 103-120.

57 J. Millet, *La vénérable abbaye de Bongouvert...*, p. 9 et 13.

quotidienne de l'honneur conjugal alors que la police ecclésiastique et celle du roi restaient souvent impuissantes à contrôler tous les aspects de la vie des couples. Si cette modalité joyeuse du vivre ensemble est officiellement lentement refoulée à partir du XVIIe siècle, les codes et les rituels demeurent longtemps vivaces.

Jean-Yves CHAMPELEY
Université de Savoie Mont-Blanc
– LLSETI

LE THÉÂTRE À L'ENVERS DE MAUGOUVERT

Impuissance masculine
et chevauchée de l'âne au XVIᵉ siècle

> Le désir qu'elle avait eu de lui, tout
> à l'heure, quand elle chantait, lui revint
> à l'esprit.
> – Tu veux que je te suce ?
> – C'est de vivre… il dit faiblement,
> comme s'il avait poursuivi une réflexion.
> Vivre fatigue. Tu ne crois pas ?
> Jean-Claude IZZO, *Vivre fatigue*, 1998.

COMPAGNONS DU CHARIVARI
ET BANDES DE MAUGOUVERTS

Le rite punitif de la promenade sur l'âne est une peine infamante très ancienne qui remonte à la Grèce antique, où elle sanctionnait les adultères[1]. Dans l'Europe renaissante et moderne, cette forme spectaculaire d'humiliation publique relève à la fois de l'arsenal punitif officiel du droit pénal et des modalités coutumières de la justice populaire. Dans son *Traité des différentes espèces de crimes, et de leurs peines*, qui complète, en 1757, ses *Institutes au droit criminel*, Muyart de Vouglans note, à propos du crime de « maquerellage », que la loi condamne « la maquerelle à être promenée sur un âne par les carrefours de la ville, le visage tourné vers la queue, avec un chapeau de paille sur la tête, et des écriteaux devant et derrière portant ces mots, MAQUERELLE PUBLIQUE, et ensuite

---

1 Voir P. Schmitt-Pantel, « L'âne, l'adultère et la cité », dans J. Le Goff et J.-C. Schmitt (dir.), *Le Charivari*, Paris, EHESS et Mouton, 1981, p. 117-122.

à être fouettée, marquée et bannie pour un temps[2] ». De son côté, la justice collective coutumière recourt à cette même peine corporelle pour sanctionner un crime d'une tout autre nature, lequel n'entre pas dans le champ d'application de la loi civile : les violences domestiques. Dans son *Dictionnaire de jurisprudence et des arrêts* (1784), Prost de Royer indique que « [c]ette coutume de promener sur un âne, et le mari qui avait battu sa femme, et le mari qui s'était laissé battre par sa femme, est fort ancienne, et en France, et dans les autres contrées de l'Europe[3] ». Cette forme de punition rituelle était également appliquée aux infidélités conjugales, comme le signale Jean-François Fournel dans son *Traité de l'adultère, considéré dans l'ordre judiciaire* (1778). Avocat au parlement de Paris, l'auteur envisage son objet du point de vue du droit positif, lequel pénalisait, dans la France d'Ancien Régime (et jusqu'au XIXe siècle), la seule infidélité féminine. Le juriste ne manifeste qu'incompréhension à l'égard de la coutume qui sanctionne la victime de l'adultère – le mari trompé – au lieu de l'épouse infidèle ; il est choqué par cet « usage » « de promener sur un âne, le visage tourné vers la queue, le mari qui accusait sa femme d'adultère[4] ». Au rebours du droit pénal, qui s'efforce de régler les conduites sociales en codifiant les infractions et les sanctions, la justice coutumière apparaît comme une justice à l'envers, punissant paradoxalement les victimes en redoublant leur peine.

Souvent tolérée par les autorités, la sanction coutumière pouvait aussi bien faire l'objet de poursuites judiciaires pour *action d'injures* (c'est-à-dire voies de fait) et *assemblée illicite* avec troubles à l'ordre public, suite à un dépôt de plainte de la part de la victime : les arrêts de cour de justice ou les ordonnances de police signalent la vitalité de la coutume tout autant que l'interdit qui la frappe[5]. Suivant les auteurs, la chevauchée

---

2   P.-F. Muyart de Vouglans, *Traité des différentes espèces de crimes, et de leurs peines, suivant les principes du droit civil, canonique et de la jurisprudence du Royaume*, titre III, ch. 6, dans *Institutes au droit criminel ou Principes généraux sur ces matières*, Paris, Le Breton, 1757, p. 496.

3   A.-F. Prost de Royer, *Dictionnaire de jurisprudence et des arrêts, ou Nouvelle édition du Dictionnaire de Brillon, connu sous le titre de « Dictionnaire des arrêts et jurisprudence universelle des parlements de France et autres tribunaux »*, t. 4, Lyon, A. de La Roche, 1784, art. « Âne », section 5 : « Maris sur l'âne », p. 785.

4   J.-F. Fournel, *Traité de l'adultère, considéré dans l'ordre judiciaire*, Paris, J.-F. Bastien, 1778, p. 360-361.

5   Voir F. Serpillon, *Code criminel, ou Commentaire sur l'Ordonnance de 1670*, Lyon, Frères Périsse, 1767, t. 4, n. 19 : « Défenses de conduire un âne lorsqu'un mari a battu sa femme », p. 1477 ; C. Desplat, *Charivaris en Gascogne. La « morale des peuples » du XVIe au XXe siècle*, Paris, Berger-Levrault, 1982, Ire partie, chap. 4 : « Une sanction spectaculaire et

de l'âne est tantôt présentée comme une forme particulière de la coutume du charivari, tantôt comme un rite distinct. En réalité, par les objets communs qu'ils se donnent, par certaines modalités rituelles qu'ils partagent, par les enjeux anthropologiques identiques qui sont les leurs, charivaris et chevauchées de l'âne offrent un même visage : la violence rituelle est l'instrument d'un contrôle social qui s'exerce sur « les alliances matrimoniales et la vie sexuelle de la communauté[6] ». Secondes noces ou mariages exogames, unions mal assorties sur le plan de l'âge ou des conditions, infidélités conjugales ou violences domestiques, grossesses illégitimes ou infertilité des couples, ces objets pluriels de la censure donnent lieu à diverses modalités punitives : concert discordant, jonchée infamante, chevauchée de l'âne, exhibition en charrette, sur une poutre ou sur une claie, projection en l'air des victimes, jets de projectiles contre leur maison, etc. Ces différentes formes rituelles ont en commun une visée judiciaire ; elles recourent toutes à des procédés identiques de censure et de satire : conduites de bruit et instruments dissonants, moqueries et huées (que ces procédés soient au centre du rite ou à sa périphérie). Souvent, cette justice communautaire était prise en charge par des compagnies joyeuses et des abbayes burlesques, comme les Cornards à Rouen ou à Caen, l'Infanterie de la Mère Folle à Dijon, les Abbayes de Maugouvert à Mâcon, Lyon ou Vienne. « Les abbayes exerçaient une justice populaire locale (de village ou de quartier), dans des domaines que la loi parfois ne couvrait pas, et en d'autres aussi pour lesquels elle avait depuis longtemps évolué[7] ».

Les abbayes parodiques du « mauvais gouvernement » (*Maugouvert, Malgouvert, Malgouverne*, etc.) ont essaimé du XVe au XVIIe siècle, essentiellement dans le sud de la France, du Poitou au Béarn et du Mâconnais au Languedoc[8]. Forgé à l'aide de l'adjectif *mal/mau* (« mauvais »), selon un

---

violente : l'azouade », p. 76-95. Dans sa contribution au présent numéro, J.-Y. Champeley étudie l'attitude ambivalente des autorités à l'égard des Abbayes de Maugouvert et la criminalisation progressive de ces dernières au XVIIe siècle.

6   M. Grinberg, « Carnaval et société urbaine, XIVe-XVIe siècles : le royaume dans la ville », *Ethnologie française*, IV/3, 1974, p. 215-244, citation p. 216.

7   N. Zemon Davis, « La règle à l'envers » (« The Reasons of Misrules : Youth Groups and Charivaris in Sixteenth-Century France », 1971), dans Zemon Davis, *Les Cultures du peuple. Rituels, savoirs et résistances au XVIe siècle*, Paris, Aubier Montaigne, 1979, ch. 4, p. 159-209, citation p. 164, n. 18.

8   Voir N. Pellegrin, *Les Bachelleries. Organisations et fêtes de la jeunesse dans le Centre-Ouest, XVe-XVIIIe siècles*, Poitiers, Société des antiquaires de l'Ouest, 1982 ; Jean-Yves Champeley,

procédé de composition lexicale très productif dans l'ancienne langue, le
terme qui désigne ces abbayes joyeuses est attesté dans *Pantagruel* (1542),
où est mentionné « le maulgouvert de Louzefougerouse [c'est-à-dire :
Loge-Fougereuse, en Vendée][9] ». À en croire Jacob Le Duchat, qui procure
une édition annotée de Rabelais au XVIIIᵉ siècle, « *Malgouvert* signifie
un homme qui se conduit mal, un dissipateur[10] ». Cet emploi comme
substantif de *maugouvert* au sens d'« homme sans conduite » est attesté
dans la réédition augmentée du *Dictionnaire étymologique* de Ménage en
1750, qui renvoie à Le Duchat[11]. Le *Dictionnaire* indique également, à
l'article « Maugouverne », que l'expression *jouer à l'Abbé de Maugouverne*
désigne un « jeu d'enfants où l'on se dépouille de tous ses habits jusqu'à
en jeter par terre toutes les pièces l'une après l'autre, comme apparemment
faisait certain Abbé, surnommé de *Maugouverne*, parce qu'il dissipait
les biens de son Abbaye »… à l'image des « enfans de Mau-Gouverne »
qui « [o]nt mengé tous leurs revenus » à la « taverne[12] » ! En somme,
comme le suggère Mistral dans son *Tresor dóu Felibrige* (1886), l'*abadiè de
Mau-Gouvèr* est constituée d'une *bando de mau-gouvèr*, c'est-à-dire d'une
« bande de jeunes gens de mauvaise conduite » ou qui se plaisent à se
désigner tels, du moins dans la titulature parodique qu'ils se donnent[13].

La para-justice rituelle des Abbayes de Maugouvert s'exerce au nom
d'un contre-pouvoir festif et facétieux ; elle suit des modalités de réalisation burlesques et spectaculaires qui empruntent au carnaval ses images
et ses symboles. Aussi, était-ce pendant le temps long du carnaval, des
Rois au Carême, que les charivaris avaient généralement lieu. Du reste,
les compagnies joyeuses qui exerçaient ce contrôle social du fait conjugal
étaient souvent les mêmes qui organisaient les festivités des jours gras.

Organisations et groupes de jeunesse dans les communautés d'entre Rhône et Alpes (XVIᵉ-XVIIᵉ-
     XVIIIᵉ *siècles*), thèse de doctorat, Université Lumière – Lyon 2, 2010.

9   F. Rabelais, *Pantagruel* (1542), éd. G. Demerson, Paris, Seuil, 1973, ch. 12, p. 266.

10   *Œuvres de Maître François Rabelais*, éd. J. Le Duchat, Amsterdam, J. F. Bernard, 1741,
     t. 1, p. 268, n. 40.

11   G. Ménage, *Dictionnaire étymologique de la langue françoise* (1650), éd. A.-F. Jault, Paris,
     Briasson, 1750, t. 2, p. 190, art. « Maugouvert » : « Un homme sans conduite. À Metz,
     où ce mot se dit dans cette signification, le peuple prononce *maugouverne* ».

12   *Le Plaisant quaquet et resjuyssance des femmes pour ce que leurs maris n'yvrongnent plus en la
     taverne* (1566), dans *Recueil de poésies françaises des XVᵉ et XVIᵉ siècles*, éd. A. de Montaiglon,
     t. 6, Paris, Jannet, 1857, p. 186.

13   F. Mistral, *Lou Tresor dóu Felibrige ou Dictionnaire provençal-français*, Aix-en-Provence, Vᵛᵉ
     Remondet-Aubin, t. 2, 1886, p. 302, art. « Mau-gouvèr, mal-goubèr » : « Mauvais gou-
     vernement, mauvaise administration, mauvais régime, mauvaise économie, inconduite ».

Ainsi à Bruges, au nord de Bordeaux, où le corps de ville accordaient de petites sommes aux compagnie pour l'organisation des mascarades : à « Labadie de Mau Gouber » en février 1630, aux « compagnous qui haben feyt la mascarade » en 1645, ou à « la Compagnie de la Mascarade de Mardy Gras » en 1647[14]. Il est ainsi fort probable que les « Compaignons du Charevari », mentionnés en 1402 dans les archives municipales de Mâcon, soient à l'origine de l'Abbaye de Maugouvert qui apparut dans la ville au cours du XVe siècle[15].

TOUT VA À REBOURS

À la fin du XVIIIe siècle, l'abbé Guillon signale que la coutume de « la *chevauchée de l'âne* tombe en désuétude » à Lyon : « Le mari bénin, qui souffrait pacifiquement les outrages que sa femme lui faisait, était promené dans la ville, monté à rebours sur un âne, dont on l'obligeait de tenir la queue. Les officiers de police autorisaient cet usage immoral[16] ». Quelques années auparavant, en 1784, Prost de Royer, échevin et lieutenant général de police à Lyon, indiquait lui aussi que la coutume n'avait pas encore disparu et qu'elle avait bénéficié d'une reconnaissance officielle des autorités municipales : « Cette cérémonie burlesque, pratiquée encore quelquefois par le peuple, fut jadis légale à Lyon[17] ». Non seulement le rite y était autorisé, il « se faisait avec le plus grand éclat [...]. Le jour de la grande cérémonie [était] indiqué par trois criées, faites à trois différents jours », les semaines précédant l'événement (p. 785). Prost de Royer rend compte d'une chevauchée

---

14   A. M. de Bruges, respectivement CC.4, CC.6 et pièce non classée : cahiers de comptes des gardes-boursiers, cité dans J.-B. Laborde, « Notes sur les divertissements populaires de Bruges, au XVIIe siècle, d'après les comptes des gardes : "l'abadie de Mau Gouber", la Saint-Martin, les tragédies », *Revue historique et archéologique du Béarn et du Pays Basque*, 79-80, 1926, p. 62-72, citations p. 66 et 67.

15   A. M. de Mâcon, GG 97, n° 5 : mandat de paiement ordonnancé par les échevins de Mâcon le 24 décembre 1402, cité dans L. Lex, « L'Abbaye de Maugouvert de Mâcon (1582-1625) », *Annales de l'Académie de Mâcon. Société des arts, sciences, belles-lettres et agriculture de Saone-et-Loire*, 3e série, t. I, 1896, p. 366-388, citation p. 371.

16   A. Guillon, *Tableau historique de la ville de Lyon*, Lyon, Pellisson et Mouly, 1792, p. 118.

17   P. de Royer, *Dictionnaire de jurisprudence et des arrêts*, ouvr. cité, t. 4, p. 826.

lyonnaise précise, celle qui eut lieu en novembre 1566. Les « criées »
évoquées sont des jeux dramatiques qui ont pour objectif d'appeler à
la mobilisation les différentes compagnies joyeuses de la ville (abbayes
parodiques, corporations de métier, associations de quartier), pour
qu'elles défilent en corps le jour de la cérémonie. Un ouvrage paru à la
suite de l'événement rassemble, d'une part, le texte des trois « criées »
et celui du jeu dramatique joué lors de la chevauchée, d'autre part, un
exposé des manifestations qui entourèrent les « criées » et une minutieuse description de la grande cavalcade processionnelle. Ce *Recueil faict
au vray de la chevauchée de l'asne, faicte en la ville de Lyon, et commencée le
premier jour du moys de septembre mil cinq cens soixante six* nous apprend
que, cette année-là, la chevauchée initialement prévue « au plus tard »
la première semaine d'octobre fut « différée » au dernier dimanche du
mois pour coïncider avec la venue de la duchesse de Nemours, épouse
du gouverneur en chef de la ville[18]. Mais un nouveau contretemps
reporta encore la chevauchée, qui eut finalement lieu le quatrième lundi
de novembre. En effet, les maris « battus » des différents quartiers de
la ville, que les compagnies joyeuses se proposaient de prendre pour
cible lors de la chevauchée, avaient adressé des « requestes » au duc de
Nemours et à sa femme, ainsi qu'au Président de Birague, pour leur
demander qu'ils « ne fussent nommez par noms et surnoms, comme
de coustume est de faire ausdictes chevauchées » (p. 18). Après examen
des requêtes, les magistrats autorisèrent les « Abbez de Mal-gouvert
et leurs suppostz parfaire ladicte chevauchée […] à la charge que pour
ceste foys tant seulement […] ne leur estoit permis nommer par nom
ny surnom aucuns desdictz martyrs ».

　　Sous la plume du rédacteur du *Recueil*, l'expression *Abbayes de Malgouvert* ne désigne pas des institutions spécifiques qui porteraient ce nom,
mais renvoie, de façon générique, à l'ensemble des abbayes joyeuses de
la ville – Abbaye du Temple, Abbaye Saint-Vincent, Abbaye Saint-Just,
Abbaye Saint-Georges, etc. –, ainsi qu'aux autres compagnies facétieuses :
les associations de quartier – comme « la compagnie du gentilhomme
de la rue du Boys » (p. 20), « la compagnie du Baron de rue Neufve »

18　*Recueil faict au vray de la chevauchée de l'asne, faicte en la ville de Lyon, et commencée le premier
　　jour de septembre. Avec tout l'ordre tenu en icelle*, Lyon, G. Testefort, [1566], p. 17-18. Sur
　　cette chevauchée, voir K. Lavéant, « Obscène chevauchée ? Théâtre, charivari et présence
　　féminine dans la culture joyeuse à Lyon au milieu du XVIe siècle », *Revue d'histoire du
　　théâtre*, 269, 2016, p. 21-44.

(p. 27) – ou les corporations de métier – ainsi « la compagnie du Capitaine des taincturiers » (p. 24), « ceux de la boucherie de l'hospital du Pont du Rosne » (p. 21), « la DAME IMPRIMERIE, le Seigneur de la Coquille et leurs suppostz » (p. 28). Ce sont en tout dix-huit compagnies joyeuses qui participèrent à l'événement, rassemblant plus de deux mille participants, essentiellement masculins. Cette chevauchée-là tire une part de son faste et de son ampleur de sa coïncidence avec l'entrée dans la ville de la duchesse de Nemours. Dans son *Histoire véritable de la ville de Lyon* (1604), Claude de Rubys, juge au siège présidial de la ville, indique que la chevauchée s'inscrivait dans le cadre des festivités entourant la venue de la femme du gouverneur : « Les jours suyvants furent faictes plusieurs resjoüyssances en la ville. Et entre autres une charavary ou chevauchée de l'asne, contre les maris qui s'estoyent laissez battre à leurs femmes, qui fut chose fort plaisante à voir[19] ». En outre, la présence du gouverneur et de son épouse à la chevauchée n'a pas peu contribué à conférer à cette dernière une magnificence et une dignité certaines[20].

La chevauchée lyonnaise de 1566 n'en donne pas moins une image précise de la façon dont la justice coutumière des compagnies joyeuses pouvait s'exercer à l'encontre des maris dominés par leurs femmes. Les trois criées de septembre ont d'ailleurs été préparées et réalisées alors que la venue de la duchesse de Nemours n'était pas encore connue[21]. Ces trois criées sont accompagnées de festivités qui vont s'amplifiant d'un dimanche à l'autre. Le premier dimanche, seuls sont présents « l'Abbé du Temple, [qui est] l'un des Abbés de Mal-gouvert, et sa suitte », « trente à quarante moynes de ladicte Abbaye, montez tant sur chevaux que asnes », en habits ecclésiastiques, avec tambourins et fifres[22]. À la fin du cortège, « trois suppostz de ladicte Abbaye [...] disoyent les dictons par les carrefours de ladicte ville et lieux accoustumez » (p. 3-4). Ces

---

19 C. de Rubys, *Histoire véritable de la ville de Lyon*, Lyon, B. Nugo, 1604, p. 409.

20 *Recueil faict au vray de la chevauchée de l'asne*, ouvr. cité, p. 27 : « Et au devant de monseigneur de Nemours et sa compagnie et autres lieux et place de ladicte ville, se faisait gros bruit sortant de ladicte gallère [de la compagnie de l'amiral du Griffon], par le moyen desdictz feuz d'artifice ».

21 À la fin de la 3ᵉ criée, qui eut lieu le 3ᵉ dimanche de septembre, le 1ᵉʳ suppôt annonce la chevauchée pour « au plus tard dedans quinze jours ». Je cite les trois criées et le jeu dramatique qui eut lieu le jour de la chevauchée d'après leur édition dans le *Recueil des sotties françaises*, éd. M. Bouhaïk-Gironès, J. Koopmans et K. Lavéant, t. 1, Paris, Classiques Garnier, 2014, ici p. 415.

22 *Recueil faict au vray de la chevauchée de l'asne*, ouvr. cité, p. 3.

« dictons » sont « jouez », c'est-à-dire que la « cryée et proclamation
des dictons » consistent en un jeu dramatique à trois personnages qui,
par sa forme et son ton, s'apparente au genre de la sottie. Dès leurs
premiers échanges, les suppôts de Maugouvert justifient leur appel à la
mobilisation des autres compagnies joyeuses par la nécessité d'opposer
un front commun à l'ennemi :

LE TROISIÈME

Si la bride aux femmes on lasche,
Croyez que nous sommes perduz.

LE PREMIER

Pour estre soudain deffenduz,
Fault appeller les gens notables.

LE DEUXIÈME

Asseurez-vous que tous les diables
Ne firent jamais tant de maux
Comme feront ces animaux
De femmes, tant sont dommageables.

LE TROISIÈME

Suppostz ! Soyons-nous secourables,
Ou autrement tout est perdu.

LE PREMIER

Ne serons-nous pas entendu
Des abbez de ceste province[23] ?

La cible du charivari est double : celui-ci ne se contente pas de ridiculiser les maris battus, il s'attaque également aux épouses dominatrices.
La métaphore animale pour désigner les « femmes » est mise en valeur
par le rejet et la rime : « ces *animaux* » sont cause de « tant de *maux* ».
Parce qu'ils sont détenteurs du droit de justice coutumier, les Abbés
de Maugouvert et leurs suppôts sont tout désignés pour venir en aide à
la gent masculine que menace une inédite hégémonie féminine. Car la
faiblesse de quelques-uns met en péril le groupe entier : si les hommes ne
sont pas « *deffenduz* », ils sont « *perduz* », comme le souligne la rime. En
tant que mâles, les suppôts font partie de l'espèce menacée, mais en tant
que suppôts, ils détiennent le remède, ainsi que l'affirme la construction
pronominale réfléchie à l'impératif : « Soyons-nous secourables ». La

---

23   *Recueil des sotties françaises*, t. 1, éd. citée, p. 386-387.

« notabilité » de ces Abbés de Maugouvert auxquels s'adresse la criée est celle, burlesque, attachée à leurs titres de dignité fantaisistes ; mais si ces « gens notables » pour rire n'appartenaient certes pas à l'élite consulaire, certains d'entre eux n'en étaient pas moins aisés et même propriétaires. En 1566, les meneurs des différents cortèges sont de riches bourgeois qui apparaissent comme des chefs de quartier. L'organisateur général de la cavalcade est Jean Perron, « imprimeur et l'un des Gardes du Maître des Ports, homme fort facétieux et propre pour telles inventions[24] ».

Les dimanches suivants, la deuxième et la troisième criée rassemblent beaucoup plus de monde : plusieurs compagnies joyeuses ont répondu à l'appel. Les « dictons » sont encore joués de façon itinérante dans différents lieux de la ville et le cortège se grossit, le long de son parcours à travers les quartiers, par le ralliement successif de nouvelles compagnies. Celles-ci ont pavoisé les rues qui les abritent et préparé de riches banquets à l'intention du cortège qui vient à leur rencontre. Le deuxième dimanche, les membres des Abbayes Saint-Michel et du Temple sont « plus de cent » : « la plupart d'iceux habillez en femmes, de diverses et estranges façons, portant en main quenoilles à filler, et autres bastons fantasques[25] ». Les suppôts qui font la criée intègrent à leur jeu cette fiction d'une assemblée de femmes révoltées que donne à voir le cortège :

LE PREMIER

À l'ayde !

LE DEUXIÈME

À l'arme !

LE TROISIÈME

Au secours !

LE PREMIER

Je crois que tout va à rebours
De ainsi veoir femmes en armes.

---

24 Rubys, *Histoire véritable de la ville de Lyon*, ouvr. cité, p. 409. Contrairement à ce qu'affirme H. Weber, « Chevauchées de l'âne et plaisants devis des suppôts de la Coquille », ce n'est pas Jean Perron lui-même qui « occupe la charge de maître des ponts [*sic*] » (Weber écrit par erreur *ponts* au lieu de *ports*) et l'on ne peut dire de lui qu'il est « un notable de haut rang » (dans J. Dauphiné et B. Périgot (dir.), *Conteurs et romanciers de la Renaissance. Mélanges offerts à Gabriel-André Pérouse*, Paris, Champion, 1997, p. 409-421, ici p. 409). Sur la tradition des chevauchées lyonnaises, voir J. Tricou, « Les confréries joyeuses de Lyon au XVIᵉ siècle et leur numismatique », *Revue numismatique*, 1, 1937, p. 293-317 (sur Jean Perron, p. 301-302).

25 *Recueil faict au vray de la chevauchée de l'asne*, ouvr. cité, p. 8.

LE DEUXIÈME

Vous diriez que ce sont gendarmes
Si bien ell'entendent le tout[26].

Le travestissement sexuel féminin, traditionnel lors des charivaris et
des rites d'inversion carnavalesques, donne ici corps au fantasme d'une
prise de pouvoir fulgurante des femmes, qui avait été évoquée dans la
première criée à l'aide des images conjointes de la maladie et du feu. Ce
qui était redouté se réalise : la ville est investie par plusieurs dizaines
de femmes « [p]lus eschauffées qu'un toreau », qui « Frappent à tort et
à travers / Assez pour troubler l'univers » (p. 391-392). La troisième
criée reprend l'idée d'un renversement général de l'ordre du monde,
corollaire de cette folle entreprise féminine « [d]e se vouloir à l'homme
prendre » ; il ne faut pas « craindre » de « punir un si grand meffaict » :

Autrement le monde est deffaict,
Et yra san devant derrière. (p. 415)

Mais ce « chastiement » que les suppôts appellent de leurs vœux, ce ne
sont pas les femmes qui vont en être les victimes ; ce sont les hommes,
en ce qu'ils portent l'entière responsabilité de la faillite du couple et de la
déroute du pouvoir masculin. Les coupables de ces « meffaictz infames »
« Seront tellement pourchassez / Que longtemps on s'en souviendra »
(2ᵉ criée, p. 403). Il revient à la chevauchée proprement dite de mettre
en scène un tel châtiment.

« SOUS LA MAIN ET OBÉISSANCE DE LA FEMME »

Le jour de la grande cavalcade cérémonielle, les dix-huit compagnies
paradent à pied, à cheval ou à dos d'âne, en tenue d'apparat, au son des
tambourins, trompettes, fifres et hautbois. Huit compagnies proposent
en outre de petites scènes d'action, d'esprit farcesque, toutes similaires,
jouées sur des « chariots » qui prennent part au cortège. Par exemple, sur
le chariot conduit par la compagnie de l'Abbé Saint-Vincent, « il y avoit

---

26 *Recueil des sotties françaises*, t. 1, éd. citée, p. 397.

une femme qui battoit son mary à grandz coupz de baston, représentant celuy qui avoit esté battu de sa femme audict quartier sainct Vincent » ; sur le chariot de la compagnie du Comte de la Fontaine, « il y avoit une femme qui battoit son mary, luy gettant une fricassée de tripes au visage, et le frappant outre ce d'une forchette de boys, appellée une forcolle, représentant celuy qui avoit esté ainsi battu audict quartier[27] ». La compagnie du Chevalier Saint-Romain a choisi, quant à elle, de mettre en scène une chevauchée de l'âne au sens strict : « y avoit un homme monté sur un asne, et une femme après luy, qui portoit un trenchoir de boys d'une main, et en l'autre un grand haste de fer, représentant celuy qui avoit ainsi esté battu de sa femme, au lieu et distroict de la juridiction dudict Chevalier sainct Romain » (p. 26-27). Ces scènes de violence conjugale démultipliées au long de la procession et sans cesse répétées sont comme le second temps du scénario de terreur que la deuxième criée avait commencé à jouer. L'invasion de la cité par des hordes de « femmes en armes » conduit à l'assujettissement brutal et complet des hommes. Deux saynètes en particulier, par les accessoires et la gestuelle qu'elles mobilisent, révèlent les enjeux de ce déchaînement de violence. La compagnie du Baron de la rue Neuve conduit « deux chariotz, où il y avoit deux femmes qui battoyent leurs marys, l'une avec grands coups d'un couppon de boys sur la teste, luy arrachant la barbe ; et l'autre ruant force caillous, à sondict mary, après l'avoir battu d'un gros baston : représentant ceux qui s'estoyent laissé battre à leurs femmes » (p. 28). L'« arrachage » de la barbe est une composante rituelle ancienne des charivaris[28]. On sait du reste que « [d]u côté de la barbe est la toute-puissance[29] » ; plus généralement, « le *poil* est une marque de force[30] ». Dans de nombreuses cultures, barbe et chevelure sont des symboles des organes génitaux ; aussi leur rasage rituel revêt-il une signification symbolique sexuelle[31]. Tel est bien le sens de la furie guerrière féminine : émasculer le mâle. La saynète jouée par la

---

27 *Recueil faict au vray de la chevauchée de l'asne*, ouvr. cité, p. 19 et 20.

28 Voir É. Négrel, *Théâtre et carnaval dans la France d'Ancien Régime* (XVIIᵉ-XVIIIᵉ siècles). *Coutume, idéologie, dramaturgie*, à paraître.

29 Molière, *L'École des femmes* (1662), III, 2, dans Molière, *Œuvres complètes*, éd. G. Couton, Paris, Gallimard, 1971, t. I, p. 580.

30 P. Richelet, *Dictionnaire français*, Genève, J. H. Widerhold, 1680, art. « Poil ».

31 Voir E. R. Leach, « Cheveux, poils, magie » (« Magical Hair », 1958), dans Leach, *L'Unité de l'homme et autres essais*, Paris, Gallimard, 1980, p. 321-361.

compagnie de l'Abbé du Temple désigne le lieu corporel même dont la barbe constitue le substitut symbolique : « En ladicte compagnie estoit conduit un chariot où il y avoit une femme qui battoit son mary, luy baillant grandz coupz de piedz aux génitoires : et après grandz coupz de pierres, représentant celuy qui avoit esté battu ainsi de sa femme audict quartier du Temple » (p. 23). L'homme est atteint dans ce qui fonde sa virilité du point de vue physiologique. Le tranchoir et le grand hast de fer qu'agite la femme dans la saynète de la compagnie du Chevalier Saint-Romain apparaissent ainsi comme les redoutables instruments du supplice masculin.

Dans la sottie qu'ils jouent le jour de la chevauchée, les suppôts évoquent ces différentes scènes de violence domestique les unes après les autres : dans leur variété même, les sévices infligés aux hommes « représentent » de façon symbolique la domination féminine, plus qu'ils n'illustrent la réalité des coups qui ont été portés. À la suite des « joueurs de dictons », suivent « quatre drolles magnifiques et hautes comme Géans, habillez desdictes couleurs jaune, rouge et verd : sans aucune aparoissance de bras, chose fort monstrueuse » (p. 33). Arborant les couleurs de la folie (de même que les compagnons de la Coquille avec lesquels ils défilent), ces personnages monstrueusement mutilés symbolisent la castration dont sont victimes les maris « martyrs ». Telle est bien l'interprétation métaphorique que le rédacteur lui-même donne du déguisement, à la fin de sa longue description de la chevauchée :

> Les drôles « représentoyent les hommes qui contre l'ordonnance de Dieu, et devoir de Nature se laissent ainsi battre, mutiller et subjuguer à leurs femmes. Car il n'est chose plus monstrueuse, ny de plus grande drollerie, que de voir l'homme ainsi abbaissé et estre soubz la main et obéissance de la femme. Et n'est possible veoir Drolles, ny autres animaux, plus monstrueux, que sont lesdictz hommes endurans telz meffaictz, indignes de porter ledict nom d'Homme » (p. 37).

Les maris battus ne sont pas des *hommes* ; ils sont des *drôles*, c'est-à-dire, ici, des êtres bizarres, extraordinaires, insolites et *monstrueux* : à la fois « prodigieux » – conformément au sens étymologique – et « contre l'ordre de la nature[32] ». Leur émasculation symbolique n'est que la traduction,

---

32   A. Furetière, *Dictionnaire universel*, La Haye et Rotterdam, Arnout et Reinier Leers, 1690, art. « Monstrueux ». Voir J. Céard, *La Nature et les prodiges. L'insolite au XVIᵉ siècle* (1977),

sur le plan cérémoniel, de cette déficience de virilité qui les conduit à être possédés par leurs épouses.

La coutume de la chevauchée de l'âne se rattache à une double tradition, théâtrale et iconographique. Les maris battus dont le rite publie la faiblesse sont parents des cocus et « durement menés » de la farce, tels le Jaquinot de la *Farce du cuvier* (fin du XVe siècle) : endurant les injures et les menaces de sa femme et de sa belle-mère, Jaquinot a, « par indicible follye [...] le sens mis à l'envers » ; il est tout à la fois un « Jehan marié », c'est-à-dire un cocu, et un « homme abonny [rendu bonasse] », entièrement soumis à sa femme[33]. Jaquinot a bien conscience de sa sujétion, qu'il exprime à l'aide de la métaphore de la domesticité – « Plus ne vueil estre son varlet » (p. 72) –, mais il n'a pas la force de s'émanciper :

> Je suis peloté [frappé] et tourmenté
> De gros cailloux sur ma servelle.
> L'une crye, l'autre grumelle [grommelle] ;
> L'une mauldit, l'autre tempeste. (p. 41)

> Corbieu ! je suis bien coquillart
> D'estre ainsi durement mené. (p. 58)

De son côté, la gravure également a richement représentés ces mâles indignes. Du XVIe au XIXe siècle, les innombrables tirages populaires de planches illustrant « le monde renversé » ont régulièrement fait une place à ces situations d'interversion des rôles sociaux : « Humblement file le gendarme, et la femme au lieu de luy s'arme », dit, par exemple, la lettre d'une vignette sur une gravure du tournant du XVIIe siècle, où l'on voit un homme assis, en train de filer la quenouille, un petit enfant emmailloté sur les genoux, tandis que son épouse se campe face à lui, poing sur la hanche, fusil à l'épaule et l'épée au côté. « La femme a le mousquet, la quenouille l'époux / Et berce pour surcroix l'enfant sur ses genoux », lit-on sur une gravure similaire de la même époque[34]. Par ailleurs, différents aspects de cette suprématie féminine au sein du

---

Genève, Droz, 1996.

33 *Farce du cuvier* (fin XVe siècle), dans *Recueil de farces (1450-1550)*, t. 3, éd. A. Tissier, Genève, Droz, 1988, p. 76, 45 et 46.

34 *Histoire du monde renvercez au champs ville et faubourg tout y va au rebours* (Paris, Pierre Gallays, dernier quart XVIIe siècle-1er quart XVIIIe siècle), gravure en taille-douce coloriée ; *La Folie des hommes ou le Monde à rebours* (Paris, Mondhard, v. 1700), gravure en taille-douce

couple ont été traités de façon plus particulière dans des œuvres gra-
vées originales : dispute pour la culotte, maris fustigés, confrérie des
cocus... Pierre Picart a ainsi consacré aux thèmes corrélés du cocuage
et des maris battus une série de douze gravures publiées vers 1660[35].
L'une d'entre elles offre comme une illustration de la bande de plusieurs
dizaines d'hommes « habillez en femmes [...], portant en main quenoilles
à filler, et autres bastons fantasques », qui investissent la ville lors de la
chevauchée de 1566, jouant sans doute à terroriser les passants, et qui
suscitent l'effroi des suppôts dans leur deuxième criée. Picard situe sa
scène gravée dans une rue ; un groupe d'hommes qui étaient en train de
jouer aux quilles sont soudain interrompus par l'arrivée inopinée d'une
bande de femmes en fureur, armées de quenouilles et de pierres ; les
hommes prennent la fuite en levant les bras : « Ce n'est mye des fammes
ce sont des diables », dit une lettre de la gravure. Au premier plan, un
homme qui ramassait une quille n'a pas eu le temps de s'enfuir ; encore
courbé en deux, il est saisi aux cheveux par une « diablesse » déchaînée.
Un quatrain commente l'action :

> Ces diablesses icy viennent troubler la feste
> Et chargent leurs maris d'injures et de coups
> L'un a le nez cassé et l'autre sur sa teste
> Esprouve ce que c'est qu'une femme en couroux[36].

Tout comme la farce et la gravure, la coutume de la chevauchée
de l'âne s'empare d'une réalité pour en offrir une représentation parodique aux implications symboliques. Ni la farce, ni la gravure, ni la
coutume ne représentent la réalité historique des maris battus[37]. Suivant

---

coloriée : Marseille, MuCEM, respectivement 1970.24.18 et 1963.63.1. Reproductions
dans F. Tristan, *Le Monde à l'envers*, Paris, Hachette, 1980, p. 100-103.

35   Voir L. Beaumont-Maillet, *La Guerre des sexes. XVᵉ-XIXᵉ siècles*, Paris, Albin Michel,
1984 ; S. F. Matthews-Grieco, « Picart's Browbeaten Husbands in 17th-Century France :
Cuckoldry in Context », dans Matthews-Grieco (dir.), *Cuckoldry, Impotence and Adultery
in Europe (15ᵗʰ-17ᵗʰ Century)*, Farnham, Ashgate, 2014, p. 249-290.

36   P. Picart, *Ces diablesses icy viennent troubler la feste* (v. 1660), gravure au burin, dans
Jacques Lagniet, *Recueil des plus illustres proverbes, divisé en trois livres : le Premier contient
les proverbes moraux, le Second les proverbes joyeux et plaisants, le Troisième représente la vie des
gueux en proverbes mis en lumière par Jacques Lagniet*, Paris, « sur le quai de la Megisserie au
fort l'Évêque », [1663], n.p. (estampe 107 du 2ᵉ livre) : Paris, BnF, Réserve, RES-Z-1746,
https://gallica.bnf.fr/ark:/12148/bpt6k71523p/f197.image.

37   Sur cette réalité historique, voir V. Vanneau, « Maris battus. Histoire d'une "interversion"
des rôles conjugaux », *Ethnologie française*, XXXVI/4, 2006, p. 697-703.

leurs moyens propres, elles sont le lieu d'expression d'un discours idéologique au sujet d'un fait social. Par son outrance et son caractère systématique, la mise en scène d'un renversement total des positions de pouvoir et d'assujettissement entre hommes et femmes relève de la fiction. Coutume, théâtre et gravure rencontrent ici la pensée mythique. Reposant sur un « fait structural » commun à diverses cultures (« le thème du renversement fondateur »), plusieurs « sociétés à pouvoir masculin marqué [...] justifient leur organisation sociale par rapport à un état mythique matriarcal originel[38] ». Selon le mythe, et sans égard à ses variantes, ce matriarcat primitif plaçait les hommes sous la suprématie féminine ; un jour, les hommes sont parvenus à déposséder les femmes de leur pouvoir et à inverser les rôles. Qu'il appartienne à la pensée mythique ou qu'il relève de la création artistique, le thème du monde à l'envers fait entendre le langage de l'idéologie. Au sein du scénario mythico-rituel de la chevauchée, il participe de ces deux natures, mythique et théâtrale.

La représentation que la coutume offre du fait social est complexe, car le rite relève à la fois des pratiques festives et du jeu théâtral. Ces deux composantes s'articulent et se répondent. D'une part, la réalité des conduites collectives masquées se réfléchit dans la parole versifiée des « joueurs de dictons » : reposant sur un fonctionnement dramatique sans fiction et sans distance, hormis celle de l'octosyllabe, les criées s'adressent aux spectateurs et, par leur commentaire de la fiction céré-monielle des « femmes en armes », confère paradoxalement à celle-ci l'épaisseur menaçante de la réalité. D'autre part, les scènes de violence jouées sur les chariots s'insèrent dans les cortèges et puisent, dans la dynamique processionnelle même, leur formule itérative simpliste, sans aucun enchaînement dramatique, répétant, d'une rue à l'autre, toujours le même tableau vivant. Dans le cadre cérémoniel de la chevauchée, le thème du monde à l'envers revêt non l'aspect d'un mythe d'origine, mais celui d'un mythe prospectif. Le matriarcat dont les suppôts redoutent l'avènement imminent est une projection mythique de l'avenir ; dans la première criée, leur mise en garde prend les accents angoissés d'une parole prophétique :

---

38 F. Héritier, *Masculin/Féminin*, t. 1 : *La Pensée de la différence* (1996), Paris, Odile Jacob, 2012, p. 217.

LE DEUXIÈME

La contagion est à craindre
Et qui [si l'on] la lairra demeurer
Serons en danger d'endurer
Avant que mourir grand martyre[39].

Le surgissement incontrôlé d'une légion de femmes armées, le deuxième dimanche, sonne comme le début de réalisation de cette prophétie apocalyptique : « Je crois que tout va à rebours », s'exclame le premier suppôt, après que lui et ses deux compagnons ont fait retentir leurs appels de détresse. Sur la scène rituelle de la chevauchée de l'âne, l'imaginaire symbolique du monde renversé possède une fonction idéologique propre.

« TOUS LES JOURS CINQ OU SIX FOIS »

Dans la *Farce du cuvier*, l'épouse et sa mère dictent à Jaquinot toutes les tâches domestiques dont il doit s'acquitter, afin qu'il les inscrive sur un « rolet » et s'en souvienne. La mère clôture cette longue énumération en ajoutant : « Et puis faire aussi cela / Aulcunesfois à l'eschappée[40] ». Jaquinot se récrie en s'adressant à sa femme : « Vous en aurez une gouppée [giclée] / En quinze jours ou en ung moys ». « Mais tous les jours cinq ou six fois ; / Je l'entens ainsi pour le moins », lui rétorque sa femme sur un ton sans appel (p. 57). C'est bien là que gît la source de la faiblesse masculine et de la domination corollaire de la femme au sein du couple : « Rien ne vaut ce lasche paillart [ce paillard impuissant n'a rien qui vaille] », enrage l'épouse insatiable. Près de deux siècles plus tard, une gravure de Jacques Lagniet établit le même rapport de cause à effet entre l'impuissance masculine (ou tout au moins le manque d'allant des hommes en la matière) et leur subordination absolue à leur épouse. Intitulée *La Poule qui chante devant le coq*, la gravure représente une femme debout dans une attitude vindicative et menaçante : elle agite son balai en l'air et se tient derrière son mari, lequel est assis face à la cheminée où il fait cuire

---

39 *Recueil des sotties françaises*, t. 1, éd. citée, p. 392.
40 *Farce du cuvier*, éd. citée, p. 56 (*Faire cela* : « Faire l'amour »).

le repas de leur enfant : « Ce fera Jehan il n'a pas fet la besongne, il fera la bouillie à l'enfant », dit la lettre gravée en bas à droite de l'image[41] ». Or l'on sait bien qu'avec les femmes, « il y a toujours à besogner, et surtout à celle d'un cocu », autrement dit, d'un *Jean*[42]. Le mari fatigué qui faillit à *besoigner* sa femme, c'est-à-dire, « en bon français », qui faillit à la « chevaucher, ou F... », l'homme faible, coupable de manquer à son devoir d'époux et que sa femme a *fait Jean* voit se renverser l'ordre domestique[43]. Si l'homme *fait la femme*, s' « il est lâche, oisif et efféminé », il conduit à la métamorphose inverse des femmes en « diables » guerriers[44]. Car c'est bien l'homme, en dernier ressort, qui est responsable de ce monstrueux renversement du monde.

La culpabilité des époux à la virilité défaillante possède, aux yeux de la communauté, des enjeux sociaux et se voit donc sanctionnée par la coutume du charivari, ainsi que l'atteste, par exemple, un texte en vers du XVIe siècle : *Ung esbatement vulgairement nommé chalivary d'omme vieil qui se marie en femme ou fille jeune.* Le texte décrit une situation qui est traditionnellement à l'origine de la sanction coutumière : Coillebaut est un vieillard, un veuf, qui décide de se remarier avec « une tres belle pucelle / Jeune fresche et de bon lignage ». On apprend, en outre, non seulement que la demoiselle est déjà enceinte, mais que « Grosse de lui elle n'est mie[45] ». Coillebaut cumule les motifs de charivari : veuf

---

41 J. Lagniet, *La Poule qui chante devant le coq* (v. 1660), gravure à l'eau-forte, dans Lagniet, *Recueil des plus illustres proverbes*, ouvr. cité (estampe 32 du 2e livre), https://gallica.bnf.fr/ark:/12148/bpt6k71523p/f121.image. *La poule ne doit point chanter avant le coq :* « proverbe qui signifie que la femme ne doit point parler avant son mari, ni usurper l'autorité qui lui est due » (P. J. Le Roux, *Dictionnaire comique, satyrique, critique, burlesque, libre et proverbial*, Amsterdam, M. C. Le Cène, 1718, art. « Coq »).

42 F. Béroalde de Verville, *Le Moyen de parvenir* (1616 ?), éd. H. Moreau et A. Tournon, Paris, Champion, 2004, section 53 : « Section », p. 213 ; « *Jean*, dans le style satirique, signifie cocu, cornard ; sa femme l'a fait Jean, pour l'a fait cocu, lui a planté des cornes » (Le Roux, *Dictionnaire comique*, 1718).

43 *Besoigner* : « Faire le déduit, caresser une femme comme Mars caressa Vénus, en bon français, chevaucher ou F... » (Le Roux, *Dictionnaire comique*, 1718).

44 « On dit qu'un homme fait la *femme*, lorsqu'il est lâche, oisif et efféminé, qu'il se délicate trop » (Le Roux, *Dictionnaire comique*, 1718, art. « Femme »).

45 *Ung esbatement vulgairement nommé chalivary d'omme vieil qui se marie en femme ou fille jeune* (XVIe siècle ?), BnF, n.a.f., ms. 12646, fo 508 ro-512 ro (farces rassemblées par Émile Picot), citations fo 509 ro et 512 ro ; cité, d'après la transcription de Picot, dans J.-C. Margolin, « Charivari et mariage ridicule au temps de la Renaissance », dans J. Jacquot et É. Konigson (dir.), *Les Fêtes de la Renaissance*, t. 3, Paris, CNRS, 1975, p. 579-601, citations p. 587 et 588 (texte intégralement reproduit p. 586-588).

se remariant, il est regardé comme « bigame » dans une société qui réprouve traditionnellement les secondes noces (fol. 509ʳ, cité p. 587) ; sa nouvelle union est fortement disproportionnée en âge et sur le plan de l'origine sociale ; la conduite de la jeune épousée n'est pas des plus irréprochables, puisque la « pucelle » n'est plus vierge et attend en outre un enfant ; enfin, avant même d'être marié, Coillebaut est déjà cocu. Le châtiment coutumier qui lui est réservé est la promenade sur l'âne. Le texte rapporte les propos de ses futurs tourmenteurs ; ils mènent la bête à la maison du coupable et exposent ses torts, criant collectivement « Chalbari ». Ce qui préoccupe le plus les personnages, ce qui, de leur point de vue, rend cette union vraiment condamnable, c'est la constitution physique du futur mari :

> Par saint Mor il n'est pas trop sage
> D'avoir entrepris si grant tasche
> Il est faible vieillard et lasche [impuissant]
> Tout aruty [chagrin] et chassieux
> Grateleux et maulgracieux
> Ne fait que tousser et glapir
> Aille soy en un four tapir
> À sa femme ne pourra faire
> Déduit [plaisir amoureux] qui ja lui puisse plaire
> Car son membre est devenu coille
> Froncie comme une povre andoille
> Quant il s'en veult aidier il ploye
> Et ne le peut bouter en roye [dans la raie]
> Et est tout mort et inutile. (fol. 510ʳ, cité p. 587)

Non seulement l'âge avancé du mari, son délabrement physique, son humeur querelleuse le rendent repoussant et insupportable, mais l'on craint que sa virilité chancelante l'empêche d'honorer son épouse. Là est la raison profonde du charivari organisé à son encontre : Coillebaut n'a rien d'une « Fièrepine » (ou « Pinehardie »), contrairement à ce qu'affirme son nom par antiphrase[46] ! Loin d'être « bien foureuse », telle la « couille » d'un des personnages de la sottie des *Sotz nouveaulx,*

---

46   *« Couille.* Est la verge de la nature de l'homme, *Penis virilis »* (J. Nicot, *Thresor de la langue françoyse, tant ancienne que moderne,* Paris, D. Douceur, 1606). *Baud, bald, baut :* « plein d'ardeur joyeuse (jusqu'à l'excès) ; hardi (jusqu'à la présomption, l'effronterie) » (*Dictionnaire du Moyen français,* atilf.fr/dmf). Merci à Jelle Koopmans pour ses éclairages lexicographiques au sujet de ce patronyme.

farcez, couvez (vers 1513 ?) – selon les mots de la « gorgiase fillette » que le sot a « empongn[ée] » dans une « rivière » –, la « coille » de Coillebaut « *ploye* » face à la « *roye* », comme le souligne la rime[47]. Quand l'un « fai[t] la besongne / Fort et ferme » (v. 209-210), l'autre, « faible » et « lasche », « ne pourra faire / Déduit ». C'est bel et bien en raison de la déficience supposée de son engin que le vieillard est charivarisé : « Paier lui ferons son coillage » (fol. 512ʳ, cité p. 588). Derrière la dénonciation satirique des maris battus, la chevauchée lyonnaise de 1566 vise, elle aussi, l'impuissance masculine.

Une seconde chevauchée de l'âne, qui eut lieu à Lyon en novembre 1578, explicite cette corrélation – qu'affirment la farce et la gravure – entre les violences conjugales dont sont victimes les maris et les insuffisances de ces derniers en matière sexuelle. Comme pour la chevauchée de 1566, un volume publié à la suite de l'événement réunit la description minutieuse des cortèges et le texte du jeu dramatique qui fut représenté ce jour-là dans les rues de la ville. Dix-neuf compagnies joyeuses prirent part à la procession réunissant en tout quelque mille six cent personnes. On retrouve les Abbayes parodiques qui ont défilé douze ans auparavant – « la compaignie de l'Abbé de mal-gouvert du quartier de sainct Vincent », celle de l'Abbé Saint-Georges ou de l'Abbé Saint-Just –, les mêmes associations de quartier, les mêmes corporations de métier[48]. Certaines compagnies conduisent des chariots où sont représentées des scènes de violence domestique comparables à celles jouées en 1566 : ainsi de « la compagnie du Seigneur Baron de rue Neufve », « conduisans un chariot, dans lequel estoit le martir dudit quartier battu par sa femme, ayant dans iceluy chariot plusieurs joueurs d'instrumens pour les accorder » (p. 18-19). Ce sont « trois suppôts de l'Imprimerie » qui jouent, de façon itinérante, « les dictons » (p. 11), dans lesquels les maris battus sont, cette fois, identifiés, non par leur nom – à une exception près (du moins dans la version éditée du texte) –, mais par leur profession ainsi que par la rue ou le quartier où ils résident. On apprend par exemple, au sujet d'« un bourrassié qu'est de la coste », que « Souvant sa femme le

---

47   *Les Sotz nouveaulx, farcez, couvez* (Rouen, v. 1513 ?), v. 203, 200 et 208, dans *Recueil général des sotties*, t. 2, éd. É. Picot, Paris, F. Didot, 1904, p. 195.

48   *Recueil de la chevauchée, faicte en la ville de Lyon, le dix septiesme de novembre 1578. Avec tout l'ordre tenu en icelle*, Lyon, « Par les trois Suppôts » [G. Testefort, P. Ferdelat et C. Bouilland], [1578], p. 3. Le jeu dramatique seul a été édité par M. Bouhaïk-Gironès, J. Koopmans et K. Lavéant dans le *Recueil des sotties françaises*, t. 1, éd. citée.

dorlote / Avec une pelle de fer », ou qu'« un battelier de sainct Vincent » « fut battu à l'advenant / À coup de caillou par sa femme[49] ». Quant à un « plieur de soye / Qui se tient près le Garillan », il fut « frappé » à l'aide d'une « une cheville à soye » et vit publiée la raison secrète de sa craintive soumission à son épouse :

> Sa femme l'appela « meschant,
> Bastard, chastré, vilain infamme !
> Tu n'es pas digne d'avoir femme,
> Tu n'as du tout point de couillon !
> Va-t'en, sort hors de la maison »,
> Et luy cracha droict au visage[50].

Pour désigner la « vilaine » infirmité dont est victime son mari, la femme recourt à la métaphore de la castration : le mâle « châtré », qui n'a « du tout point de couillon », c'est-à-dire de « testicules » (ou de « génitoires », comme disait le *Recueil* de 1566), est atteint de véritable impuissance mécanique[51] ; c'est à ce titre qu'il « n'es[t] pas digne d'avoir femme ». La même accusation d'impuissance est formulée à l'encontre « du paumier de la rue du Temple » qui « a esté souvent battu » : non seulement il fut « frappé », « ces jours passez », « Si rudement […] / Qu'il en pensa perdre le souffle », mais sa femme « le poursuyv[it] de telle sorte »

> Qu'il fut contrainct gaigner la porte,
> Luy disant : « va, viédaze foutu ! ». (p. 455)

L'expression *vié d'ase* (« vit d'âne », en francoprovençal) se trouve dans Rabelais. À la fin du Prologue de *Gargantua* (1535), les « vietz d'azes » sont, par métonymie, les lecteurs, apostrophés affectueusement à l'aide de ce substantif grossier et flatteur. Dans le Prologue de 1552 du *Quart Livre*, « grand vietdaze » est l'épithète qu'utilise Jupiter pour qualifier Priape ithyphallique[52]. La femme du paumier reprend l'expression dans son emploi métonymique, mais pour réduire son époux à son membre

---

49 *Recueil des sotties françaises*, t. 1, éd. citée, p. 457 et 456.

50 *Recueil des sotties françaises*, t. 1, éd. citée, p. 459-460. Le verbe à l'impératif « sort [sors] » a été oublié par les éditeurs ; je le rétablis d'après l'édition de 1578 du *Recueil de la chevauchée* (p. 15).

51 *Couillon* : « Testicule. Couillon de coq, couillon de bélier » (Richelet, *Dictionnaire français*, 1680). Voir aussi Nicot, *Thresor de la langue françoyse*, 1606, art. « Coüillon ».

52 Rabelais, *Œuvres complètes*, éd. citée, p. 41 et 573.

honteusement défaillant. Aux yeux de la femme, l'époux impuissant n'est bon à rien ; il « ne vaut » « rien », disait la femme de Jaquinot dans la *Farce du cuvier*. Il est à l'image de son flasque « membre », rabougri et fripé, « tout mort et inutile », comme l'était celui de Coillebaut. Dans ces récriminations s'entend toute l'amertume désespérée de la femme frustrée.

Le rite de la chevauchée de l'âne proclame cette « infamie » qu'est l'impuissance masculine, en exhibant les coupables juchés à rebours sur un âne dont ils tiennent la queue en guise de bride. L'homme incapable de « chevaucher » sa femme est contraint de chevaucher un âne. La promenade *à l'envers* sur cet animal avantageusement doté par la nature, et symbole de la puissance sexuelle depuis l'Antiquité, figure la dévirilisation qui frappe le mâle, quand il est « faible » et « lâche », et que son *vit d'âne* est « foutu ». « AINSI SONT TRAICTÉZ LES MARIZ QUI LAISSENT TROP JEÛNER LEURS FEMMES », explique le juge Claude Noirot dans son *Origine des masques* (1609), au sujet des « mariz battus, et mené sur l'asne à rebours[53] ». Les rites de castration symbolique comme l'arrachage de la barbe, les violences sexuelles cérémonielles comme les coups de pieds aux génitoires ont pareillement valeur de dénonciation publique : ces gestes d'humiliation ciblés proclament l'impuissance masculine tout autant qu'ils la sanctionnent. Suivant une logique judiciaire archaïque qui postule un lien symbolique entre le crime et sa peine, la coutume du charivari entend « répondre par une démonstration de disharmonie à une situation qui compromet l'harmonie sociale[54] ». Non seulement la justice collective s'exerce en établissant une analogie entre la faute et son châtiment, mais elle confie l'application de la peine à celles-là mêmes qui sont les victimes : les épouses excédées par les défaillances érectiles de leurs maris.

Dans la chevauchée de 1578, la compagnie du « Marquis du grand Palais » compte « deux conseillers [juges] de la Justice de mal gouvert, montés sur de petits muletz » ; ils sont précédés d'« une Amazonne, portant une lance à la main, accoustrez somptueusement prests à combattre[55] ». Cette figure féminine quasi allégorique fait écho à la barbarie aveugle des « femmes en armes » de la chevauchée de 1566, qui « Frappent à tort et à travers [sans discernement] / Assez pour troubler l'univers ». Ces guerrières farouches qui

53 C. Noirot, *L'Origine des masques, mommeries, bernez et revennez ès jours gras de Caresme-prenant, menez sur l'âne à rebours et charivary*, Langres, J. Chauvetet, 1609, p. 52.

54 A. Burguière, « Pratique du charivari et répression religieuse dans la France d'Ancien Régime », dans Le Goff et Schmitt (dir.), *Le Charivari*, ouvr. cité, p. 193.

55 *Recueil de la chevauchée, faicte en la ville de Lyon*, ouvr. cité, p. 20-21.

violentent et mutilent les mâles sont comme l'image inversée des « guerriers-fauves » mythiques, ces envahisseurs qui portent leur violence archaïque au cœur de la cité, enlèvent les femmes, tuent les hommes, et dont la coutume du charivari, dans sa violence rituelle, rejoue le scénario de terreur[56]. Ces rites de violence relèvent du *sacré de transgression* : insultes, humiliations, sévices, mutilations, tous « ces sacrilèges sont tenus pour aussi rituels et saints que les interdictions mêmes qu'ils violent. Ils relèvent comme elles du *sacré* » ; la coutume « ramène le temps de la licence créatrice, celui qui précède et engendre l'ordre, la forme et l'interdit[57] ». Ainsi le déferlement cérémoniel de la violence féminine, ces hardes femelles qui écrasent les hommes et renversent le monde ont une fonction paradoxale de régénération : sanctionnant la faute par son amplification même, la chevauchée de l'âne punit les hommes dont le défaut de virilité met en péril l'ordre social ; elle pousse jusqu'à son terme logique cette défaillance masculine en mettant en scène de façon cérémonielle un matriarcat de l'horreur. La coutume sanctionne le crime masculin individuel en le démultipliant sous la forme d'une violence féminine collective qui plonge la cité dans la sauvagerie et la peur. La représentation paroxystique d'un « monde » « deffaict » qui « [va] san devant derrière » (selon les mots d'un suppôt en 1566), permet, sur le plan symbolique, et par l'entremise concrète de pratiques punitives rituelles, de restaurer l'ordre du monde. Or, cet ordre patriarcal ne se soucie certes pas des désirs insatisfaits des épouses...

La figuration parodique des femmes en femelles « plus eschauffées qu'un toreau » relève de l'idéologie. Sous les oripeaux comiques de la farce et du travestissement sexuel, le rite met en scène un péril d'ordre anthropologique, qui menace la cohésion de la communauté : dans les éclats de rire de la culture joyeuse résonnent des cris d'angoisse. Au sein de ce système de représentation que la coutume partage avec la farce et la gravure, l'avidité sensuelle féminine – dont le caractère inextinguible est proportionnellement inverse à l'exténuation physique des hommes – a pour fonction de dire l'enjeu sexuel essentiel qui est au cœur du fait conjugal, et la responsabilité exclusive de l'homme en la matière. La coutume de la chevauchée

---

56   Voir G. Dumézil, *Mythes et dieux des Germains. Essai d'interprétation comparative*, Paris, Librairie E. Leroux (PUF), 1939, chap. 6 : « Les guerriers-fauves », p. 79-91 ; H. Rey-Flaud, *Le Charivari. Les rituels fondamentaux de la sexualité*, Paris, Payot, 1985, chap. 1 : « La horde sauvage », p. 17-26, et chap. 2 : « Les envahisseurs du solstice d'hiver », p. 27-46.

57   R. Caillois, *L'Homme et le sacré* (1939), ch. 4 : « Le sacré de transgression : théorie de la fête », Paris, Gallimard, 1988, p. 127-168, citations p. 155 et 149.

de l'âne est l'expression rituelle d'un ordre communautaire ; il importe peu à la collectivité que le mari « [puisse] faire » « à sa femme » « déduit qui ja lui puisse plaire », quoiqu'en dise les jeunes gens organisateurs du charivari fait à Coillebaut. Ce qui compte, aux yeux de la communauté, ce qui rend un homme « digne d'avoir femme » (comme dit l'épouse du plieur de soie charivarisé en 1578), ce n'est pas le plaisir amoureux que l'homme peut procurer à son épouse, c'est simplement qu'il « [fasse] la besongne ». Et la finalité de cette virile *besongne* n'est pas d'ordre érotique, mais génésique. Lors de la chevauchée de 1566, un cortège de femmes membres de la compagnie du Comte de la Fontaine met en scène cet enjeu premier du mariage : « Et au devant dudict comte [...] marchoit environ une douzaine de femmes habillées en Égyptiennes, montées sur chevaux, portans de petitz enfans bien contrefaicts en main[58] ». Les femmes exhibent ici non l'enfant du point de vue maternel, dont les maris impuissants les déposséderaient, mais l'enfant à naître pour la communauté, en tant que second terme de l'échange qui fonde, dans la durée, le système de parenté : à la cession initiale de la femme, dans le cadre de l'alliance matrimoniale, doit répondre le contre-don de l'enfant né de cette alliance[59]. Ainsi la loi que défend la justice coutumière ne relève pas tant d'une morale des comportements sexuels que d'une politique communautaire : « le charivari n'est pas dirigé contre l'infraction à la morale, mais protège la chaîne idéale de la filiation[60] ». Dépositaires d'une justice coutumière, exerçant une violence cérémonielle collective, les Abbayes de Maugouvert ne font basculer la communauté dans le chaos que pour protéger et conserver l'ordre symbolique qui est à son fondement[61].

Éric NÉGREL
UMR 5317 IHRIM (Institut
d'Histoire des Représentations et
des Idées dans les Modernités), Lyon

---

58 *Recueil faict au vray de la chevauchée de l'asne*, ouvr. cité, p. 20.
59 Voir C. Lévi-Strauss, *Anthropologie structurale*, Paris, Plon, 1974, p. 63.
60 H. Rey-Flaud, *Le Charivari. Les rituels fondamentaux de la sexualité*, ouvr. cité, p. 235.
61 Mes plus vifs remerciements à Michèle Clément pour sa relecture attentive et ses précieuses remarques.

LES SACRIFICES PARODIQUES
ET LES *BRIGATE* SIENNOISES DU XVIᵉ SIÈCLE

Représentations festives et littéraires

La parodie est un de « ces mots si familiers, si faussement transparents, qu'on les emploie souvent, pour théoriser à longueur de volumes, de colloques, sans même songer à se demander de quoi l'on parle[1] ». Formulée il y a plusieurs décennies, cette remarque critique de Gérard Genette nous sert toujours de mise en garde. Néanmoins, au lieu de préciser dès le départ la définition de la parodie dont nous nous servirons, nous nous proposons plutôt de commencer par l'interrogation sur l'usage d'une telle démarche.

UN TOUR DE LA QUESTION DE LA PARODIE

PARODIE, NOTION INSAISISSABLE ?

Le vaste panorama théorique de la parodie nous démontre que l'intention de « redessiner les contours d'une notion devenue floue à force d'être utilisée à tort et à travers[2] » n'a pas jusqu'à présent abouti à l'ébauche d'une définition partagée. Au contraire, tout en bousculant le sens commun de la parodie et remontant vers ses sources antiques[3], la discussion actuelle est marquée par de nombreuses divergences et polémiques. Aucun des

---

1   G. Genette, *Palimpsestes. La littérature au second degré*, Paris, Seuil, 1982, p. 11, n. 1.

2   D. Sangsue, *La parodie*, Paris, Hachette, 1994, p. 4.

3   Pour la question de savoir si les apports de l'étymologie et de la rhétorique pourraient se révéler utiles pour échapper à l'aporie de l'indétermination dans nos tentatives de donner la définition de la parodie, voir D. Bertrand, « Introduction : État des lieux », *Seizième Siècle*, 2, 2006, p. 7-19, ici p. 11-12.

critères de la parodie, qu'il soit formel ou fonctionnel, n'est protégé contre une remise en question et une révision constante dans un kaléidoscope de perspectives. Ces perspectives se multiplient dans le contexte de la transdisciplinarité. La parodie serait-elle une notion littéraire par excellence ou une attitude culturelle identifiable dans un nombre très large de domaines d'activité humaine, comme les arts[4], les pratiques rituelles[5] et les comportements quotidiens[6]? Serait-elle une forme d'imitation, ou son contraire[7]? Serait-elle une modalité culturelle subversive, conservatrice, ou ambivalente? Même le comique, le ludique, l'ironique et le satirique, ces piliers de la parodie dans ses définitions courantes, se retrouvent sapés par certaines conceptions théoriques qui vont jusqu'à admettre « une parodie sérieuse[8] ». Aux définitions restreintes, on reproche d'appauvrir la notion de la parodie et aux définitions larges de perdre de vue leur objet[9].

Le tour de la question de savoir « de quoi on parle » dans la théorie de la parodie nous fait ainsi revenir vers cette notion floue que chacun, dans l'absence d'un consensus, continue aujourd'hui à interpréter à sa guise.

LE BON USAGE DE L'INDÉTERMINATION
ET LE SENS PRATIQUE DE LA PARODIE

Le scepticisme au sujet de la possibilité d'élaborer une définition de la parodie satisfaisante et la méfiance particulière à l'égard de sa théorie contemporaine se laissent aujourd'hui entendre surtout de la part des historiens littéraires et culturels du XVe-XVIe siècle. Comme l'avait encore relevé Octave Delepierre dans son *Histoire de la parodie* (1868), cette période historique serait particulièrement riche en productions parodiques en raison de sa configuration plurielle, instable et contradictoire en

---

4   L. Hutcheon, *A Theory of Parody : The Teachings of Twentieth-century Art Forms*, New York et Londres, Methuen, 1985.

5   M. Bakhtine, *L'oeuvre de François Rabelais et la culture populaire au Moyen Âge et sous la Renaissance*, Paris, Gallimard, 1970 ; Tobias Döring, *Performances of Mourning in Shakespearean Theatre and Early Modern Culture*, Basingstoke et New York, Palgrave Macmillan, 2006.

6   S. Dentith, *Parody*, Londres et New York, 2000.

7   Genette trouve la parodie incompatible avec l'imitation. Voir Genette, *Palimpsestes*, p. 45. D'autres approches, comme par exemple celle de Hutcheon, définissent la parodie comme « une forme d'imitation » : « *Parody, therefore, is a form of imitation, but imitation characterized by ironic inversion, not always at the expense of the parodied text* ». Hutcheon, *Theory of parody* [1985], University of Illinois Press, 2000, p. 6.

8   Genette, *Palimpsestes*, p. 41. L'approche de Hutcheon évacue également le comique de la notion de la parodie.

9   Voir Sangsue, *La parodie*.

matière sociale, épistémologique et esthétique. D'une part, les spécialistes considèrent l'ensemble des définitions transhistoriques provenant des poéticiens et théoriciens culturels contemporains (Genette, Hutcheon et d'autres) comme « anachroniques et inadéquates » à la culture de cette époque de transition[10]. D'autre part, ils prennent également différentes distances par rapport à l'influent concept théorique de Bakhtine qui postule l'altérité foncière de la « conscience parodique » de l'époque[11].

Tout en insistant sur l'ubiquité de la parodie, les médiévistes renoncent aujourd'hui consciemment à en proposer une définition théorique[12]. L'absence du concept de la parodie au Moyen Âge en est une des raisons, mais pas la seule : « Et on est certes en droit de se poser la question de savoir si c'est bien une approche purement conceptuelle qui va bien nous aider à saisir exactement ce que la parodie médiévale a bien pu être[13] ».

La méconnaissance du terme ne peut être alléguée pour la Renaissance qui a redécouvert la *Poétique* d'Aristote et soumis à une intense réflexion critique les approches rhétoriques de la parodie dans l'Antiquité. Ce n'est pas l'absence du concept mais plutôt l'extrême variété des pratiques parodiques au sein de cette nouvelle culture qui fait renoncer les seiziémistes à une définition précise. D'où la proposition : « N'y a-t-il pas finalement beaucoup à gagner à maintenir la confusion "onéreuse" de l'usage commun de la notion de parodie, qui lui fait désigner tantôt la déformation ludique, tantôt la transposition burlesque d'un texte, tantôt l'imitation satirique d'un style[14] » ?

---

10 Voir P. Eichel-Lojkine, *Excentricité et humanisme : parodie, dérision et détournement des codes à la Renaissance*, Genève, Droz, 2002, p. 140.

11 À titre d'exemple, citons quelques critiques provenant des études sur la parodie : Jelle Koopmans évoque Bakhtine en termes d'« interprétations en somme quelque peu gratuites ». Voir J. Koopmans, « La parodie en situation », *Cahiers de recherches médiévales et humanistes*, 15, 2008, p. 87-98, ici p. 88. Dominique Bertrand se distancie de Bakhtine en raison de la prédilection de ce dernier théoricien pour la subversion dans sa conception de la parodie. Voir Bertrand, « Introduction : État des lieux », p. 15. Daniel Sangsue indique que ce que Bakhtine prend pour les traits spécifiques de la « parodie médiévale » se laissent identifier dans la littérature des périodes ultérieures. Voir Sangsue, *La Parodie*.

12 Voir Jean-Claude Mühlethaler, « Préface : À la recherche de la parodie médiévale », *Formes de la critique : Parodie et satire dans la France et l'Italie médiévales*, éd. J.-Cl. Mühlethaler, avec la collaboration d'A. Corbellari et de B. Wallen, Paris, Champion, 2003, p. 7-14, ici p. 7 ; É. Gaucher, « Avant-propos », *Cahiers de recherches médiévales et humanistes*, 15, 2008, p. 1-2, ici p. 2.

13 Koopmans, « La parodie en situation », p. 87.

14 Bertrand, « Introduction : État des lieux », p. 13.

Derrière le rejet des médiévistes et des seiziémistes de l'abstraction théorique au profit d'« une approche empirique en matière de parodie[15] », se profile une attitude méthodologique qu'on pourrait traduire en termes bourdieusiens comme « bon usage d'indétermination » et la recherche du « sens pratique ». Comme le formule Dominique Bertrand, la reconstruction de « la conscience parodique » de la Renaissance, qui représente aujourd'hui « un chantier ouvert », ne pourrait procéder autrement qu'à partir de l'« indétermination de ses marques » et « des pratiques parodiques plurielles, à l'image de la diversité et de l'instabilité de cette période[16] ».

L'insistance des historiens culturels sur les *pratiques* sous-entend non seulement la richesse et la variété des écritures parodiques, mais également l'ancrage profond de ces formes littéraires et dramatiques dans les pratiques sociales de divertissement, et leur inscription dans le cadre des festivités. Aujourd'hui, à la place de la vision bakhtinienne de la parodie carnavalesque, vient une approche socio-poétique beaucoup plus différenciée des pratiques parodiques festives. Derrière celles-ci, se laissent découvrir différents niveaux de culture, se profilent différents groupes et leurs différents enjeux respectifs, sociaux, politiques et esthétiques. Il ne s'agit pas de minimiser l'importance de l'inversion carnavalesque, déterminante pour la structure parodique, mais de prendre en considération la performance parodique. Jelle Koopmans plaide aujourd'hui pour « une approche situationnelle de la parodie qui saurait compenser l'insuffisance d'une approche trop "littéraire" ». L'accent de la recherche se déplace ainsi de la relation intertextuelle vers la situation qui prime sur « tout *a priori* anachronique », sur « la question générique » et sur « la présence d'indices textuels ». Le terme « parodie » se retrouve remplacé par celui du « fonctionnement parodique » qui signifie « fonctionnement social de la parodie ». Cette approche peut servir à démontrer qu'un texte de l'époque que nous identifions aujourd'hui comme parodie à la base de nos connaissances intertextuelles, ne l'était pas obligatoirement pour son auteur et son public. Le texte inscrit dans les pratiques festives peut acquérir ou perdre sa valeur parodique en fonction de son contexte social et de sa « situation performantielle[17] ».

Après ce rapide état des lieux, formulerons notre positionnement méthodologique par rapport à la question épineuse de la parodie qui

---

15 Bertrand, « Introduction : État des lieux », p. 8.
16 Bertrand, « Introduction : État des lieux », p. 8.
17 Koopmans, « La parodie en situation », p. 87-98.

nous guidera dans notre analyse. Pour pouvoir identifier la présence de la parodie dans nos sources ou constater son absence, nous avons besoins de critères. Tout en se prononçant contre la conceptualisation de la parodie dans la partie théorique de leurs études, les médiévistes et les seiziémistes évoqués se retrouvent contraints d'avoir recours à des définitions préexistantes dans leur analyse de cas. Dans notre propre enquête qui visera à cerner la pluralité de pratiques parodiques dans le micro-contexte siennois du XVIᵉ siècle, nous nous servirons des approches plurielles que la théorie met à notre disposition. Si les différentes défi-nitions théoriques contemporaines sont inadaptées à l'ensemble de la production parodique de l'époque et ne permettent pas non plus de saisir toutes les implications d'une seule parodie, elles pourront néanmoins se révéler utiles à différents étapes et niveaux de l'analyse.

ENQUÊTE SIENNOISE

UN NŒUD DIFFICILE À DÉLIER

Dans les années quatre-vingt du XXᵉ siècle, donc à l'époque où Genette reprochait à la recherche littéraire de ne pas savoir de quoi elle parle en évoquant la parodie, un fait inexplicable a attiré l'attention des seiziémistes. En 1559, l'auteur siennois Pietro Fortini parodie sur les pages de son recueil *Le piacevoli et amorose notti dei novizi* un spectacle qui a eu lieu dans la même ville 27 ans plus tôt. Écrit en dialecte sien-nois, le fragment est désigné comme *sacrepico*. Il met en scène un rite sacrificiel exécuté par un groupe débridé de vilains. Derrière ce *sacrepico* dialectal, rustique, grossier et obscène des vilains, les spécialistes de la culture et littérature siennoise de l'époque parviennent à reconnaître *Il Sacrificio*, l'œuvre collective des membres de l'académie des *Intronati*, composée par ces gentilshommes dans un *volgare illustre* et représentée par eux-mêmes à Sienne au début de la saison carnavalesque de 1531/2[18].

---

18   Ici comme par la suite, en parlant des événements situés entre le 1ᵉʳ janvier et le 25 mars, nous suivons la tradition de double numérotation utilisée dans la recherche pour signaler la différence entre le style siennois de l'époque et la datation moderne. « L'année, dans le diocèse de Sienne, comme dans celui de Florence, suivait le style de l'Incarnation et

Dans son édition critique du recueil de Fortini, Adriana Mauriello va plus loin que tous les autres historiens littéraires dans sa vision caricaturale et grimaçante de cette parodie. Pourtant, elle avoue ne pas trouver le motif qui pourrait la justifier :

> *In tal caso rimarrebbe da spiegare perché mai Fortini, a ben ventisette anni di distanza dal Sacrificio degli Intronati, ne avrebbe composto una parodia, ormai decisamente inattuale e priva di mordente satirico. Ovviamente ci si trova qui dinanzi a un nodo difficile da sciogliere [...]*[19].

> « Dans un tel cas il resterait à expliquer pourquoi Fortini, à une distance historique de vingt-sept ans du Sacrifice des *Intronati*, en a composé une parodie, désormais absolument inactuelle et privée de son mordant satirique. Il est évident que nous nous retrouvons devant un nœud difficile à délier. »

Françoise Glénisson-Delannée, qui a également largement contribué à la redécouverte de Fortini, est également posé le « problème d'interprétation » de son texte. Elle trouve pourtant que « les termes de "parodie", de "polémique", de "satire", de "caricature", semblent, à la réflexion, excessifs pour caractériser la position de Fortini vis-à-vis de son modèle, et sans doute vaudrait-il mieux parler "d'imitation souriante"[20] ».

Ce « nœud difficile à délier » se présente donc tout d'abord comme enchevêtrement de termes autour de la question de la parodie dans les efforts interprétatifs de nos contemporains. Nous revenons ainsi à la question du départ de savoir « de quoi l'on parle » ici. Sans nous attarder à cet endroit sur le sujet terminologique qui risquerait de nous retenir trop longuement si on prenait en considération toutes les taxinomies, relevons juste les aspects qui seront importants pour pouvoir continuer à parler du texte de Fortini en termes de parodie. Les deux commentaires partent d'une vision très restreinte et anachronique de l'intention parodique, réduisant celle-ci au dénigrement du modèle. Dans le premier cas, cette vision détermine la teneur de la question adressée à la parodie de Fortini, qui risque d'être en partie faussement

---

commençait le 25 mars ». Voir O. Redon, *L'espace d'une cité. Sienne et le pays siennois* (XIIIᵉ-XIVᵉ *siècles*), Rome, École Française de Rome, 1994, p. 7.

19 *Pietro Fortini, Le piacevoli e amorose notti dei novizi*, éd. A. Mauriello, *Rome, Salerno, 1995*, p. 505, n. 4. Ici comme par la suite, toutes les traductions de l'italien sont de notre fait. Par la suite, le texte de Fortini sera cité d'après cette édition critique. Les numéros des pages seront indiqués entre parenthèses.

20 F. Glénisson-Delannée, « La société ludique de Pietro Fortini », *Bullettino senese di storia patria*, XCV, 1988, p. 130-225, ici p. 214.

posée. Car un grand nombre de théoriciens et historiens de la parodie répliqueraient que cette pratique en général et surtout au XVIᵉ siècle, n'est pas obligée d'être dirigée contre son modèle mais, au contraire, pourrait lui servir d'hommage[21]. Dans le deuxième cas, la même vision négative conditionne le rejet du terme « parodie » au profit de celui d'« imitation souriante ». À cet endroit, on pourrait également alléguer les approches théoriques, évoquées ci-dessus, qui définissent la parodie à partir de la notion de l'imitation, tout comme l'opinion des historiens littéraires qui nous expliquent qu'à la Renaissance « la prolifération parodique découle plus largement encore du parti-pris de l'imitation » et se servent abondamment de l'expression « imitation parodique[22] ».

Cette considération élimine le problème de la légitimité du terme « parodie », mais maintient le problème d'interprétation de l'œuvre. La parodie de Fortini, dans le cadre littéraire du recueil et le contexte socioculturel de celui-ci, suscite certes de nombreuses questions. Mais à part ces questions on devrait également s'interroger si son modèle du *Sacrificio* n'était pas déjà une parodie en lui-même. Le cadre carnavalesque de la représentation, propice aux jeux parodiques, ainsi que le titre sous lequel le texte dramatique a été publié au XVIᵉ siècle, *Comedia del Sacrificio de gli Intronati da Siena*, nous incite à envisager cette possibilité. Dans un tel cas, il ne faudrait plus parler d'une parodie isolée mais se représenter une chaîne parodique. Ensuite, il conviendrait de s'interroger sur sa capacité de nous amener à un foisonnement de sacrifices parodiques donc vers une pratique d'envergure plus importante. Il serait nécessaire alors d'en découvrir les origines, les acteurs, les fonctionnements, les significations sociales et culturelles. C'est à partir de cette hypothèse et dans cette perspective que nous nous proposons d'explorer l'intertexte culturel siennois.

LES *INTRONATI* ET LEUR *SACRIFICIO*

Qui sont les *Intronati* qui se sont produits sur la scène carnavalesque siennoise en 1531/2 ? Afin de pouvoir dégager par la suite les différents

---

21   Voir par exemple Hutcheon, *Theory of parody*, 2000, p. 78.
22   « When attempted for comic purposes, the imitation is known as parody ». Voir J. DellaNeva, « Imitation and Parody », *The Rabelais Encyclopedia*, éd. E. Chesney Zegura, Westport, Connecticut/Londres, Greenwood Press, 2004, p. 126. Voir également Bertrand, « Introduction : État des lieux ».

aspects de leur représentation, il faudrait répondre à cette question d'identité collective d'une manière double et ambivalente.

Dans leur première facette, les *Intronati* représentent la première académie italienne institutionnalisée qui s'est constituée en 1525 à Sienne. Ses membres, hommes lettrés, proviennent des plus nobles familles siennoises. Grâce à ce groupe porteur d'innovation, Sienne mérite le haut statut culturel du berceau du mouvement académique européen. Le nom symbolique de l'académie qui se traduit littéralement comme « assourdis par un fracas de tonnerre », signifie, selon les statuts de cette docte assemblée, l'attitude collective de détachement du monde au profit d'une *vita contemplativa*. Le programme des activités de l'académie des *Intronati* comprend les études grecques et latines et le développement de la langue littéraire toscane[23].

Dans leur deuxième facette, les *Intronati* représentent une des nombreuses compagnies joyeuses qui pullulent dans le premier tiers du XVIe siècle à Sienne à tous les niveaux sociaux et culturels. Se composant de jeunes hommes, cette compagnie qui se constitue le 1er mai s'inscrit dans la tradition coutumière des fêtes de jeunesse. Selon une deuxième interprétation donnée par les *Intronati* eux-mêmes, leur nom collectif a ses origines dans un sobriquet moqueur, attribué aux jeunes hommes par les jeunes femmes dans le cadre d'un divertissement collectif. Dans l'usage courant de l'époque, *intronato* est tout simplement un synonyme de « stupide » ou « balourd[24] ». Dans le contexte festif et ludique d'une *brigata* hétérosociale, où les *Intronati* jouent le rôle d'*amorosi giovani* (jeunes amoureux), ce sobriquet acquiert une connotation érotique[25] et

---

23 « [...] *alcuni spiriti gentili in diverse qualità di dottrina eccelenti, i quali [...] si disposero di fondare una congregazione nella quale [...] con ferma intenzione si dessi opera alli esercizi delle lettere così volgari come greche e latine, leggendo, disputando, componendo, interpretando, scrivendo, e, per dirlo in uno, facendo tutto che per imparare far si suole [...] e da un fermo loro proponimento di fingere di non intendere e non curarsi di nissuna altra cosa del mondo, lo' [loro] piacque di pigliar nome delli Intronati* ». Capitoli dell' Accademia degli Intronati di Siena, Biblioteca Comunale di Siena, Cod. Y.I.1. « [...] quelques esprits gentils et excellents en différents domaines de la science [...] décidèrent de fonder une congrégation avec la ferme intention [...] de contribuer, en son sein, aux exercices des lettres vernaculaires, aussi bien que grecques et latines, en lisant, discutant, composant, interprétant, écrivant, bref, en faisant tout ce qu'on a l'habitude de faire pour apprendre [...] ; ayant pris la ferme résolution de faire semblant de ne pas comprendre et de ne se soucier d'aucune autre chose au monde, ils souhaitèrent s'attribuer le nom d'*Intronati* ».

24 Vocabolario degli Accademici della Crusca, Venise, Giovanni Alberti, 1612, p. 461. http://www.lessicografia.it/ricerca_libera.jsp

25 Scipione Bargagli, *Dell' imprese* [1578], Venise, Francesco de' Franceschi, 1621, p. 220-221.

pourrait être traduit comme « affolés par l'amour ». Le choix du nom collectif inscrit donc les *Intronati* dans la culture joyeuse des jeunes à marier de l'époque, dont les appellations évoquent la folie, la sottise ou l'amour. En tant que compagnie joyeuse, les *Intronati* sont loin de mépriser le monde et ses plaisirs. Leur mission sociale consiste à organiser le Carnaval[26].

La première manifestation collective mémorable de la jeune académie/ compagnie joyeuse des *Intronati* dans la ville de Sienne a pris la forme du *Sacrificio*, représentation offerte au public siennois pour l'ouverture de la saison carnavalesque de 1531/2. Ultérieurement, le texte dramatique pourvu de didascalies a été publié sous le titre *Il Sacrificio de gli Intronati celebrato nei giuochi del Carnovale in Siena l'Anno MDXXXI Sotto il Sodo dignissimo Archintronato*[27]. Cette édition, dont déjà le titre témoigne du rôle de l'*Archintronato*, prince de l'académie[28], en tant que principal organisateur des jeux carnavalesques dans la ville, et nous donne aussi une chance de reconstruire le déroulement du spectacle[29].

Sur la scène carnavalesque installée en plein air, les *Intronati* érigent un autel dédié à Minerve[30]. Ayant allumé un grand feu en l'honneur de la déesse de la sagesse, ils apparaissent sur scène en nombre complet, guidés par *Il Sodo Archintronato*. Faisant intervenir un de leurs membres comme prêtre païen (*sacerdote*), les académiciens adressent une prière collective au panthéon des dieux olympiques. L'absence de l'invocation de Vénus est significative. Dans leur prière, les *Intronati* regrettent l'erreur de s'être consacré aux louanges des dames siennoises ingrates qu'ils déclarent

---

26 Pour un examen plus approfondi de la double identité collective des *Intronati*, voir mon article « Le monde ludique des académies italiennes : l'exemple des *Intronati* de Sienne », *Savoirs ludiques. Pratiques de divertissement et institutions savantes, littéraires et politiques dans l'Europe moderne*, éd. K. Gvozdeva et A. Stroev, Paris, Champion, 2014, p. 49-88.

27 Pour la filiation des manuscrits et des éditions du *Sacrificio* à partir de 1537, voir F. Cerreta, « Introduzione », *La Commedia degli Ingannati*, éd. F. Cerreta, Florence, Olschi, 1980, p. 59-61 ; N. Newbigin, « Introduzione », *Gl'Ingannati, con Il sacrificio e la canzone nella morte d'una civetta*, éd. N.Newbigin, Bologne, Arnaldo Forni, 1984, p. 12-13.

28 *Il Sodo* (Le Dur) est le nom de baptême académique de Marcantonio Piccolomini qui remplissait en 1531/2 la fonction de l'*Archintronato*.

29 *Il Sacrificio* sera cité d'après l'édition qui est contemporaine à la parodie de ce texte créée par Fortini : *Comedia del Sacrificio de gli Intronati da Siena*, Venise, Gabriele Giolito de' Ferrari, 1559.

30 Pour plus de détails, voir l'évocation du spectacle par Scipione Bargagli dans son *Oratione in Lode dell'Accademia degli 'ntronati dello Schieto Intronato* (1603), publiée en annexe au recueil *Delle commedie degl'Accademici Intronati*, la seconda parte, Sienne, M. Florimi, 1611, p. 484-485.

dorénavant comme leur pires ennemies (« asprissime nimiche », p. 3). Choisissant Minerve comme leur protectrice, ils supplient la déesse de les libérer de « l'eterna infamia » (p. 7) du servage amoureux pour les diriger vers la sagesse, puisée dans les études des lettres. De la prière, les *Intronati* passent à l'acte du sacrifice. L'un après l'autre, ils jettent dans le feu sacré les gages d'amours personnels reçus de la part des femmes : qui un anneau, qui une mèche de cheveux, qui un mouchoir trempé de larmes. Ayant payé ce tribut à Minerve, les académiciens forment une procession qui fait trois fois le tour de l'autel. Ensuite chacun retire les cendres des reliques amoureuses du feu et les jette par-dessus l'épaule. Sans se retourner en arrière, les adorateurs de Minerve quittent la scène. Les paroles du madrigal qui accompagne leur départ, font comprendre au public que les *Intronati* s'engagent sur le chemin ascendant de la connaissance, qui doit les amener vers la gloire sur terre et ensuite vers la béatitude des cieux (p. 24-25).

Le texte dramatique sera inclus par les *Intronati* dans un recueil de leurs pièces carnavalesques. Le titre figurant sur le frontispice du recueil, *Comedia del Sacrificio de gli Intronati da Siena*, semble indiquer l'intention comique du sacrifice, mais la provenance de ce titre et sa signification suscite trop de doutes dans la recherche pour qu'on puisse y insister[31].

Dans un des discours académiques, ce spectacle carnavalesque et sa publication sont rétrospectivement commentés comme suit :

> *[gli Intronati] dilettaron niente meno con se medesimi, la loro amorevolissima, ed affettuosissima Cittadinanza ; raffigurando, a somiglianza delle superstitiose antiche genti, quel notabile Sacrificio d'Amore ; la cui propria forma si viene infino a' presenti giorni, non senza a altrui molto diletto nelle pubbliche stampe a preservare*[32].

> « [les *Intronati*]ont diverti pas moins qu'à leur propre dépens leurs concitoyens affectueux et pleins d'amour pour eux, en représentant, à la manière des Anciens superstitieux, ce notable Sacrifice d'Amour, dont la forme a été conservée jusqu'à nos jours par sa publication et procure toujours un grand plaisir [aux lecteurs contemporains]. »

---

31 À l'époque, l'étiquette *comedia* est appliqué sans aucune rigueur à une variété si large de textes dramatiques siennois, qu'il serait impossible d'en déduire clairement l'identité générique et l'intention comique du *Sacrificio*. Sur ce sujet, voir Curzio Mazzi, *La Congrega dei Rozzi di Siena nel secolo XVI*, Florence, Le Monnier, 1882, vol. I, p. 153-161. D'autre part, le mot *comedia* dans le titre pourrait constituer une interpolation, ne se référant pas au *Sacrificio* mais au deuxième élément du recueil, la comédie érudite *Gl'Ingannati*. Pour cette hypothèse, voir Newbigin, « Introduzione », *Gl'Ingannati*, p. v n. 1.

32 Bargagli, *Oratione in Lode dell'Accademia degli 'ntronati*, p. 485.

Ce commentaire nous donne quelques éléments pour pouvoir considérer *Il Sacrificio* dans une lumière parodique. Premièrement, il nous fait comprendre que ce n'est pas un texte concret mais plutôt l'ensemble du bagage mythologique et littéraire antique qui constitue le modèle transformé dans le spectacle. La première opération parodique consiste en prise de « distance critique[33] » par rapport aux Anciens, désignés comme « *superstitiose antiche genti* ». Continuant à se servir de la terminologie de Hutcheon, on peut désigner la deuxième opération parodique comme « transcontextualisation[34] ». Les *Intronati* transposent le rite sacrificiel qu'ils exécutent à la manière des Anciens, dans les coordonnées carnavalesques de la Sienne du XVIᵉ siècle. La forme rituelle dont ils se servent se remplit d'un nouveau contenu qui est sans doute en relation avec leur propre identité collective. Un effet comique, critère de la parodie, non nécessaire selon Hutcheon, et nécessaire selon Rose[35], serait envisageable à partir du contraste qui se crée entre l'image sanglante du sacrifice des Anciens, transmise dans les sources littéraires bien connues aux *Intronati*[36], et l'image galante des objets sacrifiés par les *Intronati*. Le commentaire n'évoque pas explicitement le rire qui pourrait nous servir d'indice du comique. Pour caractériser l'intention et l'effet du *Sacrificio*, il choisit un terme plus vaste, *il diletto* (joie, plaisir ou divertissement), procuré d'abord par ce spectacle à tous les citoyens qui y avaient assisté et ensuite par le texte dramatique, publié plus tard, à ses lecteurs. Quel que puisse être sa signification précise dans notre contexte, l'insistance sur *il diletto* provoque une question incontournable : comment les dames siennoises, faisant partie du public et interpellées de nombreuses fois

---

33 « *Parody is, in another formulation, repetition with critical distance, which marks difference rather than similarity* », Hutcheon, *Theory of parody*, 2000, p. 6.

34 Hutcheon, *Theory of parody*, 2000, p. 15.

35 Pour Margaret Rose, l'effet comique est un critère inaliénable de la parodie. « The creation of comic incongruety or dicrepancy will be taken as a significant distinguishing factor in the definitions given of it in this bool [...] ». Voir Margaret A. Rose, *Parody : Ancient, Modern, and Post-Modern*, Cambridge University Press, 1993, p. 31. Pour la comparaison des différentes définitions de Rose, et surtout celle qui définit la parodie comme « refonctionnement critique d'un matériau littéraire préformé avec effet comique » avec les définitions également plurielles de Hutcheon, voir Sangsue, *La parodie*, p. 71-79.

36 Pour les images sanglantes du sacrifice chez Ovide (auteur particulièrement cher aux *Intronati*, chez qui ils puisent le *motto* de leur emblème collectif), voir John Scheid, « L'animal mis à mort », *Mort et mise à mort des animaux*, éd. A.-M. Brisebarre, *Études rurales*, nᵒ 147-148, 1998, p. 15-26.

directement par les acteurs, pouvait-elles se divertir, éprouver le plaisir
et manifester la joie en s'entendant traiter de « pires ennemies » ?

Pour pouvoir examiner la performance du *Sacrificio*, adressons-
nous tout d'abord à une étude récente qui s'interroge sur la possibilité
d'appliquer les critères de la parodie, élaborés sur des exemples littéraires,
à la parodie rituelle. Celle-ci contient une consideration importante
pour notre sujet :

> *Unlike the forms of textual borrowing and literary "transcontextualization", on*
> *wich Hutcheon, Dentith, Rose, Genette and others focused on, we are concerned with*
> *ceremonial activities and therefore face the question of how exactly the parodistic*
> *version of a ritual differs from a genuine performance [...] the parodistic performance*
> *of a ritual might still be thought to generate genuine effects. Ritual parody, therefore,*
> *moves on dangerous ground[37].*

Aujourd'hui, le sacrifice parodique des *Intronati* est interprété de
deux façons contraires. Certains historiens du spectacle qui privilégient
une optique rituelle et donc le geste collectif d'incinération des gages
d'amour dans le spectacle, y reconnaissent un authentique « rite miso-
gyne[38] ». D'autres reconnaissent la valeur principale du spectacle dans la
récitation des sonnets pétrarquistes par chacun des *Intronati* au moment
de jeter un gage d'amour dans le feu. Ces derniers sont d'opinion que la
parole poétique abolit le geste rituel de rejet. À partir de cette optique
littéraire, on parvient à attribuer à la cérémonie académique dans son
ensemble une signification philogyne[39]. Cette dernière interprétation
semble se confirmer dans l'épilogue et le prologue du spectacle qui
font apparaitre un des *Intronati* qui chante les louanges des dames en
s'accompagnant de la lyre.

Il suffirait de suivre Bakhtine pour attribuer au message du spectacle,
inscrit dans les coordonnées rituelles du Carnaval, une valeur ambivalente. Cette valeur est pourtant trop abstraite pour pouvoir inscrire cette
manifestation de l'académie joyeuse dans son contexte socioculturel.

---

37 Döring, *Performances of Mourning*, p. 159-160.

38 Voir p. ex. Richard Andrews, « The *Intronati* and Sienese comedy », *A history of Italian*
     theatre, éd. J. Farrell et P. Puppa, Cambridge University Press, 2006, p. 58-60, ici p. 58 ;
     Marzia Pieri « Introduzione », *Gl'Ingannati*, éd. M. Pieri, Pise, Teatrino dei Fondi/Titivillus
     Mostre Editoria, 2009, p. 17.

39 Voir Newbigin, « Introduzione », p. XVI. Pour l'interprétation philogine du Sacrificio,
     voir également A. Baldi, *Tradizione e parodia in Alessandro Piccolomini*, Lucques, Maria
     Pacini Fazzi, 2001, p. 17.

Nous nous proposons donc plutôt de dégager les différents niveaux de signification de ce rite-spectacle[40].

Signification rituelle

Ludovico Castelvetro (1505-1572), largement connu à l'époque pour son esprit aiguisé de critique littéraire, avait séjourné à Sienne et fréquenté les *Intronati* dans les années vingt – début des années trente[41]. Il écrit dans sa lettre de 1536, adressée à son ami Filippo Valentini :

> *Voi lodate il trovamento del Sacrificio Intronatesco, & se non m'inganno, credete loro essere stati gli autori. Ma sappiate che non essi, […], ma i passati Senesi o Toscani furono i primi ordinatori di simili solennità amorose, & allora che io dimorava in Siena, intesi che il popolo Sanese non vedeva Sacrificio potersi rendere ad Amore in altra guisa che gittare nel fuoco alcuna cosa ad honore o a vergogna d'Amore[42].*

> « Vous louez l'invention du *Sacrifice* des *Intronati*, et, si je ne me trompe pas, croyez qu'ils en ont été les auteurs. Mais sachez que ce ne sont pas eux, mais des Siennois et des Toscans des générations passées qui sont à l'origine de telles solennités amoureuses, et lorsque je séjournais à Sienne, j'avais compris que le peuple siennois ne voyait pas une autre manière de faire un sacrifice d'Amour que de jeter dans le feu quelque chose en l'honneur ou déshonneur de l'Amour. »

Le moment exact de l'exécution du sacrifice parodique des *Intronati* permet de préciser ce témoignage important. *Il Sacrificio* a été mis en scène la veille de l'Épiphanie. Le soir du 5 Janvier est le moment de l'année où la jeunesse siennoise allume les grands feux pour célébrer la fête populaire qu'on connaît sous le nom de la *Befana*[43]. Le feu du

---

40   Paolo Toschi, partant d'une approche socio-anthropologique de l'histoire du théâtre italien pratiquant, introduit ce terme pour désigner les performances festives des compagnies masculines qui ne se laissent pas ranger dans les schémas génériques. Voir P. Toschi, *Le origini del teatro italiano*, Turin, Einaudi, 1955, vol. 1, chapitre III : « L'esecuzione del rito-spettacolo come prerogativa di particolari associazioni », p. 88-103.

41   Voir V. Marchetti et G. Patrizi, « Castelvetro, Ludovico », *Dizionario Biografico degli Italiani*, vol. 22, 1979, en ligne.

42   *Lettere di Lodovico Castelvetro, Raccolta d'Opuscoli scientifici e filologici*, éd. F. Beretta (ed.), Venise, Simone Occhi, 1752, vol. 47, p. 429. Cette lettre est évoquée par Baldi, *Tradizione e parodia*, p. 16.

43   Voir C. Manciocco et L. Manciocco, *L'Incanto e l'arcano. Per una antropologia della Befana*. Rome, Armando, 2006, chapitre 3.4 : « Fuochi dell'Epifania ». Les auteurs s'appuient sur un grand nombre de données folkloriques récentes et anciennes recueillis en Toscane, dont une partie provient du recueil *Befanate del contado toscano*, éd. É. K. Farsetti, Florence, 1900.

sacrifice parodique nous conduit donc vers le feu rituel authentique de cette fête juvénile qui inaugure la saison carnavalesque.

Interrogeons-nous plus précisément sur la signification rituelle des feux de la *Befana*. Castelvetro indique que ces feux sont allumés par le peuple siennois *ad honore o a vergogna d'Amore*. Selon les anthropologues et les ethnologues, le feu comme élément principal de cette fête de jeunesse crée un espace magique à la fois apotropaïque et propitiatoire[44]. Les objets que les jeunes hommes jettent dans le feu nocturne peuvent avoir la forme de figures féminines des sorcières dont il faut se protéger. Mais le jour de l'Épiphanie est traditionnellement le jour de déclaration des fiançailles. Les feux allumés dans la nuit qui précède, ont donc également un pouvoir magique d'augure matrimoniale[45]. Comme le précise Paolo Toschi, les augures de la *Befana* proviennent directement du feu magique, allumé dans le cadre des rites-spectacles des associations de jeunesse. Les jeunes jettent dans le feu les objets qui symbolisent l'union, pour les retirer incandescents et les lancer après, en accompagnant ce geste par le nom des fiancés[46].

Au premier niveau de sa signification, *Il Sacrificio* des *Intronati* est donc un rite festif des feux de la *Befana*. Il a une valeur symbolique pour toute la jeunesse siennoise indépendamment de son niveau de culture. Le plaisir qu'il procure aux hommes comme aux femmes est assuré par la reconnaissance des formes coutumières de ce rite de passage derrière la performance parodique à la manière des Anciens.

Signification sociale

Pour différencier clairement ce deuxième niveau du premier, précisons qu'il s'agit ici de la problématique spécifique de la micro-société académique. Rappelons que la représentation du *Sacrificio* offrait à la jeune académie la première occasion de se présenter publiquement aux habitants de la ville. L'objectif qu'on pourrait comprendre comme augmentation du capital social de la compagnie, pourrait fournir la raison pour laquelle les auteurs, les acteurs et les personnages coïncident dans les mêmes figures des *Intronati*[47]. L'académie déploie devant le public leur propre structure

---

44 Manciocco, *L'Incanto e l'arcano*, p. 81.
45 Manciocco, *L'Incanto e l'arcano*, p. 79-80, p. 130.
46 Toschi, *Le origini del teatro italiano*, p. 346-347.
47 À la fin de la même saison carnavalesque, les *Intronati* ayant acquis une certaine visibilité sociale, réapparaîtront sur scène dissimulés derrière les personnages de leur comédie *Gl'Ingannati*.

hiérarchique en montrant leur *Archintronato*, leur protecteur et membre honoraire Alfonso Piccolomini, Duc d'Amalfi (*Il Desiato*), comme une trentaine d'autres membres défilant l'un après l'autre, présentés dans le texte dramatique sous leurs noms de baptême académique.

Mise à part cette fonction représentative du *Sacrificio*, la synthèse entre le feu de la *Befana* et le feu de Minerve, rendue possible par la parodie, permet aux *Intronati* de négocier dans l'espace liminal du Carnaval la problématique sociale de leur identité collective. Cette identité du groupe suscite à l'époque des polémiques et des reproches dans la société siennoise. L'académie est-elle « une auberge de doctrines » opposée au monde, ou « le pré délicieux d'études plaisantes » cultivées comme exercice mondain[48] ? La contradiction entre ces deux identités collectives que nous repérons dans le domaine discursif des traités et des polémiques, est surmontée dans la performance du *Sacrificio*. La superposition des deux sources de lumière, le feu de Minerve et le feu de la *Befana*, permet aux *Intronati* d'éclairer à la fois les deux espaces de leur institution sans les opposer l'un à l'autre : d'un côté, l'espace intérieur de l'académie accueillant les hommes sérieux qui abandonnent le monde pour se consacrer aux études assidues des lettres ; de l'autre côté, cet espace extérieur de l'académie joyeuse, situé en plein air, où elle célèbre son alliance avec le monde dans un jeu carnavalesque de coquetterie galante avec les femmes. À ce niveau de signification du *Sacrificio*, la figure collective des femmes n'est qu'une métaphore du *monde*[49].

Signification littéraire

À ce niveau, le sacrifice parodique fonctionne comme démonstration de l'excellence littéraire de l'académie. Les historiens littéraires ayant examiné de près *Il Sacrificio* du point de vue de ses moyens d'expression

---

48 Sur ce sujet, voir Girolamo Bargagli [Materiale Intronato], *Dialogo de' giuochi che nelle vegghie sanesi si usano di fare (1572)*, éd. Patrizia d'Incalci Ermini, introduction de Ricardo Bruscagli, Sienne, 1982, p. 134.

49 J'emprunte cette approche métaphorique des figures féminines à Ricardo Bruscagli, en élargissant le champ de son application à partir des pratiques ludiques de dissémination du savoir par les *Intronati*, vers leurs pratiques théâtrales. Voir Ricardo Bruscagli, « Les *Intronati* 'a veglia' : l'académie en jeu », éd. Ph. Ariès et J.-Cl. Margolin, *Les jeux à la Renaissance*, Paris, 1982, p. 208-209 : « la femme comme métaphore, pour ainsi dire, d'un public sans lettres, d'un public mondain et peut-être quelque peu cultivé, mais tout à fait éloigné d'une culture régulière, d'une formation humaniste ».

poétiques, ont relevé la forme élaborée de cette composition[50]. Considéré
sous cet angle, le sacrifice dramatique remplit la fonction du cadre pour
une sorte de concours de sonnets pétrarquistes qui se développe sur
scène. La récitation des sonnets occupe la majeure partie du temps du
spectacle, comme on peut le déduire du texte publié. Mûris à l'intérieur
de l'« auberge de doctrines » (suivant l'ensemble des procédures académiques de lectures et commentaires de Pétrarque, d'écriture individuelle
par chacun des membres, de discussion critique, de censure rigoureuse
et de sélection)[51], ces meilleurs fruits de l'académie sont offerts aux
dames pendant le Carnaval[52] et au large public de lecteur dans le recueil
publié par les *Intronati*.

SACRIFICIO, SACREPICO ET SACRIFITII : LA PARODIE DE PIETRO FORTINI DANS SON CONTEXTE LITTÉRAIRE ET SOCIAL

Né à la charnière des siècles à Sienne, l'auteur Pietro Fortini y a
passé toute sa vie[53]. Nous ne possédons pourtant aucun témoignage de
sa participation aux activités des nombreuses associations littéraires de
sa ville natale. En raison de sa condition modeste, ce bourgeois siennois
ne pouvait pas être membre d'une académie nobiliaire. Mais il semble
qu'il n'appartienne pas non plus à des congrégations littéraires d'artisans
siennois, dont son travail dans une entreprise de production de papier
aurait pu le rapprocher. Contemporain de la première génération des
Intronati, ce patriote siennois aurait pu faire une double expérience du
Sacrificio dans sa jeunesse : celle du spectateur de cette représentation
publique en 1531/2 et celle du lecteur à partir de 1537. Mais c'est seulement à la fin de sa vie qu'il nous offre son témoignage de la réception

---

50 Voir Newbigin, « Introduzione », p. 5. L'examen approfondi des formes poétiques contenues
    dans le texte du *Sacrificio* dépasse le cadre de ma considération.
51 *Capitoli dell' Accademia degli Intronati di Siena*, Biblioteca Comunale di Siena Cod. Y.I.1.
52 Voir p. ex. G. Bargagli, *Dialogo de' giuochi*, p. 134. La métaphore végétale de plantes,
    fruits et légumes est abondamment cultivée dans l'espace discursif et performatif
    de cette académie qui choisit pour son emblème une courge (*frutto della zucca*). Voir
    S. Bargagli, *Oratione in Lode dell'Accademia degli 'ntronati*, p. 463-464. Nous reviendrons
    vers les significations métaphoriques des fruits et légumes ci-dessous, dans le cadre de
    la considération de la parodie de Fortini.
53 Nos connaissances au sujet de la vie de Pietro Fortini sont assez pauvres et en partie
    approximatives. Né à Sienne tout à la fin du quinzième ou dans les premières années du
    seizième siècle, il est mort dans la même ville en 1562. Ici comme par la suite, de me
    réfère aux données biographiques recueillies par Angela Asor Rosa, « Fortini, Pietro »,
    Dizionario Biografico degli Italiani, vol. 49 (1997), en ligne.

productive du *Sacrificio* des *Intronati* dans la parodie contenue dans son recueil. En se basant sur la date de représentation, la critique a trouvé la parodie inactuelle. Mais sur le fond des quinze éditions du *Sacrificio* qui ont toutes eu lieu au XVIᵉ siècle, ce fait nous paraît moins étonnant. La parodie de Fortini pourrait être un symptôme du succès littéraire et éditorial de l'académie. D'autre part, ce succès n'est pas dû au *Sacrificio* mais à la célèbre comédie *Gl'Ingannati* qui fait partie du même volume et qui explique ses nombreuses rééditions[54]. Pour comprendre l'intérêt exagéré porté par Fortini pour cette œuvre finalement mineure des *Intronati*, il faudrait donc chercher d'autres raisons, à l'intérieur et à l'extérieur de son recueil.

Le piacevoli et amorose notti dei novizi[55] est le titre de la deuxième partie du diptyque sur lequel Fortini a travaillé entre 1555 et 1559, ayant intitulé sa première partie *Le giornate delle Novelle de'Novizi*[56]. À la différence des *Giornate*, recueil de nouvelles à cadre d'inspiration clairement décaméronienne, la composition des *Notti* est hautement hétérogène. Passant des *Giornate* vers les *Notti*, Fortini s'éloigne progressivement du modèle littéraire de Boccace en se rapprochant des pratiques festives des veillées (*veglie*) siennoises[57]. Le divertissement de son *amorosa brigata*, représentée dans le cadre, inclut non seulement *il giuoco del novellare*[58], mais également de nombreuses autres formes de réjouissances carnavalesques des *brigate* de son époque et de sa la ville natale. Dans son écriture littéraire, il reflète toute la variété des pratiques festives comme jeux, danses, chants, banquets et spectacles comiques,

---

54 Cette comédie a inspiré de nombreux auteurs, jusqu'à Shakespeare dans sa *Twelfth Night*. Tout au long du XVIᵉ siècle, *Il Sacrificio* et les *Ingannati* sont restés inséparables dans les rééditions du volume, qui respectaient la logique carnavalesque des deux représentations provenant de la même saison festive. Au XVIIᵉ siècle, les meilleures comédies des *Intronati* sont regroupées dans un nouveau recueil, composé d'après les critères génériques. Cette nouvelle stratégie éditoriale a fait oublier *Il Sacrificio*.

55 Par la suite, ce recueil sera cité d'après son unique édition critique : P. Fortini, *Le piacevoli e amorose notti dei novizi*, éd. A. Mauriello, Rome, Salerno, 1995, en 2 volumes. Les pages seront indiquées entre parenthèses dans le texte.

56 Ce recueil sera également cité d'après l'édition critique : P. Fortini, *Le Giornate delle Novelle de'Novizi*, éd. A. Mauriello, Rom, Salerno, 1988.

57 Pour l'analyse des deux recueils dans la double perspective de transformation du modèle du *Decameron* et transposition littéraire des pratiques carnavalesques des *veglie* siennoises, voir C. Binazzi, « Le veglie prima delle "vegghie" : le *Giornate* et le *Notti* di Pietro Fortini », *Bolletino Senese di Storia Patria*, 1998, p. 63-108.

58 Ainsi est désignée cette pratique festive siennoise dans *Il Dialogo de'Giuochi*, p. 218.

et offre une large palette de genres littéraires. Parmi les nombreuses pièces dramatiques, inclues dans le cadre narratif des *Notti*, on trouve à côté des farces et comédies de composition originale de l'auteur la parodie du *Sacrificio* des *Intronati*. Cette parodie se réalise dans l'image d'un sacrifice d'amour *a la villana*.

Vers la fin de la *Quatrième Nuit*, à l'issue d'un magnifique banquet dans une belle demeure située dans la campagne, *l'amorosa brigata* se déplace dans le jardin pour assister à une représentation scénique[59]. Les jeunes hommes et les jeunes femmes s'installent devant une tribune sur laquelle est érigée une statue de Cupidon. Les acteurs viennent au même endroit de l'extérieur de l'enceinte de la belle demeure et appartiennent à une autre *brigata*, entièrement composée de jeunes hommes en habits de vilains. Leur tumultueuse entrée en scène est décrite comme suit :

> [...] *si sentì drento al primo cortile un gran rumore di brigate ; e per la verdeggiante pergola si vedeva un chiaro splendore, taché giorno pareva. [...] eco che aparisce nel secondo cortile una gran torma di giovani tutti vestiti a villani, e ognuno di quelli aveva in mano una gran fiacola di pino accesa ; e arrivati sotto la tribuna a dove un Cupido stava a modo d'oracolo, tutti a quello intorno si fermoro.* (p. 497)

> « [...] on entendit, venant de la première cour, un grand bruit de brigades ; et à travers une tonnelle verdoyante on voyait une lumière si splendide qu'il paraissait qu'il y faisait jour. [...] voici qu'apparait dans la deuxième cour une grande bande de jeunes, tous habillés en vilains, et chacun d'eux tenait dans la main une grande torche de pin allumée ; et arrivés sous la tribune où un Cupidon était érigé à la manière d'un oracle, ils formèrent un cercle autour de lui. »

Le spectacle de cette bande de jeunes mâles est désigné comme *sacrificio* par le narrateur auctorial (p. 530). Les personnages qu'ils incarnent annoncent le rite auquel ils participent comme *sacrepico* (p. 498), en déformant la prononciation du mot *alla villana*.

Tout le déroulement du *sacrepico* est marqué à la fois par l'extrême fidélité aux *Intronati* et ce qui paraît tout d'abord être une extrême irrévérence à leur égard. Dans l'ensemble de ses quatre parties, cette représentation reproduit exactement la structure dramatique du *Sacrificio* : prologue chanté par *un con la lira*, la prière récitée par le *sacerdote* de la part de toute la compagnie ; le sacrifice de gages d'amour exécuté par la *brigata* masculine ; la réapparition d'*un con la lira* dans l'épilogue.

---

59   Fortini, *Notti*, p. 497-530.

L'ambivalence du message dramatique est également maintenue dans son oscillation entre le geste de séparation des gages d'amour et la parole des sonnets célébrant l'amour.

Le modèle académique clairement reconnaissable se retrouve pourtant travesti à l'aide de plusieurs moyens : costumes, attributs et langage. Au lieu de nobles académiciens siennois, on retrouve sur la scène imaginaire de Fortini les personnages de rustres vilains (*rozzi villani*). *Un con la lira* apparait chez Fortini chevauchant un âne, monture infâme. Dans ses *stanze* chantées en introduction et adressées aux femmes, il s'exprime *rusticamente*, comme le souligne le narrateur (p. 497). *Il sacerdote* qui rassemble tous les participants pour une prière, parle également « *con villanesche parole e rustici accenti* » (p. 504). La grossièreté d'apparence et le registre dialectal du langage vont de pair avec vulgarité et obscénité d'expression.

Quelques libertés à l'égard du modèle que se permet Fortini ne changent pourtant pas le sens du sacrifice. Nous nous rendons compte que l'auteur a remplacé Minerve, vénérée par les académiciens, par Cupidon, vilipendé par les *brigate* des vilains. Cette substitution permet à Fortini de se distancier de la culture académique, tout en suivant exactement la logique masculine du spectacle des *Intronati* dans l'acte du sacrifice de l'amour. En conséquence, la prière collective des *Intronati* prend la forme de vitupération. Travestissant le *Banquet* de Platon cher aux académiciens, le *sacerdote* des *villani* représente la nature ambiguë de l'amour dans une double image farcesque de larron et de cocu, autrement dit du trompeur et du trompé : « *Vel voghian far mechí queste brigate / Un certo sacrepico o ver refiuto / A questo ladroncel beco cornuto* » (p. 498) (Cette brigade veut vous représenter ici un sacrifice ou un vrai rejet de ce larron et de ce cocu).

Rassemblés en grand nombre autour de la statue de Cupidon, les vilains rabaissent son image, en rebaptisant le fils de Vénus en « *cazzo con le ale* » (membre viril avec des ailes, p. 502). Sa mère est traitée de putain (p. 504). Quant aux gages d'amour, ils sont représentés chez Fortini par les choses rustiques, basses ou sales, comme une citrouille, un poireau ou un radis, un rôti de porc ou un mouchoir taché de sang féminin, qui constitue une référence parodique au mouchoir trempé de larmes, sacrifié par un *Intronato*. Tous ces objets symboliques sans exception véhiculent des images sexuelles métonymiques ou métaphoriques. Ces images sont développées dans les compositions poétiques des *villani*. Les soupirs pétrarquisants des *Intronati* dans leurs sonnets sont étouffés chez Fortini dans le ricanement des *sonetti caudati* bernesques, célébrant l'amour charnel[60]. La direction spirituelle du geste et de la parole poétique des académiciens s'inverse ainsi dans le *sacrepico* en prenant dans la performance obscène des vilains la direction vers le bas corporel.

Revenons brièvement vers la question terminologique. Bakhtine désignerait ce spectacle comme parodie carnavalesque, inspirée par la « culture populaire », ce qui devrait ranger son objet dans le domaine opposé qu'il désigne comme « culture officielle[61] ». Notre exemple permet de se rendre compte d'une configuration plus complexe de la parodie carnavalesque qui peut avoir une autre parodie carnavalesque comme son objet, autrement dit, d'une mise en abîme de la parodie carnavalesque. Néanmoins, retenons cette idée bakhtinienne de l'« officiel », pour voir plus tard quel terme serait plus approprié pour désigner le statut social de la représentation des *Intronati* dans sa relation avec le texte de Fortini, comme avec d'autres textes qui rentreront plus tard dans le champ de notre considération.

Selon la taxinomie de Genette, il *sacrepico* de Fortini ne serait pas une parodie mais un travestissement. Ce terme me paraît particulièrement approprié dans le cas de Fortini. Car le travestissement de jeunes acteurs masculins en paysans ainsi que la « transformation » du *Sacrificio* qui déplace ce « texte singulier » d'un registre noble au registre vulgaire, sans changement de sujet, permet d'utiliser le mot au sens littéral comme au sens figuré. D'autre part, selon Genette, le travestissement fait le contraire de la parodie qui change ce sujet tout en respectant la forme. Genette établit également une différence d'ordre fonctionnel entre la parodie qui joue avec l'hypotexte et le travestissement qui s'en moque[62]. Cette opposition formelle et fonctionnelle du travestissement à la parodie par le poéticien ne me permet pas d'appliquer ses définitions sans réserve.

---

60   Formes de la *poesia giocosa* anti-pétrarquiste, ils véhiculent un double sens érotique au niveau de leur contenu comme au niveau de leur structure, étant pourvus de 'queue'. Pour les similitudes apparentes entre ces sonnets de Fortini avec les sonnets de représentants éminents de ce genre, Burchiello, Berni et Lasca, voir les commentaires d'Adreiana Mauriello dans les notes au texte de Fortini.

61   Bakhtine, *L'œuvre de François Rabelais*.

62   Genette, *Palimpsestes*, p. 45. Pour la considération critique de la terminologie de Genette, voir Sangsue, *La parodie*, p. 93-95.

Car cela signifierait la fin de l'interrogation sur l'intention de Fortini. Nous préférons donc garder le terme de parodie pour examiner le cas de Fortini, tout y incluant la technique de travestissement.

Le cadre du recueil se révélera précieux pour évaluer l'intention de l'auteur dans sa parodie, mais pas dans l'immédiat. Le premier constat que nous pouvons faire en espérant entendre la réaction à ce spectacle de la part de l'*amorosa brigata* du cadre, est négatif. Cette absence de jugement est étonnante. Car selon les règles intradiégétiques de civilité, incarnées par les *amorose brigate* des recueils à cadre de l'époque, le double sens obscène et le registre bas de la performance dramatique des *villani* devrait troubler l'harmonie de *l'amorosa notte* de la brigata aspirant à la noblesse et provoquer l'indignation, au moins celle des femmes mises en scène dans le cadre[63]. Qu'est-ce qui protège la parodie de Fortini contre la réprobation sociale de l'obscénité à travers son *amorosa brigata*, qui a lieu dans les autres fragments du recueil ?

Pour commencer à répondre à cette question, il faut s'interroger sur la provenance et la signification des personnages des *villani*, qui conditionnent ce passage du *Sacrificio* du registre haut au registre bas.

Dans les moyens stylistiques qui servent à Fortini pour rabaisser *Il Sacrificio* des *Intronati*, Laura Riccò identifie le « langage technique » des pièces rustiques des artisans siennois, et en premier lieu celles de la célèbre *Congrega dei Rozzi* (Congrégation des Rustres)[64]. L'opposition de cette compagnie littéraire et dramatique cultivant il *basso stile* aux nobles *Intronati* avec leur programme d'études classiques et pratiques de l'*alto stile* de la poésie et prose toscane est un lieu commun de la recherche. Suivant cette optique, on attribue à Fortini une place excentrique par rapport à chacun de ces deux pôles culturels siennois. À Partir de cette attribution, la recherche caractérise sa réception des œuvres littéraires comme omnivore, c'est à dire intégrant tout ce qui pourrait contribuer au divertissement de ses lecteurs, et sa démarche d'auteur comme

---

63 À titre de comparaison, évoquons le recueil *Piacevoli notti* de Straparola (1550-1553). Le cadre de ce recueil représente une société ludique d'extraction aristocratique, qui s'adonne au jeu d'énigmes équivoques, tout en réprouvant et en s'efforçant d'évacuer leurs significations obscènes. Dans l'*amorosa brigata* de Fortini, la recherche voit une société de bourgeois aspirant à la noblesse. Sans être aristocratique, cette société ludique suit les préceptes du *Cortegiano* en chassant toutes formes de bassesse et de rudesse de son cadre. Voir Glénisson-Delannée, « La société ludique de Pietro Fortini ».

64 Laura Riccò, *Giuoco e teatro nelle veglie di Siena*, Rome, Bulzoni, 1993, p. 115.

non organisée, non codifiée, variant et combinant à son gré les formes culturelles basses en provenance des *Rozzi* et les formes culturelles hautes en provenance des *Intronati*[65]. Cette vision correspond parfaitement à l'approche de la parodie développée par Patricia Eichel-Lojkine à partir de la notion de l'excentricité[66]. Nous y reviendrons.

Approfondissant les liens entre le sacrifice *alla villana* de Fortini avec le théâtre des artisans, Riccò évoque les parodies des rites sacrificiels qui étaient répandus dans la dramaturgie comique des *Rozzi* à l'époque de Fortini[67]. Les recherches de l'historien de cette congrégation Curzio Mazzi complètent ces données. Tout au long du XVI⁰ siècle, non seulement chez les *Rozzi* qui se sont constitués en 1531, mais déjà chez leurs prédé- cesseurs qu'on désigne comme *pre-Rozzi*, on trouve plusieurs exemples de sacrifices des *villani* à Cupidon, Vénus ou Apollon, destinés à faire rire[68]. Voici, par exemple le titre d'une *commedia villanesca* du *pre-Rozzo* Giovanni Roncaglia, dont la première publication remonte à 1527 :

> *Lo Scaniccio, Commedia della Speranza, molto elegante e sententiosa, nella quale si contiene come due Fratelli Pastori erano innamorati di due sorelle Ninphe, con* sacri- *fitii e moresche, e molti solazzevoli gesti atti e giuochi, et massime quelli di Scaniccio* villano, *che leggendoli e vedendoli non potrete contenere le risa*[69].

> « Scaniccio, Comédie d'Espoir, très élégant et sentencieuse, qui représente l'amour des deux bergers qui sont frères pour deux nymphes qui sont sœurs, avec sacrifices et moresques, et beaucoup de gestes, actions et jeux divertis- sants, et en premier lieu ceux du Scaniccio le vilain ; en les lisant ou en les voyant vous ne pourrez pas vous retenir de rire. »

Toutes ces données précisent le témoignage de Castelvetro, en démon- trant que le sacrifice parodique n'est pas qu'un rite festif de la *Befana*, mais aussi un micro-genre dramatique siennois. Développé par les artisans, ce genre se constitue en recours burlesque à l'Antiquité bien avant que la compagnie humaniste d'*Intronati* s'en prenne, pour élever

---

65 Riccò, *Giuoco e teatro*, p. 15 : « *Ancora, la cultura senese del Cinquecento [...] accoglie anche personalità e circoli né Rozzi, né Intronati (e basti l'esempio del Fortini), aperti ad esperienze eccentriche rispetto a quei due poli progressivamente costituitisi nel corso del secolo, essendo infatti i Rozzi non meno selettivi ed "esclusivi" degli Intronati.* » Pour le développement de cette argumentation, voir p. 52-56.
66 Eichel-Lojkine, *Excentricité et humanisme*.
67 Voir Riccò, *Giuoco e teatro*, p. 49-50.
68 Mazzi, *La Congrega dei Rozzi*, vol. 1, p. 170-175, p. 202-204.
69 Mazzi, *La Congrega dei Rozzi*, vol. 1, p. 202 ; Valenti, p. 98.

le sacrifice parodique au niveau de l'écriture académique. Derrière une chaîne parodique, nous découvrons donc un foisonnement générique de sacrifices parodiques et leur circulation entre différents niveaux de culture.

À partir de cette perspective de l'opposition entre le théâtre des nobles et le théâtre des artisans, entre le haut style des premiers et le style bas des derniers, on pourrait désigner avec Richard Trexler la performance esthétique du groupe rituel des *Intronati* comme *upgrading* du Carnaval[70]. Vue sous cet angle, la parodie de Fortini devrait constituer d'une part un geste satirique à l'égard de la culture des élites et d'autre part un geste de défense de la culture populaire, faisant retourner le sacrifice usurpé par les *Intronati* dans son domaine esthétique d'origine.

Notre enquête siennoise se complique si nous prenons en considération le fait que les *Intronati* eux-mêmes ont cultivé la veine rustique dans leurs compositions festives, en se rabaissant jusqu'aux figures des *villani*[71]. Les fruits et légumes obscènes qui apparaissent comme gages d'amour dans le *sacrepico* littéraire de Fortini, se laissent identifier à la même époque chez les *Intronati*. Dans la correspondance entre les *Intronati* ainsi que dans un volume des *Rime* inédites, se trouvent les images d'une veillée aristocratique de l'année 1559. Au cours de cette fête carnavalesque, les académiciens sont intervenus déguisés en paysans, en chantant des vers farcis de double-sens (« *stanzie rjdjcule et piacevolj ; et doppie per tuttj i versi* »). Ainsi, arrivant avec des dons de fruits pour les dames, les académiciens-paysans invitent ces dernières à les aider à bien remplir le panier (« *aiutarli a empir bene lo staio* », récipient cylindrique utilisé à la campagne comme unité de mesure et image métaphorique répandue du sexe féminin). Ils les invitent ensuite à la chasse d'oiseau, image traduisant la même signification sexuelle (« *poi al boschetto e al bruscello* »). Et chacune de ces images représente une équivoque érotique (« *et ogni cosa era con doppiezza* »). Les académiciens eux-mêmes définissent ce genre de composition comme étant « *di basso stile*[72] ».

En analysant ces sources manuscrites, Laura Riccò arrive à la conclusion que cette veine rustique est une veine occultée dans la production des académiciens. Pour leurs spectacles carnavalesques publics, ils choisissent

---

70   Voir R. Trexler, *Public life in Renaissance Florence*, Ithaca and London, Cornell University Press, 1980, chapitre 11 : « The new ritual groups », p. 414.

71   Riccò, *Giuoco e teatro*, chapitre « Gli *Intronati* "alla villana" », p. 29-38.

72   Les sources manuscrites sont citées d'après Riccò, *Giuoco e teatro*, p. 29-30.

l'*alto stile* et se travestissent en bergers arcadiens. Les académiciens siennois ne pratiquent le *basso stile* ainsi que le déguisement en vilains que dans le cadre privé des veillées, derrière les portes fermées des maisons aristocratiques. Cette conclusion importante nous permet d'abandonner la dichotomie bakhtinienne de l'officiel et du carnavalesque au profit d'une vision plus différenciée et dynamique du carnavalesque privé et du carnavalesque public.

Osons une hypothèse, spéculative, certes, mais plausible sur le fond des deux facettes de divertissements académiques de l'époque : si *Il Sacrificio* n'avait pas été conçu comme un spectacle public mais comme un divertissement privé, il aurait pu prendre chez les *Intronati* eux-mêmes la forme rustique, truffée d'équivoques obscènes et donc proche de celle que nous retrouvons chez Fortini.

Riccò désigne les performances rustiques des académiciens comme *autoparodie* qui procède par emprunts au du langage technique des artisans[73]. Car les *Intronati* et les *Rozzi* sont considérés comme deux pôles culturels contraires. À l'aide des données recueillies par Mazzi, on parvient pourtant à entrouvrir une perspective différente. Les œuvres dramatiques clandestines des nobles académiciens, versés dans les compositions rustiques, sont parfois écrites pour être jouées par les *Rozzi*, enrichissant le répertoire public de ces derniers[74]. Nous pouvons en déduire qu'en dépit de leurs programmes opposés, il existe une zone de coopération littéraire entre les compagnies des nobles et les compagnies des artisans. Cette zone de contact et interférences se construit à travers leur identification festive commune avec les figures des *villani* et les pratiques communes du *basso stile*.

Pour comprendre, sur quelle base se développe la communauté des pratiques, il faudrait déchiffrer la signification de l'habit de *villano*, travestissement qui parvient à réunir les compagnies littéraires et dramatiques composées d'hommes provenant de milieux sociaux et culturels éloignés.

Dans le traitement des personnages des *villani*, les historiens du théâtre pratiquent majoritairement une approche sociologique d'inspiration marxiste. Dans les mises en scènes des *rozzi villani*, on reconnaît dans la plupart des cas la satire que la population urbaine adresse contre

---

73   Riccò, *Giuoco e teatro*, p. 30,50.
74   Voir Mazzi, *La Congrega dei Rozzi*, vol. 1. p. 209.

la population rurale[75]. C'est à partir de cette approche répandue que Glénisson-Delannée essaye de saisir la signification du *sacrepico* de Fortini :

> La satire des vilains pourrait être à la fois porteuse d'une inquiétude en rapport avec la réalité économique et d'une ambition appartenant au domaine du rêve ; en clair elle révèlerait la crainte de la moyenne bourgeoisie face à l'arrivée à la ville d'une importante main-d'œuvre concurrente de paysans, et d'autre part, associée à l'imitation du modèle des *Intronati* dans le Sacrifice, elle correspondrait à la tentative de cette même classe de se parer des valeurs d'aristocratie[76].

Rien ne nous dit pourtant, comme on l'a déjà constaté, que les figures des *villani* chez Fortini sont négativement connotées. Rien ne nous indique non plus que ces figures joyeuses, hypersexualisées et vulgaires se rattachent à la réalité économique de l'époque. Et si nous considérons les fêtes privées des académiciens, comme certaines compositions des *Rozzi*, nous pouvons, au contraire, noter plutôt l'identification positive des membres de ces compagnies joyeuses avec les figures des *villani*. Il ne s'agit pas de vouloir complètement exclure de la scène théâtrale siennoise la présence d'une figure satirique de paysan, puisant ses sources dans la réalité sociale et économique. Nous proposons plutôt de différencier celle-ci de la figure symbolique du paysan qui apparaît dans les textes dramatiques dont il est question ici. Cette figure symbolique, comme le prouvent les sources manuscrites des *Intronati* ainsi que le texte de Fortini, est interchangeable avec d'autres figures symboliques : satyre, pèlerin ou *romito* (hermite et prédicateur vagabond)[77]. Dans un contexte plus large, le dénominateur commun de toutes ces figures est leur extériorité par rapport à un monde établi et réglé qui nous renvoie à la problématique de la classe d'âge de la jeunesse masculine. Chez Fortini comme dans d'autres sources de l'époque, en premier lieu dans les célèbres chants carnavalesques florentins qui font recours aux mêmes figures marginales, celles des *contadini/villani*, *pellegrini* et *romiti*[78], il s'agit à chaque fois des habits et déguisements portés par

75 Voir par exemple R. Andrews, *Scripts and scenarios. The Performance of Comedy in Renaissance Italy*, p. 89 ; G. Ulysse, *Théâtre et Société au Cinquecento (Les rapports sociaux dans la comédie italienne de la fin du XVᵉ siècle au 1ᵉʳ tiers du XVIᵉ)*, Aix-en-Provence, Université de Provence, 1984 ; G. Padoan, *L'avventura della commedia rinascimentale*, Padoue, Francesco Vallardi, 1996, p. 71.

76 Glénisson-Delannée, « La société ludique de Pietro Fortini », p. 214.

77 Pour les performances académiques, voir les fragments manuscrits reproduits par Riccò, *Giuoco e teatro*, p. 29 ; Fortini, *Notti*, vol. I, p. 491, p. 494.

78 Pour quelques exemples, voir *Canti carnascialeschi del Rinascimento*, éd. Ch. S. Singleton, Bari, Laterza, 1936, p. 34-36, 174-175, 413-414.

des *brigate* urbaines composés de jeunes hommes dans leurs bravades amoureuses hypersexualisées. Tous les attributs agricoles du *villano*, fruits et légumes sexuellement connotés, symbolisent le *monde vert*[79] des rites juvéniles. En correspondance avec la valeur symbolique de l'habit et des attributs du *villano*, le *basso stile* des pièces *alla villana* ne serait pas à comprendre dans une relation directe avec un sociolecte rural, mais comme développement théâtral du jargon juvénile des groupes urbains de jeunesse masculine, développé en recours à ce sociolecte pour signifier leur position liminale dans la société. Ce langage des *brigate* masculines, hypersexualisé et vulgaire, servirait à exprimer leur non-appartenance au monde des adultes et canaliser les pulsions sexuelles. Nous trouvons un appui de cette conception du *basso stile* dans un fragment du dialogue siennois consacré à la *questione della lingua* et provenant directement du milieu des académiciens qui pratiquent les divertissements carnavalesques *alla villana* : *Il Turamino ovvero del parlare e dello scriver Sanese* (1602)[80]. Dans un fragment de ce traité dialogique semi-sérieux, semi-ludique, son auteur Scipione Bargagli définit le langage « bas et rustre », pratiqué par les artisans Rozzi comme par les nobles *Intronati* dans le cadre des divertissements *alla villana*, comme signe identitaire des *brigate* urbaines : « *parlar basso e rozo, ma puro e proprio delle brigate della nostra città* » (p. 180) (le parler bas et rustre, mais appartenant pleinement aux brigades de notre ville). En parlant à cet endroit des *brigate*, l'auteur est très loin dans sa pensée sociolinguistique de la *gentile brigata* mixte du cadre décaméronien et de ses nombreuses imitations. Le mot *brigate* se réfère aux compagnies joyeuses masculines.

Reconsidérons brièvement le texte des *Notti* à partir de toutes ces données que nous avons rassemblées. La démarche de Fortini consiste à transposer *Il Sacrificio* public des *Intronati* dans l'espace privé de sa veillée carnavalesque fictionnelle. Comme nous savons que la deuxième génération des *Intronati* pratique des performances privées *alla villana* en 1559, nous pouvons dire que cette recontextualisation autorise le *basso stile* aux yeux des académiciens de l'époque de Fortini et lecteurs

---

79 J'emprunte cette image juvénile du « green world » à l'essai de Nothrop Frye, « The mythos of Spring : Comedy », N. Frye, *Anatomy of Criticism : for Essays*, Princeton UP, New Jersey, 1957.

80 Ci-dessous, le dialogue sera cité d'après l'édition critique de Luca Serianni, les pages seront indiquées entre parenthèses dans le texte : S. Bargagli, *Il Turamino, ovvero del parlare e dello scriver Sanese*, éd. L. Serianni, Rome, Salerno, 1976.

potentiels de son recueil. Ce déplacement sert ainsi à l'auteur pour établir une complicité avec les *Intronati*. Dans sa parodie, il leur rend hommage et s'élève lui-même dans sa fiction littéraire au niveau des divertissements privés des académiciens, osant proposer sa propre version du sacrifice académique *alla villana*. Choisissant pour son sacrifice une forme dialectale, le patriote siennois Fortini participe également au programme de défense et illustration de la langue siennoise qui sera plus tard formulé par les académiciens dans *Il Turamino*.

Arrêtons-nous maintenant sur le fonctionnement du *sacrepico* dans le contexte du recueil de Fortini. Si on essayait d'expliquer l'acceptation par l'*amorosa brigata* de l'obscénité du *sacrepico* par l'inscription de ce dernier dans le cadre privé de la veillée, on pourrait rencontrer l'objection suivante : l'exemple du jeu de jardiniers galants, situé dans la nuit précédente, démontre que l'*amorosa brigata* des *Notti*, aspirant à la civilité et à l'aristocratie, ne tolère pas les choses basses. Un jeune homme qui choisit pour ce jeu galant un légume rustique et fétide, comme le chou, est immédiatement exclu de cette *brigata* (p. 413-416). Pourquoi cette-même *brigata* tolère-t-elle toute une récolte abondante de différents légumes rustiques et obscènes dans il *sacrepico* des vilains : une citrouille, un radis, un ognon, une tête d'ail, un poireau et deux pommes réunies en forme de fesses ?

L'astuce de Fortini consiste à créer une discontinuité entre les deux *brigate* incompatibles, mixte et homosociale. Ces deux *brigate* ne se mélangent pas, car elles sont séparées par la rampe scénique. L'*amorosa brigata* constitue le public et la *brigata* masculine s'actualise à chaque fois dans le recueil au niveau des acteurs. L'*amorosa brigata* vit dans l'espace interactif ludique de la *civil conversatione* et la *brigata* masculine met en scène les rites-spectacles et les comédies obscènes.

La découverte de cette structure dynamique et astucieuse du recueil ne permet donc pas d'accepter certaines opinions critiques, évoquées ci-dessus, qui relèvent le caractère désorganisé du recueil, accumulant le matériel hétérogène dans le seul but de distraction du lecteur. La subtile dynamique de cette structure a une fonction plus ambitieuse, permettant à l'auteur non seulement de divertir mais aussi de réaliser son programme initiatique et éducatif[81]. Malgré la forte empreinte décaméronienne de sa première partie, dans sa préface *Al lettore* l'auteur met au centre de

---

81   L'orientation initiatique et éducative vers le jeune public est particulièrement relevée dans l'étude de Binazzi, « Le veglie prima delle "vegghie" », p. 76.

son public les *uomini* et plus précisément les jeunes bacheliers (*gioveni baccelloni*)[82]. Toutes les analyses existantes du recueil considèrent ces *bacelloni* uniquement dans le cadre de l'*amorosa brigata* hétérosociale, en ignorant la présence de la deuxième *brigata* homosociale dans le texte. Cette optique réduit l'interprétation de la préface de Fortini qui formule son intention initiatique et pédagogique. La recherche y repère uniquement le mouvement vers les choses hautes que doit suivre, selon Fortini, chaque jeune homme dans les pratiques ludiques de la *civil conversatione* avec les femmes[83]. Une telle lecture univoque néglige le double sens du « *basso ingegno* » de l'auteur, exposé dans la partie de la préface qui est spécialement destinée au lecteur masculin. Derrière la formule d'humilité, se cache une métaphore phallique largement répandue dans le théâtre siennois, chez les *Rozzi* comme chez les *Intronati*. Cette métaphore est également exploitée par Fortini dans le discours sexuellement agressif des groupes de jeunes hommes qui jouent les farces obscènes dans son recueil[84]. Ce double sens renvoie à un autre volet d'initiation et d'apprentissage qui passe par les *brigate* homosociales. Comme le démontre le *sacrepico*, cette *brigata* masculine apparaît dans le recueil pour donner aux *bacelloni* une leçon joyeuse de virilité dans les célébrations phalliques du *cazzo con le ale* (membre viril ailé). Deux constructions interactives différentes de masculinité, hétérosociale et homosociale, participent ainsi au programme initiatique et pédagogique de Fortini.

CONCLUSION

Notre enquête, suscitée par un seul cas de parodie qui restait inexplicable dans la recherche, a non seulement abouti à une réponse au sujet des ressorts parodiques de Fortini, mais nous a également amené

---

82 Fortini, « Al Lettore », *Giornate*, p. 7.

83 Voir F. Glénisson, « Un Siennois à la recherche d'un nouveau public : La préface des nouvelles de Pietro Fortini », *L'écrivain face à son public en France et en Italie à la Renaissance*, éd. A. Ch. Fiorato et J.- C. Margolin, Actes du Colloque International de Tours, Paris, Vrin, 1989, p. 283-301.

84 « *Oh che ingegno grosso che io ho* » (p. 347) ; « [...] *avrò tanta ventura farvi sentire il mio basso e grosso ingegno, mettendovelo drento la fantasia* »(p. 548).

à découvrir tout un foisonnement de sacrifices parodiques à Sienne. Ce constat permet d'identifier l'existence d'un microgenre dramatique, ancré dans les réjouissances carnavalesques et pratiqué par les *Intronati*, les Rozzi, comme peut-être par d'autres groupes qu'il resterait à identifier. À la différence d'autres genres de parodies festives de l'époque, qui puisent d'habitude leurs modèles dans le culte catholique, comme par exemple la *predica d'amore* (version italienne du sermon joyeux), *il sacrificio* se réfère à l'Antiquité païenne. Malgré cette différente provenance des modèles du culte, le principe du fonctionnement social de la parodie est le même. Car ce n'est pas la satire du culte religieux, mais la dramatisation de l'identité collective des acteurs masculins qui constitue l'enjeu de la parodie. L'examen du sacrifice parodique à travers ses performances dramatiques et littéraires permet de dégager sa fonction non seulement divertissante, mais également constructrice par rapport à l'identité masculine des acteurs. L'ambivalence rituelle du sacrifice parodique permet à ses jeunes participants de s'affirmer dans les yeux des hommes et de projeter les alliances avec les femmes. À un autre niveau de signification, cette ambivalence permet aux *litterati* de mériter le respect des puissants et de séduire leur public.

Le sacrifice parodique qui oscille entre *l'alto stile* et le *basso stile* est un genre qui circule entre les *brigate* masculines provenant de différentes couches de la société siennoise, à partir des artisans *Rozzi* et jusqu'aux académiciens *Intronati*. L'étude de la parodie permet ainsi de surmonter la vision répandue de l'opposition rigide entre ces deux célèbres compagnies joyeuses littéraires et dramatiques siennoises, encore fortement marquée par la tradition obsolète de polariser la culture des élites et la culture du peuple. Les différentes formes culturelles du sacrifice parodique démontrent que dans l'Italie du premier tiers du XVIᵉ siècle, l'Antiquité est présente non seulement dans l'esprit des humanistes, mais nourrit abondamment l'imaginaire collectif qui préfigure la culture de masses.

Katja Gvozdeva

LES « GRANDS NOËLS » DES *INNS OF COURT* LONDONIENS SOUS ÉLISABETH Iʳᵉ (1558-1603), ENTRE PARODIE ET SATIRE

Depuis le xixᵉ siècle et jusqu'aux *cultural studies* actuelles, les historiens des spectacles se sont beaucoup intéressés aux festivités données dans les *Inns of Court* londoniens du xviᵉ siècle (Gray's Inn, Lincoln's Inn, Middle Temple et Inner Temple). Cet intérêt s'explique, en partie, par le fait que *Gorboduc*, considérée comme la « première tragédie anglaise », aurait été jouée en 1561 lors d'un Grand Noël d'Inner Temple, tandis que Gray's Inn aurait accueilli en 1594, *La Comédie des erreurs* de Shakespeare. Mais cela tient surtout aux producteurs de ces spectacles ; le fait que l'on ait affaire avec des étudiants en droit a conduit à prendre très au sérieux le contenu et la forme des spectacles auxquels ils participaient.

L'historiographie traditionnelle considère que, chaque année, lors des périodes de festivités traditionnelles (de Noël à la Fête des rois, puis à la Chandeleur et lors de Mardi gras), les étudiants des *Inns* organisaient des spectacles « parodiques ». Ces spectacles seraient une sorte d'instrumentalisation ludique des gestes et des paroles appris durant leur formation juridique, sur le modèle du théâtre de la Basoche parisienne[1].

La « parodie » ne doit pas être confondue avec le « ridicule » ; elle vise à produire au sein d'une communication par nature stéréotypée, et donc attendue, un sens « autre » que celui attendu. Toutefois, elle ne se limite pas à un jeu sur l'énonciation (ton ironique, pastiche…), elle détourne l'ensemble du contexte d'énonciation et de réception. Ainsi, la parodie implique l'engagement, voire la complicité, du récepteur (lecteur, spectateur), qui doit connaître l'élément parodié pour décoder la parodie et en tirer un plaisir. Ceci explique que la parodie naisse et se déploie généralement dans une société ou un groupe restreints et aux

---

1 M. Bouhaïk-Gironès, *Les clercs de la Basoche et le théâtre comique (Paris, 1420-1550)*, Paris, Champion, 2007.

valeurs et pratiques relativement consensuelles[2]. Dès lors, la parodie invite à la réflexivité : elle met en lumière les conventions, les mécaniques et les logiques qui font fonctionner le groupe quotidiennement et parfois silencieusement. C'est en ce sens que la parodie n'est pas une satire ; l'élément parodique signale toujours sa distance entre son objet et lui-même, mais il ne remet pas en cause l'importance et le statut de la chose parodiée. À l'inverse, la satire vise à railler, voire à détruire une norme ou, plus simplement, à en dévoiler le caractère relatif.

Dans cette optique, on a considéré que les spectacles des *Inns of Court* étaient des créations parodiques produites par les plus jeunes membres dans un but avant tout pédagogique. Leur préparation serait une forme d'initiation à la maitrise des discours politique et juridique et leur « performance » permettrait d'instaurer une communication entre un public privilégié (le souverain et la cour) et de futurs membres de l'élite politique (la gentry des *Inns of Court*). Certains historiens ont même fait de ces spectacles une forme de « conseil », plus ou moins audacieux, des élites au souverain[3].

L'histoire de ces spectacles a été écrite essentiellement à partir d'une poignée de sources littéraires produites par des membres des *Inns*. Celles-ci se présentent comme des comptes rendus des festivités mais n'ont été imprimées qu'*a posteriori*, parfois des décennies après les événements décrits. Les historiens se sont rarement interrogés sur les motifs d'écriture et de publication de ces textes et encore moins sur leur adéquation aux événements qu'ils affirment narrer. Ces textes seraient des miroirs exacts du déroulement des festivités en vue de leur mémorialisation et un « témoin objectif » des tenants et aboutissants idéologiques et symboliques de ces spectacles[4]. Or il nous paraît important non seulement de questionner ces textes, mais également de les faire dialoguer avec d'autres archives : d'une part, celles produites par les *Inns* (registres d'entrées, archives des corps de gouvernement), d'autre part, celles des diverses institutions londoniennes qui interagissent avec les *Inns*, dont la Municipalité.

---

2   L. Hutcheon, *A Theory of Parody. The Teaching of Twentieth Century Art Forms*, New York, Methuen, 1985.

3   M. Axton, *The Queen's Two Bodies. Drama and the Elizabethan Succession*, Londres, Royal Historical Society, 1977.

4   E. Leonidas, « Theatrical experiment and the Production of Knowledge in the Gray's Inn Revels », *Early Modern Academic Drama*, éd. J. Walker et P. Streufert, Farnham, Ashgate, 2008, p. 115-128.

Nous interrogerons donc l'existence, réelle ou fantasmée, d'une tradition spécifique de spectacles parodiques dans les *Inns of Court*, avant de les réinscrire dans leur contexte national et urbain londonien, afin de proposer une nouvelle lecture de la dimension « parodique » que pouvaient revêtir ces spectacles pour les contemporains.

QU'EST-CE QU'UN *INN OF COURT* ?

Les quatre *Inns of Court* sont tous situés entre Westminster et Londres : Lincoln's Inn (fondé au XIVᵉ siècle) et Gray's Inn (fondé en 1513) sont sis dans le Middlesex, hors de la juridiction civique[5] ; Inner Temple et Middle Temple se situent, quant à eux, dans le *ward* civique de Farringdon Without[6], mais affirment être affranchis de la juridiction de Londres car installés sur des libertés de l'ancienne commanderie du Temple[7]. Dès le milieu du XVIᵉ siècle, ces deux Inns entretiennent de ce fait des relations particulièrement tendues avec la Municipalité de Londres.

L'*INN* : UNE *SOCIETAS*

Au XVIᵉ siècle, les *Inns of Court* sont à la fois un lieu de résidence des jeunes gens désirant étudier le droit en fréquentant les différentes cours de justice de Westminster et un lieu d'enseignement du droit. N'étant pas des corps incorporés par des chartes, ils ne jouissent pas de pouvoirs juridictionnels particuliers[8] ; ce sont des *societates*, c'est-à-dire des sociétés de résidents (*socii*). Toutefois, les *Inns* bénéficient d'une véritable autonomie : placés sous la protection de la monarchie, ils ne répondent normalement que du Lord Chancelier.

Chacune de ces *societates* est hiérarchisée selon le degré de qualification juridique des membres. Au sommet, on trouve les *masters of the bench*

---

5   W. J. Loftie, *The Inns of Court and Chancery*, Londres, Seeley, 1895, p. 25 et H. Baker, *The Third University of England. The Inns of Court and the Common-law Tradition*, Londres, Selden Society, 1990, p. 4.

6   Loftie, *The Inns of Court*, p. 28.

7   *Id.*, p. 23.

8   *Id.*, p. 95.

(aussi appelés *benchers* ou *readers*), qui dirigent les *Inns* au XVIe siècle, puis les *barristers*, divisés respectivement en *outer* (ou *utter*) et *inner barristers*, et enfin les étudiants, qu'on appelle à partir du XVIe siècle, « gentlemen ». Tous les *benchers* sont cooptés au sein des *utter barristers*[9].

Les membres d'un *Inn* doivent fréquenter les *commons* (manger et se rendre aux services religieux ensemble) mais aussi, dans la limite des disponibilités, habiter dans l'une des chambres de l'*Inn* (le plus souvent partagées pour les simples gentlemen). Cette résidence collective vise au contrôle des jeunes par les anciens mais aussi à la création d'une sociabilité et d'une culture communes[10].

QUI SONT LES « GENTLEMEN DES *INNS* » ?

Les membres des *Inns* sont originaires de tous les comtés d'Angleterre. Une tradition médiévale (plus ou moins établie) réservait aux seuls fils de gentlemen l'entrée dans un *Inn*. Toutefois, au grand dam de certains juristes[11], de plus en plus de fils de riches paysans ou de marchands intègrent les *Inns* au XVIe siècle (un quart des entrées à la fin du règne).

Les *Inns* sont des sociétés « jeunes » : à la fin du siècle, on y accède en moyenne à 21 ans[12] et 70 % des membres ont entre 17 et 30 ans. Pour y entrer, il faut avoir déjà une bonne formation à la rhétorique et à la logique ; les impétrants sont donc passés par une *grammar school*, une université ou l'un des huit *Chancery Inns*, sorte d'écoles préparatoires situées à proximité des quatre *Inns*[13].

La juridicisation croissante de la société anglaise fournit beaucoup de travail (et de revenus) aux hommes de loi. Ceci entraîne une explosion du nombre d'entrées dans les *Inns* au cours du siècle[14]. Entre 1500 et 1510, on compte environ 200 entrées, contre 800 entrées entre 1590 et

---

9   Baker, « The Third University », p. 16 et suivante. L'organisation et l'essence même de ces *societates* sont donc très différentes de la Basoche parisienne, bien que certains historiens anglo-saxons tentent de dresser un parallèle entre les deux, Bouhaïk-Gironès, *Les clercs de la Basoche*, p. 51 et suiv.

10   Par exemple, les gentlemen qui voudraient s'absenter de l'*Inn* pendant les périodes de vacances ou entre les *terms* doivent y être autorisés par des officiers de l'*Inn*.

11   A. Fraunce, *The lawiers logike*, Londres, 1588.

12   S. F. Johnson, *Early Elizabethan Tragedies of the Inns of Court*, éd. Stephen Orgel, New York, Harvard Dissertations, 1987.

13   Ph. Finkelpearl, *John Marston of the Middle Temple : an Elizabethan Dramatist in His social setting*, Cambridge (Mass.), Harvard University Press, 1969, p. 4-5.

14   *Ibid.*, p. 9.

1600[15]. À la fin du XVIe siècle, les quatre Inns comptent, en cumulé, 1 040 membres, dont 760 « gentlemen[16] ». Cette croissance produit un certain déséquilibre dans ces *societates* car le nombre de *benchers* et de *barristers* n'a que peu augmenté, alors que celui des gentlemen a explosé.

LES *INNS*, ÉCOLES DE DROIT OU ÉCOLES D'UNE CULTURE ÉLITAIRE ?

Du XVe au XVIIe siècle, se construit une image dorée des *Inns of Court*, celle d'écoles de droit de haut niveau, au point d'être qualifiés de « troisième université d'Angleterre[17] ». Complémentaires des universités d'Oxford et de Cambridge, les *Inns* permettraient à des jeunes gens de se former en droit, avant de servir la monarchie dans ses cours de justices ou dans les offices des comtés[18].

L'enseignement dure en théorie sept ans, mais il est, en réalité, dispensé durant deux brèves périodes de l'année : les *Grand Vacations* (trois semaines entre les *terms* durant le Carême et durant l'été) auxquelles devaient, en théorie, assister tous les membres. Des *readers* sont désignés parmi les *benchers* pour faire des conférences sur des lois particulières[19], puis des *disputationes* se déroulent dans le hall[20] et les gentlemen sont invités à participer à des *moot* ou *mock disputationes* sous l'œil des *barristers*. Ces *moots* et autres activités parodiques seraient des exercices permettant aux étudiants de se former à l'analyse des cas, mais aussi à l'argumentation juridique et aux plaidoiries[21]. En l'absence d'examens pour gravir les différents échelons de la société, l'expérience et la démonstration des talents oratoire et juridique lors des *moots* jouent un rôle primordial pour accéder à un rang plus élevé[22].

---

15 F. J. Fisher, « The Development of London as a Centre of Conspicuous Consumption in the Sixteenth and Seventeenth Centuries », *Transactions of the Royal Historical Society*, vol. 30, 1948, p. 37-50.

16 Finkelpearl, *John Marston of the Middle Temple*, p. 5.

17 L'expression est du « Middle Templar » George Buc, dans l'ouvrage qu'il consacre aux *Inns* en appendice de l'édition des *Annales* de John Stowe de 1612.

18 78 % des MP du Parlement élu en 1593 ont fréquenté les *Inns* ; de même, en 1584, la moitié des *Justices of the Peace* d'Angleterre en est issue. T. Skyrme, *History of the Justices of the Peace*, Chichester, Barry Rose, 1991, p. 178.

19 C'est ainsi qu'on atteint le grade d'*utter barristers*. Baker, *The third University of England*, p. 4.

20 Finkelpearl, *John Marston of the Middle Temple*, p. 8-9. J.-Ph. Genet, *La genèse de l'État moderne, culture et société politique en Angleterre*, Paris, PUF, 2003, p. 246.

21 Baker, *The third University of England*, p. 4.

22 A. Nelson et J. Elliot junior, « Historical Background », dans *Id.* (éd.), *Records of Early English Drama. Inns of Court*, vol. 1, Cambridge, D.S. Brewer, 2010, p. XIV.

L'*Inn* n'est pas qu'un lieu de formation à la culture juridique. Hors de tout cursus officiel, on s'y forme également à une culture urbaine, élitaire et humaniste. La danse, la musique, l'escrime ou le théâtre sont des pratiques culturelles distinctives que tout jeune gentleman doit maîtriser. Les membres rémunèrent des maîtres londoniens pour leur donner des leçons. Déjà dans les années 1470, le légiste John Fortescue assimilait les *Inns* à des *gymnasia* antiques dans lesquels

> [Les membres] apprennent le chant et tous les types de musique, de danse et autres perfectionnements et plaisirs (qui sont appelés divertissements) qui sont dignes de leur qualité et qui sont habituellement pratiqués à la cour[23].

En 1531, le juriste Thomas Elyot affirme que l'étudiant sorti d'un *Inn* est un humaniste parfait, avec « l'esprit d'un logicien, les phrases graves d'un philosophe, l'élégance d'un poète, la mémoire d'un juriste civil et la voix et les gestes de ceux qui doivent prononcer des comédies[24] ». Bref, l'étudiant des *Inns* apparaît comme le courtisan idéal en devenir, alliant la maîtrise des arts, du corps et de l'éloquence.

LES *INNS* ET LEURS SPECTACLES : L'EXEMPLE DU GRAND NOËL DE 1561-1562 À INNER TEMPLE

D'après l'historiographie traditionnelle, depuis le Moyen Âge, les *Inns of Court* organisent chaque année, lors de la période allant de Noël à la Nuit des rois (et parfois même jusqu'à la Chandeleur), de grandes festivités, les « Grands Noëls ». Ces magnifiques divertissements seraient dirigés et organisés par un *Lord of Misrule*, un roi carnavalesque élu parmi les gentlemen de l'*Inn*[25]. Ces spectacles seraient une forme de parodie des divertissements curiaux, mobilisant danses, mascarades, théâtre, voire tournois. Des courtisans y étaient conviés et les membres des *Inns* se rendaient parfois à la cour pour y donner des représentations.

---

23 Cité dans Johnson, *Early Elizabethan Tragedies*, p. 21.
24 Th. Elyot, *The Booke named the Governor*, Londres, 1531.
25 Axton, *The Queen's two bodies*, p. 39 et suiv.

Cependant, cette représentation des « Grands Noëls » a été extrapolée à partir d'un seul Grand Noël, celui d'Inner Temple donné en 1561-1562 et présenté comme archétypal. Dès le XIXe siècle, il a retenu l'attention des chercheurs par l'ampleur des festivités organisées mais aussi par le rôle central joué par Robert Dudley, le favori d'Élisabeth Ire. Les autorités d'Inner Temple l'ont nommé *Lord Governor* (et non *Lord of Misrule* ou *Lord of Candlemas*) de ces festivités de Noël, alors même qu'il n'est pas membre de l'*Inn*[26]. Dudley incarne le Prince Pallaphilos, qui, dans la littérature antique tardive, est le connétable d'Athéna et le défenseur de son temple[27]. Cette participation a souvent été interprétée comme la marque d'un goût personnel de Dudley pour les spectacles, mais aussi comme la preuve que celui-ci aurait eu parfaitement conscience de leur pouvoir politique[28].

Dans les faits, l'essentiel de ce que nous connaissons de ce Grand Noël tient à l'*Accedence of Armorie*, un texte écrit par Gerard Legh, membre d'Inner Temple. Ce livre, dédié aux « gentlemen des *Inns of court* », a été publié en 1562, puis réédité cinq fois avant 1612[29]. Il prend la forme d'un dialogue entre deux personnages fictifs, Gérard le Héraut (*Gerard the Herehaught*) et Legh le Chevalier non noble (*Legh the Caligat Knight*), dialogue qui sert de prétexte à des descriptions de blasons historiques ou issus de l'histoire sainte. Or, au milieu de ces miscellanées armoriales, figure le blason parodique de *Pallaphilos*. Sa description est l'occasion pour Legh de « narrer » certaines des festivités données à Inner Temple en 1561-1562.

ENTRE MISE EN PRATIQUE DE L'ENSEIGNEMENT
ET AFFIRMATION DE L'AUTONOMIE JURIDIQUE DES *INNS*

Les Grands Noëls revêtiraient une portée politique fondamentale pour les gentlemen. À en croire Legh et les historiens à sa suite, ce

---

26 Les Dudley entretiennent un lien de patronage avec Middle Temple depuis plusieurs années. John Dudley, futur duc de Northumberland, et père de Robert, a été reçu comme membre en 1511. F. A. Inderwick (éd.), *A Calendar of the Inner Temple Records*, Londres, Stevens and Sons, 1896, vol. 1, p. 22.

27 P. Raffield, *Images and cultures of law in Early Modern England. Justice and Political Power, 1558-1660*, Cambridge, Cambridge University Press, 2004.

28 Leicester aurait utilisé tous les arts pour servir son ambition politique. E. Rosenberg, *Leicester : Patron of Letters*, New York, Columbia University Press, 1955.

29 G. Legh, *The Accedens of Armorie*, Londres, 1562.

temps festif extra-ordinaire constituerait un exercice pédagogique à grande échelle pour les étudiants des *Inns*. D'un côté, y assister leur permet de recevoir un enseignement moral et politique ; de l'autre, les organiser et y participer leur fournirait l'occasion de déployer, dans le cadre de pièces de théâtre, de péroraisons ou de discours « parodiques » ou « carnavalesques », les connaissances assimilées et les compétences acquises dans le cadre de l'*Inn* (maîtrise de leur corps et de leur voix…) et qu'ils auront à mobiliser durant leur future carrière au service du monarque et du *common wealth*[30].

Par exemple, les Grands Noëls seraient l'occasion pour les gentlemen de remplir, dans un cadre festif, certaines fonctions auxquelles ils seront appelés à l'avenir[31]. Ainsi autour du « prince » Pallaphilos, est organisée une cour parodique, mimant les offices et commissions d'une véritable cour, des plus importants aux plus infimes[32] : offices de la Maison (« Lord Stewart, lord trésorier, de la maison » mais aussi « grand échanson » ou l'office parodique de « clerc de la cuisine privée »), de la Couronne (« gardien du sceau de Pallas »…), de justice (« *sergeants at law* »), de la Chambre privée (« *gentlemen pensionners* »), cléricaux (« doyen de la chapelle ») ou militaires (« gardes du prince »)…

Cette mise en exergue de la cour dans la narration de Legh participe d'une valorisation plus générale de la dimension chevaleresque des festivités. Il s'agit, certes, de mettre en scène Dudley/Pallaphilos qui occupe l'office de maître de la cavalerie à la cour d'Élisabeth Ire, mais aussi de défendre d'image des *Inns* comme lieu de formation réservé aux seuls gentlemen. Pallaphilos déclare ainsi devant l'assemblée que Pallas entend fonder l'ordre de Pégase et le placer à sa tête. Il doit recruter les 24 premiers membres parmi sa cour, c'est-à-dire parmi l'*Inn*. Ces hommes ne devront pas servir Pallas « comme des esclaves ou comme des sujets âpres au gain, mais comme des hommes libres de naissance, à l'esprit noble, immaculé de la corruption de cette vie terrestre ». Cet « ordre » repose sur « une union indissoluble, forgée par le consentement de chacun des membres de cette fraternité, union qui sera le plus sûr

---

30 M. Axton, *The Queen's two bodies*, p. 42.
31 En cela, on est très proche de l'idéal véhiculé par le théâtre scolaire humaniste. Voir, par exemple, M. Ferrand, « Le théâtre des collèges. La formation des étudiants et la transmission des savoirs aux XVe et XVIe siècles », *Camenulae*, vol. 3, 2009, en ligne.
32 Leonidas, « Theatrical Experiment… », p. 117.

bouclier de cet État contre tous les coups de la Fortune[33] ». L'*Inn* devient ainsi une école de la chevalerie revivifiée alliant vaillance et connaissance au service du souverain.

L'insistance de Legh sur le caractère chevaleresque et sur la cour de Pallaphilos, se double de multiples références à Pallaphilos comme « souverain » qui règne sur « une province qui n'est pas importante en quantité, mais qui est ancienne en véritable noblesse[34] ». Il s'agit sans doute d'assoir l'image de princière de Dudley, mais également de mettre en scène et de légitimer l'autonomie juridictionnelle de l'*Inn*, au moment où elle est contestée par la Cité de Londres. En effet, pour Legh, autonomie juridictionnelle et excellence éducative de l'*Inn* sont intrinsèquement liées. Sa plume retrouve les accents de celles de Fortescue ou d'Elyot :

> Les plus grands Princes, les gouverneurs de ce grand pays, ont octroyé des privilèges à ce lieu qui accueille des gentlemen venant de tout le royaume pour apprendre à gouverner et à obéir à la loi, qui acceptent de se sacrifier pour leur prince et pour le bien commun, et qui viennent aussi se soumettre à tous les exercices du corps et de l'esprit (les discours, la contenance, les gestes et le goût vestimentaire) qui sont l'ornement d'un gentleman ; dans ce lieu, des gentlemen issus de tous les comtés créent et cultivent dans leurs jeunes années l'amitié ; après avoir été nourris ensemble, tenus dans le même ordre et avoir discuté quotidiennement ensemble, ils sont liés par une telle unité d'esprit et de manière que leur lien ne pourra jamais être rompu, ce qui est tout à fait profitable au bien commun[35].

Ce lien entre culture raffinée et service politique est au cœur du texte de Legh qui naît d'ailleurs d'une rêverie héraldique sur le blason de Pallaphilos portant un Pégase. Par un jeu érudit, Legh fait d'Inner Temple une nouvelle Hippocrène, la « fontaine du Mont Hélicon » qui, selon la mythologie, jaillit sous le sabot de Pégase, et où « les Muses se divertissent et se baignent ». Legh convoque ainsi l'héritage latin, et particulièrement celui de Properce (*Élégies*, III 3), qui affirmait que boire l'eau d'Hippocrène favorisait l'inspiration poétique, mais aussi que cette eau permettait à la végétation des terres environnantes de

---

33 G. Legh, *The Accedens of Armorie*, Londres, 1568, p. 126. Sur les ordres de chevalerie à l'époque moderne, voir B. Deruelle, *De papier, de fer et de sang. Chevaliers et chevalerie à l'épreuve de la modernité*, Paris, Publications de la Sorbonne, 2015.

34 G. Legh, *The Accedens of Armorie*, p. 124ᵛ.

35 *Ibid.*, p. 119ᵛ.

croitre et se multiplier[36]. Le privilège d'autonomie dont jouit le petit royaume de Pallaphilos (et donc Inner Temple) aurait été octroyé par de sages souverains avec l'intention de créer une pépinière de savants (la *societas* de gentlemen) au service du royaume. Inner Temple apparaît donc comme le centre d'une culture raffinée, dont le Grand Noël serait la démonstration, mais aussi comme l'une des sources du bien commun.

UN « MIROIR DU PRINCE » ?
UN SPECTACLE AU SERVICE DE ROBERT DUDLEY

Mais les historiens ont aussi souligné que le Grand Noël d'Inner Temple avait avant tout une dimension politique : sa forme parodique masquerait, à peine, l'expression de conseils politiques formulés par les *Inns* au monarque et à sa cour ; Jean-Philippe Genet les a même qualifiés de « miroirs des princes en action[37] ». Ils viseraient à convaincre le souverain et ses courtisans de la pertinence de telle ou telle position, en jouant alternativement de l'argumentation, du pathos ou du rire. Dans la « République monarchique » que serait l'Angleterre élisabéthaine, les membres des *Inns* se considéraient et étaient considérés comme les conseils naturels du prince[38]. Cette dimension de « conseil », nécessairement restreint aux élites, expliquerait que, à l'exclusion d'une cavalcade de Pallaphilos dans Londres le 27 décembre, tous les spectacles ont été donnés à l'intérieur de l'*Inn* ou à la cour, dans un espace aulique dilaté.

Depuis les travaux de Marie Axton, on considère que, par ce Grand Noël, les membres d'Inner Temple entendaient convaincre Élisabeth Ire de gouverner en s'appuyant sur ses conseillers naturels (les aristocrates et les hommes de lois)[39]. Or, ces derniers encouragent la reine à se marier pour assurer la stabilité du royaume, et présentent Robert Dudley comme le mari idoine. Ce faisant, les membres d'Inner Temple rendent service à leur patron Dudley, intervenu, à l'automne 1561, à leur profit

---

36 *Ibid.*, respectivement, p. 118[v] et p. 118.
37 Genet, *Genèse*, p. 253. Sur les « miroirs du prince » comme genre littéraire et politique voir F. Lachaud et L. Scordia (éd.), *Le Prince au miroir de la littérature politique de l'Antiquité aux Lumières*, Rouen, Publications de l'Université de Rouen et du Havre, 2007.
38 P. Collinson, « The Monarchical Republic of Queen Elizabeth I », *Bulletin of the John Rylands library*, vol. 69/2, 1987, p. 394-424. La « république monarchique » y est définie comme une monarchie tempérée par le conseil des élites et des juristes.
39 Axton, *The Queen's two bodies*, p. 44.

dans un procès contre Middle Temple[40]. Axton s'appuie essentiellement sur la pièce *Gorboduc*, écrite par des membres de l'*Inn*. Cette pièce est jouée par d'autres membres devant la reine à la cour le 18 janvier 1562, dans le cadre de ce Grand Noël. Elle met en scène un royaume déchiré par la guerre civile et les invasions étrangères après qu'un roi a décidé d'abdiquer et de partager son royaume entre ses deux enfants au mépris de la loi de succession[41]. La chronique manuscrite de John Hales, un gentleman de la cour d'Élisabeth Ire, qui dit avoir assisté, en même temps que la reine, à la représentation de *Gorboduc*, affirme que l'un des chœurs de la pièce présente à la reine une alternative : épouser Dudley et non un prince étranger, ou s'attendre à ce que le Parlement se saisisse du problème et choisisse le meilleur prétendant pour éviter un déchirement du royaume[42].

Axton souligne également que certains passages de l'*Accedens of Armory* de Legh confèrent au personnage incarné par Robert Dudley une stature royale[43]. En témoigne la titulature de Pallaphilos, « amoureux de la sagesse, maître de la fortune, victorieux du hasard changeant par sa patience gouvernée par la loi. Jusqu'à ce que cette politique fondée sur le courage prévale et mette à bas la tyrannie, et que la sagesse submerge le hasard et gouverne toute chose[44] ». De même, lors d'une mascarade allégorique, Pallaphilos/Dudley incarne un gentleman nommé Désir[45]. Après s'être soumis à Gouvernement et à Conseil et avoir terrassé un serpent à neuf têtes (Dissimulation, Procrastination, Honte, Fausse réputation, Trouble, Inconstance, Jalousie, Calomnie et Duplicité),

---

40   Il s'agissait de régler un différend concernant l'*Inn of Chancery* de Lyon Inn. B. Cormack, « Locating The Comedy of Errors : revels juridiction at the Inns of Court », *The intellectual and cultural world of the Early Modern Inns of Court*, éd. J. E. Archer, E. Goldring et S. Knight, Manchester, Manchester University Press, 2011, p. 264-285, p. 276.

41   Th. Norton et Th. Sackville, *Gorboduc or the tragedie of Ferrex and Porrex*, édité dans J. Cunliffe, *Early English Classical Tragedies*, Oxford, Clarendon Press, 1912, p. 1-64. Le tailleur londonien Henry Machyn évoque une mascarade et une pièce données devant la reine dans le grand hall du palais de Westminster. Henry Machyn, *The Diary of Henry Machyn*, édition en ligne sur le site de l'Université du Michigan, fol. 145v.

42   I. Archer, S. Adams et G. Bernard (éd.), « A journal of matters of state happened from time to time as well within and without the realme from and before the death of King Edw. The 6th untill the yere 1562 », *Religion, Politics and Society in the Sixteenth Century England*, éd. I. Archer, S. Adams et *alii*, Cambridge, CUP, 2003, p. 35-136, p. 90.

43   Axton, *The Queen's two bodies*, p. 43.

44   Legh, *Accedens of Armorie*, fol. 129.

45   *Ibid.*, fol. 120-122.

Désir peut s'unir à dame Beauté (image à peine voilée d'Élisabeth Ire, « surpassant tous les ornements de la Nature, de noble parenté, riche en possession et régnant sur un large royaume »). Devenu roi, Désir mène une longue vie de bon gouvernement sous la protection de Pallas. Enfin, lorsque Legh analyse les armoiries créées pour Pallaphilos, il insiste, une fois encore, sur ses qualités éminemment royales :

> Ce prince est fort et fier comme Mars, armé de son épée et de son écu, il oppresse la tyrannie et les nations de Gorgone, les ennemis de la vertu et des gouvernements paisibles ; en leur infligeant une punition sanglante, il extirpe de leurs entrailles les racines de leurs passions déréglées ; mais en éteignant ses propres désirs, qui poussent les membres à diverger, il rend la joie au juste et la paix à tout le corps afin que tous contribuent justement à servir la tête[46] ?

Forte de ces exemples, M. Axton a affirmé que le Grand Noël de 1561-1562, derrière la mise en pratique des enseignements dispensés dans les *Inns* et la parodie d'un roi festif, était une opération de propagande visant à présenter Robert Dudley comme le mari idéal d'Élisabeth Ire, un roi gardien du bien commun de l'Angleterre. Ce discours politique n'aurait pas été porté par le seul Dudley, mais par l'ensemble des élites anglaises, dont les gentlemen d'Inner Temple ne seraient que la métonymie. Ce Grand Noël serait ainsi particulier par son ampleur, et non par sa nature ; toutes les festivités des *Inns* auraient la même fonction politique : conseiller le souverain et mettre en scène la « république monarchique » chère à Patrick Collinson. La dimension parodique de ces spectacles serait donc secondaire et se logerait dans des détails bien plus que dans la conception d'ensemble des festivités.

DE L'AUTRE CÔTÉ DU « MIROIR DU PRINCE »

ÉTUDIANTS PEU ASSIDUS ET SPECTACLES INHABITUELS

Suivant les sources du XVIe siècle, les historiens ont adhéré à cette vision « idéale » des Grands Noëls des *Inns*, parce qu'elle étayait une

---

46   *Ibid.*, fol. 127^v.

autre image idéale, celle des *Inns* comme sociétés de jeunes gens tournés vers la seule acquisition du savoir juridique et d'une culture élitaire au service du pouvoir royal. Or, l'enseignement dispensé dans les *Inns* est des plus limités dans le temps (les quatre semaines des *Grand Vacations*) et peu contraignant. Contrairement aux universités, les *Inns* ne collationnent pas de grades et il n'y a ni corps permanent d'enseignants, ni tutorat des anciens sur les jeunes membres. De plus, peu de membres semblent véritablement impliqués dans ces études[47] : il est possible d'être dispensé de toute formation contre le paiement d'une amende modique. À la fin du XVIᵉ siècle, seuls 10 % des jeunes gens qui entrent dans un *Inn* deviennent hommes de loi. L'essentiel des gentlemen ne fait qu'y résider pour s'initier à une culture politique dominante et pour cultiver leur réseau de pouvoir tout en se dotant d'un vernis de droit[48].

Surtout, contrairement à ce que l'on a longtemps affirmé, les festivités des Grands Noëls sont très rares. La consultation des archives du XVIᵉ siècle des différents *Inns* montre que ceux-ci n'organisent pas des « Grands Noëls » chaque année[49]. On a longtemps confondu ces « Grands Noëls » avec de simples représentations théâtrales données pendant les fêtes de fin d'année ou à la Chandeleur, et dont les textes étaient parfois écrits et joués par des membres des *Inns*[50]. Il faut attendre 1587 pour que soit désigné le premier *Prince of Purpoole* de Gray Inn[51], alors que le second *Prince of Purpoole* d'Inner Temple n'est, quant à lui, choisi qu'en 1594-1595[52].

---

47   Dès le XVᵉ siècle, John Fortescue souligne qu'il y avait deux types de membres dans les *Inns*, ceux qui veulent apprendre le droit pour en faire leur métier et tous les autres. W. Prest, « Legal Education of the Gentry at the Inns of Court, 1560-1640 », *Past and Present*, vol. 38, 1967, p. 20-39, p. 22.

48   N. Mears, *Queenship and Political Discourse in the Elizabethan Realms*, Cambridge, Cambridge University Press, 2005, p. 192.

49   J. Ph. Genet ne trouve ponctuellement trace de ces « festivités » qu'à partir du XVᵉ siècle, et essentiellement dans les *Inns of Chancery...* Genet, *Genèse*, p. 249. Quant à Baker, il explique cette absence par des lacunes de conservation dans les archives. Baker, *The Third University of England*, p. 6.

50   À part *Gorboduc*, on peut compter comme pièce écrite et jouée par les gentlemen des Inns, *Jocasta* (Gascoigne pour Gray's Inn en 1566-1567), *Supposes* toujours de Gascoigne pour Gray's Inn en 1566-1567, les *Misfortunes of Arthur* de Thomas Hughes (Gray's Inn, 1588) et l'anonyme *Gismond of Salerne* (Inner Temple 1565-1566 ou 1566-1567).

51   Une recension de ces spectacles est écrite au XVIIᵉ siècle à partir des documents conservés à Gray's Inn. W. W. Greg (éd.), *Gesta Grayorum*, Oxford, The Malone Society Reprints, 1914.

52   R. Hornback, *The English Clown Tradition from the Middle Ages to Shakespeare*, Cambridge, D.S. Brewer, 2009, p. 77.

Enfin, aucun « Grand Noël » n'est mentionné dans les registres de Middle Temple entre 1560 et 1597[53].

La plupart du temps, lors de la période de la Nativité, les autorités des quatre *Inns* se contentent de pourvoir aux dépenses de table, chauffage et maigres divertissements des quelques gentlemen qui ne rentrent pas dans leur famille, ce sont les « simples noëls[54] ». À cette occasion, les gentlemen chantent et jouent rarement eux-mêmes, ils font appel à des ménestrels ou à des troupes de comédiens qui ne donnent pas des pièces spécifiquement composées pour les *Inns*[55].

LE GRAND NOËL DE 1561-1562 : UN APAX AU SERVICE DE LA MONARCHIE

Non seulement, les *Inns* n'organisent que rarement des « Grands Noëls », mais ils semblent n'avoir qu'une faible autonomie en la matière. Dès le début du XVIe siècle, ces festivités exceptionnelles sont un instrument entre les mains du pouvoir monarchique et ne se déroulent que dans des contextes politiques très particuliers. Le Grand Noël de 1561-1562 ne fait pas exception.

Loin d'être une festivité organisée par Inner Temple pour leur patron Dudley, le Grand Noël de 1561 s'insère dans un ensemble plus vaste de festivités qui se déroulent dans Londres et qui sont organisées par la monarchie et les autorités civiques. Le tailleur Henry Machyn signale que, le 12 janvier, un *Lord of misrule* (qui n'a rien à voir avec les *Inns of court*) processionne fastueusement dans Londres, accompagné d'un cortège de canons et de hallebardiers. Le Lord maire, les *aldermen* et toute l'élite des métiers se rassemblent en grand habit à Saint-Paul pour l'accueillir, comme lors d'une entrée royale[56]. Une telle mise en scène du corps politique londonien n'est possible que sur ordre de la monarchie. Machyn précise également que la reine se rend le 15 janvier dans la résidence du comte de Pembroke, Banyard Castle, pour assister à un banquet et une

---

53   Dans les archives, le Noël de 1596-1597 est qualifié de « noël solennel » et non de « Grand Noël », Ch. H. Hopwood (éd.), *Middle Temple Records*, Londres, Butterworth, 1904, vol. 1, p. 370.

54   En effet, peu d'étudiants passent les fêtes dans l'*Inn*, puisque l'on est dans une période entre deux *terms*.

55   Ce n'est guère différent de ce que l'on observe pour les représentations devant les corps de métiers par exemple. O. Spina, *Une ville en scènes. Pouvoirs et spectacles à Londres sous les Tudors (1525-1603)*, Paris, Classiques Garnier, 2013, p. 321-324.

56   Machyn, *Diary*, fol. 145. Sur les entrées, voir Spina, *Une ville en scènes*, p. 67 et suiv.

mascarade. Le 18, elle accueille à la cour, à Whitehall, les « gentlemen de Temple » pour une « grande mascarade » et la représentation de *Gorboduc*[57]. Enfin, le 1er février 1562, le cycle de fête se termine avec une mascarade urbaine de plusieurs centaines de masques qui se rendent en grande pompe à la cour[58].

L'étude de la correspondance diplomatique des ambassadeurs français et espagnols en Angleterre en 1561-1562 montre que les deux souverains continentaux étaient les principaux destinataires de la séquence festive. Il s'agit d'affirmer que la reine est prête à se marier (de préférence avec Robert Dudley) et que son peuple le demande de façon unanime[59]. Ces festivités visent à rassurer toutes les parties prenantes : les Espagnols que la reine est prête à épouser Dudley et que celui-ci est appuyé par une partie des élites anglaises, et donc que Philippe II a tout intérêt à soutenir ce mariage ; les Français, en montrant que la reine est ouverte au mariage, avec Robert (qui a proposé ses services à la France) ou avec Éric de Suède, le favori protestant de la France.

Le Grand Noël d'Inner Temple n'est donc pas un programme établi par Dudley pour faire pression sur la reine, il est organisé sous le patronage monarchique dans une visée diplomatique. Il n'est que l'un des rouages d'un plus vaste système de communication politique coordonné par la monarchie, comportant également des prêches, des pamphlets ou des pièces de théâtre. Ce système vise à mettre en scène l'unité du peuple anglais, et particulièrement de ses élites (dont les membres des *Inns* sont l'incarnation), derrière son souverain. Le Grand Noël véhicule donc un discours politique contrôlé par la monarchie, à destination des Londoniens mais aussi des monarques étrangers.

---

57 *Ibid.*, fol. 145ᵛ.

58 *Ibid.*, fol. 146.

59 Il s'agit sans doute aussi de présenter Dudley comme un prétendant crédible. À noël 1561, concomitamment aux festivités d'Inner Temple, Ambrose, son frère aîné, se voit rendre le titre de comte de Warwick, aboli après la trahison de son père. Il s'agit sans doute d'effacer la tache qui souille encore les Dudley aux yeux de nombreux Anglais.

PARODIE ET VIOLENCE :
L'EXEMPLE DE MIDDLE TEMPLE DANS LES ANNÉES 1590

LA CRAINTE DES *LORDS OF MISRULE*

Non seulement les festivités de fin d'année sont rares dans les *Inns*, mais elles sont considérées avec suspicion par les autorités de ces sociétés. Si les *benchers* autorisent les « simples Noëls », ils interdisent fréquemment aux gentlemen d'élire des *Lords of misrule* ou *Lords of Candlemas* (dont le règne s'achève à la Chandeleur), ces rois parodiques apparus à la fin du XVe siècle[60]. En effet, le *Lord of misrule* et sa suite organisent des jeux d'argent et des beuveries dans le hall, poussent des cris et enfoncent les portes des chambres des membres qui refusent de participer à une collecte d'argent[61].

À Middle Temple, le Parlement de l'*Inn* ordonne, le 7 février 1560, « que les gentlemen de cet *Inn* ne pourront établir de *Lord of misrule* sauf lors des Grands Noëls et ce, avec l'accord des maîtres du Banc[62] ». Après la Chandeleur 1569, les *benchers* affirment qu'« il n'y aura à l'avenir aucun *Lord of Misrule* sans le consentement exprès des maîtres du banc, sous peine [d'une amende] de 40s[63] ». Il faut attendre 1597 pour que les maîtres du Banc acceptent, à titre exceptionnel, que se déroule un « Noël solennel », sorte de festivités intermédiaires entre « Grand Noël » et « simple noël[64] ». Les membres de l'*Inn* sont autorisés à élire un « Prince d'amour », mais tous les spectacles doivent être cantonnés à l'intérieur de Middle Temple et le titre de *Lord of misrule* banni[65]. Les *Lords of misrule* sont donc d'une nature complètement différente des rares « princes » agréés par les autorités des *Inns*.

---

60 Il faut différencier les *Lords of misrule* des *masters of revels* (maître des divertissements), qui, dans les *Inns*, sont des officiers nommés par les autorités pour gérer les fonds alloués pour les noëls. Nelson et Elliott (éd.), *Inns of Court*, vol. 1, p. XVIII.

61 Ces *Lords of misrule* des *Inns* ressemblent beaucoup aux rois de carnaval apparus au XVe siècle dans d'autres institutions royales ou municipales. R. Hutton, *The Rise and Fall of Merry England. The Ritual Year, 1400-1700*. Oxford, Oxford University press, 1994, p. 61.

62 Parlement du 7 février 1560, Hopwood, *Middle Temple Records*, p. 126.

63 Parlement du 11 février 1569, *ibid.*, p. 168.

64 *Ibid.*, vol. 1, respectivement p. 370 et p. 379.

65 Michael Shapiro, « "Le Prince d'Amour" and the Resumption of Playing at Paul's », *Notes and Queries*, vol. 216, 1971, p. 14-16.

Toutefois, aux yeux de certains gentlemen, les festivités de Noël ne se conçoivent pas sans *Lords of Misrule*. Certaines années, bravant les interdictions, des gentlemen de Middle Temple élisent clandestinement un *Lord of candlemas*, ce qui conduit à des échauffourées dans l'enceinte de l'*Inn*. Les *benchers* sévissent en expulsant temporairement ou définitivement des membres qui ont participé à ces festivités prohibées.

Cette chasse aux *Lords of Misrule* ne peut se comprendre que réinscrite dans le contexte d'une métropole londonienne travaillée par une expansion urbaine et démographique incontrôlée. Une série d'événements qui ont lieu à Middle Temple en 1590-1592 permettent de mieux saisir ces enjeux. Le 6 février 1590, le Parlement de Middle Temple signale que, malgré les interdictions précédentes[66], certains gentlemen ont désigné un *Lord of Candlemas* et ont causé des « désordres » dans l'*Inn*. Les responsables (dont les noms ne sont pas précisés) ont été exclus mais, après avoir adressé au Parlement une supplique et avoir payé £ 10 d'amende, ils ont été réintégrés à la société[67]. Loin d'avoir apaisé la situation, les dispositions de 1590 l'ont envenimée et la chandeleur 1591 est encore plus agitée :

> Lors de la nuit de la Chandeleur de la 32ᵉ année du règne d'Élisabeth [1590], plusieurs gentlemen ont organisé un *Lord of Misrule* et ont été punis pour cela : et, cette année, pendant le souper de la chandeleur, les Maîtres du banc ont rappelé cette ordonnance et ont fait une admonition générale [devant les membres]. Malgré cela, messieurs Lower, Fleetwood, Martyn, Ameridyth, Thornhill, Swetenam, Davys et Jacob, avec d'autres, qui n'ont pas encore été identifiés, ont violé cette ordonnance : de nuit, ils ont crié, forcé les portes et levé de l'argent au nom du *Lord of Misrule*, puis ils ont refusé, avec morgue, de donner les noms de leurs complices ; quant à M. Lower, il a injurié M. Johnson l'un des maîtres du banc. Il est, dès lors, ordonné que M. Lower sera expulsé et que les autres devront payer une amende de £ 20 avant la fin de ce *term* et qu'ils seront exclus des *commons* (bien qu'ils continueront à payer pour) jusqu'à ce qu'ils aient acquitté ladite amende. S'ils ne la payent pas avant la fin du *term*, ils seront expulsés. Quand ceux qui ne sont pas encore identifiés seront connus, ils seront exclus des *commons*, mais continueront à payer pour, tant qu'ils n'auront pas réglé l'amende fixée par les maîtres du banc. Et quiconque, à l'avenir, enfreindra cette ordonnance sera expulsé *ipso facto*[68].

---

66 La dernière interdiction (qui fait sans doute écho à l'élection d'un *Lord of Misrule*) date de novembre 1584. Les *benchers* menacent d'expulser tous les membres qui se livrent à des cris et à des saccages dans l'*Inn*. Hopwood, *Middle Temple Records*, vol. 1, p. 316. On trouve des mesures identiques dans d'autres *Inns*.

67 Parlement du 6 février 1590, *ibid.*, p. 311.

68 Parlement du 5 février 1591, *ibid.*, p. 318.

Huit membres au moins sont punis (sans compter les complices non encore identifiés). Cependant, dès le Parlement suivant, le 14 mai 1591, cinq d'entre eux ont réintégré la société après s'être acquittés de leur amende[69]. La chandeleur suivante, en 1592, marque toutefois un nouvel emballement :

> Au mépris des ordres qui défendaient qu'il y ait un *Lord of misrule* lors de la nuit de la chandeleur, divers gentlemen de cette maison, lors de la dernière chandeleur, se sont joints à M. Amerideth et à M. Lower, qui avaient été expulsés lors de la 33e année du règne d'Élisabeth, pour avoir enfreint ces ordres, pour fracturer les portes des chambres et molester plusieurs gentlemen de cette maison, comme il apparaît dans les interrogatoires de gens de la ville qui étaient avec eux, d'autant que plusieurs gentlemen de cette maison ont reconnu [les délinquants] malgré les déguisements qu'ils portaient ; c'est pourquoi, messieurs Oseley senior, Bushell, Thomas Kemyshe et T. Palmer junior sont expulsés. Messieurs Fleetwood et R. Martyn sont également expulsés pour leur mauvais comportement et pour avoir molesté les maîtres et les maîtres du banc. Messieurs Wynterflood, Jacob et Davies seront exclus des *commons* pour une durée fixée à la volonté des maîtres et des maîtres du banc[70].

Les *benchers* font preuve d'une plus grande sévérité vis-à-vis des meneurs. Ainsi, le Parlement du 5 mai 1592 statue que :

> L'examen de la pétition produite par Messieurs Fleetwood et Martyn pour leur réadmission sera fait lors du prochain parlement ; en attendant, ils devront s'attacher à gagner les maîtres du banc à leur faveur.
>
> M. Davies pourra réintégrer les *commons* à sa prochaine demande, quant à M. Jacob, avant qu'il ne puisse obtenir une quelconque faveur, il doit révéler le nom de ceux qu'il sait avoir participé au groupe qui a créé le désordre lors de la dernière nuit de la chandeleur.
>
> Un bill sera déposé devant la Chambre étoilée contre les habitants de la ville qui ont participé au rassemblement illégal[71] dans le Temple lors de la nuit de la chandeleur passée.

Richard Martin ou Martyn n'est finalement réintégré que le 9 juin 1592, alors que William Fleetwood doit attendre le 22 février 1593, pour être réadmis à la demande expresse de son père, William Fleetwood senior,

---

69 *Ibid.*, p. 320.
70 Parlement du 11 février 1592, *ibid.*, p. 326-327.
71 Cette qualification juridique assez vague est de plus en plus mobilisée dans le Londres Tudor pour saisir et criminaliser des rassemblements très divers mais toujours non souhaités par le pouvoir, Spina, *Une ville en scènes*, p. 298-299.

ancien membre de l'*Inn* et surtout ancien *recorder* de Londres, promu *Serjaunt at law* de la reine en 1592[72].

Les meneurs du *misrule* (William Fleetwood, Robert Jacob, John Davies, William Lower et Richard Martin) sont des gentlemen qui semblent opposés à la volonté toujours plus grande des *benchers* de régenter une activité festive relevant, traditionnellement, des seuls jeunes membres. Ils semblent conférer à cette tradition de *misrule* une dimension culturelle et communautaire forte. Ces comportements festifs et violents ressemblent beaucoup à ceux des sociétés de jeunesse étudiées par Natalie Z. Davis[73]. Les meneurs appartiennent tous à la bonne gentry anglaise, principalement issue des comtés de l'ouest et des marges galloises, à l'exception de Fleetwood, londonien. Ils sont tous entrés à Middle Temple entre 1584 et 1590, et semblent relativement jeunes : ils sont nés vers 1570 et sont encore au début de leur cursus dans l'*Inn*, à l'exception, là encore de Fleetwood, qui entrait dans sa huitième année et pouvait donc prétendre à accéder au barreau. La plupart semblent être passés par le même *Inn of Chancery*, New Inn, où ils se sont peut-être rencontrés. Tous appartiennent à un même cercle littéraire et certains, comme John Davies, ont déjà publié des poèmes[74]. Enfin, les carrières juridiques qu'ils mènent par la suite tendent à prouver, d'une part, que ces désordres ne leur ont pas porté préjudice et, d'autre part, que s'ils se livrent à des festivités prohibées, ils font partie des membres qui suivent assidument le cursus en droit proposé par l'*Inn.* Ainsi Richard Martin accède au rang d'*utter barrister* en 1596, puis est élu MP en 1601, puis *recorder* de Londres en 1618, peu avant sa mort. Ses compétences en éloquence, danse et chant devaient être reconnues, y compris par les *benchers*, puisque qu'il est choisi pour tenir le rôle de « Prince d'Amour » dans les festivités de Noël 1597-1598, organisées, cette fois officiellement par les autorités de l'*Inn*. Martyn devait donc parfaitement incarner « le gentleman des *Inns*[75] ». Dès lors, pourquoi une réaction aussi vive des *benchers* face à des festivités certes violentes, mais surtout potaches, organisées par la fine fleur de l'*Inn* ?

---

72 Hopwood, *Middle Temple Records*, p. 329 et 333.
73 N. Z. Davis, « The Reason of misrule », *Society and Culture in Early Modern France. Eight Essays*, Stanford, Stanford University Press, 1975, p. 97-123.
74 Finkelpearl, *John Marston*.
75 *Ibid.*, p. 52.

L'explication principale de l'ire des *benchers* tient sans doute à la mécompréhension que semblent avoir eu les jeunes gentlemen des problèmes politiques et juridictionnels que leur comportement festif débridé posait à leur institution dans un contexte urbain très tendu en 1590-1592. Tout d'abord, après l'épisode de « l'Invincible Armada » de 1588, le pouvoir royal et les autorités civiques intensifient leur traque des catholiques à Londres. Comme les autorités des *Inns* refusent de dénoncer leurs membres crypto-papistes, elles se rendent suspectes aux yeux de la monarchie[76]. De plus, Londres, depuis la fin des années 1580, connaît une explosion démographique et une forte inflation, du fait de mauvaises récoltes à répétition. Les émeutes frumentaires sont fréquentes et des milliers de migrants pauvres affluent à Londres[77]. Dès la fin des années 1580, les officiers municipaux traquent les bandes de vagabonds armés, particulièrement aux marges de la Cité et dans ses banlieues. La localisation des *Inns* aux marges de la Cité, leur population d'étudiants en droit (alors que les gens de loi sont souvent dénoncés comme des « chancres du bien commun ») et les suspicions de catholicisme, expliquent qu'ils soient la cible d'émeutiers. Par exemple, dans la nuit du 20 au 21 septembre 1590, plusieurs individus, dont des apprentis londoniens armés, entrent dans Lincoln's Inn, brisent les portes de plusieurs chambres et les saccagent[78]. Le Conseil privé charge le 28 octobre 1590 les *Justices of the Peace* du Middlesex et les magistrats de la Cité de Londres de veiller au maintien de l'ordre et de traduire en justice les individus qui ont pris part à l'invasion de l'*Inn*[79]. Les officiers municipaux obtiennent ainsi le droit d'intervenir dans les « libertés » des *Inns*, si chèrement défendues par les *benchers* depuis des décennies.

Aux yeux des autorités de Middle Temple, les débordements carnavalesques de 1590-1592 mettent donc en danger la juridiction autonome que l'*Inn* revendique sans réel fondement légal. En désignant un *Lord of Candlemas*, Fleetwood et ses amis, dont certains déjà punis pour les mêmes faits, bafouent ouvertement les ordres des *benchers*, faisant

---

76 *Ibid.*, p. 10-11.
77 S. Rappaport, *Worlds Within Worlds. Structures of Life in 16th Century London*, Cambridge, CUP, 1989, p. 120.
78 *The Record of the Honorable Society of Lincoln's Inn. The Black Books*, Londres, 1897, Vol. 2, p. 16.
79 Lettre du Conseil privé réuni en Chambre étoilée aux *Justices of the Peace* du Middlesex. APC, 30 octobre 1590.

ainsi la démonstration publique de la faiblesse de leur autorité et de leur incapacité à concourir au maintien de l'ordre métropolitain. Des divertissements qui dans l'enceinte de l'*Inn* n'avaient qu'une dimension de violence parodique, prennent une portée séditieuse, lorsqu'on les envisage à l'échelle du Londres de 1592.

Dans un tel contexte, chacun des éléments de l'agitation festive traditionnelle et parodique des chandeleurs 1591 et 1592 à Middle Temple devient le support d'une nouvelle lecture bien peu favorable aux initiateurs du *misrule*. L'effraction des portes devient un saccage produit dans une *unlawfull assembly ;* la circulation entre l'intérieur et l'extérieur de l'*Inn*, une violation de la tradition festive de l'*Inn*, car les simples noëls doivent se cantonner aux membres de la *societas*. Or les membres désobéissants y associent des « citadins » de la pire espèce, qui se sont introduits dans l'*Inn* en violation de ses libertés. Quant à la hiérarchie parodique qu'est la cour du *Lord of misrule*, si elle est traditionnellement conçue comme une mise à l'envers temporaire de la hiérarchie de l'*Inn*, dans ce contexte troublé, elle est perçue comme la preuve de la constitution d'une société clandestine à l'intérieur de la *societas*, qui mine l'autorité des *benchers*. Le déguisement des gentlemen n'est plus une pratique ludique liée à une mascarade mais une manière de préserver l'anonymat des délinquants. Enfin, les railleries et les coups portés aux *benchers* intervenus pour disperser les jeunes gens, sont interprétés comme un acte de révolte.

Le désordre de la chandeleur 1592 conduit la reine à autoriser, une nouvelle fois, la Municipalité de Londres à intervenir directement dans les libertés âprement revendiquées par Inner et Middle Temple, pour rétablir l'ordre public. Pour sauver leur juridiction, les *benchers* de Middle Temple entendent prouver à la monarchie que l'*Inn* est une institution contribuant à la stabilité de la métropole et non un lieu de non-droit facteur de subversion de l'ordre urbain. D'une part, ils entendent identifier les citadins complices des étudiants pour les déférer devant la Chambre étoilée (ces derniers ne relevant pas de leur juridiction). D'autre part, ils veulent identifier les gentlemen responsables et les punir fermement (même s'ils appartiennent à de grandes familles de la gentry) afin de manifester leur capacité à tenir les membres de la *societas* et à éradiquer des comportements contraires à l'image de bons serviteurs de la monarchie que les institutions des *Inns* entendaient promouvoir. Cette répression semble avoir été efficace puisque, après 1592, on ne trouve plus trace de *Lord of Misrule* dans les registres de l'*Inn*.

Il est donc primordial de bien différencier les « Grands Noëls » des *Lords of misrule* élus par les jeunes membres des *Inns of Court* du XVIᵉ siècle. Les « divertissements » menés autour des *Lords of Candlemas* entre Noël et la Chandeleur sont traditionnels, mais n'ont rien d'officiel et ne donnent lieu qu'à des activités spectaculaires réduites. Ils ne semblent pas non plus être une construction culturelle servant à former les membres des *Inns* à leur future profession ni une festivité carnavalesque, au sens bakhtinien du terme, qui met le monde à l'envers pour refonder l'ordre quotidien[80]. À l'inverse, les Grands Noëls ne sont pas une tradition annuelle, mais sont une parodie strictement contrôlée et organisée par les autorités des *Inns* pour porter la voix politique de la *societas*[81].

LE NOËL DE 1597-1598 À MIDDLE TEMPLE :
UNE PARODIE À DOUBLE TRANCHANT

C'est à cette aune qu'il faut relire le « Noël solennel » organisé par Middle Temple en 1597-1598. Ces divertissements présidés par un « Prince d'amour » ont été principalement étudiés à partir d'un texte attribué au MP Benjamin Rudyerd (1572-1658) et publié de façon posthume en 1660, les *Noctes Templariae. A briefe chronicle of the dark reigne of the Bright*

---

80 M. O'Callaghan reprenant un concept de V. Turner, fait de ces divertissements un « rite de liminalité », un jeu sérieux au sein duquel les structures hiérarchiques des institutions seraient parodiées et reconfigurées sous une forme ludique. M. O'Callaghan, « Jests, stolne from the Temples Revels. The Inns of Courts revels and Early Modern Drama », *Drama and pedagogy in Medieval and Early Modern England*, éd. E. Dutton et J. McBain, Tübingen, Narr, 2015, p. 227-252, p. 231. M. Bouhaïk-Gironès a montré toutes les limites de l'interprétation bakhtinienne carnavalesque d'un grand nombre de comportements « culturels » du Moyen Âge et du début de l'époque moderne. M. Bouhaïk-Gironès, « Oublier Bakhtine pour comprendre le théâtre médiéval ? », *Le Savant dans les lettres : récriture et érudition dans la réception du Moyen Âge*, éd. U. Bähler et A. Corbellari, Rennes, PUR, 2014, p. 235-246.

81 Certains historiens affirment que ces Grands Noëls avaient vocation à être annuels, mais des raisons purement circonstancielles et extérieures au *Inn* auraient empêché leur déroulement (peste, absence d'une partie des membres, difficulté à lever l'argent nécessaire...), D. S. Bland (éd.), *Three Revels from the Inns of Court*, Londres Avebury, 1984, p. 12.

Prince of Burning Love[82]. Il s'agit d'une brève narration du Grand Noël de 1597-1598 auquel Rudyerd, membre de Middle Temple, semble avoir assisté et peut-être participé à l'organisation. Si on compare les *Noctes Templariae* au *Accedens of armory* de Legh, réédité en 1597, on se rend compte que le texte de Rudyerd est construit comme une parodie de celui de Legh. Les festivités de 1597-1598 elles-mêmes semblent avoir été construites en miroir des spectacles du Grand Noël de 1561, reprenant et détournant les éléments centraux de ces divertissements.

Le texte de Rudyerd pose néanmoins de nombreux problèmes : sa date d'écriture est inconnue (certains estiment qu'il daterait de 1599 mais sans réelle preuve[83]) et on ignore dans quelle mesure ce texte décrit réellement les festivités données. Plusieurs éléments semblent clairement inventés. Par exemple, Rudyerd affirme que les gentlemen de Middle Temple se choisissent un prince parce que l'année précédente Lincoln Inn avait fait de même et avait invité Middle Temple à leur envoyer une ambassade[84]. Or, ce « Grand Noël » de Lincoln Inn n'a laissé aucune trace et nous avons vu que les jeunes membres ne pouvaient être à l'initiative de son organisation.

UNE LECTURE POLITIQUE (ET PARODIQUE) DES FESTIVITÉS DE 1597-1598

De façon assez étonnante, la « brève chronique » de Rudyerd ne se focalise pas sur le Prince d'Amour, incarné par Richard Martin, pourtant un ami de l'auteur, mais sur le personnage de Stradilax, un *Templar* piètre orateur et poète fat que personne n'écoute, sorte de reflet inversé du prince élu[85]. De plus, la veine parodique laisse très souvent place à une veine clairement satirique. Les chercheurs ont expliqué cela en soulignant que les spectacles de Noël 1597-1598 et les *Noctes Templariae*

---

82 L'original est conservé à la BL, Ms Harley 1576. Sur Rudyerd, D. Smith, « Rudyerd, Sir Benjamin », *Oxford Dictionary of National Biography*, en ligne. Un autre texte plus long et anonyme, également attribué à Rudyerd, est publié en 1660, *Le Prince d'Amour or the Prince of Love with a collection of Several Ingenious Poems and Songs by the Wits of the Age*, Londres, 1660.

83 E. K. Chambers, *The Medieval Stage*, Oxford, Oxford University Press, 1903, vol. 1, p. 416.

84 B. Rudyerd, *Noctes Templariae. A briefe chronicle of the dark reigne of the Bright Prince of Burning Love*, édité dans J. A. Manning, *Memoirs of Sir Benjamin Rudyerd*, Londres, 1841, vol. 1, p. 9.

85 R. Zaller, « Martin, Richard », *Oxford Dictionary of National Biography*, consultable en ligne.

visaient à ridiculiser le gentleman incarnant Stradilax et que l'on a identifié au poète *Templar* John Davies, l'un des participants, comme Martin, des *misrules* de 1590-1592[86]. Rudyerd souligne ainsi que sir Martin a été spontanément choisi par ses condisciples pour incarner le Prince, mais qu'il ne se résout à endosser cette charge que par «amour de la compagnie[87]». Stradilax, qui ambitionnait à cette place, conteste l'élection de Martin et se présente la première nuit de festivités

> en grande pompe, avec un bâton de commandement inapproprié, et s'appelant faussement un Lord; mais personne ne voulait l'appeler ainsi ou crier «Dieu protège votre Seigneurie», sauf le poète Natazonius qui lui offrit un écu sur lequel était dessiné le monstre Sphinx; son motto était «*Parvus sum non Oedipus*», et il le salua du nom de Milochius Stradilax sur l'air du «Tanneur et le roi[88]».

On a vu que le texte de Legh émanait d'une rêverie sur les armes de Pallophilos. De même, les *Noctes Templariae* découlent d'une glose ridiculisant les armes choisies par Stradilax/Davies. Son motto est un jeu de mot sur le nom de Davies à partir d'une adaptation comique d'un vers tiré d'une pièce de Térence, «*Davus sum, non Oedipus*» (*Andria*, 2,24). Dans la comédie antique, ce vers est prononcé par Davus, un esclave grotesque, pour signifier qu'il est un personnage simple d'esprit et non l'habile Œdipe. Le nom du personnage Stradilax est déjà une référence à Œdipe le boiteux, mais aussi à Davies, connu et raillé à l'époque pour avoir une jambe plus courte que l'autre, puisque *Stradilax* est formé à partir du mot *straddle* qui renvoie à une démarche claudicante[89]. Le remplacement du mot «*Davus*» par «*Parvus*» («petit, insignifiant») renforce encore le ridicule. Enfin, Stradilax est ironiquement célébré par Natazonius sur l'air du «Tanneur et le roi». De nouveau, il s'agit d'une allusion à Davies, dont le père fut un tanneur suffisamment riche pour s'agréger à la gentry, comme en attestent les charges judiciaires qu'il a occupées[90].

---

86 P. J. Finkelpearl, «Sir John Davies and the Prince d'Amour», *Notes and Queries*, vol. 10/8, 1963, p. 300-302 ou P. Raffield, *The Art of Law in Shakespeare*, Oxford, Bloomsbury, 2017, p. 34-42.

87 Rudyerd, *Noctes Templariae*, p. 11.

88 *Ibid.*, p. 12.

89 Rudyerd était également un auteur d'épigrammes satiriques. J. Sanderson, «Epigrames p[er] B[enjamin] R[udyerd] and some more "stolen feathers" of Henry Parot», *The Review of English Studies*, vol. 17/67, 1966, p. 241-255.

90 S. Kelsey, «Davies, Sir John», *Oxford Dictionary of National Biography*, consultable en ligne.

L'origine sociale mécanique de Davies devient un objet de moquerie dans une *societas* qui affirme être constituée exclusivement de gentlemen.

Cependant, expliquer l'ensemble du Noël solennel de 1597-1598 par la volonté de se divertir aux dépens d'un des membres paraît limité. En effet, comment, dès lors, comprendre que Davies ait accepté de jouer dans ces festivités qui le ridiculiseraient ? De plus, il semble avoir été l'une des chevilles ouvrières de leur organisation, puisqu'il a sans doute été désigné *master of revels*[91]. Enfin, Davies est ami de Martin depuis une dizaine d'années[92] et a fait partie des jeunes membres punis par les *benchers* pour avoir fréquemment participé aux *Lords of misrule* interdits.

La participation de Davies à des festivités qui semblent le ridiculiser s'explique sans doute par le fait que ce Noël et les *Noctes Templariae* porteraient un discours politique élaboré par la société de l'*Inn*. En effet, ce « Noël solennel » peut être interprété comme une parodie des *misrules* des années 1590. Dans leurs formes, les festivités semblent respecter les exigences formulées par les *benchers* après 1592. Les spectacles se déroulent à l'intérieur de l'Inn, ils évitent toute attaque contre les autorités de l'*Inn* ou toute évocation politique directe. Mieux, les spectacles semblent adhérer aux impératifs hiérarchiques de l'*Inn*. À la fin des *Noctes*, le Prince reconnaît sa soumission aux *benchers* et signale que l'ensemble des événements festifs a été soumis à leur approbation[93]. Le Prince d'amour paraît donc s'être mué en souverain de carnaval très classique, un *misrule* temporaire et bien encadré par les institutions. Comme son nom l'indique, il promeut l'amour comme catégorie politique, c'est-à-dire comme exaltation de l'harmonie hiérarchique qui doit exister dans toute société[94]. À l'inverse, Stradilax apparaît comme le mauvais *Lord of misrule*, ambitieux, fat, ivrogne et dangereux ; il est tourné en ridicule comme pour affirmer son rejet par les jeunes membres qui se rangent derrière sir Martin,

---

91   Dans une lettre adressée par le comte de Shrewsbury aux autorités de Middle Temple, il affirme avoir versé £ 30 à « sir Davyes » pour le financement du Prince d'Amour, E. Lodge (éd.), *Illustrations of British History, Biography and Manners*, Londres, Nicol, 1791, vol. 3, p. 91.

92   Martin s'est lui-même conformé aux exigences de l'*Inn* puisqu'en 1589, il est *utter barrister*, en 1600, il devient *Reader* et, en 1601, il est élu au Parlement, comme Davies. En 1603, il sera même chargé de prononcer le discours d'accueil de Jacques Ier devant les murs de Londres au nom des shérifs du Middlesex et de Londres.

93   « Martin, fatigué du poids du gouvernement, en fit volontairement une résignation entre les mains des *optimates* », Rudyerd, *Noctes Templariae*, p. 17.

94   Sur l'amour politique dans les spectacles, voir Spina, *Une ville en scènes*, p. 73 et suiv.

incarnant désormais le bon gentleman au service de la *societas* de l'*Inn*. La parodie, portée par les jeunes turbulents de 1592 (Martin, Davies), désormais ramenés à résipiscence, aurait donc des vertus bakhtiniennes de restauration et consolidation de l'ordre hiérarchique.

UNE LECTURE POLITIQUE (ET SATIRIQUE)
DES FESTIVITÉS DE 1597-1598

Une autre lecture de ces festivités de 1597-1598 et du texte qui les accompagnent est envisageable. Ce « Noël solennel », orchestré par des gentlemen (Martin, Davies, Rudyerd...), qui, dès les années 1590, sont connus comme des auteurs satiriques, pourrait être lu comme une parodie satirique d'une parodie politique, celle du Grand-Noël de 1561. Le Noël de 1597-1598 met en scène des gentlemen refusant de porter le discours lénifiant et officiel de l'Inn, et revivifiant l'esprit du *Lord of misrule* banni des festivités de Middle Temple. Stradilax joue ainsi un rôle central : il est le double satirique des « princes » agréés par les autorités des *Inns* et idéalisés dans les Grands Noëls, dont Pallaphilos est l'incarnation[95]. Cette parodie à double fond permet aux gentlemen de contourner et ridiculiser le contrôle instauré par les *benchers* après 1592. À cette aune, le texte de Rudyerd apparaît comme un « gant inversé » de celui de Legh. Les *Noctes Templariae* s'attaquent par exemple au caractère « chevaleresque » des Grands Noëls. Le fat Stradilax affirme s'appeler « Eugene Erophilus », référence au nom qu'aimait prendre le dernier favori de la reine, le comte d'Essex, dans les *pageants* et les tournois de la cour[96]. Le lien opéré vise à ridiculiser l'ambition de Stradilax, mais aussi à moquer l'instrumentalisation politique des spectacles par les grands courtisans, à l'instar de Dudley en 1561.

Les *Noctes Templariae* tournent particulièrement en ridicule l'idée que les Noëls seraient l'occasion de démontrer les talents oratoires et les vertus acquis par les étudiants dans les *Inns*. En effet, alors que Rudyerd ne donne jamais à entendre les discours du Prince d'amour ou de sa cour, Stradilax, à l'inverse, se montre particulièrement bavard et démontre des capacités rhétoriques, un esprit et une éthique des plus limités. Après la mascarade du deuxième jour,

---

95 Stradilax le prince claudiquant fait penser au Richard III de Shakespeare.
96 Finkelpearl, *Thomas Marston*, p. 53.

Milorsius Stradilax présenta le discours d'un soldat et trois confessions, l'une d'un soldat, l'autre d'un voyageur et le dernier d'un gentleman campagnard ; deux d'entre elles étaient si mauvaises que l'esprit le plus minable n'aurait pas osé les proposer, d'autant qu'il les avait présentées sous la forme d'une facture de tailleur ou d'un mémorandum avec des *imprimis* [sic] et des *items* ; mais il répudia les productions que son esprit avaient présentées cette nuit-là car elles n'avaient pas reçues d'applaudissements[97].

Ceci lui vaut un changement de nom ; il est désormais *Milesius Stradilax*, Stradilax le Milésien, c'est-à-dire le menteur[98]... Un peu plus loin, lors d'un banquet offert au Prince par « un gentleman », Stradilax tombe ivre mort, après avoir prononcé deux fois le même « discours festif » devant une assemblée de Templars, restés, quant à eux, sobres et muets[99]. Cette mise en cause de la rhétorique au service du pouvoir culmine à la fin de la narration, lorsque Rudyerd raconte la visite que les gentlemen de Lincoln's Inn rendent au Prince. À cette occasion, « Milorsius Stradilax, tel un factieux, pratiqua contre le Prince et, avec fougue, fomenta une inimitié entre le Prince et les gentlemen de Lincoln's Inn[100] ». Loin d'amener la concorde publique, la parole politique assénée dans le cadre des festivités est fauteuse de troubles, tant à l'intérieur de la *societas* de l'*Inn* qu'entre les *Inns*.

Si les *benchers* ne réagissent pas officiellement à ce Noël solennel satirique, ce n'est pas le cas de Davies. Selon les archives du Parlement de Middle Temple, une semaine après la fin des festivités, il fait irruption dans le hall de l'*Inn* pendant le repas commun et casse un gourdin sur la tête de Martin, ce qui lui vaut d'être exclu définitivement de l'*Inn*[101]. Ce comportement s'explique peut-être par le fait que Davies n'était pas au courant de tout ce qui avait été préparé pour le Prince d'Amour. A-t-il été pris au dépourvu par le « libelle » (peut-être les *Noctes Templariae* ?) placardé dans toute la ville de Londres[102] ? Si Davies

97 Rudyerd, *Noctes Templariae*, p. 12-13.
98 *Ibid.*, p. 13.
99 *Ibid.*, p. 15.
100 *Ibid.*, p. 16.
101 Hopwood, *Middle Temple Records*, p. 379. Il est réadmis en 1601 après de nombreuses pétitions, voir L. Stowell, « Observations on with the Copy of the Proceedings had in the Parliament of the Middle Temple, respecting a Petition of Sir John Davies », *Archaeologia*, vol. 21, 1827, p. 107-114.
102 Rudyerd, *Noctes Templariae*, p. 11 : le libelle semble avoir été accroché dans des lieux infâmants tels que le pilori ou la prison de Newgate...

était sans doute d'accord pour incarner un personnage ridicule au sein de la société *Templar* afin de braver l'autorité des *benchers*, il ne consent pas à la publicisation de la satire. En se propageant en ville, la satire des autorités de l'*Inn* se change, en effet, en satire de sa seule personne. Cette attaque en règle contre Davies s'explique peut-être par le fait que Rudyerd jalousait le petit succès littéraire de Davies[103]. Mais on peut aussi faire l'hypothèse que Davies est la cible de ses anciens camarades, parce qu'il est désormais passé de l'autre côté du miroir, du côté des autorités de l'*Inn* : en 1595, il est promu *barrister* et, en 1597, il est élu au 9e Parlement du règne d'Élisabeth Ire.

Les Grands Noël des *Inns of court* ont longtemps été considérés comme des festivités régulières, dirigées et organisées par un *Lord of Misrule*, un roi carnavalesque élu parmi les gentlemen des *Inns*. Ces mises en scène parodiques du pouvoir auraient eu non seulement un but pédagogique (élaborer des discours politique et juridique dans un cadre parodique), mais également une fonction politique (mettre en scène la « république monarchique » et conseiller le prince).

Cette interprétation tenait à la confusion que les chercheurs ont faite entre Grand Noël et *Lords of misrule* alors même que leurs logiques et leurs aspects spectaculaires étaient fort différents. Au XVIe siècle, les Grands Noëls étaient rares et ne participaient pas du cursus éducatif des *Inns*. Exogènes à ces *societates*, ils étaient conçus pour la monarchie, qui instrumentalisait la parole de ses élites, comme le montre l'exemple du Grand Noël d'Inner Temple de 1561-1562. À l'inverse, les *Lords of misrule* appartiennent au monde du carnaval et de la jeunesse avec ses explosions de violence verbale et physique. Pour les étudiants, cette tradition parodique recèle une dimension culturelle et communautaire forte alors que, pour les autorités des *Inns* (*benchers*), elle constitue, dans un contexte politique et social très difficile, une remise en cause intolérable de leur pouvoir.

Le Noël solennel organisé par Middle Temple en 1597-1598 est, quant à lui, d'une profonde originalité puisqu'il se situe à la jonction des traditions du Grand Noël et du *Lord of misrule*. Il se présente comme un spectacle au service des autorités de l'*Inn*, une parodie classique des « rois et de leur cour », mais, insidieusement, il se révèle une violente

---

103 Raffield, *The art of law*, p. 41.

satire d'une partie de la jeunesse de l'*Inn* contre les *benchers* et l'un des leurs, John Davies. Non sans paradoxe, parodie et satire au sein de la même séquence festive ne s'annulent pas l'une l'autre mais fonctionnent comme l'avers et le revers d'une même pièce, on peut regarder l'une en ignorant complètement l'autre.

Olivier Spina
Université Lumière Lyon 2
LARHRA

LA FONCTION DE LA MISE EN SCÈNE
DE L'ABBAYE JOYEUSE DANS LE MANDEMENT
JOYEUX FRANÇAIS (XVIᵉ SIÈCLE)

Il y a quelques décennies déjà que les études de Natalie Zemon Davis ont introduit les abbayes joyeuses en France au XVIᵉ siècle dans le champ de la recherche en littérature médiévale et pré-moderne. À partir de ces travaux, Katja Gvozdeva, Katell Lavéant et Jean-Yves Champeley, entre autres, ont approfondi le sujet en étudiant les abbayes et les compagnies joyeuses dans plusieurs régions de France et des anciens Pays-Bas[1]. Leurs études ont montré que les membres des abbayes joyeuses organisaient des fêtes et des parades, jouaient des pièces de théâtre et connaissaient une production littéraire (chansons, monologues, textes joyeux) qui semble avoir été performative[2]. Ces études ont notamment souligné que toutes ces activités ont eu une force cohésive, c'est-à-dire qu'elles rassemblaient les gens et favorisaient la cohérence entre les différentes couches sociales.

Dans ses travaux sur la littérature carnavalesque médiévale des anciens Pays-Bas, Herman Pleij défend également le pouvoir unificateur de tels événements en discutant en détail le mandement parodique *De Blauwe Schuit* (*La Barque Bleue*)[3]. Il s'agit d'un poème rédigé sous forme de mandement, dans lequel une autorité facétieuse salue tous les compagnons « qui ont des

---

1   N. Z. Davis, « The Reasons of Misrule : Youth Groups and Charivaris in Sixteenth-Century France », *Past & Present*, 50, 1971, p. 41-75 ; K. Lavéant, *Un théâtre des frontières : la culture dramatique dans les provinces du nord aux XVᵉ et XVIᵉ siècles*, Orléans, Paradigme, 2011 ; K. Gvozdeva, « Celebrating Men in Rabelais », *Romance Studies*, 23, 2, 2005, p. 77-90 ; J.-Y. Champeley, « Organisations et groupes de jeunesse dans les communautés d'entre Rhône et Alpes (XVIᵉ - XVIIᵉ - XVIIIᵉ siècles) », thèse de doctorat, Université Lumière – Lyon 2, 2010.

2   Dans cet article, nous adoptons de l'anglais le mot *performative*, qui signifie : « relating to or of the nature of dramatic or artistic performance ». « Performatif » doit donc être ici compris dans le sens de : « ayant un aspect théâtral ».

3   H. Pleij, *Het Gilde van de blauwe schuit : literatuur, volksfeest en burgermoraal in de late middeleeuwen*, Amsterdam, Meulenhoff, 1983.

manières sauvages » (« *van wilde manieren* ») et les invite à monter dans la barque bleue, une abbaye joyeuse imaginaire où presque tout était autorisé. Bien que l'expression « Barque Bleue » ait été utilisée par des guildes ou groupes de gens réels dans différentes villes des Pays-Bas[4], le mandement *De Blauwe Schuit* ne se réfère pas à un groupe ayant véritablement existé. Il s'agit d'une abbaye ou guilde imaginaire et d'un texte standardisé. La barque bleue était un *topos* carnavalesque extrêmement répandu à la fin du Moyen Âge. Il existe des textes similaires à La Barque Bleue en français, des mandements parodiques portant notamment sur la vie des abbayes joyeuses imaginaires[5], dont la signification n'est pas connue[6].

---

4   *De Blauwe Schuit* était par exemple le nom d'un groupe joyeux actif à Bergen op Zoom (aux Pays-Bas méridionaux) à la fin du Moyen Âge.

5   À ce que nous savons, il s'agit de cinq textes en français : 1. *Le monologue des nouveaulx sotz de la joyeuse bende* (±1520) : mandement sous forme de poème qui décrit le banquet organisé pour tous les sots de la région. Une grande partie du poème consiste en une liste des types de sots. Une autre partie présente la nourriture abondante du banquet et les divertissements, comme la musique, les jeux, etc. Ce mandement n'a jamais fait l'objet d'une étude détaillée. Pour l'instant, nous pensons que ce texte a eu une fonction commémorative. Il contient un vaste répertoire d'objets, personnages, thèmes, motifs et vocabulaires joyeux. Le fait que ce texte était notamment destiné à la lecture (individuelle) semble confirmer l'idée selon laquelle ce texte répondait aux sentiments de nostalgie et de commémoration des festivités joyeuses d'autrefois. 2. *Les ordonnances et reformations nouvellement faictes et imprimees sur la pierre de mauconseil* (1521) : ce texte s'inscrit probablement dans le milieu basochien de Paris. Comme l'a montré Natalie Z. Davis, au cours du XVIe siècle, les abbayes joyeuses s'organisaient de plus en plus souvent au niveau de groupements professionnels (et non plus à l'échelle d'un village). Le cas le plus célèbre est celui de la Basoche, corporation des clercs de justice. Voir : M. Bouhaïk-Gironès et K. Lavéant, « Le *Mandement de froidure* de Jean Molinet : la culture joyeuse, un pont entre la cour de Bourgogne et les milieux urbains », *Jean Molinet et son temps. Actes des rencontres internationales de Dunkerque, Lille et Gand (8-10 novembre 2007)*, éd. E. Doudet, J. Devaux et É. Lecuppre-Desjardin, Turnhout, Brepols, 2013, p. 70. 3. *La Coppie du grant mandement general de l'abbe des mal prouffitans* (1528) : ce mandement est en réalité une hybridation entre une pronostication joyeuse et un mandement joyeux. Pour une analyse détaillée de la partie « pronostication » de ce mandement, voir : F. Manuel, *L'âne astrologue. Les Pronostications Joyeuses en Europe (1476-1623)*, thèse de doctorat, Université de Toulouse le Mirail, p. 195-201. 4. *La Grande Confrairie des saoulx d'ouvrer et enragés de rien faire* (1537) : ce texte est l'objet du présent article. 5. *Privilège des Enfants sans souci* (1650) : texte contenant la constitution de l'Ordre du Tonneau. Le mandement décrit les membres de l'ordre, qui sont obligés de boire et qui ne peuvent pas se satisfaire d'autres produits alimentaires car cela peut les empêcher de boire. La mention des Enfants sans souci dans ce mandement est inspirée de la confrérie des Enfants-sans-Souci de Paris, une troupe d'acteurs semi-professionnels (sur ce groupe, voir M. Bouhaïk-Gironès, *Les clercs de la Basoche*). Il n'y a toutefois aucune relation réelle entre cette confrérie et l'Ordre du Tonneau du mandement, qui est imaginaire et dont la création date de deux siècles plus tard.

6   Ces mandements forment la base d'un chapitre de ma thèse sur les mandements joyeux en France et aux Pays-Bas (prévue pour 2020). Cette thèse fait partie du projet VIDI

Le présent article ne s'appuie pas sur une analyse des documents d'archives telle que les chercheurs mentionnés ci-dessus l'ont réalisée. Comme l'a également fait Pleij, nous proposons plutôt d'étudier des sources littéraires, les mandements joyeux en français, mettant en scène des abbayes joyeuses imaginaires. Ces mandements joyeux, notamment composés aux XVe et XVIe siècles, reprennent le modèle des textes de loi et des ordonnances royales ou épiscopales et se caractérisent par l'idée qu'une autorité joyeuse promulguant l'acte s'adresse à ses sujets pour leur donner un ou plusieurs ordres ludiques[7]. C'est en raison de la mise en scène de cette autorité joyeuse et ces ordonnances ludiques que nous définissons les textes comme des mandements joyeux. La tradition des mandements joyeux est un domaine qui reste à explorer : actuellement, nous avons connaissance d'exemples français, néerlandais, et, dans une moindre mesure, anglais et allemands. Les milieux dans lesquels ces textes ont été produits varient. Les mandements joyeux français dérivent, entre autres, du milieu juridique (les clercs de la Basoche) ou de la Cour (Jean Molinet). Les mandements joyeux néerlandais sont souvent le fruit des chambres de rhétorique.

L'abbaye joyeuse est un élément récurrent dans les mandements joyeux français, mais, paradoxalement, aucun mandement ne peut être lié à une abbaye joyeuse ayant vraiment existé[8]. Ici nous nous inter-

---

« Uncovering Joyful Culture : Parodic Literature and Practices in and around the Low Countries », dirigé par Katell Lavéant à l'Université d'Utrecht aux Pays-Bas et bénéficiant d'une subvention de l'Organisation Néerlandaise pour la Recherche (NWO). Le chapitre de thèse en question discute les rapports étroits entre les abbayes joyeuses et le mandement joyeux.

7   Pour l'explication de la structure et la rhétorique juridique du mandement, nous nous référons à l'article de Paul Verhuyck sur le *Mandement de Bacchus* : Paul Verhuyck, « Les mandements joyeux et le Mandement de Bacchus, Anvers, 1580 », *Aspects du théâtre populaire en Europe au XVIe siècle*, éd. M. Lazard, Paris, Sedes, 1989.

8   Christine Bénévent a remarqué que les textes littéraires imprimés portant sur des abbayes joyeuses sont issus des milieux urbains. Il s'agit d'une production assez tardive dans l'évolution des abbayes joyeuses en France : « Le point sur lequel semblent se rejoindre les spécialistes, c'est d'une part l'origine à la fois juvénile et villageoise de ces sociétés, qui ont perduré dans les campagnes sans grand changement jusqu'au XVIIIe siècle, et d'autre part le changement de statut qui s'est opéré lorsqu'elles ont été transposées en ville et "récupérées" ou "apprivoisées" par des bourgeois, des corporations d'adultes et de métiers. Parmi les changements les plus remarquables, on note l'enrichissement du contenu dramatique et littéraire de Maugouvert et de tout le vocabulaire de la Folie, donnant lieu à des compositions plus élaborées, telles que la sottie et le coq à l'asne, et dont on garde désormais un témoignage, imprimé ». Ce

rogeons sur la fonction de l'abbaye joyeuse dans le mandement joyeux. Pourquoi cet endroit est-il mis en scène ? L'étude des sources plutôt littéraires que historiques telles que les mandements joyeux pose des problèmes lorsque l'on souhaite les relier à un phénomène historique – c'est-à-dire, ici, l'existence des abbayes joyeuses. Pour cette raison, nous considérons les abbayes inventées pour les besoins du texte comme des « faux réels », des constructions imaginaires se substituant au véritable réel. Les abbayes joyeuses présentes dans nos textes sont ainsi des échos textuels possibles des abbayes joyeuses historiques. Néanmoins, il faut considérer ces échos comme des forces actives dans le sens qu'elles définissent, voir créent, l'image que nous nous faisons des abbayes joyeuses historiques[9]. Les conclusions que nous pouvons tirer de l'analyse des mandements joyeux contribuent à une meilleure compréhension de la place et de la fonction de l'abbaye joyeuse dans la culture joyeuse de la fin du Moyen Âge en France et aux Pays-Bas.

---

sont notamment le « contenu [...] littéraire de Maugouvert et [...] tout le vocabulaire de la Folie » qui sont caractéristiques des mandements joyeux racontant le sort des abbayes joyeuses. Voir : C. Bénévent, « Folie et société(s) au tournant du Moyen Âge et de la Renaissance », *Babel*, 25, 2012, p. 121-148.

9   Afin de comprendre cette problématique et ses implications pour notre approche des mandements joyeux, nous nous appuyons sur un essai du philosophe Clément Rosset, *Le Réel et son double* (1976). Dans cet essai, Rosset explique les relations entre le réel et ses échos possibles (textuels, visuels). Le réel est créé à travers des échos et l'homme ne peut ni percevoir, ni définir le réel. Rosset fut fortement influencé par la philosophie de Nietzsche, notamment lorsqu'il écrit que la dichotomie entre le réel et les faux-réels constitue une vision pessimiste, voire absurde et cruelle du monde. Nous ne nous inscrivons pas dans cette vision nietzschéenne. Nous proposons de dépouiller la dichotomie entre le réel et le faux-réel de sa connotation absurde afin de concrétiser et de rendre plus tangible la relation entre l'objet de notre étude, l'abbaye joyeuse imaginaire, et l'abbaye joyeuse historique. Voir : C. Rosset, *Le Réel et son double : essai sur l'illusion*, Paris, Gallimard, 1976.

LA PARODIE DU MANDEMENT JOYEUX

Dans sa critique des *Pronostications joyeuses* de Molinet, éditées par Jelle Koopmans et Paul Verhuyck[10], Barbara N. Saugent-Baur écrit que

> *the attraction of these [sub-genres[11]] lies in the shell rather than the nut it contains ; once the riddle is solved, the message turns out to be not especially interesting[12].*

Notre hypothèse principale contredit cette idée. Nous pensons qu'à la charnière entre le XVe et le XVIe siècle, le mandement joyeux (un des sous-genres dont parle Saugent-Baur) était l'un des supports anonymes par excellence pour discuter des idées sur toutes sortes de thématiques contemporaines. Le mandement fonctionne ainsi à deux niveaux. À un premier niveau, le mandement est un jeu parodique se moquant de l'acte diplomatique lui-même, de l'auteur de ce type de documents et de l'institution octroyant le document (auquel appartient l'auteur)[13]. Ce niveau de surface, que Saugent-Baur appelle la coquille, est aussi désigné sous les expressions « parodie textuelle », « parodie matérielle » et « parodie exemplaire[14] ». À un niveau plus profond (la « noix » dont parle Saugent-Baur), le mandement a pour but de présenter un point de vue sur un sujet d'actualité, ce que Martha Bayless appelle la « parodie sociale[15] ». Selon elle, une étude de la parodie médiévale n'existe pas sans prendre en compte cette dimension sociale de la parodie. Dans cette optique, la parodie médiévale fonctionnait comme « the vehicle for a significant proportion of medieval satire [...]. [T]he ridicule was often

---

10 J. Molinet, *Les Pronostications Joyeuses*, éd. J. Koopmans et P. Verhuyck, Genève, Droz, 1998.

11 C'est-à-dire le mandement joyeux, le testament joyeux, le sermon joyeux, etc.

12 B. N. Saugent-Baur, « Book review », *Fifteenth-Century Studies*, 28, 2002, p. 266.

13 Néanmoins, il faut souligner que les textes parodiques de cette étude sont en effet des imitations humoristiques d'un modèle, mais que les parodies ne ridiculisent pas nécessairement la solennité de ce modèle. Comme l'a affirmé John Yunck : « [t]he text is the parodist's weapon, not his target ». Voir : J. A. Yunck, « The Two Faces of Parody », *Iowa English Yearbook*, 8, 1963, p. 36-37.

14 M. Bayless, *Parody in the Middle Ages. The Latin Tradition*, Ann Arbor, The University of Michigan Press, 1996, p. 3 ; G. Highet, *The anatomy of satire*, Princeton, Princeton University Press, 1962 ; Yunck, « The Two Faces of Parody », p. 36-37.

15 Bayless, *Parody in the Middle Ages*, p. 3.

directed at [for example] illicit drinking, gambling, gluttony, ecclesiastical corruption, or the vileness of the peasantry[16] ». Dans le même ordre d'idées, Jelle Koopmans ajoute l'idée que la parodie médiévale ne fonctionne qu'en situation (« situatedness »)[17]. Il affirme que

> [L]e texte médiéval est souvent, de par sa nature performative, lié à des circonstances concrètes plutôt qu'à un « canon littéraire » et ce n'est pas nécessairement une pensée générique qui préside à la création de textes parodiques[18].

En prenant en compte le fait que la production littéraire des associations joyeuses avait une force cohésive, nous pensons que les mandements expriment des sentiments et des pensées sur un sujet qui concerne la société dans son ensemble. Afin de présenter un point de vue, voire une critique sociale sous le voile de la parodie, les auteurs des mandements utilisaient un discours inversé et un vocabulaire joyeux. Cela correspond aux positions de Bakhtine, qui défend l'idée selon laquelle la littérature carnavalesque (que Katell Lavéant propose d'appeler plutôt « littérature joyeuse ») recherche toujours une nouvelle façon de refléter le monde et d'interagir avec les lecteurs ou auditeurs[19]. Sans donner de réponse exhaustive à la question de savoir quels textes étaient sérieux et quels textes étaient joyeux, nous pensons que le mandement joyeux était, à la fin du Moyen Âge, l'un des instruments qui permettait la réflexion critique sur un sujet d'actualité concernant à des degrés divers plusieurs milieux sociaux.

Pour illustrer cela, nous avons choisi pour étude de cas le mandement joyeux de « La Grande Confrairie des saoulx d'ouvrer et enragés de rien faire[20] » (dorénavant « la confrérie des souls d'ouvrer » ou le « mandement

---

16 Bayless, *Parody in the Middle Ages*, p. 5.
17 L'idée du « situatedness » vient du critique littéraire Terry Eagleton. Selon lui, des textes doivent toujours être considérés comme des « forms of *activity* inseparable from the wider social relations between writers and readers, orators and audiences, and as largely unintelligible outside the social purposes and conditions in which they were embedded ». Voir : T. Eagleton, *Literary Theory : An Introduction*, Minneapolis, Minn, 1983, p. 206. En français, cette idée a été aussi développée par Sartre dans J.-P. Sartre, *Situations*, Paris, Gallimard, 1947.
18 J. Koopmans, « La parodie en situation. Approches du texte festif de la fin du Moyen Âge », *CRMH*, 15, 2008, p. 88.
19 M. Bakhtine, *Esthétique et théorie du roman*, Paris, Gallimard, 1978, p. 477.
20 Le livre contenant le mandement de cette compagnie est le suivant : Anon., *La grande confrarie des soulx d'ouvrer et enragez de rien faire*, Lyon, François Juste, 1537, USTC 24039. Le livre connaît une longue tradition éditoriale et de nombreuses réimpressions, s'étendant jusqu'au XIXe siècle. Katell Lavéant a parlé de la tradition éditoriale de ce livre en 2017, à la conférence annuelle de la Renaissance Society of America à Chicaco : K. Lavéant, *The*

des souls d'ouvrer »), la confrérie de ceux qui sont las de travailler[21]. Afin d'interpréter le mandement, de comprendre la relation entre l'abbaye joyeuse et le mandement, et de tester nos hypothèses concernant les différents niveaux de parodie, nous donnerons pour commencer une idée de la structure et du contenu du texte.

LA GRANDE CONFRARIE DES SOULX D'OUVRER
ET L'IMAGE D'UNE CONFRÉRIE JOYEUSE IMAGINAIRE

La grande confrarie des soulx d'ouvrer et enragez de rien faire (1537) est composée de trois parties. La première partie est un mandement joyeux, intitulé les « Indulgences et pardons de la confrarie de monseigneur mon sieur sainct Lasche[22] » (1-2). Le texte met en scène l'abbaye de « chasse prouffit » (16-17), dont les membres sont, paradoxalement, extrêmement pauvres. Leur patron est le saint imaginaire des paresseux[23]. Ensuite un supplément à ce mandement joyeux a été imprimé, intitulé « Choses merveulleuses et de grandes indulgences de ladicte confrarie de Monseigneur monsieur sainct Lasche » (119-120), qui spécifie les récompenses si le mandement de la première partie a bien été respecté. Les deux premières parties sont donc complémentaires. La troisième partie présente une liste joyeuse de la « monnaie » de la confrérie, dont

---

Long Printing Tradition of Mock Regulations in French (Sixteenth through Eighteenth Centuries), colloque international, Chicago, Renaissance Society of America, 2017.

21 Ici, nous n'utilisons que les termes « confrérie joyeuse » et « abbaye joyeuse » pour désigner ce groupe imaginaire des souls d'ouvrer. Ce choix se fonde notamment sur le fait qu'il s'agit, dans le cas des souls d'ouvrer, d'une organisation fictive adoptant la hiérarchie et la structure d'une abbaye ou d'une confrérie religieuse réelle telles que nous les connaissons de la fin du Moyen Âge. Les termes « compagnie » ou « société » sont moins appropriés ici, puisqu'ils sont plus larges et ne renvoient pas nécessairement à la structure sociale d'une abbaye religieuse. Pour toutes les traductions du moyen français, nous avons utilisé le *Dictionnaire du Moyen Français*, consultable sur le site de l'ATILF.

22 Pour toutes les références au texte, nous citerons notre transcription (voir l'annexe), avec les numéros des lignes de cette transcription.

23 J. Merceron, *Dictionnaire thématique et géographique des saints imaginaires, facétieux et substitués : en France et en Belgique francophone du Moyen Âge à nos jours : traditions & dévotions populaires, littérature, argot : suivi d'un répertoire raisonné des dévotions et patronages par calembour*, Paris, Seuil, 2002, p. 327-329.

nous ne parlerons pas en détail dans ce texte[24]. Les trois parties ensemble donnent l'image d'une confrérie qui parodie la confrérie religieuse réelle, c'est-à-dire que les trois documents du livre se moquent des documents couramment octroyés à une confrérie ou abbaye religieuse. Ainsi, la confrérie des souls d'ouvrer devient en quelque sorte une confrérie joyeuse, dans laquelle le discours du renversement de l'ordre normal joue un rôle important. Néanmoins, la notion de confrérie joyeuse pose aussi problème. Comme on le sait, l'organisation des festivités de Carnaval était l'un des buts principaux d'une confrérie joyeuse[25]. Or, *La grande confrarie des soulx d'ouvrer* ne parle pas de ce type d'activités, ce qui complique l'utilisation du terme « confrérie joyeuse » pour la définir. Par souci de clarté, nous définissons cependant la confrérie des souls d'ouvrer comme une confrérie joyeuse imaginaire en considérant notamment le discours et le vocabulaire de ce texte.

Le mandement joyeux contient plusieurs ordres à respecter. Les ordres de « non rien avoyr » (28), de « faire tousiours grandes debtes » (30) et de vivre en « pouvrete et misere » (104) viennent du prélat « Ponts Maudiné[26] » (24), chargé de l'abbaye, et, à un niveau plus spirituel, de Dieu lui-même, qui « plaist aucun bien n'y proffit » (60). Les ordonnances qui découlent de cet idéal soi-disant religieux se résument à l'idée que les membres de l'abbaye sont obligés de ne rien faire (comme l'indique déjà le titre du livre, « enragés de rien faire »). Cette inactivité a mené les confrères à la pauvreté, parfois même à leur emprisonnement ou à leur excommunication. Néanmoins, le texte indique explicitement que certains membres de l'abbaye se plaignent de leurs confrères : « nous avons entendu par bonne et souffisante complaicte de noz bien amez et alliez les gens de nostre abbaye de chasse prouffit » (15-17). Leurs

---

24 Nous avons choisi de ne pas traiter de cette partie du livre car elle se positionne dans des recherches plus larges portant sur les objets appartenant à la culture festive ainsi que les recherches sur la « satire d'argent » ou « money satire ». Voir les travaux de J. A. Yunck, « Medieval French Money Satire », *Modern Language Quarterly*, 21, 1960, p. 73-82 ; J. A. Yunck, *The Lineage of Lady Meed. The Development of Mediaeval Venality Satire*, Notre Dame, University of Notre Dame Press, 1963.

25 Bouhaïk-Gironès, *Les clercs de la Basoche*, p. 111. Ces deux types d'associations peuvent converger, ce que l'on observe par exemple avec la Coquille de Lyon. Cette confrérie organisait des parades et des festivités carnavalesques, mais était aussi un groupe rassemblant les représentants d'un même métier, les imprimeurs.

26 Jusqu'à maintenant, nous n'avons aucune idée de la signification de ce nom dans le cadre de ce mandement et de la confrérie, ni dans le contexte plus large de la littérature joyeuse et du monde de théâtre.

complaintes, précisées dans la narration, portent sur le fait que certains « justiciers et subjectz » (61) n'obéissent pas aux ordonnances du prélat, c'est-à-dire qu'ils poursuivent le profit, gagnent de l'argent et sont actifs. Ils veulent, par exemple, « ediffier maisons » (73), et ils s'amusent et dépensent de l'argent dans les tavernes du royaume imaginaire (77-79). À cause de cette désobéissance, le prélat Ponts Maudiné ordonne le jeûne pour regagner des indulgences (à partir de la ligne 99 : « nous vous mandons et commandons »). Ce jeûne est organisé comme suit : « tous les dimenches deux miches de faulte » (101), « le lundi faulte de vin » (101-102), « le mardi, mescredi, et jeudi neccessite chaire » (102) et « le vendredi et samedi comme les autres jours » (102-103)). Le but du jeûne est de compenser les péchés des personnes cherchant le profit. Ensuite, l'autorité répète les commandements essentiels de l'abbaye, c'est-à-dire « de n'en rien avoir en tout temps fors seulement toute leur vie pouvrete et misere » (103-104)[27].

Le mandement n'est pas adressé aux sujets de l'abbaye, mais à leurs « generaulx » (10), « conseilliers » (10), « tresoriers et argentiers » (12) et au « baillif[28] » (14) de la confrérie. Ce sont donc les représentants des sujets de l'abbaye. Ces représentants doivent normalement contrôler les sujets de la confrérie et voir s'ils observent toujours les ordonnances du prélat, ce qui n'est pas le cas dans ce mandement car certains sujets s'enrichissent malgré l'interdiction. En jeûnant, les confrères de mauvaise vie peuvent gagner l'indulgence et le pardon de Dieu lui-même. Une clé pour l'interprétation de ce mandement est dans son titre, et surtout dans les mots « indulgences et pardons ».

Pourquoi les membres de la confrérie voudraient-ils gagner cette indulgence ? Cela est spécifié dans le supplément du mandement de *La grande confrarie des soulx d'ouvrer*, La motivation principale des confrères pour « maintenir obeyr et servir aux commandemens de monseigneur monsieur saint Lasche » (179-180) est dans l'idée que « selon les merites de ce monde, on est remunere en l'autre » (124-125). Pour les efforts qu'ils font dans ce monde, les confrères seront donc récompensés dans un autre monde. Dans le cas de la confrérie

---

27   Nous signalons que le jeûne est aussi une pratique religieuse, surtout dans les abbayes. Voir par exemple : C. H. Lawrence, *Medieval monasticism : forms of religious life in Western Europe in the Middle Ages*, Londres, Routledge, 2015, p. 135-158.

28   Représentant d'un seigneur exerçant des fonctions judiciaires et administratives.

des souls d'ouvrer, cela veut dire qu'ils profiteront d'un paradis qui
répond à l'imaginaire médiéval du pays de Cocagne. C'est « une isle
[…] en ung lieu delectable, ou a tout jamais [les confrères] pourront
demourer en joye et felicite » (130-131). Les murs du château qui s'y
trouve sont par exemple construits avec des fromages, du beurre et
du sucre. Il y a des pierres précieuses en grand nombre, décorant les
chambres, les tables et les chaises. Sur les tables sont disposées toutes
les viandes possibles et toutes sont déjà « prestes a manger » (157). Il y a
de la musique mélodieuse, de nombreux « jardins de plaisansce » (163)
avec des fleurs, une vallée avec « plusieurs belles fontaines qui rendent
vin blanc » (165-166), des arbres qui produisent « toutes manieres de
dragees » (168) et de nombreux autres produits alimentaires. Enfin,
sur une montagne poussent de nombreux arbres qui donnent « tous
manieres d'habillemens, comme robbes, cappes, manteaulx » (176-177),
etc. Le paradis décrit dans ce mandement répond à tous les besoins
possibles, de la nourriture aux vêtements.

Le vocabulaire du discours du mandement et du supplément s'inscrit
parfaitement dans le vocabulaire joyeux tel qu'il est décrit par Katell
Lavéant pour les régions francophones et, dans une moindre mesure, par
Arjan van Dixhoorn pour les régions néerlandophones[29]. Il s'agit d'un
vocabulaire dont les thèmes fréquents sont la tension entre la pauvreté
et la richesse, la misère[30], l'abondance alimentaire, la folie[31], l'amitié,
l'amour et la sexualité[32]. Ce sont des thèmes que nous rencontrons
souvent dans les mandements joyeux[33]. La plupart de ces thèmes est
aussi présente dans la description des confrères de l'abbaye de Chasse-
Prouffit, « comme sont pouvres, souffreteulx, endebtez, malheureux,
mal fortunez, miseraulx, quereleux, necessiteux, racheptz, et teigneux,

---

29   A. van Dixhoorn, *Lustige geesten : rederijkers in de Noordelijke Nederlanden (1480-1650)*,
     Amsterdam, Amsterdam University Press, 2009, p. 297. Dans le chapitre « Vrolijke
     welsprekendheid », Van Dixhoorn explore de nouvelles directions de recherche, surtout
     dans le domaine de la culture joyeuse néerlandaise.
30   Pour ces thèmes Katell Lavéant a par exemple retrouvé une grande variété de noms des
     compagnies joyeuses. Voir : Lavéant, *Un théâtre des frontières*, p. 49.
31   Nous remarquons que la folie est un thème omniprésent dans le théâtre médiéval fran-
     çais, ce qui renforce notre idée selon laquelle l'une des caractéristiques des mandements
     joyeux est leur nature performative.
32   L'ensemble de ces thèmes dérive d'une analyse globale de notre corpus des mandements
     joyeux (environ 50 textes).
33   Voir aussi note 5.

vuides de richesses et indignes de tous biens privez, et de tout en tout despouillez » (17-20). Ce sont les confrères qui pèchent qui sont décrits comme « escervelez, folz, frenetiques, oultrecuidez, cornars » (61-62). La description du paradis où les confrères seront récompensés illustre bien le thème de l'abondance alimentaire. Le vocabulaire joyeux évoque la question de la pauvreté alléguée, de la folie et de la gourmandise des membres de la confrérie.

Il n'est pas question ici de déterminer si ces confrères imaginaires étaient véritablement pauvres, fous, gourmands – ou rien de tout cela – mais le fait que le mandement *présente* les confrères comme extrêmement pauvres, fous et gourmands est crucial dans notre interprétation du texte. En effet, comme l'a affirmé Arjan van Dixhoorn pour le vocabulaire joyeux dans les textes des chambres de rhétoriques aux Pays-Bas, il faut comprendre la pauvreté alléguée, tout comme l'abondance alimentaire du pays de Cocagne et la folie comme du langage « littérairement crypté » (« *literair versleuteld* »). Dans les associations joyeuses des Pays-Bas, des comportements gourmands, fous et pauvres n'étaient pas encouragés (parfois pas même autorisés), mais ils étaient tout à fait acceptés dans les textes littéraires de ces associations[34].

Pourquoi ces comportements, qui dépassent donc les normes sociales de la vie quotidienne, et aussi les normes qui s'appliquaient pendant des festivités, apparaissent-ils dans de nombreux textes joyeux de l'époque ?

OBJECTIFS DU VOCABULAIRE JOYEUX
ET INTERPRÉTATION DU MANDEMENT

Une réponse possible, au moins en ce qui concerne les mandements joyeux, est que ces thèmes et comportements décrits sont au service du vrai objectif (ou des objectifs) du texte, c'est-à-dire une réflexion d'une question religieuse. Ainsi, le mandement des souls d'ouvrer et son supplément parodient, en surface, des bulles papales ou des ordonnances épiscopales contenant des indulgences pour les confréries religieuses, notamment celles qui participent à de nombreuses œuvres de charité.

---

34 Van Dixhoorn, *Lustige geesten*, p. 297.

Toutes les personnes qui appartiennent à une telle confrérie reçoivent souvent une « [i]ndulgence plénière de tous leurs péchés[35] ». Le mandement des souls d'ouvrer détourne ce type de bulles ou ordonnances en donnant des indulgences aux confrères qui ne font rien. L'auteur du mandement joyeux « Saoul d'ouvrer », se moque de la personne à qui l'acte officiel est normalement adressé – donc le pape ou l'évêque. Avec une référence au prélat Ponts Maudiné et ses ordonnances, le mandement parodie également la position du dignitaire ecclésiastique qui a la charge d'une abbaye. L'institution à laquelle appartiennent ces figures est l'Église, qui est donc aussi (mais plus indirectement) parodiée.

À un second niveau, implicite, le mandement des souls d'ouvrer révèle des inconsistances dans les doctrines chrétiennes telles qu'elles ont été défendues par l'Église catholique à la fin du Moyen Âge. Nous pensons ici en particulier aux idées concernant le rôle du travail et de la pauvreté dans la Rédemption de l'homme[36]. Le texte s'inscrit ainsi dans un ensemble de textes législatifs, mais imaginatifs (ou fictionnels), discutant la Rédemption et les notions du travail et de la pauvreté[37]. Comme l'a montré Anthony Musson, la fin du Moyen Âge fut caractérisée par une forte croissance d'une conscience législative et par une « intrusion du droit » dans différents domaines de la société médiévale[38]. En adoptant des modèles et méthodes législatifs, plusieurs auteurs ont essayé de résoudre des questions politiques, ce que Musson propose d'appeler la « politicisation du droit ». Dans le même ordre d'idées, William Marx a prouvé que les mêmes modèles législatifs ont également influencé le domaine de la théologie. Il propose de décrire l'intrusion du droit dans le domaine théologique comme une « théologicisation du droit ». Il nous semble que le mandement des souls d'ouvrer et son supplément

---

35 Voir par exemple : Bulle concédant des indulgences à la Confrérie de Notre-Dame de Miracles et de Vertus, octroyé par le pape Clément X au XVIIe siècle de 1670.

36 Sur la littérature médiévale et le dogme de la Rédemption, voir notamment : C. W. Marx, *The Devil's Rights and the Redemption in the Literature of Medieval England*, Cambridge, D. S. Brewer, 1995.

37 William Marx définit cette catégorie de textes comme de la « littérature législative » (*Literature of Law*). Voir : W. Marx, « The Conflictus inter Deum et Diabolum and the Emergence of the Literature of Law in Thirteenth-Century England », *Thirteenth Century England XIII*, éd. J. Burton, F. Lachaud, P. Schofield, K. Stöber, B. Weiler, Suffolk, Boydell & Brewer, 2011, p. 57-66. Voir aussi : H. Pleij, *Dromen van Cocagne. Middeleeuwse fantasieën over het volmaakte leven*, Amsterdam, Prometheus, 1997, p. 405.

38 A. Musson, *Medieval Law in Context. The growth of Legal Consciousness from Magna Carta to The Peasants' Revolt*, Manchester, Manchester Medieval Studies, 2001.

s'inscrivent dans cette tradition, dans laquelle le modèle et la rhétorique juridique du mandement médiéval sont utilisés pour créer une situation imaginaire afin de discuter une question théologique. Au sein de cette situation imaginaire, c'est-à-dire dans le contexte de la confrérie des souls d'ouvrer, différentes idées sur la Rédemption de l'homme sont explorées.

Ce mandement présente en effet l'idéal poussé à l'extrême de vivre la pauvreté dans une société supposée chrétienne. Le mandement exagère cet idéal de pauvreté. Le monde imaginaire dans lequel l'abbaye de Chasse-Prouffit est située est une image du chaos. À l'époque de la publication de la première édition identifiée du livre (1537), l'injonction à rester pauvre, avancée par Jésus dans la Bible, avait déjà été au cœur de plusieurs réformes monastiques (nous pensons par exemple à la dévotion moderne) et à l'origine des ordres mendiants tout au long du Moyen Âge. Le pauvre représentait l'image du Christ sur Terre. Néanmoins, cet idéal de pauvreté était, pour une grande partie de la population (des fermiers aux commerçants[39]), incompatible avec la nécessité de travailler pour survivre. Le mandement indique qu'il faut dénoncer toute activité rapportant de l'argent afin de réaliser l'idéal de ne rien avoir. Mais cela est aussi en contradiction avec la valeur attribuée au travail par l'Église. L'Église répandait en effet l'idée que le travail était une peine infligée à l'homme en vertu d'une punition divine pour expier la chute. Elle soulignait également les effets positifs du travail, c'est-à-dire que le travail était bon pour le corps et protégeait contre le péché[40]. Ce dilemme entre le travail et la pauvreté était au centre de plusieurs débats théologiques au XVe siècle et s'intensifiait, à la suite de la Réforme, au XVIe siècle[41]. C'est dans le contexte de ces débats que le mandement joyeux des souls d'ouvrer s'inscrit. Ainsi, le mandement pose la question concrète de

---

39   La matérialité du livre contenant de ce mandement confirme qu'il s'agit d'un texte issu de la littérature populaire de l'époque, ce qui signifie que le livre est publié pour un très grand public, voire illimité. Comme l'a suggéré Jeroen Salman, nous ne pouvons exclure aucune classe sociale lorsqu'il s'agit de la vente et de la lecture de ce type de livres. Pour une définition plus élaborée, voir : Jeroen Salman, *Populair drukwerk in de Gouden Eeuw : De almanak als lectuur en handelswaar*, Zutphen, Uitgeversmaatschappij Walburg Pers, 2011, p. 22-24.

40   K. Robertson et M. Uebel, *The Middle Ages at Work : Practicing Labor in Late Medieval England*, New York, Palgrave MacMillan, 2004, p. 67-90.

41   K. Crassons, « 'The workman is worth his mede' : poverty, labor and charity in the sermon of William Taylor », *The Middle Ages at Work*, K. Robertson et M. Uebel, New York, Palgrave MacMillan, 2004.

savoir comment l'homme peut répondre aux attentes de l'Église si ces attentes sont contradictoires, ainsi que la question comment l'homme peut finalement être sauvé. L'abbaye joyeuse des confrères de Chasse-Prouffit fournit le cadre de cette question et présente une vision poussée à l'extrême afin d'aborder la problématique. Nous voulons aller encore plus loin en affirmant que la juxtaposition des deux doctrines paradoxales, voire contradictoires, suggère que la Rédemption peut être négociée et reconfigurée selon les convictions du croyant. Les prescriptions et les proscriptions de l'Église n'imposent pas une foi spécifique, mais elles fournissent des directives, dans lequel différents types de foi peuvent être formulés, exprimés, confrontés, adaptés, défendus ou abandonnés.

Le rôle du pays de Cocagne dans le supplément du mandement est, dans cette optique, polyvalent. Comme l'ont déjà montré des recherches antérieures, le pays de Cocagne ne se comprend que par son contraste avec la réalité[42]. Cette construction imaginaire d'une vie parfaite est souvent considérée comme une évasion hors d'une civilisation caractérisée d'ordinaire par la pénurie, voire la faim, par des conditions de travail dures et enfin par une morale sexuelle contraignante[43]. Compte tenu des réalités de l'époque, le pays de Cocagne constitue donc un monde à l'envers. Nous souscrivons à l'idée que la fantaisie du pays de Cocagne est une forme d'échappatoire à la vie ordinaire, à laquelle on peut ajouter une autre préoccupation : celle de la vie après la mort. Les inconsistances dans les doctrines chrétiennes présentes dans le mandement soulignent une inquiétude bien réelle de l'homme médiéval par rapport à son destin. D'une part, on croyait que la pauvreté facilitait la rédemption et assurait le salut. De l'autre, le travail était également une activité rédemptrice, sauvant l'homme de la perdition en lui offrant le salut. L'idée que la Rédemption de l'homme puisse être négociée et reconfigurée est à cet égard un message rassurant car elle implique qu'il existe plusieurs possibilités d'accéder au Royaume des cieux. Dans cette perspective, le mandement des souls d'ouvrer n'est pas seulement un texte critiquant l'inconsistance dans les doctrines religieuses, mais aussi un texte d'espoir, au sens où il ne condamne pas ces inconsistances.

---

42 Voir entre autres : Pleij, *Dromen van Cocagne* ; M. Montanari, *La Faim et l'Abondance. Histoire de l'alimentation en Europe*, Paris, Seuil, 1995 ; J. Delumeau, *La mort des pays de Cocagne : comportements collectifs de la Renaissance à l'âge classique*. Paris : Publications de la Sorbonne, 1976.

43 Delumeau, *La mort des pays de Cocagne*, p. 11-14.

Étant donné la précision avec laquelle l'auteur du mandement des souls d'ouvrer a imité le mandement officiel, il nous semble tout à fait probable que cet auteur connaissait bien la culture juridique du XVIe siècle. Avec ce texte, l'auteur s'inscrit dans une discussion théologique avec un instrument qu'il connaît très bien. Le grand avantage du mandement sur d'autres modèles juridiques est qu'il incite toujours très explicitement à l'action, ici à l'action de réfléchir sur le travail, la pauvreté et la Rédemption. Le texte combine cet ordre sérieux avec le plaisir (le mandement joyeux reste un texte amusant qui plaît au lecteur) et unit ainsi l'utile à l'agréable (« *utile dulci* »).

CONCLUSION :
L'ABBAYE JOYEUSE EN TANT QUE *LOCUS IUCUNDUS*

Pour conclure nous voulons émettre l'hypothèse que les abbayes joyeuses dans les mandements joyeux fonctionnent notamment comme un *topos* de la littérature joyeuse, très similaire au topos du pays de Cocagne et du monde renversé. La différence avec le monde renversé en général est le fait que l'abbaye joyeuse est un topos plus concret et tangible. La différence avec le motif du pays de Cocagne est le lien que le topos entretient avec la réalité : les abbayes joyeuses occupent leur place dans la société médiévale, tandis que le pays de Cocagne n'est qu'une construction imaginaire. Néanmoins, les trois topoï mentionnés ont des traits communs : des lieux évoquant une ambiance de liberté et de joyeuseté, sans contraintes sociales et religieuses. La fonction du topos de l'abbaye joyeuse dans le cas du mandement des souls d'ouvrer est de faciliter la réflexion critique sur la Rédemption de l'homme. L'abbaye joyeuse doit être considérée comme un élément indispensable pour la création d'un espace où l'on pouvait s'exprimer sur ce type de sujets, mais ces réflexions ne sont pas, habituellement, le but premier des activités des abbayes joyeuses – au moins pas dans leurs résidus imprimés, lorsqu'ils ne sont pas liés à un contexte festif spécifique.

Afin de préciser la nature exacte du topos de l'abbaye joyeuse dans la littérature joyeuse, signalons que l'analyse de la confrérie des souls

d'ouvrer a montré qu'il s'agit avant tout d'un lieu convivial et de réjouissance, où l'on essaie de limiter l'importance du travail et de l'argent en
faveur d'interactions sociales – dont l'amitié, la solidarité et la sociabilité
parmi les membres de l'abbaye semblent être les plus notables.

Ainsi, cette ambiance amicale et joyeuse permet à l'auteur du texte
d'intégrer des points de réflexion, notamment sur la Rédemption, comme
vu ci-dessus. Dans les mandements joyeux, l'abbaye joyeuse est donc
en quelque sorte un lieu commun (sans son acception plutôt péjorative
actuelle), auquel nous avons souhaité appliquer un terme plus précis :
celui de *locus iucundus* (lieu joyeux). Le *locus iucundus* de l'abbaye joyeuse
est donc un topos se référant à un lieu imaginaire de réjouissance et de
joyeuseté. Ce lieu, loin d'être parfait, est doté de trois éléments intan-
gibles : l'interaction humaine (favorisant l'amitié et les échanges d'idées),
la réjouissance (souvent sous forme de festivités ou d'activités ludiques) et
la sociabilité (dans laquelle nous comptons également la solidarité). C'est
ce lieu que recherchent autant les compagnies joyeuses qui organisent
leurs festivités régulièrement dans de nombreuses régions françaises et
francophones, que les lecteurs des livres joyeux qui en découlent.

Rozanne VERSENDAAL
Université d'Utrecht – NWO

ANNEXE
Transcription du texte

Anon., *La grande confrarie des soulx d'ouvrer et enragez de rien faire*, Lyon, François Juste, 1537. München, Universitätsbibliothek, W P gall 408 (5).

1   Indulgences et pardons de la confrarie de monseigneur mon sieur sainct Lasche.

De par Saoul d'ouvrer. Par la grace de trop dormir, roy de negligence, duc d'oysiveté, palatin d'enfance, visconte de meschanceté, marquis
5   de trop muser, connestable de nulle entreprinse, Admiral de faintise, cappitaine de laisse moy en paix, garde et gouverneur de tous ceux et celles qui aiment besongne faicte et du tout achevee. Et seigneur de rien aire, escuyer et courrier de la court ordinaire de monseigneur monsieur sainct Lasche.

10   A noz amez feaulx les generaulx et conseilliers sur le faict de nulle science.
A noz tresoriers et argentiers sus le faict de nulle finance, qui sont noz aydes, et a noz maistres de plusieurs affaires,
A nostre baillif Salut.

15   Sans dilacion et nul confort nous avons entendu par bonne et souffisante complaincte de noz bien amez et alliez les gens de nostre abbaye de chasse prouffit. Si comme sont pouvres, souffreteulx, endebtez, malheureux, mal fortunez, miseraulx, quereleux, necessiteux, racheptz, et teigneux, vuides de richesses et indignes de tous biens privez, et de tout en tout
20   despouillez

que sur peine de cinq marcs d'estouppes d'estre bouilliz en bren et brulez en la riviere,
vous ayez a tenir les ordonnances qui s'ensuyvent de par nostre tresreverend père en dieu et indiscricte personne PONTS maudine nostre
25   prelat esleu par les conseilliers de nostre abbaye de chasse prouffit,

que combien tant pour eulx que pour leurs predecesseurs dont ilz ont
cause, ayent esté sont et seront encores et demoureront se dieu plaist
en bonne saysine et vraye possession de non rien avoyr, et de tousiours
moins acquerir pour nous ny pour autres en aulcune manière et de
30 faire tousiours grandes debtes, et pour iceulx debtes estre tousiours
emprisonnez, gaigez, excommuniez plus souvent que ung chascun jour.

Et si par aucun cas d'accident ou de fortune il leur advienne aucun peu
de rente ou quelque bonne et vallable possession (que la dieu ne playse)
ilz en doibvent ordonner et disposer en ceste manière qui s'ensuyt.

35 C'est assavoir qu'ilz layssent leurs maisons cheoir a terre et mectre en
ruine, affin qu'il ne pleuve dessus, aussi par eulx chauffer du bois de la
couverture dicelle maison s'ilz sont gens qui puissent endurer le feu.
Item qu'ilz laissent leurs terres et heritages sans les labourer ne rien y
semer, pour la doubte des oyseaulx, lesquelz mangent les semences et
40 les fruictz quand ilz sont meurs, et apres laissent venir leurs prez en
ruynes, espines, et buissons, affin que les Regnars, Lievres, Lappins,
cerfz, biches, porcs sangliers, et autres bestes saulvaiges puissent habiter
ausdictz prez et faire leurs retraictz, et les oyseaulx y faire pareillement
leurs nidz si mestier est. En oultre laissent leurs vignes venir en herbes
45 et desers pour obvier et resister aux grandes peines, labeurs missions
et despens qu'il convient faire et mettre ung chascun an pour les
labourer et fessorer.
Item plus laissent leurs boys coupper, rompre, tailler, et destruire, pour
causes des bestres sauvaiges et des larrons, qui en cause de neccessité
50 y pourroient faire leurs retraictz, affin de eulx se musser et cacher.
Item qu'ilz laissent rompre et crever leurs estangs pour cause qui les
pyssons et autres bestes comme escrenisses, raves, chaboulx, qui sont
dedans, qu'ilz puissent estres hors de prison et sesbatre parmy les
champs, et changer un peu daer.
55 Item leurs moulins laissent cheoir et tomber en ruyne pour cause de
la farine qui gaste les robes des bonnes gens qui y viennent mouldre.
Et pource, et a cause que nous gardons et maintenons en nostre dicte
abbaye de chasse prouffit, fine franchise, follastrerie Chasteau tout y
fault, que iamais ne mourra sans heretiers, et de leurs autres biens,
60 rentes, et revenuz que ia navienne se dieu plaist aucun bien n'y proffit.

Aucuns noz autres justiciers et subjectz si comme sont escervelez, folz, frenetiques, oultrecuidez, cornars, musars, teigneux, plains de vernime, et autres bavars sans raison, ne bort, ne maison, renverseurs de tasses, vuideurs de couppes, blanchisseurs de veurre, taincturiers de nappes,
65 rotisseurs de trippes, escumeurs de potz, vireurs de rost, tireurs de chair du pot, trois heures avant qu'elle soit cuycte. Regardeurs et gardeurs de gaiges en plusieurs lieux par deffault de plus souffisant quand ilz ont a besoingner avec leurs heraulx, si comme sont lanterniers, buffatiers, crieurs de vin a vendre, ruffians, orliers, bourdeurs, yvrays, gourmans,
70 truans, porteurs d'ymages, basteleurs, trompeurs, barateurs, et coquilleurs.

Lesquelz se sont parforcez et ung chascun jour se parforcent d'entrer en nostre grand et terrible royaulme de verte bise et frappe vent. Et veullent ediffier maisons et hebergement qui sont desolez. Et de long temps destruyz. Nous les souhaictons, desirons, et voulons garder en
75 tel estat bien longuement. Et qui pis est ilz ne laissent d'aler par les bonnes villes de nostre royaulme et autres lieux, a cause du grand argent qu'on leur doibt, et qu'ilz doyvent. Pareillement affin de trouver tavernes et cabaretz pour passer leur temps et augmenter leurs honneurs en soubtenant ladicte abbaye et coustume de monsieur Sainct
80 Lasche car ilz ne veulent prendre adventaige sur personne quelconque, si d'aventure il ne le peuvent trouver, car ilz ne se rompent pas les jambes a les chercher. Et en retournant desdictes tavernes et cabaretz ont accoustumé de se battre et donner les ungs aux autres grans tatins et horions, gros et menus, lesquelz horions par faulte despaze se donnent
85 avec grosses pierres et gros tronsons de boys, et qui pis est payent deniers brulez, liards effacez, karolus, soulz, et testons qui ne se mettent en pain, en vin, en chair, ny poysson. Et en partant desdictes tavernes en cotant a leurs hostes et hostesses, leur baillent a garder par faulte d'argent robes, manteaulx, cappes, sayons, chausses, et pourpoincts
90 et autres habilemens si d'avanture ilz ont grandes estaches de ciens, grosses pierres blanches et noyres, saphiz, jaunes, dyamans noyrs, et perles rouges, et plusieurs autres pierres precieuses, lesquelles donnent en gaige et a garder soubz les deux yeulx de la teste jusques a temps qu'ilz ayent loisir de les payer, au grand prejudice et dommaige de
95 lesdictz complaignans en les perturbans a tort et a droit, et sans cause

et raison deue. Et de nouveau en venant contre les privileges de nostre
abbaye de Chasse prouffit, requerans sur ce provision de justice.
Parquoy nous ces choses considerees et avoyr ouy par lesdictz
complaignans. Nous vous mandons et commandons que Royallement
100 et de faict vous les maintenez et gardez en vraye saisine et possession
d'avoir tous les dimenches deux miches de faulte, le lundi faulte de
vin, le mardi, mescredi, et jeudi neccessité chaire. Le vendredi et
samedi comme les autres jours, et de n'en rien avoir en tout temps fors
seulement toute leur vie pouvreté et misere. Et en cas d'opposition
105 non suffisante, attendu que lesdictz complaignans ne sont tenuz si ne
leur plaist de proceder ailleurs fors en nostre dicte abbaye de Chasse
pourffit, vous leur donnerez et assignerez jour on competant par devant
l'ung de noz juges, ou pardevant son liutenant pour les reculler de
bien en mal, et proceder de mal en pis et de pis en pis, et encore oultre
110 pis, sans occasion ne ryme ne raison. Car ainsi le voulons, et ausdictz
complaignans l'avons octroyé et octroions per ces presentes.

L'an de grace especiale aux lanbernieres troys jours apres jamais en
nostre ville de Meschance, aupres nostre cite de Malaise. Sellez de noz
petitz seaulx par deffault de nostre grand seau (qui est chez l'offevre
115 engaigé pour la fasson). Et signees par les maistres des souffreteux a la
relation des endormiz. Tesmoings Jehan gueneau, Thibaux l'enflé. Et
Guillaume maul souppé, a ce requis sans appeler. Et signees par nous
autres notaires cy soubx nommez. Desvignes. Des blez.

Choses merveulleuses et de grandes indulgences de ladicte confrarie
120 de Monseigneur monsieur sainct Lasche.

Bachus, Cupido, Ceres, Pallas et Venus regens et regentes des privileges et ordinaires de la confrarie de nostre tresreverend père en dieu
monseigneur monsieur sainct Lasche salut.

Veu et considere que selon les merites de ce monde on est remuneré en
125 l'autre. Nous ayans esgard et respect a noz amez et feaulx serviteurs
et servantes de nostres abbaye de monsieur sainct Lasche,

faisons assavoir a ung chascun et chacune que pour la remuneration du
bien et de l'honneur qui se sont parforcez en ce monde a l'honneur de
nostre dict prelat eux trepassez de ce monde en l'autre, avons trouvé
130 une isle assise en ung lieu delectable, ou a tout jamais pourront demourer en joye et felicité, sans avoir pensement quelconque, comme ung
chacun pourra puis apres ouyr et entendre. Car au milieu de ladicte
isle y a ung chasteau tellement construict et edifié, que c'est ung cas
incredible, sinon a ceulx qui l'ont veu et bien regardé. Car les murailles
135 dudict chasteau sont toutes faictes avec gras fromages de Milan totues
en poinctes de diamans, et ont telle proprieté que tant plus on en ostes,
et tant plus en revient. Les creneaulx et fenestrages sont descalletes,
avec une manière de mortier sainct avec beurre fraiz, fromaige, et
force succre. Les pontz levis sont panez avec force casse museaulx, les
140 chaisnes a lever lesditz ponts levis sont faictes d'andouylles et de gras
boudins farciz et roustiz tous pres a manger et grignotter. A l'un des
costez dudict chasteau a main escarre sont situez palais, chambres, et
salles, tous pavez de pierres pretieuses, comme jacintes, rubis, esme-
raudes, escarboucles, perles turquoyses, e tgros dyamans qui est une
145 chose fort magnificque. Et sont lesdictes chambres toutes voultees
de petitz pastez, lesdictz sont de plume de Fenix, et les chalitz de fin
yvoire, ouvrez et taillez a plaisir, les courtines de fin drap d'or faictes
en broderie triumphante. Les cuissinetz de velours cramoysi, tellement
que quand on a dormy dix ans il ne monte pas dix heures. Les tables,
150 treteaulx, et scabelles sont faictes de bois, d'aloys, de sandix et de
chipres, qui rendent une odeur si suave et si magnificque que a bien
considerer c'est une chose deificque. Les nappes et serviettes sont faictes
en taffetas blanc, les platz escudelles et toutes aultres vaisselles sont
faictes des carboucles taillees et devisees en toutes sortes et manieres
155 qu'on scauroyt demander. Tellement que quand voullez asseoir a table
vous n'avez sinon a demander telles viandes que voulez, que les avez
incontinant toute stailles et prestes a manger. Et si ne voulez prendre la
peine a les tailler, vous n'avez sinon baisler que les morceaulx saultent
incontinant en vostre bouche. Et au sortir desdictes tables, vous avez
160 toutes manieres d'instrumens, comme orgues, tabourins, rebecz, auboys,
trompettes, luctz, psarterions, clairons et manicordions. Lesquelz sont
de si melodieux accord que ung an ne deure pas ung jour. Or quand

au costé droict vous avez les jardins de plaisansce, ou y a toutes manieres
de fleurs qu'on scauroyt demander. Ung peu plus avant vous trouverez
165 une vallee en laquelle y a plusieurs belles fontaines qui rendent vin
blanc, in claret, vin cuit, vin grec, yppocras, malvesie, et fin muscat.
Ung peu plus avant y a ung petit verdier auquel tombe quand on veult
de gresle qui n'est sinon toutes manieres de dragees comme camellat
graugeat, girofflat, madrians, anis, coriandres, dragee, musquee que
170 toutes autres couleurs. Et est ledit verdier tout ferme et environné
d'arbres qui portent faisans, gellines, perdriz, connins, beccaffes,
chappons, et espaules de mouston toutes rosties et prestes a manger.
Et en mon tant ung peu plus hault vous trouvez une montaigne si
haulte que quand vous estes au dessus vous povez toucher au ciel, si
175 y voulez toucher. Et porte ladicte montaigne une sorte d'arbres qui
portent toutes manieres d'habillemens, comme robbes, cappes, manteaulx, gonnelles, manchons, chapperons, et quand les voulez avoir
vous n'avez sinon a parer les espaules que incontnent saultes dessus.

Pourquoy ung chascun se pourra parforcer de maintenir obeyr et ser-
180 vir aux commandemens de monseigneur monsieur saint Lasche, pour
parvenir a la felicité des choses susdictes.

Item et pour la grande multitude de nosdictes terres et seigneuries il y
a plusieurs gens qui bien souvant sont necessiteux et ont affaire d'or et
d'argent et ne scavent que vallent plusieurs pieces d'or et d'argent. Et a
185 cause qu'ilz n'en ont point et n'en manient gueres et si en vouldroient
beaucoup avoir mais aucuneffois il fait si grand froyd qu'ilz ne scauroient
tirer ung escu de leur bourse. A celle fin nous y voulons pourvoir et
remedier et mettre pris raisonnable selon la valleur de l'or et monoye
de nostredicte abbaye.

190 Donne en nostredict couvant de maugouverne. L'an du monde six mille
six cens et six et le trentesixsiesme du moys passé, signe par le grand
conseil et par nostredict chancellier.
Raguin paintre des rouges museaux.

RABELAIS À LEYDE
AU DÉBUT DU XVIIIe SIÈCLE

Parodie et collectivité joyeuse
dans la *Lyste van rariteiten* d'Anna Folie[1]

Le propos de cet article porte sur la *Lyste van rariteiten* (Liste de raretés), un texte néerlandais anonyme, publié en deux volumes, sans indication de la date ni du lieu de sa publication, ni même du nom de l'imprimeur. Certaines références à d'autres textes permettent de le dater, très approximativement, entre 1699 et 1741[2]. Les deux volumes se présentent comme la parodie d'un catalogue de vente aux enchères. Outre un bref poème liminaire, ils consistent, sans autre contextualisation, en une liste typographiquement verticale de lots numérotés, soit respectivement mille lots dans le premier volume et 288 lots dans le second. Ce texte est, selon nous, un bon exemple d'un produit issu d'une culture joyeuse qui cherche à affirmer son identité par le biais de la parodie. Avant d'étudier cette thématique de plus près, il est utile de nous interroger sur la nature générique de ce texte. Dans ce but, commençons par la lecture de sa page de titre, qui indique ce à quoi le lecteur pourra s'attendre :

1   Le présent article a été écrit dans le cadre du projet *Hybrid Discourses – Transcoding Processes. Literature in the Margins of the Vernacular (1500-1700)*, financé par la Netherlands Organisation for Scientific Research (NWO). Nous tenons à remercier Dirk Geirnaert et Céline Zaepffel ainsi que le reviewer anonyme de leur lecture critique d'une première version de cet article.
2   Voir S. Lammers, « De aardigheden van Rabelais in de leugenboeken van Anna Folie », *Mededelingen van de Stichting Jacob Campo Weyerman*, 12, 1989, p. 8-18, et J. Bruggeman, « De datering van de *Lyste van Rariteiten* », *Mededelingen van de Stichting Jacob Campo Weyerman*, 14, 1991, p. 20-22. Il existe plusieurs éditions de la *Lyste*, avec des différences importantes : voir l'introduction de Marti Roos à son édition numérique publiée sur le site de l'Université de Leyde, Department of Dutch Language and Literature. Notre édition de référence est celle de Roos, basée sur le recueil factice de la Bibliothèque de l'Université de Leyde, qui réunit les deux volumes dans leurs premières éditions (cote UBL 1193 F 15 : 1-2).

Lyste van Rariteiten, Die verkocht zullen werden op den 32 van Bokkem-maand, in den Jaren dat tweemaal drie zoo veel doet als driemaal twee. Ten Huyze van Anna Folie. Alwaar dezelve Rariteiten drie dagen na de verkooping van niemand konnen gezien worden. Gedrukt in Arabien, midden op de Zand-zee, in't vervalle Kasteel van den Razenden Roeland.

« Liste de raretés, qui se vendront le 32 du mois du hareng dans l'année où trois fois deux équivaut deux fois trois, dans la maison d'Anna Folie, où, trois jours après la vente, l'exposition des lots ne sera ouverte à personne. Imprimé en Arabie, au milieu de la Mer Sablonneuse, dans le Château délabré du Roland Furieux. »

La page de titre présente une série d'*impossibilia* suivant une tradition séculaire que Jelle Koopmans et Paul Verhuyck ont baptisée « néminique[3] ». Koopmans et Verhuyck font remonter cette tradition au nom de « Nemo » (Οὔτις) que, dans *L'Odyssée* d'Homère, se donne Ulysse afin de cacher son identité. Elle est en rapport avec la thématique du « monde à l'envers », dans l'œuvre de Lucien de Samosate (IIᵉ siècle après J.-C.). On retrouve cette thématique chez les auteurs humanistes (Erasme, Thomas More, Rabelais...) ainsi que dans la tradition carnavalesque, étudiée par Mikhaïl Bakhtine[4]. Plus précisément, en présentant des objets imaginaires sous forme d'un catalogue, la *Lyste* s'intègre dans une longue tradition qui prend son origine dans le célèbre chapitre 7 de *Pantagruel* (1532) de François Rabelais, intitulé « Comment Pantagruel vint à Paris : et des beaulx livres de la librairie de saint Victor[5] ». En énumérant 42 titres imaginaires (139 dans l'édition « définitive » de François Juste de 1542[6]), ce chapitre fait la satire de la bibliothèque de l'abbaye de Saint-Victor, monument réputé du savoir médiéval – et produit néfaste de la scolastique, la bête noire de Rabelais humaniste érasmien.

---

3   J. Koopmans et P. Verhuyck, *Sermon joyeux et truanderie (Villon – Nemo – Ulespiègle)*, Amsterdam, Rodopi, 1987, p. 96-106.

4   M. Bakhtine, *L'œuvre de François Rabelais et la culture populaire au Moyen Âge et sous la Renaissance*, Paris, Galimard, 1970.

5   F. Rabelais, *Œuvres complètes*, éd. M. Huchon, Paris, Gallimard, Bibliothèque de La Pléiade, 1994, p. 235.

6   Selon le décompte de B.C. Bowen, *Enter Rabelais Laughing*, Nashville-Londres, Vanderbilt University Press, 1998, p. 95.

LE GENRE DU CATALOGUE IMAGINAIRE

Le catalogue imaginaire est un genre littéraire extrêmement protéiforme, et par là difficilement définissable. Cette protéiformité générique se montre si on la soumet à un certain nombre de questionnements, dont voici les quatre principaux, qui nous serviront à mieux définir les spécificités de la *Lyste van rariteiten* en comparaison à celles du catalogue de Rabelais, prototype du genre :

1. Quelle est la catégorie de catalogues sérieux que le catalogue imaginaire parodie ? S'agit-il d'un catalogue de bibliothèque, d'un inventaire de propriété, d'un catalogue de stock de libraire, ou d'un catalogue de vente (aux enchères), qui ont tous leurs propres formats plus ou moins standardisés ? Énumère-t-il, outre les livres, des objets naturels et/ou artificiels, en prenant comme modèle parodié le catalogue d'un musée public ou d'un cabinet de curiosités privé ?

Dans le cas de Rabelais, ce sont les deux catalogues sérieux de la Bibliothèque de Saint-Victor, conçus en 1513 et en 1514 par le bibliothécaire Claude de Grandrue, qui semblent être parodiés : le caractère comiquement chaotique du catalogue de Rabelais sert à se gausser de l'ordre strict et logique de ces deux catalogues.

La parodie de notre *Lyste* vise deux autres genres de catalogues sérieux, dont le premier est le catalogue de collection privée ou de musée, qui énumère des objets non-livresques, naturels et artificiels. En effet, si l'énumération rabelaisienne se limite à des livres, notre *Lyste* contient principalement des raretés non-livresques. L'idée de mettre des objets autres que des livres dans un catalogue imaginaire fait son apparition assez tardivement dans l'histoire du genre : Thomas Browne semble être le premier à les insérer en grand nombre et de manière systématique dans son *Musaeum clausum* (1684)[7]. La *Lyste* semble parodier un catalogue de musée en particulier, celui du *Theatrum anatomicum* de Leyde, qui depuis 1669 est publié et réédité en plusieurs langues (latin, néerlandais, français

---

7   Pour une analyse des objets non-livresques du *Musaeum clausum* de Browne, voir B. Juel-Jensen, « *Musaeum clausum, or Bibliotheca abscondita*. Some thoughts on curiosity cabinets and imaginary books », *Journal of the History of Collections* 4, 1 (1992), p. 127-140.

et anglais)[8]. Le second genre de catalogues sérieux parodié par la *Lyste* est le catalogue de la vente de livres. L'idée de présenter les livres comme s'ils étaient à vendre n'est pas nouvelle : la *Farce du Vendeur de livres*, contemporain de *Pantagruel*, met en scène un colporteur qui fait l'éloge de ses livres à vendre[9]. Cette idée s'impose pour la première fois de façon systématique sous forme de liste dans un catalogue français intitulé *Catalogue d'aucuns livres nouveaux traittans d'affaires d'estat, qui se vendront à la prochaine Foire de Francfort* (1635) et dans un catalogue anglais, *Bibliotheca parliamenti* (1653)[10], dont le titre précise : « *Books to be sold in Little-Brittaine* ». Si dans ces cas-là il s'agit des parodies de catalogues de libraires et de foires, la *Lyste van rariteiten* parodie les catalogues de ventes aux enchères, genre particulièrement fréquent aux Pays-Bas du XVIIe siècle[11].

2. Qu'est-ce qui est précisément réel ou imaginaire dans un catalogue imaginaire : la bibliothèque, la collection et/ou la vente ? Les livres et/ou les autres objets ? Les auteurs de livres et/ou fabricateurs d'objets ? Le possesseur, l'imprimeur et/ou le vendeur ? … Dans le cas d'un catalogue de livres, un mélange d'auteurs (*a*) et de titres (*b*) existants (*c*) et non-existants (*d*) est tout à fait normal. Ainsi, à l'intérieur d'un seul catalogue, les combinaisons *ac et bd*, ou *ad et bd* sont fréquentes. Dans la plupart des catalogues ces deux combinaisons sont en coprésence, la combinaison *ad et bc* étant moins fréquente. Logiquement, la quatrième combinaison *ac et bc*, omniprésente dans les catalogues de bibliothèques réelles, se rencontre dans les catalogues imaginaires seulement en coprésence des autres possibilités combinatoires.

En retournant au catalogue de Rabelais et à la *Lyste*, on constate que la question de l'imaginaire se pose différemment. Chez Rabelais, elle est complexe : la bibliothèque de Saint-Victor est réellement existante,

8 Voir H.J. Witkam, *Catalogues of all the chiefest rarities in the publick Anatomie Hall of the University of Leyden*, Leyde, Leiden University Library, 1980.

9 J. Koopmans, « La farce d'un *Vendeur de livres* », *Early Modern Catalogues of Imaginary Books*, éd. A.-P. Pouey-Mounou et P. J. Smith, à paraître.

10 *Bibliotheca Parliamenti. Libri Theologici, Politici, Historici, qui prostant venales in Vico vulgo vocato Little-Britain. Classis secunda. Done into English for the Assembly of Divines*, Londres, s.n., 1653. Ce pamphlet a été édité par W. Scott dans *The Somers Collection of Tracts*, vol. 7 (2e éd.), Londres, imprimé pour T. Cadell et W. Davies, etc., 1812.

11 B. van Selm, « *Een menighte treffelijcke Boecken* ». *Nederlandse boekhandelscatalogi in het begin van de zeventiende eeuw*, Utrecht, HES, 1987 ; O.S. Lankhorst, « Les ventes de livres en Hollande et leurs catalogues (XVIIe –XVIIIe siècles) », *Les ventes de livres et leurs catalogues XVIIe –XVIIIe*, éd. A. Charron et E. Pacinet, Paris, École des Chartes, 2000, p. 11-26.

mais présentée sous une forme détournée, comme un lieu dysphorique. Dans la *Lyste*, par contre, le possesseur des livres n'est pas mentionné, et la localité de la vente est imaginaire, comme le souligne assez lourdement sa page de titre citée plus haut. Quant aux auteurs et aux livres mentionnés, le catalogue de Rabelais et la *Lyste* se ressemblent en ce qu'ils concrétisent les deux combinaisons susmentionnées *ac et bd*, et *ad et bd* : tous les titres sont imaginaires, et les auteurs, s'ils ne sont pas anonymes, sont soit réels soit fictifs.

3. Quel est le statut littéraire du catalogue imaginaire ? Fait-il partie intégrante d'un contexte narratif, ou est-il écrit et publié de façon plus ou moins autonome et décontextualisée ? Et quant à sa mise en page : est-elle énumération typographiquement horizontale ou liste verticale ? Cette liste est-elle infinie et chaotique (Umberto Eco[12]), ou finie (numérotée) et structurée ? Et concernant la description des titres individuels, celle-ci est-elle standardisée (comme dans la plupart des catalogues de vente) ou pas ?

L'idée de présenter les livres typographiquement en une liste verticale plutôt qu'en suivant la forme d'une énumération horizontale ne s'est pas imposée immédiatement dans la première édition de *Pantagruel*, imprimée par Claude Nourry, mais dans l'édition de Juste, mentionnée plus haut, où la verticalisation de la mise en page semble en fait l'initiative de l'imprimeur plutôt que de Rabelais lui-même[13]. La verticalité crée un « kyste textuel », tel que le décrit Madeleine Jeay, en citant Philippe Hamon : « un élément étranger, inassimilable, de l'œuvre[14] ». Elle observe :

> L'intérêt de l'expression [« kyste textuel »] est de mettre l'accent sur l'effet de rupture produit par l'intrusion d'une liste dans le tissu textuel où elle s'insère. Elle se distingue en cela de la simple énumération qui ne bouscule la linéarité de l'énoncé que lorsqu'elle s'amplifie en accumulation. [...] L'essentiel est précisément l'effet de rupture, de présence dans l'énoncé hôte d'un bloc textuel identifiable par son hétérogénéité[15].

---

12   U. Eco, *La Vertigine della Lista*, Milan, Bompiani, 2009.

13   Voir R. Cappellen et P. J. Smith, « Entre l'auteur et l'éditeur. La forme-liste chez Rabelais », *L'année rabelaisienne*, 1, 2017, p. 121-144.

14   P. Hamon, *Introduction à l'analyse du descriptif*, Paris, Hachette, 1981, p. 12, cité par M. Jeay, *Le commerce des mots. L'usage des listes dans la littérature médiévale (XIIᵉ–XVᵉ siècles)*, Genève, Droz, 2006, p. 9.

15   Jeay, *Le commerce des mots*, p. 9.

La verticalité de la mise en page souligne le statut autonome de *Fremdkorper* – autonomisation qui se constate tout suite après Rabelais, chez des auteurs comme le Flamand Eduard de Dene, l'Italien Anton Francesco Doni et l'Allemand Johann Fischart, dont les catalogues imaginaires s'inspirent de celui de Rabelais. Depuis lors, la mise en liste verticale des livres énumérés se posera comme la norme du genre – en effet le mot *Lyste* dans le titre de notre catalogue implique une énumération verticale.

4. Finalement, quel est le but du catalogue imaginaire : présentation sérieuse d'une idéologie[16], parodie littéraire ou satire politique ? Et dans le cas d'un but comique, comment le rire se produit-il : par allusion érudite, par renversement systématique des valeurs dans la tradition du carnaval, ou autrement ?

Si le catalogue de Rabelais – ses implications parodiques et satiriques, son comique à la fois carnavalesque et humaniste – a été souvent et profondément analysé et problématisé, ce questionnement reste encore sans réponse dans le cas de la *Lyste*. Le présent article se propose d'y donner une tentative de réponse.

Dans tous les cas mentionnés, les catalogues imaginaires ne parasitent pas seulement certains catalogues sérieux, mais ils prennent exemple aussi sur d'autres catalogues imaginaires et d'autres genres parodiques. Ainsi, Rabelais lui-même semble avoir trouvé son inspiration dans certaines pratiques théâtrales, comme l'a montré récemment Jelle Koopmans[17]. Si le grand modèle à suivre reste Rabelais, on a tendance à l'oublier au cours du XVIIe siècle. C'est ce que l'on constate dans les cas célèbres du *Catalogus librorum satyricus* (connu sous le titre anglais *The Courtier's Library* (vers 1604)) de John Donne[18], le *Catalogus librorum ab auctoribus illustribus* de Gottfried Leibniz (1689)[19], et le susmentionné *Musaeum*

---

16   Pour ce genre de catalogues, voir D. Werle, *Copia librorum. Problemgeschichte imaginierter Bibliotheken 1580-1630*, Tübingen, Max Niemeyer Verlag, 2007.

17   J. Koopmans, « La farce d'un *Vendeur de livres* ».

18   P. Brown, « "Hac ex consilio meo via progredieris" : Courtly Reading and Secretarial Meditation in Donne's *The Courtier's Library* », *Renaissance Quarterly*, 61, 2008, p. 833-866, et D. Starza Smith, M. Payne, M. Marshall, « Rediscovering John Donne's *Catalogus librorum satyricus* », *The Review of English Studies*, 69, 2018, p. 455-487.

19   Catalogue bilingue (latin-allemand) par Gottfried Wilhelm Leibniz, publié vers 1689 sous le double titre *Catalogus librorum ab auctoribus illustribus Sub finem anni 1688. & initio anni 1689. editorum. Verzeichniss der Bücher so von Durchl. Auctoribus Am Ende des 1688. Und Anfang des 1689. Jahres Ans Liecht gestellet worden*, s.l., s.n., s.d.

clausum de Thomas Browne, ainsi que dans le cas moins connu des pamphlets anonymes, publiés en 1672, sous forme de catalogues imaginaires, contre Johan de Witt, homme politique néerlandais.

Ce n'est pas le cas de notre *Lyste* : comme nous le verrons, celle-ci n'oublie en effet pas Rabelais, le créateur du genre.

LA *LYSTE VAN RARITEITEN* : PRODUCTION ET LECTURE JOYEUSES

Il est temps de regarder de plus près la *Lyste van rariteiten*. Cet ouvrage anonyme n'est pas le produit d'un seul auteur, mais probablement d'une collectivité d'auteurs, qui prennent la plume successivement. En effet, la *Lyste* est composée d'un certain nombre de séries de lots d'inspiration et de qualité littéraire très diverses. Nous y reviendrons.

Du fait de multiples références à l'Université de Leyde, on peut supposer que les auteurs sont des étudiants de cette ville. Ces références incluent dès lors les problèmes reconnaissables (et atemporels) de la vie étudiante : les conflits avec les autres habitants de la ville et avec la police, et plus spécialement les *stoepjes* (les gardiens policiers qui s'occupent des étudiants), ainsi que les conflits entre étudiants et propriétaires loueurs de chambres. On trouve aussi la citation moqueuse d'un problème philosophique, tirée de tel manuel sans doute peu apprécié des étudiants[20]. Les étudiants-auteurs de la *Lyste* sont sans doute fortunés, pouvant couvrir les coûts d'impression d'une liste d'objets verticalement et spacieusement imprimée en deux volumes, qui, de plus, semble être remise sur le marché, malgré les ventes probablement décevantes de la première édition[21].

---

20 *Lyste*, II, lot 174 : « *quod omne animal sit post Coitum triste excepto Gallo gallinaceo, dat is, dat de Haan altijd sijn veren na den slag schud, zijnde even couragieus als voor de Battaille, waar in hy alle dieren surpasseert* » (que tout animal est triste après le coït à l'exception du coq, en traduction : que le coq secoue ses plumes après la bataille, étant aussi courageux qu'il était avant la bataille, où il surpasse tous les autres animaux). La liste cite littéralement ce problème philosophique assez connu dans le livre de Georgius Horn, professeur à Leyde : *Arca Mosis sive historia mundi*, Leyde-Rotterdam, Officina Hackiana, 1668, p. 108.

21 Au sujet des éditions de la *Lyste*, nos observations sont nécessairement hypothétiques, car, en fait, le statut éditorial (réédition, réimpression, nouvelle émission) des différentes éditions est loin d'être clair, et mériterait une analyse bibliographique approfondie.

Les étudiants anonymes se présentent comme une collectivité : une seule voix de présentateur (ou présentatrice – est-ce Anna Folie ?), parlant à la première personne du singulier[22]. C'est déjà évident dans le paratexte qui ouvre le premier volume, et qui déploie toute une rhétorique d'inclusion et d'exclusion :

Lezers snakje na wat zwierigs,	Lecteurs, si vous désirez quelque chose
Geestigs, koddigs of playsierigs :	de désinvolte, de spirituel, de comique
Hier is yets tot u geryf	ou de plaisant, voici une chose pour
Voortgebracht, tot tydverdryf.	vous plaire et vous faire passer le temps.
[…]	[…]
k Acht Vieshoofden, noch Trekneuzen,	Je n'aime ni les têtes sales, ni les mépri-
Vitters die het al verkneuzen,	sants, ni les dédaigneux qui méprisent
'tGeen dat niet is van haar tand	et rejettent tout ce qui n'est pas à leur
Wyzen ze maar van der hand.	goût.
Willens' uyt me Kraam niet kopen,	S'ils ne veulent pas acheter les mar-
Laat se voor Sint Felten open,	chandises de ma baraque, qu'ils aillent
Of naar Rome al haar best ;	à Saint Crapule ou, s'ils préfèrent, à
Want ik lach met al de rest.	Rome, car je me moque de tout cela.

Ce paratexte utilise la même rhétorique d'exclusion et d'inclusion que la célèbre inscription sur la grande porte d'entrée de l'Abbaye de Thélème (*Gargantua*, chap. 54), dont les apostrophes refusent l'entrée aux lecteurs malveillants (« Cy n'entrez pas Hypocrites, bigotz… », et Rabelais de continuer ces imprécations plusieurs strophes durant) ou, au contraire, adressent une invitation aux lecteurs bienveillants (« Cy entrez vous, et bien soyez venuz… »). La grande différence avec Rabelais réside dans la tonalité de la *Lyste*, qui est loin d'être polémique ou satirique. En effet, si les références sont souvent actuelles, elles restent apolitiques. Les auteurs ne prennent pas position, sauf dans certaines remarques anti-papales, dont, par ailleurs, la présence n'étonne pas dans une université protestante. La seule référence polémique s'adresse à une personne anonyme qui, dans un pamphlet virulent, s'est attaquée au *Haegse Mercurius*, l'un des modèles à suivre pour les auteurs de la *Lyste* (II, lot 210). Cette auto-représentation tout de même modeste des auteurs de la *Lyste* comme

---

22   Cette situation n'est pas sans faire penser, *mutatis mutandis* et toute proportion gardée, à celle de Louise Labé, qui est, selon l'interprétation de Mireille Huchon, une « créature de papier », une voix (féminine) imaginaire derrière laquelle se cachent plusieurs auteurs (masculins). Voir M. Huchon, *Louise Labé : Une créature de papier*, Genève, Droz, 2006.

un collectif joyeux sans prétentions politiques, religieuses ou autres, souligne la place unique que prend la *Lyste* dans le corpus des catalogues imaginaires, dont la grande majorité est de tonalité satirique et proclame à haute voix un engagement politique ou idéologique.

Afin de se faire une idée plus précise de l'identité de ces étudiants-auteurs, regardons les titres qui ouvrent le premier volume de la *Lyste* :

1. EEn kleyn oud Hoedje, waarvan de rand niet boven de twee vingers (ruym gerekend) breed, en een weynig door de Muyzen beknaagt is, dat het zelve zoo veel tanden als een zaag heeft ; om zyn voortreffelykheyt wordende bewaard in een glaze hoedekas, als hebbende voor dezen een cieraad geweest op het hoofd van Don Louis de Requesens, Gouverneur der Spaanse Nederlanden.

Un vieux petit chapeau, dont le bord n'excède pas la largeur de deux doigts (tout au plus), et est rongé un peu par les souris, au point qu'il a autant de dents qu'une scie ; on le conserve dans une boîte à chapeaux en verre à cause de sa grande valeur, parce qu'il a orné la tête de Don Luís de Requesens, gouverneur des Pays-Bas espagnols.

2. Een Mantel voor dezen zwart geweest, doch sedert de dood van Hendrik de III. Koning van Vrankryk, heeft de zelve tot teyken van zyne getrouwe diensten, een weynig naar het blaauw beginnen te trekken, welke couleur hy met voortgang van tyden, zoo zeer na zich genomen heeft, dat men nu zou zweren, dat hy zoo geverft was, zynde van een klep beschaduwt, die in grote een ganzebort overtreft, en met een reeks knopen bezet, die (menschelyker wyse gesproken) na hoender-eyeren gelyken.

Un manteau, à l'origine de couleur noire, mais depuis la mort d'Henri III, roi de France, il a commencé à tirer vers le bleu, ce qui est le signe de ses services fidèles. Au cours des temps, il a tant pris cette couleur, que maintenant on jurerait qu'il a été peint. Il a un capuchon qui surpasse un échiquier en grandeur, et une rangée de boutons qui ressemblent, si l'on ose dire, à des œufs de poule.

3. Een Baktand van Cicero, verwonderlyk groot en wit, in Zilver beslagen.

Une dent molaire de Cicéron, étonnamment grande et blanche, garnie d'argent.

4. Een Pistool van Lekkerbeetje, daar Briauté mé is doorschoten, aan den haan wat ontranponeert.

Un pistolet de Lekkerbeetje [friand morceau], par lequel Briauté a été tué, quelque peu disloqué au chien.

5. Een yzer Vorkje, daar Duc d'Alba gemeenlyk mede at, zoo goed als nieuw, doch wat verroest.

Une petite fourchette en fer avec laquelle le Duc d'Albe avait l'habitude de manger, comme neuve, mais un peu rouillée.

6. Een Kim uyt het Vat, waarin Gerrit van Velzen, om de Moord aan Graaf Floris begaan, wierd dood gerold.

Un cercle venant du tonneau dans lequel Gérard van Velsen fut roulé à mort pour avoir assassiné le comte Floris.

7. De Veldslag tusschen Tamerlan en Bajazet, door een voornaam Meester, in de holligheyt van een Tabakdoos geschildert.

La bataille entre Tamerlan et Bajazet, peinte par un maître important, dans le creux d'une boîte à tabac.

8. Een eyndje van een Fakkel, op de uytvaart van Paus Sixtus de V. gebruykt.

Le bout d'une torche, utilisée à l'enterrement du pape Sixtus V.

9. Een halve Piek van een Leyds Stoepje[23]*, in*   Une demie pique d'un gardien policier de
een beroemde Actie tusschen de Heeren Studenten   Leyde, obtenu lors d'une action célèbre
ontnomen, uytnemend goed om Koffy over te   parmi Messieurs les Étudiants, extrême-
koken.   ment bon pour en faire du café.

10. Een paar Poolse Laarzen van een Mensschen   Une paire de bottes polonaises, faites d'une
vel gemaakt, en rondom met allerley zeldsame   peau humaine, et peintes tout autour de
Historien beschildert.   toutes sortes d'histoires rares.

Ces titres témoignent d'un intérêt spécifique pour l'histoire, en particulier l'histoire nationale (lots 1, 4, 5, 6), mais aussi l'histoire étrangère (lots 2 et 7). Il n'y a qu'un seul lot (lot 9) qui vise à l'actualité – non pas celle des grands événements, mais bien celle de la vie estudiantine de Leyde. Un seul lot enfin se rapporte à la littérature antique (lot 3 : Cicéron). Dans ce début de liste, il ne s'agit pas de livres mais d'objets, qui sont triviaux (lots 1, 2, 3, 4, 5, 6, 8, 9) et par là relèvent du procédé du travestissement burlesque, ou qui sont laborieusement et excessivement artistiques. Ainsi, le lot 7 semble parodier l'art pictural ou sculptural sur noyaux de cerise, bien connu des cabinets de curiosités, et le lot 10 comporte un haut degré d'horreur, caractéristique des objets exposés au *Theatrum anatomicum* de Leyde.

Le goût pour les jeux de mots souvent assez spécieux est également frappant, comme c'est le cas pour les oxymores des lots 5 et 8 : « *zo goed als nieuw doch wat verroest* » (comme neuf, mais quelque peu rouillé), et « *Paus Sixtus de V.* » (le Pape Sixtus V).

La variation thématique qui caractérise cette première dizaine de lots est loin d'être soutenue partout dans le volume. Le volume présente un certain nombre de séries qui sont si différentes les unes des autres qu'elles sont probablement écrites de mains différentes. Certains de ces collaborateurs, par manque de temps, d'inspiration ou de talent, ont recours à des solutions assez faciles. Regardons de plus près les séries principales telles qu'elles se présentent dans l'ordre du livre :

1. Une série de 36 lots (numéros 96-132) reprend, presque littéralement et sans mention de source, l'énumération des objets du *Haegse Mercurius*[24].

---

23 Dirk Geirnaert nous a signalé que le mot *stoepje* signifie aussi *perron de la porte*. Cette autre signification aurait des conséquences pour la traduction de la dernière partie de la phrase (où la signification précise de la préposition *over* est problématique), qui pourrait se lire ainsi : « pour y [*id est* sur ce perron] faire du café ».

24 Voir Bruggeman, « De datering van de *Lyste van Rariteiten* ».

2. Une série de 64 lots (numéros 260-308) consiste en un ensemble monotone de lots qui commencent tous par « *'t Geraamte van* » (« Le squelette de… »). « *De Geest van* » (« L'esprit de… »), ou « *'t Portrait van …* » (« Le portrait de … »). Cette longue série est interrompue trois fois seulement (lots 267, 277, 308). La même personne semble prendre la parole à trois autres reprises dans le premier volume de la *Lyste* : lots 586-599, 886-897 et 902-906.

3. À partir du lot 512, plusieurs lots se composent de phrases qui riment : les lots 512, 518, 520, 521, 525, 527, 528 et 529, qui consistent respectivement en 8, 8, 2, 6, 2, 2, 2, 2 phrases rimées. À partir du lot 529, la forme rimée se rencontre régulièrement.

4. À partir du lot 671, les lots ont tendance à s'étendre. Ainsi les lots 671, 683 et 690 dépassent la longueur d'une page. Cette tendance va de pair avec une croissance du nombre de termes français et de gallicismes. Par exemple, le lot 690 contient les termes suivants : *refraicheren, principalijk, empressement, ordinaire, ouvrez vos Coquilles, devotaris, Captieus, Impertinent, Insuffiçant, Irrelevant, bien-venu, decharge.*

5. Une série de 15 lots (numéros 768-782) présente des références aux romans de chevalerie, qui, au XVIIᵉ siècle, sous forme d'éditions en prose de bon marché, connaissent un regain de popularité (on pense à la bibliothèque bleue, bien connue aussi aux Pays-Bas). C'est surtout le roman *Ourson et Valentin* qui est cité.

Afin de montrer la différence par rapport aux premiers lots, citons l'exemple du lot 956, qui présente une recette culinaire sous forme rimée :

956. *'tGeraamte van een Kok, die in zyn leven delicate spys kon bereyden, ende onder anderen een kosje zeer delicaat, bestaande in een*
   Neusje van een Zalm, gelardeerd met Olyven,
   Met Kappers, Atsia, Magnis, Bambous, Ansjovis.
   Limasses, Champignons en Siccis Ranarum Ovis

Le squelette d'un cuisinier, qui, pendant sa vie, savait préparer des mets délicats, parmi lesquels un mets particulièrement délicat, consistant en un :
   Nez de saumon, lardé avec des olives,
   Avec câpres, atsia [?][25], magnis [?], bambou, anchois,
   Limaces, champignons et œufs séchés de grenouilles

---

25   Coquille pour *asti*, vin d'Asti ?

Nous avons affaire ici à un emprunt à un autre texte drolatique, à savoir *Negotianum Satyricum, of de Quinta Essentia van den Toeback* (1676) par Jean Pleyn de Courage (pseudonyme possible d'un certain Jan van Bergen (*Janus Montanus*))[26].

Le dernier lot est d'une toute autre tonalité : il raconte une histoire drolatique et scatologique, consistant en une série d'*impossibilia*, présentée en une seule phrase longue, alourdie d'un grand nombre d'adjectives déictiques (« *de zelve* », « *voorschrevene* », « *voornoemde* » :

1000. Een groot end Vliegerbot, waar mede men een Vlieger tot Romen heeft laten opgaan, en waer aan men 533 dagen, en 6 uren lang het botvierde, derhalven zond men een ervaren Matroos na boven, om te zien waar de zelven Vlieger voleind was, waar op den zelven langs het touw opklimmende, in de tyd van drie uren zodanig avanceerde, dat hy met zyn hoofd een stuk van de Maan stiet, en tegen de zelve, als tegen de Mars van een Schip opgeklommen zynde, ging wat rusten van zyn reys; en alzo hem de nood dwong om zyn zemelkist te ontlasten, zettende hy hem met de billen op de neus van de Maan ter neer, en scheet als doen door het rechter neusgat; dat de kruymelen in de tyd vaneen quarttier-uurs op een Molquerns Oorlog-schip juist onder de Maan varende, vielen, waar door het zelve Schip te gronde ging; ver volgende den voorschreven Bootsgezel als doen weder langs het voorschreve touw zyn reys, om de Vlieger te zoeken; maar alzo hy het ongeluk had, dat het voornoemde bot of touw brak, viel in de tyd van een minuit wel 60 voet diep in de Aarde, waar op hy vliegens na huis liep, haalde een schop, en groef 'er zigzelfs wederom uit.

Un long morceau de fil, avec lequel, à Rome, on a fait voler un cerf-volant. Après 533 jours et 6 heures de suspension en l'air, on fit monter un matelot expérimenté pour voir où se trouvait ce cerf-volant. Le matelot grimpa le long du fil pendant trois heures, jusqu'à ce qu'il casse un morceau de la lune. Il monta sur la lune, comme s'il grimpait au mât d'un bateau, il prit un moment de repos, et pressé du besoin de chier, il s'assit sur le nez de la lune, et chia à travers le trou droit du nez, de façon que les étrons tombèrent un quart d'heure plus tard sur un navire de guerre de Molwerkum [village en Frise], qui, par malheur, naviguait droit au-dessous de la lune, ce par quoi le navire coula. Continuant son chemin le long du fil susmentionné à la recherche du cerf-volant, le susmentionné matelot eut la malchance que ledit fil rompit, il tomba en une minute sur la terre, dans laquelle il s'enfonça plus de 60 pieds, puis il alla rapidement chez lui pour chercher une pelle, afin de se déterrer lui-même.

Le mot final « *uit* », qui, en Néerlandais, veut dire aussi « fin de l'histoire », termine le premier volume.

La coprésence de plusieurs séries de lots de longueur, de style, de thématique et de qualité littéraire très différentes permet de distinguer

---

26 J. Pleyn de Courage, *Negotianum Satyricum, of de Quinta Essentia van den Toeback*, Maarsdam, Actaeon van Stamme, 1676. La *Lyste* contient d'autres emprunts à ce texte.

plusieurs personnalités. On s'imagine un petit groupe de quatre ou cinq étudiants au minimum, qui se réunissent à plusieurs reprises. Pour chaque réunion, ces étudiants préparent un certain nombre de lots ; la totalité des lots est fixée à l'avance à 1.000. L'ensemble des résultats est rédigé sans doute par un seul étudiant, qui homogénéise l'orthographe des contributions, et prépare le manuscrit pour l'imprimeur. Il le fait avec soin, parce que le texte contient peu d'inconséquences d'orthographe et d'autres erreurs.

En ouvrant le second volume, on découvre un autre type d'étudiant, qui s'intéresse aux affaires juridiques et financières et s'exprime dans un jargon de métier, mêlé de termes français, référant régulièrement, mais sans véritable érudition, à la mythologie de l'Antiquité. La tendance à l'anecdote est également remarquable en comparaison avec le début du premier volume. Aussi, les lots y sont-ils beaucoup plus longs. Ainsi, les lots 1 à 5 couvrent non moins de quatre pages, et le lot 3 occupe à lui seul 1½ pages.

Le second volume apparaît moins comme le produit d'un collectif : on y distingue deux, peut-être trois voix, tout au plus. Autre différence : ce second volume est beaucoup plus un texte à lire qu'un texte à dire. En témoignent les pastiches parodiques de plusieurs formes de correspondance sérieuse, la lettre officielle, la lettre familière, adressée par le fils à son père, la correspondance commerciale, truffée de jargon français, ainsi que la lettre douce, où l'on se moque de l'abus de la métaphore périphrastique, typique du discours amoureux. Citons, comme exemple de la lettre douce parodiée, les métaphores périphrastiques du lot 254 : l'auteur commence par le champ métaphorique du siège d'un château : « les pionniers de vos attraits ont tant creusé les murs de ma liberté que le pauvre opprimé de mon désir est venu se rendre au commandant de votre modestie. » Puis, on change de champ métaphorique en recourant au théâtre : « les acteurs de votre pitié », « la farce de quelque faveur », « les spectateurs de mon amour fidèle ». Ensuite c'est la pêche marine : « les matelots de vos cruautés », « la mer de votre rigueur », « les poissons de la connaissance de mon devoir ».

On constate donc un développement qui, concernant sa production, va de la collectivité joyeuse du premier volume à une écriture et lecture plutôt individuelles du second volume. Ce développement est confirmé par la liste des proverbes parodiques, qui est ajoutée à certaines éditions du premier et du second volume, et qui forme un tout avec la *Lyste van rariteiten*, parce que la pagination continue. Plus précisément, il s'agit d'une liste de *zeispreuken* (*wellerismes*), c'est-à-dire de proverbes et de locutions détournés de façon ludique, reposant sur l'absurde et qui sont, pour la plupart, construits selon le même modèle syntaxique : locution/proverbe + (dit-il) + et il (action qui contredit la locution ou la tourne en ridicule), du type « J'ai d'autres chats à fouetter (dit Jean), et il battit son chien. » (exemple controuvé). Voici quelques exemples de ces expressions néerlandaises parodiées, extrêmement difficiles à traduire en français :

455. Staagjes an, staagjes an dan breekt de Lijn niet (sey Gijs) en hy wierd gekielhaalt.	Doucement, doucement, ne tirez pas trop sur la ficelle (dit Gijs), et on le fit passer sous la quille.
20. Dat smaakt (sey den Boer) en hy at het pap sijn kind op.	C'est bon (dit le paysan), et il mangea le potage de son enfant.
4. Tot weersiens (sey de Blinde).	Au revoir (dit l'aveugle).

Remarquons que, du point de vue du contenu, ces exemples ne sont pas très représentatifs ; c'est que la plupart des locutions et proverbes cités sont grossièrement érotiques et scatologiques (citons comme exemple typique le numéro 450 : « *Mijn dat Visje (sey Lena) en sy haalde een Paling uyt Joris sijn Fuyk* » (« Ce poisson est à moi (dit Lena), et elle tira une anguille du verveux de Joris »). Les personnages appartiennent toujours au bas peuple : il s'agit souvent de paysans ou de femmes légères, de gens pauvres, attaqués par les puces, les poux et les morpions – et chose frappante : ces personnages sont assez souvent de nationalité allemande. Souvent aussi, comme dans l'exemple de la cale par-dessous la quille, il s'agit de l'humour de potence, la dernière plaisanterie d'un condamné à mort.

On remarque que l'auteur anonyme de cette liste de proverbes parle au singulier : « *door een liefhebber vergaard* », c'est-à-dire « rassemblés par un amateur ». Un tel texte exclut cette production collective joyeuse présente surtout dans le premier volume de la *Lyste*, et, dans une moindre mesure, dans son second volume.

La tendance vers une production et une lecture individuelles de la *Lyste* se constate aussi dans une de ses rééditions, pourvue d'un titre long qui omet toute référence aux premières éditions :

Catalogus van een curieuse party fraye en nooit te ziene rariteiten en schilderyen.
Die verkocht zullen worden ten Huize van Mie Sas en Kruidt, Casteleinesse in den
vermaarden Herberg den Valsen en Vlugtende Reider, alwaar dezelve Goederen 13
dagen na de Verkoping van niemand kunnen gezien worden. Uit het Engelsch vertaalt.
Rotterdam, Arrenberg en D. Visch[27].

« Catalogue d'un lot de belles raretés et peintures, jamais vues avant, qui
seront vendues chez Mie Sas en Kruidt, Châtelaine de la célèbre auberge
du Chevalier Faux et Fuyant, où, 13 jours après la vente, lesdites choses ne
pourront être vues de personne. Traduit de l'anglais. Rotterdam, Arrenberg
et D. Visch ».

L'éditeur ajoute une liste d'une vingtaine d'imprimeurs et de libraires
réellement existants. Parmi ces libraires on mentionne Luzac, qui tient
boutique à Leyde. Ce livre est sévèrement jugé dans le *Nederlandsche
Letter-courant* (Le Journal littéraire des Pays-Bas) de 1759, où il est
sommairement exécuté en ces termes : « *A rhapsody of nonsense*, comme
diraient les critiques du *Monthly Review*[28] ». Ce n'est sans doute pas
une simple coïncidence, puisque l'éditeur du journal se trouve être
Elias Luzac de Leyde. : Elias Luzac de Leyde. Quoi qu'il en soit, cette
dernière publication confirme que la *Liste* avait perdu la convivialité et
la nature performatrice du premier volume, dans sa première édition.

Retournons à cette première édition, dans laquelle nous avons noté
que les étudiants-auteurs essayent de rompre la monotonie, le *taedium*, de
l'énumération par le biais de l'alternance. Qui plus est, on a l'impression
que chaque auteur s'efforce de faire non seulement *autrement* que son
prédécesseur, mais aussi *mieux*. La liste semble donc être le résultat d'une
émulation entre les auteurs – émulation en spéciosité, érudition livresque,
humour souvent bêtasse et parfois scatologique. C'est dans ces ruptures
émulatives du *taedium* que Rabelais joue un rôle important. Rabelais entre
dans la *Lyste* par deux voies : par la traduction néerlandaise de Nicholas
Jarichides Wieringa et par le journal satirique *De Haegse Mercurius*.

---

27 La datation de ce livre n'est pas connue. Le STCN (Short-Title Catalogue, Netherlands)
le date de « après 1753 », sans doute parce que l'on ne connaît pas de livres imprimés par
Arrenberg avant cette date. Dirk Geirnaert nous signale un autre livre anonyme dont,
pour le moment, il n'est pas clair si ce livre s'inspire du premier volume de la *Lyste* ou s'il
en est un des modèles : *Zardammer Spreeuwen-gezang. Door de verreezene spotter*, Amsterdam,
Timotheus ten Hoorn, 1707. La tonalité de ce livre est celle d'une production plutôt
individuelle.

28 *Nederlandsche Letter-courant* 43, 29 mai 1759, p. 344. *The Monthly Review* est un périodique
anglais qui est un des premiers à publier des revues d'œuvres.

AVANT LA *LYSTE VAN RARITEITEN* : WIERINGA[29]

Regardons d'abord la traduction de Wieringa, publiée en 1682, sous le pseudonyme de Claudio Gallitalo[30]. Wieringa a choisi ce pseudonyme bipartite – « Gall- » (« Français ») combiné avec « Italo » (« italien ») –, après s'être spécialisé dans la traduction de ces deux langues. Sa traduction coïncide avec un regain d'intérêt pour les œuvres de Rabelais, publiées par Louis et Daniel Elsevier à Amsterdam en 1663, ainsi que dans de nombreuses éditions pirates. Avec sa traduction Wieringa offre un travail inédit à l'échelle mondiale : bien qu'il ne soit pas le premier traducteur de Rabelais, il est le premier à traduire ses *Œuvres complètes*, incluant dès lors ses lettres « italiennes » ainsi qu'un grand nombre de paratextes et de commentaires datant du XVIIe siècle.

En général Wieringa traduit fidèlement et cela vaut aussi pour l'épisode de la Bibliothèque de Saint-Victor. En effet, on note qu'à la différence de ses prédécesseurs allemand (Johann Fischart, *Aller Praktik Großmutter* (1572)) et anglais (Thomas Urquhart, traducteur de *Gargantua* et *Pantagruel* (1653)), Wieringa ne se laisse pas emporter par le « vertige de la liste » (le terme est d'Umberto Eco), mais qu'il travaille à l'inverse sans élaborer les titres originaux et sans en ajouter de nouveaux non plus. Une autre différence avec ces deux prédécesseurs réside dans le fait qu'il ne cite pas littéralement les titres macaroniques de Rabelais, mais les traduit tous en néerlandais. La seule exception (par ailleurs bien compréhensible) à cette règle concerne le titre intraduisible : « *De Anti perïcatametanaperbeugedamfieratibrati[ë]n der dongheeren* ». L'omission des

---

29 Ce paragraphe et le suivant présentent une version remaniée et traduite en français de P. J. Smith et D. Geirnaert, « Wieringa – Doedijns – Anna Folie – Van Lennep : Dutch Versions of Rabelais's Library of Saint-Victor », *Early Modern Catalogues of Imaginary Books*, éd. A.-P. Pouey-Mounou et P. J. Smith.

30 Rabelais, *Alle de geestige werken*, transl. Claudio Gallitalo (= Nicholas Jarichides Wieringa), Amsterdam, Jan ten Hoorn, 1682, 2 vols. Cette traduction est disponible sur le site de l'Université de Leyde, Department of Dutch Language and Literature. Sur Wieringa, voir C.L. Thijssen-Schoute, « N.J. Wieringa, traducteur hollandais de Rabelais », *Humanisme et Renaissance*, 3, 1936, p. 43-51 ; ead., *Nicolaas Jarichides Wieringa. Een zeventiende-eeuwse vertaler van Boccalini, Rabelais, Barclai, Leti e.a.*, Assen, Van Gorcum, 1939 ; E. E. Kraaijveld et P. J. Smith, « Les premiers traducteurs de Rabelais : Wieringa lecteur de Fischart et d'Urquhart », *Éditer et traduire Rabelais à travers les âges*, éd. P.J Smith, Amsterdam-Atlanta, GA, Rodopi, 1997, p. 174-194.

titres latins de Rabelais a pour effet que le jeu sur la langue latine et la langue vernaculaire se perd, mais Wieringa fait de son mieux pour compenser cette perte en créant des excentricités linguistiques pleines de paronomasies, ainsi qu'en témoignent les trois titres suivants :

Rabelais	Wieringa
Les cymbales des dames	*De bellen, spellen en vellen der Vrouwen*
La martingale des fianteurs	*De krieukrau krawaagje der Beer-steekers*
Virevoustatorum nacquettorum per f.	*Den haastje wat aagje der waaghalzen door*
Pedebilletis	*Frie-Fijstegate*

Dans le premier titre les mots « *bellen, spellen en vellen* » sont onomatopéiques, imitant le son des « cymbales » (« *bellen* » en néerlandais). Dans le second titre, on a l'impression que Wieringa ne sait pas quoi faire avec le mot *martingale*. Si ailleurs dans sa traduction, il laisse ce mot non traduit[31], il choisit ici en revanche de le traduire par un non-sens néerlandais, basé sur l'allitération et l'assonance, dans lequel la séquence de voyelles /i/, /au/, /a/ montre une ouverture croissante des voyelles, et la répétition des consonnes /kr/ peut être interprétée comme une onomatopée (le mot « *krawaagje* » dénote quant à lui l'action de gratter). Dans le troisième titre, le latin macaronique et difficilement compréhensible de Rabelais est traduit, une fois de plus, dans un non-sens néerlandais allitératif et assonant.

AVANT LA *LYSTE VAN RARITEITEN* : DOEDIJNS ET SON *HAEGSE MERCURIUS*

Le catalogue de Rabelais, dans la traduction de Wieringa, n'a pas manqué d'être cité et imité dans les années suivantes. Ainsi, on le trouve dans un roman libertin de Simon van Leeuwen[32], intitulé *De verliefde reyziger door Vrankryk en Italien* (Le voyageur amoureux, parcourant la

---

31 Rabelais, *Alle de geestige werken*, vol. I, p. 67.
32 Sur Simon van Leeuwen lecteur de Rabelais, voir P. J. Smith, « Rabelais-ontleningen bij Simon van Leeuwen S.J.Z. », *Mededelingen van de Stichting Jacob Campo Weyerman*, 12, 1989, p. 91-95.

France et l'Italie) (Amsterdam, 1730), réédité sous le titre *De Bedreevene Galant of de Vermakelyke Levensloop van een Hollands Edelman* (Le galant expérimenté ou la vie amusante d'un noble hollandais) (1759). Dans ce roman il est question de la bibliothèque du frère Andoulje, qui consiste en 30 titres, dont 18 titres néerlandais sont pris dans la traduction de Wieringa et 12 titres latins sont empruntés directement au texte de Rabelais. La traduction de Wieringa a été aussi utilisée en 1699 dans le *Haegse Mercurius* (Le Mercure de La Haye), écrit et publié par Hendrik Doedijns (ca. 1659–1700)[33]. Depuis son premier numéro cette gazette est parue deux fois par semaine dans les deux années complètes de sa publication (7 août 1697-1er août 1699). Seuls onze numéros ont vu le jour dans sa troisième année – le dernier numéro ayant été publié le 9 septembre 1699[34]. Le *Haegse Mercurius* contient de nombreux emprunts et références à Rabelais que Doedijns lit non seulement dans la traduction de Wieringa, mais aussi directement dans le texte français[35]. Doedijns insère régulièrement de longues énumérations dans ses textes, toujours imprimées horizontalement et donc jamais en listes verticales en raison du nombre restreint des pages disponibles. Elles comprennent non seulement des livres, mais aussi des objets merveilleux. Il n'est pas impossible que la fusion des choses merveilleuses et des livres fictifs ait été inspirée par le *Musaeum clausum* de Thomas Browne (traduit en néerlandais en 1688)[36], bien que dans les catalogues non-imaginaires, tels que les catalogues de vente (aux enchères), un mélange de livres et d'objets (artificiels et naturels) ne fût pas rare.

---

33 Sur cet avocat de La Haye, qui, à la fin de sa vie, s'est voué à l'écriture et à la publication de son journal satirique, voir R. van Vliet., « Inleiding », in Hendrik Doedijns, *De Haegse Mercurius 7 augustus 1697 – 1 februari 1698*, éd. R. van Vliet, Leyde, Astraea, 1996, p. 1-81.

34 Les numéros (non-paginés) de cette gazette ont été rassemblées en un seul volume en trois parties correspondant aux trois années de la publication : H. D[oedijns], *Haegse Mercurius, behelsende Vermakelijke, Satyrique, Galante, Stigtelijke, Politique, Academische, Emblematique, en andere Reflexien ; Gemaakt op de voorvallen van desen Tijd*, La Haye, Gilles van Limburg pour l'auteur, 1698 [1699]. Seconde édition : Amsterdam, Erven J. Ratelband et Comp., 1735. Nous nous référons à l'édition de 1698 en indiquant l'année et le numéro en question.

35 Voir P. J. Smith, « Doedijns' *Haegse Mercurius* en Rabelais », *Mededelingen van de Stichting Jacob Campo Weyerman*, 15, 1992, p. 1–9, et idem, « Hendrik Doedijns en de gekookte sleutels van Rabelais », *Mededelingen van de Stichting Jacob Campo Weyerman* 20, 1997, p. 24-27.

36 T. Browne, *Museum clausum of Bibliotheca abscondita*, dans idem, *Alle de werken*, traducteur anonyme, Amsterdam, Joannes et Gillis Janssonius, 1688, p. 308-316.

Rabelais est introduit graduellement dans le *Haegse Mercurius*. Aucun emprunt direct ne lui est fait dans la première énumération de Doedijns[37], qui mentionne un certain nombre de « *wonderen in de Spullen* » (choses curieuses) et qui fait penser vaguement à la description des *naturalia* imaginaires (parmi lesquels le Phénix) du Pays d'Ouy-Dire de Rabelais[38]. La seconde énumération de Doedijns[39] a été inspirée par les *impossibilia* achetés par Pantagruel et ses compagnons dans l'île de Medamothi (*Quart Livre*, chap. 2–3). On relève donc un emprunt évident cette fois à Rabelais, cité dans la traduction de Wieringa : le « *klaeg-lied van Philomela, door haer schoon- of lelyken broeder Tereus verkragt en de tong uyt-gesneen*[40] » (« la lamentation de Philomèle, qui a été violée par Térée, son beau-(ou laid)-frère, qui lui a coupé la langue »).

La troisième énumération de Doedijns[41] comprend le catalogue imaginaire de la bibliothèque de Mercure, le patron de la gazette :

> *Mercurius, syne Bibliotheecq willende zuyveren van onnutte Boecken, heeft de over-tollige doen verkopen ('t welk selden een teiken van te veel rijkdom is) en alleenlijk maer behouden de volgende :*

> « Mercure voulant purger sa bibliothèque de tous les livres inutiles, a pu vendre tous les livres superflus (ce qui est rarement un signe de trop grande richesse), à l'exception des livres suivants qui lui sont restés : »

Cette ouverture est suivie de cinq titres, qui font référence aux livres populaires et aux romans de chevalerie médiévaux, qui, depuis le XVIᵉ siècle, continuent à être imprimés dans des versions en prose : « *De Histori van Malegys* [L'histoire de Maugis], *De 4 Heemskinderen* [Les quatre fils Aymon], *Margrietje van Limburg* [Marguerite de Limbourg], *De ridder met der Swaanen* [Le chevalier au cygne] et *Oursson en Valentyn* [Ourson et Valentin] ». Doedijns fait suivre ces cinq titres d'une trentaine d'autres aux origines diverses, puis d'un certain nombre de titres d'origine rabelaisienne, dans la traduction de Wieringa, mêlés à des titres de son propre cru mais créés toujours selon la manière de Rabelais. L'énumération se termine par un titre ironique, plein d'auto-dérision :

---

37 *Haegse Mercurius*, 1, 80.
38 Rabelais, *Œuvres complètes* 871.
39 *Haegse Mercurius*, 1, 97.
40 Rabelais, *Alle de geestige werken*, vol. II, p. 8.
41 *Haegse Mercurius*, 1, 103.

« *En de Haegse Mercurius compleet, seer dienstig om al lachende de fouten te
incideren, attenueren en te expelleren* » (Et le *Haegse Mercurius* complet, très
utile pour résoudre, atténuer et éliminer les fautes en riant).

RABELAIS DANS LA *LYSTE*

Bien que Rabelais soit à l'origine du genre du catalogue imaginaire, il est à peu près absent du premier volume de la *Lyste*, dans
lequel nous n'avons trouvé que six références à ses œuvres. Ce qui est
remarquable c'est que celles-ci se situent à la fin du volume. Dans un
sens donc, elles semblent annoncer la présence massive de Rabelais
dans le second volume. Ce n'est qu'au cours du second volume qu'un
ou plusieurs des collaborateurs semblent avoir eu l'idée de recourir de
façon systématique au texte de Rabelais – ne s'arrêtant par ailleurs
pas, et de loin, à son catalogue de la bibliothèque de Saint-Victor. Cela
se constate d'abord dans les lots 45 et 46 du volume II, qui, outre
Grandgousier et Gargamelle, citent quelques autres géants rabelai-
siens, à savoir Roquetaillade et Croquemouche[42]. Le lot 51 mentionne
un autre géant, celui-ci tiré de *Pantagruel* : Happemouche[43]. Le lot 55
mentionne quant à lui un titre de la bibliothèque de Saint-Victor : la
« *Nonnetje van Poissy in barendsnood*[44] » (« une nonnain de Poissy estant
en mal d'enfant »), prise directement dans la traduction de Wieringa
ou indirectement via le *Haegse Mercurius* de Doedijns. Les emprunts
à la bibliothèque de Saint-Victor que l'on trouve dans les lots 56, 58
and 59 ne sont pas redevables à Doedijns, mais viennent directement
de la traduction de Wieringa.

On constate donc que le ou les étudiants, en insérant les citations
rabelaisiennes dans la *Lyste*, suivent l'ordre de leur lecture des *Œuvres
complètes* de Rabelais, qui, on le sait, ouvrent sur *Gargantua* et continuent
par *Pantagruel*. Cette lecture les mène finalement au lot 61, qui donne
la « *considerabele Bibliotheecq van* Pasquijn *en* Marforio » (La bibliothèque

---

42   Rabelais, *Œuvres complètes*, p. 22.
43   Rabelais, *Œuvres complètes*, p. 220.
44   Rabelais, *Œuvres complètes*, p. 236.

considérable de Pasquin et Marforio). Ce lot contient une longue série de titres de livres, numérotés et classés en fonction de leur format, suivant ainsi l'exemple des catalogues de vente (aux enchères) : 13 titres en folio, 12 en quarto, 12 en octavo, 16 en « *duodecimo et minori Formâ* ». La plupart des titres sont basés sur ceux de Wieringa, mais ils s'avèrent sans doute un peu ennuyeux pour les étudiants-auteurs, puisqu'ils les amplifient dans le style des catalogues de vente de livres, comme on peut le voir dès les deux premiers titres (nous avons mis en gras les mots ajoutés) :

> 1. *De Lapsak der Rechten,* **door Joannes Perverso, met kopere Platen, 2 voll.**

> « 1. La braguette de la justice, par Johannes Perverso, avec cuivres, 2 vols. »

> 2. *De Sleepschoe der Besluyten,* **door Giovanni Talmerini. Molquernae 783. 3 voll.**

> « 2. La pantoufle des décisions, par Giovanni Talmerini. Molkwerum 783. 3 vols. »

La liste se termine par une parodie des terminaisons habituelles des catalogues de vente aux enchères : la formule habituelle « *Enige pakketten met boeken* » (quelques parcelles de livres) est transformée en « *Eenige Pakketten sonder Boeken* » (quelques parcelles sans livres), et ainsi de suite.

Le *Pantagruel* reste très présent dans la *Lyste*, parce que dans le lot 62, nous trouvons une allusion au chapitre 33 de ce livre :

> 62. *Een Extract Authentijcq uyt zeker Boek van de andere Weerelt, geintituleert, Register van alle de Officianten der Elizesche Velden, gebonden in Boks-Parkement, waar in te lesen is, hoedanig de navolgende Personaadjes in de andere Weerelt haar selven aan de Kost helpen, namentlijk :*

> « 62. Un extrait authentique d'un certain livre de l'autre monde, intitulé Registre de tous les Officiants des Champs Élyséens, reliés en parchemin de bouc, où l'on peut lire comment les personnes suivantes gagnent leur vie dans l'autre monde, à savoir : »

Suit alors une liste verticale de 78 personnes numérotées, prises parmi les personnes célèbres aux professions étranges que le personnage rabelaisien Epistemon a rencontrées au cours de son séjour aux Enfers[45]. Les

---

45   Rabelais, *Œuvres complètes,* p. 322-325.

lots suivants sont également pris dans Rabelais. Toutefois, étant donné que les auteurs anonymes semblent avoir le sentiment d'avoir épuisé leur source *Pantagruel*, leur attention se concentre désormais sur le *Quart Livre* de Rabelais (le fait que le *Tiers Livre* soit ignoré est frappant mais reste inexplicable, d'autant plus qu'il contient de nombreuses et longues listes). On trouve encore deux peintures qui viennent de l'épisode de Medamothi du *Quart Livre* (lots 66 et 67)[46] et le géant Bringuenarilles (lot 71)[47]. Enfin, dans le lot 72, l'anatomie de Quaresmeprenant est donnée dans une liste de plus de trois pages. Dès lors, Rabelais ne disparaît pas complètement de la *Lyste van Rariteiten*, mais sa présence se raréfie. Ainsi, les lots 80, 81, 82 présentent les personnages de Gymnaste, de Carpalim et d'Eusthènes dans leurs occupations inutiles lors du calme plat, épisode du *Quart Livre*. Le lot 90 se rapporte à un autre épisode du *Quart Livre*, celui des *Andouilles*, et le lot 95 mentionne le roi Panigon, autre personnage du même ouvrage. On voit donc que l'auteur anonyme ne quitte pas son *Quart Livre*.

Et chose intéressante : si les références à Rabelais disparaissent lentement de la *Lyste*, son influence reste sensible dans le lot 196, où l'on trouve un autre catalogue imaginaire de livres, ordonné selon le format des livres cités (folio, quarto, octavo, etc.), présentant pour chaque format six titres. On remarque aussi l'utilisation de différents caractères pour indiquer les titres, à savoir gothique, roman et italique – tout cela selon les usages des catalogues de libraires et de ventes réels et sérieux.

CONCLUSION

La *Lyste van rariteiten* appartient à une tradition séculaire qui prend son origine dans le catalogue rabelaisien de la bibliothèque de Saint-Victor. Cette tradition est de nature surtout textuelle et individuelle : en effet, les catalogues fictifs qui en sortent sont toujours des produits textuels d'auteurs individuels. Notre *Lyste* s'écarte de cette tradition,

---

46 Rabelais, *Œuvres complètes*, p. 541.
47 Rabelais, *Œuvres complètes* 578-581.

parce qu'elle est le produit d'une collectivité joyeuse. Celle-ci n'a pas tendance à s'exhiber au grand public des lecteurs extérieurs. Au contraire, elle cherche à s'intérioriser en se cachant dans un anonymat dont aucun des collaborateurs ne semble souhaiter sortir ; c'est pourquoi cette *Lyste* n'a de cesse de nous intriguer.

Paul J. Smith
Université de Leyde

VARIA

LES PREMIÈRES PHASES DE LA TRANSMISSION DU *PRINCE* DE MACHIAVEL[1]

DES *EDITIONES PRINCIPES* JUSQU'AUX ÉDITIONS CRITIQUES MODERNES

Sauf pour le dialogue de l'*Art de la guerre*, dédié à Lorenzo di Filippo Strozzi et certainement publié sous la surveillance de l'auteur, nous n'avons pas d'informations certaines concernant la publication des œuvres de Machiavel, même pour le premier *Decennale* et pour la *Mandragore*, qui parurent du vivant de Niccolò ; un manuscrit définitif des *Histoires florentines* fut présenté au pape Clément VII (Jules de Médicis), au printemps de 1525, mais l'édition imprimée des *Histoires florentines* ne fut mise en chantier qu'après la mort de l'auteur. En revanche, l'histoire éditoriale des œuvres de Machiavel, et notamment celle de ses œuvres politiques, commence par un plagiat, à savoir la publication en 1523 du *De regnandi peritia* d'Agostino Nifo, une réécriture en latin du *Prince*[2].

---

1   Le premier lecteur de cet article a été M. Emanuele Cutinelli-Rendina, qui a eu l'amabilité d'encourager mes efforts : je le remercie pour toutes ses remarques et ses observations constructives. M. Jean-Louis Ferrary a généreusement révisé la rédaction définitive de mon essai en en rendant plusieurs argumentations plus efficaces. Ce qu'il reste d'insatisfaisant n'est évidemment à imputer qu'à ma responsabilité.

2   Éditions de référence : Niccolò Machiavelli, *De principatibus*, édition critique par Giorgio Inglese, Rome, Istituto storico italiano per il Medio Evo, 1994 (dorénavant *Principe* 1994) ; N. Machiavelli, *Il principe*, édition avec commentaire par G. Inglese, Turin, Einaudi, 1995 (dorénavant *Principe* 1995) ; N. Machiavelli, *Il principe*, nouvelle édition critique par G. Inglese, Rome, Istituto Enciclopedia italiana, 2013 (les deux volumes contiennent : le texte du *Prince* dans la nouvelle édition critique par G. Inglese avec son essai philologique *Ragione del testo* ; une reproduction anastatique de l'*editio princeps* [Rome, Blado, 1532] avec un essai de Paola Cosentino ; un fac-similé du ms. Barberinianus Latinus 5093 de la Bibliothèque Vaticane avec un essai de Renzo Iacobucci ; deux introductions par Gennaro Sasso [*Genesi e struttura del Principe*] et par Adriano Prosperi [*Il Principe e la cultura europea*] ; dorénavant *Principe* 2013) ; N. Machiavelli, *Il principe*, nouvelle édition

L'initiative éditoriale pour la publication des œuvres de Machiavel fut prise fort probablement par Giovanni Gaddi (prélat de la Chambre apostolique et frère du cardinal Niccolò Gaddi) sous la protection des Médicis : le 23 août 1531, quatre ans après la mort de Machiavel, Clément VII octroyait un privilège éditorial à l'éditeur Antonio Blado de Rome, qui publia en octobre les *Discours sur la première décade de Tite-Live* : il vaut la peine de s'interroger sur les motivations qui ont mené au choix de commencer l'édition des œuvres de Machiavel par l'œuvre la plus intrinsèquement républicaine, du moins à nos yeux. En tout cas, le mois suivant, en novembre 1531, la maison d'édition florentine de Bernardo Giunti, toujours grâce à un privilège papal, s'empressa de publier une nouvelle édition des *Discours*, dans le but de revendiquer pour la ville de Florence une sorte de primauté, et ainsi de diffuser les œuvres du chancelier « nella sua prima purità » (dans sa pureté originelle). Les deux séries éditoriales procédèrent en parallèle : en janvier 1532 fut publié chez Blado le *Prince* (avec la biographie de Castruccio Castracani et l'opuscule sur le *Modo che tenne il duca Valentino*), et en mars les *Histoires florentines*, dédiées à Giovanni Gaddi ; juste après, les *Istorie* parurent à Florence. Enfin, au mois de mai 1532 le *Prince* fut édité à Florence, cette fois-ci avec une dédicace à Gaddi lui-même, reconnu comme le vrai promoteur de l'édition des œuvres de Machiavel[3]. La publication du *Prince* dans le même volume que le *Modo* et que la biographie de Castruccio constitue bien évidemment une orientation pour les lecteurs : cette mise en page donne en effet une centralité au chapitre VII du *Prince* et en général aux interprétations de l'opuscule qui se fondent sur le problème de la principauté nouvelle, tout en négligeant en revanche la dialectique entre le chapitre IX du *Prince* et les chapitres XVII-XVIII du premier livre des *Discours*, à savoir la principauté civile comme remède pour une république corrompue. La faible fortune (même sur le plan linguistique) de la notion de principauté civile a été récemment reconsidérée par Jean-Louis Fournel : en effet, alors que la langue politique de Machiavel eut un succès immédiat auprès de ses contemporains,

---

avec commentaire par G. Inglese, Turin, Einaudi, 2013 (dorénavant *Principe* commentaire 2013) ; N. Machiavel, *Le Prince*, traduction et commentaire de Jean-Louis Fournel et Jean-Claude Zancarini, texte italien établi par G. Inglese, Paris, PUF, 2014 (dorénavant *Prince* 2014).

3   Inglese, *Introduzione*, dans *Principe* 1994, p. 18-25. R. Ruggiero, « Italia. Studi filologici », dans *Enciclopedia Machiavelliana*, Rome, Istituto Enciclopedia italiana, 2014, I, p. 50-53.

l'expression « principauté civile » est absente, et elle ne sera réutilisée que deux fois dans les *Storie Fiorentine* de Bernardo Segni, à propos de Guichardin et de Vettori qui proposèrent à Côme de Médicis de prendre le pouvoir, en espérant de le mener vers l'institution d'une principauté civile (et ils restèrent évidemment déçus)[4].

En 1549, avec la permission de Guido Machiavelli, fils de Niccolò, l'éditeur Giunta publia un volume contenant les principaux écrits littéraires de Machiavel (l'*Asino*, la *Favola*, les *Decennali*, les *Capitoli*). On peut donc dire qu'en 1559, lorsque le pape Paul IV promulgua l'*Index librorum prohibitorum*, l'œuvre de Machiavel était déjà presque intégralement publiée, hormis sa correspondance évidemment et quelques textes brefs importants tel le *Discursus Florentinarum rerum*. Quoi qu'il en soit, en fait, elle fut condamnée dans sa totalité, ce qui incluait au passage les textes non publiés et publiables potentiellement. Pendant les années 1570-1580, Giuliano de' Ricci, petit-fils de Machiavel (il était le fils de Bartolomea Machiavelli, dite Baccia, fille de Niccolò), rechercha et copia plusieurs manuscrits des œuvres et documents machiavéliens, presque certainement dans le but de donner une nouvelle édition : le projet resta inachevé mais la copie de Giuliano de' Ricci (le ms. Palatino E.B.15.10 de la Bibliothèque nationale centrale de Florence), connu sous le nom d'« *Apografo Ricci* », constitue le véritable début de la philologie machiavélienne. Il faudra toutefois attendre les recherches d'Oreste Tommasini, auteur d'une biographie scientifique de Machiavel parue entre 1883 et 1911, pour une première étude intégrale de l'Apografo Ricci[5].

En 1899, Giuseppe Lisio, un élève de Carducci qui était professeur de collège, s'engagea dans la première édition critique du *Prince* conduite sur la base de la méthode philologique de Lachmann, prévoyant la collation des témoins manuscrits et la recherche de leurs parentés fondées sur la présence de fautes communes. La méthodologie appliquée par Lisio est, encore aujourd'hui, irréprochable : malheureusement, le jeune philologue (promis à une mort prématurée, à 42 ans, pour cause de phtisie) ne put avoir accès qu'aux manuscrits qu'aujourd'hui nous appelons « buonaccorsiani » (à savoir copiés par Biagio Buonaccorsi ou

---

4   J.-L. Fournel, « I tempi delle parole nella prosa machiavelliana : considerazioni su tre storie incrociate », dans *Lessico ed etica nella tradizione italiana di primo Cinquecento*, dirigé par R. Ruggiero, Lecce-Brescia, Pensa, 2016, p. 123-138, en part. p. 130, n. 8.

5   Oreste Tommasini, *La vita e gli scritti di Niccolò Machiavelli nella loro relazione col machiavellismo*, Rome, Loescher, 1883-1911 (édition anastatique Bologne, Il Mulino, 1999-2003).

dérivés de ceux-ci), tous représentants d'une seule branche, et il n'eut pas accès au ms. Gothanus (G), représentant d'une autre branche, qui fut connu par Tommasini, utilisé pour la première fois par Adolf Gerber dans une étude de 1912-1913, et ensuite par Mario Casella dans l'édition de 1929 (à l'occasion du quatrième centenaire de la mort de Machiavel). Or le ms. G (ou un jumeau de celui-ci), s'était trouvé dans l'atelier typographique de Blado, et à partir de lui il fut possible, dans l'*editio princeps*, de sauvegarder des leçons authentiques (par rapport à des leçons qui sont en revanche corrompues dans les mss. buonaccorsiani), notamment dans les trois derniers chapitres de l'opuscule. L'édition de Casella eut donc la possibilité de corriger des fautes sur la base de la lignée stemmatique représentée par G, mais sa reconstruction des parentés restait défectueuse en raison notamment de sa tendance (qu'il a montrée aussi bien dans ses recherches sur le texte de Dante) à postuler des parentés sur la base non seulement de fautes communes, mais aussi de bonnes leçons communes ; de plus il fut incapable de donner une place satisfaisante au ms. M (le Marcianus) qui montre aussi bien des lacunes communes avec les buonaccorsiani que des leçons en commun avec G[6].

Les années 1950 et 1960 ont été marquées par les recherches de Roberto Ridolfi et de Gennaro Sasso ; la tâche d'une nouvelle édition du *Prince* fut confiée par l'Accademia della Crusca au philologue Antonio Enzo Quaglio, qui essaya de reprendre la question du *stemma* et de la place du ms. Marcianus. À l'occasion de la parution du troisième volume de l'*Iter italicum* de Paul Oskar Kristeller, en 1983, il fut possible de localiser un nouveau manuscrit à Munich (le ms. D), manifestement indépendant de la branche des mss. buonaccorsiani, et plus proche de G.

C'est justement sur la base de D que Giorgio Inglese publia son édition critique de 1994 à l'Istituto storico italiano per il Medio Evo de Rome, et l'année suivante une édition avec commentaire chez Einaudi. Sur la base de cette nouvelle édition critique Jean-Louis Fournel et Jean-Claude Zancarini donnèrent une édition avec traduction française en 2000 aux Presses Universitaires de France. Cette traduction française put accueillir de notables améliorations textuelles, par exemple en donnant au début du chapitre VIII (§ 3) une intonation beaucoup moins péremptoire :

---

6   G. Inglese, « Ragione del testo », dans *Principe* 2013.

E parlando del primo modo si mosterrà con dua esempli, uno antico, l'altro moderno,
sanza entrare altrimenti ne' meriti di questa parte : perché io iudico ch' e' bastino a chi
fussi necessitato imitargli [*iudico che basti a chi fussi necessitato* αM ; *iudico achi fussi*
necessitato che basti β] (*Principe* 1994, p. 217-218 et n. ; *Principe* 1995, p. 54-55 et n.).

Et, pour parler de la première de ces façons, on montrera ce qu'il en est avec
deux exemples, l'un ancien et l'autre moderne, sans entrer plus avant dans le
vif du sujet ; en effet, j'estime qu'ils suffisent, pour qui serait dans la nécessité
de les imiter (*Le Prince* 2014, p. 135).

Nous pouvons maintenant examiner le *stemma* proposé par Inglese
en 1994 (et réexaminé par le même auteur en 1999)[7].

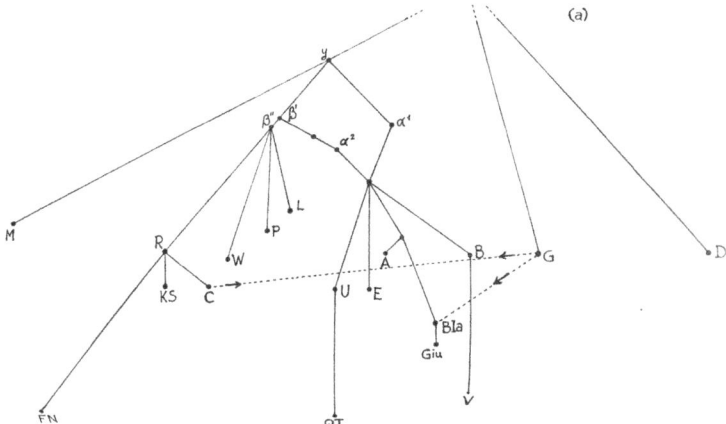

Les mss. L (Laurentianus XLIV, 32), R (Riccardianus 2603) et P (Parisinus,
It. 709, le seul ms. où les titres des chapitres sont en italien et non en
latin) ont été copiés par Biagio Buonaccorsi et tous dépendent de β,
une minute d'atelier peut-être copiée aussi par Biagio. Il est en outre
possible de formuler l'hypothèse que la branche α[1] provienne aussi de
l'atelier de Biagio, car seuls le Marcianus (M), le Gothanus (G) et le
Monacensis (D) semblent être indépendants d'un premier projet de diffusion manuscrite de l'œuvre, conçu par l'auteur avec l'aide de Biagio,
qui n'était pas seulement son collaborateur à la deuxième chancellerie
florentine, mais aussi un calligraphe reconnu.

---

7   G. Inglese, « Lo stemma del Principe. Nuove riflessioni », dans *Storia, filosofia e lettera-*
     tura. Studi in onore di Gennaro Sasso, dirigé par Marta Herling et Mario Reale, Naples,
     Bibliopolis, 1999, p. 191-201.

Bien que le ms. M ait un certain nombre de leçons communes avec G
ou bien, dans des endroits différents, avec D, son appartenance à la branche
y (mais bien sûr dans une position autonome par rapport à β et α) semble,
selon Inglese, démontrée, parce que les concordances de M avec D et G
peuvent s'expliquer par des innovations introduites par β, ou par la polyge-
nèse des variantes dans une tradition très active comme celle du *Prince*.

Dans l'édition critique de 1994, Inglese laissait deux questions irré-
solues : l'existence d'un archétype commun (sur la base de l'existence
d'un petit nombre de fautes effectivement communes et requérant une
correction par conjecture) et l'éventuelle dépendance de D et G d'un
même hyparchétype. Inglese est revenu sur ces questions en 1999 et
dernièrement en 2013, en considérant D et G comme descendant d'un
hyparchétype *z*, et les hyparchétypes *y* et *z* comme descendant d'un
même archétype ω, une transcription (pas du tout méticuleuse) d'un
autographe lui-même rédigé d'un seul jet et sous la forme d'une minute.
Significative est à ce propos une variante concernant le roi Louis XII
dans le chapitre XVI, § 9 :

> *El re di Francia presente ha fatto tante guerre senza porre uno dazio straordinario
> à sua, solum perché alle superflue spese ha subministrato la lunga parsimonia sua.*

> « Le présent roi de France a mené tant de guerres sans lever une seule taxe
> extraordinaire sur les siens, *solum* parce qu'aux dépenses superflues il a pourvu
> par une constante parcimonie. »

Le roi de France qui « a mené tant de guerres » est bien évidemment
Louis XII : la tradition textuelle presque dans sa totalité omet le mot
presente, sauf les mss. M, D, G (c'est-à-dire la lignée *z* et le Marcianus,
qui appartient à *y* mais – comme on l'a vu – de façon autonome par
rapport à α, β). La correction (à savoir la suppression de *presente*) qui a eu
lieu en α, β, a été perçue comme nécessaire après la mort de Louis XII
(31 décembre 1514). En revanche la branche *z* a gardé le texte dans son
état précédent, ainsi que M, qui appartient à *y*, mais dans un état du texte
antérieur à la correction introduite après la mort de Louis XII. Il faut
ajouter que dans le même passage, au paragraphe suivant, il est question
du roi d'Espagne *présent*, avec référence à Ferdinand le Catholique : ce
deuxième *présent* n'a pas été effacé par le copiste, et nous sommes donc
amenés à penser que la correction a eu lieu après la mort de Louis XII,
mais avant celle de Ferdinand le Catholique (23 janvier 1516).

En 2006, la maison d'édition Salerno de Rome, dans le cadre de l'édition nationale des œuvres de Machiavel, a publié l'édition du *Prince* par Mario Martelli avec la collaboration de Nicoletta Marcelli[8].

Le copiste principal du ms. A (le ms. de Carpentras, Bibliothèque Inguimbertine 303) est le même que celui du ms. de l'*Art de la guerre* conservé à la Biblioteca Civica de Vérone, 511, lequel a été copié sous le contrôle direct de Machiavel et porte plusieurs corrections autographes de l'auteur (dans la terminologie italienne on appelle « idiografi » cette catégorie de manuscrits, rédigés par un secrétaire-chancelier sous la surveillance de l'auteur). C'est sur cette base que Martelli a évalué le ms. A, qu'il a donc considéré comme le *codex optimus*. Mais, bien que le copiste de A soit le même que celui de l'*Art de la guerre*, cela ne suffit pas à démontrer que le ms. A ait lui aussi été copié sous la surveillance de Machiavel. En revanche, Martelli a conçu un *stemma* dans lequel l'archétype du *Prince* semble être une entité mobile : il descend de l'autographe, puis, sous une première forme (Arch^1), aurait généré le ms. A, et sous une deuxième forme (Arch^2), les mss. descendants de α ; sous une forme successive (Arch^{2i}), il aurait généré les mss. buonaccorsiani ; enfin sous une dernière forme (Arch^3) il aurait généré les mss. D et G. Sur la base de ce raisonnement, Martelli a conféré un privilège absolu aux leçons de A, en prenant ce manuscrit, selon la méthode de Joseph Bédier, comme texte de base pour son édition. Il en résulte une régression évidente dans la constitution du texte.

Dans l'édition du cinquième centenaire (2013), Inglese a eu la possibilité de mettre en valeur aussi bien la dépendance de la tradition dans sa totalité d'un même archétype, que la source commune à D et à G (à savoir la branche *z*) par opposition à la branche *y*. La tradition du *Prince* se présente donc aujourd'hui comme un exemple typique de tradition textuelle bipartite (avec deux branches conservées), ce qui a permis la récupération de certaines bonnes leçons sauvegardées dans la branche *y*, tout en prenant pour base de la construction du texte les mss. D et G, les seuls, en fait, qui gardent le titre original de l'opuscule, tel que Machiavel l'avait annoncé à Vettori dans sa célèbre lettre du

8   N. Machiavelli, *Il principe*, édition critique par Mario Martelli, apparat philologique par Nicoletta Marcelli, Rome, Salerno, 2006 (dorénavant *Principe* 2006). Cfr. R. Ruggiero, « Il Principe dei ghiribizzi. Un vaglio testuale », *Belfagor*, 61, 2006, p. 688-704 ; et Id., « Dalle congiure fiorentine alle secche del Principe », *Belfagor*, 62, 2007, p. 267-282.

10 décembre 1513 : *de principatibus*. En effet le titre machiavélien est absent de la plus grande partie des mss. de la branche *y* sauf, parmi les trois buonaccorsiani, P (où il se trouve sous sa forme vernaculaire) et L, où il est repris, également en langue vernaculaire, dans la lettre de dédicace de Biagio à Pandolfo Bellacci (« *ti mando l'operetta composta nuovamente de' principati del nostro Niccolò*[9] », « je t'envoie la petite œuvre sur les princes récemment rédigée par notre Niccolò »).

DE L'ATELIER DE MACHIAVEL
JUSQU'AUX *EDITIONES PRINCIPES*

La première mention de l'« opuscolo *de principatibus* », on le sait, se trouve dans la célèbre lettre de Machiavel à Vettori du 10 décembre 1513. À ce moment-là Vettori était l'ambassadeur florentin auprès de la cour pontificale, alors que Machiavel était assigné à résidence dans sa propriété de Sant'Andrea in Percussina, dans les alentours de San Casciano.

> *io ho [...] composto uno opuscolo* De principatibus, *dove io mi profondo quanto io posso nelle cogitazioni di questo subbietto, [...] però io lo indirizzo alla Magnificenza di Giuliano. Filippo Casavecchia l'ha visto; [...], ancora che tutta volta io l'ingrasso e ripulisco [...].*
>
> *Io ho ragionato con Filippo [Casavecchia] di questo mio opuscolo, se gli era ben darlo o non lo dare; [...]. El non lo dare mi faceva dubitare che da Giuliano e' non fussi, non ch'altro, letto, [...]. El darlo mi faceva la necessità che mi caccia, [...] appresso al desiderio arei che questi signori Medici mi cominciassino adoperare, se dovessino cominciare a farmi voltolare un sasso [...]*[10].

« j'ai composé un opuscule *De principatibus*, où je me plonge autant que je le peux dans les cogitations à ce sujet, [...] c'est pourquoi je l'adresse à la magnificence de Julien. Filippo Casavecchia l'a vu; [...], même si je continue toujours à l'engraisser et à le polir. [...]

---

9 Une dédicace probablement conçue avant le 12 février 1517, lorsque Pandolfo Bellacci fut parrain d'une fille de Biagio, une relation de parenté qui autrement aurait été mentionnée dans la lettre. Cfr. Inglese, « Introduzione », dans *Principe* 1994, p. 46-47 et Francesco Bausi, *Il Principe dallo scrittoio alla stampa*, Pise, Edizioni della Normale, 2015, p. 24 n. 37 et p. 42 n. 79.

10 N. Machiavelli, *Lettere*, dans *Id.*, *Opere*, dirigé par Corrado Vivanti, Turin, Einaudi, vol. 2, 1999, p. 294-297, en part. p. 296-297.

J'ai discuté avec Filippo de mon opuscule, s'il était bon de le donner ou de ne pas le donner ; [...]. Si je ne le donnais pas moi-même, je craignais que Julien, pour le moins, ne le lise pas, [...]. La nécessité qui me pousse m'incitait à le donner, [...] sans compter le désir que j'aurais que messeigneurs les Médicis commencent à se servir de moi même s'il devaient commencer à me faire rouler une pierre [...]. » (trad. Fournel-Zancarini dans *Prince* 2014, p. 399-401).

L'essentiel du livre est déjà bien mis en lumière : il y a le titre, il y a une liste des sujets, il y a le nom du possible dédicataire. L'on a aussi une requête adressée à Vettori sur la manière la meilleure de présenter cet ouvrage à Julien de Médicis, dans le but d'obtenir une charge administrative quelconque dans le nouveau régime politique à Florence. Le 24 décembre Vettori répond à Machiavel en se disant intéressé par cette « *opera di stati* » ; finalement, dans sa lettre du 18 janvier 1514, la dernière où le *Prince* est mentionné, Vettori écrivait : « *ho visto e capitoli dell'opera vostra, e mi piacciono oltre a modo ; ma se non ho il tutto, non voglo fare judicio resoluto* » (« j'ai vu les chapitres de votre œuvre, mais sans avoir reçu l'ensemble, je ne veux pas donner un avis définitif »).

Ho visto e capitoli. L'interprétation habituelle de cette phrase consistait à supposer que Machiavel avait effectivement envoyé l'œuvre à Vettori, ou du moins une partie du texte, dans un état presque achevé (Machiavel précisait en effet que « *tutta volta io l'ingrasso e ripulisco* », « mainte fois je l'engraisse et le toilette »). Dernièrement aussi bien Giorgio Inglese que Francesco Bausi ont justement suggéré que *e capitoli* signifie les *capita*, c'est-à-dire les titres (latins) des chapitres[11]. Donc Vettori aurait reçu seulement le plan de l'ouvrage : mais il se disait prudent pour ce qui est de donner les renseignements voulus, à savoir « se gli era ben darlo o non lo dare » à Julien de Médicis. Après ces indications tirées de la correspondance avec Vettori, il n'y a pas d'autre information au sujet du *Prince* sous le plume de Machiavel. Mais il faut rappeler ici que la tradition manuscrite unanime, ainsi que les *editiones principes*, n'ont aucune trace d'une dédicace à Julien, et que tous les mss. contiennent unanimement la dédicace à Laurent de Médicis le Jeune. Il est impossible et impensable que Machiavel ait pu dédier le *Prince* une deuxième fois à Laurent, si l'opuscule avait préalablement été présenté à Julien. Nous sommes donc amenés à conclure que le *Prince* ne fut jamais présenté à Julien.

---

11   Inglese, « Introduzione », dans *Principe* commentaire 2013, p. XXIII, et Bausi, *Il Principe dallo scrittoio alla stampa*, p. 15.

À cette époque-là, la santé de Julien était déjà très fragile : en 1515, à l'occasion de la bataille de Marignan (13-14 septembre), il ne put pas conduire les milices, et son neveu Laurent agit aussi bien comme commandant de l'armée florentine que de l'armée pontificale (et à la suite de la défaite, comme ambassadeur aussi bien de Florence que du Pape). La milice florentine – à laquelle Machiavel avait consacré beaucoup d'efforts pendant les années de son service dans la deuxième chancellerie – avait finalement été reconstituée le 19 mai 1514 : l'absence d'une mention de cette nouvelle milice florentine dans le chapitre XXVI du *Prince*, lorsque Machiavel écrit qu'il faut « provedersi d'arme proprie » (« de se pourvoir d'armes propres », § 20), montre suffisamment, selon Giorgio Inglese et Gennaro Sasso (et je suis d'accord avec eux, compte tenu de l'importance de ce sujet dans la pensée de Machiavel), que ce chapitre fut achevé avant mai 1514[12].

Dans une autre lettre de Machiavel à Vettori, du 31 janvier 1515, les projets politiques semblent se fonder sur Julien. Il s'agit d'une lettre très importante, où Machiavel, informé de la possible constitution d'une principauté pour Julien dans l'Italie du Nord, comprenant les villes de Parme, Plaisance, Modène et Reggio, et aussi de la tâche de gouverneur qui pourrait être confiée par Julien à Paolo Vettori, frère de Francesco, offre à ce dernier un résumé du chapitre VII du *Prince*. De plus, dans la conclusion de la lettre, Machiavel ajoute :

> *Io credo che questa cosa si potesse facilmente persuadere* [à savoir l'opportunité d'assurer un gouvernement unique aux quatre provinces de Parma, Piacenza, Modena et Reggio liées dans une même principauté, selon les suggestions tirées par l'exemple du Valentino dans le chap. VII du Prince], *perché è vera ; et quando e' toccasse a Pagolo vostro* [la responsabilité de gouverneur], *sarebbe questo un grado da farsi conoscere non solo al signore Magnifico, ma a tutta Italia ; et con utile et honore di sua Signoria* [à savoir de Julien de Médicis], *potrebbe dare riputazione a sé, a voi, et alla casa sua. Io ne parlai seco ; piacqueli, et penserà d'aiutarsene. Mi è parso scriverne a voi acciò sappiate i ragionamenti nostri et possiate, dove bisognasse, lastricare la via a questa cosa*[13].

> « Je crois que cet argument pourra être aisément présenté de façon convaincante, parce qu'il est vrai ; et si cette tâche était attribuée à votre frère Pagolo, il s'agirait d'une responsabilité propre à se faire apprécier non seulement de la part du Seigneur Magnifique, mais de toute Italie ; et en contribuant à l'utilité

---

12 Inglese, « Introduzione », dans *Principe* 1994, p. 5, et Gennaro Sasso, *Su Machiavelli. Ultimi scritti*, Rome, Carocci, 2015, p. 28.
13 Machiavelli, *Lettere*, p. 348-351, en part. p. 350.

et à l'honneur de sa Seigneurie, il pourrait donner une réputation à lui-même, à vous, à votre famille. J'en ai parlé avec lui ; il appréciait la chose, et il pense s'en prévaloir. J'ai cru bien de vous en écrire afin que vous connaissiez nos raisonnements et que vous puissiez, s'il le fallait, faciliter ce projet. »

Aiutarsene = s'en prévaloir : mais à quoi le pronom enclitique italien *-ne* se réfère-t-il ? Assurément, selon une syntaxe un peu brusque, on peut penser qu'il serait fait référence en général aux suggestions données par Machiavel à Paolo Vettori à l'occasion d'une rencontre. Mais en fait l'expression italienne semble avoir ici une valeur forte : « *Io ne parlai seco ; piacqueli, et penserà d'aiutarsene* ». Machiavel semble faire une référence explicite au *Prince*, au livre qu'il a écrit, que Francesco Vettori a bien reçu et lu, où il y a un exposé sur la principauté nouvelle et l'opportunité de donner un gouvernement unique à plusieurs provinces différentes. *Aiutarsene* semble ici signifier *se prévaloir de son livre, se prévaloir du* Prince (en présentant ou bien en rappelant le livre à Julien de Médicis)[14].

Le texte du *Prince*, achevé au plus tard pendant le printemps 1514 (à une époque où Louis XII était sur le trône, était donc « le roi de France *présent* »), reste dans le tiroir de Machiavel. Les réticences de Vettori manifestent le souci de ne pas trop s'impliquer avec Machiavel, une personne compromise avec le régime de Soderini. De son côté, en revanche, Machiavel ne cesse pas de nourrir l'espoir d'être recruté par les Médicis, même si le projet initial d'approcher Julien est progressivement remplacé par la possibilité de s'adresser à Laurent le Jeune. À partir du mois d'août 1513, Julien s'est transféré auprès de la cour pontificale, en laissant le gouvernement *de facto* de Florence à son neveu. Mais Julien eut le souci de rédiger une *Instructione* à l'intention de Laurent, dans laquelle il recommandait « *tucto quello che secondo me sia utile e necessario a quel governo* » (« tout ce qui à mon avis est utile et nécessaire à ce gouvernement »), et notamment un comportement discret à l'égard des organes institutionnels florentins[15]. Le souci que le comportement de Laurent donnait à ses oncles, le pape et Julien, ne semble pas tout à fait

---

14 Cette interprétation perspicace fut formulée pour la première fois par Emanuele Cutinelli Rendina dans un compte-rendu de l'édition Inglese 1994 paru dans la revue *Studi e problemi di critica testuale*, 1995/2, p. 192-206, en part. p. 204-205. En tout cas la lettre du 31 janvier 1515 démontre qu'à cette époque-là, une dédicace à Julien était encore d'actualité.

15 T. Gar, « Documenti riguardanti Giuliano de' Medici e il pontefice Leone X », *Archivio storico italiano, Appendice*, 1842-1844, t. 1, p. 291-324, en part. p. 299.

injustifié : il y a une note manuscrite de Machiavel, apparemment un post-scriptum à une lettre (peut-être à Francesco Vettori), où il prodigue les louanges sur le comportement de Laurent.

> *Io non voglio lasciare indreto di darvi notizia del modo di procedere del magnifico Lorenzo, che è suto infino ad qui di qualità che gli ha ripieno di buona speranza tucta questa città ; et pare che ciascuno cominci ad riconoscere in lui la felice memoria del suo avolo. [...].*
>
> *Fassi in summa et amare et reverire, più tosto che temere ; il che quanto è più difficile ad observare, tanto è più laudabile in lui. L'ordine della sua casa è così ordinato che, anchora vi si veggha assai magnificenza et liberalità, nondimeno non si parte da la vita civile ; [...].*
>
> *Et benché io sappia che da molti intenderete questo medesimo, mi è parso di scrivervelo [...], et possiate, quando ne habbiate occasione, farne fede per mia parte alla santità di Nostro Signore*[16].

« Je ne veux omettre de vous donner des nouvelles concernant la façon d'agir de Laurent le magnifique, qui a été jusqu'ici propre à remplir de bon espoir toute cette ville ; et il semble que tout le monde commence à reconnaître en lui l'heureuse image de son aïeul. [...]

Il se fait en somme aimer et respecter, plutôt que craindre ; un comportement qui est autant plus louable chez lui qu'il est plus difficile à conserver. Le ménage de sa maison est si bien ordonné que, quoiqu'on y voie beaucoup de magnificence et de libéralité, néanmoins il ne s'éloigne pas de la vie convenable ; [...].

Et bien que je sache que vous entendrez le même propos par plusieurs personnes, j'ai cru opportun de vous l'écrire [...], et puissiez-vous, lorsque vous en aurez l'occasion, en témoigner de ma part à la sainteté de Notre Seigneur. »

Le style particulièrement soutenu par rapport à la correspondance habituelle entre Machiavel et Vettori semble conçu dans le but (en tout cas explicite) de montrer la lettre au pape ou bien au cardinal Jules de Médicis. À mon avis, il est possible qu'il s'agisse d'une opération convenue : quelqu'un a exprimé des reproches auprès du pape à propos du comportement de Laurent ; et ce même Laurent, ou Vettori, a demandé à Machiavel de rédiger une sorte d'*excusatio non petita* afin de la montrer au pape. La date de cette note épistolaire est incertaine : selon Edoardo Alvisi, le fragment peut être daté d'août 1513, juste après le départ de Julien et la mainmise de Laurent le Jeune sur Florence ; selon le biographe Roberto Ridolfi (suivi par Giorgio Inglese) le fragment peut

---

16 Machiavelli, *Lettere*, p. 316-317. Cfr. aussi N. Machiavelli, *Lettere a Francesco Vettori e a Francesco Guicciardini*, édition par G. Inglese, Milan, BUR, 1989, p. 231-232.

remonter à février-mars 1514, à l'occasion d'un court séjour à Florence de Machiavel, revenu en ville après son assignation à résidence à San Casciano ; selon Corrado Vivanti il peut être au plus tard daté de 1515[17]. Il faut souligner en tout cas que, quelle que soit la date de la note, ce texte n'est pas nécessairement en rapport direct avec la dédicace du *Prince* et sa datation. Il témoigne seulement des multiples tentatives de Machiavel pour approcher les Médicis (soit Julien, soit Laurent). En revanche il est évident que la personnalité la plus aisément approchable pour Machiavel était celle de l'homme de lettres Julien, poète, amateur de la musique et des arts. Le même Julien auquel Machiavel adressa des sonnets pendant sa détention au début de l'année 1513. Et comme le montre la lettre du 31 janvier 1515, jusqu'à cette date Niccolò envisagea la possibilité d'entrer au service de Julien[18]. Mais la maladie de Julien fit que, de mois en mois, il était toujours moins utile de lui dédier le *Prince*, et symétriquement rendit cruciale la relation potentielle avec Laurent le Jeune.

En tout cas, les attentes de Machiavel furent bientôt déçues : le 14 février 1515 le secrétaire apostolique Pietro Ardinghelli écrivait à Julien de Médicis aussi bien pour lui dire, de la part du cardinal Jules de Médicis, de « *non s'impacciare con Niccolò* », que pour lui exprimer la gêne du même cardinal devant le comportement trop autocratique et 'princier' de Laurent le Jeune. La lettre fut évidemment conçue dans le but de faire arriver le message à Machiavel lui-même[19].

Donc le changement de la dédicace (ou probablement du seul nom du dédicataire, sans que le texte de la dédicace fût effectivement modifié) eut lieu au début de l'année 1515 ; ou bien c'est la rédaction d'une dédicace qui eut lieu à cette date, si la dédicace à Julien n'avait en fait jamais été rédigée, ce qui est possible, bien que l'usage du temps présent dans la lettre à Vettori du 10 décembre 1513 – « *però io lo indirizzo alla Magnificenza di Giuliano* », « *c'est pourquoi je l'adresse à la magnificence de Julien* » – semble indiquer qu'une première dédicace à Julien devait déjà

---

17   N. Machiavelli, *Lettere familiari*, édition par Edoardo Alvisi, Florence, Sansoni, 1883 ; R. Ridolfi, *Vita di Niccolò Machiavelli*, Florence, Sansoni, 1978⁷, p. 525 ; Machiavelli, *Lettere a Francesco Vettori e a Francesco Guicciardini*, p. 232 ; Machiavelli, *Lettere*, p. 1584.
18   Cutinelli-Rendina, compte-rendu 1995, p. 200-203.
19   Tommasini, *La vita e gli scritti di Niccolò Machiavelli*, vol. II, p. 1064-1065. La lettre est citée par Martelli, « Introduzione », dans *Principe* 2006, p. 32, et analysée par Inglese, « Introduzione », dans *Principe* commentaire 2013, p. XXIX.

avoir été conçue. Le *Prince* ne fut jamais véritablement offert à Julien, qui mourut le 17 mars 1516. La dédicace s'adresse à Laurent en tant que « Magnifico Laurentio Medici » : l'usage de l'épithète « *magnifico* », sans aucune mention du titre ducal (Laurent devint duc d'Urbino le 18 août 1516), et sans l'épithète « *vostra signoria* » ou « *vostra signoria illustrissima* » à laquelle Laurent avait droit après sa nomination en tant que capitaine de la milice florentine (le 23 mai 1515 ; la milice avait été reconstituée un an avant) semble montrer que la dédicace à Laurent fut conçue pendant les premiers mois de 1515, à mon avis plus probablement entre février 1515, lorsque Machiavel dut comprendre l'inutilité de dédier son traité à Julien, et avril-mai 1515, lorsque Machiavel, en tant qu'expert reconnu en matière d'organisation militaire, se vit demander un avis concernant la nouvelle milice florentine par quelqu'un qu'il appelle « *Vostra signoria* », Paolo Vettori ou probablement Laurent le Jeune lui-même (il s'agit des *Ghiribizzi d'ordinanza*).

Comme on l'a vu en considérant le passage du chapitre XVI concernant le roi de France, trois manuscrits (M, D, G) gardent l'adjectif *presente*, et témoignent donc d'un état du texte antérieur à la mort de Louis XII (c'est-à-dire le texte du *Prince* tel qu'il fut rédigé et achevé en 1514, peut-être avant le mois de mai 1514 en raison de ce que nous avons dit de la reconstitution de la milice florentine et du chap. XXVI). Mais ces manuscrits portent aussi, bien sûr, la dédicace à Laurent le Jeune. Si cette dédicace a été ajoutée ou bien modifiée au début de 1515 (ce qui est à mon avis très probable compte tenu de la progressive montée en puissance de Laurent et de la véritable campagne de propagande et de célébration de celui-ci comme sauveur de la Toscane et de l'Italie pendant le printemps 1515[20]), nous devons alors penser que rien d'autre n'a été modifié dans le texte. En revanche, un copiste sagace et habile comme Biagio Buonaccorsi, qui était également un historien à son propre compte, en rédigeant la ou les minute(s) d'atelier qui sont à la base de tout le reste de la tradition (à savoir α, β), pourrait être intervenu en supprimant l'adjectif *presente* afin d'éviter une possible confusion entre Louis XII et François Iᵉʳ. Le fait que le *presente* suivant, concernant le roi d'Espagne, n'a pas été effacé dans le même passage, montre que la minute d'atelier sur laquelle Biagio est intervenu a été faite avant le mois de janvier 1516. Le maintien de l'adjectif *presente* dans les mss. D et G ne permet pas de supposer qu'ils

---

20   Bausi, *Il Principe dallo scrittoio alla stampa*, p. 34-42.

soient le fruit d'une révision tardive, dans les années 1520, car *presente* à propos de Louis XII n'aurait pas échappé à une telle révision.

D'autres renseignements nous indiquent l'existence d'une première circulation manuscrite de l'opuscule pendant les années 1515-1516. Le ms. L (Laurentianus XLIV.32) est une copie luxueuse rédigée par Buonaccorsi pour Pandolfo Bellacci (fils de Marco) avant le 12 février 1517 (*cf. supra* n. 8) ; le père de Pandolfo (Marco fils de Tinoro Bellacci) fut l'acheteur aussi bien d'une copie de l'*Art de la guerre* (en septembre 1520) que d'un autre ms. buonaccorsiano du *Prince*, le ms. R (Riccardianus 2603). La famille Bellacci, à laquelle aussi bien Biagio que Machiavel étaient liés, était engagée dans la vie politique et diplomatique de Florence, avec des responsabilités croissantes de la fin du XVᵉ à la première moitié du XVIᵉ siècle (jusqu'à arriver au *priorato*). Également liée à Biagio et à Niccolò était la famille Quaratesi (Francesco de Bernardo Quaratesi fut le parrain, avec Machiavel, d'un fils de Buonaccorsi), dont un autre membre fut l'acheteur du troisième ms. buonaccorsiano, P (Parisinus Ital 709). Dans le *Discorso del modo di assicurare lo stato alla casa de' Medici* (premiers mois de 1516), Francesco Guicciardini manifeste sa connaissance du *Prince* ; Ludovico Alamanni décalque des morceaux du *Prince* dans deux discours adressés à Alberto Pio de Carpi (25 novembre et 27 décembre 1516) ; et finalement Niccolò Guicciardini (fils de Luigi, le frère de Francesco, et alors âgé de seize ans) dans une lettre à son père du 29 juillet 1517 fait une référence explicite au chapitre VIII du *Prince* : « *come dice el Machiavello in quella sua opera de Principatibus che fece Juriotto da Fermo* » (« ce qu'a fait Juriotto da Fermo, selon ce que dit Machiavel dans son œuvre *de principatibus* ») ; et le même Niccolò Guicciardini montre qu'il connaît bien le *Prince* dans son *Discorso del modo del procedere della famiglia de' Medici in Firenze* de 1518-1519.

Par la suite, le silence semble tomber sur le *Prince* jusqu'au 15 septembre 1520, lorsque dans son *Diario* Biagio Buonaccorsi écrit : « *Giovanni Gaddi ha havuto da me el libro* De principatu *composto dal Machiavello [...]*[21] » (« Giovanni Gaddi a reçu de ma part le livre *de principatu* rédigé par Machiavel »). Bien que cette copie soit perdue, l'activité de Biagio, en mettant le *Prince* dans les mains de Giovanni Gaddi, arriva jusqu'au seuil de l'édition imprimée. Sans aucun doute, au début des années 1520

---

21 Cfr. Denis Fachard, *Biagio Buonaccorsi. Sa vie, son temps, son œuvre*, Bologne Boni, 1976, p. 215 ; et Inglese, « Introduzione », dans *Principe* 1994, p. 17.

(on est désormais à la fin du pontificat de Léon X) la possible diffusion du *Prince* s'articule dans un contexte entièrement différent par rapport aux conditions de la genèse de l'opuscule. La puissante famille Gaddi est très liée aux Médicis. Biagio œuvre à plusieurs reprises en tant que copiste pour le compte de Giovanni Gaddi, en lui donnant aussi un manuscrit de l'*Art de la guerre*. De plus, Giovanni Gaddi, tout comme Julien de Médicis, était membre de la Compagnia della Cazzuola, une troupe qui mit en scène aussi bien la *Mandragore* que la *Clizia*. Dans cette deuxième vague de diffusion de l'œuvre, nous constatons aussi la rencontre entre Machiavel et un autre calligraphe florentin, qui fut le copiste d'un ms. de l'*Art de la guerre* (le ms. « idiografo » avec des notes, des didascalies et des dessins de Machiavel, en préparation de l'édition imprimée) et du ms. A du *Prince* (Bibl Inguimbertine de Carpentras, 303).

À la fin du pontificat de Léon X (Jean de Médicis) en 1521, ou au début du pontificat de Clément VII (Jules de Médicis) en 1523, Genesio de la Barrera, un copiste espagnol actif à Rome dans un atelier libraire spécialisé dans la production d'exemplaires de luxe, copia le ms. B (Barberinianus Latinus 5093 de la Bibliothèque Vaticane), le seul ms. du *Prince* attribuable à une production destinée aux collectionneurs d'élite. À propos de cette phase de la circulation manuscrite du *Prince*, dans les années 1520, il semble fort improbable que Machiavel ait eu là une quelconque influence (ou qu'il s'y soit intéressé) : en effet il n'y a aucune trace de tentatives de mise à jour (pour une œuvre adressée à un dédicataire désormais défunt) et, à mon avis, il est même probable que le 'nouveau' Machiavel (prêt à s'engager dans les *Istorie fiorentine*) ait mis de côté une œuvre brûlante comme le *Prince*. En revanche dans les *Discours* – que Machiavel avait achevés en 1519 mais probablement retouchés dans les années suivantes – l'auteur fait référence cinq fois au *Prince*, donc comme à une œuvre disponible et en circulation manuscrite.

C'est dans ce contexte que paraît, le 3 avril 1521, un livre d'Agostino Nifo, le *Libellus de his quae ab optimis principibus agenda sunt*, conçu dans le but de s'opposer au *Prince* (plusieurs chapitres du *Libellus* sont, déjà dans l'intitulé, la réponse antagoniste à autant de chapitres du *Prince*). Nifo, philosophe très proche des Médicis, jusqu'à être autorisé à ajouter le nom « de Medicis » à son propre nom de famille, déjà chargé en 1520 par Léon X d'un *Libellus contra Pomponacium*, peut aussi bien avoir reçu un ms. du *Prince* que la tâche d'écrire un *libellus* polémique de la part d'un proche de la famille des Médicis, inquiète pour la possible déduction, à partir de la diffusion de l'opuscule machiavélien, d'une aspiration clairement autocratique. Peu après, en tout cas, le même Nifo s'engagea dans une opération bien plus complexe : l'écriture d'un véritable traité politique en cinq livres, le *De regnandi peritia*, qui n'est pas seulement un plagiat du *Prince*, mais qui, à travers la traduction en latin et l'amplification théorique du matériel, aspire à remplacer le *Prince*, en l'expurgeant et en le reconduisant dans le cadre orthodoxe de la théorie politique. Du point de vue de la critique textuelle, en revanche, je serais plutôt prudent dans l'utilisation du *De regnandi peritia* : bien que Martelli et Bausi aient supposé que Nifo eut à sa disposition un ms. supérieur aussi bien à *y* qu'à *z*, il est à mon avis trop difficile de distinguer dans le texte latin du *De regnandi peritia* ce qui dérive de la source machiavélienne et ce qui est le fruit de la normalisation de Nifo[22].

DEUX « CONJECTURES DIAGNOSTIQUES »

α

> *Principe* II 6 : E nella antiquità e continuazione del dominio sono spente le memorie e le cagioni delle innovazioni : perché sempre una mutazione lascia lo adentellato per la edificazione dell'altra.

Ce paragraphe, clôturant le chapitre II, pose des problèmes aussi bien sur le plan du contenu idéologique (de la cohérence interne du chapitre) que sur celui de la langue. D'ailleurs, dans son ensemble le chapitre II est tout aussi bref que problématique. Il suffit de penser à son début : « Je laisserai de côté la discussion sur les républiques, parce que, une autre fois, j'en ai discuté longuement », une phrase qui ne peut pas se référer aux *Discours*, du moins dans leur état actuel (en raison de tout ce que nous avons dit jusqu'ici sur la date de la première diffusion du *Prince*), et qui est vraiment étrange au tout début d'une œuvre qui, à travers sa dédicace et sa présentation à un personnage en vue comme

---

22 Inglese, « Introduzione », dans *Principe* 1994, p. 21.

Laurent le Jeune, aspire à une dimension publique et à une sorte de rédemption pour son auteur. À quelle 'longue discussion' sur les républiques, qui aurait été publique ou du moins connue des Médicis et de leur entourage, Machiavel peut-il faire allusion en 1514-1515 ? Est-il possible que, dès cette époque, il ait commencé ses 'lectures' dans les Orti Oricellari, et que ces débats aient déjà eu une dimension publique suffisante pour qu'ils soient mentionnés dans le *Prince* ? Je ne saurais donner une réponse définitive.

Revenons pour l'instant à la fin du chapitre et à son sens : la thèse soutenue par Machiavel est que le gouvernement des principautés héréditaires est plus simple que celui des principats nouveaux : « Je dis donc que, dans les états héréditaires, accoutumés à des princes du même sang, il y a de bien moindres difficultés à se maintenir que dans les nouveaux [...] ». L'exemple historique allégué concerne le duché de Ferrare, « qui n'a soutenu les assauts des Vénitiens en [14]84 et ceux du pape Jules en [15]10 que pour la seule raison que sa seigneurie était antique ». Il se réfère à la fidélité des sujets envers la famille d'Este, laquelle a permis à cette famille de garder le pouvoir même dans les situations les plus difficiles, comme pendant les assauts de la puissante République de Venise ou de l'impétueux pape Jules II. La justification de cette stabilité réside selon Machiavel dans le fait que « le prince naturel a de moindres raisons et de moindres nécessités d'offenser, d'où il faut bien qu'il soit plus aimé ». Donc, sauf bêtises ou « vices extraordinaires », il est raisonnable qu'il puisse garder son principat grâce à la fidélité des siens. Une fois parvenu à la conclusion d'un chapitre entièrement consacré à la longue durée dynastique et au privilège que cette longue durée comporte, Machiavel semble toutefois changer soudainement de sujet : « Et dans l'antiquité et la continuité de sa seigneurie s'éteignent la mémoire et les raisons des innovations : toujours, en effet, une mutation laisse une pierre d'attente pour l'édification de la suivante ».

Pourquoi Machiavel, qui a jusqu'ici traité seulement de la « continuité » d'une seigneurie (et de la stabilité qu'elle comporte), se tourne-t-il soudainement vers les « innovations » et les effets de la « mutation[23] » ?

---

23   Cette incohérence fut soulignée par Emanuele Cutinelli Rendina, *per litteras*, à Mario Martelli. Ensuite M. Cutinelli Rendina a eu l'amabilité de me communiquer ses observations pendant le printemps 2008, à l'occasion de sa révision de mon commentaire du *Prince* dans le cadre de la Biblioteca universale Rizzoli.

Il est bien vrai que dans le paragraphe 3 du chapitre II, en louant la stabilité des principats héréditaires, Machiavel a écrit qu'un prince capable d'une « industrie ordinaire » se maintiendra dans son état, et « quand bien même il en serait privé, à la moindre traverse que connaîtra l'occupant, il l'acquiert de nouveau ». Un passage qui semble anticiper le diagnostic concernant l'occupation française du duché de Milan en 1500, discutée par Machiavel au tout début du chapitre suivant, le III, quand il écrit : « Voilà les raisons pour lesquelles Louis XII roi de France occupa aussitôt Milan et aussitôt la perdit, et, la première fois, les forces propres de Ludovic [le More] suffirent à la lui enlever […] ». À savoir, les forces (faibles par rapport à la puissance de l'armée française) du duc Ludovic suffirent, du moins dans un premier temps, à lui assurer la récupération du duché occupé par les Français, parce que ses sujets étaient habitués à la domination des Sforza. Mais justement ce diagnostic est contenu dans le chapitre III, c'est-à-dire le chapitre consacré aux principats mixtes (une nouveauté absolue de la théorie politique machiavélienne), où Machiavel commence son analyse de la manière suivante : « Mais c'est dans le principat nouveau que se tiennent les difficultés », donc en soulignant, grâce à une césure, la différence profonde entre les principats héréditaires et les nouveaux. Une anticipation de ce diagnostic dans le chapitre II, consacré aux principats héréditaires, n'a pas de raison évidente. Donc le paragraphe final du chapitre II, en guise de conclusion pour un chapitre jusque là consacré exclusivement au principat héréditaire et à sa continuité, paraît être hors de propos.

Outre cette difficulté concernant la cohérence interne du sujet traité, une autre difficulté, de nature linguistique, a été détectée par Mario Martelli dans le dernier paragraphe du chap. II : il s'agit du mot *adentellato*. En fait, bien qu'après le *Prince*, et fort probablement justement à cause de la fortune du *Prince* et de la prose machiavélienne, le mot *adentellato* ait commencé à être utilisé dans le sens de « pierre d'attente[24] », et qu'évidemment cette signification du mot n'ait gêné ni les copistes ni les premiers lecteurs du *Prince*, il est tout aussi vrai qu'il n'y a pas d'attestation de ce mot en tant que substantif jusqu'à ce passage du *Prince*,

---

24   « *risalto o … serie di risalti che si lasciano in alcun lato del muramento, per potervi poi continuare altro muro* » (« saillie ou série des saillies qui sont laissées d'un côté du mur, afin de poursuivre l'édification »), ainsi l'explication de Lisio citée par Inglese, *Principe* commentaire 2013, p. 10, n. 27.

et que jusque là le mot était utilisé seulement comme adjectif, dans le sens d'édification commencée mais inachevée. De cet usage comme adjectif, Martelli a proposé trois exemples : le mot latin *denticulatum* dans une lettre de Francesco Cattani de Diacceto au cardinal Domenico Grimani (concernant l'édifice philosophique que Ficin, en mourant, avait laissé *denticulatum*, donc inachevé mais prêt à être poursuivi) ; et en italien dans le *Trattato della coltivazione degli orti e giardini* de Gianvittorio Soderini (juste après la mort de Machiavel), et dans le *Morgante* de Luigi Pulci (XXVI, 106, lorsque que Renaud dit « *Or lasciam le parole addentellate*[25] », « maintenant nous laissons notre discours inachevé »).

Sur cette base, dans son édition de 2006 Martelli avait formulé une hypothèse :

> *E nella antiquità e continuazione del dominio sono spente le memorie e le cagioni delle innovazioni : perché sempre una mutazione lo* [antéposé au verbe en tant que pronom complément, référé à dominio, et non pas comme article] *lascia lo addentellato* [donc adjectif référé au pronom « lo »] *per la edificazione dell'altro* [masculin au lieu du féminin, référé encore à « dominio »].

> « Et dans l'antiquité et la continuité de sa seigneurie, s'éteignent la mémoire et les raisons des innovations : toujours en effet, une mutation la laisse [laisse la seigneurie] inachevée [*adentellato*, en tant qu'adjectif dans le sens d'"inachevé et prêt pour la continuation de l'édification"] et prête pour l'édification de l'autre [au masculin en italien, à savoir de l'autre *dominio*, de la seigneurie suivante]. »

Cette hypothèse en vérité avait été reléguée par Martelli dans son commentaire, sans l'accueillir dans le texte avec une motivation plutôt bizarre : « *Quello che l'editore deve perseguire non è dare un testo astrattamente corretto, ma un testo il più vicino possibile a quello uscito dalla penna dell'autore ; e l'autore, nel caso di M., si riconosce piuttosto nella lezione non corretta, che in quella corretta*[26] » (« Ce que l'éditeur critique doit essayer d'obtenir n'est pas un texte abstraitement correct, mais un texte le plus proche possible à celui sorti de la plume de l'auteur ; et l'auteur, dans le cas de M., on peut le reconnaître plutôt dans la

---

25   Martelli, « Nota al testo », dans *Principe* 2006, p. 389-390, qui admet en tout cas que « *E' verosimile che la voce* addentellato, *abbreviazione di 'edificio addentellato', fosse usata come sostantivo nella pratica dei lavoratori edili* » (« On peut en tout cas soupçonner que le mot *addentellato*, comme abréviation pour *edificio addentellato*, à savoir bâtiment inachevé, était utilisé dans le jargon des maçons »).

26   Martelli, « Nota al testo », dans *Principe* 2006, p. 390.

leçon incorrecte que dans celle correcte »). Ce qui me poussa en 2006 à refuser de façon nette le raisonnement de Martelli fut notamment son point de départ, c'est-à-dire l'idée que Machiavel est toujours désordonné dans son activité rédactionnelle, qu'il est toujours incohérent, que c'est donc la leçon incorrecte qui aurait le plus de probabilité d'être authentique. Il est évident qu'un tel argument nous conduit à accepter toutes les incohérences dans le texte en tant que symptômes d'authenticité : une véritable capitulation face aux difficultés de la critique textuelle.

En revanche, d'un point de vue linguistique, l'observation de Martelli est fondée, même si les lecteurs anciens et modernes ainsi que les copistes n'ont pas été gênés par l'usage de *adentellato* en tant que substantif (un usage entre temps devenu courant et accepté), ni par l'idée d'édifier une mutation. Il faut en effet rappeler qu'il est typique de la langue de Machiavel, à propos de notions importantes dans son discours, de faire recours à la substantivation des adjectifs (le cas le plus célèbre concerne le « venire allo straordinario », *Discours* I XVIII, ce qui revient à « venir aux moyens extraordinaires »)[27]. Et il est évident que nous sommes ici, avec ce paragraphe conclusif du chap. II, arrivés à un point névralgique dans l'élaboration théorique du *Prince*. Mais il est possible de garder aussi bien le texte transmis que l'usage adjectival de *adentellato*.

Nous sommes ici face à une catégorie particulière de conjecture, une phase très délicate dans l'activité de la critique textuelle, celle qui comporte la conjecture que Paul Maas a dénommée 'diagnostique'. Le texte proposé par la tradition avec *adentellato* en tant que substantif, comme on l'a dit, n'a gêné ni les lecteurs ni les copistes ; Martelli a observé en revanche que l'idée d'« édifier la suivante [mutation] », est bizarre d'un point de vue logique (est-il possible d'« édifier » une mutation ?). Nous pouvons repousser le doute de Martelli comme trop positiviste,

---

27   Pendant le mois d'août 2017 j'ai présenté mes hypothèses concernant *Principe* II 6 à M. Giorgio Inglese et à M. Jean-Louis Fournel, qui ne sont pas d'accord avec moi par rapport à l'exigence ou même à l'opportunité d'intervenir sur le texte transmis. Je les remercie de l'aimable disponibilité avec laquelle ils ont discuté ma suggestion : j'ai essayé de prendre en compte leurs très utiles remarques. En effet cet article s'ouvre avec une récapitulation analytique des premières phases de la transmission textuelle du *Prince*, dans le but de présenter les deux conjectures diagnostiques proposées avec le cadre complet des données disponibles.

mais je crois aujourd'hui qu'il vaut la peine de relire le texte de Paul Maas. Dans le *Rückblick* (le regard rétrospectif), ajouté en 1956 par Maas à sa *Textkritik* de 1927, il consacre un paragraphe aux *Conjectures diagnostiques*, en observant :

> On ne fait en général la distinction qu'entre les conjectures « justes » et « fausses », et on a tendance à rejeter totalement celles qui sont « non justes » [...]. Cela étant posé, la conjecture, « juste » ou « fausse », est une partie essentielle de l'*examinatio*, c'est-à-dire de l'examen permettant de déterminer si le texte transmis est le meilleur qu'on puisse imaginer ou non. Que les conjectures faites à cet effet (de façon « diagnostique », donc) soient pleinement convaincantes, ou qu'elles ne représentent qu'un « moindre mal » par rapport à la tradition, ou bien encore qu'elles soient totalement inopérantes –, cela n'a, dans l'évaluation de la conjecture comme moyen d'investigation, qu'une importance marginale. Il appartient à l'éditeur et à sa sensibilité de décider lesquelles de ces conjectures méritent d'être mentionnées dans l'apparat critique. Ce dernier doit, cependant, avant de rejeter sans justification une conjecture, se demander s'il serait capable – dans le cas où cette conjecture serait une variante transmise par la tradition – de la reconnaître en tant que corrompue[28].

Si nous acceptons de prendre en considération le doute de Martelli, dont la connaissance de la langue florentine du début du XVIe siècle était incomparable tout comme l'était sa sensibilité pour la langue de Machiavel, nous pouvons essayer de formuler une conjecture 'économique' pour établir le texte de la fin du chapitre II du *Prince*.

Pendant l'été 2017, à l'occasion de la rédaction d'un chapitre de manuel consacré à la langue et le style de Machiavel, j'ai eu occasion de relire plus attentivement l'ancien (et toujours solide) livre de Fredi Chiappelli, consacré à la langue de Machiavel (1952)[29]. Or, Chiappelli observait que – hormis très peu d'exceptions – Machiavel a une double façon d'utiliser le pronom « lo », soit un usage enclitique dans des propositions affirmatives, soit un usage tonique dans des propositions négatives (comme dans l'exemple célèbre de la lettre à Vettori du 10 décembre 1513 : « *se gli era ben darlo o non lo dare* », « s'il était bon de le donner ou de ne pas le donner »). Bref, Machiavel n'écrit presque jamais *non darlo*, et cette forme – aujourd'hui courante – était même presque perçue comme une

---

28 Paul Maas, *Textkritik*, Leipzig, Teubner, 1960[4], p. 34, la traduction française ici proposée a été établie par Philippe Vuarend et Raffaele Ruggiero.
29 Fredi Chiappelli, *Studi sul linguaggio del Machavelli*, Florence, Le Monnier, 1952.

faute de langue par les Toscans. Maintenant je crois devoir reconnaître à Martelli sa finesse dans la perception d'une fausse note avec *adentellato* en tant que substantif, et je propose la conjecture suivante :

> E nella antiquità e continuazione del dominio sono spente le memorie e le cagioni delle innovazioni : perché sempre una mutazione *làscialo* adentellato per la edificazione dell'altr*o*.

Le pronom enclitique *-lo* se réfère bien sûr à *dominio*, à l'instar du pronom masculin *altro*, qui avait été changé en féminin à la suite de la mauvaise compréhension de la *scriptio continua* « *lascialo* ». Donc le texte serait :

> Et dans l'antiquité et la continuité de sa seigneurie, s'éteignent la mémoire et les raisons des innovations : toujours en effet, une mutation la laisse [*lascialo* = laisse *il dominio*, la seigneurie] inachevée et prête pour l'édification de l'autre [masculin en italien, toujours référé à *dominio*, d'une seigneurie suivante].

Dans l'œuvre de Machiavel il y a une seule occurrence de *lascialo*, mais à l'impératif, dans la *Clizia* (acte III, scène 3 : il s'agit d'une réplique de Sostrata). Mais dans les *Legazioni* l'usage d'un verbe à un mode personnel suivi du pronom enclitique *–lo* est bien attesté. Un des mérites d'une telle conjecture serait de conserver substantiellement intact le texte transmis (elle suppose seulement la *scriptio continua* et le changement de la voyelle finale). Je n'ose pas penser que cette conjecture soit nécessairement une restauration de la leçon authentique, ni qu'elle restaure la cohérence du chapitre, ni non plus que cette cohérence ait besoin d'être nécessairement restaurée. Mais certainement l'usage de *adentellato* en tant qu'adjectif semble redonner d'une certaine façon une centralité au thème de la continuité, plutôt qu'à celui des innovations et des conséquences de la mutation.

β

Principe IX 23-24 : *Sogliono questi principi periclitare, quando sono per salire dallo ordine civile allo assoluto. Perché questi principi o comandano per loro medesimi o per mezzo delli magistrati : nello ultimo caso è più debole e più pericoloso lo stato loro [...].*

Sogliono questi principati] *y* ; *Sogliono questi principi*] D ; *Sogliono questi principali*] G, *principati*] G² ; *Principes*] Nifo.

Le chapitre IX est consacré à l'analyse du principat civil, à savoir « quand un citoyen privé [...], avec la faveur des autres citoyens, devient prince dans sa patrie ». Il est possible d'accéder à cette principauté « soit avec la faveur du peuple, soit avec celle des grands », mais « celui qui atteint le principat avec l'aide des grands se maintient avec plus de difficultés que celui qui le devient avec l'aide du peuple » (IX 1-4). Dans ce chapitre (le seul avec le titre au singulier : *de principatu civili*), l'analyse de Machiavel s'abstient exceptionnellement de recourir au moindre exemple historique ; à la fin il conclut « qu'il est nécessaire à un prince d'avoir le peuple pour ami ; autrement, il n'a pas de remède dans l'adversité » (IX 18). Grâce à l'amitié du peuple Nabis de Sparte fut capable de soutenir « un siège contre toute la Grèce et une armée romaine » : cet exemple démontre l'ambigüité du proverbe « Qui fonde sur le peuple fonde sur la boue », parce que « si c'est un prince qui se fonde » sur le peuple, un prince capable de commander et « qui ne s'effraie pas dans l'adversité [...], il ne sera jamais trompé par celui-ci » (IV 20-22).

En arrivant à la conclusion, Machiavel souligne que :

> D'ordinaire, ces princes se mettent en péril quand ils sont sur le point de s'élever de l'ordre civil à l'ordre absolu. En effet, ces princes commandent soit par eux-mêmes, soit par l'entremise des magistratures : dans ce dernier cas, leur état est plus faible et court plus de dangers [...].

Dans son édition avec commentaire de 1994, Giorgio Inglese accueillit dans le texte du § 23 la leçon transmise par la branche *y* : « *Sogliono questi* principati *periclitare..., etc.* ». Et l'éditeur critique annotait, de façon dubitative : « questi : *intenderei 'i nuovi', ma il luogo è di interpretazione difficile e controversa [...]*. Principati : *notevole la variante* principi *del ms. Monacense [D], confermata dal Nifo* ». Donc l'hypothèse qu'ici l'auteur ne voulait pas se référer seulement aux principats civils, mais à tous les principats nouveaux, était suggérée par Inglese à propos de la leçon *principati*. En revanche, dans son édition de 2013, le même savant a accueilli définitivement dans son texte la variante du ms. D : « Sogliono questi *principi* periclitare..., etc. », en ajoutant dans le commentaire : « *questi principi* : 'i principi civili', quanti sono diventati principi col favore dei concittadini, in un quadro di legalità. L'interpertazione dei §§ 23-27 è molto controversa, anche in ragione di una probabile corruttela nella prima frase [...] ». En accueillant dans le texte la leçon de D, à partir de l'édition 2013, Inglese – même en soulignant la difficulté herméneutique de ce passage – entend *questi principi* du § 23 en tant que « princes civils[30] ».

En fait, l'interprétation de *questi principi* du § 23 en tant que « princes nouveaux » n'est pas recevable, du moment que l'auteur de façon explicite se réfère aux princes qui sont en train « de s'élever de l'ordre civil à l'ordre absolu ». Il est donc question seulement des princes « civils » ; mais l'objection soulevée par les chercheurs qui ont souligné la difficulté de ce passage a le mérite de rendre évidente une aporie, à savoir que Machiavel, avec *questi principi* (ces princes), un syntagme répété aussi bien au § 23 qu'au § 24, semble indiquer qu'il y aurait des princes qui « commandent par eux-mêmes » et qui peuvent en tout cas être dénommés « civils », même s'ils ne gouvernent pas « par l'entremise des magistratures », à savoir dans le cadre de l'ordre juridique. Est-il encore possible de continuer à qualifier « ces princes » de « civils » ?

À mon avis, il serait utile de s'interroger sur les causes qui ont mené le copiste de *y* à introduire la variante *principati* au lieu de *principi* : en fait cette leçon semble une banalisation produite à la fois par le désir d'éviter la répétition « questi principi ... questi principi », et par l'exigence de créer une distinction entre les princes du § 23 et ceux du § 24. Nous pouvons donc suggérer que « *Sogliono questi principi periclitare quando sono per salire dallo ordine civile allo absoluto. Perché questi principi o comandano...* » était le texte de l'archétype, un archétype – on l'a vu – rédigé dans la forme d'un brouillon, sur la base d'un original déjà écrit hâtivement d'un seul jet. Le texte de l'archétype contenait peut-être déjà une faute, à savoir la répétition de l'adjectif démonstratif *questi*, une répétition due à un défaut dans la dictée intérieure (mnémonique) du copiste, par rapport à la leçon originelle suivante :

---

30   Sur la difficulté de ce passage cfr. G. Sasso, « Principato civile e tirannide » (1982-1983), dans Id., *Machiavelli e gli antichi e altri saggi*, Milan-Naples, Ricciardi, II, 1988, p. 361 ; G. Inglese, *Per Machiavelli. L'arte dello stato, la cognizione delle storie*, Rome, Carocci, 2006, p. 67-69 et n. 98 ; Paul Larivaille, « Il capitolo IX del Principe e la crisi del principato civile », dans *Cultura e scrittura di Machiavelli*, actes du colloque de Florence-Pise 1997, Rome, Salerno, p. 221-239 ; Fournel et Zancarini dans *Prince* 2014, p. 293-295 ; Romain Descendre, « Of Extravagant Writing : The Prince, Chapter IX », dans *The Radical Machiavelli. Politics, Philosophy and Language*, dirigé par Filippo Del Lucchese, Fabio Frosini, Vittorio Morfino, Leiden, Brill, 2015, p. 56-72 : 64-65.

Sogliono questi principi periclitare quando sono per salire dallo ordine civile allo absoluto. *Perché e principi* [à écrire : « Perche' principi », une graphie qui pourrait avoir facilité la faute dans la dictée intérieure] o comandano…

Lorsque le texte de l'archétype est arrivé aux mains du copiste de *y*, il s'est rendu compte (et peut-être en a-t-il été gêné) de la répétition « *questi principi [...] questi principi* », et du fait que, de cette façon, on rendait « civils » même les princes qui « commandent par eux-mêmes ». Il aura donc modifié le premier *principi* en *principati* : une faute de deuxième degré, provoquée par une tentative de correction d'un texte déjà corrompu. La même difficulté peut être à la base du comportement du copiste du ms. G, que la leçon *principali* soit une variante synonymique de *principi*, comme il a été suggéré par Inglese dans *Principe* 2013, ou qu'elle soit une corruption graphique de *principati*, comme l'a peut-être cru la main G[2], en corrigeant justement *princip-at-i*.

Par ailleurs, il faut souligner un autre aspect de ce passage final du chap. IX : Machiavel considère comme une donnée certaine et sans équivoque le fait que celui qui est arrivé à une principauté civile veut ensuite « s'élever à l'ordre absolu ». Ici l'auteur manifeste le même mouvement rhétorique qu'il utilise dans le chap. VII 22 (« *Spenti adunque questi capi* », « Ayant donc anéanti ces chefs »), en démontrant qu'il est simplement inconcevable de ne pas tuer des chefs conjurés, ou bien dans le chap. III 47 (« *Ha perduto dunque el re Luigi la Lombardia ... né è miraculo alcuno questo, ma molto ordinario e ragionevole* », « Le roi Louis a donc perdu la Lombardie ... et il n'y a là aucun miracle, mais rien que de très ordinaire et raisonnable »). Le passage d'une principauté civile « à l'ordre absolu » appartient donc à la même catégorie des conséquences inévitables et naturelles : une conséquence à ce point certaine que l'auteur s'interroge sur les difficultés d'un tel passage, et non pas sur la possibilité qu'un tel passage puisse n'être pas envisagé par un prince civil[31].

La prose du *Prince*, à la fois sèche et élégante, a été certainement une des raisons fondamentales du succès de l'opuscule de Machiavel : la cohérence de la pensée du Secrétaire florentin est nourrie par la concision de son style. C'est justement le respect pour ce chef-d'œuvre

---

31   Sur ces aspects *cf.* R. Ruggiero, « I soggetti politici in Machiavelli : il popolo, i grandi e il principe civile », *La Cultura*, 56, 2018/2, p. 221-247.

des doctrines politiques et de la littérature italienne qui doit engager le philologue dans une reconstruction du texte authentique qui soit la plus prudente et attentive possible, sans blâmer de prétendues incohérences de Machiavel, mais sans exiger non plus une cohérence simplificatrice alors que la complexité et la nouveauté de la pensée de l'auteur demandent un style autant problématique. Cette activité philologique est la seule façon de restituer à Machiavel sa propre historicité.

Raffaele RUGGIERO
Aix-Marseille Université
Centre Aixois d'Études Romanes,
Aix-en-Provence

RÉSUMÉS/*ABSTRACTS*

Catherine Croizy-Naquet, « Introduction »

Après une mise en perspective des questions soulevées par l'écriture et la narration, entre histoire et fiction, des croisades, envisagées dans un temps long, l'introduction propose un résumé des différentes contributions au dossier.
Mots-clés : histoire, croisades, fiction.

Catherine Croizy-Naquet, *"Introduction"*

After an overview of the questions raised by writing and narrating the Crusades—between history and fiction—which we consider over a long period, the introduction offers a summary of the contributions to this special issue.
Keywords: history, Crusades, fiction.

Anne-Marie Eddé, « L'écriture des croisades dans l'historiographie arabe médiévale »

Les historiens arabes médiévaux, musulmans ou chrétiens, n'ont pas considéré les croisades comme un phénomène particulier. Cela ne les pas empêchés de s'interroger sur ce qui poussa les Occidentaux à s'installer en Orient, de comprendre les causes religieuses et politiques de leur expansion et d'appeler en conséquence à les combattre, tout en donnant une vision de leurs ennemis qui n'était pas toujours dénuée d'estime.
Mots-clés : histoire, croisades, historiens arabes.

Anne-Marie Eddé, *"Writing the Crusades in medieval Arabic historiography"*

Neither Muslim nor Christian Medieval Arabic historians conceived of the Crusades as a particularly special phenomenon. Nonetheless, they inquired about what drove Westerners to settle in the East, they learnt about the religious and political causes of their expansion, and so called for them to be opposed—all while portraying their enemies with a measure of esteem.
Keywords: history, Crusades, Arabic historians.

Massimiliano GAGGERO, « *La Chronique d'Ernoul et de Bernard le Trésorier, l'Eracles et la narration de la croisade* »

La *Chronique* d'Ernoul et la *Continuation* de Guillaume de Tyr qui en dérive sont parmi les narrations de la croisade les plus répandues au Moyen Âge ; la *Continuation* a connu des remaniements importants dans des rédactions longues écrites dans l'Orient latin. Les structures et l'idéologie de la narration de la croisade sont étudiées d'abord à travers une lecture de la première partie de la *Chronique* et ensuite à travers l'analyse comparée d'épisodes-clés dans les différentes rédactions.
Mots-clés : histoire, croisades, chroniques, rédactions manuscrites.

Massimiliano GAGGERO, "La Chronique d'Ernoul et de Bernard le Trésorier, *the* Eracles, *and the crusade narrative*"

The Chronique *of Ernoul and the* Continuation *of William of Tyre that derives from it are among the most widely known crusade narratives of the Middle Ages; the* Continuation *has undergone significant reworkings in long compositions written in the Latin East. The structures and ideology of the crusade narrative are first studied through a reading of the first part of the* Chronique *and then through a comparative analysis of key episodes in the different compositions.*
Keywords: history, crusades, chronicles, manuscript compositions, Middle Ages.

Svetlana LUCHITSKAYA, « L'empereur Héraclius vu par les chroniqueurs occidentaux du XIIᵉ siècle »

Le but de cet article est d'examiner les différentes images de l'empereur Héraclius dans la chronique de Guibert de Nogent ainsi que dans les narrations des autres chroniqueurs du XIIᵉ siècle. D'une part, l'empereur byzantin est représenté comme pêcheur et apostat, d'autre part, il est considéré comme le souverain idéal qui a récupéré la vraie croix pour le monde chrétien. Ces deux aspects de son image sont importants pour la représentation d'Héraclius comme croisé exemplaire.
Mots-clés : histoire, croisades, chronique, latin, Héraclius.

Svetlana LUCHITSKAYA, "*The Emperor Heraclius as seen by twelfth-century Western chronicles*"

The aim of this article is to examine the various representations of the emperor Heraclius in the chronicle of Guibert de Nogent, and in the narratives of other twelfth-century chronicles. On the one hand, the Byzantine emperor is represented as a sinner

and an apostate; on the other, he is considered as an ideal sovereign who recovered the true cross for Christendom. These two aspects of his image are important for the representation of Heraclius as an exemplary Crusader.
Keywords: history, Crusades, chronicle, Latin, Heraclius.

Steven BIDDLECOMBE, "Joseph of Arimathea, Crusader? Hero? Benefactor?"

This article examines the comparison, made by Baldric of Bourgueil in his *Historia Ierosolimitana*, of Joseph of Arimathea with the first crusaders. It examines the historical evolution of the figure of Joseph from his brief appearance in the Bible to the time Baldric made the comparison. It assesses what Joseph meant to Baldric, provides a route into understanding the meaning of the text for the author and his audience, and a better appreciation of what would become the crusade vocation.
Keywords: history, Crusades, chronicle, Latin.

Jennifer GABEL DE AGUIRRE, « L'écriture de la croisade dans la *Chanson de la Première Croisade d'après Baudri de Bourgueil* »

La *Chanson de la Première Croisade* se fonde sur la chronique latine de Baudri de Bourgueil. Elle relate les événements historiques de manière beaucoup plus fidèle que les chansons de geste traditionnelles. Avec celles-ci elle partage pourtant la manière de relater les batailles et les combats singuliers et la présentation des protagonistes. L'écriture de la croisade dans cette œuvre se caractérise encore par la forte présence du merveilleux chrétien et oriental.
Mots-clés : histoire, croisades, chronique, chanson de geste.

Jennifer GABEL DE AGUIRRE, "*Writing the Crusades in the* Chanson de la Première Croisade d'après Baudri de Bourgueil"

The Chanson de la Première Croisade *is based on the Latin chronicle of Baudri de Bourgueil. It relates the historical events in a far more accurate manner than the traditional chansons de geste. It shares with them a way of relating battles and individual fights and of presenting protagonists. Its manner of writing the Crusades is also characterized by the marked presence of the Christian and oriental marvelous.*
Keywords: history, Crusades, chronicle, chanson de geste.

Helen J. NICHOLSON, « The construction of a primary source. The creation of *Itinerarium Peregrinorum* 1 »

The so-called *"Itinerarium Peregrinorum* 1", so named by Professor Hans E. Mayer in his 1962 study, appears to be a medley of sources forming a loose narrative of events in the kingdom of Jerusalem between May 1187 and November 1190. It includes martyrdom accounts, letters, and eye-witness material. Yet comparison to other contemporary sources reveals that the author adapted his narrative to present a particular message to his readers. This article considers for what purpose IP 1 was compiled.
Keywords: history, Crusades, chronicle, Latin.

Florence TANNIOU, « Entre guerre et paix. Rhétorique et usages de la parole dans l'*Histoire de l'Empereur Henri de Constantinople* d'Henri de Valenciennes »

Les nombreux discours qui émaillent l'*Histoire de l'Empereur Henri de Constantinople* d'Henri de Valenciennes révèlent une stratégie oratoire concertée, jouant tour à tour des modèles de l'exhortation à la guerre sainte et de la rhétorique diplomatique. Dans la conjonction de ces modèles en apparence antagoniques, l'auteur fait de la parole la *dynamis* de l'Histoire ; il justifie la guerre de son camp, mais dessine aussi les voies de conciliation des forces chrétiennes au sein de l'empire.
Mots-clés : histoire, croisades, chronique, rhétorique.

Florence TANNIOU, *"Between war and peace. Rhetoric and uses of speech in the* Histoire de l'Empereur Henri de Constantinople *by Henri de Valennciennes"*

The many speeches found in Histoire de l'Empereur Henri de Constantinople *by Henri de Valenciennes reveal a deliberate oratorical strategy that plays successively on the models of exhortation to holy war and diplomatic rhetoric. By joining together these two apparently antagonistic models, the author makes speech into the* dynamis *of history; he justifies the war that his side is waging, but also indicates the ways in which Christian forces might be reconciled within the empire.*
Keywords: history, Crusades, chronicle, rhetoric.

Nicholas MORTON, "Risking battle. The Antiochene frontier, 1100-1164"

This article contributes to debate amongst military historians by focusing on the principality of Antioch and its wars with neighbouring Turkish powers between the years 1099-1164. It makes the point that this state lived a precarious existence on the frontiers of Christendom and had a great deal to lose from a major defeat. This article consequently seeks to explain why the Franks would so frequently chance pitched battles when they had so much to lose.

Keywords: history, Crusades, chronicle, Antioch.

Philippe BUC, "Evangelical Fundamentalist fiction and medieval crusade epics"

Juxtaposing medieval crusade epics and current American evangelical novels, whose reception has been studied, allows one to cautiously discuss the régime de croyance of the former genre and its own reception.

Keywords: history, Crusades, fundamentalist novels.

Catherine CROIZY-NAQUET et Jean-René VALETTE, « *Thibaud ou les Croisades.* Le feuilleton historique, ou la croisade revisitée à "usage commun" »

Diffusé par l'ORTF entre novembre 1968 et décembre 1969, *Thibaud ou les Croisades* est le premier feuilleton historique sur le sujet. Il invite à interroger l'image qui est donnée des croisades dans le contexte politique et socio-culturel des années 70. Examiner la fabrique du feuilleton, puis celle de la croisade permet de saisir comment est perçu et représenté ce phénomène complexe et ce qu'il révèle, à une période donnée, sur les mentalités et l'imaginaire d'une société.

Mots-clés : histoire, croisades, feuilleton, télévision.

Catherine CROIZY-NAQUET et Jean-René VALETTE, "Thibaud ou les Croisades. *Historical dramas, or the Crusades revisited for 'common use'*"

Thibaud ou les Croisades, *broadcast by ORTF between November 1968 and December 1969, was the first historical television series set during the Crusades. It allows us to explore the representation of the Crusades in the political and socio-cultural context of the 1970s. By examining the construction of the series and the Crusade, we can learn how this complex phenomenon was perceived and portrayed, and what it reveals about a society's mentalities and imaginations during the period.*

Keywords: history, Crusades, television series, TV.

Katell LAVÉANT et Cécile DE MORRÉE, «Introduction»

La culture joyeuse, système de sociabilité menant à l'organisation de performances et d'activités ludiques ritualisées, jouait un rôle important pour la cohésion sociale dans la période post-médiévale. Pratiques et textes joyeux parodiques visaient à renforcer l'identité du groupe et le sentiment d'appartenance à une communauté. Au cœur de cette culture se trouve la parodie, notion protéiforme. Différentes stratégies interprétatives permettent d'en cerner les fonctions littéraires et culturelles.

Mots-clés : culture joyeuse, fête, parodie, histoire du théâtre, sociabilité.

Katell LAVÉANT et Cécile DE MORRÉE, "*Introduction*"

Joyful culture, a sociability system in which urban groups organised performances and ritualised playful activities, played an important role to consolidate social cohesion in the post-medieval era. Joyful and parodic practices and texts reinforced group identity and the feeling to belong to a community. Parody, a polymorphic notion, was essential to this culture. Various interpretative strategies allow understanding its literary and cultural functions.

Keywords: joyful culture, festivities, parody, theatre history, sociability.

Jelle KOOPMANS, « L'objet de nos recherches ou l'unité d'analyse »

Pour comprendre le contexte dans lequel les représentations dramatiques parodiques et leurs textes s'inscrivent, il faut se poser la vaste question de savoir ce qu'est le théâtre médiéval. Une proposition permettant d'en finir avec les clichés est de considérer non pas seulement la représentation en elle-même, mais l'ensemble du processus de préparation et de déroulement d'une performance, pour analyser le « scénario » ou le « programme » de la fête.

Mots-clés : parodie, fête, performance, histoire du théâtre, sources.

Jelle KOOPMANS, "*Our research object, or our unit of analysis*"

To understand the context in which parodic, dramatic representations and their texts take place, we should question what medieval theatre is. A proposition to break away from the clichés is to consider not only the actual performance, but also the process of preparing and conducting a performance, in order to analyze the "scenario" or the "programme" of the spectacle.

Keywords: parody, festivities, performance, theatre history, sources.

Jérémie BICHUE, « Parodie, rituel satirique et culture joyeuse dans la querelle Marot-Sagon (1534-1538) »

Dans la querelle Marot-Sagon (1534-1538), la parodie affecte le modèle même de l'échange polémique, donnant ainsi lieu à une sociabilité originale entre les auteurs d'une même génération. D'abord utilisée dans un but stratégique, elle devient vite un principe de continuation poétique. Si la dimension joyeuse du conflit semble alors évidente, les textes témoignent pourtant d'une réception problématique de la parodie, posant la question du lien entre fête, satire et polémique dans l'espace public.
Mots-clés : parodie, polémique, querelle poétique, Marot.

Jérémie BICHUE, *"Parody, satiric ritual, and joyful culture in the quarrel between Marot and Sagon (1534–1538)"*

The quarrel between Marot and Sagon (1534-1538) demonstrates how parody can affect models of polemic exchange, giving way to a new kind of sociability that connects contemporary authors. Although applied for strategic purposes, parody rapidly evolves into a principle of poetic continuation. Still, the texts produced by the quarrelling poets present us with a problematic reception of parodic literature, questioning the connections between festivities, satire and controversy in public space.
Keywords: parody, polemic, literary quarrel, Marot.

Jean-Yves CHAMPELEY, « La justice de l'abbaye de Maugouvert. XVIe-XVIIIe siècles, Dauphiné, Lyonnais et Savoie »

Au XVIe siècle, les abbayes de Maugouvert ont exercé autour de la question du mariage et de la vie conjugale une justice admise par tous. Cette justice parodique reprenait fidèlement les titres et les procédures de la justice étatique. Les hommes de loi ont longtemps contribué à la reconnaissance de cette justice abbatiale avant de la combattre tout en réutilisant à l'occasion la sanction de la chevauchée sur l'âne.
Mots-clés : histoire du théâtre, parodie, justice, culture joyeuse, charivari

Jean-Yves CHAMPELEY, *"Justice in the Abbeys of Misrule. Sixteenth–eighteenth centuries, Dauphiné, Lyonnais, and Savoie"*

In the sixteenth century, the abbeys of Misrule performed a form of justice concerning questions of marriage and marriage life, which was supported by all. This parodic justice adequately followed the titles and procedures of state-controlled justice. For a

long time, lawyers have contributed to the recognition of this abbatial justice before combatting it by occasionally reusing the punishment of donkey riding.
Keywords: Theatre history, parody, justice, charivari.

Éric Négrel, « Le théâtre à l'envers de Maugouvert. Impuissance masculine et chevauchée de l'âne au XVIᵉ siècle »

Les Abbayes parodiques du « mauvais gouvernement » exerçaient une justice coutumière collective qui prenait pour objet les alliances matrimoniales et la vie sexuelle des couples. La peine infamante de la chevauchée de l'âne était destinée à sanctionner les maris cocus et dominés par leurs épouses. Cette forme rituelle spectaculaire fait appel à l'imaginaire symbolique du monde renversé et possède des enjeux anthropologiques cruciaux concernant la communauté et le système de parenté qui la fonde.
Mots-clés : histoire du théâtre, parodie, anthropologie, charivari.

Éric Négrel, *"The Upside Down Theater of the Abbeys of Misrule. Male Powerlessness and Riding Backwards on a Donkey in the Sixteenth Century"*

The parodic abbeys of "misrule" performed a collective customary justice concerning marital alliances and the sexual life of couples. The infamous penalty of donkey riding was meant to punish cuckolds and husbands who were dominated by their wives. This performative ritual refers to the symbolic world turned upside down and reveals crucial anthropological challenges related to the community and the system of social cohesion in which this ritual is embedded.
Keywords: theatre history, parody, anthropology, charivari."

Katja Gvozdeva, « Les sacrifices parodiques et les *brigate* siennoises du XVIᵉ siècle. Représentations festives et littéraires »

L'étude vise à cerner le genre culturel du sacrifice parodique à la Renaissance à travers la pluralité de ses pratiques. L'enquête historique, située dans le microcontexte siennois du XVIᵉ siècle (l'académie des *Intronati*, la congrégation des Rozzi, l'auteur Pietro Fortini), analyse la circulation des sacrifices parodiques entre différents groupes et niveaux de culture, entre performances rituelles et littéraires, pour dégager leurs différents enjeux sociaux et esthétiques.
Mots-clés : rituel de sacrifice, parodie, anthropologie, Sienne.

Katja GVOZDEVA, *"Parodic sacrifices and Sienese brigate in the sixteenth century. Celebratory and literary representations"*

This article aims to delimit the parodic sacrifice as a cultural genre in the renaissance period, while reviewing the diversity of the practices associated with it. It examines the case of 16ᵗʰ century Sienna – where the Intronati academy, the Rozzi company and the author Pietro Fortini figured as key players – by the analysis of the circulation of parodic sacrifices, from ritual performance to literary product, in different communities and in various cultural domains.
Keywords: sacrificial ritual, parody, anthropology, Sienna.

Olivier SPINA, « Les "Grands Noëls" des *Inns of court* londoniens sous Élisabeth Iʳᵉ (1558-1603), entre parodie et satire »

À Londres au XVIᵉ siècle se tenaient dans les *Inns of Court* des festivités de fin d'année. On a longtemps pensé qu'elles formaient les étudiants aux pratiques du pouvoir par la parodie. Confrontant sources narratives et archivistiques, cet article montre que ces divertissements, rares, sont organisés à la demande de la monarchie. Dans une ville en crise, les autorités des *Inns* cherchent à limiter ces festivités, qui transforment ces divertissements parodiques en satire des institutions.
Mots-clés : histoire du théâtre, droit, Londres, satire.

Olivier SPINA, *"The 'Christmas Revels' of the London Inns of Court under Elizabeth I (1558–1603). Between parody and satire"*

In the sixteenth century London Inns of Court, annual celebrations marked the end of the year. Scholars have argued that they instructed the pupils in the practices of power. By presenting a review of both narratives and archival sources, this article demonstrates how these festivities were organized in service of the monarchy. In times of crisis, the Inns' authorities sought to restrict the celebrations, transforming the parodic festivities into a satire of the institute itself.
Keywords: theatre history, law, London, satire.

Rozanne VERSENDAAL, « La fonction de la mise en scène de l'abbaye joyeuse dans le mandement joyeux français (XVIᵉ siècle) »

L'abbaye joyeuse est un élément récurrent des parodies des mandements, c'est-à-dire les mandements joyeux. L'objectif de cet article est de déterminer les liens entre le mandement joyeux et l'abbaye joyeuse. Est-ce que le mandement joyeux est un genre littéraire utilisé par des auteurs appartenant aux abbayes joyeuses, ou est-ce que l'abbaye joyeuse est plutôt un motif utilisé dans les mandements joyeux ?

Mots-clés : histoire du théâtre, parodie, genre littéraire, culture joyeuse.

Rozanne VERSENDAAL, *"The function of the representation of the joyful abbey in the joyful French pastoral letter (sixteenth century)"*

The joyful abbey is a recurring element in parodies of writs, the so-called mandements joyeux or joyful writs. The aim of this article is to identify the relationships between joyful writs and joyful abbeys. Was the joyful writ a literary genre used by authors who were part of a joyful abbey, or is the joyful abbey a literary motif used in the joyful writs?

Keywords: theatre history, literary genre, parody, joyful culture.

Paul J. SMITH, « Rabelais à Leyde au début du XVIIIᵉ siècle. Parodie et collectivité joyeuse dans la *Lyste van rariteiten* d'Anna Folie »

La *Lyste van rariteiten*, texte néerlandais anonyme publié entre 1699 et 174, a été écrit sans doute par un groupe d'étudiants de l'université de Leyde. Il s'inscrit dans la tradition parodique du catalogue imaginaire, inspiré par le *Pantagruel* de Rabelais. L'article vise à contextualiser la *Lyste* et ses enjeux parodiques et à reconstituer sa création collective et joyeuse.

Mots-clés : Leyde, éducation, parodie, Rabelais.

Paul J. SMITH, *"Rabelais in Leiden at the beginning of the eighteenth century. Parody and joyful community in Anna Folie's Lyste van rariteiten"*

The Dutch anonymous text Lyste van rariteiten, *published between 1699 and 1741, was probably written by a joyful company of students of the University of Leiden. It belongs to the parodic literary tradition of the imaginative catalogue, inspired by Rabelais'* Pantagruel. *This article aims to contextualize the* Lyste van rariteiten *and the challenges it poses regarding parody, as well as to reconstruct its collective and joyful origins.*

Keywords: Leyde, education, parody, Rabelais.

Raffaele RUGGIERO, « Les premières phases de la transmission du *Prince* de Machiavel »

L'article propose deux « conjectures diagnostiques » pour le texte du *Prince* II 6 et IX 23-24, dans le cadre d'une nouvelle analyse philologique des premières phases de la transmission manuscrite du *Prince* de Machiavel.
Mots-clés : Machiavel, *Le Prince*, critique philologique.

Raffaele RUGGIERO, *"The initial phases of the transmission of Machiavelli's* Prince"

The aim of this article is to propose two "diagnostic conjectures" concerning the text of The Prince *II 6 and IX 23-24, with a new philological analysis of the first phases of the manuscript transmission of* The Prince *of Machiavelli.*
Keywords: Machiavelli, The Prince, textual criticism.

Achevé d'imprimer par Corlet Numéric,
Z.A. Charles Tellier, Condé-en-Normandie (Calvados), en novembre 2019
N° d'impression : 162414 - dépôt légal : novembre 2019
Imprimé en France

Bulletin d'abonnement revue 2020

Cahiers de Recherches Médiévales et Humanistes /
Journal of Medieval and Humanistic Studies

2 numéros par an

M., Mme :

Adresse :

Code postal :   Ville :

Pays :

Téléphone :   Fax :

Courriel :

Prix TTC abonnement France, frais de port inclus		Prix HT abonnement étranger, frais de port inclus	
Particulier	Institution	Particulier	Institution
48 €	92 €	55 €	100 €

Cet abonnement concerne les parutions papier du 1er janvier 2020 au 31 décembre 2020.

Les numéros parus avant le 1er janvier 2020 sont disponibles à l'unité (hors abonnement) sur notre site web.

Modalités de règlement (en euros) :
Par carte bancaire sur notre site web : www.classiques-garnier.com
Par virement bancaire sur le compte :
Banque : Société Générale – BIC : SOGEFRPP
IBAN : FR 76 3000 3018 7700 0208 3910 870
RIB : 30003 01877 00020839108 70
Par chèque à l'ordre de Classiques Garnier

Classiques Garnier
6, rue de la Sorbonne – 75005 Paris – France
Fax : + 33 1 43 54 00 44
Courriel : revues@classiques-garnier.com

mis à jour le 22/10/2019

Abonnez-vous sur notre site web :
www.classiques-garnier.com